배우처럼 말하고
주인공처럼 산다

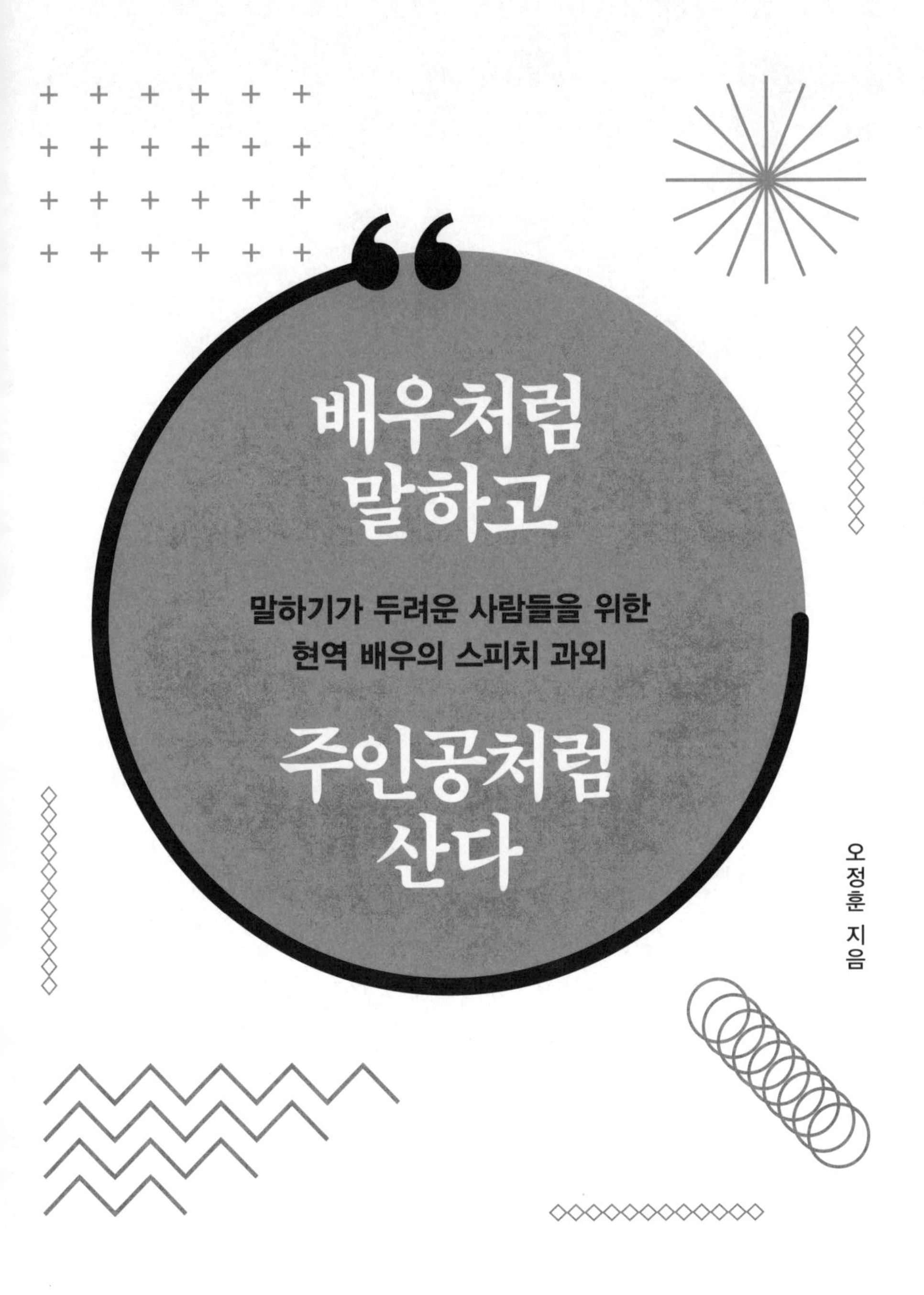

배우처럼 말하고 주인공처럼 산다

말하기가 두려운 사람들을 위한
현역 배우의 스피치 과외

오정훈 지음

가디언

왜 스피치인가?

6살 때부터 외할머니를 따라 명상하는 곳으로 단전호흡을 배우러 다녔다. 동네 친구들과 놀이터에서 노는 것도 즐거웠지만, 외할머니의 손을 꼭 잡고 함께 명상하며 호흡하는 느낌이 편안하고 좋았다. 당시 명상하던 곳에는 할머니들이 많이 계셨는데, 어린 나를 귀여워하며 아이스크림을 사 먹으라고 용돈을 자주 쥐어주셨다. 이때부터 시작된 명상과 호흡운동은 나의 삶에 친숙한 행동이 되었고, 지금은 돌아가신 외할머니와의 소중한 추억이기도 하다.

초등학교 입학 이후 어머니께서는 줄곧 독서와 글짓기 대회에 나가기를 장려하셨다. 열심히 참여하다 보니 학창시절 동안 관련 상장만 40개 정도 받게 되었다. 공부를 잘하는 학생은 아니었지만 책 보며 사색하길 좋아했고, 마음속으로 동경하던 것들을 때론 장기자랑에서 과감히 표현했다. 이런 예민한 감수성으로 자연스레 TV에 나오는 배우들의 연기에 매료되었고 이는 연극영화과에 진학하는 계기가 된다.

학부에 다니며 배우가 되기 위해 크고 작은 오디션을 보았고, 무대에 올라 카메라 앞에서 원하던 연기를 하게 되었다. 내 안의 다른 모습들을 꺼내어보는 작업은 즐겁기도 했지만 힘들었다. 특히 공감한 인물을 행동으로 표현하는 과정 속에서 두려움을 많이 느꼈고, 내성적인 성격 때문에 사람들 앞에서 편안하게 나 자신을 드러내길 어려워했다. 어떠한 역할을 연기하기 이전에 자기 자신, 즉 나의 언어부터 당당히 드러낼 수 있는 사람이 되고 싶었다.

연기훈련은 기본적으로 사람의 행동을 가장 자기답게 사용할 수 있도록 회복하는 과정이라 생각했다. 그래서 여러 해외 연기론의 훈련을 직접 배우고 익히며, 무대와 촬영장뿐만 아니라 실제 삶에도 적용해나갔다. 몇 년간의 시행착오 끝에 조금씩 나에 대해 깊이 알게 되었고, 스스로에게 솔직해지기 시작했다. 계속해서 변화를 느끼니 점점 욕심이 생겼다. 자신의 언어를 회복하는 것에서 더 나아가 이젠 말을 잘하는 사람이 되고 싶었다. 이러한 마음으로 생겨난, 보다 다양한 연기훈련과 화술에 대한 갈증은 MFA 과정 진학을 결심하게 만들었다. 그리고 나와 같은 문제로 힘들어하던 후배의 스피치 고민 상담을 계기로 누군가의 첫 스피치 코치가 되었다.

타인의 언어를 변화시키는 과정은 동시에 나의 언어도 성숙하게 했다. 누구보다 말하기를 두려워했던 '나'이기에, 그들의 변화는 나의 변화와 같았다. 그들이 자신만의 매력을 찾고, 목적에 따라 스피치가 성장하는 모습을 보면 나의 자존감도 같이 높아졌다. 그렇게 조금씩 수강생들이 늘어갔고 매년 2,000시간 이상을 교육하며 코칭하게 되었다. 쉬는 날조차 거의 없이 초등학생부터 직장인, CEO, 전문직, 신인배우 등 나이와 직업을 막론하고 다양한 사람들과 함께 호흡하며 변화를 향해 달려갔다.

액팅스피치란 말 그대로 연기훈련을 활용한 스피치 능력 향상 프로그램이다. 단순히 무언가를 잘 표현하는 것이 목적이 아닌, 행동의 변화에 목적을 둔 스피치 수업이다. 그동안 습관적으로 해온 말의 과정을 관찰하고, 자신만의 고유한 언어적 행동을 자각하여 목적에 따라 매력적으로 말할 수 있도록 재교육하는 과정이다. 그렇기에 온몸으로 감각해 나가려는 적극성이 중요한 프로그램이다.

사람마다 가지고 있는 감각의 차이가 모두 다른 만큼, 글을 통해 액팅스피치를 동일하게 경험하기란 현실적 한계가 있다고 생각한다. 따라서 최대한 쉽게, 대중들에게 사랑받고 있는 매력적인 배우들을 예시로 들어 액팅스피치의 기본을 이 책 한 권에 담아내려 하였다. 남녀노소 불문하고 스피치의 본질적인 부분을 개선하는 좋은 처방전이 될 것이라 믿어 의심치 않는다.

세상에서 가장 바꾸기 힘든 세 가지가 목소리, 성격, 걸음걸이라고 한다. 이 모든 것이 포함된 스피치 역시 단시간에 변화하기가 쉽지 않다. 오직 반복만이 변화를 만들 것이다. 말하기는 습관이다. 이 책이 한 번 읽고 끝나는 책이 아니라 여러분들의 반복되는 훈련으로 손때가 묻어가는 책이 되었으면 한다. 그럼, 지금부터 액팅스피치를 시작한다!

말하기가 두려운 이유

2022년 5월을 기준으로 서울시 교육청에 정식으로 등록된 성인 스피치 학원만 약 37곳이다. 학원 외에도 교육 컨설팅 기업, 평생교육시설, 개인 과외 등까지 더해진다면 정말 많은 곳에서 성인 스피치 교육이 이루어지는 셈이다. 그만큼 많은 사람들이 자신의 '말하기'에 대한 고민을 해결하길 원한다. 사람마다 제각각 가진 고민은 다르겠지만, 결국 그 고민의 근원에는 두려움이라는 감정이 깊숙이 자리 잡혀 있다.

우리는 어렸을 때부터 가족, 학교를 거쳐 사회생활을 하기까지 수없이 '말하기'라는 행위를 해왔다. 그럼에도 불구하고 성인이 된 지금까지 '말하기'가 두려운 이유는 무엇일까? 이러한 현상은 개인별로 살아온 환경에 따라 조금씩 다르겠지만, 크게 다음 3가지의 태도가 원인인 경우가 많다.

첫째, 타인의 평가에 민감하게 반응하는 태도다. 인간은 사회적 동물인 만큼 소속되어 있는 그룹에서 인정받기를 늘 갈망한다. 그룹에서의 사회적 지위는 곧 자존감으로까지 직결되는 경우가 많기 때문이다. 특히나 과도한 경쟁과 타인의 평판을 중요시하는 우리나라의 사회적 분위기에서는 더욱 예민할 수밖에 없다. 따라서 타인의 눈치를 보며 안정된 평가를 받을 수 있는 범위 내에서만 말하려 한다. 문제는 자신이 생각하는 타인의 안정된 평가라는 범위가 왜곡되어 있는 경우가 많고, 이것은 스스로 위축된 말하기를 하게 만든다는 것이다. 이것은 타인을 배려한 말하기와는 완전히 다른 결이다.

둘째, 특정 이미지를 고수하려는 태도다. 이는 타인에게 비치고 싶은 이미지만을 보여주려는 행동으로, 예를 들어 말하기가 두렵지 않다며 두꺼운 사회적 가면을 쓴 채 자기 기만적 행동을 하는 경우가 있다. 그러다 보니 말할 때 속으로는 더욱 긴장하고 어딘가 자연스럽지 못하며 딱딱하다. 말하기는 우선 자신에게 솔직해져야 한다. 내면의 다양한 반응을 수용하고 그것을 상황에 맞게 조율할 수 있을 때 가장 매력적인 이미지가 연출된다.

셋째, 늘 수동적으로 행동하는 태도다. 내가 주체가 아닌 다른 사람의 행동에 따라 수동적으로 살아온 사람은 자신을 믿지 못한다. 말하기는 내 생각과 느낌을 누군가에게 송출하는 행동이다. 스스로의 주관을 믿지 못한다면 예상치 못한 상황에서 당황하기 쉬우며, 이것은 말하기에 관한 부정적인 경험을 자주 겪게 한다. 따라서 말하기는 점점 두려운 행동이 되고, 말하지 않는 것이 차라리 편하다며 자기합리화를 하게 된다. 말하기는 습관이다. 자의로든 타의로든 습관적으로 수동적 행동을 하며 살아왔다면, 반드시 적극적인 행동 패턴으로 변화시켜야 한다.

우리는 가장 나답게 말할 수 있을 때 두려움으로부터 벗어나게 되고 표현의 행복을 느낀다. 이때의 긴장은 기분 좋은 설렘이 될 수 있다. 그러기 위해서는 내 마음의 소리를 무시하지 말고, 단점을 인정하고, 자기 객관화를 통해 행동하며 극복해 나가야 한다. 우리의 몸과 마음은 하나로 연결되어 있다. 말하기의 두려움은 마음만으로 극복되지 않는다. 사소한 습관을 고쳐 나가며 긍정적인 스피치 경험을 쌓아 극복해 나가야 한다.

자기표현은 이제 생존이다

우리는 원하는 것은 무엇이든 경험할 수 있는 세상에서 살고 있다. 보고 싶은 영상, 듣고 싶은 음악, 읽고 싶은 글을 언제 어디서든 접할 수 있고, 때론 직접 만들어 공유할 수도 있다. 이 모든 것이 현대사회에서 가능해진 이유는 자신을 표현하고 소통할 수 있는 강력한 네트워크가 구축되었기 때문이다. 우리가 흔히 사용하는 인스타그램, 페이스북, 유튜브 등이 대표적인 예다. 현대 사회에 속한 집단에서 소셜 네트워크 서비스의 활용은 선택이 아닌 필수가 되었고, 개인의 영향력 또한 커졌다.

필자에게 스피치 컨설팅을 요청한 사례 중에서도 자영업, 전문직, 기타 서비스직 등 다양한 업종의 사람들이 유튜브 활동을 목적으로 하는 수업문의가 많아졌다. 왜냐하면 불특정 다수가 보는 온라인 환경에서 자기만의 콘텐츠를 확장시켜야만 살아남을 수 있기 때문이다. 우리는 이렇게 엄청난 콘텐츠의 바다에서 끊임없이 경쟁하고, 더 자극적이고 매력적인 것을 찾기 위해 헤엄친다. 그리고 이것은 급변하는 유행을 만든다.

이와 같은 사회적 분위기는 우리가 속한 공동체의 소통에도 큰 영향을 미친다. 주변을 살펴보면 유행에 적극적인 관심을 가지는 사람일수록 훨씬 더 주도적으로 대화를 이끌어가는 경우를 볼 수 있다. 물론 대화 주제에 따라 달라지겠지만, 보편적으로 밈을 잘 알면 알수록 쉽게 공감대를 형성하고 트렌드에 적합한 자기표현이 쉬워지기 때문이다. 여기서 밈이란 '현시대에 유행하는 문화요소'라는 의미로, 현재 유행하는 말이나 콘텐츠 등을 뜻한다. 대화에서 밈을 잘 활용한다는 것은 긍정적인 말하기 경험을 쌓게 만들고 이것은 말하기의 자신감으로 연결된다.

우리나라는 자신을 적극적으로 표현하는 서양과 달리 묵묵히 말을 아끼며 행동하는 것을 미덕으로 삼아왔다. 본인의 생각을 적극적으로 표현하는 사람을 '약삭빠르고 말만 번지르르한 사람'으로 치부하기도

했다. 그러나 앞서 살펴본 바와 같이, 현대 사회에서 자기표현은 이제 생존의 영역이다. 더 나아가 급변하는 유행 속의 맥락을 잘 짚는 안목까지 필요하다.

따라서 우리는 자기표현, 즉 내 생각과 느낌을 자유롭게 표현하는 힘부터 길러야 한다. 이것은 스피치의 본질이며 자신에게 솔직해지는 과정이다. 그리고 유행에 억지로 자신을 맞출 필요는 없지만 적극적인 관심을 가져야 하고, 유행의 이유에 날카로운 시선을 놓치지 않아야 한다. 이것은 좋은 스피치 재료를 선택할 수 있는 능력의 토대가 된다.

스피치가 바뀌고 벌어지는 일

스피치는 크게 언어적, 비언어적, 준언어적 표현으로 나뉜다.[1] 언어적 표현은 말의 내용적인 측면을 말하며 논리구조, 단어 선택, 주제 등이 포함된다. 비언어적 표현은 표정, 제스처, 몸짓 등과 같은 신체 표현을 뜻한다. 준언어적 표현은 억양, 성량, 음높이 등 음성표현을 뜻하며 비언어적 표현에 속한다. 스피치 훈련은 이 세 가지를 상황과 목적에 따라 발화자가 조화롭게 구사할 수 있도록 그 능력을 향상시키는 것이 목적이다. 이를 통해 스피치가 바뀌면 어떤 일이 벌어질까? 필자가 만난 다섯 가지 유형의 수강생을 통해 어떤 변화가 생기는지 간략히 살펴보겠다.

첫째, 소심한 성격 개선이 목적인 사람들이다. 이들은 흔히 스스로

---

1 장해순 · 허경호, 「관찰자 측정 스피치 능력 척도 타당성 검증」, 『한국방송학보』19(1), 한국방송학회, 2005, 183쪽.

를 내향적인 사람으로만 생각하며 표현한계를 스스로 막고 있는 경우가 부지기수다. 그러나 내향적인 것과 소심한 것은 전혀 다른 문제이며, 자신을 표현함에 있어 내향적인 것은 오히려 도움이 될 때가 더 많다. 내향적인 사람은 분위기 파악에 예민하고 자신이 어떤 위치에 있는지 잘 안다. 따라서 상황에 따라 적절히 자신을 드러낼 줄도 감출 줄도 아는 카멜레온 같은 매력을 발휘할 수 있는 사람들이다. 또한 정상적인 사람이라면 모두 내향적인 면과 외향적인 면이 공존하기에 자신의 다양한 감수성을 파악하고 꺼내볼 수 있는 용기가 필요하다.

이들은 스피치 훈련을 통해 스스로가 만든 한계를 깸으로써 주도적으로 타인과 관계를 맺을 수 있다는 자신감을 얻고, 그간 억눌러온 미묘한 감정을 건강히 배설하는 경험을 한다. 또한 자신과 주변 사람들에게 솔직해지며 거절당할 수 있는 용기를 갖게 된다.

둘째, 발표와 무대 공포증 극복이 목적인 사람들이다. 이들은 대부분 일상적인 대화에서는 문제가 없는데, 여러 사람 앞에서 주목받기 시작하면 과한 긴장감을 느낀다. 대표적인 증상으로는 식은땀, 상기된 얼굴, 말과 일치하지 않는 부자연스러운 몸동작 등이 있다. 인간은 사회적 동물이기에 사람들 앞에서 말하는 것을 큰 위험성이 동반된 행동으로 느낀다. 자칫 실수라도 하면 자신의 사회적 지위가 낮아질 수도 있기 때문이다. 그렇기에 인간이라면 누구나 발표와 같은 행동을 할 때 긴장감을 느낀다. 문제는 긴장감이 커져 공포감으로 느껴지는 경우인데, 이 경우에는 적극적인 개선이 필요하다.

또한 발표 공포증과 무대 공포증을 겪는 사람에게는 강한 자의식과 완벽주의 성향이 자주 발견된다. 따라서 스피치 훈련을 통해 '내가 준비한 내용을 완벽하게 발표하는 것'이 아닌 '지금, 여기에 집중하며 청중과 소통하는 것'이 더 편하고 효과적인 발표임을 몸소 경험해야 한다. 또한 청중에게 평가받는 느낌에 집중하기보다는 그들에게 도움을 주러 왔다고 생각하며 초점을 청중에게 돌려야 한다. 그러면 발표는 더 이상 공포의 자리가 아닌, 대화의 연장선이자 누군가에게 도움을 줄 수 있는 설렘과 편안함의 자리가 된다.

셋째, 면접이나 미팅과 같이 중요한 자리에서 빛을 발하는 것이 목적인 사람들이다. 이런 순간에 가장 중요하게 생각해야 할 부분 중 하나는 단연 첫인상이다. 우리는 아주 짧은 순간에 상대의 이미지를 무의식적으로 판단한다. 그리고 이렇게 굳혀진 이미지는 웬만해서는 잘 바뀌지 않으며 앞으로의 스피치에 막대한 영향을 미친다. 특히 면접이나 미팅 등 중요한 자리는 짧게 정해진 시간 안에 이루어지는 경우가 많아 더더욱 첫인상을 뒤엎기가 어렵다. 따라서 자기객관화를 통해 평소 자신의 언어적, 비언어적 표현을 매력적으로 바꿔야 한다. 그래야 긴장되는 상황 속에서도 자연스럽게 좋은 첫인상을 어필할 수 있다. 이러한 변화는 반복적인 스피치 훈련을 통해 무의식적으로 체화해야 나타난다. 필자는 그간 함께 수업한 수강생들의 대입면접, 대학원 면접, 취업면접, 오디션 등 다양한 합격사례를 통해 그 중요성을 더욱 체감할 수 있었다.

넷째, 자신이 속한 그룹에서 커뮤니케이션 능력을 향상하는 것이 목적인 사람들이다. 우리는 그룹에서 소외감을 느낄 때 큰 스트레스를 받는다. 누구나 소위 '인싸'까지는 아니더라도 아웃사이더가 되고 싶은 사람은 없을 것이다. 소외되는 감정은 우리의 자존감을 떨어뜨리고 상처로 남는다. 따라서 스피치 훈련을 통한 소통능력 향상이 필요하다. 각 그룹의 성격과 대화의 흐름에 따라 많은 변수와 커뮤니케이션 스킬이 존재하겠지만, 그중에서도 가장 중요한 스킬은 리액션을 키우는 것이다. 그룹에서 소외감을 경험하는 대부분의 사람들은 리액션이 약하거나 맥락에 맞지 않는다. 리액션은 '지금 내가 당신의 말에 호응하고 있다'라는 관심의 표현으로써, 타인으로 하여금 인정받고 있다는 욕구를 충족시켜준다. 인간은 누구나 인정받고 싶은 욕구가 있기에 리액션을 맥락에 맞게 적절히 표현하면 커뮤니케이션에 많은 도움이 된다. 또한 이것은 내가 호의적인 사람이라는 것을 그룹에 자연스럽게 전달할 수 있는 가장 쉽고 강력한 방법이다.

이 책은 그룹 내 커뮤니케이션을 중점적으로 다루고 있진 않지만 31단계의 스피치 훈련을 통해 스스로의 생각을 풍부하게 표현하고 타인과 교류할 수 있는 방법을 배우게 될 것이다. 그리고 이를 통해 보다 존재감 있는 사람이 될 것이다.

다섯 번째, 말하기가 중요한 직업에 대한 도전 혹은 본인 일의 확장이 목적인 사람들이다. 예를 들어 자신의 경험 및 전문분야를 토대로 강사에 도전하거나 사업을 확장하기 위해 유튜버를 겸하는 경우다. 이러한 사람은 대부분 자신의 생각과 느낌은 잘 표현하지만 장황하게 말하는 것이 고민인 경우가 많다. 말이 장황하다는 것은 결국 논리가 부족한 것이기에 설득력을 갖추기 어렵다. 이것은 청중으로 하여금 '그래서 무슨 말을 하고 싶은 건지?'라며 답답함을 느끼게 한다. 따라서 스피치 목적에 따른 논리적 구성으로 청중의 입장을 고려한 전략적인 말하기 스킬을 가져야 한다. 또한 이러한 공적 말하기의 목적은 설득인 경우가 대다수다. 따라서 스피치 훈련을 통해 말의 논리를 구축하고 청중의 감정을 자극하며 연사의 좋은 이미지를 전달할 수 있도록 노력해야 한다. 논리 향상 훈련은 말하기와 글쓰기 능력을 동시에 발전시키며, 어느덧 두 가지 모두 자신 있어 하는 스스로를 발견하게 한다. 그리고 최고의 공적 말하기 연습은 곧 글쓰기라는 사실도 깨닫게 될 것이다.

지금까지 설명한 다섯 가지의 목적이 아니더라도, 스피치가 바뀌면 이전보다 더 인간적이며 윤택한 삶을 살 수 있게 된다. 왜냐하면 리더십, 개방적인 태도, 자존감, 하물며 연애능력까지 자연스럽게 향상되기 때문이다. 스피치를 바꾼다는 것은 단순히 말을 유창하게 하는 것 이상으로 삶 전체가 변화하는 과정이다. 그 과정에서 비언어적 표현향상에 효과적인 연기훈련은 반드시 함께 해야 한다고 생각한다. 더 이상 스피치 연습을 미루지 말고 매일 같이 꾸준히 반복해 보자. 오직 반복만이 변화를 만들 수 있다.

프로 배우의 스피치를 따라한 효과

필자는 19살 때부터 배우의 꿈을 품고 연기를 배우기 시작했다. 그리고 바라던 연극영화과에 입학해 영화, 드라마, 연극 오디션을 보며 현실의 냉혹함을 겪기도 하고, 몇 번의 좋은 작품도 경험할 수 있었다. 그러던 중 스피치에 관심을 갖게 되는 결정적인 사건을 만나게 된다. 몇 년 전 JTBC의 역대급 드라마 시청률을 달성했던 작품의 조연급 오디션이었다. 몇 차례로 진행된 오디션을 합격해 나가면서 설렘과 흥분을 감출 수 없었다. 어린 마음에 가족과 주위 친구들에게도 자랑하며 3차 오디션을 준비했다. 그런데 3차 오디션 중 한 심사위원에게 피드백을 듣게 된다.

"연기는 좋은데요, 원래 대화 중에 얼굴이 그렇게 잘 붉어지세요?"

오디션이라는 긴장된 순간에 누구에게나 나타날 수 있는 현상이었다. 그러나 필자는 마치 감추고 싶었던 큰 비밀을 들킨 것처럼 몹시 부끄러웠다. 붉어진 얼굴은 마음과는 반대로 점점 더 빨개지고 말도 더듬기 시작했다. 그렇게 오디션은 종료되었고 몇 주 후 불합격 소식을 듣게 되었다. 이것은 배우의 길에 도전하며 그간 애써 인정하고 싶지 않았던 나의 소심한 성격을 직면하는 계기가 되었다.

필자는 연기하는 것을 정말 좋아했지만 사람들 앞에 설 때면 속으로 많이 긴장하는 타입이었다. 또한 연기를 잘해 보이고 싶은 마음에 긴장을 감추려고 무척 노력했다. 그러다 보니 감정적으로 과잉된 연기를 하거나 자연스럽게 보이기 위한 '척'을 자주 했다. 그리고 창의적인 연기보다는 안정적으로 보일 수 있는 연기만을 고집하며 스스로 표현의 한계를 넘지 못한 것을 자기합리화하곤 했다.

연기를 잘하기 위해서 평소의 '나'부터 수용하고 변화해야겠다는 생각이 들었다. '우선 일상생활에서 생각과 느낌을 솔직하게 말하는 연습부터 해보자.'라는 생각에 스피치 전문 서적을 읽고 공부하며 배운 것을 실제 삶에 적용해나갔다. 그러자 나를 표현하는 것에 조금씩 자신감이 생겨났고, 스피치와 연기를 함께 훈련한다면 더 큰 긍정적 변화를 만들어낼 수 있겠다는 생각이 들었다. 그러다 문득 '왜 그동안 나는 연기훈련을 통해 표현의 스킬적인 부분만 체득하려고 했을까?'라는 생각이 들었다. 곰곰이 생각해 본 결과, 그동안 연기훈련 본래의 목적보다는 남들 앞에서 잘해 보이고 싶은 욕심이 늘 우선이었다. 예를 들어 발성 연습을 할 때 나의 편한 목소리를 찾고 주어진 상황에 대한 반응을 투명하게 드러낼 수 있는 진실한 목소리가 아니라 남들이 들었을 때 멋진 동굴 같은 목소리를 만드는 데 애썼던 것이다. 과거의 훈련은 나를 변화시키는 것이 아니라 겉치장만 덧붙여갔던 것이다.

이때부터 필자는 연기훈련을 이전과 다른 시선으로 접근하기 시작했고, 점차 이것을 왜 해야 하는지 이해하게 되었다. 동시에 스피치를 공부하면서 더 역동적으로 자신을 변하게 할 수 있는 다양한 연기훈련에 대해 알고 싶어졌다. 배움에 대한 갈망은 자연스레 필자를 연기예술 MFA 석사과정으로 이끌었고, 여러 연기훈련과 화술을 폭넓게 배울 수 있게 되었다. 또한 이 과정에서 대중에게 사랑받는 프로 배우들의 스피치가 왜 매력적일 수밖에 없는지도 알게 되었다.

프로 배우는 울림감있는 좋은 목소리와 명료한 발음, 사람에 대한 날카로운 관찰과 통찰력, 풍부한 상상력을 통한 창의적인 표현, 자유롭게 이완된 신체, 사람을 집중시키는 역동적인 에너지 등 매력적인 요소를 가지고 있었다. 필자는 그들처럼 되고 싶은 마음으로 각 요소를 연구하며 방법론을 따라 하기 시작했다. 그 결과, 다섯 가지의 변화가 생기기 시작했다.

첫째, 나에 대한 깊은 이해를 바탕으로 타인의 감정을 포용할 수 있게 되었다.

둘째, 어떠한 상황에서도 나답게 말할 수 있다는 자신감이 생겼다.

셋째, 자기 객관화로 나의 이미지와 매력에 대해서 구체적으로 알게 되었다.

넷째, 개방적인 태도와 상상력으로 창의적인 사고를 하고 행동할 수 있는 용기가 생겼다.

다섯째, 솔직한 감정을 표현할 수 있는 훈련된 신체를 갖게 되었다.

이러한 변화는 스피치의 언어적·비언어적 표현을 상황과 목적에 따라 조화롭게 구사하기 위해 반드시 필요한 것들이다. 그간 필자뿐만 아니라 많은 수강생들도 이러한 과정을 통해 스피치 능력을 향상시켰다.

영어로 'Actor'는 배우라는 뜻과 함께 '행동하는 사람'이라는 의미가 담겨있다. 우리 모두 직업 배우는 아닐지라도, 삶이라는 무대를 살아가는 한 명의 배우로서 행동하고 변화해 보자. 그럼 지금부터 내 삶의 주연배우가 되는 액팅스피치를 시작하자!

차례

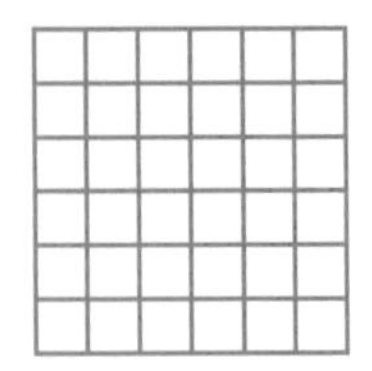

◇◇◇◇◇◇◇◇◇◇◇◇◇◇

ACTING SPEECH CLASS ◆ 2장

1. 자신을 디자인하자

2. 온몸의 감각을 깨워라

3. 당신의 존재감을 키워라

ACTING SPEECH CLASS ◆ 3장

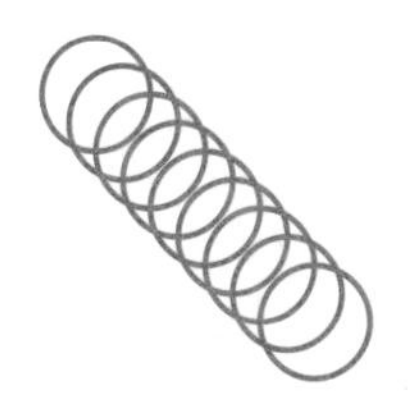

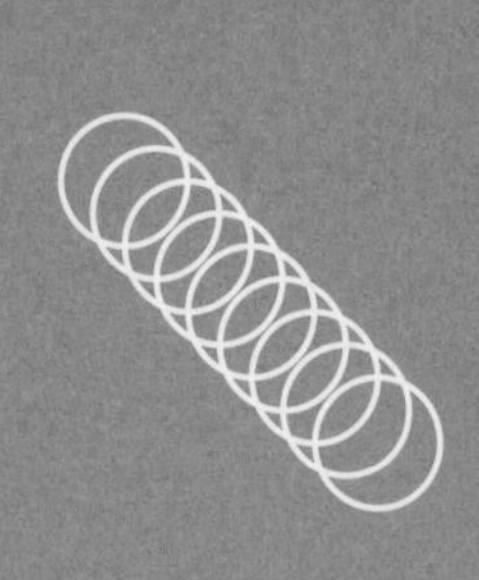

ACTING SPEECH CLASS

1장

1.

말의 시작은 호흡부터다

자신의 호흡부터 느껴라

자유로운 호흡의 사용

한국에서 가장 자유로운 분위기를 가진 배우를 떠올린다면 누가 생각나는가? 필자는 류승범 씨가 떠오른다. 영화 <주먹이 운다>, <방자전>, <베를린>등 연기뿐만 아니라 패션으로도 개성을 잘 드러내는 멋진 배우이다. 보헤미안 같은 매력을 가진 그의 연기를 보면 호흡을 굉장히 자유롭게 또 거침없이 사용한다는 것을 느낄 수 있다. 아래 대사는 영화 <부당거래>의 주양 역을 맡은 배우 류승범 씨 대사의 한 대목이다.

경찰을 아주 불쾌하게 할 뻔했어. 내가, 내가 아주 큰 실수를 할 뻔했구먼.
내가 잘못했어. 내가 어? 거, 경찰들이 불쾌해할 수 있으니까 일들 하지 마!
경찰들 불쾌한 일들 하지 마! 경찰한테 허락받고 일해!
내 얘기 똑바로 들어! 어?
호의가 계속되면 그게 권리인 줄 알아요.

많은 개그맨들이 패러디할 정도로 유명했던 영화 명장면 중 하나다. 해당 장면에서 류승범 씨는 온몸으로 크게 분개하며 대사한다. 높은 음높이와 강한 에너지를 사용함에도 불구하고 신체는 이완되어 있고 자유로워 보인다. 심지어 흥분된 감정상태인데도 발음이 정확하다.

어떻게 이런 조화로운 말의 완급조절이 가능한 것일까? 비밀은 바로 호흡에 있다.

배우 류승범 씨는 주어진 극에서 주양이라는 캐릭터에 완벽히 분하였다. 인물의 충동에 따라 목소리, 신체가 거침없이 반응하고 있다. 또한 대사 전체가 하나의 흐름으로 연결되어 있지만, 각 문장마다의 정서를 호흡에 담아 분출해낸다. 그러다 보니 관객은 훨씬 더 역동적으로 주양이라는 인물의 성격을 느낄 수 있으며 몰입하게 된다. 이러한 자유로움과 풍부한 표현력은 호흡을 자유자재로 컨트롤할 수 있기 때문에 가능한 것이다. 만약 순간의 충동에 반응하지 않고 전반적인 대사의 느낌만 가진 채 연기했다면 그저 단순히 화만 내는 단조로운 호흡 사용을 보여줬을 것이다. 이러한 연기에 관객들은 반응하지 않는다. 왜냐하면 그것은 살아있는 말이 아니기 때문이다. 관객은 살아 숨쉬는 말에만 귀를 기울인다.

우리는 생각을 표현할 때 문장단위로 이야기한다. 더 잘게 나누어 보면, 문장은 어절로 이루어져 있고, 어절을 나누면 단어, 단어를 나누면 음절, 음절을 나누면 음운으로 이루어진다. 이 음운은 언어의 최소 소리단위로 호흡에서부터 생성된다. 스피치에 어려움을 겪고 있는 사람들은 각자마다 증상은 달라도 대부분 호흡이 얕고 경직되었다는 특징을 갖고 있다. 이러한 호흡으로는 살아 숨 쉬는 역동적인 말하기가 불가능하다. 따라서 스피치 훈련은 말의 시작점인 호흡을 다시 자각하고 자유롭게 만들어주는 것부터 출발해야 한다.

나를 억압하는 것들

세계적인 발성 교사 크리스틴 링크레이터는 모든 인간은 2에서 4 옥타브에 이르는 음역을 통해 다양한 감정과 생각의 변화를 표현할 수 있는 소리를 가지고 있다[2]고 전제하였다. 이와 같은 주장에 잘 부합하는 사람이 앞서 언급한 배우 류승범 씨다. 우리는 사실 선천적으로 자유로운 표현능력을 가진 존재였다. 그러나 타인의 부정적인 평가와 억압된 환경 속에서 성인으로 성장하면서 자유로운 호흡의 사용을 거의 잃어버리게 된다. 대표적인 모습은 호흡을 억누르면서 솔직하게 표현하지 못하는 행동이다. 무서운 것은 이러한 행동이 습관화되면 자신의 한 모습으로 단단히 굳어진다는 것이다.

놀이터에서 친구와 그네를 타는 어린아이를 떠올려 보자. 아이는 느껴지는 자극만큼 "재밌다!" 하며 꺄르르 웃는다. 굉장히 단순하고 자연스러운 장면이다. 이 과정을 자세히 살펴보면, 먼저 친구들과 그네를 타며 느껴지는 외부 자극이 감각 수용체를 통해 아이의 뇌로 전달된다. 뇌는 해당 자극을 판단하고, 그로 인해 아이는 어떠한 충동(욕구)을 느끼며 "재밌다!"라는 말과 웃음을 통해 자신의 감정을 표현한다. 이것은 인간이라면 누구에게나 일어나는 본능적인 행동 과정이다.

우리도 아이처럼 뇌에서부터 전달되는 충동에 솔직하게 반응하며 자유롭게 표현하기 위해서는 먼저 몸의 근육이 이완된 상태여야 한다. 왜냐하면 근육의 긴장은 우리의 호흡을 억누르고 자유로운 표현을 방해하는 가장 큰 적이기 때문이다. 여기서 말하는 이완이란, 자세가 무

---

2 크리스틴 링크레이터, 『자유로운 음성을 위하여』, 김혜리 옮김, 동인, 2009, 24쪽.

너져 축 늘어진 상태를 말하는 것이 아니다. 기지개를 시원하게 켜고 난 직후 느껴지는 근육들의 조화로운 활력상태를 말한다. 우리는 통제 가능한 근육을 이완시킴으로써 간접적으로 긴장을 조절해야 한다.

현대인들은 자신의 충동에 인색한 경우가 많다. 생명의 위협과 같은 극단적인 상황에 처한 경우를 제외하고는 이성적으로 통제된 삶을 살고 있기 때문에 그렇다. 이성의 통제와 억압이 심한 사람일수록 충동을 억누르는 것이 익숙해져 있다. 이것은 감정적인 습관으로 이어져 감정표현이 어색하거나 거절을 잘 못하는 등 성격의 한 일부분이 될 수 있다.

호흡은 충동이다

우리는 이성의 끈을 놓은채 충동적으로만 행동하며 살 수는 없다. 하지만 자신이 느낀 자극을 있는 그대로 자유롭게 표현할 줄 아는 사람과 그렇지 못한 사람은 하늘과 땅 차이이다. 전자는 상황에 맞게 호흡을 조절하며 감정표현을 할 수 있는 사람이지만 후자는 표현 자체가 억압된 상태의 사람이다.

스피치뿐만 아니라 우리가 하는 모든 행동은 충동으로부터 시작된다. 외부자극에 대한 우리의 충동은 호흡의 변화를 만들고 신체로 표현되며 감정을 표출하게 한다. 우리가 이러한 일련의 과정을 억압하면 할수록 눌린 용수철처럼 반발심만 강해진다. 이렇게 생긴 반발심은 언제 튀어 오를지 모르는 무의식적 불안상태와 같다. 그래서 이 불안한 마음을 잠재우기 위해, 야식이나 술로 스스로를 달래거나 게임과 같은 가상현실로 도피하기도 한다.

'호흡은 충동이다.' 너무나 자연스럽고 당연한 말이다. 그동안 무의식적으로 억눌러왔던 나의 호흡을 이제는 되돌아볼 때다. 자신의 말하기를 개선하고 세상이라는 무대에서 나답게 살기 위해서 우리는 호흡부터 다시 배워야 한다. 스피치의 시작이자 생명의 시작인 호흡을 관찰하는 것부터 시작해 보자. 그러면 나의 욕구를 이해하고 말과 감정을 조절할 수 있게 될 것이다.

훈련 1단계

첫 훈련에서는 호흡을 관찰하고 근육의 이완을 느껴본다. 다음 3가지 연습을 통해 내 호흡을 확인하고 근육을 이완시켜 보자. 훈련시간 외에도 일을 하거나 대화를 할 때 호흡이 어떤지 체크하는 습관을 가지면 좋다. 지금 내 호흡이 얕은지, 깊은지, 빠른지, 느린지, 평소 내 몸 상태는 어디가 긴장되어 있는지 관심을 가져보자.

연습 1 호흡 통로 자각하기

1 의자에 앉아 눈을 감는다.

2 코끝에 의식을 집중하고, 호흡이 들어왔다 나갔다 하는 것을 인지한다.

3 떠오르는 잡념이 있다면 흘러가도록 내버려 두고 계속 코끝에 집중한다.

4 코 끝으로 들어오는 호흡이 골반 밑바닥까지 깊숙이 빨려 들어왔다가 나감을 인식한다.

5 호흡을 하면서 코 끝부터 골반 밑바닥까지 자신의 호흡 통로를 그려본다.

+ 하루 5분 어느 때든 해도 좋다. 중요한 것은 평소의 호흡을 점검하고 관찰하는 습관을 갖는 것이다.

연습 2 상체 반복해서 떨어뜨리기

1 바르게 서서 천천히 정수리가 바닥을 향하게 고개를 숙인다.

2 상체를 아래로 툭 떨어뜨린다.

3 상체가 떨어지는 반동과 함께 호흡을 뱉는다. (하-)

4 이완된 상체를 느끼며 천천히 다시 역순으로 바르게 선다.

5 1~4를 반복한다.

+ 상체 어느 곳에도 긴장이 없어야 한다. 팔, 목 모두 덜렁덜렁 매달려 있는 듯 보여야 한다. 최소 10회 이상 반복할 것을 추천한다.

연습 3 이완된 내 몸 느끼기

1 딱딱한 바닥에 편하게 눕는다.

2 목 전체에 5초 이상 최대한 힘을 주었다가 이완시킨다.

3 오른팔, 왼팔 전체에 각각 5초 이상 최대한 힘을 주었다가 이완시킨다.

4 오른발, 왼발 전체에 각각 5초 이상 최대한 힘을 주었다가 이완시킨다.

5 목, 팔, 다리를 동시에 5초 이상 최대한 힘을 주었다가 이완시킨다.

+ 신체 부위가 긴장되었을 때와 이완되었을 때의 차이를 극명하게 느껴보자. 이 느낌을 기억해 평상시에 긴장된 신체 부위가 있다면 즉시 풀어주는 습관을 갖자.

흉식호흡? 복식호흡? 확실히 하자

복식호흡의 중요성

다양한 직업군에서 복식호흡의 중요성을 이야기한다. 그중 사람을 상대로 말하는 행위가 많은 직업일수록 복식호흡을 통한 발성을 필수적으로 요하는 경우가 많다. 왜냐하면 가장 효율적으로 호흡을 조절하며 풍부한 소리를 만들어낼 수 있기 때문이다. 호흡을 전문적으로 운용하는 직업군으로는 배우, 아나운서, 가수 등이 대표적이다. 발성 외에도 복식호흡을 하면 좋은 점이 많다. 대표적인 2가지는 복부 다이어트 효과와 스트레스 완화효과다. 복식호흡을 생활화하면 다방면으로 우리의 삶이 건강해질 것이다.

호흡은 들숨과 날숨의 주기적인 과정이다. 이 주기적인 과정을 일

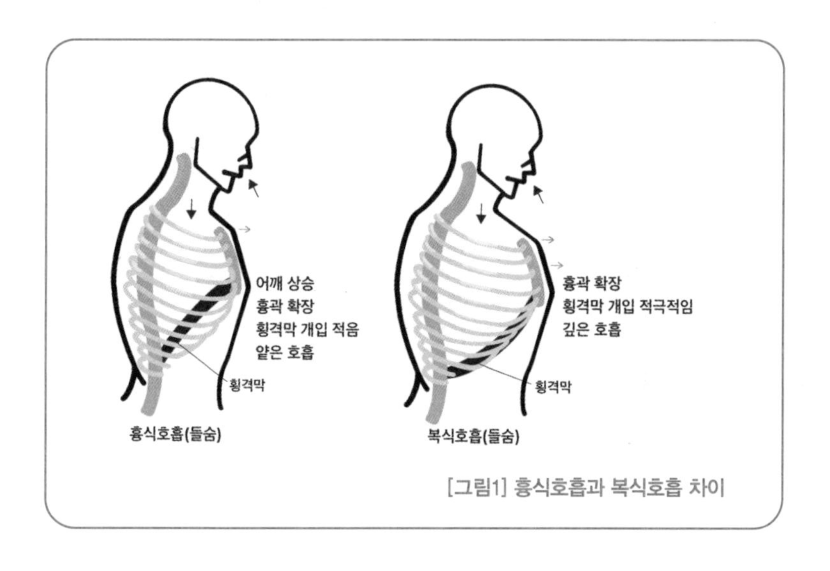

[그림1] 흉식호흡과 복식호흡 차이

반인들은 대부분 흉식으로 한다. 흉식호흡은 주로 갈비뼈(늑골)에 붙어 있는 늑간근에 의존하여 호흡을 마시는 형태이다. 외관상 가슴 부위와 어깨 부근이 올라갔다가 내려가는 것으로 보이고 횡격막의 개입이 적어서 호흡조절이 어렵다. 반면 복식호흡은 늑간근과 함께 횡격막의 움직임을 적극적으로 사용하고 복부 근육의 개입을 받아 이뤄지는 호흡법이다. 따라서 흉식호흡에 비해 호흡량이 많고, 복부 근육을 통해 호흡조절이 유리하다.

복식호흡의 원리와 장점

[그림2]와 같이 가슴 안 공간을 흉강, 복부 내부 공간을 복강이라고 한다. 명치 부근에 위치하여 흉강과 복강을 분리하는 막을 횡격막이라고 부른다. 복식호흡 시 들숨과 날숨의 원리는 다음과 같다. 충동에 의해 횡격막이 하강하고, 흉강이 확장되면서 폐의 부피가 증가한다. 폐의 내부 압력은 감소하게 되고 그만큼 압력을 높이기 위해 외부 공기

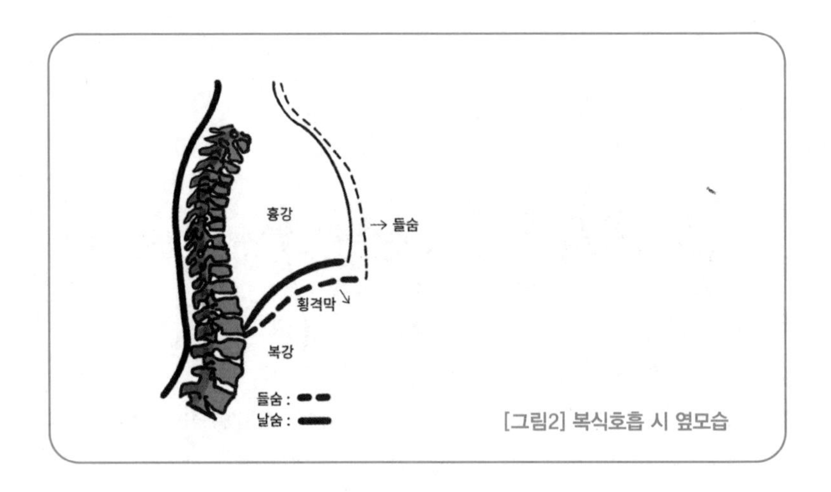

[그림2] 복식호흡 시 옆모습

가 몸 안으로 들어오게 된다. 폐는 탄성은 있지만 스스로 움직일 수 없기에 이러한 횡격막의 하강과 흉강의 확장을 통해 호흡운동을 한다. 그리고 횡격막이 다시 제 위치로 돌아오면서 흉강과 폐의 부피가 감소하고, 높아진 압력을 다시 낮추기 위해 공기를 몸 밖으로 내뱉는다.

연세대학교 의과대학 음성언어의학연구소 남도현 교수는 횡격막에 대해 "정상 호흡 시에는 상하로 1-2cm, 심호흡 시에는 상하로 7-8cm 정도 운동한다. 보통 횡격막이 1cm 정도 내려가면 공기는 350ml 정도 흡입된다."[3]라고 하였다. 또한 횡격막이 하강하면서 복부의 장기들이 밀려 복부가 팽창하게 되고, 그에 따른 복부의 압력으로 날숨을 원활하게 조절할 수 있다. 이렇게 깊은 호흡량을 자랑하는 복식호흡은 영화배우처럼 좋은 목소리를 갖기 위한 필수조건이다.

배우 강소라 씨의 연기를 보면 목소리 톤이 안정적이며 감정표현이 섬세하고, 보는 이가 편안할 정도로 근육이 이완되어 있다. 대표적인 예로 745만 명의 관객을 돌파한 영화 <써니>에서 어린 춘화 역을 맡은 배우 강소라 씨가 타 학교 무리와 욕 배틀하는 장면이 있다. 해당 장면은 지금까지 회자될 정도로 재미있는 영화 속 명장면이다.

> 그르게, 왜 거기서 우리 학교 애들 삥을 뜯냐고.
> 그리고 세렝게티면 사자지 이 무식한 년아 (…)
> 아~ 나 진짜 얘까진 안 데려오려 그랬는데, 너네 빙의라고 들어봤냐? 빙의.
> 그건 빙산이고 빙신아.

3 남도현, 『남도현 발성법』, 코러스센터, 2011, 30쪽.

타 학교 무리의 기선을 제압하고 겁을 주는 것이 목적인 어린 춘화 역 대사다. 배우 강소라 씨는 인위적으로 강해 보이려 연기하지 않고, 복식호흡을 연계한 안정된 발성과 호흡조절로 내면이 강한, 진정 여유 있는 자의 모습을 연출해낸다. 이것이 표현 가능했던 이유는 약간의 낮은 음과 느린 말속도로 아주 안정적이게 발화했기 때문이다. 주변을 살펴봐도 어딘가 카리스마가 있는 사람들은 안정된 톤과 약간은 느린 말 속도를 가진 경우가 많다. 이것은 호흡이 안정적일 때 가능한 일이다. 또한 배우 강소라 씨는 안정된 톤 속에서도 미묘한 감정을 자연스럽게 말속에 배어 나오게 했다. 자칫 일정한 톤으로 예상 가능하게 표현될 수도 있는 대사였지만 자신의 해석이 담긴 어린 춘화 역의 감정선을 섬세하게 표현해냈다. 이처럼 복식호흡을 체화하면 호흡을 효과적으로 조절하여 내 생각과 느낌, 분위기까지 목소리에 담아낼 수 있다. 올바른 복식호흡을 할 경우 스피치에 좋은 점을 크게 3가지로 정리해 볼 수 있다.

① 복식호흡 시 횡격막과 함께 후두의 위치도 내려가기 때문에 발성에 유리한 조건이 만들어진다.

② 다양한 감정을 호흡으로 섬세하게 표현할 수 있는 토대가 된다.

③ 어떠한 상황에서도 정확히 발음할 수 있는 밑받침이 된다.

복식호흡 할 때 주의해야 할 점

복식호흡을 잘 하려는 마음에 횡격막의 움직임에만 지나치게 의식하는 자세는 좋지 않다. 오히려 상체에 불필요한 긴장만 야기하고 실제 들어오는 호흡량은 깊지 않다. 쉽게 말해서 복식호흡은 절대 외적으로 복부만 앞으로 나왔다가 들어가는 호흡이 아니라는 것이다. 복부와 흉곽이 모두 자연스럽게 확장되는 깊은 느낌의 호흡이다.

또한 억지로 호흡을 과하게 마셔서 흉강이 확장되는 것도 올바른 호흡이 아니다. 충동에 의한 횡격막 하강 및 갈비뼈에 붙어있는 늑간근과 주변 근육의 움직임으로 흉강이 확장되는 것이다. 따라서 호흡을 인위적으로 많이 마시려 하지 말고, 이완을 통해 근육들이 유기적으로 반응될 수 있게 해야 한다. 위대한 성악 교사 람페르티(G.B. Lamperti)도 폐로 필요 이상의 호흡을 마시지 말라고 했다. 과한 들숨은 오히려 폐의 호흡만 더 빨리 배출하게 만들기 때문이다.

복식호흡을 할 경우 흉식호흡보다 호흡량이 많기 때문에 자신의 호흡을 자각하기 훨씬 쉽다. 호흡을 자각하기 쉬워진다는 말은 자신을 통제할 수 있는 가능성이 생긴다는 말과 동의어다. 왜냐하면 호흡은 어떤 행동을 하는 시작점이기 때문이다. 따라서 평소에 자신의 호흡을 관찰하고 잘못된 습관을 제거하려는 노력이 필요한 것이다. 가령 긴장하는 상황의 호흡을 관찰해 보면, 대부분 흉식호흡을 하거나 아예 호흡을 멈추고 있는 경우가 많다. 우리의 신체는 긴장하면 제대로 된 복식호흡을 할 수 없다.

훈련 2단계

인간은 태어나면서부터 복식호흡을 했지만 직립보행을 시작하고 성인이 되면서 복식호흡보다 흉식호흡이 익숙해진다. 앞서 흉식호흡과 복식호흡의 차이, 복식호흡의 원리와 장점, 복식호흡할 때 주의해야 할 점을 살펴봤다. 이제부터 복식호흡을 연습해 보자. 중요한 것은 훈련을 통해 배우고 느낀 점을 일상생활에도 적용해야 한다는 점이다. 반드시 체화하여 습관화하자.

연습 4 몸속 진공상태 만들기

바르게 선 자세에서 몸 안의 공기를 모두 뱉는다. 호흡을 참고 몸을 최대한 이완시킨다. 일정 시간이 지나면 숨을 쉬고 싶다는 욕구가 강하게 생긴다. 더 이상 참기 힘들 때, 피스톤을 잡아당기듯 쭉 빨아들이며 호흡을 마시자. 이때의 느낌이 복식호흡 시 횡격막이 하강하며 호흡이 깊숙이 들어오는 느낌과 비슷하다.

연습 5 복식호흡 연습 * 서서 하기

1 바른 자세로 서서 명치와 배꼽 간의 거리를 1/2로 나눈다.

2 명치와 배꼽 사이의 거리를 1/2로 나눈 지점의 옆구리 부분에 양손을 붙인다.

3 배가 등 가죽에 붙는 느낌으로 몸 안의 호흡을 모두 배출시킨다. (하-)

4 배에 풍선을 불어넣는다는 이미지로 5초간 호흡을 마신다. 이때 옆구리 부분에 붙인 양손으로 점점 부푸는 배를 느끼고 갈비뼈가 함께 확장되는 것을 느낀다. 단, 어깨는 올라오지 않게 한다.

5 잠시 호흡을 참으며 내 몸 안의 압력을 느껴본다.

6 윗니와 아랫니를 살짝 붙인 상태에서 '스-' 소리로 10초 이상 일정하게 호흡을 뱉는다.

+ 호흡을 뱉을 때는 일정한 양과 세기로 뱉는 것이 중요하다. 이것은 발성과 화술에서 기본이 되는 자세다. 위 복식호흡 연습법을 최소 5세트 이상 반복해 보자.

연습 6 복식호흡 연습 * 누워서 하기

1 바닥에 일자로 편하게 눕고, 왼손은 가슴 위, 오른손은 배꼽 위에 올려둔다.

2 배가 등 가죽에 붙는다는 이미지로 몸 안의 호흡을 모두 배출시킨다. (후-)

3 최대로 마실 수 있는 호흡의 1/3가량 마시고 15초 참는다. (1/3 호흡상태)

4 1/3가량의 호흡을 더 마시고 15초간 참는다. (2/3 호흡상태)

5 1/3가량의 호흡을 더 마시고 15초간 참는다. (3/3 호흡상태)

6 1/3가량의 호흡을 뱉고 5초간 참는다. (2/3 호흡상태)

7 1/3가량의 호흡을 뱉고 5초간 참는다. (1/3 호흡상태)

8 다시 1/3가량의 호흡을 마시고 15초간 참는다. (2/3 호흡상태)

9 1/3가량의 호흡을 더 마시고 15초간 참는다. (3/3 호흡상태)

10 1/3가량의 호흡을 다시 뱉고 5초간 참는다. (2/3 호흡상태)

11 1/3가량의 호흡을 뱉고 5초간 참는다. (1/3 호흡상태)

12 모든 호흡을 다 뱉고, 다시 자연스러운 호흡으로 돌아온다.

+ 훈련을 진행하면서 배꼽 안쪽에 있는 풍선을 가득 채운다는 이미지로 호흡을 마신다. 이때 가슴 위쪽 근육은 항상 이완을 유지해야 한다. 호흡을 마시고 참을 때마다 복부의 팽창감을 반드시 유지하자. 위 복식호흡 연습법은 최소 3세트 이상 반복을 추천한다.

명배우들은 다 하는 운동? 따라 하자

습관화된 긴장에서 벗어난 배우들

필자 또한 사람들 앞에서 스피치를 하거나 연기할 때, 자주 긴장하는 사람이었다. 대본을 열심히 외우고 연습해도, 막상 무대나 카메라 앞에만 서면 딱딱하게 굳어버린 몸과 떨리는 목소리를 감출 수 없었다. 분명 긴장을 풀기 위한 심호흡, 스트레칭, 타인에게 집중하기 등 다양한 이완방법들이 도움은 되었다. 그러나 본질적으로 늘 어딘가 굳어있고 불편한 신체와 호흡을 개선하기란 쉽지 않았다. 이런 현상을 극복하기 위해 '알렉산더 테크닉'을 공부하게 되었다.

알렉산더 테크닉은 습관화된 긴장에서 벗어나 자신의 신체를 올바르게 사용하는 운동이다. 우리나라에서는 MBC 예능프로그램 <나 혼자 산다> 350회에서 배우 유아인이 하는 운동으로 대중에게 널리 소개되었다. 현재 한국예술종합학교를 포함한 여러 예술계통 대학 및 대학원에서도 정기적으로 수업하는 과목 중 하나이다. 해외에서는 대표적으로 영화 <닥터 스트레인지>의 주인공이었던 베네딕트 컴버배치, 히스 레저, 레오나르도 디카프리오, 휴 잭맨 등 수많은 명배우들이 올바른 신체 사용을 위해 적용하고 있는 운동법이다. 베네딕트 컴버배치가 Letters Live에서 'Sol LeWitt to Eva Hesse'를 멋지게 연설한 영상을 유튜브에서 찾아보자.

베네딕트 컴버배치의 스피치 전달력과 표현력은 경이로운 수준이다. 글의 의도와 이미지를 대중이 압도당할 정도의 에너지로 명료하게 전달하고 있다. 다양한 리듬감과 감정으로 스피치 하면서도 얼굴근육, 입, 턱, 등의 신체기관을 불필요한 긴장 없이 효과적으로 사용한다. 또한 현재 상황에 완전히 적응하여 순간의 충동에 따라 자유롭게 몸의 표현을 선택해나가는 여유도 느껴진다.

베네딕트 컴버배치는 각 문장에서 느껴지는 이미지를 온몸으로 다채롭게 표현한다. 그러면서 긴 문장도 호흡의 끊김 없이 유연하게 소화한다. 각 문장에서 자신이 느끼는 충동을 거침없이 표현함에도 불구하고 목소리의 피로도 또한 전혀 느껴지지 않는다. 오히려 풍부한 발성으로 청중을 압도한다. 이것이 가능한 이유는 몸의 사용법을 정확히 알고 있으며, 무의식적으로 활용할 수 있게끔 체화했기 때문이다. 이처럼 훈련된 신체의 표현은 예술 그 자체다. 물론 베네딕트 컴버배치의 타고난 재능도 있겠지만, 필자는 연기훈련과 알렉산더 테크닉을 통해 향상된 신체사용능력 때문이라고 생각한다.

알렉산더는 누구인가

알렉산더 테크닉은 호주 출신의 배우 F.M. 알렉산더(Frederick Matthias Alexander)가 만들었다. 그는 본인의 발성에 고민이 있었고, 이 고민은 알렉산더 테크닉을 만드는 계기가 된다. 그는 연극배우 시절 목소리가 자주 쉬고 동료 배우로부터 무대에서 호흡이 거칠다는 소리를 많이 들었다. 이러한 현상을 완화하기 위해 발성 교사와 의사에게 도움을 청해보지만 본질적으로 해결하진 못하였다.

결국 알렉산더는 스스로 해결하기 위해 삼면거울 앞에 섰다. 거울 앞에서 앉기, 서기, 걷기 등의 일상적인 동작들을 연구했다. 연극 공연을 할 때뿐만 아니라 일상생활에서도 끊임없이 자신을 관찰했다. 그 결과 말할 때 머리를 뒤와 아래로 누르면서 목 주변 근육을 압박한다는 사실을 발견하게 된다. 이 현상은 몸 전체의 긴장으로 이어져 갔고, 자주 쉬는 목소리와 거친 호흡 사용을 직접적으로 개선하는 방법은 없다는 사실을 깨닫게 된다.

알렉산더는 스스로를 연구하는 것을 멈추지 않았다. 그 결과 머리를 척추의 최상위에 놓았을 때, 유기적으로 몸 전체의 긴장이 해소되면서 목소리를 간접적으로 개선할 수 있게 됨을 발견한다. 잘못 굳어진 신체적 긴장을 인지한 후, 올바르게 사용하여 편안한 발성과 호흡을 되찾게 된 것이다. 알렉산더는 목소리를 개선한 이후에도 연구를 확장해 나갔다. 그리고 당시 유명한 배우와 연설가의 발성 및 신체적 문제점들을 효과적으로 변화시킨다. 현재까지도 그의 테크닉은 알렉산더 테크닉 교사들을 통해 예술분야에서 자세와 움직임 훈련으로 자리매김하고 있다.

습관의 무서움

긴장한 몸의 부위를 찾아 개선하는 일은 분명 어려운 일이다. 이미 습관이 되어 익숙해져 있기 때문이다. 대부분 해당 부위의 긴장감을 잘 느끼지 못하거나, 몸에 부담감을 주는 자세인데 오히려 편하다고 느낄 것이다. 하지만 올바른 스피치를 위해서는 먼저 내 몸을 올바르게 사용할 줄 알아야 한다. 좋은 악기에서 좋은 소리가 나오듯, 좋은 몸에서 좋은 목소리가 나오기 때문이다.

목소리 개선을 위해 찾아오는 수강생분들 중 공통된 특징이 하나 있다. 바로 자세 불균형이다. 대표적인 2가지는 거북목 자세와 잘못된 걸음걸이다.

첫째, 거북목 자세는 발성에 최악의 조건을 만든다. 목소리를 만들기 위해 존재하는 후두 주변 근육들을 머리 무게를 받치는 데 사용하게 하기 때문이다. 그뿐만 아니라 목뼈와 척추를 경직시켜 얕은 호흡을 마시게 한다. 앞서 호흡의 원리에서 살펴봤듯이 복식호흡을 하려면 횡격막과 갈비뼈(늑골)의 자유로운 움직임이 필요하다. 이때 갈비뼈(늑골) 움직임의 유연성을 만드는 곳이 척추에 붙은 등 근육이다. 따라서 거북목 자세는 발성과 호흡을 포함해 몸 전체를 망가뜨리는 자세이다.

둘째, 잘못된 걸음걸이는 몸 전체의 불균형을 만든다. 우리의 몸은 하나의 유기적인 시스템이다. 바닥에 떨어진 지갑을 줍는 것와 같이 단순한 행위도 수많은 근육과 관절이 개입된다. 이렇게 유기적으로 구성된 몸을 망가뜨리는 가장 손쉬운 방법이 잘못된 걸음걸이다. 길거리에만 나가봐도 남녀노소 불문하고 팔자걸음과 안짱걸음을 정말 많이 볼 수 있다. 이외에도 걸음걸이만 봐도 그 사람의 성격을 알 수 있다는 말이 있듯이, 각자 가지고 있는 걸음걸이 습관은 정말 다양하다.

필자도 과거 일상생활에서 거북목, 팔자걸음, 다리 꼬기 등 안 좋은 습관을 많이 갖고 있었다. 올바른 자세를 취해야 한다는 것은 당연히 알고 있었지만, 그 중요성을 피부로 깨닫진 못했다. 그러다 보니 강의를 하거나 연기할 때 성대가 금방 피곤해했고, 평소 움직임에서도 뻣뻣함을 자주 느꼈다. 걸음걸이가 좋지 못하다 보니 골반 불균형이 심하여 조금만 앉아있거나 서있어도 허리가 아팠다. 이러한 악순환은 심리적으로 자신감까지 연결되어 의욕저하와 무미건조한 얼굴표정을 만들었다. 습관은 정말 무서운 존재다. 현재는 꾸준한 운동과 알렉산더 테크닉을 통해 많이 개선되었고, 몇 년 전과는 확연히 다른 신체사용을 유지하고 있다.

올바른 자세와 디렉션

좋은 목소리, 정확한 발음, 밝은 얼굴 표정은 올바른 자세에서부터 시작된다. 그렇다면 올바른 자세란 무엇인가? 일반적으로 바른 자세라고 하면 군인처럼 인위적으로 곧게 편 자세나, 모델의 워킹이 떠오를 수 있다. 그러나 자세를 위한 자세는 또 다른 근육의 긴장을 만든다. 알렉산더 테크닉에서 말하는 '자세'란 어떠한 완벽함을 추구하는 자세가 아닌, 균형 잡힌 자연스러운 자세를 말한다. 즉, 머리가 척추의 최정상에 위치한 상태에서 몸과 움직임의 자연스러움을 우선시한 자세다. 이는 6세 이하의 어린아이들에게서 쉽게 볼 수 있는 자세이다. 어린아이들은 균형 잡힌 움직임을 자연스럽게 유지하면서 몸을 바르게 사용하고 불필요한 긴장도 갖고 있지 않다. 그에 반해 우리의 몸은 이미 수십 년간 나쁜 습관과 긴장에 익숙해져 있다.

이제부터 올바른 신체 사용을 위한 알렉산더 테크닉의 디렉션(direction)을 알아보자. 필자가 한국 알렉산더 테크닉 협회 KATA 워크숍에서 직접 경험한 것을 토대로 간략히 서술해 보았다. '디렉션'이란 몸이 올바른 선택을 하도록 의식적으로 하는 생각이며 5개의 문장으로 이루어져 있다.

① 내 목이 자유롭다.

② 내 머리가 앞과 위로 향한다.

③ 내 척추가 길어지고 넓어진다.

④ 내 다리와 척추가 서로 분리된다.

⑤ 내 어깨가 중심으로부터 넓어진다.

F.M. 알렉산더는 "올바른 자세란 없다. 올바른 디렉션만 있다."라고 하였다. 언제 어디서든 위 디렉션 문장을 외워서 몸에 지시해 보자. 누워있을 때, 앉아있을 때, 서 있을 때 모두 가능하다. 강압적으로 지시에 따르는 느낌이 아니라 내 몸이 선택한다는 자유로운 느낌으로 해 보자. 심각하게 생각하며 할 필요는 없다. 디렉션을 통해 자신의 근육이 어떻게 반응하는지 관찰해 보자. 자연스럽게 이완이 되고 자세 교정에 많은 도움이 될 것이다.

훈련 3단계

이번 훈련은 스피치에서 반드시 개선해야 할 거북목 자세와 잘못된 걸음걸이 교정에 긍정적인 효과를 가지고 있다. 〈연습 7〉은 알렉산더 테크닉 중 '세미수파인'이라는 자세를 소개하고 있다. 이것은 우리 몸과 마음의 긴장감을 풀어주며 편안한 호흡을 경험할 수 있는 좋은 자세다. 열린 마음으로 꾸준히 해보자.

연습 7 알렉산더 테크닉 '세미수파인' 자세

1 카펫이 깔린 바닥이나 운동용 매트에 등을 대고 눕는다.

2 머리를 받치기 위해 책을 머리 밑에 놓는다.

3 두 다리를 고관절 너비로 벌린 다음 무릎을 구부리고 발바닥은 바닥에 놓는다.

4 만약 허리가 아프다면 다리를 의자에 올려서 받쳐 준다(무릎을 구부려 종아리 부분만 의자 위에 올려놓는다. -역주). 허리의 긴장이 해소되도록 중력이 도와줄 것이다.

5 흉곽 하부에 손을 얹어 호흡을 느껴본다.

6 바닥이 몸을 받치도록 허용한다. 바닥에 닿아 있는 자기 자신과 공간을 인식한다.

7 호흡을 의식한다. 빠른가, 느린가? 고른가, 불규칙한가? 한쪽 흉곽이 다른 쪽 흉곽보다 더 많이 움직이는가? 판단하지 말고 관찰해 본다.

8 머리부터 발끝까지 자신의 몸을 의식해 본다. 긴장이 느껴지는가? 긴장을 자각해 본다.

9 몸과 마찬가지로 자신의 생각에 대해 알아차려 본다. 마음이 산만해지면 몸에 의식을 둔다. 자기 자신과 호흡을 느껴 본다.

10 이 자세로 5~10분가량 머무른다.

11 자신과 함께하는 이 시간을 기쁘게 받아들인다.

12 이것을 매일 연습한다. 충분한 가치가 있다.[4]

\+ 머리 받침대는 책이나 수건 등을 활용하여 머리 높이가 너무 높아지지 않게 적당한 두께로 받쳐서 사용한다. 위 순서를 처음부터 외워서 하긴 어려울 것이다. 휴대폰으로 시간흐름에 맞춰 녹음한 후 들으면서 진행해보자.

---

4 빌 커닝턴, 『배우를 위한 알렉산더 테크닉』, 배우를 위한 알렉산더 테크닉 연구소 옮김, 무지개다리너머, 2017, 40~41쪽.

연습 8 공간 속 내 몸 인지하기

거북목 자세는 눈앞에 보이는 공간에만 과도하게 집중하는 습관이 가장 큰 원인이다. 내가 지금 머물러 있는 공간에서 몸의 뒷면, 윗면, 옆면, 앞면, 바닥면 모두를 인지해 보자. 단순히 바른 자세를 유지하려는 것보다 훨씬 자연스럽게 몸이 정렬될 것이다.

1 조용하고 편안한 공간으로 가서 골반 너비로 선다.

2 두 눈을 감고, 머리부터 발끝까지 몸을 스캔하며 긴장된 부위를 자유롭게 풀어준다.

3 공간과 닿고 있는 내 몸의 뒷면(뒤통수, 목덜미, 등, 엉덩이, 뒷 허벅지, 종아리, 발목 등)을 마음의 눈으로 그려본다.

4 공간과 닿고 있는 내 몸의 윗면(정수리, 어깨 라인 등)을 마음의 눈으로 그려본다.

5 공간과 닿고 있는 내 몸의 옆면(얼굴 옆태, 목, 팔, 옆구리, 다리 측면 등)을 마음의 눈으로 그려본다.

6 공간과 닿고 있는 내 몸의 앞면(얼굴, 가슴, 배, 무릎, 정강이 등)을 마음의 눈으로 그려본다.

7 바닥과 닿고 있는 발바닥과 몸의 무게를 느껴본다.

8 눈을 뜨고 정수리와 천장 사이의 빈 공간을 느껴본다.

9 공간 안에 존재하는 내 몸 전체를 인지하며 할 일을 시작해 보자.

\+ 우리는 평소 스마트폰, 컴퓨터, 책 등 눈앞의 공간만 인지하며 긴장된 몸으로 살아간다. 3D 공간 속에 존재하는 내 몸을 인지하는 것만으로도 한결 이완되며 바르게 정렬된 감각으로 몸을 사용할 수 있다.

연습 9 느리게 걷기

1 서 있는 자세에서 턱을 살짝 당기고, 시선은 전방 10~15m를 바라본다.

2 발과 발 사이는 골반 너비 정도로 벌리고 발끝을 걷는 방향과 일치한 11자로 둔다.

3 평소 내 걸음 속도의 5배로 느리게 걷는다. 이때 몸 전체의 움직임도 자연스레 5배 느려진다.

4 무게중심이 발뒤꿈치 - 발바닥 - 엄지발가락 순으로 변화되는 것을 감각한다. 엄지발가락에서 다음 발뒤꿈치로 이동되는 과정에서 몸의 중심이 흔들릴 수 있다. 최대한 버텨보자.

5 최소 5분 이상 느린 걸음 속도를 유지한다.

6 이제 다시 평소 걸음 속도로 걷되 자신의 키에서 100cm를 뺀 보폭으로 걷는다.

7 이 느낌을 기억한 후, 밖에 나가서 일상생활을 할 때도 무게중심의 이동을 느끼며 걸어본다.

+ 걸음걸이 연습하는 모습을 휴대폰으로 촬영해 보자. 객관적으로 자신을 관찰함으로써 훈련의 질을 높일 수 있다.

2.

영화배우 같은 목소리의 비밀 3가지

목소리의 원리를 이해하라

매력적인 목소리의 소유자들

목소리가 좋은 배우를 세 명 꼽아본다면 누가 떠오르는가? 많은 배우들이 있겠지만 수애, 이선균, 이병헌 씨를 빼놓을 수 없을 것이다. 이들의 목소리 색깔은 각각 다르지만 한 가지 공통적인 특징은 바로 복식호흡과 연계된 편안하고 자유로운 발성을 사용한다는 것이다. 그뿐만 아니라, 소리의 울림을 증폭시키는 공명강을 효과적으로 사용하여 배음이 풍부한 소리를 표현해낸다. 이러한 매력적인 목소리는 호감가는 이미지를 만들며 사람들을 끌어당긴다.

다음은 수애 씨가 '네이버 시리즈에서 인생작을 만나다'에서 연기한 웹 소설 <재혼황후> TV광고 대사이다.

제가 변했다고요? 변한 건 폐하이십니다.
사과는 되었어요. 이혼을 받아들이겠습니다.
그리고 재혼 승인을 요구합니다.
네이버 시리즈에서 인생작을 만나다. 네이버 시리즈.
이거 영화 안 만든대?

필자는 배우 수애 씨가 시청자들에게 사랑받을 수 있었던 이유 중 하나로 좋은 목소리를 손꼽는다. 위 대사를 들어보면 중저음의 차분한

목소리에서 고혹한 이미지가 느껴진다. 또한 발화를 하면서 턱, 입술, 혀 등의 불필요한 긴장이 전혀 느껴지지 않는다. 이러한 신체적 이완 상태에서는 발성기관들이 유기적으로 현재 정서와 태도를 섬세하게 표현할 준비를 갖춘다.

뒷장에서 자세히 다룰 예정이지만, 우리의 목소리는 후두에 있는 성대의 접촉 진동으로 발생한다. 목소리가 발생할 때 성대가 서로 접촉했다가 떨어지기까지의 비율을 성대접촉률이라고 한다. 배우 수애 씨는 위 대사에서 성대접촉률을 너무 높지도 낮지도 않은 상태로 호흡을 적절히 섞어 말한다. 우리가 말할 때 성대접촉률을 너무 높여서 말하면 흔히 '조여서 말한다'고 하듯 듣는 사람까지 피곤한 쨍한 소리가 난다. 반대로 너무 낮춰서 말하면 허스키한 느낌과 함께 전달력이 부족한 소리로 들린다. 따라서 현재 상황과 감정에 맞는 적절한 성대접촉률을 알고 사용하는 것이 중요하다. 이 부분에 있어서 배우 수애 씨는 자신의 정서와 태도를 가장 효과적으로 전달할 수 있는 성대접촉률을 사용하고 있다. 이처럼 적절한 성대접촉률을 사용하기 위해서는 충동을 그대로 반영할 수 있는 신체 이완과 복식호흡을 통한 호흡조절능력이 필요하다.

목소리가 좋은 사람은 선천적으로 성대의 길이와 두께 등 유리한 조건을 갖고 태어난 경우가 많다. 그러나 필자를 포함하여 후천적인 노력을 통해 자신의 타고난 톤을 좋은 목소리로 개발한 사람들도 많다. 목소리도 훈련을 통해 변화할 수 있다. 그러기 위해서는 목소리의 원리에 대한 기본적인 이해가 바탕이 되어야 한다.

목소리의 생성 과정

목소리를 생성하는 요소는 크게 3가지로 호흡, 후두, 공명강이 있다. 먼저 호흡은 목소리를 만드는 원천이자 에너지다. 몸 안으로 들어온 호흡은 후두 내의 성대를 진동시켜 소리를 만든다. 후두에서 만들어진 소리는 후두 위쪽에 있는 공명강을 통해 증폭되고 조음기관(혀, 입술, 턱 등)을 통해 발음된다.

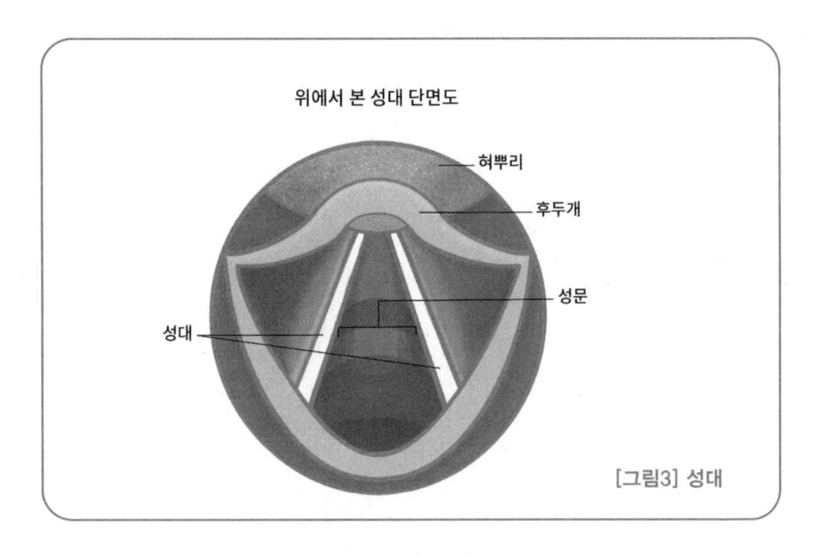

[그림3] 성대

목소리가 생성되는 과정을 조금 더 구체적으로 살펴보자. 성대는 V자 모양으로, 점막주름 두 개로 이루어져 있다. 점막주름 두 개 사이의 거리를 성문이라고 한다. 성문은 평소 호흡 시엔 열려 있다가 목소리를 내려고 할 때 완전히 닫히게 된다. 이때 복부의 압력으로 폐에서 올라오는 호흡이 닫힌 성문 사이의 아랫부분부터 뚫고 올라와 열어놓는다. 열린 성대는 다시 닫으려는 동작을 하며 반복적인 개폐운동을 하게 된다. 성대의 반복적인 개폐운동에 의한 진동으로 소리가 나는 것이다. 따라서 성문 아래, 즉 폐에서 올라오는 호흡의 압력이 크면 클수록 목소리를 크게 내기 쉬워진다. 왜냐하면 공기 역학적으로 성문의 위·아래에 압력 차이가 커질수록 성대 진동이 원활하게 이뤄지기 때문이다. 그래서 복식호흡을 통한 깊은 호흡으로 성문 아래의 압력이 성문 위의 압력보다 높은 상태를 만들어야 한다.

반드시 기억하자. 탄력 있는 성대 사용을 위해서는 성문 아래의 압력을 효율적으로 운용해야 한다. 단, 과도한 호흡압력의 사용은 오히려 점막주름을 다치게 해 잘 진동하지 못하게 만들 수도 있다.

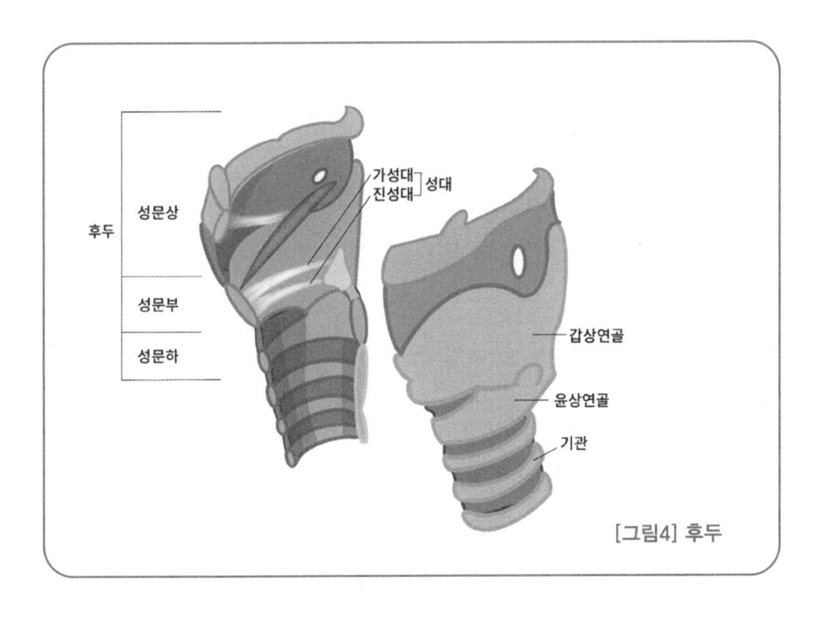

[그림4] 후두

발성의 중요한 요소 중 하나인 후두의 위치에 대해서도 알아보자. 후두는 연골과 후두근 등이 결합된 형태다. 음식물이 기도로 들어가지 않게 막아주고, 호흡 통로로써 중요한 역할을 한다. 우리 몸은 복식호흡 시 횡격막이 하강하면서 자연스럽게 후두의 위치가 약간 내려가게 되는데, 그 이유는 성대의 운동을 편하게 하면서 공명강을 넓혀 효율적으로 발성하기 위함이다. 그렇다고 항상 말할 때마다 후두를 인위적으로 내리라는 것은 아니다. 복식호흡의 생활화를 통해 자연스럽게 내려간 후두는 폭넓은 감정표현과 정확한 전달을 가능하게 한다.

목소리는 몸소리다

우리가 발성훈련을 해야 하는 가장 큰 이유는 멋지고 예쁜 목소리를 만들기 위함이 아니다. 인위적으로 만들어진 목소리는 어딘가 가식적이며 진정성이 떨어져 보이기 마련이다. 우리의 목표는 내 생각을 나다운 목소리로 표현하는 것이다. 그랬을 때 내 언어가 세상에 단 하나뿐인 나만의 매력적인 목소리로 표현된다.

목소리를 생성하는 발성기관은 몸이라는 하나의 커다란 유기적인 시스템 속에 존재한다. 즉, 다양한 근육들의 메커니즘 속에 존재하기 때문에 발성기관만 훈련하려는 태도는 피해야 한다. 그럴 경우 일시적인 효과만 있을 뿐이다. 우리의 발성기관은 두뇌의 지배를 받아 어떠한 생각, 느낌, 감정 등을 표현하는데, 이때 후두 역시 다른 근육들과 함께 반응하여 음성을 조율해낸다. 따라서 목소리 근육들의 복잡 미묘한 반응을 조화롭게 사용하기 위해서는 몸 전체를 올바르게 사용해야 한다. 목소리는 몸의 소리기 때문이다.

친구의 목소리가 힘이 없고 떨리면 무슨 일이 있었는지 걱정 되듯이 우리는 목소리만으로도 상대방의 기분과 상태를 파악할 수 있다. 이처럼 목소리는 정신적 육체적인 상태를 판단하는 척도가 된다. 평소 자신의 몸에 무관심했다면 지금부터라도 건강하게 관리하고 아껴주자. 좋은 목소리는 건강한 마음과 몸에서부터 나온다.

훈련 4단계

내 성대의 위치와 성대가 진동하는 느낌을 탐구해 보자. 말하기 위해 본능적으로 사용하는 부위이지만, 자세히 느껴보려고 한 경험은 흔치 않을 것이다. 훈련을 진행하며 조금씩 관심을 주고 친해지자. 일상생활에서 말하기를 할 때도 자신의 목 상태에 주의를 기울여 보자. 목에 힘을 주어 말하고 있는지, 성대를 건조하게 하고 있는지, 생활 습관을 함께 체크하면 좋을 것이다.

연습 10 성대 위치 파악하기

강아지들은 더울 때 '헤헤-'하며 호흡 섞인 소리를 낸다. 이 소리를 그대로 흉내 내며 빠르게 반복해 본다. 계속 반복하다 보면 목 안쪽 어느 부분이 메말라가는 느낌이 든다. 그 부근이 나의 성대가 위치한 곳이다.

연습 11 편안한 상태에서 성대 진동 느끼기

바닥에 누워 몸을 이완시킨다. 한 손은 가슴 위에 다른 한 손은 상복근 위에 놓는다. 바다 한가운데 누워서 둥둥 떠다니고 있다고 상상한다. 물이 내 몸을 떠받치고 있다. 이때 호흡을 관찰해 보자. 들숨에 배가 올라가고, 날숨에 배가 내려간다. 자연스레 가슴뼈 부근도 함께 오르내린다. 이렇게 편하게 코로 호흡을 마시다가 순간 멈춘다. 참았던 호흡을 해소해 주듯 부드럽게 '음-'하고 소리 내 보자. V자 모양의 성대주름이 접촉하며 막혔던 부분에 진동이 느껴질 것이다. 한 번에 느껴지지 않는다면 반복하면서 성대가 진동하는 느낌을 찾아보자.

연습 12 성대 이완시키기

바르게 선 자세에서 두 입술에 힘을 모두 뺀다. 입술을 가볍게 닫고 상복부의 압력을 날숨에 실어 입술을 떨게 만든다. 붙어있던 입술이 '브-'소리를 내며 진동을 일으킨다. 이때 편안한 톤으로 '브-'소리를 일정하게 유지하는 것이 중요하다. 만약 입술이 잘 떨리지 않는다면, 손으로 두 볼을 입술 쪽으로 살짝 모아주고 진행한다. 신체적으로 이완된 상태에서 적절한 호흡압력을 유지해야 원활하게 이루어질 것이다.

+ 성대를 부드럽게 마사지해 주며 입 주변의 근육을 이완하는 효과가 있다. 아침에 자고 있던 성대를 깨우는 좋은 방법 중 하나다.

호흡의 수도꼭지를 조절하라

목소리가 떨리는 이유

사람들 앞에서 발표할 때, 자신의 능력을 증명해야 할 때, 불편한 사람과 대화할 때 우리의 모습은 어떠한가? 준비한 만큼 순조롭게 흘러간 적도 있겠지만, 밀려오는 불안과 긴장으로 압박감을 느꼈던 순간도 있었을 것이다. 간단한 예로 낯선 사람들과의 첫 만남에 자기소개를 했던 순간을 떠올려보자. 자기도 모르게 목소리가 떨리면 점점 부끄러워지고 이 자리를 얼른 벗어나고 싶은 생각까지 든다. 이렇게 부담을 느끼는 자리에선 대부분 목소리의 톤이 높아지고 얕은 호흡의 소리를 낸다. 여기에 어색한 표정, 부정확한 발음, 점점 빨라지는 말 속도까지 더해진다면 그날 밤 이불킥을 할 확률은 더욱 높아진다.

오랜 기간 고객서비스 상담업무를 맡아 온 직장인 J양이 필자의 스피치 수업에 찾아왔다. J양의 평소 목소리는 상냥하고 부드러운 느낌의 호감적인 톤이었다. 그녀의 고민은 낯선 사람을 만나거나 무언가를 평가받고 있다는 느낌이 들면 목소리가 떨리고 횡설수설한다는 것이었다. J양의 스피치를 분석하기 위해 즉흥 주제를 던진 뒤, 카메라 모니터링 수업을 진행했다. 타인에 대한 과한 의식, 특정 이미지를 지키려는 태도 등 심리적인 요인과 더불어 말할 때마다 호흡이 얕아, 보는 사람마저 숨이 차다는 느낌을 받았다.

우리는 부담을 느낀 채로 말할 때 호흡이 얕고 멈춰있는 순간이 많다. 혹은 몸보다 마음이 앞설 경우 조급함에 과한 들숨을 마시는 경우도 있다. 이처럼 마음이 경직되면 몸도 함께 경직된다. 마음과 몸은 서로 긴밀하게 연결되어 있기 때문이다. 특히나 목소리는 마음과 몸의 상태를 모두 반영하기에 더욱 드러나기 마련이다. 그렇다면 어떻게 해야 이러한 부담감 속에서도 자유롭고 당당한 목소리를 낼 수 있을까? 가장 쉬운 방법은 몸의 사용을 바꾸는 것이다. 마치 수도꼭지가 정해진 세기에 따라 일정한 양이 흘러나오듯, 복식호흡을 통한 상복근의 압력감으로 호흡 에너지를 균일하게 조절하는 것이다. 그럴 경우 목소리가 훨씬 더 안정감 있어지고 생각과 느낌을 담아내기에 수월해진다. 이번 장에서는 호흡의 수도꼭지를 자유롭게 조절하는 방법을 연습해 볼 것이다. 경제적인 호흡 에너지 사용은 영화배우 같은 목소리에 중요한 핵심요소이다.

호흡을 효율적으로 사용하라

말을 하기 전 무의식적으로 호흡을 들이마실 때, 배 속 깊숙이 호흡이 빨려 들어가는 이미지로 복식호흡을 하자. 그러면 몸 안에 높아진 호흡압력으로 복부가 팽창된 느낌이 드는데, 흔히 이 느낌을 호흡 에너지라고 표현한다. 그 상태로 상복근에 일정한 텐션감을 주어 호흡 에너지를 조절하며 말하는 것이다. 이때 상복근을 제외한 나머지 상반신 근육들은 반드시 이완된 상태를 유지해야 한다. 들숨부터 말을 내뱉기까지의 과정을 보다 자세하게 3단계로 나눠보겠다.

① 외부의 자극에 의한 반응으로 횡격막은 내려가고 흉곽은 확장되며 들숨이 들어온다(말하고 싶은 충동).

② 횡격막은 다시 자연스럽게 올라오고 상복근의 텐션감을 주며 말을 시작한다.

③ 자신이 말하고자 하는 문장의 시작과 끝까지 상복근의 텐션감을 어느 정도 유지한다.

폐활량이 뛰어난 직업을 생각했을 때 대표적으로 뮤지컬 배우가 떠오를 것이다. 고음을 큰 성량으로 길게 유지하는 뮤지컬 배우의 기량을 보면 박수가 절로 나온다. 그러나 동일한 신체조건 하에 뮤지컬 배우와 일반인 사이의 폐활량 차이는 거의 없다. 단지 폐활량을 활용하는 능력에서 많은 차이가 난다. 즉, 자신이 표현하고 싶은 목소리의 크기와 길이만큼 호흡 에너지를 유지하고 활용하는 능력이 뛰어난 것이다. 좋은 목소리는 호흡량을 늘리는 것보다 자신이 가진 호흡을 얼마나 효율적으로 사용하느냐에 의해 결정된다.

입 안의 공간을 확보하라

배우 이선균 씨는 천만 배우이자, 대부분의 대한민국 남성들이 한번쯤 성대모사할 만큼 멋진 목소리를 가진 배우이다. 이토록 오랜 기간 대중들의 사랑과 관심을 받을 수 있었던 이유는 그만큼 좋은 연기와 매력적인 목소리를 가졌기 때문이다. 다음 대사는 국내외 영화제를 휩쓴 영화 <기생충>에서 동익 역을 연기한 배우 이선균 씨의 대사다. 동익이 자신의 운전기사로 지원한 기택(배우 송강호)과 차 안에서 대화를 나누는 장면이다.

이게 뭐 테스트 주행 뭐 그런 건 아니니까요.
그냥 편하게 하시면 돼요, 편하게.
제가 뭐 답답해서 나왔습니다. 그니까 하루 종일...
하하 감사합니다. 길을 워낙 잘 아시나 봐요?
저도 한 가지 일을 오래 한 사람들을 존경합니다.
역시 코너링이 훌륭하시네요.

위 장면에서 배우 이선균 씨의 목소리는 인물의 직업과 심리상태를 적절히 반영하면서도 안정적이고 전달력이 좋다. 무심한 듯 여유롭게 대사를 뱉고 있지만, 목소리의 울림이 정말 탁월하다. 이러한 소리는 앞서 말한 호흡 에너지 활용과 입안의 공간 확보가 잘 이루어졌기에 가능하다. 입안의 공간 확보란, 입 안쪽 부드러운 입천장(연구개)과 혀뿌리 사이의 공간 확보를 말한다. 마치 파인애플처럼 크고 길쭉한 과일을 한입에 꿀꺽하는 이미지의 느낌처럼 목구멍 전체가 하나의 큰 원통이라고 생각하는 것이다. 물론 모든 말을 다 입안의 공간을 크게 하며 발음할 수는 없지만 원통 같은 느낌을 유지하며 최대한 활용하는 것이다.

배우 이선균 씨가 입 모양을 크게 벌리지 않고 자연스럽게 대사를 하면서도 풍부한 소리를 전달할 수 있는 것은 바로 이러한 요인들 때문이다. 그리고 이것은 호흡 에너지로 진동하는 성대의 소리를 가장 효과적으로 증폭시킬 수 있는 방법이다.

훈련 5단계

이제부터 목소리에 호흡 에너지를 사용해 보자. 목표는 수도꼭지 밸브의 세기에 따라 조절되는 물의 양처럼 상복근의 텐션으로 호흡 에너지를 균일하게 조절하는 능력을 갖추는 것이다. 이러한 능력은 성대와의 상호작용에 따라 목소리의 안정적인 톤과 유연함을 만든다. 그뿐만 아니라 입안의 공간 확보는 가장 쉽게 목소리를 키울 수 있는 방법이다. 그리고 발성연습을 할 땐 아래 훈련들처럼 움직임과 함께 섞어서 하는 것이 효과적이다. 왜냐하면 우리 몸이 움직일 때 사용되는 호흡근육이 호흡기능 조절능력을 자연스럽게 발달시키기 때문이다.

연습 13 한 입에 파인애플 삼키기

파인애플처럼 큰 과일을 한입에 꿀꺽 삼킨다고 상상해 보자. 이때, 입 뒤쪽 부드러운 입천장(연구개)이 위로 올라가면서 입안이 크게 확장되는 걸 느낄 수 있다. 그 상태로 10초간 '하아-' 소리를 낸다. 소리를 균일하게 내는 것이 중요한데, 이를 위해 상복근의 텐션이 작용하는 것을 느낀다. 그냥 '하아-' 소리를 낼 때와 입안 공간이 확장된 상태로 '하아-' 소리를 낼 때의 차이점을 확인해 보자.

1 하아- (그냥 소리 내기)

2 하아- (파인애플을 한입에 꿀꺽 삼킨다는 느낌으로 소리 내기)

\+ 아래턱을 무리하게 크게 벌릴 필요는 없다. 중요한 것은 입천장과 혀뿌리 사이의 공간 확보이다. 턱은 자연스럽게 힘을 뺀 상태로 벌어지게 하자.

연습 14 호흡과 소리 총 쏘기

한 손을 가볍게 주먹을 쥐고, 입술 근처에 올려놓는다. 가상의 과녁을 정한다. 주먹 통로 사이로 순간적으로 빠르고 강한 호흡을 뱉는다. 마치 아프리카 밀림에서 원주민이 동물을 사냥하기 위해 독침을 쏘는 느낌이다. 눈앞의 과녁을 향해 강한 날숨을 반복적으로 뱉는다. 목과 어깨에는 힘이 들어가지 않도록 주의한다.

'후! 후! 후!' 3번씩 5세트 이상 반복한다.

이제 독침을 총알로 업그레이드해보자. 호흡에 소리를 실은 총알을 쏘며 가상의 과녁을 맞혀보는 것이다. 상복근의 순간적인 수축을 사용하여 들숨으로 형성된 호흡 에너지를 'ㅎ-아'라는 소리 형태로 뱉는다. 상상한 눈앞의 과녁에 정확하게 맞혀보자.

스타카토 형태로 **'ㅎ-아! ㅎ-아! ㅎ-아! ㅎ-아! ㅎ-아!'** 5번씩 5세트 이상 반복한다.

+ 목과 어깨에는 힘이 들어가지 않도록 주의하자. 발성 시 상복근의 수축 정도에 따라 목소리의 크기가 어느 정도 비례함을 알 수 있다.

연습 15 자전거 페달링 자세를 통한 복식호흡 발성법

바닥에 누워 편안하게 복식호흡을 하며 천장을 바라본다. 두 무릎을 구부린 상태에서, 다리를 90도로 올린다. 자전거 페달링을 하듯 한 발씩 뒤꿈치로 밀면서 애국가 1~2절을 가사로만 읊는다. 한 발씩 밀어내며 소리도 한 음절씩 뱉어내야 한다. 페달을 밟는 순간 변화되는 목소리를 자각해보자. 3번 반복한다.

동해물과 백두산이 마르고 닳도록 하느님이 보우하사 우리나라 만세
무궁화 삼천리 화려강산 대한 사람 대한으로 길이 보전하세
남산 위에 저 소나무 철갑을 두른 듯 바람서리 불변함은 우리 기상일세
무궁화 삼천리 화려강산 대한 사람 대한으로 길이 보전하세

내 몸의 확성기를 이용하라

목소리가 자주 쉬는 이유

꽃집을 운영하는 B군은 식물 키우는 법을 알려주는 가드닝 클래스 강사다. B군은 누구보다도 식물을 사랑하는 마음을 담아 열정적으로 강의하였다. 그 결과 수강생들의 만족도가 항상 높았으며, 점차 수업을 듣는 사람도 많아졌다. 그러나 점점 늘어나는 강의시간만큼 그의 목은 피로감이 누적되었고 급기야 쉰 목소리로 강의하는 날이 많아졌다. 이것은 악순환이 되어 성대에 힘을 주며 목소리를 더 답답하게 조이는 발성을 하게 되었다. 고민 끝에 B군은 발성 교정을 위해 필자와 스피치 수업을 진행하게 되었다. B군이 이러한 현상을 반복적으로 겪은 이유 중 하나는 목소리의 공명을 사용할 줄 몰랐기 때문이다.

성인 기준으로 성대의 길이는 약 1.5cm~2.3cm 사이라고 한다. 이렇게 작은 성대의 진동만으로는 적절한 성량과 울림 있는 목소리를 내기 어렵다. 그래서 성대의 진동을 극대화하는 공명 현상이 필요하다. 공명이란 성대의 진동을 증폭시키는 대상체로 인한 울림 현상으로, 좋은 목소리를 만드는 요소 중 하나다.

목소리를 전문적으로 활용하는 배우, 아나운서, 성우 등은 대부분 목소리의 공명이 뛰어나다. 이들처럼 매력적인 목소리를 갖기 위한 필수 요소, 공명을 일으키는 신체 부위를 공명강이라고 한다. 우리 몸의 공명강은 인두강, 구강, 비강이 있으며 뼈 안의 빈 공간들이라고 생각하면 된다. 말할 때 운동장보다 동굴에서 말하면 더 잘 울리는 것처럼 우리 몸에서 동굴과 같은 역할을 해주는 것이 공명강이다. 즉, 공명강은 우리 몸의 확성기 같은 존재다.

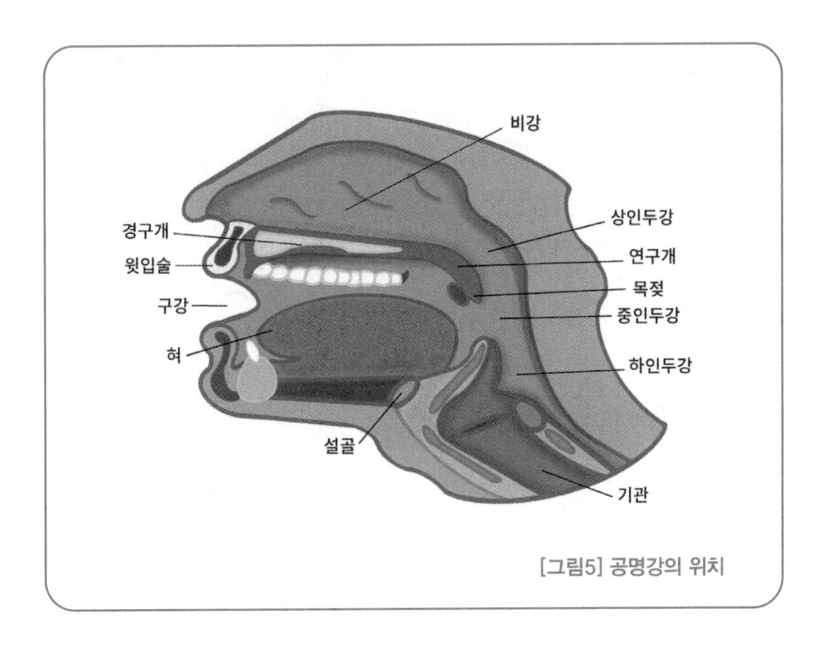

[그림5] 공명강의 위치

공명강을 제대로 활용하자

머리를 울리며 내는 소리는 두성, 가슴을 울리며 내는 소리는 흉성이라는 말을 들어본 적 있을 것이다. 대부분 노래 관련 TV프로그램에서 많이 언급되어 일반 대중들에게도 널리 알려진 표현이다. 사실 머리와 가슴은 공명강의 역할을 하며 소리를 내는 부위가 아니다. 이것은 음의 높이에 따른 성대의 진동차이로 느껴지는 몸의 감각이다. 쉽게 말해서 낮은 음을 낼 경우 높은 음을 낼 때 보다 가슴뼈의 울림이 더 잘 느껴지고, 높은 음을 낼 경우 낮은 음을 낼 때보다 머리뼈의 울림이 더 잘 느껴지는 감각일 뿐인 것이다. 피아노 위에 동전을 올려놓고 연주했을 때, 피아노의 음에 따라 동전이 함께 떨리는 원리와 비슷하다.

성대는 높은 음을 낼수록 길고 얇아지며 빠르게 진동하고, 낮은 음을 낼수록 두껍고 느리게 진동한다. 이러한 성대 각각의 진동음들이 공명강을 통과하며 소리가 증폭되고 혀와 입술을 통해 발음된다. [그림5]처럼 공명강은 모두 성대 위쪽에 존재하며 특히 인두강을 지나 구강에서 크게 증폭된다. 왜냐하면 구강은 다른 공명강에 비해 크기가 크기 때문이다.

우리는 공명강을 제대로 활용하기 위해 딱 2가지만 기억하면 된다. 첫째, 발성할 때 하품하는 느낌을 적용하는 것이다. 우리 몸은 하품을 할 때 후두의 위치가 내려가며 인두강이 길어지는데, 공명강의 길이가 길어질수록 깊고 울림 있는 소리를 만들 수 있게 된다. 그뿐만 아니라 구강 내의 공간이 확보되어 보다 풍부한 소리를 낼 수 있는 조건이 형성된다. 둘째, 구강 내에서 앞니 쪽에 위치한 경구개(딱딱한 입천장)를 울리는 느낌으로 말한다. 그러면 발음에 따라 경구개 윗부분에 위치한 비강까지 함께 공명되고 소리의 방향이 입 밖을 향해 시원하게 뻗은 소리를 낼 수 있다.

공명강에 대한 올바른 개념 없이 중저음의 멋진 목소리를 내기 위해 흉성에만 집중하거나 아름다운 미성을 위해 두성 혹은 미간 쪽을 공명하며 소리 내는 것은 잘못된 발성이 될 수 있다. 자칫하면 해당 음높이만을 내기 위해 성대를 혹사시키고 목소리는 부자연스러워질 수 있다.

자신의 생각과 느낌을 믿어라

'좋은 목소리'하면 빼놓을 수 없는 배우가 있다. 국내뿐만 아니라 할리우드에서도 사랑받는 배우 이병헌 씨다. 그는 정말 많은 작품에서 명장면· 명대사를 남겼다. 다음 대사는 전 세계를 열광시킨 넷플릭스 드라마 <오징어 게임>에서 배우 이병헌씨의 대사 중 한 대목이다.

우승을 축하합니다. 대단한 경기였습니다.
경마 좋아하시죠? 당신들은 말입니다. 경마장의 말.
의외였어요. 당신은 얼마 달리지 못할 줄 알았는데.
그냥 꿈을 꿨다고 생각해. 당신한테는 그렇게 나쁜 꿈도 아니었잖아.

배우 이병헌 씨는 타고난 중저음의 톤과 공명강을 잘 활용해 깊고 풍부한 목소리를 가진 배우다. 위 대사에서 배우 이병헌 씨의 표정을 살펴보면 하품을 했을 때처럼 턱이 굉장히 이완된 상태를 유지하고 있다. 그러면서 충분히 알아들을 수 있을 정도로만 자연스럽게 발음한다. 또한 큰 소리를 내지 않아도 경구개 부근의 공명이 충분하여 생각과 느낌이 분명하게 전달된다. 이렇게 명료한 전달은 여태까지 다룬 발성에서 더 나아가, 현재 자신이 하는 행동에 대한 강한 믿음이 있기 때문에 가능하다.

주변을 살펴보면 배우 이병헌 씨처럼 중저음의 멋진 목소리를 갖고 있는 사람들이 있다. 그런데 이러한 목소리를 가졌다고 모두 전달력이 뛰어난 것은 아니다. 왜냐하면 아무리 남들이 부러워할 만한 좋은 목소리라도 그 목소리를 사용함에 있어 확고한 믿음이 없다면 전달력이 떨어지기 때문이다. 이러한 경우를 흔히 빛 좋은 개살구라고 한다. 현재 자신이 하고자 하는 행동을 굳게 믿고 말했을 때 목소리는 배우 이병헌 씨와 같이 전달력 있는 목소리가 된다.

우리의 두뇌는 생각과 느낌에 따라 성대를 적절하게 조율하여 상황에 맞는 소리를 내게 한다. 예를 들어 시험에 합격했을 때는 높은 성대음으로 그에 따른 안면부 쪽의 울림감이 느껴지며 경쾌한 목소리가 날 것이고, 사랑하는 사람과 헤어질 때는 낮은 성대음으로 그에 따른 가슴뼈 부근의 울림감이 느껴지며 어두운 목소리가 날 것이다. 이처럼 목소리는 자신의 생각과 느낌에서부터 시작되며 그것을 온전히 담아낸다. 따라서 좋은 목소리는 발성훈련을 통해서만 만들어지지 않는다. 다시 한 번 강조하지만, 매 순간 내 생각과 느낌을 믿을 때 비로소 고유한 목소리가 완성되는 것이다.

훈련 6단계

발성할 때는 반드시 듣는 사람과의 거리도 생각해야 한다. 예를 들어 듣는 사람과의 거리가 3m 정도라면 3m의 공간을 꽉 채우겠다는 느낌으로 발성하면 된다. 이렇게 해야 적절한 성량으로 공명된 발성을 듣는 사람에게 전달할 수 있다. 만약 다수의 사람 앞에서 스피치를 하는 경우라면 그 기준을 맨 뒷자리에 앉은 사람과의 거리로 잡으면 된다.

연습 16 공명강 울리기

공명강의 길이는 성대부터 입술 끝까지다. 이 공간을 모두 울려보자. 먼저 하품을 하는 느낌으로 어금니는 살짝 떼고 입술을 붙이며 '하-암' 발음한다. 그 뒤 연달아 '마-'를 발음하며 경구개를 울리며 소리를 시원하게 앞으로 보내보자.

1 왼손은 후두 부근, 오른손은 윗입술 부근에 살포시 올려놓는다.

2 하품하는 느낌으로 '하-암'하며 성대부터 입술 끝까지의 공명강의 떨림을 손으로 느껴본다.

3 이번엔 '마-'발음을 붙이고, 경구개와 앞니 부근이 진동하게 소리를 앞으로 보내보자(하-암-마).

4 정확한 전달 대상을 정하고 '하-암-마-'에서 끝음절 '마-'부분을 5초 / 10초 / 15초 일정한 세기로 끌어본다.

5 '하-암-마-'를 5초 / 10초 / 15초씩 각각 3세트 이상 반복한다.

\+ 공명 발성을 진행하면서 자연스럽게 상복근의 텐션이 생김을 인지하자. 가슴 위쪽의 근육들은 이완된 상태에서 상복근의 텐션감을 강하게 줄수록 소리의 세기가 세진다. 그렇다고 복근을 쥐어짜듯이 과하게 힘을 주진 말자. 몸 전체의 불필요한 긴장을 만든다.

연습 17 매미 울음소리를 활용한 비강 울림 느끼기

먼저 여름철 시끄러운 매미처럼 '맴-맴-맴-맴-맴' 소리를 흉내 내면서 두 손을 코 위에 올려놓고 울림을 느껴본다. 비강의 울림이 잘 느껴진다면 '매야-매야-매야-'를 하면서 '매' 발음에서는 코 안의 울림을 느끼고, '야' 발음에서 코 안의 울림이 경구개(딱딱한 앞 쪽 입천장)를 타고 입 밖으로 나가는 느낌을 확인하자.

'매야-매야-매야-' 3번씩 5세트 이상 반복하며 느껴본다.

연습 18 외국 친구 부르기

멀리 걸어가는 외국 친구를 부르듯이, 편하게 '헤-이!'하고 부른다. 이때, 턱은 완전히 이완하고, 연구개(입천장 뒤쪽 말랑말랑한 부위)와 혀뿌리 사이의 공간이 확보된 상태를 유지한다. 그 상태에서 대상과의 거리만큼 소리를 꽉 채운다는 느낌으로 발성한다.

1 나와 100m 거리에 있는 가상의 외국 친구를 '헤-이!'하고 부른다.

2 돌아볼 때까지 10번씩 3세트 이상 반복한다.

+ '헤-이!'를 발성할 때, 거리감을 명확히 상상하며 연습하는 것이 중요하다. 소리는 눈을 따라간다. 대상이 없는 소리는 공허한 메아리일 뿐이다.

3.

발음은 정성이다

조음기관을 정성껏 이완하라

발음을 형성하는 조음기관

H군은 부정확한 발음으로 스트레스를 받는 대학생이다. 혼자 공부하던 중고등학생 때와 달리 조별 과제와 발표수업이 많은 대학생활을 시작하고 나서 부정확한 발음을 인지하게 되자 스피치에 불편함을 느끼기 시작했다. 불편함을 억지로 감추려다 보니 오히려 불안함이 커졌고 급기야 발표뿐만 아니라 말하기 자체에도 자신감이 떨어졌다. H군은 고민 끝에 여름방학 때 필자의 발음교정 수업을 신청하였다.

첫 수업에 마주한 그의 얼굴은 무표정하게 굳어있었고, 부정확한 발음으로 인한 웅얼거리는 목소리가 가장 눈에 띄었다. 발음이 안 좋은 사람은 대부분 발성도 함께 무너져 있다. 우리의 조음기관(혀, 턱, 입술 등)과 발성 기관은 서로 연결되어 있기 때문이다. 단편적인 예로 혀뿌리는 후두와 연결되어 있기에 혀만 제대로 풀어주어도 한결 편한 목소리를 낼 수 있다. 이와 같은 원리로 H군은 조음기관을 이완하며 발음교정을 시작했다. 운동을 시작하기 전 스트레칭이 중요하듯 발음교정 또한 그동안 제대로 사용하지 않았던 조음기관 근육들을 풀어주며 시작해야 한다.

H군은 발음을 할 때 모음의 입모양과 각 조음점이 불분명하였고 특히 'ㅅ'발음과 'ㄹ'발음이 잘 되지 않았다. 그래서 21개의 모음 'ㅏ, ㅐ, ㅑ, ㅒ, ㅓ, ㅔ, ㅕ, ㅖ, ㅗ, ㅘ, ㅙ, ㅚ, ㅛ, ㅜ, ㅝ, ㅞ, ㅟ, ㅠ, ㅡ, ㅢ, ㅣ'과 19개의 자음 'ㄱ, ㄲ, ㄴ, ㄷ, ㄸ, ㄹ, ㅁ, ㅂ, ㅃ, ㅅ, ㅆ, ㅇ, ㅈ, ㅉ,

ㅊ, ㅋ, ㅌ, ㅍ, ㅎ' 하나하나 입모양과 조음점을 교정해나갔다. 그 뒤 음절을 늘려가며 발음연습을 하고 다양한 상황에 속에 어감을 살리는 훈련을 진행했다. 어감이란 '말소리나 말투의 차이에 따른 느낌과 맛'이다. 발음이 부정확한 사람은 대부분 한글이 갖고 있는 풍부한 표현의 맛을 잃어버린 채 무미건조하게 발음한다. 타 언어에 비해 한글은 40개의 음소만으로 11,000개 이상의 발음을 표현할 수 있는 표음문자다. 한글이 갖고 있는 우수성을 적극적으로 활용하면 생동감 있는 표준발음을 할 수 있다.

발음이 잘되지 않는다고 무작정 볼펜을 입에 물어 연습하는 경우를 종종 볼 수 있다. 이것은 좋지 않은 방법이다. 몸의 조음기관을 하나하나 정성껏 풀어준 뒤, 모음과 자음의 입모양과 조음점을 교정해나가는 것이 본질적인 방법이다. 그 후 단계별로 모음과 자음이 결합된 단어와 문장들을 읽으며 체화시켜 나가야 한다. 조음기관부터 정성껏 풀어주자. 각 근육이 조화롭게 움직일 수 있도록 활기를 넣어주는 것이다.

훈련 7단계

발음을 형성하는 조음기관을 이완하여 기능을 활성화해보자. 이번 훈련은 아침에 하는 것을 추천한다. 발음과 발성에 긍정적인 영향을 끼칠 뿐만 아니라 혈액순환을 촉진해 자는 동안 부은 얼굴을 가라앉히고 혈색도 좋아진다.

연습 19 혀 스트레칭

입을 자연스럽게 다문 상태에서, 혀로 원을 그리며 치아를 훑어준다. 이때 최대한 큰 원을 그린다고 생각하고, 혀의 근육을 최대한 늘리며 훑어준다. 천천히, 혀뿌리가 최대한 뻐근하게 왼쪽, 오른쪽 각각 1번씩 총 3세트를 진행한다.

연습 20 턱 이완하기

계란을 살짝 쥐듯 두 손을 오므린다. 오므린 두 손을 턱관절부터 입술 바로 아래턱까지 V자 모양으로 내려오며 비벼준다. 근육이 시원하게 풀리는 느낌으로 3번 이상 반복한다. 어느 정도 턱 근육이 이완된 느낌이 들면 오른손으로 입술 바로 아래턱 부분을 잡고 부드럽게 10초간 3번씩 흔들어준다.

연습 21 얼굴근육 이완하기 1

3초간 편하게 '아-' 소리를 내며 눈과 입을 크게 쫙 벌린다. 이번엔 3초간 '음-' 소리를 내며 모든 얼굴 근육이 코로 모이는 느낌으로 오므린다. 이 두 개의 상반된 과정을 1세트로 보고 5세트 이상 반복한다. 마지막으로 최대한 얼굴근육을 막 사용한다는 느낌으로 5초간 온갖 표정을 빠르게 짓는다.

연습 22 얼굴근육 이완하기 2

얼굴근육을 마사지하는 내내 하품하는 느낌으로 '하-암-'소리를 길게 내면서 안면부의 떨림을 느낀다.

1 두 손의 손가락 끝으로 눈썹 뼈 부근에 원을 그리듯 비비며 풀어준다. (하-암-)

2 두 손의 손가락 끝을 사용하여 뺨의 아래에서 위 방향으로 원을 그리듯 비비며 풀어준다. (하-암-)

3 두 손바닥을 비벼 열을 낸 뒤 아래에서 위 방향으로 넓고 시원하게 뺨을 비벼 준다. (하-암-)

4 윗입술과 아랫입술을 손가락 끝으로 원을 그리듯 비비며 풀어준다. (하-암-)

5 두 손바닥을 눈 위에 올려놓고 지긋이 눌러주며 눈 주변부 근육들이 이완됨을 상상한다. (하-암-)

6 눈을 감고 손가락 끝을 관자놀이에 대고 원으로 그리듯 비비며 풀어준다. (하-암-)

+ 3분 이상의 시간을 갖고 여유롭게 진행한다.

모음으로 울림을 전달하라

모음 발음의 중요성

배우라는 직업은 참 피곤한 직업이다. 물론 세상에 쉬운 일은 없겠지만, 연기는 자신의 몸으로 다른 인물을 표현하는 예술이기 때문이다. 어떠한 인물을 표현한다는 것은 정해진 답이 없기에 간단하다면 간단할 수도 있지만 복잡하다면 끝도 없이 복잡해질 수 있는 일이다. 배우에게 가장 기본적이면서도 어려운 일은 인물의 정서를 섬세하게 담아내면서 대사를 정확히 전달해야 하는 것이다. 즉, 발음이 정확하면서 실제 존재하는 사람 같아 보이는 자연스러움을 가져야 한다. 필자는 발음이 명료하게 체화된 배우를 떠올렸을 때 배우 서현진 씨가 생각났다. 아래 대목은 tvN 드라마 <너는 나의 봄>에서 서현진 씨가 연기한 강다정 역할의 대사다.

영원을 약속할 수 없다면 누굴 좋아하는 건 미친 짓일까요?
나는 그 사람이 주는 과자 하나도 먹지 못하고,
그 사람은... 내가 준 개나리꽃 가지 하나도 버리지 못하는데.
우리가... 친구가 될 수... 있을까요?

모음은 성대의 진동음이 공명강을 타고 입 안의 어떠한 장애도 받지 않은 채 나오는 발음이다. 따라서 정확한 모음 발음으로 소리의 울

림을 풍부하게 내야 전달력 있는 발음이 된다. 배우 서현진 씨는 이러한 모음 발음능력을 너무나 자연스럽게 사용하는 배우다. 그녀는 대사의 의도에 따라 각 음절의 모음 부분을 부드럽게 연결하며 한 호흡으로 말한다. 또한 정확히 발음이 들릴 정도로만 입모양을 사용하여 조음기관의 불필요한 긴장을 제거하였다.

발음이 정확하지 않은 사람은 먼저 모음의 입모양을 크게 연습하며 체화해야 한다. 그런 다음에는 배우 서현진 씨처럼 발음이 정확히 들릴 정도로만 입모양을 사용하는 것이 좋다. 배우 서현진 씨가 딕션이 훌륭한 배우로 유명한 것은 이러한 모음 발음이 탄탄하게 체화되어 있기 때문이다. 우리는 모음의 연결을 통해서 말의 내용과 자신의 정서를 잘 전달할 수 있어야 하는데 배우 서현진 씨가 훌륭한 예시이다. 그녀는 인물의 정서에 맞는 호흡으로 대사의 모음을 풍부하게 울리며 결국 시청자의 마음까지 울렸다. 이처럼 정확한 모음 발음을 통한 풍부한 발성은 스피치 전달력에 큰 무기가 된다. 그럼 지금부터 모음에 대해 하나씩 살펴보자.

모음의 종류

우리의 모음은 총 21개의 음소(ㅏ, ㅐ, ㅑ, ㅒ, ㅓ, ㅔ, ㅕ, ㅖ, ㅗ, ㅘ, ㅙ, ㅚ, ㅛ, ㅜ, ㅝ, ㅞ, ㅟ, ㅠ, ㅡ, ㅢ, ㅣ)로 이루어져 있으며 단모음, 이중모음, 반모음으로 나뉜다. 발음할 때 소리의 시작과 끝이 같으면 단모음, 끝이 달라 2개 이상의 소리가 나면 이중모음이다. 예를 들어 'ㅞ'의 'ㅜ+ㅔ' 처럼 2개의 모음이 이어져 소리가 나는 것이 이중모음이다. 이때 모든 이중모음은 단모음+반모음, 반모음+단모음 형태로 구성된다. 반모음이란 단모음보다 소리의 길이가 짧은 모음이며, 혼자서는 발음할 수 없고 다른 단모음과 함께 있어야 발음할 수 있다. 이중모음은 표준 발음법에 따라 반모음 'ㅣ'계로 시작하거나 끝나는 이중모음, 반모음 'ㅗ/ㅜ'계로 시작하는 이중모음으로 나눌 수 있다.

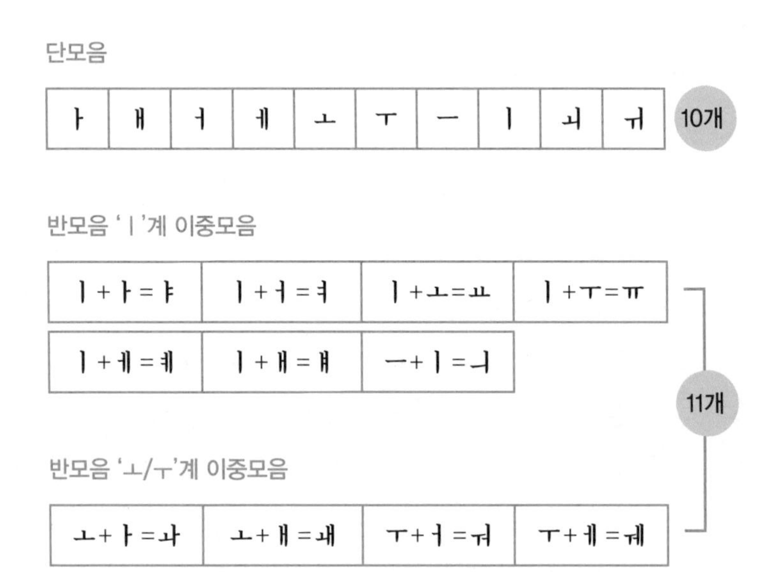

- **단모음 :** ㅏ, ㅐ, ㅓ, ㅔ, ㅗ, ㅜ, ㅡ, ㅣ, ㅚ, ㅟ (10개)
- **이중모음 :** ㅑ, ㅕ, ㅛ, ㅠ, ㅖ, ㅒ, ㅢ, ㅘ, ㅙ, ㅝ, ㅞ (11개)

단모음은 발음할 때 혀의 위치나 입술모양이 변하지 않는다. 예를 들어 'ㅏ'라는 단모음은 혀 뒤쪽이 살짝 올라가며 동그란 입 모양이 되지만, 'ㅑ'라는 이중모음은 'ㅣ(반모음) +ㅏ'를 빠르게 붙여서 발음하기에 중간에 입술모양과 혀의 위치가 변하게 된다. 또한 단모음 'ㅚ, ㅟ'는 문법상 단모음과 이중모음 모두 발음이 가능하다고 규정하고 있지만 실생활에서는 거의 이중모음으로 발음한다. 그래서 필자는 실제 모음 발음 연습을 할 때 편의상 단모음은 8개(ㅏ, ㅐ, ㅓ, ㅔ, ㅗ, ㅜ, ㅡ, ㅣ)로 지정하고 진행한다. 발음연습을 할 때는 단모음의 입술모양을 익히는 것부터 시작하는 것이 좋다. 좋은 발음을 하기 위한 가장 중요한 밑거름이기 때문이다.

모음 삼각도를 기억하라

단모음은 입천장 가운데를 기준으로, 혀의 최고점 위치에 따라 앞쪽에서 발음되면 전설모음, 뒤쪽에서 발음 되면 후설모음으로 나눌 수 있다. 전설모음과 후설모음을 발음해 보면 앞쪽과 뒤쪽으로 혀의 최고점 위치가 달라진다는 것이 느껴진다.

- **전설모음** : ㅣ, ㅔ, ㅐ, ㅟ, ㅚ
- **후설모음** : ㅡ, ㅓ, ㅏ, ㅜ, ㅗ

전설모음과 후설모음은 입술모양에 따라서 평순모음과 원순모음으로 나뉜다. 평순모음을 발음할 때는 입술모양이 가로로 평평하게 벌어지고 원순모음을 발음할 때는 입술모양이 동그래진다.

- **전설모음 → 평순모음**(ㅣ, ㅔ, ㅐ) / **원순모음**(ㅟ, ㅚ)
- **후설모음 → 평순모음**(ㅡ, ㅓ, ㅏ) / **원순모음**(ㅜ, ㅗ)

마지막으로 단모음을 혀의 높낮이에 따라 고모음, 중모음, 저모음으로 나눌 수 있다.

- **고모음** : ㅣ, ㅟ, ㅡ, ㅜ
- **중모음** : ㅔ, ㅚ, ㅗ, ㅓ
- **저모음** : ㅐ, ㅏ

지금까지 단모음의 발음을 혀의 최고점 위치, 입술모양, 혀의 높낮이에 따라 나눠서 살펴봤다. 아래 모음 삼각도는 3가지의 분류를 한눈에 알아보기 쉽게 정리한 표다. 모음 삼각도를 참고해 단모음 발음의 특징을 기억하고 연습해 보자.

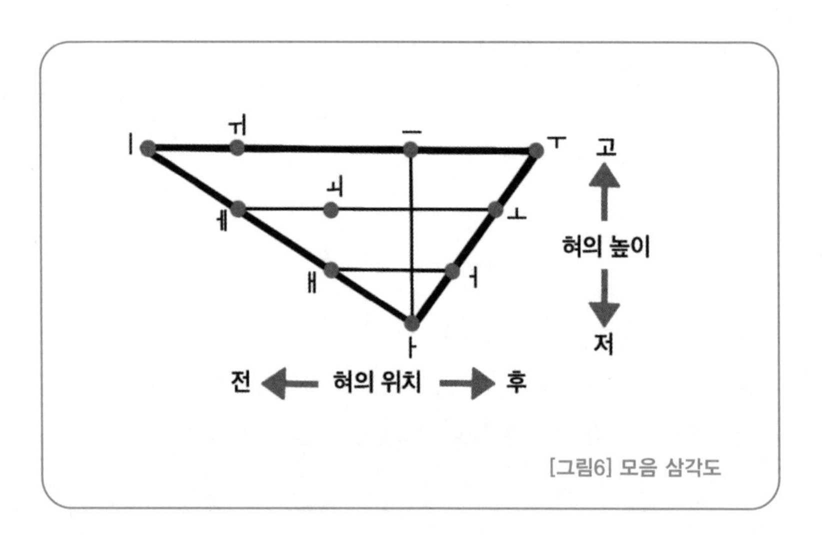

[그림6] 모음 삼각도

훈련 8단계

모음의 모는 어미 모(母)고, 자음의 자는 아들 자(子)이다. 아들에게 어머니의 사랑이 필요하듯 자음은 반드시 모음과 만나야만 음절이 될 수 있다. 모음의 입모양을 정확히 익혀서 소리의 울림을 명료하게 전달하자.

연습 23 단모음 입술모양 익히기

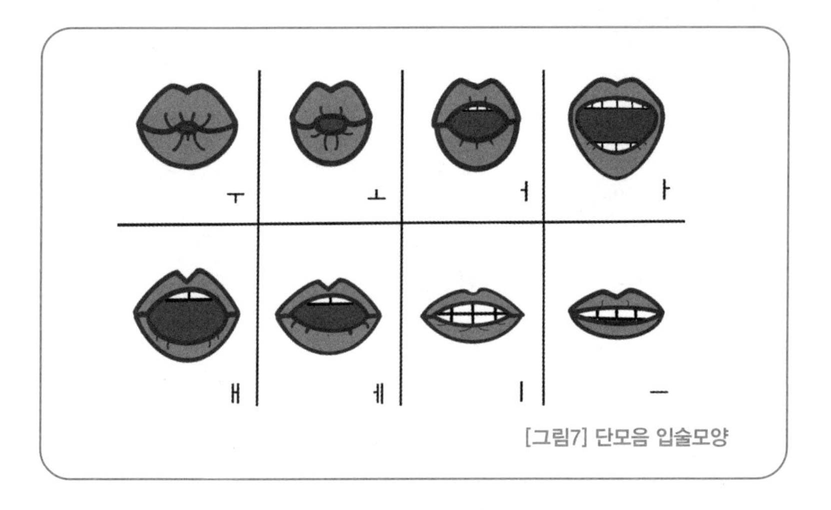

[그림7] 단모음 입술모양

단모음의 입모양을 정확히 익혀보자. 거울을 준비하고 [그림7]과 같은 입술모양을 만들며 발음하고 있는지 확인한다. 모음 삼각도의 'ㅜ'부터 시계방향으로 '우-오-어-아-애-에-이-으'를 발음하되, 한 호흡으로 끊어지지 않게 천천히 소리를 낸다. 10번 반복한다. 천천히 소리를 내는 것이 숙달되었다면, '우-오-어-아-애-에-이-으'를 한 호흡으로 빠르게 소리를 낸다. 빠르지만 정확한 입모양으로 발음한다. 다시 10번 반복한다.

연습 24 이중모음 익히기

이중모음은 두 개의 모음이 결합되어 만들어진 모음으로, 두 개의 모음을 이어서 빠르게 발음하면 된다. 아래 표를 보고 두 개의 모음을 각각 발음한 뒤, 합쳐서 빠르게 발음해 보자. 단, 'ㅚ, ㅟ'는 단모음과 이중모음 모두 발음할 수 있다.

ㅣ+ㅏ=ㅑ 이+아=야	ㅣ+ㅓ=ㅕ 이+어=여	ㅣ+ㅗ=ㅛ 이+오=요	ㅣ+ㅜ=ㅠ 이+우=유
ㅣ+ㅔ=ㅖ 이+에=예	ㅣ+ㅐ=ㅒ 이+애=얘	ㅗ+ㅐ=ㅙ 오+애=왜	ㅜ+ㅔ=ㅞ 우+에=웨

ㅗ+ㅏ=ㅘ 오+아=와	ㅜ+ㅓ=ㅝ 우+어+워	ㅡ+ㅣ=ㅢ 으+이=의	ㅚ 외 (단모음) 웨 (이중모음)	ㅟ 위 (단모음) 우이 (이중모음)

예 모음'ㅚ'는 외동딸[외동딸(단모음)/웨동딸(이중모음)]로 둘 다 발음된다.
모음'ㅟ'는 위로[위로(단모음)/우이로(이중모음)]로 둘 다 발음된다.

이중모음 표 전체를 5번 이상 반복하며 익힌다.

+ 모음 'ㅢ' 는 때에 따라 [ㅢ/ ㅔ / ㅣ] 3가지로 발음할 수 있다.

1 [ㅢ]로 발음될 때는 '의'가 맨 앞에 오는 경우다.

예 의미, 의사, 의식

2 [ㅔ]로 발음될 때는 조사 자리에 있는 경우이며 [ㅢ/ ㅔ] 모두 가능하다.

예 한국의 [한국의/한국에], 민주주의의 [민주주의의/민주주의에],
강의의 [강의의/강의에]

3 [ㅣ]로 발음되는 경우는 2가지이다.

-'ㅇ'을 제외한 초성 자음이 있는 'ㅢ'는 [ㅣ]로만 발음한다.

㉮ 희망 [히망], 늴리리 [닐리리], 무늬 [무니]

- 둘째 음절 이하에 오는 '의'는 [ㅢ]와 [ㅣ] 모두 발음 가능하다.

㉮ 여의도 [여의도/여이도], 수의사 [수의사/수이사], 의의 [의의/의이]

연습 25 모음 선명하게 내기

다음은 천만 관객 돌파 영화 〈극한직업〉에서 고반장 역을 맡은 배우 류승룡 씨의 대사이다. 먼저 휴대폰 녹음기를 켜고 편하게 읽는다. 그다음에는 모음만 연결해서 읽는다. 이때 정확한 입술모양과 혀의 위치로 읽어야 한다. 이제 다시 대사를 읽어보자. 녹음파일을 통해 그냥 읽었을 때와 모음을 신경 쓰며 읽었을 때의 차이를 느껴보자. 발음이 선명해지고 전달력이 높아짐을 알 수 있을 것이다.

야 맨날 닭 튀기고, 테이블 닦다보니까 니들이 뭔지 잊어버렸어?

ㅑ ㅐㅏ ㅏ ㅟㅣㅗ, ㅔㅣㅡ ㅏㅏㅗㅣㅏ ㅣㅡㅣ ㅝㅣ ㅣㅓㅓㅕㅓ?

야 그러면 아예 이참에 사표 쓰고 본격적으로 닭집을 차리든가 이 새끼들아.

ㅑ ㅡㅓㅕ ㅏㅖ ㅣㅏㅔ ㅏㅛ ㅡㅗ ㅗㅕㅓㅡㅗ ㅏㅣㅡ ㅏㅣㅡㅏ ㅣ ㅐㅣㅡㅏ.

지금까지 이런 맛은 없었다. 이것은 갈비인가 통닭인가.

ㅣㅡㅏㅣ ㅣㅓ ㅏㅡ ㅓㅓㅏ. ㅣㅓㅡ ㅏㅣㅣㅏ ㅗㅏㅣㅏ.

예 수원왕갈비통닭입니다.

ㅖ ㅜㅝㅘㅏㅣㅗㅏㅣㅣㅏ.

+ 어떠한 글이든 좋다. 모음을 진하게 체크한 뒤, 해당 모음만 자신의 호흡 길이에 맞게 끊어서 연습한다. 그런 다음 다시 문장을 자연스럽게 읽어 보자. 모음의 입모양과 혀 위치를 익히는 데 많은 도움이 될 것이다.

자음으로 이미지를 만들어라

자음 발음의 중요성

발음이 좋은 배우를 떠올렸을 때 빼놓을 수 없는 배우가 또 한 명 있다. 바로 영화 <범죄와의 전쟁>의 여사장 역할로 많은 명장면을 탄생시켰던 배우 김혜은 씨다. 배우 김혜은 씨는 서울대학교 성악과 출신에 아나운서 생활을 거쳐 연기자가 된 독특한 이력을 갖고 있다. 이력에서 느껴지는 것처럼 연기하는 작품마다 화술이 굉장히 뛰어나다. 아래 대사는 국내외로 많은 사랑을 받았던 JTBC 드라마 <이태원 클라쓰>의 배우 김혜은 씨가 연기한 강민정 역 대사다.

> 나는 네 말보다 내 안목보다 영감, 장 회장의 촉을 믿어.
> 네 그 가게 단밤? 제아푸드, 현일식품, 소소브라더스,
> 뭐 여러 곳 있지 어딘지 알아?
> 영감이 밥 먹으러 오는 곳들이야. 1%, 20억, 대단한 포부지만
> 난 그런 수치로는 마음이 안 움직여서 말이야.
> 네 그 쥐콩만 한 가게에 영감이 밥 먹으러 오게끔 해 봐. 미션이야.
> 영감한테 네가 신경 쓰이는 존재가 된다면 내가 너 믿고
> 제대로 베팅할게.

배우 김혜은 씨는 야심가다운 욕망을 카리스마 있고 세련되게 표현하고 있다. 그녀의 대사는 또렷한 발음이 귀에 쏙쏙 박히는데 이것

이 가능한 이유는 정확한 모음 발음 능력과 더불어 명확한 자음 발음 능력이 뒷받침되어 있기 때문이다.

김혜은 씨는 각 음절마다 발음에 필요한 만큼의 호흡을 경제적으로 배분하여 중간중간 어려운 발음들도 굉장히 부드럽게 전달해낸다. 이러한 능력의 기본 토대는 모음뿐만 아니라 자음의 올바른 조음점이 체화되어야 가능한 것이다. 또한 전체 문장을 막힘없이 발음하는 내공을 비추어 보았을 때 다양한 문장을 통해 꾸준한 훈련을 했음을 느낄 수 있다. 이처럼 탄탄한 대사 전달능력은 극중 강민정이라는 역할의 정서를 관객들이 명료한 이미지로 상상하며 몰입할 수 있게 만든다.

우리는 자신의 생각과 느낌을 언어로 정의한다. 표현된 언어는 듣는 사람으로 하여금 이미지를 그리게 하고 이것은 의사소통을 가능하게 한다. 누군가 말을 참 잘한다고 느꼈을 때를 떠올려보면, 대부분 어떠한 이미지가 그려지도록 이해하기 쉽게 말했을 것이다. 이렇게 상대방 머릿속에 그림 그려주듯이 말하기 위해서는 정확한 발음이 필수적으로 따라와야 한다. 전달하려는 바가 모음의 풍부한 울림을 거쳐 자음을 통해 이미지로 전달돼야 한다.

자음의 조음점 위치

자음은 모음과 달리 조음기관의 어떤 자리에서, 호흡이 좁혀지거나 막혀서 발생되는 소리다. 조음기관이란 말소리를 형성하는 기관으로 크게 턱, 입술, 치아, 입천장, 혀로 이루어져 있다. 두 손바닥이 부딪쳐야 박수소리가 나듯 발음도 무언가와 맞닿아야 소리가 난다. 다음 그림은 각 자음이 조음기관 중 어느 부위와 맞닿아 소리가 나는지 그 위치를 표시한 것이다.

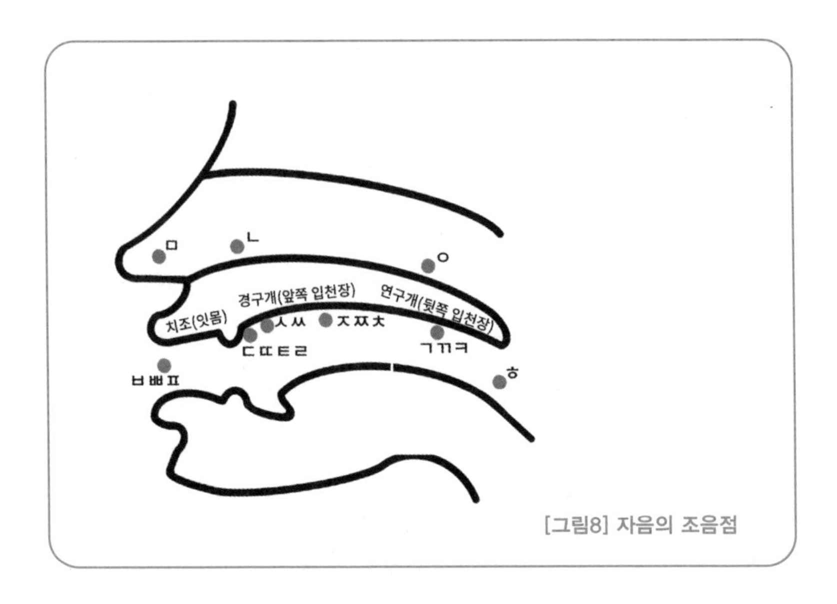

[그림8] 자음의 조음점

위 그림과 같이 자음이 조음되는 위치는 다섯 곳으로, 입술, 윗잇몸 뒷부분, 경구개, 연구개, 목구멍이 있다. 두 입술이 맞닿아 나는 ㅁ, ㅂ, ㅃ, ㅍ 소리, 윗잇몸 뒷부분과 혀끝이 맞닿거나 좁혀지며 나는 ㄷ, ㄸ, ㅌ,ㅅ, ㅆ, ㄴ, ㄹ 소리, 혀로 입천장을 만져봤을 때 딱딱한 부분인 경구개와 혓바닥이 맞닿으며 좁아져 나는 ㅈ, ㅉ, ㅊ 소리, 입 안쪽 말랑말랑한 입천장인 연구개와 혀뿌리 부분이 맞닿거나 울리는 ㄱ, ㄲ, ㅋ, ㅇ 소리, 목구멍에서 나오는 ㅎ 소리로 나뉘는 것이다. [그림8]에서 ㅁ, ㄴ, ㅇ만 코 부근에 따로 그려진 이유는 조음되는 위치와 함께 날숨이 코로 흘러가는 비음이기 때문이다. 이처럼 자음은 성대의 진동음이 공명강을 따라 조음기관을 통과할 때 어떠한 방해를 받고 생기는 소리다. [그림8]을 보고 각 자음의 조음 위치를 느껴보자.

자음은 성대의 떨림 유무에 따라 유성자음과 무성자음으로도 나뉜다. 유성자음 ㅁ, ㄴ, ㅇ, ㄹ은 발음했을 때 성대의 진동이 있는 자음을 말한다. 반대로 무성자음 ㄱ, ㄲ, ㄷ, ㄸ, ㅂ, ㅃ, ㅅ, ㅆ, ㅈ, ㅉ, ㅊ, ㅋ, ㅌ, ㅍ, ㅎ은 발음했을 때 성대의 진동이 없다. 지금부터 후두에 손을 대고 직접 확인해 보자. 자음은 혼자 발음될 수 없으므로 '(자음)+ㅏ'로 느리게 발음하며 성대의 진동 유무를 체크해 본다.

자음을 소리 내는 방법

자음은 소리 내는 방식에 따라서 파열음, 마찰음, 파찰음, 유음, 비음 5가지로 나뉜다.

① 파열음(ㄱ, ㄲ, ㅋ, ㄷ, ㄸ, ㅌ, ㅂ, ㅃ, ㅍ) : 날숨을 입안에서 막았다가 한꺼번에 터뜨리듯 내는 소리
② 마찰음(ㅅ, ㅆ, ㅎ) : 공기를 완벽히 막지 않고, 입안의 호흡 통로를 좁혀 날숨이 마찰을 일으키며 나오는 소리
③ 파찰음(ㅈ, ㅉ, ㅊ) : 파열음처럼 나오지만 연이어 날숨이 마찰을 일으키며 나오는 소리
④ 유음(ㄹ) : 혀의 양옆으로 날숨이 흐르며 나는 소리
⑤ 비음(ㄴ, ㅁ, ㅇ) : 날숨을 코로 내보내면서 내는 소리

또한 무성자음으로 이뤄진 파열음, 마찰음, 파찰음은 발음되는 소리의 세기에 따라 예사소리<된소리<거센소리로 분류할 수 있다.

[자음 체계표]

<table>
<tr><th colspan="2">조음위치 / 조음방법</th><th>양순음
두 입술 소리</th><th>치조음
잇몸 소리</th><th>경구개음
센입천장 소리</th><th>연구개음
여린입천장 소리</th><th>후두음
목청 소리</th></tr>
<tr><td rowspan="3">파열음</td><td>예사소리</td><td>ㅂ</td><td>ㄷ</td><td></td><td>ㄱ</td><td></td></tr>
<tr><td>된소리</td><td>ㅃ</td><td>ㄸ</td><td></td><td>ㄲ</td><td></td></tr>
<tr><td>거센소리</td><td>ㅍ</td><td>ㅌ</td><td></td><td>ㅋ</td><td></td></tr>
<tr><td rowspan="2">마찰음</td><td>예사소리</td><td></td><td>ㅅ</td><td></td><td></td><td rowspan="2">ㅎ</td></tr>
<tr><td>된소리</td><td></td><td>ㅆ</td><td></td><td></td></tr>
<tr><td rowspan="3">파찰음</td><td>예사소리</td><td></td><td></td><td>ㅈ</td><td></td><td></td></tr>
<tr><td>된소리</td><td></td><td></td><td>ㅉ</td><td></td><td></td></tr>
<tr><td>거센소리</td><td></td><td></td><td>ㅊ</td><td></td><td></td></tr>
<tr><td colspan="2">비음</td><td>ㅁ</td><td>ㄴ</td><td></td><td>ㅇ</td><td></td></tr>
<tr><td colspan="2">유음</td><td></td><td>ㄹ</td><td></td><td></td><td></td></tr>
</table>

학창시절 국어 교과서에서 한 번씩 봤던 자음 체계표이다. 앞서 말한 자음의 조음 위치와 소리 내는 방법이 한눈에 쉽게 정리되어 있다. 여태까지 살펴본 자음의 특징들을 살려서, 한 음절을 발음하더라도 조음기관을 올바르게 사용하여 발음해야 한다. 좋은 발음은 내가 표현하려는 바를 상대방에게 온전히 전달하려는 정성 어린 마음에서 시작된다.

훈련 9단계

지금부터 차근차근 자음 발음연습을 해보자. 처음에는 시간이 걸리더라도 자음의 조음점과 체계표를 참고하며 연습한다. 각 발음의 특징에 따른 조음기관의 움직임을 자각하는 것이 중요하다.

연습 26 기본 발음표 연습하기

기본 발음표를 보고, 모음의 입술모양과 자음의 조음 위치에 주의하여 3초씩 일정하게 발음해 보자. 힘들어도 끝까지 소리 내어 완주한다. 이때 앞 장에서 배운 복식호흡을 사용한 발성을 함께 적용하여 훈련한다. 표를 가로로 한 줄씩 읽으며 아래로 내려온다. 전체 1회 반복한다.

[기본 발음표]

가	갸	거	겨	고	교	구	규	그	기
나	냐	너	녀	노	뇨	누	뉴	느	니
다	댜	더	뎌	도	됴	두	듀	드	디
라	랴	러	려	로	료	루	류	르	리
마	먀	머	며	모	묘	무	뮤	므	미
바	뱌	버	벼	보	뵤	부	뷰	브	비
사	샤	서	셔	소	쇼	수	슈	스	시
아	야	어	여	오	요	우	유	으	이
자	쟈	저	져	조	죠	주	쥬	즈	지
차	챠	처	쳐	초	쵸	추	츄	츠	치
카	캬	커	켜	코	쿄	쿠	큐	크	키
타	탸	터	텨	토	툐	투	튜	트	티
파	퍄	퍼	펴	포	표	푸	퓨	프	피
하	햐	허	혀	호	효	후	휴	흐	히

연습 27 파열음 익히기

파열음(ㄱ, ㄲ, ㅋ, ㄷ, ㄸ, ㅌ, ㅂ, ㅃ, ㅍ)을 단모음과 결합하여 연습해 보자. 모음의 입모양과 자음의 조음 위치에 신경 쓰며 입안의 공기를 막았다가 터뜨리는 느낌으로 발음한다. 아래 표를 가로로 한 줄씩 읽으며 아래로 내려온다.

1 한 음절씩 끊어서 가로로 읽는다.
㉡ 구 / 꾸 / 쿠 / 두 / 뚜 / 투 / 부 / 뿌 / 푸

2 한 문장이라 생각하고 가로로 연결하여 읽는다.
㉡ 구–꾸–쿠–두–뚜–투–부–뿌–푸

구	꾸	쿠	두	뚜	투	부	뿌	푸
고	꼬	코	도	또	토	보	뽀	포
거	꺼	커	더	떠	터	버	뻐	퍼
가	까	카	다	따	타	바	빠	파
개	깨	캐	대	때	태	배	빼	패
게	께	케	데	떼	테	베	뻬	페
기	끼	키	디	띠	티	비	삐	피
그	끄	크	드	뜨	트	브	쁘	프

연습 28 마찰음 익히기

마찰음(ㅅ, ㅆ, ㅎ)을 단모음과 결합하여 연습해 보자. 모음의 입모양과 자음의 조음 위치를 기억하여 공기를 완벽히 막지 않고 입안의 호흡 통로를 좁혀 날숨이 빠져나가는 것을 느낀다. 가로로 한 줄씩 읽으며 아래로 내려온다.

연습 28-1

1 한 음절씩 끊어서 가로로 읽는다. ㉡ 수 / 쑤 / 후

2　한 문장이라 생각하고 가로로 연결하여 읽는다. ㉎ 수-쑤-후

수	쑤	후
소	쏘	호
서	써	허
사	싸	하
새	쌔	해
세	쎄	헤
시	씨	히
스	쓰	흐

+　특히 'ㅅ' 발음을 어려워하는 사람들이 많다. 'ㅅ'은 혀를 윗잇몸 뒷부분에 닿을락 말락 위치시켜 생긴 좁은 통로로 공기가 마찰하며 나오는 소리다. 'ㅅ' 발음 후 뒤에 붙는 모음의 음가를 정확하고 빠르게 붙여줄수록 발음하기 쉬워진다.

연습 28-2

1　'ㅅ+ㅏ → 사'처럼 처음엔 'ㅅ'의 기류를 올바르게 느낀 뒤 모음을 천천히 붙이며 연습한다.

2　익숙해지면 점점 빠르게 모음을 붙여서, 평소 말하는 속도로 연습한다.

ㅅ + ㅏ	사	ㅅ + ㅐ	새	ㅅ + ㅑ	샤
ㅅ + ㅓ	서	ㅅ + ㅔ	세	ㅅ + ㅕ	셔
ㅅ + ㅖ	셰	ㅅ + ㅗ	소	ㅅ + ㅘ	솨
ㅅ + ㅙ	쇄	ㅅ + ㅚ	쇠	ㅅ + ㅛ	쇼
ㅅ + ㅜ	수	ㅅ + ㅝ	숴	ㅅ + ㅞ	쉐
ㅅ + ㅟ	쉬	ㅅ + ㅠ	슈	ㅅ + ㅡ	스
ㅅ + ㅢ	싀	ㅅ + ㅣ	시		

연습 29 파찰음 익히기

파찰음(ㅈ, ㅉ, ㅊ)을 단모음과 결합하여 연습해 보자. 모음의 입모양과 자음의 조음 위치를 기억하여 파열음과 마찰음의 소리 특징이 섞인 느낌으로 발음한다. 가로로 한 줄씩 읽으며 아래로 내려온다.

1 한 음절씩 끊어서 가로로 읽는다.

㊎ 주 / 쭈 / 추

2 한 문장이라 생각하고 가로로 연결하여 읽는다.

㊎ 주–쭈–추

주	쭈	추
조	쪼	초
저	쩌	처
자	짜	차
재	째	채
제	쩨	체
지	찌	치
즈	쯔	츠

연습 30 비음과 유음 익히기

비음(ㄴ, ㅁ, ㅇ)과 유음(ㄹ)을 단모음과 결합하여 연습해 보자. 비음(ㄴ, ㅁ, ㅇ)은 각각 자음의 조음 위치를 유념하여 발음하되, 날숨을 코로 보내며 발음한다. 코를 막고 (누, 무, 우)를 각각 발음해 보면 꽉 막힌 느낌이 날 것이다. 이것은 정상적인 현상이다. 왜냐하면 호흡의 기류가 코로 보내졌기 때문이다. 유음(ㄹ)은 혀끝을 윗잇몸 뒷부분 뿌리에 가볍게 댔다가 떼면서, 혀 양옆으로 날숨을 흐르게 하여 발음한다. 표의 글자를 가로로 한 줄씩 읽으며 아래로 내려온다.

1 한 음절씩 끊어서 가로로 읽는다.

(예) 누 / 무 / 우 / 루

2 한 문장이라 생각하고 가로로 연결하여 읽는다.

(예) 누–무–우–루

누	무	우	루
노	모	오	로
너	머	어	러
나	마	아	라
내	매	애	래
네	메	에	레
니	미	이	리
느	므	으	르

+ 평소 콧소리가 많이 난다면 (ㄴ, ㅁ, ㅇ)을 제외한 다른 자음을 발음할 때도 필요 이상의 기류를 코로 내보내기 때문일 것이다. 또한 유음(ㄹ) 발음이 잘 안 되는 경우는 혀끝을 올바른 조음 위치에 두지 않고 대충 발음해버리기 때문이다.

연습 31 장단음 체크하기

동형이의어란 글자는 같지만 뜻이 서로 다른 말을 뜻한다. 예를 들어 우리가 입으로 뱉는 '말 : (장음)'과 동물 '말(단음)'과 같은 경우다. 아래 예시는 장단음의 대표적인 단어들이다. 왼쪽이 단음 오른쪽이 장음으로 발음된다.

(예) 강도(세기) ⇆ 강 : 도(도둑)

굴(조개류) ⇆ 굴 : (동굴)

부자(아버지와 아들) ⇆ 부 : 자(재물이 많은 사람)

사과(과일) ⇆ 사 : 과(용서를 빎)

밤(어두워진 때) ⇆ 밤 : (열매)

현대 국어에서는 표준발음으로 소리의 장단에 따라 단어 뜻이 구별된다. 모든 장단음을 외우기란 현실적으로 힘들지만 단어의 장단음이 헷갈릴 경우 인터넷 사전에 검색해 보면 바로 알 수 있다. 따라서 평소 헷갈리는 장단음들을 찾아보고 말하는 습관을 가져보길 추천한다. 자연스럽게 장단음 구별능력이 향상될 것이다.

연습 32 조음기관 활성화하기

혀를 앞니 뒤에 붙여 고정시킨 뒤, 각 모음의 입모양을 최대한 크게 하고 천천히 한 음절씩 읽는다. 그러면 발음에 제약이 생겨 바보 같은 발음이 나올 것이다. 그 상태로 전체 1회 반복한 뒤, 다시 혀를 자유롭게 두고 읽어본다. 어려운 발음을 만났을 때 가장 손쉽게 조음기관의 협응 능력을 활성화하는 방법이다. 아래 대사는 SBS 드라마 〈질투의 화신〉에서 극중 이화신 역을 연기한 배우 조정석 씨가 발음 테스트하는 장면의 대사다.

> 전국 고속도로 휴게소 별미 메뉴 리스트가 발표되었습니다.
> 지역별 떡과 빵으로는 안흥팥찐빵, 청송콩참떡, 영양왕밤빵이 있으며 통팥두텁떡, 호박범벅떡, 앙금통팥빵, 잣쌀알심떡도 지역과 관계없이 사랑받았습니다.
> 10월부터는 붉은팥팥죽과 햇콩단콩콩죽 그리고 가을 과일을 넣은 왕밤빵, 풋껍질콩찜, 단팥빵찐빵, 된장장국죽, 짱뚱어찜탕, 게살샥스핀, 쏨땀 똠얌꿍도 출시 예정입니다.

4.

화술은 당신의 붓이다

억양으로 말의 색깔을 넣어라

억양교정이 필요한 이유

대학원에서 박사과정을 밟고 있는 D양이 필자에게 스피치 상담을 요청했다. 예전부터 종종 느꼈던 무미건조하고 딱딱한 말투가 발표할 때마다 신경 쓰인다는 것이다. 최근 세미나에서도 발표 후 친한 동기에게 '로봇이 말하는 줄 알았다'는 농담 반 진담 반이 섞인 피드백을 들었다고 한다. 더 이상 미룰 수 없다는 생각에 D양은 발표뿐만 아니라 평소 말투까지 개선하기 위해 필자와 스피치 수업을 진행하게 되었다. 2달간의 수업 끝에 D양은 원래의 억양습관에서 벗어나 부드러우면서 힘 있는 말투로 변하게 되었다.

D양과 같은 사례 외에도 필자는 그간 어린아이 같은 말투, 상대방을 지루하게 하는 말투, 권위적인 말투 등 다양한 억양습관을 가진 수강생들과 수업해왔다. 그리고 이들의 화술을 교정하며 2가지 공통된 특징을 발견하게 된다. 바로 어미 처리가 불분명하고, 말의 목적이 명확하지 않다는 점이다. 이러한 화술의 근본적인 문제점을 개선하기 위해서는 먼저 불필요한 언어습관을 제거하고, 상황에 맞는 억양으로 말의 색깔을 넣는 법을 배워야 한다. 그래야 자연스러우면서 생동감 있는 나만의 스피치 색깔을 가질 수 있게 된다.

말을 한다는 것은 누군가에게 자신의 생각과 느낌을 전달하는 언어적 행동이다. 이러한 언어적 행동의 전달을 보다 효과적으로 높여주는 도구가 바로 화술이다. 화가가 자신의 세계를 섬세한 붓 터치로 관람객에게 보여주듯, 말하는 사람은 화술로써 표현한다. 즉, 우리에게 화술이란 화가에게 붓과 같은 존재다. 화술에 관해 필자가 가장 좋아하는 말이 있다. '말은 상대방에게 들려주는 것이 아니라, 상대방 눈앞에 그림을 그려주는 것이다'라는 말이다. 이처럼 상대방 눈앞에 그림을 그리듯 말하기 위해서는 억양을 효과적으로 활용할 줄 알아야 한다. 왜냐하면 억양은 음의 높낮이를 통해 자신의 의도, 기분, 태도 등을 나타내는 중요한 역할을 하기 때문이다.

어미 처리를 명확히 하라

어미의 사전적 정의는 용언 및 서술격 조사가 활용하여 변하는 부분을 뜻한다. 예를 들면 '사납다', '사나우니까', '사납고'에서 '-다', '-니까', '-고'가 어미에 해당된다. 한국말은 어미 처리에 따라 같은 말이라도 다르게 전달되는 경우가 많다. 따라서 내가 말하고자 하는 의도를 적극적으로 반영한 어미를 사용해야 한다. 아래 예문은 문장 종류(평서문, 청유문, 명령문, 의문문, 감탄문)에 따라 도식적으로 어미 처리의 억양을 4가지로 나눈 것이다.

❶ 어미를 내리는 경우

(예) "아침에 밥 먹었어요.↘" / "자전거가 지나가.↘" (평서문)

(예) "길을 걷다가↘ 어머니가 생각났어요." (중간에 끊어 읽기 할 때)

❷ 어미를 내렸다가 올리는 경우

(예) "우리 저기에서 내리자.↺" / "같이 가자.↺" (청유문)

❸ 어미를 일정하게 끄는 경우

ⓔ "이거 해.→" / "운동해라!→" (명령문)

❹ 어미를 올리는 경우

ⓔ "너 약 먹었어?↗" / "이거 네가 했어?↗" (의문문)

ⓔ "밥 먹고↗ 커피도 같이 마시자." (중간에 끊어 읽기 할 때)

ⓔ "드디어 성공했구나!↗" / "대단하군!↗"(감탄문)

위에 말한 4가지의 어미 처리가 실제 말속에는 어떻게 적용되는지 영화 속 대사를 통해 살펴보겠다. 아래 대사는 뛰어난 화술과 센스 넘치는 연기로 유명한 배우 조정석 씨의 어미 처리를 표기한 것이다. 영화 <건축학개론>에서 납뜩이 신드롬을 일으켰던 대목 중 하나다.

일단 소주 한 병을 사.→ 그리고 걔네 집 앞에 가는 거야.↘
가서 소주를 병나발로 딱 불고 전화를 해.↘ 받잖아?↗ 그럼 "집 앞이다 잠깐만 나와." 하고 그냥 끊어.→ 딱!
그냥 끊어.→ 그럼 사람이 굉장히 궁금하게 돼있어.↘ 갑자기 왜?↗ 이러면서 나오게 돼있다고.↘
근데 너한테 술 냄새가 팍! 나잖아?↗ 어떨 것 같냐?↘ 어떨 것 같애?↘ 일단은 쫀다고.↘
아니 납득이 안 가잖아.↘ 납득이!↗

배우 조정석 씨가 친구에게 여자를 유혹하는 법을 알려주는 장면으로, 아주 능글맞게 연기한다. 이 장면에서 매력을 느낄 수 있는 이유

는 조정석 씨의 풍부한 음성표현력 때문이다. 대사를 들어보면, 도식적으로 나눈 4가지의 어미 처리뿐만 아니라 의도에 따라 억양을 다양하게 사용한다. 특히 의문문이라고 어미를 모두 올리지 않는다. 의문문이라도 의문사가 들어간 의문문은 끝 어미가 강조되듯 내려가는 것이 더 자연스러울 때가 많기 때문이다.

우리는 억양을 통해 사람의 성격이나 태도를 파악하곤 한다. 조정석 씨는 인물의 특성을 잘 드러낼 수 있는 어미로 대사를 처리하고 억양을 다양하게 표현한다. 그에 따른 표정, 제스처, 몸짓 등 비언어적 표현들도 훌륭하다. 따라서 극 중 납뜩이라는 캐릭터는 입체적으로 표현되고 관객들은 납뜩이의 행동에 공감할 수 있게 된다. 이는 물론 굉장히 어려운 일이지만 우리도 훈련을 통해 숙련한다면 어미를 흐리지 않고 말할 수 있게 되고, 그것을 바탕으로 다양한 억양을 구사하며 더 자연스럽게 생각을 표현할 수 있게 된다.

특유한 말 습관이 없다면, 편한 사람들 앞에서는 위와 같은 어미 처리가 자연스러울 것이다. 그러나 긴장되는 상황이거나 타인의 언어를 전달할 때는 자연스러운 어미 처리가 무너지고 단조로워진다. 특히 말의 책임 수위가 높은 공적인 자리일수록 이런 상황에 더 자주 직면하게 된다. 사전에 준비한 발표 자료를 낭독하거나 미리 정리해놓은 말을 해야 할 일이 많기 때문이다. 이때 하는 말은 편하고 익숙한 나의 언어가 아니다. 따라서 의식적으로 어미 처리에 대해 연습하고 활용하는 법을 익혀야 한다. 처음엔 문장 종류에 따른 기본적인 억양의 흐름을 인식해 보고, 그 이후부터는 '이 말을 통해 내가 얻고자 하는 것이 무엇인지' 말의 목적을 찾는 연습을 해야 한다. 그래야 명확한 의도를 가진 억양을 통해 자연스럽게 말에 색깔을 넣을 수 있게 된다.

말하는 목적을 생각하라

우리의 말은 어떠한 경우든 목적을 갖고 있다. 말이라는 언어적 행동을 통해 무엇인가를 얻으려는 것이다. 서 있으면 앉고 싶고, 앉아있으면 눕고 싶어 하듯 사람은 본능적으로 편함을 추구하기에 아무 목적 없이 불필요한 말 또한 하지 않는다. 심지어 우리가 배고플 때 혼잣말하는 "배고프다."라는 말에도 목적이 있다. 너무 배가 고파서 받는 스트레스를 환기시키려는 것이다. 그 의도에 따라 스스로에게 중얼거리듯 짜증 섞인 억양이 배어 나오게 된다. 만약 이 "배고프다."라는 말을 누군가 지나가며 들었다면, '저 사람 진짜 배가 고픈가 보네.'라는 생각을 할 것이다. 억양 속에 담긴 말의 취지가 인간적으로 공감되며 느껴졌기 때문이다.

그렇다면 이미 본능적으로 의도를 갖고 말하고 있는데, '왜 굳이 목적을 생각해야 하느냐?'라는 반문을 가질 수 있다. 그 이유는 우리가 인위적인 환경 속에 자주 놓이기 때문이다. 가족과 친구와의 대화처럼 익숙하고 단순한 상황 속에서는 자연스럽게 발생하는 목적에 따른 억양을 사용한다. 그러나 회의, 특정 다수를 향한 발표, 면접 등의 상황은 불편하고 자연스럽지 못한 환경이다. 이럴 때 우리의 억양은 긴장감에 목적을 잃고 말끝을 흐리게 되거나 딱딱하고 단조로운 패턴에 빠지기 쉬워진다. 이러한 긴장감의 원인은 불분명한 목적 때문인 경우가 많다. 불편한 상황일수록 스피치의 목적을 자각하고 적극적으로 억양에 담아내야 한다. 그래야 자신이 의도하는 바를 상대방에게 생동감 있게 전달할 수 있다.

㉢ **“보고 싶어.”**

– 사랑하는 사람의 행복해하는 모습을 보는 것이 목적일 때

– 자꾸 귀찮게 ‘보고 싶어?’라고 물어보는 사람으로부터 벗어나는 것이 목적일 때

– 기다리던 영화가 곧 개봉한다는 소식을 듣고 친구에게 같이 보러 가자고 은근히 어필하는 것이 목적일 때

– 사랑하는 사람에 대한 그리움을 스스로 환기하는 것이 목적일 때

위 예문처럼 “보고 싶어.”라는 짧은 문장도 어떤 목적을 갖고 말하느냐에 따라 억양이 달라짐을 알 수 있다. 그리고 억양에 따라 말의 의도가 더 명료하게 표현되는 것도 느낄 수 있다. 스피치는 큰 목소리와 정확한 발음으로 말하는 것만이 전부가 아니다. 신체를 통해 미학적으로 표현하며 소통하는 일이다. 따라서 그동안 습관적으로 혹은 무의식적으로 말해왔다면 이제부터는 명확한 의도를 가진 억양을 통해 내 말에 색깔을 넣어보자.

훈련 10단계

지금부터 억양의 변화를 연습해 보자. 문장 종류에 따른 도식적인 억양부터 말의 목적에 의해 달라지는 억양의 변화까지 다양하게 느껴보자.

연습 33 문장 종류에 따른 억양의 변화

문장의 종류에 따라 달라지는 억양의 흐름을 느껴보자.

평서문 - 한결이는 독서를 좋아한다.↘
의문문 - 한결이가 독서를 좋아해?↗
명령문 - 한결아 독서해.→
청유문 - 한결아 같이 독서하자. ↺
감탄문 - 한결이가 독서를 좋아해!↗

+ 말의 목적에 따라 표기된 어미 처리가 바뀔 수도 있다. 기본적인 억양의 변화를 도식적으로 나타낸 것이다.

연습 34 말의 목적에 따라 달라지는 억양의 변화

말의 목적에 따라 "싫어."라는 말이 얼마나 다양한 억양으로 만들어질 수 있는지 5가지 목적을 작성해 보자. 각각의 목적을 상상하며 읽고 억양을 느껴본다.

㉧ 상대방의 의중이 어떤지 알아내는 것이 목적일 때 ⇨ 싫어?

①

②

③

④

⑤

연습 35 억양으로 말의 색깔 넣기

아래 대사는 영화 <엑시트>에서 배우 조정석이 연기한 용남 역의 대사다. 아래 대사를 통해 억양으로 말의 색깔을 넣는 법을 연습해 보자.

1. 대사를 눈으로 읽으며, 전체 상황을 이해한다.
2. 휴대폰 녹음을 켜고, 마음이 동하는 대로 용남 역의 대사를 읽어본다.
3. 이번엔 각 문장마다 말의 목적을 찾아 적은 뒤, 다시 녹음하며 읽어본다.
4. 그냥 읽었을 때와 말의 목적을 생각하며 읽었을 때의 차이를 녹음을 들으며 비교해본다.
5. 말의 목적을 찾음에 따라, 의도가 훨씬 적극적으로 반영되어 말의 색깔이 생김을 알 수 있다.

연습 예문

상황: 용남은 대학교 시절, 짝사랑해서 고백했다가 거절당했던 의주와 4년 만에 우연히 만나게 된다. 아직 백수이지만, 의주에게 잘 보이고 싶은 마음에 벤처 기업 과장이라고 거짓말하며 이어지는 대화 장면이다.

의주: 우리 몇 년 만이지? 씁, 내가 공부 관둔 게 작년이니까, 한 4년 만이다.

용남: 와, 되, 되게 오래됐구나, 벌써.

목적: ㉮ 그녀를 만나 기쁘지만 태연한 척하는 것이 목표

의주: 아무튼 이렇게 오랜만에 오빠 보니까 너무 반갑다. 오빠가 나 편하게

대하는 거 같아서 더 좋고.

용남: 뭔 소리야? 야, 내가 너 안 편할 게 뭐가 있어?

목적:

용남: 맞다, 내가 너한테, 그 고백 비스름한 거 했지, 그랬지? 아, 그렇다고 네가 불편해, 내가?

목적:

용남: 뭐, 내가 뭐, 충격받고 울고불고 했을까봐?

목적:

용남: 아니야, 별일 없이 잘 살았는데, 뭘.

목적:

의주: 그래?

용남: 지금 네가 얘기하니까 지금 생각났던...

목적:

의주: 아니, 나는 그 뒤로부터 오빠가 나 피하는 거 같아서 좀 그랬거든. 아 진짜 다행이다. 기억도 안 나는 일 가지고 나만 괜히 오버했네?

+ 누구든 자신의 말 하나하나에 목적을 생각하며 말할 수는 없다. 우리의 갈망에 따라 자연적으로 발생하는 부분이기 때문이다. 다만 이러한 훈련을 통해, 공적인 자리에서 말의 의도가 크게 바뀔 때마다 억양을 바꿔야 함을 자각할 수 있는 힘이 생긴다. 그러니 틈틈이 즐겨 보는 영화나 드라마 속 한 장면을 발췌해, 문장마다 의도를 찾고 억양으로 드러내는 연습을 해보자.

제대로 끊어야 보인다

끊어 읽기, 다시 배우자

우리는 대화할 때 무의식적으로 자신의 호흡량만큼 끊어서 말한다. 숨이 차도록 말하는 경우는 거의 없는데, 이는 우리의 말이 마음속 의도에 따라 생겨난 자연스러운 결과물이기 때문이다. 이때 의도란 '무언가를 하기 위한 생각'을 말한다. 배우들은 이 의도를 주로 '한 호흡'이라고 표현한다. 왜냐하면 하나의 의도는 하나의 호흡흐름(감정)을 갖고 있기 때문이다. 예를 들어, 누군가 친구에게 "승진 축하한다!"라고 말했다면, 친구를 축하해 준다는 의도로부터 발생된 하나의 기쁜 호흡흐름으로 말했을 것이다. 여기서 "오늘 네가 한턱내는 거냐?"라는 말까지 덧붙였다면, 친구를 축하해 준다는 의도에서 기분 좋은 날 함께 즐기자는 의도로 바뀌게 된다. 따라서 바뀐 지점인 두 문장의 사이(승진 축하한다! ∨ 오늘 네가 한턱내는 거냐?)에서 끊어 읽게 된다. 이처럼 하나의 의도는 곧 한 호흡이며, 의도가 바뀔 때마다 무의식적으로 끊어 읽게 된다.

말의 의도가 바뀌지 않으면서 길게 이어질 경우엔 호흡이 부족하여 끊어 읽기를 하게 된다. 예를 들면 "큰 길 따라 쭉 직진하다 보면 앞에 은행이 있는데 ∨ 거기서 우회전해서 들어오면 돼."와 같이 친구에게 길을 설명할 때, 길을 알려준다는 의도는 변하지 않았지만 중간에 끊어 읽기를 통해 호흡을 이어간다. 즉, 끊어 읽기는 주로 의도가 바뀌는 경우 혹은 바뀌지 않더라도 호흡이 부족한 경우에 하게 된다. 그렇다면 무의식적으로 잘 하고 있는 끊어 읽기를 왜 다시 배워야 할까?

앞장에서 말했듯이 우리는 발표 자료 읽기, 격식 있는 자리에서 말하기, 면접 질문 답하기 등 인위적이고 불편한 환경에서 말할 일이 많기 때문이다. 이런 자리에서는 긴장함에 따라 호흡이 빨라지고 경주마처럼 달리듯 말하기 일쑤다. 반드시 적절한 끊어 읽기가 필요한 순간이다. 따라서 의식적으로 말의 의도에 맞게 끊어 읽는 연습을 해두면 어떠한 순간에도 내 말의 의도가 상대방 눈에 보이듯, 선명하게 전달하며 말할 수 있는 힘이 생길 것이다.

충전호흡과 호흡 받침대

대한민국 대표 여배우인 배우 김희애 씨의 연기는 늘 경이롭다. 그녀는 정확한 발음과 깔끔한 화술, 넓은 연기 스펙트럼의 베테랑 연기자다. 다음 대사는 화제의 드라마였던 JTBC <부부의 세계>에서 김희애 씨가 연기한 지선우 역의 대사 한 토막이다.

이 대사는 깔끔한 화술의 표본이다. 여기서 배우 김희애 씨는 대사의 의도에 따라 끊어 읽으면서, 감정의 변화로 소진되는 호흡을 적절히 보충하며 말한다. 그러다 보니 인물의 대사가 자연스러우면서도 감정이 편안하게 전달된다. 김희애 씨의 자연스러운 끊어 읽기에서 또 한 가지 느낄 수 있는 것은 텍스트의 맥락 파악이 날카롭다는 것이다. 전체 텍스트에 대한 맥락 파악이 확실해야 그에 따른 문장의 의도를 알 수 있고 적절한 끊어 읽기가 가능해지기 때문이다. 그래야 말을 할 때 숨이 차지 않고 적당한 때에 호흡을 보충해 줄 수 있다.

우리는 일상에서도 감정의 변화에 따라, 뒤에 나올 단어를 강조하

다른 사람 기분 같은 건 안중에 없지 넌. ∨ 남이야 불행하건 말건 ∨
옆에서 구경이나 하고 ∨ 재밌어하고.
나더러 신경과민 아니냐고 하던 날도 재밌었지 너. ∨
반반한 남편 어쩌고 하면서.
어 ∨ 네가 태호한테 ∨ 내가 미행한다고 문자 한 것까지 전부 다.
그게 언젠데?
너희들 진짜 좋은 친구인가 봐. ∨ 그런 비밀까지 다 공유하고.
그래? ∨ 네가 내 친구가 맞긴 하니?
그렇다면 행동 똑바로 해, 이제부터!

기 위해 잠시 멈추거나 순간적인 에너지로 호흡을 소진시킨다. 예를 들어 "나 합격했어!"를 끊어 읽기 없이 말할 수도 있지만, 합격했다는 사실을 더 강조하고 싶을 땐 "나 ∨ 합격했어!"라고 말한다. 또한 극도로 화가 난 상황일 때는 "야!"라는 한 음절에 모든 호흡을 소진할 때도 있다. 이처럼 하나의 의도는 한 호흡으로 이어지지만, 말이 길어지거나 감정의 변화가 있을 때는 적절한 부분에서 호흡을 보충해 줘야 한다. 이때 주의할 점은 문장의 짜임에 맞게 호흡을 보충해야 한다는 것이다. 그래야 말의 의도가 왜곡되지 않는다. 필자는 이렇게 하나의 의도를 말하는 도중 보충하는 호흡을 편의상 충전호흡이라고 표현한다. 충전호흡은 불편한 상태나 익숙한 나의 언어가 아닐 때 부자연스러워지는 경우가 많다. 왜냐하면 긴장되고 언어의 의도를 제대로 이해하지 못했기 때문이다. 충전호흡이 자연스러운 말일수록 편하게 들린다.

말의 의도가 변하지 않았다면 문장 내에서 끊어 읽기를 했더라도 쭉 연결돼있다는 느낌을 전달해야 한다. 그래야 의도가 안정적으로 전달되기 때문이다. 말이 툭툭 끊기는 느낌을 주지 않기 위해서는 탄탄한 호흡 받침대가 있어야 한다. 호흡 받침대란 어절마다 툭툭 분절되는 느낌이 아닌 부드럽게 연결된 느낌으로 말하는 힘을 뜻한다. 예를 들어 한 손님이 상담원에게 "제가 신발을 주문한지 1주일이 넘었는데 ∨ 배송은 언제쯤 시작되나요?"라고 묻는다. 이 질문의 의도는 상담원에게 상품 출고일과 납득할 만한 배송 지연의 이유를 듣는 것이다. 총 8개의 어절로 이루어진 문장에서 끊어 읽기는 한 번 했지만, 의도가 연결된 느낌을 줘야 한다. 어절 사이사이가 부드럽게 연결된 느낌의 호흡처리가 필요한 것이다. 이러한 호흡 받침대가 있어야 안정감 있게 전달할 수 있다.

끊어 읽기의 3가지 종류

이번에는 끊어 읽기의 종류를 알아보겠다. 끊어 읽기는 짧게 끊기, 중간 끊기, 길게 끊기 3가지로 나뉜다.

첫째, '짧게 끊기'는 호흡을 마시지 않고 잠깐 멈추었다가 다음 어절을 이어서 발음하는 방식이다. 어절과 어절 사이에서 발생하며 아주 짧은 순간 이뤄진다. 듣는 사람이 문장의 구조를 명확히 이해할 수 있게 해준다.

둘째, '중간 끊기'는 짧게 끊기와 달리 호흡을 마시고 다음 어절을 발음하는 방식이다. 문장의 어절과 어절 사이에서 발생하며 충전호흡을 할 수 있는 끊어 읽기다. 간혹 강하게 강조하고 싶거나 감정적으로 큰 변화가 있을 때는 길게 쉴 수도 있다. 이럴 때는 뒷장에서 배울 5가지의 강조법 중 하나인 '사이'와 비슷한 형태가 된다.

셋째, '길게 끊기'는 문장과 문장 사이에서 나타나는 끊어 읽기다. 평균적으로 중간 끊기보다 길게 쉬며 한 문장이 끝났음을 알린다. 그러나 말의 의도가 바뀌지 않고 문장이 연속될 경우, 중간 끊기와 유사한 길이로 쉰다. 문맥의 흐름상 문장 간의 관계가 가까울수록 쉬는 길이도 짧아진다.

아래 대사는 JTBC 드라마 <부부의 세계>에서 극중 인물 지선우의 내레이션 대사 중 한 대목이다. 배우 김희애 씨가 연기한 지선우 역의

아무리 애를 써도 V 용서란 말을 입에 올릴 수는 없을 거 같다. W
누군가를 용서한다는 건 V 누군가를 단죄하는 것만큼이나 V 오만한 일이라는 걸 알아버렸으니까. W
그저 V 난 내 몫의 시간을 견디면서 내 자릴 지킬뿐이다. W
언젠간 돌아올 아들을 기다리면서 / 그 불확실한 희망을 품고 사는 것. V 그 불안을 견디는 것. W
모든 상황을 내가 규정짓고 / 심판하고 / 책임지겠다고 생각한 오만함을 내려놓는 것이 V 내가 할 수 있는 최선이겠지. W
삶의 대부분을 나눠가진 부부 사이에 V 한 사람을 도려내는 일이란 / 내 한 몸을 내줘야 한다는 것 V 그 고통은 서로에게 고스란히 이어진다는 것. W
부부간의 일이란 / 결국 V 일방적인 가해자도 / 완전무결한 피해자도 V 성립할 수 없는 게 아닐까? W
우리가 저지른 실수를 아프게 곱씹으면서 V 또한 V 그 아픔에 사로잡히지 않으면서 매일을 견디다 보면... W
어쩌면 V 구원처럼 찾아와 줄지도 모르지.

끊어 읽기를 들리는 대로 표기했다. 끊어 읽기 종류에 따라 짧게 끊기(/), 중간 끊기(V), 길게 끊기(W)로 구분하였다.

끊어 읽기를 할 때 문장의 의도에 따라, 자신의 호흡 길이에 맞춰 끊는 것이 중요하다. 그리고 재차 강조하지만 문장의 짜임을 고려해야 한다. 예를 들어 "너는 오른쪽으로 가고 나는 왼쪽으로 가볼게."라는 문장을 "너는 V 오른쪽으로 가고 나는 왼쪽으로 가볼게."보다 "너는 오른쪽으로 가고 V 나는 왼쪽으로 가볼게."라고 끊어 읽는 것이 더 자연스럽다. 우리는 끊어 읽기 연습을 통해 인위적인 환경 속에서도 정확한 의미 전달과 자연스러운 말하기를 할 수 있도록 노력해야 한다.

훈련 11단계

화술 교정을 할 때 무의식적으로 했던 행동을 의식적인 행동으로 바꾸어 개선해 나가는 과정이 필요하다. 끊어 읽기 또한 그 과정에 있는 중요한 훈련이다. 차근차근 인내심을 갖고 훈련해 보자.

연습 36 한 문장 끊어 읽기 연습

문장마다 끊어 읽기를 할 수 있는 방법은 다양하다. 따라서 문장을 읽을 때는 그저 전달하는 것이 아닌, 발화자의 입장에서 의도를 파악하고 읽으려는 태도가 중요하다. 다음 5개의 명언을 시간적인 여유를 두고 곱씹어 보며 눈으로 읽는다. 그리고 문장의 짜임에 주의하며 자유롭게 끊어 읽어본다.

"우리가 어디를 가든 무엇을 하든 우리의 한 가지 연구 대상은 바로 자기 자신이다." -에머슨-

"영원히 살 것처럼 꿈꾸고 오늘 죽을 것처럼 살아라." -제임스 딘-

"모든 언행을 칭찬하는 자보다 결점을 친절하게 말해주는 친구를 가까이 하라." -소크라테스-

"물고기를 나무 타기 실력으로 평가하면 물고기는 평생 자신이 형편없다고 믿으며 살아갈 것이다." -아인슈타인-

"그림을 그리는 건 힘들지 않지만 다시 어린아이가 되는 데 사십 년이 걸렸다." -피카소-

+ 녹음기를 켜고, 내가 파악한 말의 의도를 짧게 끊기(/), 중간 끊기(V)를 활용해 읽어본 후, 어떤 어절에서 얼마나 쉬었을 때 의미가 더 효과적으로 전달되는지 실험해 보자.

연습 37 호흡 받침대 연습

휴대폰에 메트로놈 앱을 설치한다. 메트로놈은 규칙적인 소리로 정확한 박자를 알려주는 기계다. 연습 예문을 메트로놈 박자에 맞추어 읽어보자. 예를 들어, "예의 있는 대화의 기본은 한마디로, 상대를 적이 아니라 협력 상대로 보는 자세다."라는 문장을 "예-의-있-는-대-화-의-기-본-은-한-마-디-로-상-대-를-적-이-아-니-라-협-력-상-대-로-보-는-자-세-다"와 같이 각 음절을 일정한 세기와 호흡량으로 연결해 읽는 것이다. 글을 읽으면서 호흡이 부족할 때는 편하게 숨을 들이마시고 다음 박자에 맞춰 이어서 읽으면 된다.

1. 4/4박자로 90 BPM부터 시작하여 박자에 맞춰 1음절씩 연결해서 글을 읽는다.
2. 평소 말할 때와 비슷한 속도까지 10단위로 BPM을 올려가며 글 읽기를 반복한다.

3 메트로놈을 끄고 자연스럽게 읽되, 어절과 어절 사이가 부드럽게 연결된 느낌을 유지하며 읽는다.

연습 예문

> 예의 있는 대화의 기본은 한마디로, 상대를 적이 아니라 협력 상대로 보는 자세다.
> 견해차가 큰 대화를 할 때 특히 중요한 점이다.
> 그러려면 내 목표를 알고 상대의 의도를 너그럽게 해석해야 한다.
> 또 상대의 말을 들으며 메시지 전달이 아닌 양방향 대화를 해야 한다.
> 원활한 양방향 대화의 첫걸음은 듣는 법 배우기다.
> 머릿속에 있는 말을 다 하고 싶은 마음을 참아야 한다.
> 그다음에는 타이밍을 잘 판단해 대화를 품위 있게 끝내야 한다.[5]

연습 38 한 문단 끊어 읽기 연습

연습 예문을 읽어보고 본인이 파악한 문장의 의도에 따라 끊어 읽기 3종류(짧게 끊기, 중간 끊기, 길게 끊기)를 표기한다. 표기한 후, 의도가 툭툭 끊기는 느낌이 들지 않게 호흡받침대를 신경 쓰며 읽는다.

1 연습 예문을 눈으로 천천히 읽으며 이해한다.

2 녹음기를 켜고, 말하듯 편하게 읽어본다.

3 녹음된 결과를 들어본 뒤, 문장의 의도에 따라 끊어 읽기를 체크한다.

---

5 피터 버고지언·제임스 린지, 『어른의 문답법』, 홍한결 옮김, 윌북, 2021, 23쪽.

4 체크된 끊어 읽기를 참고하여 다시 녹음기를 켜고 읽는다.

5 끊어 읽기 표시 전과 후의 녹음본을 비교하며, 전달력 차이를 느껴보자.

연습 예문

대화는 근본적으로 서로가 서로에 대해 궁금해야 한다. 따라서 상대방의 반응을 섣불리 판단하고 단정 짓는 행동은 대화의 원동력인 궁금함을 스스로 억압하는 방어적 태도가 된다. 누구나 대화는 질문과 대답의 형식으로 자연스럽게 오간다는 사실을 알고 있을 것이다. 그럼에도 불구하고 대화할 때 상대방에게 할 말이 없거나 이어가길 어려워한다면, 내가 상대방에게서 지키고 싶은 이미지가 있거나 섣불리 상대방의 반응을 미리 단정 짓는 방어적 태도를 취하고 있는 건 아닌지 자각할 필요가 있다. 이렇게 스스로에 대한 마음을 객관적으로 인지해 보려는 것만으로도 상대방에 대한 나의 태도는 한결 더 부드러워진다.

+ 한 문장 내에서 끊어 읽기가 발생해도 의도가 연결되면 호흡 받침대를 갖고 연결된 듯 부드러운 호흡처리를 해야 한다.

말로 그림을 그려라

리드미컬하게 말하라

매력적으로 말하는 사람은 말의 리듬감과 생동감을 잘 표현해낸다. 대표적으로 우리나라의 천만배우이자, 코믹 연기를 잘하는 배우 이하늬 씨가 그렇다. 그녀의 CF나 작품 속 장면을 보면 말로 그림을 그리는 듯한 풍부한 표현력이 느껴진다. 아래 대사는 SBS 드라마 <열혈사제>의 박경선 역을 맡은 이하늬 씨의 대사이다.

아니 생각을 해보세요.
우리가 막상 신부랑 그 해커를 동시에 잡았다 쳐.
근데 그 해커를 막상 까보니까 막 엄청나게 많네.
절대 공개돼서는 안 되는 그런 정보?
아 왜 그런 거 있잖아요?
그 고위직들 막 동영상 막, 막 알나리깔나리 우~ 이런 거.
정말 막상 그런 상황이 되면 진짜 우리 다 엿 되는 거예요.
너 나 우리 모두 다 엿 되는 판이라고.
일단 그건 내 말대로 하고.
나 그 굴짬뽕 국물 좀 줄래요.

배우 이하늬 씨는 대사의 의도에 따라 강조점, 말의 속도, 볼륨을 리드미컬하게 사용하고 있다. 말에 리듬감을 주니 극중 인물인 박경

선의 캐릭터성이 더욱 매력적으로 느껴지고, 해당 장면의 분위기 또한 고조됨을 느낄 수 있다. 특별한 의도가 있지 않는 한 같은 패턴으로 일정하게 말하면 전달력이 떨어지며 지루하다. 배우 이하늬 씨는 위 장면에서 마치 셰프처럼 대사를 맛있게 요리한다.

배우 이하늬 씨 같은 프로 연기자가 아니더라도, 매력적으로 말하는 사람들은 모두 리드미컬하게 말에 변화를 주며 말한다. 남들이 하면 지루할 법한 말, 분위기가 딱딱해질 수 있는 말도 유려하게 풀어낸다. 매력적으로 말하는 사람들은 청중 앞에서 스피치를 할 때 어젯밤 달달 외운 텍스트를 암송하지 않고 생동감 있게 말하려 한다. 그뿐만 아니라 그들은 일상 대화에서도 자신의 의도에 따른 말의 강조점을 분명히 하는 습관을 갖고 있다. 또한 대화 상대의 반응에 따라 말의 속도와 목소리 크기를 실시간으로 조절하며 대화의 분위기를 주도하는 능력도 탁월하다. 그러나 대부분의 사람들은 스피치를 할 때 말의 강조점 없이 일정한 속도와 볼륨으로만 말하는 경향이 있다. 이것은 어머니가 아기를 토닥토닥 재우는 행위와 유사하다. 아기가 어머니의 일정한 속도의 토닥거림에 잠이 들듯 청중은 시작부터 끝까지 일정한 스피치 패턴에 잠들기 쉽다.

꼭 타고난 언변과 유머감각이 있어야만 리듬감 있게 말할 수 있는 것이 아니다. 말의 변화를 줄 수 있는 가장 쉬운 첫 번째 방법은 문장에서 중요한 부분을 강조하는 것이다. 의도가 반영된 가장 중요한 부분을 강조함으로써, 발화자가 중요하게 생각하는 말과 상대적으로 덜 중요하게 생각하는 말이 구분되어 들린다. 따라서 자연스럽게 말의 변화가 생기고 리듬감이 형성된다. 우리가 말할 문장 속 어절들에도 주연, 조연, 단역이 있다. 주연을 잘 찾아서 강조하면, 조연과 단역은 알아서 조화를 이룬다. 왜냐하면 문장에서 가장 중요한 부분인 주연을 찾았다는 것 자체가, 그 문장의 의도를 제대로 파악했다는 뜻이기 때문이다. 내 말의 주연을 찾아 속도와 볼륨을 리듬감 있게 표현하면, 그림을 그리는 듯 선명하고 표현력 있는 말하기가 가능해진다.

문장 속 주연을 찾아라

문장 속 주연은 어떻게 찾을까? 문장의 의도를 파악할 때, 직관적으로 가장 강조하고 싶은 부분을 찾으면 된다. 그리고 자신감 있게 해당 부분을 부각하며 말하면 자연스럽게 감정까지 따라온다. 만약 문장의 의도를 찾기 어렵다면, 다음 3가지 방법을 기억하면 된다.

첫째, 부사를 강조한다. 부사는 주로 동사나 형용사를 꾸며주며 말의 뜻을 분명하게 해주는 품사다. 문장에서 상태, 모양, 성질, 부정, 방법, 태도, 장소, 시간, 대상 등으로 말을 수식해 주거나 한정해 준다. 의성어(의성 부사)와 의태어(의태 부사)와 같은 감각적인 표현도 부사다. 이러한 부사가 문장의 주연이 되어 강조되는 경우가 많으며, 예를 들면 "단풍 색깔이 **정말** 예쁘다.", "나 어제 학교 **못** 갔어.", "**제발** 조용히 좀 해주세요." 등이 있다.

둘째, 숫자의 의미가 담긴 말을 강조한다. 우리는 강조하고 싶은 부분에 숫자를 활용하곤 한다. 때문에 문장에 숫자의 의미가 있는 말이 있을 경우, 해당 부분이 주연일 확률이 높다. 예를 들면 "수아가 올해 **스무 살**이 됐네.", "이거 **5,000원**이에요?", "둘 중 **하나만** 선택해." 등이 있다.

셋째, 의문사를 강조한다. 의문사는 다양한 품사로 쓰이며, 의문의 중심이 되는 말이고 주로 상대방에게 질문할 때 쓴다. 그만큼 발화자의 의도를 나타내는 역할을 하기에 주연이 될 가능성이 높다. 예를 들면 "**누가** 이거 망가뜨렸어?", "너 **왜** 늦었어?", "**언제** 올 수 있어?" 등이 있다.

문장에서 주연을 못 찾을 경우, 말의 의도가 전해지지 않고 어미에 불필요한 힘이 들어가게 된다. 예를 들어, "아무리 바빠도 밥은 잘 챙겨 먹어야지."라는 문장이 있다. 말의 의도에 따라 강조점이 달라질 수 있겠지만, 다른 어떤 음식보다도 밥을 제때 챙겨 먹으라는 의도라면 "아무리 바빠도 **밥(주연)은** 잘 챙겨 먹어야지."로 강조될 것이다. 그러나 의도에 따라 주연을 명확하게 강조하지 않으면 "아무리 바빠**도** 밥**은** 잘 챙겨 먹어야**지.**"와 같이 문장이 하나의 의도로 모이지 않아 어미들이 강조되는 현상이 나타날 수 있다. 이것은 어린아이들의 말투에서 흔히 찾아볼 수 있다. 왜냐하면 말은 어떠한 생각과 느낌으로 인하여 생긴 의도로 발생되는 언어적 행동인데, 의도가 없이 그저 글을 읽으려고 했기 때문이다. 따라서 항상 문장에서 발화자가 가장 전달하고 싶은 말이 무엇인지 찾아야 한다. 그래야 명확한 의도가 내포된 리듬으로 말할 수 있다.

지금까지 문장의 의도를 강조하는 3가지 경우를 살펴봤다. 만약 3가지 경우가 한 문장에 동시에 있는 경우라면 어떻게 해야 할까? 그럴 땐 가장 전해주고 싶은 말을 주연으로 생각하면 된다. 한 문장에서는 주연 하나만을 찾아 강조해 주는 것이 깔끔하지만, 문장이 길어져 끊어 읽기를 해야 할 경우엔 끊어 읽기를 기준으로 각각 주연인 말을 찾아 강조하면 된다.

다섯 가지로 강조하라

그렇다면 중요한 부분을 강조할 수 있는 표현방법은 어떤 것들이 있을까? 크게 다섯 가지의 강조 방법이 있다. 이 방법들은 일상 대화에서도 자주 사용되니 의식적으로 익혀 전략적으로 활용할 수 있게 연습해 보자.

1) 속도를 낮춰라

청자에게 중요하게 전달하고 싶은 말을 느린 속도로 말하여 강조하는 방법이다. 속도 변화의 폭이 크지 않았다가 특정 부분에서 속도가 느려지면, 청자들은 이 부분이 중요한 부분이라고 자연스럽게 인식한다. 그러나 너무 많은 부분에서 무분별하게 사용하면 오히려 역효과가 발생한다. 왜냐하면 청자의 입장에서는 스피치의 흐름이 늘어짐에 따라 지겨워지고, 어떤 것이 중요한 내용인지 혼란스러워지기 때문이다. 따라서 상대적으로 덜 중요한 이야기는 내용전달이 가능한 범위 내에서 빠르게 말하고, 중요한 부분에서는 속도를 낮춰 대비효과를 주자. 특히 내용상 중요한 전문용어나 통계적 자료 등을 말할 때 이 방법을 사용하면 전달력을 높일 수 있다.

- 민족의 아픔인 6.25전쟁은 **1 9 5 0 년 대** 발생했습니다.
- 인간의 학습능력과 같은 기능을 컴퓨터에 실현하고자 하는 기술을 **머 신 러 닝**이라고 합니다.
- 우리나라의 동쪽 끝에 위치한 섬은 **독 도**입니다.

2) 어절을 늘려라

가족, 친구, 연인, 학교 선후배, 직장동료 등 서로 친밀한 사이일 때 자주 사용하는 강조 표현방법이다. 이 방법은 강조할 어절의 모음에 감정을 담아 길게 늘려 발음하는 것이다. 예를 들어 "엄마한테는 우리 아들이 **제~일** 잘생겼어."라는 문장처럼 발화자의 감정상태를 적극적으로 드러낼 때 주로 사용된다. 마음을 생동감 있게 전달할 수 있는 방법 중 하나다.

– 여름에는 팥빙수가 **엄~청** 팔린다.

– 요즘은 힙합 음악이 **많~이** 대중화되었습니다.

– 너 자전거 탈 때 조심하지 않으면 **크~게** 다친다.

3) 볼륨을 높여라

스피치에서 핵심 부분이거나 청자가 꼭 기억해 주길 바라는 대목에서 자주 사용하는 방법이다. 우리의 몸은 목소리의 볼륨을 높이면 자연스럽게 에너지가 함께 상승되어 강한 호소력을 갖는다. 이제부터 중요한 말을 할 때 평소의 음보다 반음정도 높인 큰 목소리로 말해보자. 훨씬 더 당당하고 자신감 넘치는 분위기가 연출될 것이다. 그러나 이 또한 필요 이상으로 자주 사용할 경우 청자를 지치게 만들 수 있다. 스피치 전체 흐름을 고려하여 필요한 대목에서만 적절히 사용해 보자.

– 자신감은 당당한 몸의 **자세**에서 나옵니다.

– 여러분, 수강신청은 **이번 주**까지입니다.

– 성공의 가장 중요한 요소는 **지속성**입니다.

4) 볼륨을 낮춰라

중요한 부분에서 오히려 소리를 작게 냄으로써 청자를 집중시킬 수도 있다. 드라마에서도 배우가 중요한 대목에서 목소리를 높여 강하게 강조할 때도 있지만, 작은 목소리로 감정을 농축시켜 말할 때도 있다. 이때 우리는 그 단어의 내재된 의미를 강력하게 전달받는다. 따라서 내 말에 중요한 부분을 작은 목소리로 강조하는 것도 좋은 전략이 될 수 있다. 물론 청자가 충분히 알아들을 수 있을 정도의 범위 내에서 작게 말해야 한다.

– 저는 전쟁 중에도 항상 어머니가 **보고 싶었습니다.**

– 지금 해결할 수 없는 걱정은 **또 다른 걱정**을 만들 뿐입니다.

– 모든 사람들이 실패할 것이라고 얘기했지만 저는 끊임없이 **도전했습니다.**

5) 침묵을 사용하라

말을 잘하는 사람들은 모두 침묵을 적절한 타이밍에 사용할 줄 안다. 왜냐하면 침묵이 지니고 있는 강한 힘을 알고 있기 때문이다. 침묵은 중간에 잠시 말을 멈춤으로써, 언어로 담아낼 수 없는 내면의 이미지를 전달해 주는 효과가 있다. 또한 청중이 내 말에 충분히 공감하며 따라올 수 있는 시간도 만들어 준다. 배우들은 이러한 침묵을 사용할 때 '사이를 둔다'라고 표현하기도 한다. 배우가 중요한 대사에 사이를 둠으로써 관객의 이목을 사로잡듯, 내 말의 중요한 부분을 침묵을 통해 강조해 보자. 울림이 있는 스피치를 할 수 있게 될 것이다.

– 큰 목표를 이루기 위해서는 /// 내가 할 수 있는 일부터 시작해야 합니다.

– 그날 밤 마지막으로 아버지께서 해주신 말이 "난 /// 네가 자랑스럽다." 였습니다.

– 사람은 오해해서 만나서 /// 이해를 합니다.

다섯 가지의 강조 표현방법은 서로 섞여서 사용될 수도 있고 한 문장에서 주연자리뿐 아니라 조연자리에도 사용할 수 있다. 예를 들어 "부자가 되기 위해서는 뚜렷한 목표의식이 있어야 합니다."라는 문장이 있다. 이때 의도에 따라 "**부자**(조연)가 되기 위해서는 **뚜렷한 목 표 의 식**(주연)이 있어야 합니다."처럼 볼륨을 높여 '부자'를 강조하고 속도를 낮추어 작은 목소리로 '뚜렷한 목표의식'을 강조할 수 있다. 그러니 특정 방법에 얽매이지 말고 자유롭게 강조를 표현해 보자.

훈련 12단계

문장에서 강조할 부분을 찾는 방법과 강조하는 표현 방식에 대해 자세히 살펴봤다. 표현력이 풍부한 사람이라면 무의식적으로 이미 자주 사용하고 있는 방법일 수도 있다. 그러나 정제된 스피치를 할 때 이러한 방법을 전략적으로 사용하면 훨씬 더 리드미컬한 스피치를 할 수 있게 된다. 이제부터 자신의 스피치에 녹여낼 수 있도록 하나씩 훈련해 보자.

연습 39 문장 속 주연 찾기

아래 문장의 의도를 파악하고, 앞서 배운 기준에 따라 문장의 주연을 찾아보자. 중요한 말을 강조함으로써 리듬이 자연스럽게 생기는 것을 느낄 수 있다. 시간 여유가 있다면 1차로 그냥 읽으며 녹음한 뒤 2차로 말의 강조점을 찾아 읽으며 녹음한다. 1차와 2차의 녹음파일을 비교해 보면 더욱 명확한 차이점을 알 수 있다.

1 제게 가족은 세상에서 가장 소중한 존재입니다.

2 힘들 때마다 항상 옆에 있어주는 친구가 있었습니다.

3 저는 사랑하는 그(그녀)와 10월에 결혼을 합니다.

4 올해는 저의 은사님을 직접 뵙지 못했습니다.

5 우리 다음 달에 연차 휴가 내고 어디로 여행 갈까?

연습 40 다섯 가지의 강조 표현방법 적용해 보기

다음 예문을 3번 이상 반복해서 읽으며 문맥의 흐름을 파악한다. 그런 다음 느껴지는 의도에 따라 문장 속 주연을 찾아본다. 주연을 강조할 때 5가지의 강조 표현방식 중 어떠한 표현이 가장 적합할지 고심하며 표기해 본다. 이제 녹음기를 켜고 표기한 대로 낭독을 한다. 녹음파일에서 아쉬운 점을 찾아 수정하고 다시 녹음한다. 이 과정을 반복하며 다섯 가지의 강조 표현방법을 다양하게 실험하며 익혀보자.

▶ **연습 예문**

자기 이야기만 하는 사람들은 자신만 생각하는 사람들이다. 콜럼비아 대학 총장 니콜라스 머레이 버틀러(Nicholas Murray Butler) 박사는 말했다. “자신만 생각하는 사람은 배울 가망이 없는 사람들이다. 아무리 많은 교육을 받았더라도 배움이 없는 사람들이다.”
그래서, 여러분들이 대화를 잘하는 사람이 되기 원한다면 다른 사람의 이야기를 열심히 듣는 사람이 되어야 한다. 찰스 노샘 리(Charles Northam Lee) 여사가 말하듯 “관심을 받고 싶으면, 먼저 관심을 가져라.” 다른 사람이 좋아하며 대답할 만한 질문을 하라. 그 사람에게 자신과 자신의 업적에 대해 말해 달라고 하라.
당신과 이야기를 나누고 있는 사람은 당신과 당신의 문제보다는 자신과 자신의 욕구, 자신의 문제에 백 배는 더 관심이 있다는 사실을 기억하라.[6]

연습 41 중립적인 말 속도의 감각 익히기

우리는 스스로의 말 속도에 익숙해져 있어서 자신이 녹화된 영상을 보지 않는 한 빠르게 말하는지 느리게 말하는지 잘 인지하지 못한다. 따라서 청중이 보편적으로 듣기 편한 말 속도를 몸으로 기억하고 있어야 한다. 중립적인 말 속도를 유지할 수 있게 되면, 때에 따라 적절히 빠르게 혹은 느리게 변주할 수 있는 기준점이 된다. 표준어를 구사하는 사람은 평균적으로 1분에 약 300음절을 읽고, 방송인들은 1분에 약 350음절을 읽는다고 한다.[7] 다음 연습 예문은 약 350음절로 구성되어 있다. 1분~1분 10초 범위 내에 읽을 수 있도록 훈련한다.

6 데일 카네기, 『데일 카네기 인간관계론』, 임상훈 옮김, 현대지성, 2019, 126-127쪽
7 심홍임, 「한국 표준어 화자의 유창성과 말속도에 관한 연구」, 『음성과학』11(3), 한국음성과학회, 2004, 198쪽

연습 예문

여러분, 가끔 이런 고민이 있으신 분들이 계십니다. “저는 성격이 내향적이라서, 다른 사람들에게 말 거는 거조차 되게 어색해요.” 세상에는 완벽히 외향적인 사람도 없고, 완벽히 내향적인 사람도 없습니다. 우리 안에는 외향적인 부분과 내향적인 부분이 모두 존재하며, 누구나 자신이 속한 그룹의 다양한 인간관계 속에서 조금씩 달라집니다. 대화에서 외향적이라는 것은 관심이 내가 아닌 타인에게 더 치중된 경우고, 내향적이라는 것은 타인에게 비치는 나의 모습에 더 관심이 치중된 경우가 많습니다. 예를 들어, 외향적인 사람은 누군가 헤어스타일이 달라졌을 때, “너 파마 어디서 했어? 예쁘다! 나도 곧 해야 되는데.”라고 툭 이야기할 수 있습니다. 반면 극히 내향적인 사람은 괜히 질문해서 나로 인해 상대방이 불편해할까 봐 할 말을 참곤 합니다. 그러니 기본적인 배려 속에서 관심의 방향을 내가 아닌 상대방에게 조금 더 솔직히 표현해 보는 습관을 가지면 좋겠습니다.

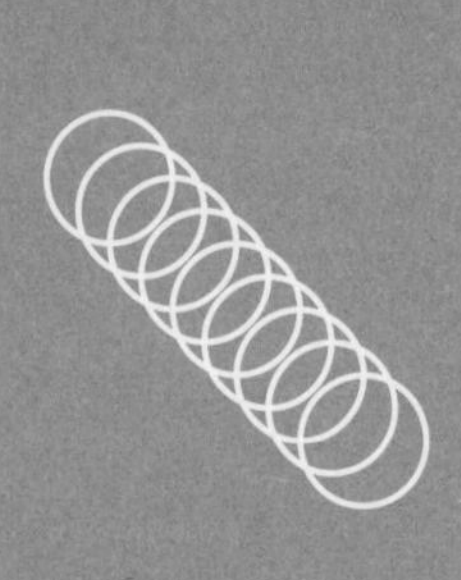

ACTING SPEECH CLASS

2장

1.

자신을 디자인하자

자신의 외적 이미지를 파악하라

나의 매력적인 첫인상을 찾아라

다른 사람과 대화할 때, 어떤 요소가 가장 중요하게 작용할까? 미국의 심리학자 엘버트 메라비언(Albert Mehrabian)은 타인과 말할 때 영향을 끼치는 요소를 크게 세 가지로 나눴다. 바로 비언어적 표현, 음성표현, 단어 및 내용이다. 이 세 가지 중 가장 큰 비율을 차지한 것은 외모, 태도, 표정 등과 같은 비언어적 표현이다.

① 외모, 태도, 표정 등과 같은 비언어적 표현 55%

② 톤, 억양, 성량 등과 같은 음성표현 38%

③ 단어 및 내용 7%

위 통계자료처럼 누군가와 말할 때 비언어적 표현은 스피치 및 커뮤니케이션 활동에서 특히 중요한 부분이다. 그러므로 우리는 비언어적 표현을 매력적으로 만들 필요가 있다. 매력의 사전적 정의를 살펴보면 '사람의 마음을 사로잡아 끄는 힘'이다. 필자는 그동안 배우 활동을 하면서 무대, 촬영장에서 유난히 관객의 마음을 사로잡는 배우를 지켜볼 수 있는 기회가 많았다. 필자 역시 매력적인 사람이자 배우가 되고 싶었기에, 그들을 관찰하기 시작했다. 그 결과 매력적인 사람의 두 가지 특징을 발견할 수 있었다. 바로 스스로를 객관적으로 바라보는 시선을 가지고 있다는 점과 자신만의 장점을 잘 활용한다는 점이다. 이 두 가지 특징을 내 것으로 만드는 것은 큰 용기가 필요하기 때문에 결코 쉬운 일이 아니다. 이 용기는 곧 어떤 일이든 부딪쳐볼 수 있다는 자신감으로도 표현되며 그 사람만의 분위기를 만들어낸다. 그리고 분위기는 효과적인 비언어적 표현으로써, 자신의 외적 이미지를 매력적으로 형성시킨다.

우리는 누군가를 처음 만날 때 무의식적으로 상대방과 연상되는 이미지를 떠올린다. 그 사람과 닮은 연예인, 직업군, 인간성 등 많은 것들을 동시다발적으로 생각한다. 이것을 바탕으로 그 사람은 어떤 사람일 것이라고 판단하는 경향이 있다. 그리고 이것은 미국의 사회심리학자 솔로몬 애쉬(Solomon Asch)가 실험한 초두효과와 관련되는데, 초두효과란 먼저 제시된 정보가 추후 알게 된 정보보다 더 강력한 영향을 준다는 심리 현상이다. 비슷한 개념으로 처음 이미지가 단단히 굳어 버린다는 의미의 '콘크리트 법칙'도 있다. 이처럼 사람은 일단 첫 이미지가 형성되면 나중에 들어오는 정보에는 큰 관심을 두지 않는다. 따라서 타인이 바라보는 자신의 외적 이미지를 객관적으로 파악하고 매력적인 첫인상으로 개선해야 한다.

내 안의 다양한 가면, Persona

일상생활에서 우리는 누구나 자신만의 가면을 쓰고 살아간다. 여기서 말하는 가면은 타인에게 드러내는 개인의 외적 이미지를 말한다. 이것은 페르소나(persona)라는 말로 통용되기도 한다. 페르소나란 고대 그리스 시대 배우들이 쓰던 가면에서 유래된 말로 '가면을 쓴 인격'

을 뜻한다.[8] 즉 페르소나는 타인이 바라보는 나에 대한 외적 이미지이자 나의 내면의 한 부분이다. 우리는 타인과의 관계에 따라 각기 다른 페르소나를 사용한다. 직장에서 어려운 상사에게 보여주는 페르소나, 사랑하는 애인에게 보여주는 페르소나, 10년 지기 친구에게 보여주는 페르소나 등 모두 조금씩 다르다. 왜냐하면 페르소나는 타인에게 어떻게 보여야 한다는 적응의 결과물이기 때문이다. 따라서 우리의 페르소나는 인간관계, 환경 등에 따라 변화하고 적응한다. 그리고 이것은 마치 배우가 연기하는 캐릭터처럼 또 다른 내 모습의 일부분이다.

만약에 사귄 지 100일 된 연인과 오붓하게 손을 잡고 걸어가다가 길에서 10년 지기 친구를 만났다고 상상해 보자. 반가운 마음과 동시에 당황스럽고, 약간은 불편한 느낌도 들 것이다. 연인에게 자신의 좋은 모습만 보여주고 싶은 페르소나와 학창 시절부터 모든 흑역사를 공유했던 10년 지기 친구에게 보여준 페르소나가 다르기 때문이다. 브라이언 베이츠(Brian Bates)는 이 예와 같이, 특정 상황에서 자신의 한 가지 페르소나만 보여준 사람을 다른 상황에서 만나면 당황하게 된다고 말했다.[9] 우리는 마치 배우처럼 관계에 따라 다른 캐릭터를 연기하며 살아가고, 이는 의식적 혹은 무의식적으로 자연스럽게 이뤄진다. 그렇기 때문에 '나'라는 사람에 대한 객관적인 이미지를 알기 위해서는 각각의 페르소나를 모두 파악해야 한다. 내가 갖고 있는 여러 페르소나는 모두 나의 일부분이기 때문이다. 예를 들어 직장동료가 나에게 어떤 상황에서도 할 말은 꼭 하는 사이다 같은 사람이라고 했다면, '아~ 난 이런 상황에서는 주관이 강한 사람이구나.' 등과 같이 외적 이미

---

8 〈http://asq.kr/zKeeaWkX〉(검색일: 2021. 01. 13.)

9 브라이언 베이츠, 『배우의 길』, 윤광진 옮김, 예니, 1997, 137쪽

지의 단면을 하나씩 깨달아가는 것이다. 자신의 단면을 파악해가면서 그동안 몰랐던 장점을 알게 되는 등 스스로를 객관화할 수 있게 된다.

또한 자신도 모르게 학습된 어떤 특정 태도가 매력적인 이미지를 준다는 생각은 버려야 한다. 자신에 대해 누구보다 잘 알고 장점을 상황에 따라 활용할 수 있을 때 매력적인 사람이 된다. 그러니 내 가면과 맨얼굴 모두 객관적으로 파악하고 받아들여야 한다. 이것이 가능할 때 진정한 변화가 시작될 것이다.

훈련 13단계

지금부터 나를 알아보는 시간을 갖자. 의식적으로든 무의식적으로든 타인에게 보여주었던 나의 외적 이미지를 조사해 보자. 자신의 외적 이미지는 아래 3가지의 기준을 적용하여 파악한다.

1. 내가 생각하는 나의 외적 이미지
2. 가까운 지인이 보는 나의 외적 이미지
3. 인사 정도만 하는 타인이 보는 나의 외적 이미지

외적 이미지 분석표에 답변을 받는다. 이 답변으로 나의 기본적인 외적 이미지 정보를 얻게 될 것이다. 주변 사람에게 부탁해 최소 5장 이상 받아보자. 외적 이미지 정보는 많이 모을수록 좋다.

연습 42 나의 외적 이미지 파악하기

내가 생각하는 나의 외적 이미지, 가까운 지인이 보는 나의 외적 이미지(남, 여), 인사 정도만 하는 타인이 보는 나의 외적 이미지(남, 여) 등 최소 5장 이상의 외적 이미지를 조사한다. 직접 만나기 어렵다면, 외적 이미지 분석표와 함께 1분 가량의 무표정한 얼굴을 담은 동영상을 보낸다. 우리가 가장 편안할 때의 표정이 무표정이다. 현재 나의 모습을 기준으로 한 외적 이미지를 조사해 보자.

[외적 이미지 분석표]

어울리는 별명은?	
외모의 이미지는?	
느껴지는 인간성은?	
풍기는 분위기는?	
목소리의 느낌은?	
미소의 이미지는?	
어울리는 문구가 있다면?	
첫인상의 느낌은?	
좋아할 것 같은 악기는?	

좋아할 것 같은 음식은?	
좋아할 것 같은 스포츠나 활동은?	
비슷한 이미지의 연예인은?	
외적 이미지가 보여주는 성격은?	
닮은 만화 캐릭터는?	
형제자매 관계에서 출생순위는?	
잘 어울리는 옷 스타일은?	
잘 어울리는 헤어스타일은?	
잘 어울리는 컬러는?	
닮은 동물은?	
이미지와 어울리는 직업은?	
느껴지는 매력은?	
연애 상대라면?	

목소리에도 이미지가 있다

목소리의 5가지 요소

목소리만 들어도 이미지가 단번에 떠오르는 사람이 있다. 대표적으로 MC 유재석, 배우 송강호, 가수 임재범 씨 등이다. 화면 너머로 들리는 이들의 목소리는 듣기만 해도 누구인지 금세 알 수 있을 뿐만 아니라 기분, 태도, 분위기까지 파악된다. 이처럼 목소리에 담긴 복합적인 정보는 그 사람만의 고유한 이미지를 떠오르게 한다. 목소리의 이미지를 형성하는 요소는 요소는 크게 5가지로 나뉜다.

첫째, 음의 높낮이 변화다. 대부분의 사람은 타고난 음성영역이 있다. 그리고 타인과의 관계, 시간대, 장소에 따라 음의 높낮이를 바꾼다. 예를 들어 교수님이나 직장 상사와 같이 윗사람을 만나게 되면 음이 올라가며 싹싹한 이미지를 준다. 반면 동네 친구나 형제처럼 수평적 관계의 사람을 만나면 음이 낮아지고 편한 이미지를 준다. 이처럼 음의 높낮이는 목소리 이미지를 형성하는 데 밀접한 영향을 준다.

둘째, 성량 조절이다. 목소리 크기도 이미지에 영향을 준다. 상황에 따라 다르겠지만, 보편적으로 목소리가 크면 자신감이 넘치고 주관이 뚜렷한 이미지를 주고, 목소리가 작으면 소심해 보이거나 냉소적인 이미지를 주기도 한다. 상대방에게 편안하고 안정적인 목소리 이미지를 주고 싶다면, 상대방과 나 사이의 공간을 채운다는 느낌으로 성량을 일정하게 유지하는 것이 효과가 있다.

셋째, 호흡량에 따른 성대접촉률의 변화다. 성대접촉률이란 두 개의 주름으로 이루어진 성대가 서로 접촉했다가 떨어지기 전까지의 면적 비율을 말한다. 이 성대접촉률은 호흡의 압력과 직접적인 연관이 있다. 호흡의 압력이 강할수록 성대접촉률은 높아지고 반대로 호흡의 압력이 약하고 새어 나올수록 성대접촉률은 낮아진다. 이러한 성대접촉률의 변화는 목소리 이미지에 큰 영향을 준다. 드라마로 예를 들면, 일상적인 대화나 유쾌한 장면에서는 주로 배우들의 목소리가 가볍고 쨍하다. 이것은 성대접촉률을 높여서 밝고 리듬감이 느껴지는 목소리 이미지를 연출한 것이다. 반면 감정의 농도가 짙은 장면에서는 성대접촉률을 낮추고 새어나오는 호흡에 내밀한 감정이 드러나도록 목소리 이미지를 연출한다. 이외에도 상황, 기분, 관계에 따라서 성대접촉률의 변화를 주어 목소리 이미지에 다양한 느낌을 줄 수 있다.

넷째, 억양의 변화다. 억양은 음의 높낮이가 모여 하나의 패턴을 이룬 것을 말한다. 앞서 배운 것처럼 억양은 사람의 기분, 태도에 따라 다양한 패턴으로 형성된다. 이 패턴은 직업군에 따라 어느 정도 비슷한 유형으로 나타나기도 한다. 예를 들어 상담원 직종의 억양은 친절하면서 상냥한 물결 모양의 청유형 패턴이고, 직업군인의 억양은 단호하고 절제된, 굴곡이 거의 없는 패턴을 갖고 있다. 이렇게 우리는 억양을 통해서 사람들에게 자신의 직업적인 부분까지 드러낼 수 있다.

다섯 번째, 톤의 변화다. 목소리에서 톤이란 목소리의 질감을 뜻한다. 목소리의 질감에 변화를 주기 위해서는 감각적인 단어를 활용하여 해당 단어의 이미지를 담아내보려고 하면 좋다. 예를 들어, 따뜻한 톤, 가벼운 톤, 도시적인 톤 등 다양한 표현의 단어를 붙여 해당 느낌의 톤을 내보려고 하는 것이다. 각 스피치 상황에 어울리는 톤을 낼 수 있는 사람일수록 보다 풍부한 언어의 이미지를 청중에게 전달할 수 있다.

목소리를 유연하게 사용하라

목소리 이미지는 자신의 전체적인 이미지를 형성하는 데 중요한 역할을 담당한다. 많은 사람들이 이성에게 호감을 느끼는 요소 중 목소리를 꼽는 이유만 봐도 알 수 있다. 그러나 아무리 좋은 목소리라도 모든 상황에서 똑같이 사용한다면 그다지 매력적인 느낌을 주지 못한다. 공명이 잘 이뤄지는 발성을 기본적으로 사용하면서도, 상황에 맞는 목소리를 유연하게 사용할 수 있어야 한다. 그래야만 훨씬 더 매력적인 이미지와 표현력있는 스피치를 전달할 수 있게 된다.

필자는 목소리의 유연한 사용으로 작품 속 인물을 더욱 매력적이게 만들어주는 사람으로 배우 박정민 씨가 떠오른다. 그의 작품을 관찰해 보면 역할의 상황, 환경에 따라 적절한 목소리 이미지를 사용한다. 그가 출연한 4개의 작품을 예시로 목소리 이미지가 작품마다 각각 어떻게 사용되는지, 필자의 개인적인 의견을 통해 살펴보겠다.

첫째, 영화 <파수꾼> 희준 역의 목소리 이미지는 음의 높낮이 변화가 많지 않으며, 억양의 패턴도 평평하다. 또한 건조한 톤의 느낌이 지배적이어서 영화 속 장면 분위기와도 잘 어우러진다. 이 요소들이 종합적으로 희준이라는 인물의 캐릭터성을 강화시킨다.

둘째, 영화 <그것만이 내 세상> 오진태 역은 서번트 증후군을 앓고 있는 인물이다. 이 인물이 겪고 있는 특수한 상황을 고려해 억양의 변화 폭이 높았으며, 어미가 늘어지는 패턴을 자주 사용하였다. 여기에 약간 높은 성대접촉률과 비음을 함께 사용하여 순수한 어린아이 같은 느낌을 잘 전달해주었다.

셋째, 영화 <타짜: 원 아이드 잭> 도일출 역에서는 약간 낮은 음높이로 툭툭 던지는 느낌의 억양 패턴이 자주 보였다. 그리고 능글맞은 톤을 적절히 사용하여 자연스럽게 리듬감을 상승시켰다.

넷째, 영화 <다만 악에서 구하소서> 유이 역에서는 배우 박정민 씨의 평소 음역대보다 약간 높은 음높이와 성대접촉률을 낮춰 호흡이 더 섞인 느낌이었다. 이러한 부분이 트랜스젠더라는 역할과 잘 어울렸으며, 여성스러운 톤을 자신의 편안한 음성영역 내에서 찾아 굉장히 자연스럽게 표현하였다.

우리의 목소리는 개인에 대한 여러 이미지를 담고 있기에 성격과 깊은 관계를 맺는다. 우리가 실생활에서 타인의 목소리를 들으며 성향, 기질, 인성 등 수많은 정보를 얻어 성격을 파악해 내듯 말이다. 이것은 역으로 자신의 목소리 또한 타인이 판단할 수 있는 이미지를 담고 있다는 뜻이기도 하다.

그렇다면 현재 나의 목소리 이미지는 어떠한 과정을 통해 형성된 것일까? 현재 우리의 목소리 이미지는 개개인마다 다양한 환경적 요인에 따라 형성되었다. 예를 들어 집안에서 출생순위가 첫째인지, 막내인지 등에 따라 다르고 가정교육을 엄격하게 받은 사람인지, 아닌지에 따라서도 달라진다. 우리의 목소리 이미지는 다양한 환경적 요인과 선천적인 음색의 결합으로 형성된 것이다. 따라서 자신의 목소리 이미지를 객관적으로 파악하고 개선하여 이를 상황에 따라 유연하게 사용할 수 있는 능력을 갖춰야 한다. 그러기 위해선 자기 자신뿐만 아니라 주변 사람들의 목소리까지도 위 5가지 요소에 따라 관찰하고 분석해 보는 자세가 필요하다. 듣는 귀가 열려야 객관적으로 자신의 목소리 이미지를 변화 및 개선할 수 있기 때문이다.

훈련 14단계

성대접촉률을 스스로 조절한다는 표현은 생소하게 다가올 수 있다. 왜냐하면 성대는 불수의근이라 의식적으로 조절하기 힘든 근육이기 때문이다. 따라서 피상적이더라도 성대접촉률의 단계를 수치화하여 감각적으로 느껴보는 것을 추천한다. 같은 맥락으로 우리의 목소리 이미지 또한 주관적인 부분이기에 정확한 기준을 가지고 변화시킨다는 것은 사실 애매하다. 하지만 대부분의 사람들이 느끼는 보편적인 청취력에 따라 그 범위를 좁혀 나갈 수는 있다.

연습 43 나의 목소리에서 가장 적절한 성대접촉률 찾기

티슈 한 장을 준비한다. 티슈를 입 앞 5cm 정도 거리에 둔다. '아-'라는 소리에 호흡량의 배분정도를 8단계로 나누어 단계별로 소리를 낸다. 1단계가 호흡이 가장 많이 섞인 단계이고 8단계는 호흡이 가장 적게 섞인 단계다. 성대접촉률이 낮고 목소리에 호흡이 많이 섞일수록 티슈는 펄럭일 것이고, 성대접촉률이 높고 빠져나오는 호흡이 적을수록 티슈는 움직이지 않을 것이다. 각 단계별로 '아-'소리를 내며 휴대폰으로 녹음하여 들어보자. 어떤 단계에 위치한 '아-' 소리가 가장 듣기 좋고 편했는지 선택한다. 해당 단계를 평소 말할 때 기본 성대접촉률로 적용하여 말해보자.

연습 44 나의 목소리 이미지 분석하기

휴대폰 녹음기를 켜서 연습 예문을 녹음한다. 녹음을 들어보며, 나의 목소리 이미지를 목소리 이미지 분석표에 작성해 본다. 녹음 분석 후 아쉽고 부족했던 부분을 보완하여 재녹음한다. 재녹음한 결과를 평가항목에 따라 작성한다.

연습 예문

유쾌 : 상쾌 : 경쾌 : 통쾌

유쾌한 사람은 농담을 적절하게 잘 활용하며, 상쾌한 사람은 농담에 웃어줄 줄 알며, 경쾌한 사람은 농담을 멋지게 받아칠 줄 알며, 통쾌한 사람은 농담의 수위를 높일 줄 안다. 고민스럽고 복잡한 국면에서, 유쾌한 사람은 상황을 간단하게 요약할 줄 알며, 상쾌한 사람은 고민의 핵심을 알며, 경쾌한 사람은 고민을 휘발시킬 줄 알며, 통쾌한 사람은 고민을 역전시킬 줄 안다. 유쾌함에는 복잡함을 줄인 흔적이, 상쾌함에는 불순물을 줄인 흔적이, 경쾌함에는 무게를 줄인 흔적이, 통쾌함에는 앙금을 없앤 흔적이 남아 있다. 우리는 좋은 사람을 만났을 때 유쾌해지고, 좋은 공간에 놓였을 때 상쾌해지며, 좋은 컨디션일 때 경쾌해지고, 지리한 장마처럼 오래 묵은 골칫거리들이 빠르고 정확하게 해결될 때 통쾌해진다. 나쁜 사람의 불행을 구경하며 우리는 유쾌하거나 상쾌하거나 경쾌해질 수는 없지만 통쾌해지기도 하는 걸 보면, 통쾌하다는 것의 쾌감이 위험한 수위에서 찰랑대는 감정임에는 틀림없다.[10]

---

10 김소연, 『마음사전』, 마음산책, 2008, 70-71쪽

[목소리 이미지 분석표]

평가항목	녹음 분석 전	녹음 분석 후
음 높이	예 전반적으로 피치(음의 높낮이)가 낮아서 우울한 느낌	예 피치(음의 높낮이)를 조금 높여 긍정적인 느낌으로 개선
성량크기	예 성량이 너무 작아서 소심한 느낌	예 공간 크기를 고려한 적절한 성량으로 개선
성대접촉률	예 성대접촉률이 2단계로 너무 낮아 전달력이 떨어짐	예 전반적으로 성대접촉률을 5단계로 높여 전달력을 높임. 특정 부분에서만 낮춰서 감정적인 느낌 연출함
억양의 느낌	예 억양이 단조롭고 일정한 느낌	예 억양에 변화를 주어 분위기를 상승시킴
톤 변화	예 무미건조한 톤	예 따뜻한 톤

+ 목소리 이미지를 개선하기 위해서는 반드시 녹음하며 반복적으로 연습해야 한다. 그래야 객관적으로 듣는 귀가 생긴다.

연습 45 타인의 목소리 이미지 분석하기

함께 지내는 시간이 많은 주변 사람 중 2명(남, 여)의 목소리 이미지를 1주일간 관찰한다. 가족, 친구, 직장동료, 선후배 모두 좋다. 1주일간 관찰한 결과를 목소리 이미지 분석표에 따라 작성해 본다.

[목소리 이미지 분석표]

평가항목	______ 님	______ 님
음 높이		
성량크기		
성대접촉률		
억양의 느낌		
톤 변화		

나만의 스피치 냉장고 만들기

메모를 습관화하라

말을 잘하는 유명한 강사나 연설가를 보면 한 가지 공통점이 있다. 바로 평소 자신의 생각을 글로 메모하는 습관이 있다는 것이다. 이들은 단순히 메모하는 것을 넘어서, 글로 생각을 정리하고 그것으로 자신만의 콘텐츠를 만들어 낸다. 영향력 있는 강사들이 책을 내는 이유도 여기에 있다. 글을 쓰면 자연스럽게 머릿속에 있던 생각들이 시각화되면서, 콘텐츠를 명료하게 말할 수 있는 밑받침이 되기 때문이다.

개그맨이 말을 재미있게 잘하는 이유도 마찬가지다. 일상에서 겪은 본인의 이야기와 아이디어를 개그 노트에 늘 메모하기 때문이다. 절대 개그맨이 일반인과 완전히 다른, 재밌는 삶을 살고 있어서가 아니다. 이처럼 우리도 순간의 아이디어와 경험을 놓치지 말고 글로 붙잡아두는 습관을 가져야 한다. 이 소재가 풍성할수록 남다른 스피치에 한 발 더 가까워진다.

다채로운 스피치 소재를 찾기 위해서는 평소에 일상을 관찰하는 습관이 필요하다. 일상생활에서부터 호기심을 갖고 사물을 바라보는 태도가 있어야 한다. 그리고 더 나아가 '왜?'라는 질문을 던져야 한다. 관찰의 힘이 자연스럽게 생기려면 세상을 향한 관심 어린 시선이 있어야 한다. 자의식보다는 사람, 사물, 사회 등 외부 세계에 민감하게 반응하고, 질문하며 탐구하려는 자세가 필요한 것이다. 이러한 자세는 세상 모든 것이 스피치 소재가 될 수 있다는 가능성을 만들어준다.

스피치 소재는 크게 자신의 직접 경험과 타인을 통한 간접 경험을 통해 얻을 수 있다. 일기, SNS, 여행, 영화, 책, 뉴스, 유튜브 등 다양한 경로를 통해 얻을 수 있다. 스피치 소재가 잘 정리된 메모장은 음식재료가 잘 정리된 냉장고와 같다. 언제든지 내가 원하는 스피치를 만들기 위한 재료들이 준비되어 있기 때문이다. 이 스피치 냉장고 속 소재들은 후에 스피치 대본을 만들 때 든든한 자료가 된다. 그러니 남다른 스피치를 위해 신선한 스피치 소재들을 항상 메모장에 기록해두는 습관을 갖자.

스피치 소재를 찾는 5가지 방법

우리의 스피치 냉장고를 채워줄 소재들은 어떻게 찾을 수 있을까? 대표적인 5가지 방법으로는 일기 쓰기, SNS 활용, 독후감 작성, 영상 매체 감상문, 뉴스 스크랩이 있다. 이외에도 잡지, 전시회, 논문 등 여러 방법으로 스피치 소재를 찾을 수 있다. 아래 5가지 방법을 참고하여 스피치 소재를 찾아 메모해보자.

1. 일기 쓰기

장기적으로 스피치 실력을 쌓기에 가장 좋은 습관은 일기 쓰기다. 일기를 씀으로 하루 동안 겪었던 일을 정리하고 사색할 수 있고, 그냥 흘러갈 수도 있는 그날의 생각과 느낌을 텍스트로 시각화할 수 있다. 또한 1인칭 주인공 시점으로 솔직하게 쓰기에 뚜렷한 주관이 생긴다. 나만의 고유한 스피치 소재를 저장할 수 있는 좋은 방법이다.

2. SNS 활용하기

SNS(Social Network Service)는 온라인에서 특정한 관심을 공유하는 사람들과 네트워크를 형성하는 서비스를 말한다. 대표적으로 페이스북, 블로그, 인스타그램 등이 있다. SNS를 통해서는 글뿐만 아니라 사진이나 동영상으로도 내 생각을 남길 수 있다. 또한 수많은 정보를 접할 수 있고 다양한 사람들의 생각과 느낌을 공유하고 저장할 수도 있다. 이러한 행위는 스피치 소재로 기록되고 활용될 수 있다.

3. 책 읽고 독후감 작성하기

책을 많이 읽는 행동은 언어능력 발달에 도움이 된다. 우리의 생각은 언어로 표현되는데, 다양한 사람들의 생각을 간접적으로 경험하게 되니 자연스레 언어능력이 향상되는 것이다. 그뿐만 아니라 작가의 태도와 가치관을 통해 내면의 성숙함도 더해질 수 있다. 그러나 나의 언어로 책의 정보를 표현하기 위해서는 읽고 난 뒤 반드시 메모해야 한다. 인간은 망각의 동물이기에 금세 잊어버리기 때문이다. 그러니 책을 읽은 뒤에는 간단하게라도 독후감을 작성하자. 언제든지 스피치 소재로 활용할 수 있게 요약하여 메모해두는 것이다. 독서할 때 기억하고 싶은 문장에 밑줄을 긋거나 해당 페이지를 접어둔다면 독후감 작성 시 참고하기 훨씬 편하다. 독후감 작성법은 다음과 같다.

① 작가가 전하는 핵심 메시지 한 문장

② 가슴에 와닿았던 문장들(해당 쪽수까지 함께 기입하면 더 좋다. 문맥을 파악할 수 있기 때문이다.)

③ 진솔한 나의 느낀 점

4. 영화와 드라마 감상문 작성하기

영화와 드라마 모두 양질의 스피치 소재가 될 수 있다. 왜냐하면 이것들은 시나리오 작가, 감독, 배우 등이 협업하여 만든 하나의 종합 예술작품이기 때문이다. 또한 우리는 작품을 통해 자신이 경험하지 못한 세상까지 적극적으로 상상할 수 있는 기회를 갖게 된다. 따라서 인상 깊었던 영화와 드라마는 보고 난 후에 반드시 감상문을 통해 스피치 소재로 저장할 만한 가치가 있다. 영화와 드라마의 감상문 작성법은 다음과 같다.

① 작품이 전해주는 메시지 한 문장

② 기억에 남는 장면과 그 이유

③ 진솔한 나의 느낀 점

5. 뉴스 스크랩하기

스피치의 신뢰감을 높이기 위해서 공신력 있는 집단의 의견이나 통계자료가 뒷받침되면 좋다. 뉴스는 그 점에서 가장 좋은 스피치 소재가 될 수 있다. 또한 사회적 이슈와 분위기를 파악할 수 있는 객관적인 지표가 되기도 한다. 뉴스 스크랩 방법은 다음과 같다.

① 뉴스 제목

② 내용 및 통계자료 정리

③ 나의 생각

어떠한 주제의 스피치든지 자신의 경험만을 소재로 사용하면 객관성이 떨어져 보일 수 있다. 따라서 타인을 통해 얻은 간접경험 및 지식도 적절히 배치하여 설득력을 높여야 한다. 또한 타인을 통해 얻은 간접적인 경험 및 지식은 꼭 출처를 밝혀 저작권 문제에 휘둘리지 않도록 주의해야 한다.

훈련 15단계

매일 하루 15분씩만이라도 시간을 들여 나만의 스피치 냉장고를 만들어 보자. 종이도 괜찮고 전자기기도 괜찮다. 편한 것을 선택하여 메모장으로 활용한다. 그리고 나의 관심사, 전문분야부터 시작하여 차츰 영역을 넓혀가는 것이 좋다. 스피치 소재를 적을 때는 키워드별로 카테고리를 나눠 작성하는 것이 효율적이다.

연습 46 나만의 스피치 냉장고 채우기

일기 쓰기, 블로그, 인스타그램, 영화, 드라마, 책, 뉴스 등 다양한 방법으로 나에게 필요한 스피치 소재를 찾아 메모해 보자. 스피치 소재를 메모할 때는 반드시 키워드별로 나눠서 정리한다. 예를 들어, 운동, 식단 등이 스피치 소재라면 '건강'이라는 카테고리 안에 모두 모아두는 것이다. 그래야 나중에 해당 주제에 관한 스피치를 할 때 빠르게 찾아 활용할 수 있다. 지금부터 매일 짧게라도 글을 쓰며 메모하는 습관을 가져보자. 글쓰기는 최고의 말하기 훈련이다.

2.

온몸의 감각을 깨워라

감정을 깨우는 비밀은 오감이다

스피치 할 때뿐만 아니라 일상 생활에서도 감정표현이 부족하고 어색하여 고민인 사람들이 많다. 예를 들면 지인에게 선물을 받았을 때 너무나 기쁘지만 어떻게 표현해야 할지 몰라 힘들어하는 경우다. 이처럼 감정표현은 누군가에게는 부담스러운 숙제다. 필자의 수업에도 감정표현능력의 부족함을 해결하고자 다양한 수강생들이 찾아온다. 이들은 회사원, 의사, 인디밴드 보컬 등 삶의 모양이 모두 다른 사람들이었지만, 감정표현을 어려워한다는 점에서 세 가지의 공통된 특징을 발견할 수 있었다.

① 감정표현에 대한 타인의 부정적인 피드백을 받은 경험으로 인하여 자의식이 강하다.

② 어떤 상황에서 이만큼의 감정표현은 해야 된다는 무의식적 고정관념이 있다.

③ 감정이 표현되는 결과에만 초점을 맞추어 부담감을 느낀다.

그렇다면 어떻게 해야 어려움을 극복하고 자신의 감정을 자유롭게 표현할 수 있을까? 그 방법 중 하나는 자신의 오감에 주의를 기울이는 것이다. 우리의 감정은 감각기관으로 인하여 자극받는다. 여름철에 그저 날씨가 더우니까 기분이 불쾌한 것이 아니라, 더워서 생기는 땀으로 옷이 축축하게 몸에 들러붙기 때문에 불쾌한 것이다. 다시 말해 촉각 자극으로 인하여 기분이 더 불쾌해지는 것이다. 여기에 땀 냄새(후각), 흐트러진 옷매무새(시각) 등이 함께 자극된다면 더욱 불쾌해진다. 따라서 감정표현이 자유로워지기 위해서는 겉으로 보이는 결과물인 감정에 신경 쓸 게 아니라, 지금 나에게 주어진 자극에 집중해야 한다. 그래야 자의식에서 벗어나 두려움과 부담감 없이 사람들 앞에서 자신의 감정을 자연스럽게 표현할 수 있다.

아래 대사는 우리나라 대표 감초 배우 유해진 씨가 연기한 영화 <해적>의 철봉 역 대사다. 바다에 존재하는 생물을 믿지 못하는 산적들에게 해적 철봉이가 온몸을 다해 설명해 주는 장면이다. 철봉이의 답답한 마음을 담아내는 배우 유해진 씨의 감정표현능력이 단연 돋보이는 대목이다.

아니 진짜 촌구석에 있어서 뭘 모르나 본데요.
바다는 말입니다. 어~~~엄청나게 깊고, 어~~~마어마하게 넓으니까
하여튼간 별것들이 다 있는 거요.
심지어 대가리에 횃불이 있는 놈이 있어요.
이놈들 수천 마리가 마빡에서 불을 촤아악 바다가 순식간에 그냥 파아악 촤아악...
날치라는 놈이 있어요. 얘는 날개가 달린 물고기인데 고놈들 수만 마리가 물속에 촤아악 헤엄치다가,
물 밖으로 타악 나오면서 그냥 날개를 촤아아악 펼치면 저기서부터 그냥 수만 마리가 취이이 취이이 취이이 취이이... 장관, 장관.
날치는 알 낳고 잘 살라나 모르겠네. 아이고, 괜히 배만 고프네.

필자는 배우 유해진 씨가 바다에서 철봉이가 느낀 자극에 집중했기에, 철봉이의 답답한 감정을 풍부하게 표현할 수 있었다고 생각한다. 물고기의 신기한 모습(시각), 물고기가 움직이는 소리(청각), 날치의 비행으로 튀는 물방울(촉각) 등의 자극을 상상을 통해 경험하려 했기 때문에, 그것을 믿어주지 않는 산적들에 대한 답답한 감정을 표현할 수 있는 것이다.

이처럼 우리의 감정은 감각기관을 통해 보고, 듣고, 만지고, 맛보고, 냄새 맡으며 표출된다. 따라서 자신의 감정표현능력을 향상시키기 위해서는 감각기관에 집중하고 느껴지는 만큼 솔직히 반응하는 연습이 필요하다. 더 나아가 배우 유해진 씨처럼 오감을 통한 자극을 적극적으로 떠올리며 말한다면 더욱 생동감 있는 스피치가 될 것이다.

훈련 16단계

이제부터 나의 시각, 청각, 후각, 미각, 촉각을 통해 들어오는 자극에 솔직히 반응하며 그것을 기억하고 말로 표현해 보자. 감정은 자연스럽게 말에 배어 나올 것이다.

연습 47 오감 자극하기

시각, 청각, 후각, 미각, 촉각 순으로 하나씩 다음 예제에 따라 자극한다. 각각의 자극을 몸으로 기억한다. 이제 그 기억을 실제로 다시 느끼는 것처럼 상상하며 말해본다. 말하고 난 뒤 감정, 떠오르는 이미지, 느낌, 표정의 변화 등이 있었는지 곱씹어 보자.

시각 이불을 눈으로 1분 동안 관찰한다. 이불의 디자인, 재질, 두께, 오염도, 구김 등을 유심히 바라본다. 이불이 없는 공간에서, 방금 본 이불이 실제로 보이는 듯 특징을 설명해 보자.

청각 지금 가장 듣고 싶은 노래 한 곡을 듣는다. 멜로디, 음색, 박자, 가사 등을 집중하며 들어보자. 노래가 끝나면, 방금 들었던 노래가 처음부터 들린다고 상상하며 반응한다. 노래의 느낌에 대해서 말해보자.

후각 가장 아끼는 옷을 꺼내어 30초 동안 냄새를 맡는다. 옷에 밴 체취를 느껴본다. 이제 그냥 숨을 쉬면서, 코끝으로 느꼈던 옷 냄새를 기억해 보자. 어떤 느낌의 냄새였는지 말해보자.

미각 내가 좋아하는 커피(또는 차)를 10초간 천천히 음미하며 마신다. 맛, 온도, 풍미 등을 느낀다. 이번엔 빈 잔을 들고 방금 마신 커피(또는 차)를 기억하며 마신다. 어떤 맛인지 말해보자.

촉각 휴지 한 장을 뜯어 10초간 손으로 만져본다. 휴지의 질감, 양면의 차이 등을 느껴본다. 이번엔 빈손으로 아까 만진 휴지의 촉감을 기억해본다. 어떤 느낌인지 말해보자.

+ 훈련 편의상 오감을 대표하는 각 기관(눈, 귀, 코, 입, 피부)에 평행감각, 압각, 통각, 냉각, 온각 등 다른 여러 감각을 포함한다.

연습 48 오감으로 창조하기

오감으로 창조하기 1 * 양치질하기

빈 공간에 집 화장실을 창조한다. 오감을 총동원해서 가상의 양치질을 한다. 화장실의 모습, 냄새, 바닥의 미끈거림, 치약의 맛 등을 지금 실제로 경험하는 것처럼 상상하며, 반응한다. 가상의 양치질을 하면서 충동적으로 어떤 말이나 행동이 하고 싶다면 자유롭게 해도 된다(물을 틀었는데 뜨거운 물이 나왔다 등).

오감으로 창조하기 2* 친구에게 요리 알려주기

빈 공간에 집 부엌을 창조한다. 물체 없이 오감을 총동원해서 가장 자신 있는 요리를 한다. 가상의 친구가 옆에 있다고 상상한다. 가스레인지 불 켜는 소리, 음식 냄새, 조리도구의 감촉, 음식 맛 등을 있는 그대로 느낀다. 요리를 만들며 친구에게 요리 방법을 설명해 준다.

오감으로 창조하기 3* 바닷가에서 놀기

아래 질문 리스트를 휴대폰으로 녹음하여 틀어놓는다. 눈을 감고, 녹음을 틀어 나오는 질문에 바닷가를 상상하며 대답한다. 최대한 구체적으로 답변한다. 답변이 끝나면, 눈을 뜨고 오감으로 창조된 바닷가에서 3분간 자유롭게 지내본다.

- 어느 바닷가에 놀러 왔는가?
- 누구와 함께 왔는가?
- 지금 몇 시인가?
- 왜 바닷가에 놀러 왔는가?
- 바닷가의 날씨와 온도는 어떠한가?
- 앞에 무엇이 보이는가?
- 어떤 소리가 들리는가?
- 어떤 냄새가 나는가?
- 입에는 어떤 맛이 감도는가?
- 발에 닿는 모래의 느낌은 어떠한가?

상상한 것을 표현하라

넷플릭스 영화 <승리호>는 우주에서 벌어지는 SF영화로 배우들이 상당 부분의 CG효과를 상상하며 연기한 작품이다. 영화 <승리호>의 메이킹 영상을 보면 크로마키 그린매트 속에서 배우 송중기, 배우 유해진, 배우 진선규 등 많은 출연진들이 혼신의 연기를 펼치는 과정을 볼 수 있다. 특히나 배우 유해진 씨가 맡았던 업동이 역할은 로봇이었기에, 다른 배우들은 업동이와 함께 연기하는 장면에서 업동이를 상상하며 연기해야 하는 순간들이 많았다고 한다. 아래 영화 <승리호> 대사는 타이거 박(배우 진선규), 업동이(배우 유해진), 태호(배우 송중기)가 우주공간에서 고철 쓰레기를 해체하며 나누는 대화 중 한 대목이다.

타이거 박 : 뭘 옮아? 원래 여기저기 다 퍼져 있는 거를.

업동이 : 그냥 나노봇이 아니잖아. 라그랑주 나노봇이 얼마나 독한 애들인데. 걔네 죽지도 않아. 만약에 우리 배에 구멍이라도 생겨봐 다 죽어 끝이야, 우리.

태호 : 그런 걱정은 하질 말아. 그 전에 굶어 죽을 테니까. 가난이 죄인지, 죄를 지어 가난한 건지.

업동이 : 다 굶어죽으면, 이 배의 등기는 내 앞으로 해놓고...

위 장면에서 세 명의 배우는 우주에서 실제로 일하는 것처럼 가상의 배경을 상상하며 자연스럽게 호흡을 주고 받는다. 어떻게 이러한 가상공간 속에서 배우들은 실제 상황처럼 자연스럽게 연기할 수 있는

걸까? 필자는 그 원동력이 상상력에 있다고 생각한다. 여기서 말하는 상상력이란 자신이 겪어보지 않은 일이나 감각하고 있는 어떤 대상을 구체적으로 표현할 수 있는 능력을 뜻한다.

세 명의 배우 중 어느 누구도 우주에서 살아본 사람은 없을 것이다. 그러나 마치 모두 우주에서 사는 삶이 익숙한 것처럼 상상력을 활용하여 움직이고 말한다. 그들은 각자 자신의 상상력에 대한 강한 믿음과 그것을 밖으로 표현할 수 있는 용기가 있기 때문이다.

사실 상상력은 거창한 것이 아니라 일상생활에서 우리가 익숙하게 사용하고 있는 능력이다. 예를 들어 머릿속에 떠오르는 음식을 누군가에게 설명할 때, 발표하기 전날 이미지 트레이닝하며 연습을 할 때 등 다양한 상황 속에서 상상력을 발휘하고 있다. 이러한 상상력은 적극적으로 사용하면 할수록 콘텐츠를 만드는 힘이 된다. 왜냐하면 자신의 지식과 경험을 재편집하고 그것을 창의적으로 조합하는 과정에서 오직 나만이 할 수 있는 이야기가 탄생하기 때문이다. 영화 <승리호>가 여러 사람들의 상상력으로 하나의 콘텐츠가 됐듯이, 나의 스피치도 상상력을 통해 나만의 콘텐츠로 만들 수 있다.

앞서 말했듯이 상상력은 자신이 겪어보지 않은 일이나 감각하고 있는 어떤 대상을 구체적으로 표현하는 능력이다. 그러므로 상상력을 발전시키기 위해서는 두 가지의 노력이 필요하다. 첫째, 무엇이든 느끼고 경험하려는 열린 태도와 둘째, 감각하고 있는 이미지를 신체로 표현할 수 있는 용기가 필요하다. 이 두 가지가 함께 이뤄졌을 때 상상력은 점점 더 커지며 유연해질 것이다. 또한 우리는 항상 자신도 모르게 추구하는 익숙한 고정관념을 경계해야 한다. 상상력을 밖으로 표현할 수 있을 때 스피치는 독창성을 갖게 된다.

훈련 17단계

아래 상상력 훈련 중에는 현실 불가능한 일을 느끼고 표현해야 하는 것도 있다. 상상력 훈련은 잘하고 못하고가 없기에 놀이처럼 즐기려는 마음이면 된다. 따라서 어색하더라도 최대한 구체적으로 상상하며 경험해보려는 마음가짐이 중요하다.

연습 49 사물을 통한 상상력 자극하기

내가 공이라면?

지금 떠오르는 공을 머릿속으로 그려보자. 몸 전체가 그 공으로 변했다고 생각한다. 그리고 공과 관련된 어떤 상황을 상상한다. 예를 들어 내가 축구경기 중에 있는 축구공이라고 상상했다면, 나는 빠른 속도로 이리저리 굴러다니고 통통 튀어 오를 것이다. 또 축구공이더라도 공기가 차있는 정도에 따라 탄력도가 다를 것이다. 이렇게 상상은 구체적일수록 좋다. 상상한 것을 어린아이처럼 온몸으로 표현해 보자.

내가 꽃이라면?

지금 생각나는 꽃을 떠올린다. 그 꽃의 씨앗이 되었다고 생각한다. 땅바닥에 묻혀있는 씨앗 시절부터 꽃이 피고 시드는 것까지 상상한다. 이 모든 과정을 10단계로 나누어, 떠오르는 이미지를 온몸으로 표현한다.

내가 모기라면?

여름철마다 나를 괴롭혔던 모기를 떠올린다. 모기의 입장에서 상상해 보자. 배가 고파서 피를 찾고 있는지, 배가 불러서 벽에 붙어 쉬고 있는지 말이다. 그럼 이제부터 내가 그 상상했던 모기가 되어보자.

연습 50 상황을 통한 상상력 자극하기

로또 1등 당첨자 되기

일을 하다가 로또 1등 당첨 사실을 알게 되었다. 세금 제외하고 실수령 금액으로 약 30억을 받게 된다. 지금부터 30억으로 무엇을 할지 상상해 보자. 그리고 이 사실을 공유하고 싶은 한 사람에게 전화를 건다.

태평양 횡단하기

내가 갖고 싶었던 멋진 요트를 떠올린다. 떠올렸다면 이제부터 요트를 타고 태평양을 횡단해 보자. 뜨거운 태양, 커다란 파도, 상어 등 태평양에서 벌어질 수 있는 여러 가지 상황을 구체적으로 상상한다. 상상한 이미지가 실제 벌어진 것처럼 리얼하게 몸으로 표현해본다. 이때 주변의 물건을 소품으로 활용하면 더 좋다.

과수원 사과 따기

빈 공간에 눈을 감고 선다. 자신이 서 있는 공간에 사과나무가 자란다고 상상한다. 눈을 떴을 때 내 주변은 온통 사과나무다. 맛있고 예쁜 사과를 골라서 따보자. 사과를 따는 과정에서 어떠한 즉흥적인 상황이 떠오른다면 실행해본다. 마지막으로 사과를 베어 물며 맛도 느껴보자.

연습 51 스토리텔링을 통한 상상력 자극하기

훈련의 주제대로 각각 3~5분 분량의 이야기를 만들어본다. 반드시 글로 먼저 작성한 뒤 이야기를 상상하며 실감 나는 목소리로 읽는다. 훈련이 익숙해질수록 점점 시간제한을 짧게 두어 빠르게 직관적으로 이야기를 만든다.

단어로 이야기 만들기

지금 떠오르는 단어 하나를 적는다. 해당 단어에서 연상되는 단어 2개를 더 적어서, 총 3개의 단어로 이야기를 만든다. 예를 들어 사과라고 적었다면 과수원, 빨간색이 연상될 수 있다. 그러면 사과, 과수원, 빨간색 총 3개의 단어가 들어간 이야기를 만드는 것이다.

사진으로 이야기 만들기

영화 혹은 드라마 스틸컷 사진을 한 장 찾아온다. 사진에 이야기가 담겨있는 느낌이면 좋다. 스틸컷 사진을 보고 연상되는 이미지들을 연결해 이야기를 만든다. 자신이 상상한 이야기 속에 해당 스틸컷 사진이 꼭 포함되게 한다.

타인 관찰을 통해 이야기 만들기

대중교통, 직장, 학교 등에서 잘 알지 못하는 타인 한 명을 자세히 관찰한다. 그 인물의 신체적인 특징을 메모한다. 예를 들면 팔자걸음이나 턱을 괴는 버릇 등의 습관을 적어보는 것이다. 나열된 신체적 특징을 보면서 그 인물이 과거 어떤 인생을 살아온 사람일지 이야기를 만들어 본다.

몸의 언어를 깨워라

언어란 자신의 생각과 느낌을 어떤 대상에게 문자, 몸짓, 목소리를 사용하여 전달하는 도구다. 문자 사용을 제외한다면, 언어의 전달은 몸짓과 목소리의 조화로움이 가장 중요하다. 만약 누군가의 발표에서 말은 열정적이나, 몸이 굳어있고 위축되어 있다고 상상해보자. 대다수의 사람들은 이 발표자의 말에 설득력이 크게 떨어진다고 생각할 것이다. 이처럼 스피치를 할 때 말과 몸이 따로 놀면 자연스럽지 못하여 사람들의 마음을 얻지 못한다. 따라서 의사소통에서 93%이상을 차지하는 비언어적 표현을 말의 내용에 어우러지게 사용할 수 있어야 한다.

김희성 : 이런 조사가 미흡했구려. 내게는 한성에서 제일 고운 간판이 있소. 다시 와서 보시오!
하나 더, 나는 조선에서 황제 다음으로 돈이 많소. 달세는 나의 허영이오.
모리 타카시 : 귀족 작위도 줄 수 있는데.
김희성 : 그걸 받아 어디에 쓰면 좋을까?
모리 타카시 : 아, 살려 줄 수도 있고.
김희성 : 진짜 더 알아봐야겠구려. 조선에선 날 죽여서 얻을 것이 없소. 한데 아까부터 궁금한 것이 있는데, 여인들은 대체 언제 부를 거요? 이 집에 아름다움을 흘리는 여인들이 참 많소. 내 기대가 된다고 하지 않았소. 명월관에서 보자고 하기에 내 잔뜩 기대 했는데! 쑥스러워서 그러는 거면 내 직접 불러드리리다. 김희성이오!

위 대사는 tvN 드라마 <미스터 션샤인>에서 극중 인물 김희성과 모리 타카시가 서로 보이지 않는 신경전을 벌이는 장면이다. 이 장면에서 김희성 역을 연기한 배우 변요한 씨의 비언어적 표현은 정말 일품이다. 배우 변요한 씨는 말로 다 전달할 수 없는 대사의 숨은 의도를 몸짓으로 명료하게 표현했다. 몸짓을 통해 풍요로운 언어전달을 받은 시청자들은 김희성 역의 생각과 느낌에 더욱 공감할 수 있다.

극중 김희성의 목표는 조선인으로서 일본인인 모리타카시에게 기죽지 않고 도리어 그를 압도하는 것일 것이다. 이러한 목표를 달성하기 위해 배우 변요한 씨는 다양한 몸짓을 사용하여 몰입감과 긴장감을 고조시키고 있다.

우리는 가만히 말만 하는 사람보다 몸짓과 같은 비언어적 표현을 말과 함께 적절히 잘 사용하는 사람에게 더 높은 사회적 지능을 느낀다. 예를 들어, 편한 사람과 대화하는 자리에서 자신이 말할 타이밍에 "야 내 말 좀 들어봐, 어제 그러니까……."라며 일일이 말로 설명하려는 사람보다, 한 손으로 가볍게 테이블을 두드리며 상대방 방향으로 상체를 살짝 기울이고 "어제 길을 걷고 있었는데……."라며 몸짓을 적절히 활용하는 사람의 스피치에 더욱 주목하듯이 말이다.

그러나 현대사회는 우리의 비언어적 표현능력을 자연스럽게 퇴화시키고 있다. 4차 산업혁명 시대에 진입하면서, 사람과 사람 간의 직접적인 만남이나 대화 없이도 살아갈 수 있는 세상이 되었기 때문이다. 예를 들어 배달 앱만 있으면, 음식점에 주문 전화를 하지 않아도 되고, 택시 기사님께 길을 설명하지 않아도 원하는 목적지로 갈 수 있다. 사람들 간의 의사소통도 관계에 따라서는 카카오톡으로 주고받는 것이 훨씬 더 편한 경우도 있다. 스마트폰이 익숙한 MZ세대에게서 발생하는 콜포비아와 같은 전화 공포증 현상도 이러한 사회적 맥락의 한 면으로 볼 수 있을 것이다. 물론 삶의 편의성을 높여주는 긍정적 측면이 크지만, 인간의 강력한 의사소통 도구인 비언어적 표현의 사용은 점점 줄어들 것이다. 그렇다면 어떻게 해야 우리의 비언어적 표현인 몸의 언어를 다시 깨울 수 있을까?

우리의 몸짓과 목소리는 유기적으로 서로 연결되어 있다. 예를 들어 우리의 몸짓이 긴장되면 목소리도 함께 긴장되고, 몸짓이 들떠있으면 목소리도 함께 들떠있는 경우을 쉽게 관찰할 수 있을 것이다. 그러므로 우리는 스피치를 할 때 자신이 표현하려는 생각과 느낌을 몸짓과 목소리에 투명하게 반영하여 조화롭게 표현할 수 있도록 연습해야 한다. 우리가 스피치에서 몸짓과 목소리를 함께 사용할 때는 다음 세 가지의 경우 중 하나다.

① 목소리를 먼저 내고 몸짓을 사용하는 경우

② 목소리와 몸짓을 동시에 사용하는 경우

③ 몸짓을 먼저 사용하고 목소리를 내는 경우[11]

예를 들어 식사 시간에 딸기잼의 뚜껑이 열리지 않아 누군가에게 도움을 받아야 하는 상황이다. 이때 위 세 가지의 경우를 각각 적용해 보겠다.

11 김현희, 「무대에서의 현존을 위한 배우훈련-무대동작을 중심으로-」, 『연극교육연구』, 한국연극교육학회, 2015, 28쪽

① 누군가에게 "이것 좀 열어줘!"라고 도움을 요청한 뒤 스스로 열어보려고 행동한다.

② "이것 좀 열어줘!"라는 말과 열어보려는 몸짓을 동시에 사용한다.

③ 딸기잼 통을 열려고 계속 노력하다가 "이것 좀 열어줘!"라고 말한다.

위 세 가지의 경우를 각각 실행해보면, 똑같은 "이것 좀 열어줘!"라는 말도 전달되는 느낌과 에너지가 모두 다르다는 것을 알 수 있다. 특히 첫 번째 방법에 비해, 두 번째와 세 번째는 몸짓이 동반되다 보니 더 큰 감정과 에너지가 전달됨을 알 수 있다. 이처럼 말을 할 때 몸짓을 자연스럽게 사용하면 전달력이 훨씬 더 강화되는 경우가 많다. 따라서 우리는 가벼운 대화에서부터 몸의 언어를 깨워 적극적으로 사용해보려는 노력이 필요하다.

훈련 18단계

지금부터 훈련을 통해 우리의 몸의 언어를 자각하고 사용해보자. 그리고 음악과 시를 통해 굳어진 나의 몸에 활기도 불어 넣어보자.

연습 52 몸짓과 목소리의 사용

"안녕하세요."라는 인사말로 몸짓과 목소리가 함께 사용되는 세 가지의 경우를 각각 느껴보자.

1 휴대폰 녹화 버튼을 누르고, 카메라 렌즈를 보며 "안녕하세요."라고 말한 뒤, 상체를 45도로 숙인다.

2 상체를 45도로 숙이며 동시에 "안녕하세요."라고 말한다.

3 상체를 45도로 숙였다가 바로 서서 "안녕하세요."라고 말한다.

\+ 위 세 가지 경우 무엇이 더 좋고 나쁘고는 없다. 각 경우마다 감정과 에너지가 어떻게 다른지 감각해보는 것이다.

연습 53 음악에 몸을 반응하기

1 자신이 좋아하는 스타일의 노래 중 가사가 없고 너무 빠르지도 느리지도 않은 노래를 튼다.

2 노래를 듣다가 충동적으로 떠오르는 이미지를 조각상처럼 몸으로 표현해 본다.

3 그 자세를 3초 이상 유지하면서, 내가 만든 몸의 모양이 외부자의 시선에 어떤 모양으로 보일지 상상한다.

4 조각상으로 표현한 여러 몸짓 중 자신에게 편하거나 마음에 드는 모양 3가지만 기억해 본다.

5 느리고 서정적인 노래로 바꾼 뒤, 기억한 몸의 모양 3가지를 하나의 연속된 동작으로 노래의 분위기에 맞춰 순서대로 반복해 본다.

6 빠르고 신나는 노래로 바꾼 뒤, 기억한 몸의 모양 3가지를 하나의 연속된 동작으로 노래의 분위기에 맞춰 순서대로 반복해 본다.

7 같은 몸짓이라도 음악에 따라 다르게 느껴지는 감정 변화에 주목해 본다..

\+ 노래를 듣다가 충동적으로 떠오르는 이미지를 몸으로 시각화해보는 작업이다. 또한 음악의 리듬에 영향받는 나의 몸짓에 따라 감정이 달라짐도 느낄 수 있다. 조각상으로 몸의 모양을 표현할 때는 순간의 충동에 따라 몸 전체로 시원하게

발산하며 명료하게 표현해야 한다.

연습 54 시를 몸의 언어로 표현하기

시는 함축적이고 감각적인 이미지가 많기 때문에 자신만의 해석이 가능하다. 가장 좋아하는 시를 찾아보자. 비록 시인이 쓴 글이지만, 마치 내가 쓴 일기라고 생각하며 구절마다 떠오르는 몸짓과 함께 암송해 본다.

3.

당신의 존재감을 키워라

몸의 중심이 에너지 원천이다

모임에 나가면 밝은 에너지로 유난히 눈길을 끄는 사람, 무거운 에너지로 주변 분위기마저 진지하게 만드는 사람, 따뜻한 에너지로 왠지 모를 편안함을 안겨주는 사람 등 여러 종류의 에너지를 가진 사람을 볼 수 있다. 이처럼 눈에 보이진 않지만 사람에게는 각각 고유한 에너지가 흐르고 또 타인의 에너지를 민감하게 감각해 내는 능력이 있다. 필자는 에너지란 사람 몸의 성질에 따라 흘러나오는 분위기라고 생각한다. 스피치를 잘 하는 사람들은 이러한 에너지가 좋은 사람들이다.

아마 살면서 주변에서 "저 사람은 에너지가 참 좋아."라는 말을 한 번쯤은 들어봤을 것이다. 여기서 에너지가 좋다는 말은 구체적으로 무슨 뜻일까? 이 말은 자신의 주관을 몸으로 잘 드러낸다는 뜻이다. 누구나 세상을 바라보는 자신만의 관점이 있다. 이것이 신체로 투영될 때, 자신만의 뚜렷한 에너지가 몸에서 흘러나온다. 또한 이 에너지를 보다 넓게 발산할 수 있으려면 균형 잡힌 몸과 자세가 받쳐줘야 한다.

배우로 예를 들면, 독보적인 에너지로 역할마다 시청자에게 강한 인상을 심어주는 배우 김서형 씨가 떠오른다. 김서형 씨가 연기할 때의 움직임을 보면 몸의 중심인 코어 근육이 굉장히 잘 잡혀있어 균형감 있다는 느낌을 받는다. 그러다 보니 맡은 역할의 에너지를 몸의 중심에서 잘 지탱하고, 강하게 발산하거나 응축할 때도 자연스럽게 통제된다. 다음 대사는 JTBC 드라마 <SKY 캐슬>에서 배우 김서형 씨가 연기한 김주영 역의 한 대목이다. 명상실에서 김주영이 자신의 제자 강예서에게 경각심을 주는 장면이다.

물론 네가 1등이지. 넌 2점짜리를, 혜나는 3점짜리를 하나씩 틀렸으니까.
하지만 혜나보다 압도적으로 유리한 조건이었어.
선생님들이 기출문제뿐 아니라 예상 문제까지 다 풀어 줬고 시험 대비 시뮬레이션도 수도 없이 했지.
당연히 올백을 맞았어야지. 겨우 1점 차이로 이겨 놓고 웃니?
만족해?

김주영은 강예서의 주위를 돌며 서서히 죄어오듯 압박한다. 배우 김서형 씨는 몸의 중심에서부터 안정감 있게 역할이 지니고 있는 고유한 에너지를 발산하며 극의 분위기를 고조시킨다. 그녀가 극중 인물인 김주영의 확고한 생각과 느낌을 믿고 연기하기 때문에 역할의 관점이 자연스럽게 에너지로 발산되는 것이다. 이처럼 배우 김서형 씨는 자신만의 에너지로 극중 인물인 김주영의 스피치를 더욱 매력적이고 존재감 있게 만든다.

스피치를 두려워하는 사람들은 몸의 중심이 무너져있으며 에너지가 약하다. 우리 몸의 중심인 배꼽 밑 3cm 부근에 위치한 단전이 무너져 있고, 자신의 주관을 믿는 마음이 부족하기 때문이다.

밝은 에너지를 싫어할 사람은 없겠지만, 부정적인 에너지만 아니라면 자신의 생각과 느낌을 믿어줬을 때 나오는 고유한 에너지가 더 나다우며 매력적이라 생각한다. 그것이 곧 자신만의 색깔이다. 따라서 존재감 있는 스피치를 하기 위해서는 자기 자신을 믿어주는 마음과 함께 에너지의 원천인 몸의 중심을 강화시켜야 한다. 자신의 에너지가 좋아야 다른 사람에게도 에너지를 전해줄 여유가 생긴다.

훈련 19단계

몸의 중심부에 위치한 코어 근육을 강화해, 에너지를 통제할 수 있는 기초 체력을 길러보자. 그리고 단순한 상황에서부터 자신을 믿고 에너지를 발산하는 연습을 해보자.

연습 55 몸의 중심 강화시키기

기본 플랭크 자세를 취한다. 엎드린 자세에서, 어깨너비로 벌린 팔꿈치로 상체를 지지하고 다리를 붙여 무릎을 쫙 편다. 이때 엉덩이가 너무 높게 들리지 않도록 주의하며 등을 평평하게 유지한다. 그다음 복근에 힘을 주어 ⌒ 모양처럼 등이 말려들어가는 자세를 취한다. 그러면 코어 근육이 강하게 수축되고 몸 전체가 떨리며 힘이 든다. 이 상태로 1분간 버티고 30초 쉰다. 총 5세트 진행한다.

연습 56 에너지 발산하기 1

에너지를 10단계로 나누어 1단계부터 아래 문장을 읽으며 발산한다. 처음에는 세상 속에 혼자 존재하는 '나'이지만, 분신처럼 나를 도와주는 사람이 늘어남에 따라 점점 강해진다는 상상으로 훈련한다. 이때 에너지의 세기에 따라 몸의 움직임이 웅크린 자세에서 당당히 선 자세로 변한다. 한 번 훈련할 때 1~10단계까지 전체 3회 이상 반복하며 자신의 에너지 한계를 경험한다.

1단계 (10%) 난 혼자다.
2단계 (20%) 난 둘이다.
3단계 (30%) 난 셋이다.
4단계 (40%) 난 넷이다.

5단계 (50%)	난 다섯이다.
6단계 (60%)	난 여섯이다.
7단계 (70%)	난 일곱이다.
8단계 (80%)	난 여덟이다.
9단계 (90%)	난 아홉이다.
10단계 (100%)	난 열이다.

+ 에너지의 세기가 커짐에 따라 자연스럽게 성량도 커진다. 앞서 배운 발성을 적용하여 에너지가 커지더라도 성대를 혹사시키지 않도록 주의한다.

에너지 발산하기 2

내 몸의 무게를 버틸 수 있는 의자를 준비한다. 그런 다음 아래 제시된 상황을 상상하며 충동적으로 의자 위로 올라가 "나가!"를 외친다.

> 상황: 내 뒤에 100억 상당의 보물이 있다. 도둑들이 나타나 보물을 빼어가려 한다. 이때 "나가!"라는 말에 에너지를 담아 소리로만 제압한다. 도둑은 총 10명이고 단계별로 1명씩 늘어나며 나에게 다가온다. 단계가 올라감에 따라 늘어나는 도둑의 숫자를 상상하며 점점 강해지는 에너지로 도둑을 제압한다.

1단계	도둑 1명이 다가온다.
2단계	도둑 2명이 다가온다.
3단계	도둑 3명이 다가온다.
.	
.	
10단계	도둑 10명이 다가온다.

적극적으로 관찰하라

스피치 수업 시간에 수강생의 발표 영상을 함께 모니터링하다 보면 자주 받는 질문이 있다. "선생님 어떻게 하면 재밌게 말할 수 있을까요?", "역시 말 잘하는 사람은 타고나는 건가 봐요?" 등의 말이다. 필자 또한 내성적인 성격으로, 예능인들처럼 입담이 뛰어나고 끼가 넘치는 스타일은 아니지만, 유머가 필요한 순간에는 재치있게 말할 수 있다. 그렇다면 어떻게 해야 흥미롭게 말할 수 있을까? 정답은 관찰의 힘에 있다.

먼저, 흥미롭게 말하는 가장 쉬운 방법은 두 가지다. 말의 흐름 속에 예상치 못한 반전을 주거나 표현하고자 하는 대상을 구체적으로 묘사하는 것이다. 예를 들어 카페에서 대화 중에 친구가 "옷 새로 샀네? 예쁘다."라고 할 경우 "날씨가 쌀쌀해져서 하나 샀어. 고마워."와 같이 평범한 답변도 좋지만 "어허 또 탐내네. 안 돼, 눈으로만 봐."와 같이 상대방이 예상하지 못한 반응으로 장난치듯 재밌게 대답할 수도 있다. 두 번째 예시로는, 주제가 다이어트인 발표라면 "여러분, 건강해지기 위해서는 힘들더라도 다이어트를 습관화해야 합니다."라는 말로 시작할 수 있지만 "여러분, 저는 꼭 어제처럼 저녁 운동을 한 날이면 밤에 살짝 덜 익은 라면 위에 아삭한 파김치 하나를 얹어 먹고 싶어지는데요. (사이) 그런데 다들 왜 이렇게 얼굴이 부으셨죠? 혹시 어제의 저와 같은 만행을 저지르셨나요?"처럼 다이어트를 습관화하기 힘든 순간을 구체적으로 묘사하여 상대방이 공감할 수 있는 말로 시작할 수도 있다. 이외에도 말을 흥미롭게 할 수 있는 방법은 다양하다. 대표적으로 개그맨들이 특정 유명인의 성대모사를 적절한 타이밍에 배치하여 말하는 경우다. 이것이 재미있는 이유는 특정 유명인의 말을 구체적으로 묘사하는 능력과 더불어 스피치의 흐름상 청중이 예상하기 힘든 부분에 적절히 배치했기 때문이다. 따라서 말을 흥미롭게 하기 위해서는 표현하려는 대상을 세심하게 관찰할 수 있는 힘이 필요하다.

대상을 관찰하는 방법은 소극적인 관찰과 적극적인 관찰로 나뉜다. 소극적인 관찰은 눈에 보이는 부분만 자세히 살펴보는 방법이다. 예를 들어 코트가 있다면 코트의 색깔, 무게, 질감, 길이 등이 될 수 있다. 반면 적극적인 관찰은 똑같은 코트를 보더라도 상상력을 발휘하여, 이러한 코트를 좋아할 것 같은 사람의 이미지, 코트를 디자인한 디자이너의 심리, 코트의 닳은 부분을 통한 옷 주인의 생활습관 등을 떠올리며 관찰하는 방법이다. 이 두 가지의 관찰 방법 중 스피치 능력향상에 도움이 되는 방법은 바로 적극적인 관찰이다. 왜냐하면 적극적으로 관찰할 때 대상을 자신의 직관에 따라 파악하고 묘사할 수 있는 힘이 생기기 때문이다.

훌륭한 배우는 연기를 시작하기 전 적극적인 관찰을 통해 맡은 인물의 말, 외모, 성격 등을 매력적으로 창조해낸다. 이러한 예로 필자는 맡은 역할마다 실제 인물인 듯 연기하는 배우 윤계상 씨가 떠오른다. 영화 <범죄도시>에서 윤계상 씨는 조선족 범죄조직의 지성적이며 악랄한 보스 '장첸'을 연기하였는데, 실제 조선족을 방불케 하는 화술과 보스로서의 잔혹함을 섬세하게 연기했다. 다음 대사는 영화 <범죄도시>의 장면 중 하나로 장첸이 이수파 두목의 영역을 뺏으며 경고하는 대목이다.

어 왔니? 앉아라.

야~ 면상이 좋구나. 어? 여기 네가 봐주는 가게라매. 너 마작판도 한다매.

돈 마이 벌겠다? 내 그거는 아이 건드릴게. 여기는 우리한테 넘기라.

벌써 소문났니? 그거 빼면 죽는다. 어떡할래? 이제 여기는 얼씬도 하지 말라.

알았어? 가봐라.

위 장면에서 배우 윤계상 씨의 소름 돋는 연기를 보면 장첸을 표현하기 위해 끊임없이 고민하고 관찰한 흔적이 느껴진다. 필자는 독보적인 악역 장첸은 조선족 화술의 디테일함, 사람을 잔혹하게 죽이는 방법, 범죄조직 보스의 삶 등 구체적인 자료조사에서부터 시작해 적극적인 관찰로 비롯된 상상력으로 탄생되었다고 생각한다. 그로 인해 배우 윤계상 씨가 표현한 장첸의 언어는 시청자들에게 또 다른 결의 흥미로움을 안겨주며 수많은 유행어를 만들어냈다. 이처럼 적극적인 관찰은 창의력을 자극하여 자신이 표현하려는 언어 속에 독창성과 흥미를 불어넣는 힘이 있다. 따라서 자신만의 유머가 묻어난 흥미롭게 말하기는 주변을 적극적으로 관찰하는 습관에서부터 시작된다.

훈련 20단계

관찰 훈련을 통해 우리가 얻을 수 있는 가장 큰 이점은 표현할 대상에 더 큰 관심을 갖게 된다는 것이다. 예를 들어 20대 초반의 특정 집단을 대상으로 하는 스피치라면 그들의 관심사, 고충, 기질 등을 구체적으로 조사한 후, '왜 그런 분야에 관심을 가질까?', '어떠한 사회적 문제로 인한 고민인 걸까?', '그들의 공통적인 특징은 무엇인가?' 등과 같은 질문을 스스로에게 해보고 상상력을 동원하여 그들의 입장에서 생각하며 답해보는 것이다. 그러면 청중의 입장을 고려한 말하기가 가능해지고 그들이 공감하며 재밌어할 수 있는 언어도 찾기 쉬워진다. 따라서 생소하고 낯설더라도 아래 관찰훈련을 통해 여러 대상을 적극적으로 관찰할 수 있는 힘을 길러보자. 이것은 뒷장에서 배울 스피치의 구조 작성부분에서 다양한 아이디어와 전략을 수립하는 데 기초적인 체력이 된다.

연습 57 관찰일지 쓰기

흥미로운 대상이 나타났을 때, 잠들기 전 떠오르는 대상이 있을 때 등 관심 가는 것을 메모할 수 있는 관찰일지를 준비한다. 그런 다음 눈에 보이는 기본 정보(소극적 관찰)부터 상상력을 동원한 적극적인 관찰까지 일지에 작성해 보자.

㉸ 대상: 추운 겨울 퇴근길에 길고양이를 보았다.

1) 기본 정보(소극적 관찰)

검은색과 흰색의 털이 뒤죽박죽 섞임, 갈색 눈동자, 소형견과 비슷한 크기, 가냘픈 울음소리, 왼쪽 다리가 불편해 보임

2) 적극적인 관찰

Q. 가냘프게 우는 이유는 무엇일까?

Q. 그동안 추운 겨울을 어떻게 이겨냈을까?

Q. 처음부터 길고양이였을까? 아니면 어렸을 때 누군가에게 버림받은 걸까?

Q. 이 동네에서 괴롭히는 고양이들이 있을까?

Q. 어떤 사고로 왼쪽 다리를 다치게 되었을까?

연습 58 동식물 관찰하기

식물 관찰하기

가장 좋아하는 식물을 선택한다. 선택한 식물을 소극적 관찰부터 적극적 관찰까지 진행하고 구체적으로 작성해 본다. 관찰일지와 동일한 방식으로 작성한다.

대상 : ______________________________

1) 기본 정보(소극적 관찰)

2) 적극적 관찰

동물 관찰하기

가장 좋아하는 동물을 선택한다. 선택한 동물을 소극적 관찰부터 적극적 관찰까지 진행하고 구체적으로 작성해 본다. 관찰일지와 동일한 방식으로 작성한다.

대상 : ______________________________

1) 기본 정보(소극적 관찰)

2) 적극적 관찰

지인 관찰하기

자주 만나는 지인을 소극적 관찰부터 적극적 관찰까지 진행하고 구체적으로 작성해본다. 관찰일지와 동일한 방식으로 작성한다.

대상 : ______________________________

1) 기본 정보(소극적 관찰)

2) 적극적 관찰

상황에 온전히 집중하라

현재 프리랜서 영어 통역사로 활동 중인 K양은 학창 시절을 영어권 나라에서 보낸 수강생이었다. 그러다 보니 한국에 귀국한 이후 몇 년간 한국어 발음에 어려움을 겪었다고 한다. 필자와 처음 스피치 수업을 진행했을 때도 의사소통은 자연스러웠으나, 스스로 발음에 대한 자신감이 없어 말할 때마다 의기소침해 보이곤 했다. 특히 모의 발표 수업에서 K양이 영어로 발표할 때와 한국어로 발표할 때의 자신감 차이를 확연히 느낄 수 있었다. 영어로 스피치를 할 때는 발성뿐만 아니라 표정과 제스처까지 자연스럽고 당당해 보였으나, 한국어로 스피치를 할 때는 같은 사람이 맞나 싶을 정도로 소심한 목소리와 딱딱한 몸짓을 보여주었다. 사실 K양의 한국어 발음은 자세히 듣지 않으면, 외국생활을 오래한 사람만의 특유한 억양을 발견하기 어려울 정도로 자연스러웠다. 그러나 K양이 한국어가 서툴렀던 시절, 타인으로부터 받은 부정적인 스피치 피드백이 그녀의 한국어 발음에 대한 과한 자의식을 만든 것이었다. 필자는 K양과의 수업에서 표준어 발음교정도 진행했지만 본질적으로 발표불안 개선에 초점을 맞췄다. 그 결과 발표불안은 상당 부분 완화되었고, 동시에 발음, 발성, 표현력도 향상되었다. 그로 인해 통역 행사에서도 만족할 만한 피드백을 받게 되었다.

K양의 사례와 같이 수강생들의 스피치 문제 이면에는 발표불안증이 큰 요인으로 작용되는 경우가 많다. 이러한 경우는 표면적으로 보이는 떨리는 목소리, 어미를 흐리는 발음, 딱딱한 표정 등과 같은 문제점의 해결과 함께 본질적으로 발표불안증을 완화할 수 있는 훈련을 동

시에 진행해야 한다. 그렇다면 어떻게 해야 발표불안증으로부터 찾아오는 긴장감과 부담감을 벗어던질 수 있을까? 필자는 이에 대한 대안으로 배우 훈련 중 하나인 '주의 집중'을 추천한다.

주의 집중이란 세계적인 연출가이자 배우 훈련가인 콘스탄틴 스타니슬랍스키(Konstantin Stanislavsky)가 창안한 방법으로 무대 위에서 배우가 대상을 향해 최대한 집중할 수 있도록 고안한 개념이다. 배우들 역시 다수의 사람들이 지켜보는 무대에서 긴장감, 부담감, 불안감 등 부정적인 감정상태에 빠지기 쉬운데, 이때 주의 집중을 통해 무대라는 공간을 새롭게 감각하여 역할에만 온전히 집중할 수 있게 된다. 주의 집중을 사용하는 방법은 크게 두 가지다. 자신이 연기하는 가상의 상황을 실제로도 중요하게 느낄 수 있도록 공감하는 방법과 집중하고 있는 공간의 범위를 인식하는 방법이다. 예를 들어, 수백 명의 관객들 앞에서 A라는 배우가 좋아하는 사람에게 고백하는 연기를 하는 상황이라고 하자. 만약 이 상황에서 A가 자신을 지켜보는 수백 개의 눈동자를 의식하고, 앞으로 표현해야 할 대사와 행위들을 그저 수행하려고만 한다면 긴장감과 부담감에 의해 무대울렁증을 경험하게 될 것이다. 반면 군대 가기 전 10년간 짝사랑했던 사람에게 고백을 하는 상황처럼 배우가 실제로도 중요한 상황으로 공감할 수 있도록 설정하고, 관객들의 눈이 아닌 자신이 연기하고 있는 공간에 집중한다면, 이 배우는 극중 자신의 역할에 충실히 몰입하게 될 것이다.

스피치의 발표불안 증세에도 배우의 주의 집중 방법을 그대로 적용할 수 있다. 자신이 스피치를 하려는 것인지 마음 깊은 곳에서 이유를 찾고, 청중 앞에서 발표하고 있는 공간의 범위를 인식하는 것이다. 예를 들어 독서법에 관한 스피치라면, 청중을 잠깐 내 이야기를 듣고

가거나 평가하는 사람으로 여기는 것이 아니라 독서법을 익혀 자신의 전문지식을 넓히려는 절실한 사람이라고 생각하는 것이다. 그리고 그러한 청중을 도와주고 싶다는 마음이 들도록 스스로 스피치 주제에 깊이 공감하는 것이다. 또한 나를 쳐다보고 있는 그들의 눈초리를 의식하기보다 발표하는 공간에 있는 내 몸, 자료화면, 청중 등 집중해야 할 모든 대상을 인식해보는 것이다. 왜냐하면 우리는 긴장감을 느끼면 집중해야 할 공간 속 대상이 아닌, 타인에게 비칠 자신의 모습에만 집중하기 때문이다. 이처럼 주의 집중은 발표불안 증세를 자주 느끼는 사람에게 온전히 발표자로서의 역할에만 집중할 수 있도록 도움을 준다. 따라서 발표자는 완벽해 보이려는 욕심과 실수를 걱정하는 마음에 집중하지 말고, 자신에게 놓인 상황에만 집중해야 한다. 그러면 보다 안정감 있고 여유로운 스피치가 가능해질 것이다.

훈련 21단계

이번 훈련을 통해 우리의 주의 집중력을 향상시켜 보자. 주의 집중 훈련을 하는 목표는 긴장되는 상황에서 타인의 시선에 비치는 나의 모습보다 내가 집중해야 할 대상에게 몰입하는 힘을 기르기 위함이다. 짧은 시간에 키울 수 있는 능력은 아니지만, 훈련을 통해 이 개념을 자각하고 생활 속에서 부단히 시도한다면 분명 긍정적인 효과가 있을 것이다.

연습 59 책 읽기를 통한 집중력 강화

주의 집중 훈련을 하기 전, 먼저 기본적인 집중력을 향상시키는 훈련이다. 낭독할 책 한 권을 준비한다. 어떤 책이든 상관없지만, 어려운 전문용어가 많은 책은 피한다. 책을 펼치고 자신에게 편한 속도로 낭독한다. 이때 낭독하는 동시에 내용을 이해해야 한다. 만약 읽다가 어느 순간 글자만 읽는 느낌이 든다면 바로 멈추고 다시 집중하여 읽는다. 자투리 시간을 활용하여 집중력을 강화시켜 보자.

연습 60 지금 스피치를 하는 진실된 이유 찾기

우리는 공감을 통해 자신의 행동에 정당성을 찾을 수 있다. 내가 스피치 하는 이유의 정당성을 찾지 못하면, 주의 집중의 방향은 외부 대상이 아닌 타인에게 비치는 내가 될 것이다. 이제부터 스피치를 할 때 '왜 지금 내가 이 말을 당신에게 해야 하는지'에 스스로 공감할 수 있는 명확한 이유를 찾자. 아래 예시를 참고한 후, 제시된 스피치 주제를 왜 발표할 것인지 이유를 찾아보자.

㉄ 스피치 주제 : 직장인을 위한 스트레스 관리법

이유 : 나는 직장 생활을 할 때 스트레스 때문에 해야 할 일에 집중하지 못했다. 그 결과 일의 능률은 점점 떨어졌으며 그로 인한 스트레스는 악순환의 삶을 가져왔다. 같은 직장인으로서, 나와 비슷한 문제로 힘들어하는 청중을 위해 내가 찾은 스트레스 관리법으로 도움을 주고 싶다.

1 **스피치 주제** : 인간관계에서 갈등을 해결하는 방법

이유 :

2 **스피치 주제** : 인생에서 중요한 가치

이유 :

3 **스피치 주제** : 친구를 사귀는 기준

이유 :

연습 61 주의 집중 범위 속 대상 인식하기

무대 위 배우의 머리 위에 핀 조명 하나가 밝게 비치고 있다. 배우에게는 자신을 둘러싼 동그란 빛 외에 나머지는 어둡게 보인다. 그리고 조명 안에 있는 모든 것들은 빛을 받아 특별하게 보인다. 이와 같이 발표를 할 때도 발표하는 공간에 집중해야 할 대상들 위에 조명이 밝게 비추고 있다고 상상해 본다. 조명 범위 내에는 자신의 몸, 자료화면, 청중 등이 포함되어 있다. 이제 그것들의 특별함에 주의를 기울여보자.

ACTING SPEECH CLASS

3장

1.

매력적으로 말하는 비밀

쉽게! 눈에 보이게! 구체적으로!

ESD법칙

같은 말을 하더라도 어렵고, 장황하고, 두루뭉술하게 하는 사람이 있다. 이것은 청자의 입장을 고려하지 않는 말하기다. 성인 기준으로 최대 집중시간은 20분 내외이며 대화 중 타인의 말을 1분 이상 듣는 것은 심적인 노력이 필요한 일이라고 한다. 또한 혼잣말이 아닌 이상 세상 모든 말하기는 상대방과의 상호 교류다. 따라서 상대방을 고려해 쉽게(Easy), 눈에 보이게(See), 구체적으로(Detail) 말하는 화법을 갖춰야 한다. 필자는 이것을 ESD법칙이라고 부른다. 아래 대사는 영화 <특별시민>에서 배우 최민식 씨가 연기한 정치인 변종구가 3선 서울시장에 도전하기 위해 연설하는 장면이다. 변종구의 스피치에는 ESD법칙이 잘 녹아있다.

> 우리가 염원하는 행복한 서울, 또 살맛 나는 서울은 과연 어떤 모습일까요? 실업 걱정 없이 일자리가 넘쳐나는 도시, 사고와 재난을 미리 예측하고 예방할 수 있는 안전한 도시.
> 저는 여기에 제가 바라는 서울의 모습을 한 가지 더 추가하고자 합니다.
> 그것은 바로 추억이 깃든 서울입니다. 저는 얼마 전에 누리교육과정 점검 차 마포에 있는 한 어린이집을 방문했었습니다. 저는 거기서 아이들에게 "넌 집이 어디니? 넌 어디 사니?" 하고 물었더니 아이들이 대답하기를 "저는 저 편한 세상에 살아요. 저는 레비안에 살아요. 저는 푸르지옹에 살아요." 헐...

이제 우리 아이들의 가슴속에는 소박한 자기 동네의 이름보다는 아파트 브랜드 이름이 자리 잡았구나. 이제 서울은 더 이상 추억이 없는 정서가 메말라 버린 콘크리트 덩어리가 돼버렸구나!
저는 위기의식을 느꼈습니다. 저는 여러분들께 정서가 넘쳐나는 서울, 추억이 깃든 서울을 다시 되돌려드리고 싶습니다.
그 첫 번째 실천은 바로 이 문래동에서 시작합니다. 이 삭막한 문래동 공업지구에 신 서울시립도서관을 건립하겠습니다. 지금으로부터 20년 전, 30대 초반에 일개 공장 근로자였던 저 변종구에게 무려 3번의 국회의원 배지를 달게 해준 바로 이곳. 제게는 고향과도 같은 이 문래동 공업지구에서, 저는 대한민국 헌정 사상 최초로 3선 서울시장에 도전하고자 합니다.
저 변종구는 앞으로 저에 대한 격려와 응원은 인의로 삼고, 저에 대한 건전하고 발전적인 비판은 약으로 삼아, 소통과 화합의 시정을 펼쳐나가겠습니다.
그러나 일부 야당과 불순한 정치세력의 반대를 위한 반대, 민생과는 무관한 정치꾼 세대에서는 단호히 거부하고 타협하지 않겠습니다. 다시 한번 기회를 주십시오. 인간적인 삶을 향한 혁신과 개혁은 말로만 해서는 절대 이뤄지지 않습니다.
존경하고 사랑하는 우리 서울 특별시민 여러분, 마부정제라는 말이 있습니다. 달리는 말은 말굽을 절대 멈추지 않는다는 뜻입니다. 저 변종구도 멈추지 않겠습니다. 감사합니다.

이 장면에서 변종구는 베테랑 정치인답게 매력적인 대중 연설 스피치를 한다. 또한 추상적인 정치이념을 불특정 다수의 청중을 상대로 쉽게, 눈에 보이게, 구체적으로 말하고 있다. 그럼으로써 실제 관객들도 변종구의 스피치에서 그가 약속하는 서울의 모습과 사상을 명료한 이미지로 그릴 수 있게 되고 잔잔한 감동까지 받는다. 이러한 변종구의 화법은 캐릭터의 선과 악을 나누기 전에 깊은 관록을 느끼게 한다. ESD법칙은 필자가 예시로 든 대중 연설 스피치뿐만 아니라, 일상적인 대화 등 모든 말하기에 폭 넓게 적용할 수 있다. 지금부터 변종구의 스피치 예문과 함께 나의 말하기를 보다 매력적으로 만들어 줄 ESD 법칙에 대해 하나씩 살펴보겠다.

쉽게 말하라

혹시 '지식의 저주'라는 말을 들어본 적이 있는가? 지식의 저주란 '내가 알고 있는 것은 남도 알 것이라고 생각하는 고정관념'을 말한다. 발표자가 지식의 저주에 빠지면 배경지식이 부족한 청자는 앉아있는 것조차 힘들어한다. 아마 대학교 때, 이런 시련을 안겨주셨던 교수님 한 분쯤은 떠오를 것이다. 교수님은 그 분야의 전문가로서 방대한 지식을 갖고 계신 분이다. 그러다 보니 본의 아니게 학생의 눈높이에 맞지 않게 말씀하시는 경우가 있다. 학부시절을 떠올려보면, 어려운 개념을 쉽게 설명해 주시는 교수님일수록 인기가 많았다.

그렇다면 청중이 특정 전문가 그룹일 경우에도 쉽게 말해야 할까? 당연히 쉽게 말할수록 좋다. 여기서 쉽게 말하라는 것은 '가볍게 대충 말하라'는 뜻이 아니다. 내용을 짧게 나눠서, 구어체로, 이왕이면 쉬운 단어로 말하라는 것이다. 새로운 지식은 교수든, 과학자든, 의사든 자신의 분야가 아니면 누구나 낯설고 어렵다.

또한 발표자가 쉽게 말할 수 있다는 것은 스피치 내용을 완벽히 이해하고 있다는 뜻이기도 하다. 이것은 발표자가 전체 내용을 한 문장으로 명쾌하게 규정지을 수 있느냐로 판단할 수 있다. 전달할 내용의 핵심을 파악하고 있다는 방증이기 때문이다. 만약 이것이 힘들다면, 아직은 자신의 지식이 아닌 것이다. 그저 익숙하게 들어본 개념일 뿐이다. 이러한 상태에서는 절대 쉽게 말할 수 없다. 더군다나 말은 뱉음과 동시에 휘발되기에, 동영상이 아닌 이상 다시 들을 수 없다. 따라서 청자가 즉각적으로 이해하며 들을 수 있도록 반드시 쉽게 말하는 화법을 가져야 한다. 스피치 내용에 대한 완벽한 이해를 전제로, 쉽게 말하는 법 세 가지를 소개하겠다.

첫째, 가능하면 문장은 짧게 나눠서 말한다. 말하는 문장이 길어질수록 청자는 이해하기 어려워한다. 특히 주어가 길어지는 것을 경계하자. 아무리 배고파도 우리가 피자 한 판을 한입에 먹지 못하듯, 청자도 긴 문장을 한 번에 이해하지 못한다. 피자를 맛있게 먹기 위해 한 조각씩 나눠서 먹어야 하는 것처럼 우리는 청자가 소화할 수 있는 문장 길이로 말해야 한다.

㉨ 긴 문장 → 짧게 나눈 문장

실업 걱정 없이 일자리가 넘쳐나는 도시와 사고와 재난을 미리 예측하고 예방할 수 있는 안전한 도시에서 제가 바라는 서울의 모습을 한 가지 더 추가하고자 합니다.

⇨ 실업 걱정 없이 일자리가 넘쳐나는 도시 / 사고와 재난을 미리 예측하고 예방할 수 있는 안전한 도시 / 저는 여기에 제가 바라는 서울의 모습을 한 가지 더 추가하고자 합니다.

둘째, 스피치 대본은 구어체로 작성한다. 공적인 자리에서 스피치를 할 때 대부분의 사람들은 간략하게라도 스피치 대본을 작성한다. 이때 무의식적으로 대본을 문어체로 작성하게 되는데 이 지점에서 문제가 생긴다. 왜냐하면 문어체는 일상적인 대화 말투가 아닌 글을 작성할 때 쓰는 말투이기 때문이다. 스피치 대본은 말하기 위한 대본임을 기억하자. 어색하고 딱딱한 문어체가 아닌 자연스러운 구어체로 작성해야 한다. 스피치 대본을 읽을 때는 꼭 보편적으로 사용하는 말투인지 점검하자.

㉧ 문어체 → 구어체

- **저는 얼마 전에 누리교육과정 점검 차 마포에 있는 한 어린이집을 방문하였었습니다.**

  ⇨ 저는 얼마 전에 누리교육과정 점검 차 마포에 있는 한 어린이집을 방문했었습니다.

- **저는 거기서 아이들에게 "넌 집이 어디니? 넌 어디 사니?" 하고 물어보았더니...**

  ⇨ 저는 거기서 아이들에게 "넌 집이 어디니? 넌 어디 사니?" 하고 물었더니...

- **저는 위기의식을 느끼었습니다.**

  ⇨ 저는 위기의식을 느꼈습니다.

셋째, 이왕이면 쉬운 단어를 사용한다. 누구나 자신의 전문분야에서 지식의 저주에 빠질 위험이 있다. 청중이 듣는 즉시 이해할 수 있도록 쉬운 단어를 사용하자. 만약 필요에 의해 전문용어, 외국어 등을 사용해야 한다면 충분한 배경지식과 함께 설명한다.

눈에 보이게 말하라

상대방이 이해하기 쉽게 잘 말하는 사람들은 눈에 보이듯 명료하게 말한다. 반면 무미건조하고 장황하게 말하는 사람들은 대부분 단조롭게 정보를 나열하며 말하는 경향이 강하다. 이런 행동은 스스로 언어표현의 한계를 계속 좁히는 것이다. 조금만 더 생각해 보면 같은 의미라도 더 와닿는 색다른 단어로 표현할 수 있다. 따라서 말하는 사람은 항상 청자의 입장에서 자신의 스피치를 고민해 보려는 역지사지의 태도가 필요하다. 어떻게 하면 청자가 자신의 스피치에 공감하고, 머릿속으로 그림을 그리며 들을 수 있을지 배려하는 것이다. 이러한 마음의 노력이 조금씩 쌓이다 보면, 어느새 언어의 마술사가 된 자신을 발견하게 된다. 눈에 보이게 말하는 방법은 크게 두 가지가 있다.

첫째, 오감을 포함한 감각적인 표현을 사용하는 것이다. 예를 들면 '푸른 빛깔', '눈부시게', '꼬물꼬물' 등과 같은 의태어를 사용한 시각적인 표현이 있고 '달짝지근한', '쓰디쓴', '짭조름한' 등과 같은 미각적인 표현이 있다. 또한 '콸콸콸' '쨍그랑' '부스럭' 등과 같이 사물이나 사람의 소리를 의성어로 표현한 청각적인 표현도 있다. 그러니 시각, 청각, 촉각, 미각, 후각, 압각, 통각 등 다양한 감각적 표현을 말속에 적절히 활용해 보자. 청자의 상상력을 훨씬 더 자극하는 말하기가 될 것이다.

㉇ **감각적 표현**

- 이제 서울은 더 이상 추억이 없는, 정서가 메말라버린 콘크리트 덩어리가 돼버렸구나!
- 온탕에 들어오니 온몸이 스르르 녹는다.

- 겨울철 귤의 시큼한 냄새.

둘째, 대상을 비유로 표현하는 것이다. 비유란 표현하려는 대상을 유사성이 있는 다른 대상에 빗대어 표현하는 것이다. 비유의 종류는 여러 가지가 있지만 대표적으로 직유법, 은유법, 의인법, 활유법이 자주 사용된다. 직유법은 '~처럼, ~같이, ~듯이'와 같은 연결어를 통해 직접적으로 두 대상을 연결하는 방법이고, 은유법은 '~은 ...이다.'처럼 연결어 없이 간접적으로 두 대상을 연결하는 방법이다. 마지막으로 의인법과 활유법은 각각 사람이 아닌 대상을 사람처럼 표현하는 방법과 살아있지 않은 대상에 생동감을 부여하는 방법이다. 비유는 대상을 눈에 보이듯 구체적으로 표현할 수 있는 훌륭한 도구다.

㉄ 직유법

- 제게는 고향과도 같은 이 문래동 공업지구에서...
- 큰 바위에 짓눌리는 것처럼 몸이 피곤하다.
- 자기가 안방마님인 양 행동하네?

㉄ 은유법

- 저에 대한 건전하고 발전적인 비판은 약으로 삼아...
- 인생은 실전이다.
- 흡연은 습관입니다.

㉄ 의인법&활유법

- 서울의 별은 모두 잠들었다.

- 하늘이 화가 났다.
- 자동차 엔진 소리가 내게 더 달리라고 하는 것 같다.

구체적으로 말하라

다른 사람의 이야기를 할 때보다 자신이 직접 경험한 얘기를 할 때 말에 힘이 생긴다. 그 이유는 자신이 겪은 일은 세상 누구보다 가장 구체적으로 알고 있기 때문이다. 따라서 말에 진정성이 생긴다. 스피치에서 진정성은 이와 같은 구체적인 표현에서 비롯된다. 말하는 사람이 대상을 세세하게 묘사할수록 청자는 보다 사실적으로 받아들이며 상상하게 된다. 그러나 모든 말을 다 구체적으로 표현하면 문장이 불필요하게 길어져 지루해질 수도 있다. 따라서 청자에게 꼭 전달해야 할 중요한 대상을 정하여 구체적으로 표현해야 한다. 구체적으로 말하는 방법은 세 가지로 정리된다.

첫째, 추상적인 단어는 피하고 대상을 구체적으로 묘사하여 말한다. 예를 들어 면접에서 습관적으로 사용하는 말인 성실, 열정, 후회와 같은 추상적인 단어는 청자에게 구체적인 이미지를 그려줄 수 없어 진정성이 느껴지지 않는다. 그러니 스피치 내용상 어쩔 수 없이 의미를 포괄적으로 담아야 할 때만 사용하자.

㉄ 추상적인 표현 → 구체적으로 묘사

- **안전함을 느끼는 도시.**

  ⇨ 사고와 재난을 미리 예측하고 예방할 수 있는 안전한 도시.

- **저는 춤에 열정 있는 사람입니다.**

⇨ 20살 때부터 5년간 밥 먹고 자는 시간을 제외하고 춤만 췄습니다.

- **대학생 때 저는 정말 가난했습니다.**

⇨ 대학생 때 신라면 한 봉지를 3등분 해서 세 끼로 나눠 먹었습니다.

둘째, 지시대명사의 사용은 줄이고 숫자를 넣어서 말한다. 우리는 대화 속에서 생각보다 지시대명사를 자주 사용하여 말한다. 특히 성격이 급한 사람일수록 말속에 지시대명사가 많다. 예를 들어 잃어버린 물건을 찾기 위해 누군가에게 물어볼 경우 "그거 어디 있냐? 그 왜 있잖아 그거 동그란 거."와 같이 말하는 경우다. 이러한 지시대명사가 많을 경우 말이 불분명해지고 청자가 내용에 혼란을 겪기 쉬워진다. 평소 지시대명사를 자주 사용하는 사람은 공적인 스피치 자리에서도 습관적으로 사용한다. 그러니 꼭 필요할 때가 아니면 평상시 화법에서부터 지시대명사의 사용빈도를 줄여야 한다.

이와는 반대로 숫자를 말속에 적절히 넣어주면 구체적이며 객관적인 느낌을 준다. 특히 필자는 숫자 3을 굉장히 좋아하고 스피치에 자주 사용한다. 이유는 사람들이 가장 안정적으로 느끼며 기억하기 편한 숫자이기 때문이다. 그뿐만 아니라 어떠한 말을 할 때 3개의 키워드로 요약하거나 3번 반복해서 말하는 것도 좋은 표현방법이다. 물론 모든 것은 과유불급이다. 꼭 강조하고 싶은 부분이나 문맥의 흐름상 필요한 대목에서 사용했을 때 숫자 사용은 빛을 발한다. 오늘부터 연설, 광고 문구, 명언 등을 유심히 살펴보자. 문장 속에 숫자를 적절히 사용하거나 3을 활용한 말이 굉장히 많다는 것을 알게 될 것이다.

㉮ 지시대명사 사용 → 지시대명사 미사용

- 그때 거기서 먹은 거잖아.

  ⇨ 그때 명동역 8번 출구 앞에서 먹은 딸기 찹쌀떡이잖아.
- 이것 좀 보세요. ⇨ 옆에 표지판을 보세요.
- 저것보다 이게 낫지 않냐?

  ⇨ 앞에 남색 셔츠보다 초록색 셔츠가 더 낫지 않냐?

㉮ 숫자 미사용 → 숫자 사용

- 과거, 젊은 나이에 일개 공장 근로자였던 저 변종구에게 국회의원 배지를 달게 해준 바로 이곳.

  ⇨ 지금으로부터 20년 전, 30대 초반에 일개 공장 근로자였던 저 변종구에게 무려 3번의 국회의원 배지를 달게 해준 바로 이곳.

㉮ 숫자 3 활용

- 오늘은 상대방에게 신뢰감을 주는 말투 3가지를 공개하겠습니다.
- 이번에 새롭게 출시된 로션은 더 촉촉해지고, 더 순해지고, 더 산뜻해졌습니다.
- 배움에서 가장 중요한 것은 반복, 반복, 반복입니다.

셋째, 부사의 사용을 줄이자. 특정 부사를 자주 사용하면, 이미지를 풍부하게 표현할 수 있는 기회가 줄어든다. 대표적으로는 '진짜, 대박, 완전' 등이 있다.

㉮ 부사를 줄이고 구체적인 표현으로 묘사하기

- 이거 진짜 맵다. ⇨ 입에서 전쟁 난 것 같아.

- **영화 완전 재밌어!** ⇨ 영화가 긴장감이 넘치고 영상미가 예뻐!
- **대박 너무 축하해.** ⇨ 남들 다 가는 휴가 한 번 없이 열심히 하더니, 축하해.

훈련 22단계

매력적으로 말하는 첫 번째 비밀인 ESD법칙에 대해 살펴봤다. 앞으로는 대화를 하거나 메시지를 주고받을 때 ESD법칙을 사용하려고 노력해 보자. 평소의 화법이 바뀌어야 중요한 자리에서도 자연스럽게 좋은 말하기가 나온다. 아래 제시된 스피치 주제를 통해 쉽게, 눈에 보이게, 구체적으로 말하는 방법을 훈련해 보자.

연습 62 ESD법칙 중 쉽게(Easy) 말하기

제시된 주제의 스피치 대본을 5~6문장의 구어체로 작성한다. 문장의 길이는 짧게, 쉬운 단어를 선택해서 작성하자.

스피치 주제 : 인간관계에서 신뢰를 유지하는 방법

연습 63 ESD법칙 중 눈에 보이게(See) 말하기

다음 사계절을 오감을 포함한 감각적인 표현을 활용하여 자유롭게 표현한다.

봄 :

여름 :

가을 :

겨울 :

다음 스피치 주제의 대본을 5~6문장의 구어체로 작성한다. 감각적인 표현과 비유를 활용하여 작성하자.

스피치 주제 : 야식으로 추천하는 나만의 메뉴

연습 64 ESD법칙 중 구체적으로(Detail) 말하기

다음 스피치 주제의 대본을 5~6문장의 구어체로 작성한다. 스피치 대본을 작성할 때는 특정 부사와 추상적인 단어는 최소화하고 숫자를 적절히 활용한다.

스피치 주제 : 인생에서 가장 기억에 남는 순간

FBA법칙

연극영화과 졸업을 앞둔 W양은 현장 오디션 준비가 한창이다. 이제 더 이상 학생의 신분이 아닌 신인배우로서 본격적인 첫발을 내딛기 위해서다. 지난 1년간 W양은 학업과 필자의 연기수업을 병행하며 각종 단편영화와 학생연극을 통해 기본기를 다져왔다. 또한 필자의 수업을 통해 배우로서 가장 단점이었던 화술이 많이 개선되어, 촬영장에서 좋은 피드백도 듣기 시작했다. 처음 수업을 시작했을 때와는 달리 자신감이 부쩍 향상된 W양은 한결 밝아진 에너지로 당찬 연기를 보여주었다. 모든 것이 긍정적인 방향으로 흘러가는 듯했지만 최근 그녀에게 고민이 하나 생겼다. 바로 오디션장에서 관계자와 이뤄지는 대화다.

배우의 오디션도 큰 틀에서는 일반 면접과 비슷하다. 왜냐하면 면접과 마찬가지로 오디션도 '태도'를 보는 자리이기 때문이다. 세상 대부분의 일이 협업을 통해 이뤄지지만, 연기예술 작업은 특히나 많은 사람들의 협업이 필요하다. 영화, 드라마, 연극 등 그 어떤 작품도 스텝과 동료 배우 간의 팀워크가 좋아야 사랑받는 작품이 될 수 있다. 특히 상업 영화나 드라마와 같은 작품은 아무리 작은 배역의 배우라도 사회적 물의를 빚을 경우 작품에 큰 타격을 입힐 수 있다. 따라서 오디션도 태도가 굉장히 중요한 평가요소로 반영된다.

오디션장에서 관계자들이 태도와 함께 평가하는 다음 요소는 배우의 '이미지'다. 연기를 하지 않아도 배역에 어울리는 인간적인 면모를 평소 가지고 있는지 살펴보는 것이다. 또한 세상에 매력 없는 배역이란 없기에, 관계자들은 사람 자체에 매력 있는 배우에게 마음이 기운다. 그리고 이러한 오디션이나 면접과 같이 짧은 시간 안에 이뤄지는 만남에서는 찰나의 말 한마디가 상대방에게 자신의 이미지로 각인된다. 인생의 중요한 순간이 찾아왔을 때 갑자기 말을 잘할 수는 없기에, 평소 화법부터 매력적이 되도록 개선해야 한다.

이번 시간에는 앞서 배운 ESD법칙에 이어, 나의 말하기를 매력적으로 바꿔 줄 두 번째 법칙을 소개한다. 바로 신선하게(Fresh), 과감하게(Bold), 적응하며(Adapt) 말하는 FBA법칙이다. 우리 모두 살아온 환경은 다르지만, 같은 문화권에서 동시대를 살아가는 사람으로서 표현할 수 있는 언어의 폭은 비슷하다. 따라서 매력적인 말하기는 같은 의미의 말이라도 미세한 표현력 차이로 만들어진다.

신선하게 말하라

신선하게 말한다는 것은 대상을 기존과는 다른 색다른 방식으로 표현한다는 뜻이다. 그러나 우리의 머릿속에는 이미 대상의 표현에 대한 고정관념이 있다. 이러한 이유로 많은 사람들이 새롭게 표현하는 것에 부담감을 느낀다. 필자의 스피치 수업 시간에도 "선생님, 같은 말도 색다르게 표현하면 좋은 건 알겠는데 현실적으로 그게 너무 어려워요.", "안 쓰던 표현을 써보려니까, 뭔가 오그라들어요."라고 토로하는 수강생들이 종종 있다. 필자 또한 충분히 공감되는 고충이다. 그렇다면 어떻게 해야 이왕이면 쉽게, 신선하게 표현할 수 있을까?

그에 대한 방법은 대상을 다른 감각으로 표현해 보는 것이다. 즉 앞서 배운 감각적 표현에서 더 나아가 대상의 이미지를 다른 감각으로 표현하는 방법이다. 예를 들어 좋은 음악을 들었을 때, "음악이 잔잔하고 클래식하다."라는 표현도 좋지만 "음악이 라테처럼 부드럽다."와 같이 표현해 보는 것이다. 음악이라는 대상의 청각 이미지를 미각 이미지로 바꿔 표현함으로써 신선함을 주는 화법이다. 우리 주변에도 말을 맛깔나게 잘 하는 지인이나 유튜버를 관찰해보면 이러한 화법을 자주 사용함을 알 수 있다. 그러니 조금만 더 고심하여 강조하고 싶은 대상은 다른 감각으로 연결 지어 표현해 보자. 말하기는 습관이기에 처음에는 낯설어도 어느샌가 자신만의 표현 스킬로 자리 잡을 것이다. 물론 너무 과한 사용은 듣는 사람의 손발을 오그라들게 만들 수 있으니 조심해야 한다.

㉮ **다른 감각으로 표현**

- **김치 맛이 새콤하다.** ⇨ 김치가 입에서 춤을 춘다.
- **옷 냄새가 향기롭다.** ⇨ 옷 냄새부터 벌써 봄이다.
- **책 내용이 알차다.** ⇨ 책 내용이 오래된 된장같이 깊은 맛이 있다.

과감하게 말하라

살면서 때로 과감히 행동해야 할 때가 있듯 스피치에도 과감한 표현이 필요한 순간이 있다. 적절한 순간의 과감한 스피치는 청중에게 재미와 웃음을 준다. 이것은 마치 중요한 날 포인트를 주기 위해 아껴두었던 액세서리처럼, 스피치의 포인트 부분에서 사용할 때 재치 있는 인상을 심어준다. 과감하게 말하는 화법은 두 가지다. 과장법을 통해 대상을 크게 부풀리거나 축소하여 말하는 화법, 대조를 하여 대상 간의 차이점을 드러내는 화법이다. 두 방법 모두 우리가 일상생활에서 익숙하게 사용하고 있지만, 실상 스피치를 할 때는 잘 사용하지 못하여 아쉬울 때가 많다. 이번 기회에 확실히 인지하여 맛깔나는 스피치를 해보도록 하자.

첫째, 과장법을 통해 대상을 과장하여 표현한다. 물론 사실이 아닌 것을 거짓으로 과장하는 것은 도덕적으로 옳지 못한 행동이다. 그러나 문맥의 흐름상 누구나 다 알고 있는 사실을 과장하여 표현하는 것은 유머가 될 수 있다. 필자가 생각했을 때 과장된 표현의 맛을 가장 잘 살린 사례는 tvN 드라마 <응답하라 1988>의 성동일 캐릭터의 화법이다. 성동일 캐릭터는 배우 성동일 씨가 연기하였으며 독보적인 매력으로 드라마 종영 이후에도 꾸준히 사랑받고 있다. 아래 성동일 캐릭터의 대사는 특정 한 가지 음식만을 과하게 만드는 아내에게 과장법을 활용해 한 말이다.

- 무슨 제2의 6.25 터져버렸는가? 온통 무슨 감자, 감자... 온통 감자 감자하며 뭐 비상식량이여?
- 내 월급이 다 어디로 갔는가 했더니 채소 값으로 싹 다 들어가 버렸구먼.
- 이 사람아 뭔 고기산적을 이렇게 많이 했대? 우리 아버님 제사 음식 드시다가 배 터져서 다시 돌아가시겠네.
- 어제부터 뭔 잡채만 계속 내놓는데, 아 뭔 딴 반찬 없대?
  이것 먹고 똥 싸면 순대가 돼서 나온당께.

둘째, 대조법을 통해 두 대상 간의 차이점을 드러내며 말한다. A라는 대상만 설명하는 것보다 A와 B의 차이점을 통해 훨씬 더 인상적으로 말할 수 있는 화법이다. 특히 대조는 속담과 같이 짧은 문장에서 많이 사용될 만큼 이해하기 쉬우면서 여러 의미가 내포된 말을 만드는 힘이 있다. 예를 들어, '달면 삼키고, 쓰면 뱉는다.'라는 말처럼 자신의 의도를 간결하면서도 과감히 표현할 수 있는 것이다. 또한 대조법은 비슷한 문장 구조가 짝을 이루는 대구법과 함께 사용되는 경우가 많아서 리듬감이 느껴져 재미있다.

㉮ 대조법

- 인생은 짧고, 예술은 길어요.
- 어리석은 질문은 없습니다. 어리석은 질문자만 있을 뿐입니다.
- 화장실 들어갈 때 마음 다르고, 나올 때 마음 다르죠.
- 매력 없는 배역은 없지만, 매력 없는 배우는 있습니다.

적응하려는 과정을 표현하라

미국의 인류학자 버드휘스텔(Birdwhistell)은 대화에서 말의 의미는 65% 이상이 비언어적 표현으로 전달된다고 했다. 이처럼 스피치에서 비언어적 표현은 아무리 강조해도 지나치지 않다. 특히 말만으로 상대방에게 설명이 힘들 때 적절한 몸짓의 사용은 더욱 중요해진다. 아마 한 번쯤 스피치 도중 자신의 경험을 말로 충분히 담아내지 못해 답답했던 적이 있었을 것이다. 이럴 때 대부분의 사람들은 아예 표현을 포기하거나 어색한 몸짓으로 대충 무마하고 만다. 반면 말 잘하는 사람은 내용에 따라 자연스럽게 비언어적 표현을 사용하고, 강조하고 싶은 부분에 몸짓을 살려 실감 나게 표현하며 좌중을 폭소케 하기도 한다. 도대체 이들은 어떠한 원리로 몸의 언어를 이토록 매력적으로 구사하는 것일까?

이러한 표현은 타고난 끼와 재능이 있다면 자연스러울 것이고, 필자와 같이 내성적인 사람이라도 노력을 통해 충분히 구사할 수 있다. 그 방법은 대상이나 상황에 적응하려는 과정을 보여주는 것이다. 간단한 예를 들면, 친구에게 여름철에 무더워서 고생했던 일화를 말하는 상황이라고 하자. 내가 느꼈던 그 고통을 단어만으로는 온전히 전달하기 어려울 것이다. 이때 조금이라도 덜 덥기 위해 노력했던 일련의 행동을 몸짓으로 함께 보여주면 된다. 땀에 붙은 옷을 떼어내거나 손으로 부채질하는 몸짓으로 친구는 나의 말에 상상을 더하며 반응할 수 있다. 누구나 공감할 수 있는 비언어적 표현이 말과 어우러져 당시 상황이 생동감 있게 전달되는 것이다. 이처럼 스피치를 할 때 몸짓을 표현해야 한다면, 표현 그 자체를 인위적으로 보여주려 하지 말고 당시 상황에 적응하려 했던 행동 과정을 떠올려 보여주자. 훨씬 자연스럽고 매력적인 말하기가 될 것이다.

훈련 23단계

매력적으로 말하는 두 번째 비밀인 FBA법칙에 대해 살펴봤다. 우선 편한 사람들과의 대화에서부터 차근차근 적용해 볼 것을 추천한다. 그런 다음 공적 스피치 자리에서 자신의 스타일에 맞게 활용하자. 그럼 이제부터 신선하게(Fresh), 과감하게(Bold), 적응하며(Adapt) 말하는 FBA법칙의 요소를 하나씩 훈련해 보자.

연습 65 FBA법칙 중 신선하게(Fresh) 말하기

아래 단어에서 느껴지는 감각을 다른 감각으로 바꿔서 표현해 보자.

1 운동 자세 →

2 햄버거 맛 →

3 향수 냄새 →

4 파도 소리 →

5 티셔츠의 촉감 →

연습 66 FBA법칙 중 과감하게(Bold) 말하기

아래 상황을 과장법을 활용하여 재미있게 표현해 보자.

1 시험을 망쳤을 때 →

2 배가 고플 때 →

3 잠이 쏟아질 때 →

4 음식이 너무 맛있을 때 →

5 이상형을 만났을 때 →

아래 스피치 소재를 대조법을 활용하여 짧은 글귀로 만들어보자.

1 사랑 →

2 친구 →

3 돈 →

4 건강 →

5 약속 →

연습 67 FBA법칙 중 적응하려는(Adapt) 과정을 표현하기

인생에서 육체적으로 가장 힘들었던 순간을 구어체로 5~6문장 작성한 후, 해당 상황을 녹화하며 연기해 보자. 녹화된 자신의 모습을 보며 당시 상황에 적응하려 했던 일련의 행동을 관찰한다. 작성된 스피치 대본을 토대로 적절한 대목에서 관찰했던 몸짓을 넣어본다. 어느 정도 연습 후, 몸짓과 함께 더욱 실감나는 스피치를 해보자.

스피치 주제 : 인생에서 육체적으로 가장 힘들었던 순간

\+ 인생에서 육체적으로 가장 힘들었던 순간은 일상에서 발생한 극적인 상황이다. 따라서 적응하려는 순간의 몸짓을 다른 상황보다 발견하기 쉽다.

상대방을 설득하는 3가지 화법

AAE법칙

우리는 살면서 다른 사람을 설득해야 할 일이 정말 많다. 친구와 점심 식사 메뉴를 고를 때, 부모님과 대화할 때, 직장에서 클라이언트와 미팅할 때 등 생각해 보면 거의 매일 누군가를 설득하며 살아가고 있다. 왜냐하면 우리는 끊임없이 타인과 상호작용하며 그 속에서 자신의 욕망에 따라 원하는 것을 얻고 싶어 하기 때문이다. 이러한 마음은 고대에서부터 지금까지 인간의 마음속에 항상 존재해왔다. 따라서 역사적으로 다른 사람을 잘 설득하는 사람은 시대를 막론하고 늘 선망의 대상이었다.

고대 그리스 철학자 아리스토텔레스는 설득을 세 가지 요소로 나누었다. 그것은 로고스, 파토스, 에토스다. 현재까지도 인간의 설득에 관한 연구는 계속 진행되고 있지만, 필자는 아리스토텔레스가 그의 수사학에서 정의한 설득의 세 가지 요소가 설득의 본질을 가장 잘 다뤘다고 생각한다. 각 요소별 뜻을 간략히 살펴보면 첫째, 로고스는 말의 논리를 뜻한다. 이것은 쉽게 말해서 얼마만큼 자신의 주장에 대한 근거를 댈 수 있느냐이다. 왜냐하면 우리는 근거 없는 누군가의 말은 잘 신뢰하지 않기 때문이다. 둘째, 파토스는 감정에 호소하는 것을 뜻한다. 인간은 이성적으로 사고하는 동물인 것 같지만 사실은 감정에 따라 움직이며 무언가를 선택하는 동물이다. 셋째, 에토스는 말하는 이의 인격을 뜻한다. 사람들은 평소 자신이 존경하고 신뢰하는 사람의 말을 더 잘 따른다. 같은 말이라도 그저 지나가는 사람이 하는 말과 인격적으로 믿고 있는 사람이 하는 말은 받아들임에 큰 차이가 있다.

아래 대사는 영화 <코치 카터>의 배우 사무엘 L. 잭슨이 연기한 코치 켄 카터 역의 대사 한 대목이다. 한때 고교 농구팀의 스타였던 코치 켄 카터는 캘리포니아 주의 가난한 흑인 학생들이 많이 다니는 리치먼드 고등학교의 농구팀 코치를 맡게 된다. 스파르타식의 훈련과 더불어 학점관리를 하지 않으면 시합에 못 나가게 하는 자신의 교육방침에, 불만이 가득 찬 농구팀 학생들을 설득하는 장면이다.

좋아 내 생각을 말해줄게. 내 생각엔 모두가 너희의 실패를 바라는 것 같다.
들어봐라. 내가 알고 있는 숫자 얘기를 해줄게.
리치먼드 고의 졸업률은 50%밖에 안 된다. 그 졸업생들 중에서 오직 6%만이 대학에 진학한다.
그러니까 이 복도를 걸으면서 너희 교실을 볼 때... 어쩌면 1명의 학생만이 대학에 갈 거라는 얘기가 되는 거지.
"젠장. 카터 코치님, 대학에 안 가면 나는 어디로 가나요?" 아주 좋은 질문이야 여기 있는 흑인 젊은이에 대한... 대답은... 아마도 감옥에 갈 것이다.
이 도시에 살고 있는 18세에서 24세까지의 흑인 남자 중 33%가 감옥에 간다. 왼쪽에 누가 있는지 봐라, 오른쪽엔 누가 있는지 봐라. 셋 중에 한 명은 감옥에 가게 될 것이다.
리치먼드에 살고 있다면! 대학보다 감옥에 가기가 80% 정도 쉽다.
이게 내 숫자 얘기다. 바로 너희들에 대한 내 숫자 얘기다.
자, 너희들 집을 한번 생각해 봐라 날마다 뭘 하면서 살고 있는가...
부모님들은 하루하루 어떻게 살고 계신가. 그리고 스스로 질문해 봐라. 더 나은 삶은 없을까?

분명히 더 나은 삶은 있다!

모두... 내일 다시 보자.

내가, 약속하나 한다. 난, 내 모든 것을 바쳐서 너희들을 대학에 보낼 것이다.

보다 나은 삶을 위해서.

위 장면에서 켄 카터는 아리스토텔레스의 설득의 세 가지 요소를 모두 사용하고 있다. 그는 "너희들은 보다 나은 삶의 시작을 위해 대학에 가야 한다."라는 주장에 대한 근거(로고스)로 졸업률, 진학률, 범죄율을 구체적으로 제시하고 있다. 그리고 학생들을 향한 자신의 진심 어린 애정을 말하며 학생들의 감정에 호소(파토스) 하고 있다. 또한 과거 고교 농구팀의 스타이자, 그간 훈련을 통해 놀라울 정도로 학생들의 시합 성적을 끌어올린 인격적 감화(에토스)가 설득의 바탕이 되었다. 시간이 꽤 지난 영화임에도 불구하고, 교육자의 덕목을 보여주는 명장면으로써 많은 이들에게 영감을 주고 있다.

아리스토텔레스는 설득에 있어 에토스(인격), 파토스(감정), 로고스(논리) 순으로 중요도를 정하였다. 왜냐하면 우리는 어떤 사람에 대한 존경과 신뢰가 있으면, 지금 그의 스피치에 다소 감정적인 호소와 객관성이 부족하더라도 믿으려는 경향이 강하기 때문이다. 그리고 상대방이 아무리 객관적인 근거를 제시해도 자신의 감정을 움직이지 못하면 우리의 마음은 좀처럼 기울지 않는다. 따라서 말의 논리만 가지고 누군가를 빠른 시간 내에 설득한다는 것은 어려운 일이다.

영향력이 없고 유명하지 않은 사람이 제한된 시간 내에 처음 보는 누군가를 설득해야 할 때, 아리스토텔레스가 제시한 설득의 세 가지 요소를 쉽게 적용하는 방법은 무엇일까? 그 방법은 바로 권위를(Authority) 빌려오고, 상대방의 마음을 동화(Assimilate)시키고, 객관적인 예(Example)를 드는 AAE법칙을 활용하는 것이다.

권위를 빌려오자

에토스는 설득에서 빠른 시간 안에 형성하기 가장 어려운 요소다. 왜냐하면 이것은 자신이 속한 그룹에서 그동안 어떻게 관계를 쌓아왔는지가 중요한 부분이기 때문이다. 따라서 누군가를 설득하기에 앞서 자신의 사회적 위치를 객관적으로 파악한 후, 부족한 에토스는 타인의 권위를 빌려 보강해야 한다. 예를 들어, 누군가를 설득해야 할 때 자신의 스피치 주제와 관련된 권위 있는 사람의 말을 인용하는 것이다.

다음 대사는 영화 <마스터>에서 배우 강동원 씨가 연기한 지능범죄수사팀장 김재명 역의 한 대목이다. 김재명은 희대의 사기범을 소탕하기 위한 자신의 계획에 팀원들이 적극적으로 동참할 수 있도록 설득하고 있다.

그는 영국 수상 윈스턴 처칠이라는 권위자의 일화로 자신의 스피치에 설득력을 높였고, 팀원들이 경찰로서의 책임과 의무를 다할 수 있도록 고무시킨다. 그의 뛰어난 언변은 지능범죄수사팀장이라는 직급에 걸맞게 높은 사회적 지능을 갖춘 인물이라는 것을 관객으로 하여금 납득하게 한다. 우리도 메모하는 습관을 통해 극중 김재명처럼 권위 있는 사람의 말을 적절히 활용해 보자. 스피치의 설득력이 한 단계

영국 수상 윈스턴 처칠이 회의에 늦어서 기사가 과속을 했어. 그걸 어떤 교통 경찰이 잡았지.
당연히 기사는 수상님이 탄 차라고 하면서 빨리 보내달라고 해.
근데 이 경찰이 말하길 이 차에 진짜 수상이 타고 계시더라도 속도위반 딱지를 떼는데 예외는 없다.
경찰의 단호함에 감명받은 처칠은 1계급 특진을 지시했어. 그리고 명령을 받은 경시청장은 이렇게 답하지.
수상님 경시청 내규엔 당연한 일을 한 경찰을 1계급 특진시켜 주는 조항은 없습니다.
영국 경찰이 신뢰받는 이유는 당연히 해야 할 일을 하기 때문이야.
이번 사건 완벽하게 마무리해서 썩어버린 머리 잘라낸다.

더 올라갈 것이다.

상대방의 마음을 동화시켜라

파토스는 상대방의 감정에 호소하여 마음을 움직이게 만드는 힘이다. 우리가 이것을 활용하기 위해서는 상대방 마음을 동화시켜야 한다. 동화란 서로 다른 것을 일치하게 만드는 힘을 뜻한다. 말 한마디로 상대방을 동화시켰던 유명한 사례는 스티브 잡스가 펩시의 CEO이자 마케팅의 천재였던 존 스컬리를 설득하기 위해 "남은 인생 내내 설탕물을 팔길 원합니까, 아니면 세상을 바꿀 기회를 원합니까?"라고 했던 사례다. 이처럼 상대방의 마음을 동화시키기 위해서는 현재 상황에서 그의 입장과 자신의 입장이 접점을 이룰 수 있는 지점을 찾아 감정에 호소해야 한다. 무턱대고 자신의 감정만 내세우는 방법은 절대 옳지 않다. 그러면 오히려 반감을 살 수 있다. 아래 대사는 넷플릭스 드라마 <오징어 게임>에서 배우 박해수 씨가 연기한 상우 역의 한 대목이다. 게임에서 자신의 동료이자 현재는 경쟁자인 알리를 설득하는 장면이다.

상우 : 야, 알리야, 야, 너만 나 도와주면 우리 둘 다 살 수 있는 방법 있어.
너도 내 덕분에 여기까지 왔잖아.
내가 너한테 차비도 줬고, 줄다리기도 내 작전 때문에 산 거고, 밤새 같이 불침번도 서고, 우리 조금 전까지만 해도 같이 여기서 나가기로 약속했잖아, 아니야? 야 그러니까 제발...
제발 내 말 한 번만 믿고 도와줘. 어?
알리 : (흐느끼며) 어떻게 할 건데요?

위 장면에서 극중 인물 상우는 알리에게 동료라는 관계의 접점을 찾아 도의적인 부분에 감정 호소를 하고 있다. 해당 장면의 배우 박해수 씨의 연기를 보면, 시청자의 입장에서도 상우의 말을 들어주고 싶을 정도로 애처로움이 전해진다. 따라서 알리는 결국 상우의 말에 설득된다. 인간은 감정적 동물이기에, 누군가를 설득하기 위해서는 상대방의 감정을 자극해야 한다.

객관적인 예를 들어라

말의 논리인 로고스를 충족하기 위해서 객관적인 예를 제시하는 방법이다. 주장에는 항상 어떠한 근거가 있어야 신빙성이 높아진다. 따라서 예시는 구체적이어야 하며 통계자료와 같이 숫자를 활용한 객관적인 데이터일수록 효과적이다. 아래 대사는 남녀 연애의 현실적인 모습을 다룬 영화 <연애의 온도>에서 배우 이민기 씨가 연기한 이동희 역의 대사다. 극중 인물 이동희가 재회를 두려워하는 전 여자친구 장영을 설득하는 장면이다.

장영 : 넌 우리가 그 3% 안에 들 수 있을 것 같아?

이동희 : 너 그거 알아? 로또 있잖아, 로또가 당첨될 확률이 814만 분의 1이래. 근데 그게 매주 1등이 몇 명씩 그렇게 막 나오잖아. 814만 분의 1인데... 그니까 3%면 되게 큰 숫자야. 엄청나게 큰 거야. (그녀에게 손을 내민다)

(손을 잡는 두 남녀)

만약 이동희가 장영에게 "3%의 확률은 작은 숫자가 아니야."라고만 말했다고 상상해 보자. 아마 그것만으로는 장영의 두려움을 잠재우고 재회에 성공하지 못했을 것이다. 그러나 위 장면처럼 3%라는 수치를 로또에 당첨될 확률과 비교하며 근거를 제시하자, 장영은 마음 한 구석에 남은 연인에 대한 미련으로 결국 재회를 받아들인다. 이처럼 우리는 누군가를 설득할 때 반드시 로고스를 점검해 봐야 한다. 주장에 대한 적절한 근거는 그 말을 믿고 싶게끔 만드는 힘이 있다.

훈련 24단계

매력적으로 말하는 세 번째 비밀인 AAE법칙에 대해 살펴봤다. 권위를(Authority) 빌려오고, 상대방의 마음을 동화(Assimilate)시키고, 객관적인 예(Example)를 드는 AAE법칙은 누군가를 설득하기에 효과적인 화법이다. 여기에 한 가지 더 염두 해야 할 점은 설득에 적절한 시간과 장소인지도 고려해야한다는 것이다. 아무리 탄탄하게 AAE법칙으로 만반의 준비를 했어도 만약 상대방이 바쁘거나 배고픈 시간 또는 대화를 방해받을 정도로 시끄러운 장소라면 설득은 반감될 것이다. 따라서 이 점을 고려하여 적절한 타이밍에 효과적으로 AAE법칙을 활용해야 한다. 그럼 지금부터 하나씩 연습해보자.

연습 68 AAE법칙으로 설득해보기

제시된 상황에 AAE법칙을 활용하여 상대방을 설득해보자. AAE법칙은 실제 설득할 때 모두 사용하는 것이 좋지만, 훈련에서는 각 요소별로 5~6문장 내외의 대본을 작성하여 연습해 보겠다.

상황	나는 아이폰 혹은 갤럭시 사용자다. 휴대폰을 바꿀 때가 된 친구에게 내가 사용하는 브랜드로 기기변경 하도록 설득해 보자.
권위 빌려오기	

동화시키기	
객관적인 예시 들기	

2.

영화&드라마 속 캐릭터로 알아보는 발표스피치

발표를 시작하는 법

발표는 GAME이다

발표는 공적인 자리에서 자신의 생각과 느낌을 다수의 사람들에게 전달하는 행동이다. 따라서 대화와 본질적인 부분은 같지만, 명확한 목적과 형식이 있어야 한다. 또한 발표는 겉치레에 집중한 딱딱한 말이 아닌 다수의 사람들이 쉽게 이해할 수 있는 간결한 말이어야 한다. 따라서 발표를 시작하기 전에 네 가지 요소를 먼저 파악하고 있어야 한다. 바로 발표의 목적(Goal), 청중에 대한 정보(Audience), 핵심 메시지(Message), 발표하는 환경(Environment)이며, 각 요소의 영어 앞글자를 따서 필자는 GAME이라고 부른다. 생각해 보면 이 말 그대로 발표는 게임과 비슷한 구석이 많다. 왜냐하면 게임개발자가 유저들이 게임의 목표를 향해 도달할 수 있도록 흥미를 유도하며 게임의 룰을 설득해나가는 것처럼, 발표도 발표자의 목표에 따라 청중이 능동적인 태도로 따라올 수 있도록 흥미를 유도하며 내용을 설득해나가는 과정이기 때문이다. 그럼 지금부터 발표를 시작하기 위해 파악해야 할 GAME의 네 가지 요소를 하나씩 살펴보겠다.

첫째, 발표의 목적에 따라 말의 결이 달라진다. 크게 봤을 때 발표는 설득의 연속이지만, 그 안에는 정보 전달, 유희, 홍보 등 세분화된 목적이 존재한다. 만약 발표 목적이 정보 전달이라면 말투, 몸짓 언어, 내용도 발표자가 이해한 정보를 청중에게 쉽게 전달하는 것을 가장 우선시 한 형태일 것이고, 유희가 목적이라면 밝은 분위기와 청중의 참여를 불러일으키는 형태일 것이다. 이것은 음악에 비유했을 때 장르가 바뀌는 것과 같다.

둘째, 청중에 대한 정보는 그들과 공감대를 형성할 수 있는 마법의 열쇠다. 쉬운 예로, 만약 취업에 관한 스피치를 할 경우 20대와 30대 중 어느 쪽의 청중에게 더 큰 공감을 얻을 수 있을까? 당연히 취업 고민이 상대적으로 많을 20대에게 더욱 공감을 얻을 것이다. 그뿐만 아니라 성별, 관심사, 직업, 기혼 여부 등에 따라서도 청중이 공감할 수 있는 부분은 모두 다르다. 따라서 청중을 구체적으로 파악하는 일은 발표자가 그들의 마음을 열고, 소통하는 발표를 할 수 있게 한다.

셋째, 핵심 메시지는 발표의 최종 도착지다. 발표 시간이 3분이든, 3시간이든, 분량과 상관없이 명확한 핵심 메시지가 있어야 한다. 그래야 자신의 발표가 샛길로 새지 않고 청중에게 뚜렷한 하나의 메시지로 전달된다. 또한 핵심 메시지를 정함으로써 발표자는 자신의 생각을 정리할 수 있게 되고, 주제에 불필요한 내용도 줄일 수 있게 된다.

네 번째, 자신이 발표할 환경에 만반의 대비를 해야 한다. 아무리 완벽하게 준비했어도 자신이 발표하는 때와 장소를 파악하지 못하면 발표 중 당황할 일들이 많아진다. 예를 들어 발표 시작 시간이 점심시간 이후라 졸음이 몰려올 시간대인지, 출퇴근 시간대라 예상보다 늦게 시작될 가능성이 있는지, 무대와 객석과의 거리는 어느 정도인지, 발표 자료와 기기 간의 호환성은 문제없는지 등이 있다. 시간적 여유가 된다면 사전답사를 진행하는 것이 가장 좋지만, 이것이 어려울 경우 관계자를 통해 발표 환경에 대해 자세히 알고 있어야 한다. 연습할 때부터 환경을 고려한 이미지트레이닝은 발표의 질을 한 단계 올려준다.

스피치의 기본 구조 S-B-E

발표의 GAME 분석이 끝났다면, 누구나 쉽게 이해할 수 있는 발표를 위한 논리적인 스피치 대본 작성이 필요하다. 스피치 대본 작성은 기본적인 글의 구조인 서론-본론-결론에 따라 작성하는 것이 가장 깔끔하다. 필자는 이것을 각각 Start-Body-Ending, 즉 스피치 대본의 삼단 구조인 SBE구성이라고 부른다.

스피치의 서론부인 스타트(Start)는 발표자와 청중이 관계를 맺기 시작하는 부분이고, 흥미를 이끌어야 하는 중요한 대목이다. 무슨 일이든 첫 단추가 중요하다는 말이 있지 않은가? 시작부터 호감을 주어 청중의 이목을 집중시키지 못하면 그날의 발표는 난항을 겪을 확률이 높다. 스타트 방법은 크게 세 가지로 질문, 공감할 만한 이야기, 이슈 및 통계자료 등이 있다. 오늘 발표할 내용이 무엇인지 청중이 자연스럽게 따라오도록 만드는 것이 스타트의 핵심적인 역할이다.

스피치의 본론부인 보디(Body)는 본격적으로 주제에 대한 내용과 근거가 나오는 부분이다. 여기서 가장 주의해야 할 점은 바로 근거를 제시하는 방식이다. 반드시 구체적인 예, 숫자, 에피소드 등을 활용해 청중이 쉽게 이해할 수 있도록 해야 한다. 그리고 본론부 전체가 에피소드와 같은 이야기 구조가 아니라면, 문단의 중심 키워드는 두괄식으로 배치하는 것이 더 명료하게 전달된다. 또한 발표자는 본론부의 내용이 길어질 경우에 중간에 한 번 내용 요약을 해주거나 참여 유도를 통해 청중의 집중력이 떨어지지 않도록 노력해야 한다. 따라서 발표자는 여유를 갖고 청중이 내용을 이해하며 잘 따라오고 있는지 살펴야 한다. 어떠한 스피치든 본질은 소통이라는 것을 잊으면 안 된다.

스피치의 결론부인 엔딩(Ending)은 주로 핵심 메시지가 내포된 부분으로 가장 하고 싶었던 말을 인상 깊게 정리하는 부분이다. 스타트만큼이나 중요한 부분이니 발표가 끝나간다며 흐지부지 마치지 말고 퇴장하는 순간까지 정성스럽게 마무리하자. 엔딩은 대표적으로 전체 내용 요약, 청자의 행동 유도, 느낀 점과 여운 등으로 마무리된다.

발표스피치는 핵심 메시지의 배치 순서에 따라 두괄식, 미괄식, 양괄식으로 나뉜다. 쉽게 말해서 핵심 메시지가 스타트에 내포되어 있으면 두괄식, 엔딩에 있으면 미괄식, 스타트와 엔딩 둘 다 배치되어 있으면 양괄식이다. 두괄식 구조가 명쾌하게 정돈된 느낌의 스피치라면, 미괄식 구조는 이야기에 따라 흥미진진하게 흘러가는 스피치다. 양괄식 스피치는 핵심 메시지를 앞뒤로 두 번 반복하는 만큼, 주장을 보다 명확히 강조해 주는 방식이다. 따라서 발표자는 발표의 목적에 따라 전체 스피치 흐름을 그려보고 가장 적합한 방식을 선택하면 된다.

스타트(Start) 기법 세 가지

Start-Body-Ending 구조에서 첫 번째인 스타트 기법 세 가지에 대해 하나씩 살펴보자. 앞서 말했듯이 스타트 기법은 대표적으로 청중에게 질문 던지기, 공감할 만한 이야기, 이슈 및 통계자료로 시작한다. 지금부터 3분 스피치의 정석을 보여주었던 tvN 드라마 <스타트업>의 스피치 장면 세 가지를 예시로 하나씩 살펴보겠다.

첫째, 질문은 듣는 사람으로 하여금 생각하게 만드는 힘이 있다. 그러므로 스피치 주제와 관련된 질문은 청중의 호기심을 자극하고 순식간에 집중하게 만든다. 질문을 던진 후에는 약간의 침묵으로 청중이 답변을 생각할 시간을 충분히 주자. 이것은 발표자의 말에 청중이 더욱 귀를 기울이는 시작을 만든다. 아래 대사는 배우 수지 씨가 연기한 인물 서달미가 회사 기술을 어필하는 스피치다. 완벽한 SBE구성에서 질문으로 스피치를 시작하고 있다.

(Start) 반갑습니다. AI로 세상을 혁신하는 삼산텍 대표 서달미입니다.
먼저 시작하기 전에 질문 하나 드릴게요. 일란성 쌍둥이는 글씨체도 똑같을까요?
네, 정답은 '다르다'입니다.
미국의 우편 연구소의 실험에 따르면 아무리 일란성 쌍둥이라도 동일한 글씨체는 나오지 않는다고 합니다.

(Body) 이처럼 필적은 뇌의 지문이라고도 불리는 개인의 고유한 특성이죠.
때문에 필적은 은행, 검찰, 국과수, 국세청 등 다양한 기관에서 본인 확인의 수단으로 흔히 사용되곤 합니다.
하지만 사인이나 필적은 위조가 쉽다는 단점이 있죠. 위조의 비율은 8%에 달하지만 감정하는 전문 감정사의 인력은 아주 턱없이 부족합니다.
법원에 등록되어 있는 전문 감정사는 20여 명에 불과하죠.
만일 이 부족한 인력을 AI가 대신하면 어떨까, 수많은 위조 글씨와 진짜 글씨를 머신러닝으로 학습시키면 위조의 패턴을 찾아낼 수 있지 않을까?
이 질문에 대한 답을 저희 삼산텍은 지난 2박 3일간의 해커톤에서 찾을 수 있었습니다.

화면 보시죠. 정한은행이 보유한 만 장의 테스트 세트로 서명과 필체의 특성을 스스로 분석해 진위 여부를 판별한 결과 인식 정확도가 99.8%로 나타났습니다.

(Ending) 99.8%. 지난 3일 동안 이 숫자가 만들어지는 과정들을 지켜보면서 전 단 한숨도 잠을 잘 수가 없었습니다.
시작은 필적 감정이지만 이 기술로 뻗어 나갈 무궁무진한 서비스를 보안, 의료 진단, 스마트 팩토리, 자율 주행 이 모든 것들을 가능하게 만들 삼산텍의 여정에 제가 함께 있다는 것이 너무나 벅찼거든요.
이 설레는 여정의 시작이 바로 이 샌드박스가 되길 기대하겠습니다, 감사합니다.

둘째, 공감은 다른 사람이 느끼는 감각을 함께 경험하려는 행동을 뜻한다. 따라서 공감을 통한 말하기는 상대방의 마음을 따뜻하게 하는 난로같은 효과를 불러일으킨다. 아래 장면에서 서달미는 모두가 기술의 발전적인 부분에 대해 이야기할 때, 오히려 기술의 발전으로 불편해하는 청중의 마음에 공감하며 발표를 시작한다. 이처럼 청중의 마음에 공감하는 발표의 시작은 그들의 마음을 활짝 열게 만든다.

(Start) 안녕하십니까, 삼선텍 대표 서달미입니다.
기술은 우리를 보다 편리한 세상으로 인도하죠. 하지만 이 기술 때문에 오히려 이 세상이 불편해지는 분들도 있습니다. 바로 시각 장애인분들이 그런 분들 중 하나죠.

이런 분들을 무시한 채 혁신을 향해 나아가기만 한다면 아마 새로운 세상에 적응 못 하는 많은 분들이 다칠 겁니다. 저희 삼산텍은 기술이 혁신뿐만 아니라 이런 분들을 위해서도 존재해야 된다고 생각합니다.

그 기술을 지금부터 보여 드리겠습니다.

셋째, 이슈 및 통계자료를 활용한 발표의 시작은 객관성과 신뢰감을 불러일으킨다. 이러한 방법은 때론 청중에게 충격을 줄 수 있어 순간 몰입하게 만드는 힘이 있다. 아래 발표스피치는 배우 강한나 씨가 연기한 원인재 역의 대사다. 그녀는 CCTV의 설치 수량 대비 떨어지는 효과를 정확한 통계자료로 제시하며 발표를 시작한다.

(Start) 안녕하십니까, 인재컴퍼니 대표 원인재입니다.

우리나라에 범죄 예방이나 시설물 보호를 위해 설치한 CCTV는 현재 800만 대에 육박합니다.

안타깝게도 이 많은 CCTV들이 대부분 사건 발생 후에 그 힘을 발휘합니다.

아, 물론 예방도 하긴 합니다. 사람의 눈으로 24시간 수십 개로 쪼개진 CCTV를 감시하면서 말이죠.

그러다 보니 놓치는 상황도 종종 발생하고 체력적인 한계에도 부딪칩니다.

이런 한계를 넘어서기 위해 기술은 존재하죠.

훈련 25단계

발표를 시작하기 위해 반드시 파악해야 할 GAME의 네 가지 요소와 스피치 대본의 기본 구조인 SBE구성에 대해 살펴봤다. SBE구성 중 발표를 시작하는 스타트 기법은 세 가지(질문, 공감, 이슈 및 통계) 외에도 다양하다. 그러니 위 세 가지 방법에만 얽매이지 말고, 주제와 관련성만 있다면 칭찬, 일화, 유머 등 자신만의 창의적인 방법으로 시작해도 좋다. 아래 훈련을 통해 스타트 기법을 하나씩 연습해 보자.

연습 69 스타트(Start) 기법 세 가지로 시작하기

스피치 주제 '인생에서 가장 감동했던 순간'에 대해 GAME의 네 가지 요소를 작성한다. 그 후 스타트 기법 세 가지로 5~6문장 이내의 서론을 각각 작성해 보자.

스피치 주제 : 인생에서 가장 감동했던 순간

발표의 목적 (Goal)	
청중에 대한 정보 (Audience)	

핵심 메시지 (Message)	
발표하는 환경 (Environment)	

질문 던지기	
공감하며 시작하기	
이슈 및 통계자료 활용하기	

발표에 스토리를 넣는 법

스토리는 기승전결이다

이야기는 사람들의 상상력을 자극하고 오래도록 기억하게 한다. 지금은 고인이 되셨지만, 필자가 6살 때 외할머니께서 해주셨던 옛날 이야기는 성인이 된 지금까지도 문득문득 떠오른다. 외할머니는 매번 똑같은 이야기를 해주셨지만 들을 때마다 다르게 상상되고 재밌었던 기억이 난다. 그리고 당시 외할머니의 옛날 이야기는 어린 시절 필자의 도덕적 가치관에 큰 영향을 주었다. 이처럼 이야기는 정보를 나열하는 방식보다 훨씬 더 강력한 힘을 갖고 있는 표현방식이다. 그렇다면 어떻게 구성해야 '이야기'라고 부를 수 있는 걸까?

스토리를 구성할 때는 두 가지를 고려해야 한다. 바로 이야기의 3요소와 기승전결이다. 이야기의 3요소는 인물, 사건, 배경이다. 인물은 이야기 속에 놓인 사람이나 사물, 사건은 이야기 속에서 일어나는 일, 배경은 이야기 속 장소와 시간을 뜻한다. 기승전결은 이야기 구성의 흐름을 말하는 것으로 기(起)는 이야기의 배경, 승(承)은 사건의 전개, 전(轉)은 사건의 고조 및 반전, 결(結)은 결말을 뜻한다. 스토리의 핵심 메시지는 '결'부분에 내포되어 있으며, 기승전결 전반에 걸쳐 갈등 상황을 극복하려는 과정이 담겨있을수록 더욱 흥미진진해진다.

그동안 자주 들어온 스토리텔링이란 스토리(story)와 말하기(telling)가 합쳐진 말이다. 우리가 발표에 스토리를 넣는다는 것은 기승전결에 따라 스토리텔링 한다는 뜻이다. 비단 발표뿐만 아니라 일상생활에서도 자신의 경험이나 일화를 재밌게 말하는 사람들은 모두 이러한 스토리텔링 능력이 뛰어나다. 특히 스피치에서는 인물 혹은 사건 중심의 스토리텔링이 자주 사용되는데, 이제부터 영화 속 인물들의 스피치를 통해 하나씩 살펴보자.

인물 혹은 사건 중심의 스토리텔링

아래 대사는 영화 <댄싱 퀸>에서 배우 황정민 씨가 연기한 정치인 황정민 역의 한 대목이다. 서울당원대회에서 시장 후보 황정민이 자신의 아내조차 다스리지 못한다며 지지자가 아닌 이들에게 질책을 받는 장면이다. 이에 극중 인물 황정민은 '시민은 다스려야 할 존재가 아니다.'라는 자신의 핵심 메시지를 인물(아내) 중심의 스토리텔링으로 풀어 청중에게 감동을 준다. 기승전결 구조에 따른 그의 스토리텔링 능력은 그가 어떻게 서울 시장 후보까지 올라갈 수 있었는지를 느끼게 해줄 만큼 인간미 넘치고 매력적이다.

(기) 제 아내는 춤과 노래를 무척 좋아하는 사람입니다. 대학 때는 신촌 마돈나라고 유명했습니다.
근데요. 강 후보님께서 말씀하신 것처럼 그래 바람피우고 댕기는 여자는 아입니다.
비록 생긴 거는 날라리 같아도, 내가 대학 때 곤봉 맞아가지고 반빙신 됐을 때 병원에 내 똥오줌 다 받아주고...
사법고시 준비한다고 7년 동안 돈 한 푼 못 벌어다 줘도 남편 기죽을까 봐 잔소리 한 번 안 하고 아기 학원 보내려고... 10년 동안 동네 헬스클럽에서 에어로빅 강사로 뼈 빠지게 일한 사람입니다.

(승) 그런 아내의 어릴 적 꿈은 가수였습니다. 그것도 댄스 가수.
근데 결국, 그 꿈을 이루지 못했습니다. 왜냐하면 저 같은 무능한 놈을 남편으로 만났기 때문입니다.
저는 지금 아무한테도 지지 받지 못하고 신뢰받지 못하는 사람의 설움을 너무나 뼈저리게 느끼고 있습니다.
근데 어제 제가 제 아내에게 똑같은 짓을 하고 말았습니다.

(전) '남편 망신시키지 말고 당장 때려치우라' '이기 무슨 개망신이냐'
'인자 편안하게 살게 해줄 테니까' '그냥 입 닥치고 조용히 살아라.'
어제 제 아내에게 했던 말입니다. 제 아내는 정치인 황정민의 아내이기 이전에 한 인간입니다.
절대 저의 부속물이 아입니다. 가족을 다스리지 못하면서 어떻게 서울 시민을 다스리겠냐고요?

(결) 가족은 말입니다. 가족은 다스려야 할 존재가 아입니다. 서울 시민도 마찬가지라고 생각합니다.
시민은 다스려야 할 존재가 아이라 함께 손을 잡고 희망을 찾아야 할 우리 가족입니다(핵심 메시지).

다음 대사는 영화 <성난 변호사>에서 배우 이선균 씨가 연기한 변호사 변호성 역의 한 대목이다. 로믹스라는 약으로 암이 발생됐다고 주장하는 원고 측 피해 여성과 피고 대리인 변호성의 법정 장면이다. 변호성은 '로믹스 약에 대한 판매 금지 가처분은 또 다른 피해자를 만든다.'는 자신의 주장을 사건 중심의 스토리텔링으로 기가 막히게 풀어냈다.

(기) 시중에서 흔히 구할 수 있는 통조림 식품이죠. 하나씩 드셔보십시오.
예, 어때요? 맛있나요?
근데 이 제품에는 포르말린의 일종인 포름알데히드가 검출됐다고 합니다.
기억하실지 모르겠지만 1998년 통조림에서 포름알데히드가 검출돼 온 나라가 뒤집어진 사건이 있었습니다.

(승) 그 당시의 통조림 업체들은 모든 안전검사를 통과했기 때문에 인체에 전혀 무해하다고 대대적인 해명을 했지만 사람들은 믿지 않았죠.
왜냐, 과잉된 언론 보도와 시민단체들의 주장 때문에 먹고 탈이 났다는 사람들이 전국 각지에 나타났으니까요.
결국 이 사건은 아주 긴긴 공방 끝에 대법원까지 갔습니다. 결과는 어땠을까요?
당시 식품 전문가들은 인체에 전혀 무해한 것이라며 통조림 업체의 손을 들어줬습니다.

(전) 하지만 그때는 이미 스무 개가 넘는 통조림 회사가 도산을 하고, 그중 몇 개 업체의 사장이 억울함에 자살을 하고 난 뒤였습니다.
원고는 C형 간염을 앓았던 적이 있죠? 다시 한번 묻겠습니다. 원고는 C형 간염을 앓았던 적이 있죠?

(원고 측 여성: 네)

최근 나온 논문입니다. C형 간염 바이러스가 대세포형 B세포 림프종을 일으킬 가능성이 발견됐다고 합니다.

원고는 로믹스 투약 외에는 암에 걸릴 요인이 하나도 없다고 자신 있게 말씀하셨는데 이 논문을 보신 후에도 그렇게 생각하실지 매우 궁금합니다.

(결) 국내 최고의 전문가들과 검사기관, 식약처가 로믹스의 효능과 안전을 보증하고 있습니다.

저 또한 원고의 안타까운 사연에 측은한 마음이 생기는 것도 사실입니다.

하지만! 이 사건은 제2의 통조림 사건으로 만들지는 말아주십시오(핵심 메시지). 이상입니다.

훈련 26단계

스토리는 앞서 말한 발표스피치의 기본 구조 Start-Body-Ending 구성에서 어느 부분이든 배치할 수 있다. Start에서는 일화로써, Body에서는 하나의 에피소드로써, Ending에서는 여운을 주는 이야기로써 삽입할 수 있다. 그리고 앞의 영화 속 예시들처럼 하나의 전체 구조로써 스피치를 구성할 수도 있다. 여기에 스토리텔링 중간중간마다 적절히 연기까지 해준다면 더욱 흡입력있는 스피치가 될 것이다. 인간은 누구나 이야기를 좋아하고 듣고 싶어 하는 욕망이 있다. 이제부터 발표뿐만 아니라 일상 대화 속에서도 적극적으로 스토리텔링을 활용해 보자.

연습 70 스토리텔링 하기

자신의 학창 시절 중 가장 기억에 남는 일을 기승전결 구조에 따라 스토리텔링 해보자. 인물, 사건, 배경 중 어떤 요소를 중심으로 스토리텔링 할지 고민한 후, '결' 부분에는 반드시 핵심 메시지가 내포될 수 있도록 작성한다.

스피치 주제 : 학창 시절 가장 기억에 남는 일

기	

승	
전	
결	

발표를 끝맺는 법

!

끝맺음은 항상 중요하다

중소기업을 운영하고 있는 L대표는 스피치 학습에 대한 열정이 누구보다 강하다. 그는 회사 직원들이 그저 열심히 일하는 것보다, 각자만의 동기부여로 스스로의 가치를 더욱 높여가길 바라는 마인드를 갖고 있다. 따라서 분기마다 자기계발 워크숍을 적극적으로 추진하며 직원들과 소통하는 자리를 기획한다. 더불어 자신의 배움에 대해서도 끊임없이 갈구하는 멋진 사람이다. 그러나 간혹 자신의 스피치로 인하여 장내 분위기가 지루해지고, 발표 내용도 모호하게 전달된다는 느낌이 든다고 한다.

필자는 L대표의 고민을 자세히 분석하기 위해, 일상적인 주제로 발표스피치 모니터링 수업을 진행했다. 그 결과 풍부한 발표경험을 바탕으로 한 여유로운 몸짓 표현과 말의 내용적 측면은 좋았으나, 발표를 끝맺는 부분이 장황하여 핵심 메시지가 명확히 전달되지 않았다. 발표는 시작도 중요하지만 끝맺음 역시 정말 중요하다. 물론, '마지막 고개를 넘기기가 가장 힘들다.'라는 속담처럼 발표를 포함한 모든 일에서 끝을 잘 마무리한다는 건 어려운 일이다. 그러다보니 L대표를 포함한 많은 사람들이 발표의 끝맺음을 어려워하거나 심지어 그냥 뚝 끝내버리는 경우도 많다.

발표를 잘 끝맺기 위해서는 먼저 GAME의 4가지 요소 중 하나인 핵심 메시지(Message)부터 명확히 해야 한다. 우리가 스피치에서 서론-

본론-결론의 과정을 힘들게 거치는 이유는 결국 핵심 메시지라는 최종 도착지를 청중에게 설득하기 위함이다. 따라서 발표를 끝맺기 어렵다면 먼저 발표의 핵심 메시지부터 명료히 설정했는지 재검토 해야 한다. 그 후 발표를 끝맺는 엔딩(Ending)기법 세 가지를 활용해보는 것이다. 엔딩기법의 대표적인 세 가지는 요약하기, 행동 유도하기, 느낌 혹은 여운 남기기가 있다.

엔딩(Ending) 기법 세 가지

첫째, 요약하기는 스피치 전체 내용의 핵심을 한 번 더 정리하여 반복해 주는 것이다. 아마 학창 시절에 한 번쯤은 두꺼운 문제집의 요약정리 부록으로 공부한 적이 있을 것이다. 이 부록은 그간 공부한 내용의 알짜배기만 정리해 주어 전체 내용을 생생히 다시 기억나게 해준다. 이처럼 스피치의 핵심을 요약해주는 것은 청중에게 중요 내용을 인지시키고 전체 내용을 다시 한 번 되뇌이게 하는 행동이다. 다음 대사는 실화를 바탕으로 제작된 영화 <우리는 마샬 : 불멸의 팀>의 배우 매튜 맥커너히가 연기한 잭 렌겔 코치 역의 한 대목이다. 해당 장면은 불의의 사고를 당한 마샬대학교 미식축구팀을 독려하는 잭 렌겔 코치의 스피치 장면이다. 그는 스피치 엔딩(Ending)부분에서 '죽은 이들의 마음을 기억하며 승리를 향한 우리의 투지를 보여주자'라는 핵심 메시지를 내포하며 전체 내용을 다시 요약해 주고 있다. 해당 장면은 이 영화에서 관객의 가슴을 울리는 최고의 명장면이다.

(Start) 모르는 사람들도 있을 텐데, 이곳에는 1970년 썬더링 허드 팀원 6명이 잠들어 있다.

참혹한 비행기 사고로 목숨을 잃어 시신도 알아볼 수 없을 정도였지.

그래서 그들은 이곳에 함께 묻혔다.

6명의 선수들, 6명의 팀 동료들, 마샬의 아들 6명이었다.

이것이 우리의 과거다. 이것을 바탕으로 우리가 여기까지 오게 된 거다.

우리의 현재 모습이다.

(Body) 오늘 오후에 싸울 적에 대해 얘기하자면, 그들은 우리보다 크고 빠르며 강하고, 경험도 많다.

기록으로 보면 우리보다 월등하다. 그들도 그것을 잘 알고 있다.

하지만 그들이 모르고 있는 사실을 말해주겠다. 그들은 너희들의 마음을 몰라.

난 알고 있어 너희들이 내게 보여줬으니까.

여기 코치들과 동료들에게 보여주었지. 이 안에 들어있는 진정한 모습을 스스로에게 보여준 거야.

오늘 경기를 하러 가면 그런 마음으로 경기장을 밟아야 한다.

젖 먹던 힘까지 다 짜내서 마지막 호각이 울릴 때까지 경기장에 쏟아붓는 거다.

여러분이 그렇게 하면... 우리는 질 수 없다.

경기가 끝났을 때 점수는 뒤질지 몰라도 그렇게 시합에 임하면 우리는 패배할 수 없다.

(Ending) 우리는 오늘 추모하기 위해 이곳에 왔다. 여섯 명의 젊은이들과

69명의 다른 사람들.
이들은 오늘 경기장에 오지 못하겠지만 지켜보고 있을 것이다.
그들은 분명히 공을 잡는 순간마다 이를 악물 것이다. 알겠나?
오늘 지금부터 여러분이 어떻게 경기하느냐에 따라 사람들의 기억 속에 각인될 것이다.
이것을 기회로 힘차게 일어나 영광을 움켜쥐는 거다.

둘째, 행동 유도하기는 청중에게 '그래서 어떻게 해야 하는지' 구체적인 방안을 제시해 주는 것이다. 이것은 발표자가 청중을 변화시키기 위한 메시지를 전달할 때 특히 효과적인 방법이다. 우리는 머릿속으로 충분히 상상될 만큼의 구체적인 말을 들었을 때 훨씬 더 그 말을 따르고 싶어 한다. 아래 대사는 영화 <리얼 타이탄>의 배우 덴젤 워싱턴이 연기한 허만 분 코치 역의 한 대목이다. 허만 분 코치가 게티즈버그 전투(흑인 해방과 관련된 미국 남북전쟁)장소에서 백인과 흑인이라는 인종차이로 화합을 이루지 못하는 선수들에게 스피치 하는 명장면이다. 허만 분 코치는 자신의 스피치 엔딩부분에서 선수들에게 화합을 위해서는 '서로를 인정하는 법'을 배워야 한다는 확고한 행동 방안을 제시한다.

(Start) 여기가 어딘지 아는 사람?
여긴 게티즈버그다. 게티즈버그 전투가 일어났던 곳이다.
바로 이 장소에서 5만 명의 병사들이 죽어갔다.

(Body) 그때 그들이 했던 전쟁을 지금 우리도 하고 있다.
이 푸른 초원이 피로 붉게 물들었다. 새파란 청춘의 붉은 피로 말이다.
총알이... 비 오듯 쏟아지는 속에서 목숨 걸고 싸웠다.
그들 영혼의 소리를 들어라! '난 원한을 품고 내 형제를 죽였습니다.' '증오가 우리 가족을 망쳤습니다.'
들어라. 이들의 죽음을 헛되이 하지 말아라.

(Ending) 이 숭고한 땅에 두 발을 딛고 있으면서도, 마음을 합치지 못한다면 우리 역시 망가질 것이다.
이들과 똑같은 모습으로...
지금 당장 좋아하란 요구는 하지 않겠다.
하지만 서로를 인정하는 법만 배운다면, 그렇게만 된다면 남자다운 시합을 펼칠 수 있을 것이다.

셋째, 느낌 혹은 여운 남기기는 청중의 공감을 자극할 수 있는 좋은 마무리 방법이다. 이때 직접적으로 자신의 생각과 느낌을 말해도 좋지만, 명언이나 속담 등을 인용하여 마무리하는 것도 잔잔한 여운을 남길 수 있다. 다음 대사는 tvN 드라마 <미생>의 배우 임시완이 연기한 장그래 역의 한 대목이다. '현장과 사무는 다르다'라고 생각하는 한석율을 설득하는 장그래의 스피치 엔딩 부분이다.

(Ending) 회사에서 생산하는 제품 중에 이유 없이 존재하는 제품은 없죠.
제품이 실패하거나 부진을 겪는다는 건, 그만큼의 예측 결정에 실패했거나 기획 판단에 실패했다는 것일 겁니다.
실패한 제품은 실패로 끝나게 둡니다. 단, 그 실패를 바탕으로 더 좋은 제품을 기획해야겠죠.
공장과 사무는 크게 보아 서로 이어져 있습니다. 그 사이, 공장이나 사무에서 실수와 실패가 있을 수 있죠.
하지만 큰 그림으로 본다면 우린 모두 이로움을 추구한다는 점에서 같습니다.
제가 생각하는 현장은 한석율씨가 생각하는 현장과 결코 다르지 않다고 확신합니다.

지금까지 스피치의 Start(서론)-Body(본론)-Ending(결론) 구조에 대해 모두 살펴보았다. 스피치를 구성할 때는 Ending(결론)→ Body(본론)→ Start(서론) 혹은 Body(본론)→ Ending(결론)→ Start(서론) 순으로 Start(서론)을 가장 마지막에 작성하는 것이 좋다. 왜냐하면 Start(서론)부터 작성을 시작하게 되면 자신이 말하고자 하는 주제가 장황해질 위험이 있기 때문이다. 따라서 스피치의 중심이 될 본론 혹은 결론을 먼저 작성한 뒤, 흥미롭게 시작할 수 있는 Start(서론)을 작성하는 것이 바람직하다.

또한 스피치 대본을 작성할 때는 전체 밸런스를 꼭 점검해 봐야 한다. 객관적인 자료 위주로만 구성하진 않았는지, 개인적인 경험 위주로만 구성하진 않았는지 말이다. 예를 들어 엔딩을 느낌 혹은 여운 남기기 등과 같이 감성적인 느낌으로 마무리했다면, 스타트는 통계나 전문가의 말 등과 같은 객관적인 느낌으로 시작해 보는 것이다. 발표의 목적에 따라 달라질 수 있겠지만, 대부분의 발표스피치는 공적인 내용과 사적인 내용의 밸런스가 좋을수록 더욱 입체적인 완성도를 갖춘다.

훈련 27단계

엔딩은 요약하기, 행동 유도하기, 느낌 혹은 여운 남기기가 서로 섞여서 마무리될 수도 있고, 발표자만의 창의적인 방법으로 마무리 될 수도 있다. 우리는 엔딩 기법 세 가지에 얽매이기보다 자신의 스피치에 언제든지 도움을 줄 수 있는 도구로 사용해야 한다. 그럼 지금부터 엔딩 기법 세 가지를 직접 훈련하며 익혀보자.

연습 71 엔딩(Ending) 기법 세 가지로 끝맺기

스피치 주제는 '약속의 중요성'이다. Start-Body-Ending 구성으로 작성하되, 엔딩(Ending)을 3가지(요약하기, 행동 유도하기, 느낌 혹은 여운 남기기)의 각각 다른 방식으로 끝맺어본다. 엔딩에 따라 달라지는 스피치의 색깔도 함께 느껴본다.

Start	

Body	
Ending 1 **요약하기**	
Ending 2 **행동 유도하기**	
Ending 3 **느낌 혹은** **여운 남기기**	

3.

공간을 지배하라

무대의 주인공이 돼라

'지금'을 믿어라

무대는 사람을 늘 긴장하게 만든다. 무대 경험이 많은 베테랑 MC, 배우, 강사도 겉보기엔 여유로워 보이지만 무대 오르기 직전까지 대부분 긴장한다. 다만 이들은 긴장을 에너지로 전환하는 능력이 탁월하다. 아래 스피치는 제8회 대한민국영화대상 신인남우상 시상을 맡은 배우 박철민 씨의 시상소감이다. 수상소감이 아닌 시상소감이라는 재치 넘치는 콘셉트로 지금까지도 인상 깊은 스피치 중 하나로 기억되고 있다.

외모로 승부하는 배우 박철민입니다. 반갑습니다.
간단하게 시상소감 말씀드리겠습니다. 먼저 이런 시상에 영광을 주신 대한민국 영화대상 관계자 여러분, 심사위원 여러분 진심으로 감사드리고요.
이 땅의 모든 감독님들 배우 스텝 여러분들 감사드립니다. 지금 저랑 함께 영화를 찍고 있는 위험한 상견례 감독님, 스텝 여러분들 이렇게 시상할 수 있겠고롬. 허락을 해주셔서 정말 감사드립니다.
저는 한 거 없습니다. 스텝 모든 분들이 차려놓은 밥상에, 저는 숟가락만 가지고 이렇게 나왔습니다.
아무튼 이 상에 만족하지 않고 더욱더 열심히 해서 앞으로 감독상, 작품상 시상하는 배우가 되도록 하겠습니다.
끝으로 집에 계시는 연로하신 우리 어머니 아버님 많이 헷갈리실 겁니다.

뭐 시상이나 수상이나 비슷합니다. 트로피 주고받는 거.
언제 탈지 모르는 데 마음껏 기뻐하시기 바랍니다.
아 그리고 우리 큰딸 규란이, 작은딸 소리 헷갈리지 말아라.
네, 마지막으로 그 애들 엄마들 아... 제가 너무 흥분해가지고.
애들 엄마, 이 자리에 있기까지는 당신의 깊고 넓은 사랑이 있었어, 고마워요.
자, 신인남우상 후보자들 만나보겠습니다.

주인공이란 어떠한 상황에서 중심적인 역할을 한다는 뜻이다. 배우 박철민 씨는 자신이 스피치하는 순간에 시청자들이 영화제라는 축제를 더 즐길 수 있도록 중심적인 역할을 해주었다. 이것은 현재 자신이 무대의 주인공이라는 책임 의식이 있어야 가능한 일이다. 이러한 진정성 있는 마음가짐의 스피치는 기존의 형식적인 방법에 따른 스피치보다 훨씬 더 주도적이며 창의적이다. 또한 대다수의 국민이 보는 영화제라는 큰 무대에서 긴장을 에너지로 전환하여 무대의 주인공이 된다는 것은 정말 대단한 일이다. 그럼 어떻게 하면 우리도 배우 박철민 씨처럼 자신이 서는 무대에서 주인공이 될 수 있을까?

우리에게는 각자 인생의 무대가 있다. 아마 취업준비생에게는 면접, 직장인에게는 PT 발표, 자영업자에게는 영업장이 무대일 것이다. 긴장감을 넘어 때로는 두려움까지 안겨주는 자신의 무대에서 우리는 불안감에 자주 휩싸인다. 이것의 가장 큰 원인은 아직 다가오지 않은 스스로의 미래를 부정적으로 판단하는 마음 때문이다. 예를 들어 '준비한 내용이 별로면 어떡하지.', '긴장하면 또 생각 안 날 거 같은데.', '좋아해 주실까?' 등과 같은 생각이다. 자신을 의심하는 태도는 반드시

'과정'에서 끝내야 한다. '실전은 기세다'라는 말이 있지 않은가? 숱한 고민의 과정을 통해 지금 무대에 섰다면 더 이상 스스로를 판단하지 말자. 지금의 선택을 100% 믿어줄 때 긴장은 기세로 바뀔 것이다. 그리고 이것은 무대의 주인공이 되기 위한 가장 기본적인 태도다.

무대에서 기억해야 할 행동 네 가지

자신을 믿어주는 마음과 함께, 우리들이 무대에서 반드시 기억해야 할 네 가지 행동이 있다. 바로 인사법, 시선처리, 손 제스처, 동선이다. 이것은 어떤 공간이든 꼭 염두해야 할 기본적인 무대 행동이다. 아무리 신선한 음식재료로 정성 들여 요리해도 마지막 간이 안 맞으면 맛있는 음식이 될 수 없듯이, 무대 기본 행동 4가지는 청중에게 맛있는 스피치를 대접하기 위한 마지막 간을 맞추는 행동이다. 지금부터 하나씩 자세히 알아보자.

첫째, 첫인상은 인사법에서 크게 결정된다. 모든 만남은 인사로부터 인간관계가 맺어지기 시작한다. 우리가 누군가에게 인사한다는 것은 '나는 지금 당신이라는 존재를 존중하고 있습니다.'라는 의미가 내포된 행동이다. 그만큼 인사는 중요한 행동이지만, 무심코 습관적으로 하기 십상이다. 특히 청중 앞에 서는 무대라면 발표자의 작은 습관 하나하나가 더욱 크게 보인다. 따라서 올바른 인사법을 정확히 몸에 익혀두어야 한다. 공적인 자리에서 인사하는 기본 순서는 다음과 같다.

① 바른 자세로 서서 발 모양이 V 모양이 되도록 뒤꿈치를 붙인다.

② 2~3초가량 미소를 머금고 청중과 눈인사를 한다.

③ 준비한 인사말을 천천히 부드럽게 하되, 이름은 한 음절씩 강조한다.

④ 인사말이 끝난 뒤, 허리를 45도로 굽혀 청중에게 정중히 인사한다.

⑤ 천천히 다시 허리를 세우며 발과 발 사이는 골반 너비 정도로 안정감 있게 벌린다.

인사를 포함한 무대의 모든 순간에는 어깨를 활짝 편 당당한 자세여야 한다. 왜냐하면 자신감은 마음뿐만 아니라 자세에서도 나오기 때문이다. 실제로 하버드 경영대학원 교수인 에이미 커디(Amy Cuddy)의 연구에 따르면 자신감 있는 자세를 유지하는 것만으로도 남성 호르몬인 테스토스테론은 20% 증가하고, 스트레스 호르몬인 코르티졸은 25% 감소한다고 한다. 인사는 항상 당당한 자세로 여유롭게, 정중히 해야 한다.

둘째, 시선은 소통의 창구다. 나의 말이 상대방에게 전해지기 위해서는 반드시 아이 콘택트가 필요하다. 눈은 마음의 창구이기에, 눈의 방향인 시선은 소통의 창구가 되는 것이다. 우리 중 발표를 할 때 땅바닥과 소통하고 싶은 사람은 아무도 없을 것이다. 그러니 바닥을 보지 말고, 나의 말을 듣기 위해 시간을 내준 사람들과 아이 콘택트를 하자. 무대에서 스피치를 할 때 기본적인 시선처리 방법은 다음과 같다.

① 순간순간 생각할 때를 제외하고는 시선은 청중의 눈에 머물러 있어야 한다.

② 동시에 많은 사람들과 아이 콘택트를 할 수 없으므로, 무대를 3등분 하여 시선처리 한다.

③ 한 문장 내에서는 시선을 자주 바꾸지 않는다. 여유가 없어 보인다.

④ 무대를 A / B / C로 3등분 했다면, 특정 상황을 제외하고는 A → B → C → B → A 처럼 부드럽게 연결하며 시선을 처리한다. A → C로 급하게 넘어갈 경우, 발표자가 조급해 보일 수도 있다.

셋째, 손 제스처는 만국 공통어다. 이러한 보디랭귀지는 문화권이 다른 사람들과도 어느 정도 소통을 가능하게 한다. 보디랭귀지 중에서도 특히 손의 사용은 얼굴 다음으로 그 비중이 높다. 따라서 자신의 스피치에 인류 보편적 언어인 손 제스처를 적절히 사용한다면, 더욱 입체적인 전달이 가능해진다. 손 제스처는 말의 의도에 따라 자연스럽게 사용하는 것이 가장 좋지만, 주의해야 할 점이 네 가지 있다.

① 무대에서는 기본적으로 두 손을 배꼽 근처에 살짝 포개어 둔다. 이때 어깨와 팔꿈치는 힘을 빼 이완된 느낌을 유지하는 것이 중요하다. 이것은 어떠한 손 제스처를 해도 움직임이 수월한 기본 자세다.

② 손 제스처 움직임의 범위는 공간 크기에 따라 변해야 한다. 왜냐하면 공간이 넓어질수록 맨 뒷자리에 앉아있는 청중과의 거리가 멀어지기 때문이다. 항상 맨 뒷자리에 있는 청중까지 고려하여, 그들에게도 충분히 전달될 수 있을 만큼 손 제스처를 사용해야 한다.

③ 제스처는 1mm를 더 사용한다는 마음으로 움직인다. 왜냐하면 실제로는 자신이 생각했던 것보다 더 부정확하게 표현되는 경우가 많기 때문이다. 그러니 1mm만 더 움직여보자. 훨씬 더 명확한 손 제스처가 나올 것이다.

④ 손의 언어를 전략적으로 사용한다. 무대에서 자주 쓰이는 대표적인 손의 언어 세 가지는 손바닥 보이기, 손등 보이기, 손가락 첨탑모양이다.

발표자의 손바닥 보이기는 청중에게 긴장감 완화 및 메시지 동화효과가 있고, 손등 보이기는 권위적이며 전문적인 이미지를 높여주는 효과가 있다. 그리고 손가락 첨탑 모양은 스피치에서 중요한 부분을 부드럽게 강조해 주는 효과가 있다. 이것들은 버락 오바마, 스티브 잡스 등 세계적인 명사들이 즐겨 쓰는 손의 언어다. 평소 거울을 보면서 자연스럽게 사용할 수 있도록 연습해두자.

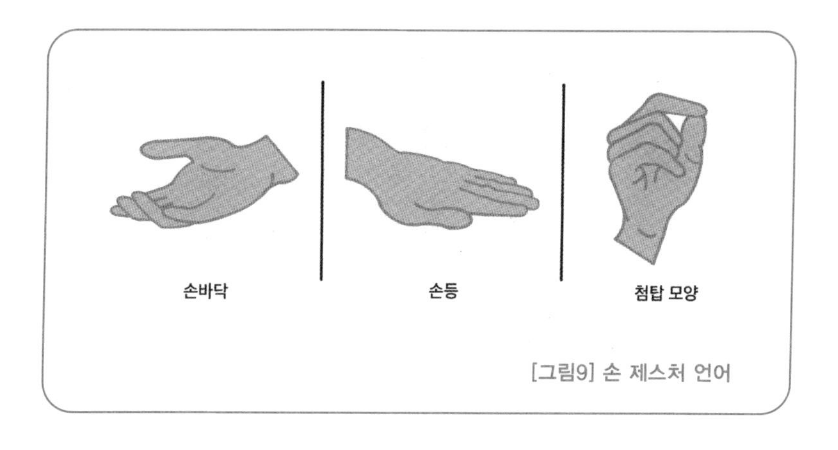

[그림9] 손 제스처 언어

넷째, 발표자의 의도 변화는 무대 동선으로 전해진다. 가끔 무대를 자주 등지거나 이유 없이 어슬렁거리는 발표자가 있다. 또는 짝다리를 번갈아 짚으며 발표의 시작부터 끝까지 가만히 서있기만 하는 경우도 있다. 예외도 있겠지만 이러한 것들은 아직까지 우리나라의 정서에서 피해야 할 무대 동작이다. 우리의 무대 동선에는 분명한 이유가 있어야 한다. 따라서 발표자는 움직일 이유가 없다면 굳이 이동하지 않는 것이 더 자연스럽다. 우리가 동선에 변화를 주어야 할 대표적인 경우는 두 가지다.

① 의도가 전환될 때다. 예를 들어 서론에서 본론으로 넘어가거나 다음 에피소드로 넘어갈 때와 같은 경우다. 이때 가로축을 중심으로 이동하여 말하면 청중은 다음 내용으로 넘어갔음을 느낄 수 있다.

② 의도를 강조할 때다. 강조하고 싶은 내용이 나올 때 청중 쪽으로 다가가며 말하는 방법이다. 즉 세로축으로 이동하며 청중에게 내용의 중요성을 인지시키는 것이다.

훈련 28단계

세계적인 희극배우 찰리 채플린(Charles Chaplin)은 "우리는 너무 많이 생각하고 너무 적게 느낀다."라고 말했다. 삶 속에 마주할 자신의 무대에서 스스로를 의심하지 말고, 순간의 떨림을 받아들이며 청중과 함께 진동할 수 있는 사람이 되자. 무대의 주인공은 당신이다.

연습 72 무대의 주인공 되어보기

다음 예문은 영화 <어메이징 스파이더맨2>에서 그웬 스테이시 역을 맡았던 배우 엠마 스톤의 감동적인 졸업 연설 대사다. 이 대사를 지금 자신이 100명의 청중이 있는 강연장에서 발표한다고 상상하며, 무대 기본 행동 네 가지인 인사법, 시선처리, 손 제스처, 동선을 적용하여 연습해본다. 이때 반드시 대사를 외워서 눈과 손을 자유롭게 한다. 또한 휴대폰으로 녹화하며 어색한 부분은 확인하고 수정도 해본다.

안녕하세요. 존경하는 선생님들과 졸업생 가족 여러분,

이 자리에 서게 돼 영광입니다.

우리 삶이 영원하다는 생각, 당연한 거예요. 졸업이니까요.

하지만 고등학교에서 보낸 짧은 4년처럼 삶이 소중한 이유는 영원하지 않기 때문이죠.

끝이 있기에 귀중하단 걸 전 직접 겪었습니다.

오늘 여기서 이 말씀을 드리는 이유는 시간이 축복이라는 걸 일깨워드리고 싶어서예요.

그러니 남의 삶을 살지 말고 의미 있는 시간으로 만드세요.

소중한 것을 위해 싸우세요. 무슨 일이 있어도요.

설령 실패한다 해도 그보다 더 좋은 삶이 어디 있겠어요?

카메라 렌즈 너머를 사랑하라

우리는 1인 미디어 시대에 살고 있다. 이제는 방송국을 통하지 않아도 누구나 자신의 콘텐츠를 전 세계에 송출할 수 있다. 마음만 먹으면 유튜브, 인스타그램, 블로그 등 다양한 플랫폼을 통해 인플루언서에 도전해 볼 수 있다. 이런 추세에 따라 많은 사람들이 자신을 브랜딩하기 위한 노력을 쏟고 있다. 특히 동영상을 기반으로 한 유튜브 활동은 퍼스널 브랜딩을 위한 필수 코스가 되었다. 꼭 이런 목적이 아니더라도, 현대 사회는 이미 화상 면접, 화상 회의, 화상 수업 등 카메라를 통한 비대면 활동이 활발히 이뤄지고 있다. 이제는 배우, 가수, 아나운서와 같은 직업뿐만 아니라 일반인들도 카메라 앞에 익숙해져야 하는 세상이다. 다시 말해, 대면과 비대면 모든 커뮤니케이션에 익숙해야 경쟁력을 갖출 수 있는 것이다. 이러한 이유로 의사, 변호사, 기업 강사 등 다양한 직업군에서 비대면 커뮤니케이션 능력 향상을 위한 스피치 컨설팅 요청이 점점 늘고 있다.

카메라는 차가운 기계다. 익숙한 상황에서도 누군가 카메라만 들이대면 이상하리만큼 모두 행동이 부자연스러워진다. 우리는 카메라의 작은 렌즈에 의해 내가 면밀히 관찰된다는 불편함 혹은 어떤 이미지를 보여줘야 될 것 같은 부담감을 갖는다. 그래서 우리는 원체 카메라 앞에 서는 걸 좋아하며 편안해하는 사람들을 보면 내심 부러워하거나 나와는 다른 종족이라는 생각까지 한다. 필자 또한 배우 생활을 하면서 유독 카메라를 불편해하여 힘들어했던 적이 많았다. 그래서 카메라 앞에서 자신을 잘 드러내고, 자연스러운 배우를 보며 선망하곤 했다.

우리가 카메라 앞에서 자연스러울 수 있는 방법은 카메라 렌즈 너머를 사랑하는 것이다. 즉, 카메라 렌즈에 담길 나의 모습을 아무런 평가없이 바라봐줄 사람을 상상해보는 것이다. 그리고 내가 사랑하는 방식대로 편하게 그들을 대하면 된다. 반드시 밝은 에너지로, 예뻐 보이는 표정으로, 적극적인 자세로 임할 필요가 없다. 조금은 무뚝뚝하고 소극적인 자세여도 괜찮다. 그것이 내가 사랑하는 사람을 대하는 방식이라면 말이다. 오히려 그랬을 때 카메라 앞이 훨씬 편해지고 자유로워질 것이다.

샷의 종류와 편집점

카메라를 통한 커뮤니케이션을 할 때는 샷의 크기에 따른 비언어적 표현 수단(표정, 제스처, 움직임 등)도 적절히 조율해야 한다. 그래야 영상 속 자신의 표현이 보는 사람 입장에서 과하게 느껴지지 않고 편하게 전달된다. 또한 목소리의 크기도 녹음 장비와의 거리에 맞춰 조절해야 한다. 샷이란 연속으로 촬영된 하나의 장면을 뜻하며, 인물의 몸이 장면에 보이는 범위에 따라 크게 네 가지로 나뉜다.

첫째, 풀 샷은 전신이 모두 나오는 크기다. 실제 대면 상황이라면 3m 거리에서 상대방을 마주 본 느낌이며 얼굴 표정이 크게 인식되지 않는다. 따라서 풀 샷에서는 카메라 렌즈 너머로 나를 지켜볼 사람들이 3m 정도 너머에 있다고 생각하며 평소보다 약간 크게 표현하는 것이 적절하다.

둘째, 미디엄 샷은 머리부터 무릎 정도까지 나오는 크기다. 소극장 맨 첫 줄에서 배우를 볼 때 정도의 거리감이며, 표정도 눈에 잘 들어온다. 가볍게 알고 지내는 지인과 서서 대화했을 때의 느낌으로 행동하면 적절하다.

셋째, 미디엄 클로즈업 샷은 머리부터 가슴 부위까지 나오는 크기다. 카페에서 친한 사람과 가깝게 마주 보며 대화하는 정도의 거리감으로, 얼굴 표정이 풍부하게 화면에 담기는 샷이다. 유튜브뿐만 아니라 영화, 드라마에서 대화하는 장면에 가장 많이 사용되는는 샷이며 시청자로 하여금 친밀한 느낌을 준다. 이때는 평소보다 약간 절제하여 표현하는 것이 자연스럽게 화면에 담긴다.

넷째, 클로즈업 샷은 얼굴만 나오는 크기다. 실제로는 코와 코가 맞닿기 전의 거리감으로, 연인 관계가 아니라면 접하기 힘든 비현실적인 거리다. 인위적으로 느껴지는 샷인만큼, 특정한 의도가 있어야 한다. 클로즈업 샷에서는 눈으로 말한다는 느낌만 가져도 충분히 표현된다.

실시간으로 진행되는 비대면 커뮤니케이션이 아니라면 우리는 편집점에 대해서도 신경 써야 한다. 편집점은 장면을 나누는 구간으로, 영상의 흐름을 부드럽고, 논리적으로 진행될 수 있게 한다. 따라서 편집 시 카메라의 전환이 자연스러워 보이기 위해서는 전환에 따른 명확한 동기가 있어야 한다. 예를 들어, 영상에서 스피치를 하다가 누군가의 질문으로 시선이 오른쪽으로 향하면 카메라도 그 시선을 따라 다음 장면으로 이동할 힘이 생기는 것이다. 또한 이러한 편집점은 2초 이상 동작을 유지하며 맺어주는 것이 중요하다.

영상에서는 편집도 언어다. 명확한 편집점은 자연스러운 영상 흐름을 만들고, 결과적으로 전달하려는 메시지를 명료히 해준다.

훈련 29단계

사람들과 실제로 마주하는 공간뿐만 아니라 온라인으로 연결된 가상의 공간도 우리의 세상이다. 그리고 누구나 자신의 콘텐츠와 스피치를 카메라를 통해 더 많은 사람과 소통할 수 있는 세상이다. 그러니 이번 장을 계기로 영상의 언어에도 관심을 가져보자.

연습 73 카메라 렌즈 너머 인식하기

휴대폰을 사용해 미디엄 클로즈업 샷으로 자신을 촬영한다. 그리고 카메라를 보며 "안녕~"이라고 인사한다. 이번에는 카메라 렌즈 너머에 있을, 나에게 가장 편한 사람을 상상하며 "안녕~"이라고 인사한다. 녹화된 두 개의 영상을 보며 어떠한 차이점이 있는지 관찰해 본다.

연습 74 샷의 크기에 따른 감각 느끼기

내가 좋아하는 음식을 친구와 함께 먹기 위해 1분간 친구를 설득해야 하는 상황이다. 이 상황을 휴대폰으로 다음 네 가지 샷 크기별로 각각 녹화한다. 그리고 녹화된 네 개의 영상을 통해 각 샷의 크기에 따라 전해지는 느낌과 전달력이 어떻게 다른지 관찰해본다.

① 풀 샷(전신)

② 미디엄 샷(머리부터 무릎까지)

③ 미디엄 클로즈업 샷(머리부터 가슴까지)

④ 클로즈업 샷(얼굴)

+ 휴대폰 카메라 렌즈를 보며 촬영한다.

살아있는 스피치를 위한 연습 방법

충분한 연습이 즉흥을 만든다

필자가 연극을 할 때, 지방 투어 공연을 한 적이 있다. 관객 중에는 해당 지역의 일반 관객도 있었지만, 특정 단체에서 예약하고 오는 경우도 많았다. 이러한 경우 공연이 끝나고 관객과의 QnA 시간을 가질 때가 있다. 호기심 많은 관객은 연극 작업방식, 캐릭터 분석, 비하인드 스토리 등 배우들에게 다양한 질문을 한다. 한창 질문을 주고받으며 분위기가 풀어질 때쯤이면 "여자 친구 있으세요?"와 같은 사적인 질문도 서슴없이 들어온다. 이렇게 관객과 즐거운 시간을 가질 때면, 공통적으로 나오던 질문이 있었다. 바로 '배우들은 어떻게 그 많은 대사를 실수 없이 잘 외우느냐'이다.

연극은 대사뿐만 아니라 동선, 배역 간의 합, 소품위치, 음향 타이밍, 조명 라인, 등퇴장 등 외워야 할 것들이 정말 많다. 20대 초반에는 이 많은 것들을 지키는 데 급급하여 잦은 실수로 극단 선배와 연출님에게 혼도 많이 났다. 한 번은 공연 중에 중요한 소품과 대사를 잊어먹어 큰일 날 뻔 했는데, 베테랑 선배의 즉흥적인 애드리브로 실수가 드러나지 않았고 무사히 공연을 마칠 수 있었다. 죄송한 마음을 무릅쓰고 당시 베테랑 선배에게 "어떻게 하면 무대에서 실수 없이 온전히 배역으로서 집중할 수 있습니까?"라고 물어보았다. 그러자 선배는 "무대 위의 많은 약속들을 머리로 외우지 마. 몸으로 외워."라고 답해주었다. 이 말은 당시 필자의 태도에 큰 변화를 주었고, 공연 도중 발생하는 돌발 상황에도 유연함을 갖게 해주었다. 또한 이후 스피치 강사 활동을 시작했을 때에도 강연준비 자세에 좋은 밑거름이 되었다.

무대에 서기 위해서는 단 한 번을 연습하더라도 실전처럼 연습해야 한다. 연습할 때 자신을 촬영하면서, 마주할 청중을 상상하고 스피치의 흐름을 몸으로 기억해야 한다. 그리고 무대에서 발표가 시작되면 연습했던 과정은 모두 내려놓는다. 지금 눈앞에 펼쳐진 이 공간의 사람들과 함께 호흡하는 데 온전히 집중하는 것이다. 그래야만 연습을 바탕으로 한 편안한 나의 호흡이 나온다. 이때 발생하는 실수는 실수가 아닌, 예상하지 못했던 새로운 스피치 흐름이 된다.

청중은 살아있는 발표자를 원한다. 준비한 대로 기억하며 말하는 로봇 같은 발표자에게는 별 감흥을 느끼지 못한다. 즉흥의 사전적 정의는 '그 자리에서 바로 일어나는 감흥'이다. 살아있는 발표자는 청중에게 감흥을 안겨준다. 따라서 발표자는 청중으로 하여금 발표가 즉흥적이라고 느낄 만큼 연습해야 한다. 지금부터 즉흥의 단계로 가기 위한 스피치 리허설 연습 방법 다섯 가지를 소개하겠다.

스피치 리허설 5계명

첫째, 스피치 대본을 친구에게 이야기하듯 편하게 소리 내어 연습한다. 이 단계에서는 꼭 서서 연습할 필요가 없다. 앉아서 해도 좋고, 누워서 해도 좋다. 내 몸과 마음이 가장 편안한 상태에서 대본을 소리 내어 읽어보는 것이다. 암기가 목적이 아닌, 대본 전체의 흐름을 파악하고 자신만의 편한 호흡을 자각하는 단계다.

둘째, 스피치 대본을 휴대폰으로 녹음하여 틈틈이 듣는다. 이때 글

읽는 느낌으로 녹음하지 말고, 라디오 DJ가 사연 읽어주듯 말 하는 느낌으로 녹음한다. 녹음본은 출근 준비, 식사 시간, 잠들기 전 등 자투리 시간에 계속 듣는다. 반복적으로 들으면서 대본 전체의 흐름을 머릿속으로 익힌다. 이때 입으로 중얼거리며 따라 하면 더 효과적이다.

셋째, 스피치 대본의 핵심 키워드의 흐름은 혀로 외운다. 또한 반드시 외워야 할 내용들도 혀가 외웠다고 느껴질 정도의 연습량으로 외워야 한다. 발표자는 대본 전체를 불필요하게 다 외울 필요는 없지만, 중요 키워드의 흐름은 반사적으로 튀어나올 정도로 연습해야 한다. 그래야만 무대에서 긴장해도 몸이 기억하며 도와줄 것이다.

넷째, 실제 발표 환경과 유사한 상황에서 촬영한다. 필자의 경우는 가능하면 발표 때 입을 옷까지 입고 연습한다. 이 단계에서는 녹화된 자신의 모습을 보며 제스처, 동선, 목소리 등 전반적인 것들을 객관적으로 관찰하며 수정한다. 이때 녹화 시간을 꼭 체크하여 시간 감각을 함께 익힌다. 한 번을 연습하더라도 촬영하며 연습하는 것이 시간 대비 연습의 질을 가장 높이는 길이다.

다섯 번째, 발표 시작 전에는 연습 과정을 모두 내려놓는다. 지금 긴장되는 느낌은 내 몸이 최고의 컨디션을 내기 위해 예열하고 있는 것이다. 가볍게 스트레칭하며 긴장을 거부하지 않는다. 이러한 현상은 지극히 자연스러운 것이며, 몸이 도와주려는 신호다. 여태까지 연습해온 자신을 의심하지 말고, '지금 내가 여기서 스피치 하는 이유와 목적'을 다시 한번 환기한다. 그리고 눈앞의 청중을 도와주겠다는 마음으로 편하게 호흡하며 발표를 시작한다.

"안녕하십니까, 액팅스피치클래스 대표 오.정.훈 입니다. 반갑습니다."

훈련 30단계

공적인 자리에서 이뤄지는 스피치는 어떻게 연습했느냐에 따라 결과가 달라진다. 올바른 연습 방법 없이 발표의 압박으로부터 자유로워지는 것은 어려운 일이다. 기억하자. 우리의 연습 목적은 무대에서 살아있는 발표자가 되기 위함이다.

연습 75 셀프 스피치 연습 점검표

스피치 리허설 5계명 중 네 번째 단계인 모의 촬영 후, 아래 표의 항목에 따라 자신의 스피치 영상을 점검해 본다.

진단 항목	평가 내용	점검 란
몸짓 언어	당당하면서 편안한 자세로 말하고 있는가?	
	손 제스처를 효과적으로 활용하고 있는가?	
	시선을 3등분으로 나눠 부드럽게 연결 짓고 있는가?	
	얼굴 표정은 내용과 어울리는가?	
	동선을 의미있게 사용하고 있는가?	
음성 언어	복식호흡과 연계된 발성을 사용하는가?	
	풍부한 공명이 이뤄지고 있는가?	
	명료한 발음으로 말하는가?	

	말의 의도에 따른 어미 처리와 억양이 분명한가?	
	말의 기본 속도는 적절한가?	
	5가지의 강조법이 적절히 활용되고 있는가?	
말의 내용 구성	발표에서 GAME의 4가지 요소를 분석하여 반영했는가?	
	ESD법칙, FBA법칙, AAE법칙을 적절히 활용했는가?	
	논리적인 S-B-E 구성에 따르고 있는가?	
	기승전결에 따른 스토리텔링을 했는가?	
	스타트부터 엔딩까지 내용의 밸런스가 맞는가?	
보완해야 할 점		

부록.

모방해서 창조하라

말 잘하는 배우들의 스피치 패턴을 훔쳐라

필자는 스피치 실력을 가장 빠르게 향상하게 하는 방법으로 말 잘하는 사람들의 강연내용을 타이핑하는 것을 추천한다. 그러면 눈과 귀로 보고 들었을 때와는 다르게, 스피치 패턴을 구체적으로 파악할 수 있게 된다. 이 사람은 어떠한 방법으로 자신의 이야기를 풀어나가는지, 자주 쓰는 화법은 무엇인지, 왜 이 말을 하는지 등이 시각화된다.

이제부터 아리스토텔레스의 명언, '모방은 창조의 어머니.'를 기억하며, 말 잘하는 사람들의 스피치 패턴을 모방해 보자. 닮고 싶은 언어를 가진 사람의 말을 적고 흉내 내봄으로써, 언어의 과정을 배우게 된다. 그리고 이 과정은 스피치 성장에 커다란 자양분이 된다. 아래 스피치 대본은 각각 CBS TV <세상을 바꾸는 시간, 15분>에 출연한 배우 심혜진 씨, 배우 조달환 씨, 배우 차인표 씨의 강연 일부분이다. 그들의 스피치 패턴을 분석하고 모방하여 나만의 것으로 창조해 보자.

30년 차가 거의 다 돼가는 배우 심혜진입니다. 반갑습니다.
네, 근데 지난 몇 달 동안은 아주 초보 여행자로 살아봤어요.
제가 **산티아고 길 800km**(숫자), 그리고 지난 9월에는 **포르투갈 길 650km**(숫자)를 여행을 다녀왔습니다.
사실 그동안 나이 50이 넘어서, 혼자 여행을 다녀 본 적이 없었어요.
정말 과감하게 도전을 못 해 봤고, 집 밖에 혼자 나간다는 것을 생각해 보지도 못했어요.

용기가 없었던 거죠. 근데 이 나이가 되고 보니깐, 꼭 한 번은 해보고 싶었어요.
그래서 이번에 과감하게 도전을 해 봤습니다. [청중 박수] 고맙습니다.

(기) 여행을 가기로 결정을 하고 한 달 전부터 짐을 싸기 시작했어요.
도보 여행이니깐, 배낭을 메고 가야 되잖아요.
근데 먼저 다녀오신 분들의 그 안내 가이드북 같은 거를 지침서로 해서 아주 교과서적으로 짐을 잘 쌌어요.

(승) 한 달 전부터 싼 거니깐, 사실 다 싸 놓고도 '**요건 요만큼 더 필요할지도 몰라, 또 이것도 더 필요할지 몰라**(속마음)'
이렇게 계속 풀고 싸고 풀고 싸고를 반복해서 결국은 짐을 쌌는데, 그 짐의 무게가...
네, 거의 **15kg에서 20kg을**(숫자) 육박하더라고요. 근데 그게 저는 정상이라고 생각하고 가지고 갔어요.
그리고 가지고 가서 가방을 메고 걸어보니깐 정말 무겁더라고요.
그 가방을 메고 걷는 데 다른 외국인들이 메고 걷는 가방을 보니깐, 제 가방하고는 비교할 수 없을 정도로 가벼워 보이는 거예요(비교).

(전) 부피도 작고 그리고 무게도 상당히 가벼워 보이고
근데 어떤 여행객이 제게 물어봐요. 어떻게 그렇게 무거운 거를 들고 걸을 수 있겠느냐고...
그래서 제가 매번 숙소에 들어올 때마다 그 짐을 줄여 보겠다고 매일 풀었어요.
매일 풀고 어떻게 하면 짐을 줄일 수 있을까를 고민했어요. 근데 제가 아무것도 **버리질 못하고 있었더라고요.**

버리지를 못 하더라고요, 못 빼고 있더라고요(반복). 왜냐면 전부 다 필요한 것 같으니까, 못 빼고 계속 들고 다닌 거예요.
그 무거운 가방을 들고 다녀보니까, 정말 무거워서 못 들고 다니겠더라고요. 그때부터 짐을 하나씩 버리기 시작했어요.

(결) 근데 그때 제가 가진 생각은, **그 가방 안에 있는 짐이 제가 산티아고까지 가져간 고민 같은 거예요**(비유).
그리고 그 무게가, 제가 가지고 간 무게가 아닌가라는 생각을 잠시 했었습니다.
그래서 '**아 이것들을 어떻게 바로 해결해야 되나**(속마음)' 이렇게 생각하는 것보다 조금 내려놓고 '**천천히 여유를 가지고 방법을 찾고 그러다 보면 해답이 보이겠다**(속마음).' 라고 생각을 하고 다시 걷기 시작했습니다.

위 스피치 대본은 배우 심혜진 씨의 강연 서론부의 한 대목이다. 배우 심혜진 씨는 도보 여행 거리와 짐의 무게를 구체적인 숫자로 말해줌으로써, 육체적으로 고된 여행이었다는 사실을 청중에게 더욱 생생히 전한다. 또한 '짐'이라는 사건 중심의 스토리텔링으로 흥미진진하게 서론 부분을 이끌어가고 있다. 특히 배우 심혜진 씨는 당시의 속마음을 스피치에 적절히 표현함으로써, 자신의 감정을 청중과 적극적으로 공유하려 한다. 이러한 태도는 청중에게 스피치의 진정성을 느끼게 한다.

아, 이거는 좀 성대모사 하나 할게요. 우리 연출님인데요.
저 지금 연극을 하고 있습니다. 대학로에서 연극을 처음으로 하고 있는데
한 달 반(숫자) 동안 연습 끝에 첫 공연 올라가는 날입니다.
그날 첫 공연 올라가기 **5분 전에**(숫자) 배우들을 다 모으시더라고요. 그러시더니 이렇게 말씀하시는 겁니다.

(성대모사)
"음... 그 배우분들 다 모여 보세요. 그 다섯 분 다 고생 많으셨습니다. 긴장되시죠? 실수하세요.
무대 위에서 **실수하세요**(반복). 나는 **실수하는 것만큼**(반복) 아름다운 게 없는 데, **실수하는 게**(반복) 더 아름다워요.
왜 그런 줄 알아요? **실수 안 하려고 하면 더 큰 실수를 하거든요**(반복).
무대 위에서 실수 안 하려고 하는 배우는 딱딱하게 보여요. **로봇같이 보인단 말이에요**(비유).
가장 명심해야 될 것은 허점이 많은 배우일수록 사람답습니다.
무대 위에서 배우가 되기 전에 사람처럼 보여야 돼요. 그래야지 관객들이 배우 안으로 들어가서 서로 소통한다는 겁니다. 여러분 실수하세요. 연습을 안 한 상태에서 실수한다는 건 관객에 대한 모독입니다.
연습한 거 다 봤어요. 실수하셔도 됩니다. 마지막으로 긴장하지 마시고 무대 위로 **2시간 동안**(숫자) 여행한다고 생각하세요.
여행 다녀오세요. 여행 갈 때 기분 나쁘게 가는 사람 없잖아요. 즐거운 마음으로 설레는 마음으로 재밌게 다녀오세요.
그게 바로 연극이고, **연극은 추억의 예술입니다**(비유). 아무도 기록하지 않아요. 갔다 오면 제가 꼭 안아드릴게요."
그리고 [청중갈채] 그리고 이어서 성대모사하겠습니다.
"**허접한 제 배에 타주셔서 너무 감사합니다**(비유)." 이렇게 마무리를 하신

겁니다.

저는 이제 삶의 관점이 바뀌었습니다. 실수하고 허점이 있는 배우가 사랑받는다. 그리고 **삶을 여행을 하라**(비유).
무대 위로 **2시간**(숫자) 여행을 하라. **박광민 선배님이 말씀하셨던 것처럼 여행을 하라**(권위 빌려오기).
저는 여행이 시간과 돈이 필요하다고 생각을 했습니다. 근데 그날 이후로 저는 관점이 바뀝니다.
시간과 돈이 필요한 게 아니라 제 마음이었습니다(강조).
그래서 저는 얼마 전 제주도로 혼자 여행도 갔다 왔지만, 이렇게 정리해 봤습니다. [배우 조달환 씨의 시 인서트]

저는 매일 여행을 합니다. 정해진 곳은 없고, 발길 가는 곳으로 마음 가는 곳으로 갑니다.
지하철을 탄 순간에도 전 **여행을 하고요**(반복). 차나 커피를 마시는 순간에도 **여행을 한다고 생각합니다**(반복).
진심으로요, 그리고 그 시를 썼던 이 순간도 저는 **여행을 했습니다**(반복).
그리고 여러분들과 지금 얘기하고 있는 지금 이 순간도요. **여행을 하고 있습니다**(반복).
15분 동안(숫자) 여러분들과 **여행을 하고 있습니다**(반복).

위 스피치 대본은 배우 조달환 씨의 강연 본론부의 한 대목이다. 배우 조달환 씨는 스피치에서 숫자를 적절히 사용하며 내용의 구체성을 높여주었다. 그리고 강연 주제와 연관된 일화를 성대모사로 리얼하게 표현함으로써 스피치의 생생함과 재미를 더한다. 또한 '실수', '여행'이라는 두 가지 주요 키워드를 스피치에 반복적으로 배치하여, 자신이 전달하고자 하는 메시지를 강조하고 동시에 리드미컬한 느낌도 살린다. 뿐만 아니라 배우 조달환 씨는 청중이 스피치 흐름을 편하게 따라올 수 있도록 호흡을 조절하며 배려한다. 흡입력 있는 스피치가 무엇인지를 보여주고 있다.

> 저는 데뷔 초부터 수많은 잡지 커버 모델을 해 봤지만, 이번 빅이슈의 커버 모델이 된 것이 가장 자랑스럽고 가장 기쁩니다.
> **둘이서 친구랑 나눈 이야기인데 어떻게 이런 일이 가능했을까요**(질문)?
> 꿈을 이루겠다는 뭐 **불꽃같은 열정**(비유)이나 거창한 계획이 있었던 것이 아닙니다.
> 다만 아주 단순한 이유가 **2개가**(숫자) 있었던 것 같습니다.
> 그것은 바로 습관 그리고 그 습관이 만드는 변화를 지켜봐 준 **한 명의 관객**(숫자).
> 습관으로 일상을 새롭게 바꾸면 그간 내 의지가 나 홀로 하지 못하던 것을 하게 됩니다.
> 끊지 못하던 것을 끊게 만듭니다.
> 일상이 바뀌고 삶이 변하기까지 지난한 시간을 견뎌야 하는 건 맞지만, 그 시간에 포기하지 않고 지켜봐 주는 딱 **한 명의 관객이 있으면 누구든지 이뤄낼 수 있습니다**(강조).
> 광수랑 저는 특별한 사람이어서 이것을 한 것이 아니라, 같이 그냥 이것을 했기 때문에 이렇게 특별한 잡지의 커버모델이 되었습니다.
>
> 2021년 아직도 반절이나 남아있습니다. **이렇게 해서 접으면 딱 절반이 되었**

어요(눈에 보이게 표현).

내가 지금까지 살던 세상을 좀 바꾸고 다른 세상을 살아 보기에 충분한 시간입니다.

무언가 변화가 필요한 분들, 뭐 다이어트가 하고 싶거나, 술 담배를 좀... 지긋지긋한 술 담배를 끊고 싶거나 **중독된 무언가에서 벗어나고 싶거나, 공부나 운동할 시간이 더 필요하거나**(구체적으로 표현) 단순히 지금까지의 삶이 아닌 다른 삶을 살아보기를 원하시는 분들은, **낡은 습관이 지배하던 낡은 세상을 버리고 새 습관이 지배하는 새로운 세상으로 떠나십시오**(대조&대구).

거기에 **딱 한 명**(숫자), **변화를 향해 나아가는 나를 바라봐 줄 한 명의 관객과 함께, 새로운 세상으로 떠날 준비가 되셨습니까**(참여유도)?

네, 그럼 지금부터 새로운 세상을 향해서 레디, 출발!

위 스피치 대본은 배우 차인표 씨의 강연 결론부의 대목이다. 배우 차인표 씨는 질문을 통해 청중을 다시 한번 집중시키며, 삶의 변화를 만들기 위한 두 가지의 행동 방안을 구체적인 표현으로 명료히 제시한다. 또한 자신의 의도를 강하게 전달할 수 있는 대조법을 활용하여, 청중의 변화를 자극하며 참여를 유도한다. 강연을 통해 청중이 행동으로까지 나아갈 수 있게 하는, 뜨겁고 묵직함이 느껴지는 스피치다.

훈련 31단계

우리는 타인의 배울 점을 모방하며 성장한다. 그리고 반복된 모방을 통해 온전히 내 것으로 재창조할 수 있게 된다. 스피치가 성장하는 과정도 이와 마찬가지다. 지금부터 나의 스피치 롤 모델을 찾아 모방해 보자.

연습 76 나의 스피치 롤 모델 따라 하기

내가 좋아하고, 닮고 싶은 언어를 가진 사람의 말을 녹음하여 타이핑해 보자. 그리고 그의 스피치 패턴을 분석하며 말투, 표정, 제스처까지 체험해본다는 마음으로 따라 한다. 나의 스피치로 적용할 수 있는 부분을 생각하며 반복적인 연습을 통해 자기화한다.

참고문헌

김소연, 『마음사전』, 마음산책, 2008
김숙희, 『르삭기법의 발성과 스피치』, 월인, 2005
김철홍, 『배우를 위한 화술과 연기』, 연극과 인간, 2007
김현아, 『김현아의 배우화술』, 태학사, 2015
김현희, 「무대에서의 현존을 위한 배우훈련-무대동작을 중심으로-」, 『연극교육연구』, 한국연극교육학회, 2015
남도현, 『남도현 발성법』, 코러스센터, 2011
박서연, 『영화 연기』, 커뮤니케이션북스, 2015
복주환, 『생각정리스피치 (말하기와 글쓰기를 동시에 잡는 방법)』, 천그루숲, 2018
심홍임, 「한국 표준어 화자의 유창성과 말속도에 관한 연구」, 『음성과학』11(3), 한국음성과학회, 2004
우지은, 『우지은의 스피치 시크릿 21』, 퍼플카우, 2015
임태섭, 『스피치 커뮤니케이션』, 커뮤니케이션북스, 2013
장성식, 『투비 오어 낫투비 (아메리칸 액팅 메소드 융합형 연기수업)』, 온크미디어, 2017
장해순·허경호, 「관찰자 측정 스피치 능력 척도 타당성 검증」, 『한국방송학보』 19(1), 한국방송학회, 2005
데일 카네기, 『데일 카네기 인간관계론』, 임상훈 옮김, 현대지성, 2019
브라이언 베이츠, 『배우의 길』, 윤광진 옮김, 예니, 1997
빌 커닝턴, 『배우를 위한 알렉산더 테크닉』, 배우를 위한 알렉산더 테크닉 연구소 옮김, 무지개다리너머, 2017
시어도르 다이먼, 『신체와 목소리』, 김혜실, 예솔, 2014
아리스토텔레스, 『아리스토텔레스 수사학』, 박문재, 현대지성, 2020
콘스탄틴 스타니슬랍스키, 『배우 수업 (스타니스랍스키 전집 2)』, 신겸수, 예니, 2001
크리스틴 링크레이터, 『자유로운 음성을 위하여』, 김혜리 옮김, 동인, 2009
피터 버고지언·제임스 린지, 『어른의 문답법』, 홍한결 옮김, 윌북, 2021

배우처럼 말하고 주인공처럼 산다

초판 1쇄 발행 2022년 12월 20일

지은이 오정훈

펴낸이 신민식
펴낸곳 가디언
출판등록 제2010-000113호

주소 서울시 마포구 토정로 222 한국출판콘텐츠센터 306호
전화 02-332-4103
팩스 02-332-4111
이메일 gadian@gadianbooks.com
홈페이지 www.sirubooks.com

출판기획실 실장 최은정 **디자인** 이세영
경영기획실 팀장 이수정 **온라인 마케팅** 권예주
편집 양은지

종이 월드페이퍼(주)
인쇄 제본 (주)상지사

ISBN 979-11-6778-058-4(03700)

* 책값은 뒤표지에 적혀 있습니다.
* 잘못 만들어진 책은 구입하신 서점에서 바꾸어드립니다.

왕〉을 만들었다. 매일 손톱이 자라듯 작지만 꾸준히 성장하길 바라는, 이야기꾼을 꿈꾸는 젊은이다.

[**송유라**]는 고려대 대학원에서 '재난보도의 피해자 인격권 침해: 세월호 참사 방송뉴스를 중심으로'라는 논문으로 언론학 석사학위를 받았다. 〈한국일보〉 대구경북취재본부에서 인턴기자로 일했으며 대구MBC 시청자 미디어센터에서 방송을 진행했다. 현재 YTN 옴부즈맨 프로그램인 '시청자의 눈'에서 시청자 평가원으로 활동하고 있다.

[**민혜영**]은 캐나다 브리티시컬럼비아대(UBC) 사회학과를 졸업하고, 고려대에서 사회학 석사학위를 받은 후 언론학 박사과정을 밟고 있다. 정보사회와 문화, 뉴미디어, 미디어 효과 및 수용자에 관심을 갖고 있다. '스크린 시대의 자아표현에 관한 연구: 스마트기기가 한국 청소년에 미치는 영향을 중심으로'라는 석사학위 논문과 '고교 청소년의 휴대폰 활용이 학습태도에 미치는 영향에 대한 연구'(2015, 공저) 등의 논문을 썼다.

[**안수찬**]은 대학에서 사회학을 전공하고 석사 공부까지 마쳤으나 언론학으로 전공을 바꿔 박사과정을 밟고 있다. 1997년 11월부터 시작한 기자 노릇에 의심이 많아져 언론학을 제대로 파 보자고 결심했다. 〈한겨레〉 탐사보도팀장, 사건팀장 등을 거쳐 〈한겨레21〉 편집장을 맡고 있다. 〈뉴스가 지겨운 기자〉(삼인), 〈기자, 그 매력적인 이름을 갖다〉(인물과사상사), 〈4천원 인생〉(한겨레출판) 등을 썼다.

• 뒷줄 왼쪽부터

[**장비울**]은 전북대 법학과를 졸업하고, 고려대에서 언론학 석사과정을 수료했다. 저널리즘 분야, 특히 기자의 역할과 정체성, 가치관 등 기자 개인적 요소에 학문적 관심을 갖고 있다.

[**한성은**]은 고려대 영어영문학과를 졸업하고 외국계 은행에서 일한 후 대학원에 들어왔다. 언론학 석사학위 논문으로 '카드뉴스에 대한 수용자 인식과 평가 연구'를 썼다. 웹툰을 보고 뮤지컬을 감상하며 텔레비전을 시청하는 등 '보고 느끼는 것'을 좋아한다. 대학교 교직원으로 일하고 있으며 행복한 가정을 꾸리기를 희망하고 있다.

[**조유정**]은 미국 미네소타대 저널리즘스쿨에서 전략 커뮤니케이션을 공부하고, 고려대에서 '소셜 미디어에서 브랜드에 대한 사회적 실재감 경험이 이용자의 자발적 PR 활동에 미치는 영향'이라는 논문으로 언론학(PR 전공) 석사학위를 받았다. 현재 미국계 글로벌 PR회사인 에델만 코리아에서 일하고 있다. PR은 단순히 홍보가 아니라 사람들의 인식과 세상을 바꾸는 매력을 갖고 있다고 생각한다.

[**이종명**]은 대학에서 경영학을 전공하고, 대학원에서 '서민 담론의 역사적 변화: 동아일보 사설에서 구성된 서민 정체성'이라는 논문으로 언론학 석사학위를 받았다. 정체성, 담론, 국면, 재현 등을 공부하며 박사과정을 수료했다. 문화연구와 저널리즘 사이의 교량 역할을 맡고자 한다.

[**용미란**]은 고려대에서 디지털 행동주의에 관한 연구로 석사학위를 받았으며 언론학 박사과정을 수료했다. 디지털 미디어를 중심으로 한 뉴미디어에 학문적 관심을 갖고 있으며 뉴미디어가 사회 발전에 긍정적으로 기여할 것으로 믿고 있다. 사회복지 분야 및 정책 개발에도 흥미를 갖게 되어 커뮤니케이션 이론을 적용하면서 빅데이터 분석을 시도하고 있다. (사진에 없음)

표지 디자인_한혜영

저널리즘의 지형: 한국의 기자와 뉴스

Mapping Journalism: Journalists, News, and Society

이 도서의 국립중앙도서관 출판시도서목록(CIP)은 서지정보유통지원시스템 홈페이지(http://seoji.nl.go.kr)와 국가자료공동목록시스템(http://www.nl.go.kr/kolisnet)에서 이용하실 수 있습니다.(CIP제어번호:CIP2016021540)

저널리즘의 지형: 한국의 기자와 뉴스
Mapping Journalism: Journalists, News, and Society

초판 1쇄 인쇄 / 2016년 9월 29일
초판 1쇄 발행 / 2016년 10월 5일

지은이 / 박재영 외 14명
펴낸이 / 한혜경
펴낸곳 / 도서출판 異彩(이채)
주소 / 06072 서울특별시 강남구 영동대로 721, 1110호(청담동, 리버뷰 오피스텔)
출판등록 / 1997년 5월 12일 제16-1465호
전화 / 02)511-1891
팩스 / 02)511-1244
e-mail / yiche7@hanmail.net

ISBN 979-11-85788-08-1 93070

※값은 뒤표지에 있으며, 잘못된 책은 바꿔드립니다.

이 책은 삼성언론재단의 저술지원사업으로 출간되었습니다.

저널리즘의 지형: 한국의 기자와 뉴스

Mapping Journalism: Journalists, News, and Society

●

박재영 외 14명

이채

펴내며

기자 일을 먼저 하고 공부를 나중에 하면 두 가지를 동시에 알게 된다. 첫 번째는 놀라울 정도로 세세한 것까지 웬만한 것은 다 연구되어 있다는 점이며, 두 번째는 이미 돼 있을 줄 알았던 연구가 오히려 안 돼 있는 경우도 많다는 점이다. 이 모순은 혼란스럽다. 그래서였는지 기자 경력 16년의 안수찬은 박사과정 3개월 만인 2013년 12월 초에 나를 찾아와서 "막막하다"라고 말했다. 공부할 날이 많이 남았는데 무엇을 어떻게 해야 할지 잘 모르겠다는 말도 했다. 그러면서 그는 〈한국언론학보〉에서 저널리즘 논문을 모두 찾아내 일별해 보겠다고 했다. 수업 때 읽는 논문들의 학술적 위치를 가늠하려면 저널리즘 연구의 지형을 알아야 한다는 게 취지였다. 〈한겨레〉 탐사보도팀장을 지냈던 그의 탐사 본능이 되살아나고 있었다. 나는 이렇게 공부하는 학생을 본 적이 없었기에 "최고의 공부다"라고 격려했다.

두 달 후에 안수찬은 다시 나를 찾아와 〈한국언론학보〉에서 수집한 저널리즘 논문의 목록을 건네며 내친 김에 타 학술지도 뒤지고 있다고 말했다. 그게 끝이 아니었다. 그는 학술지의 저널리즘 논문들을 분석하여 저널리즘 연구에 대한 논문을 써 보고 싶다고 했다. 이미 내 도움이 필요 없어 보이는 그에게 나는 이런 제안을 했다. 저널리즘 논문들로 저널리즘 교과서를 만들어 보자고.

나의 이 제안은 결코 즉흥적이지 않았으며 독창적이지도 않았다. 언제부터인가 이재경 이화여대 교수는 저널리즘 과목에 쓸 만한 교과서가 없어서 아쉬워했다. 그러면서 새로 책을 만들기가 어려우면 학술지에 실렸던 좋은 논문들을 발췌해서 책으로 엮자고 했다. 나는 이재경 교수의 교과서 아이디어를 빌리되, 학술지 논문을 그대로 책에 싣는 게 아니라 학술지 논문을 재료로 삼아 책을 쓰기로 했던 것이다. 책을 쓰는 것이 훨씬 더 어렵지만 굳이 그렇게 하려 했던 데에는 내 나름의 계획이 있었기 때문이다.

안수찬은 간단치 않은 일에 겁 없이 도전하여 계속 내달렸다. 2014년 2~3월에 〈한국언론정보학보〉, 〈커뮤니케이션 이론〉, 〈한국방송학보〉, 〈언론과 사회〉에서 저널리즘 논문을 수집하는 작업도 끝내, 1990년 이후의 저널리즘 논문 1,000여 편을 확보했다. 이걸 모두 읽고 여러 분야로 나누고 분야별로 내용을 요약하여 원고를 써야 한다. 결코 혼자 감당할 수 없는 일이다. 이 무지막지한 일을 대학원생들과 함께 수업의 일환으로 해 보자는 게 나의 계획이었다.

2014년 1학기에 내가 맡았던 '저널리즘 문헌연구'의 수강생은 7명이었다. 나는 먼저 박사과정생 박성호, 안수찬, 이종명과 이 일의 가능성을 타진하고, 석사과정생 심해련, 이승아, 장금미, 장바울의 동의를 구했다. MBC에서 17년간 기자와 앵커로 일했던 박성호는 해고된 후 방송기자연합회 등을 돕다가 그때 막 모교로 돌아왔다. 그는 청춘을 불살랐던 직장에서 물러난 마당에 온 열정을 공부에 쏟고자 했다. 이미 영국 연수 시절에 카디프대 저널리즘 석사과정과 BBC 뉴스를 통해 언론에 대한 문제의식을 벼려 왔던 그였다. 이종명은 자기 전공이 저널리즘으로 잘못 알려질 정도로 뉴스를 좋아했고 '기자'를 알고 싶어 했다. 석사과정생들은 기자 출신 두 박사과정생의 '현장 이야기'에 매료됐으며 두 선배는 20년 가까이 어린 후배들을 동료로 여기며 존중했다. 수강생들은 팀워크가 환상적이라며 떠들고 다녔다. 이들이 완수해야 할 집필과업의 막중함을 감안할 때, 뭔가 그럴듯한 명칭이 필요해 보였다. 박성호는 성공적인 작전명 느낌을 주었던 1980년대 성룡의 히트작 '프로젝트 A'에 저널리즘의 두문자 'J'를 입힌 이름을 제안했다. '프로젝트 J.' 우리는 이 과업을 이렇게 불렀다.

박사과정생들과 나는 저널리즘 논문들을 개관하면서 장차 이 책의 장(章)이 될 주제들을 정하고, 수강생 각자에게 한두 개의 주제와 함께 해당 논문 100~200편을 맡겼다. 수강생들은 자기가 맡은 논문들을 일일이 훑어보고 다시 소주제별로 분류한 다음에 매주 수업 때 소주제를 하나씩 발제했다. 수강생 각자는 발제문을 토대로 자기가 맡은 주제의 원고를 작성하여 기말과제로 냈다.

기말과제 원고가 수북이 쌓인다고 책이 나오는 것은 아니다. 이 일을 더 추진하자니 마음이 무거웠고, 정말 책을 낼 수 있을지 걱정됐고, 무모했다는 후회가 밀려왔다. 무덥던 어느 날 나는 박성호, 안수찬, 이종명을 만나 어떻게 하면 좋을지 물어보았다. 세 사람은 다가오는 2학기 과목을 1학기 때와 똑같이 운영하면서 기존의 원고를 수정, 보완해 보자고 했다.

2014년 2학기의 '언론정보 세미나'는 1학기 수강생 중 6명과 새 수강생 7명(박사과정생 민혜영, 용미란과 석사과정생 김지은, 송유라, 조명아, 조유정, 한성은)으로 구성됐다. 1학기 경험 덕에 수업은 효율적으로 운영되어 A4 용지 300매 분량의 기말과제를 무난히 받을 수 있었다. 혹자에게는 이 일이 쉽게 여겨질지 몰라도 수강생들에게는 전혀 그렇지 않았다. "절대 쉽지 않은 일이다", "겁이 난다", 심지어 "대학원에 온 것을 후회한다"는 말도 들렸다. 그래도 수강생들은 책에 대한 기대감 하나로 원고 완성의 중압감을 근근이 이겨내며 한 학기를 보냈다.

2015년 들면서 우리는 욕심을 더 냈다. 〈미디어 경제와 문화〉, 〈미디어, 젠더 & 문화〉, 〈방송과 커뮤니케이션〉, 〈방송문화연구〉, 〈방송통신연구〉, 〈언론과학연구〉, 〈언론정보연구〉를 추가하여 학술지는 12개로, 저널리즘 논문은 1,200여 편으로 늘렸다. 이로써 한국연구재단의 '신문방송학' 분야 등재 학술지 가운데 저널리즘 관련성이 높은 학술지의 1990~2014년 논문을 망라하게 됐다.[1] 하지만 이즈음 안수찬은 휴직 기간이 끝나 〈한겨레21〉 편집장으로 복귀했으며 박성호와 이종명은 학위과정을 계속하느라 여념이 없었다. 원고를 보강하고 첨삭하는 일은 지지부진하여 여름, 겨울로 연이어 미뤄졌다.

학회에 '프로젝트 J'를 발표했던 것은 그나마 의미 있었던 일이다. 2015년 5월 한국언론학회 봄철 정기학술대회 때 최영재 당시 〈한국언론학보〉 편집이사(한림대 교수)의 도움으로 라운드테이블을 열었다. 사회를 봐 주었던 최 교수, 토론을 맡았던 이창근 광운대 교수와 조항제 부산대 교수는 물론이고 송현주 한림대 교수, 오창호 부경대 교수, 임종섭 서강대 교수, 임준수 미국 시러큐스대 교수에게서 많은 조언을 받았다. 배정근 한국언론학회 저널리즘연구회 회장(숙명여대 교수)도 2015년 9월에 발표 자리를 만들어 주었다. 강형철 숙명여대 교수, 김경희 한림대 교수, 김세은 강원대 교수, 박동숙 이화여대 교수, 심재철 고려대 교수, 양승찬 숙명여대 교수, 이건호 이화여대 교수, 이기형 경희대 교수, 차재영 충남대 교수의 고견을 들었다. 우병동 경성대 교수는 두 달 후에 참고용 책 한 권을 직접 갖다 주었다. 이 모든 분들의 격려와 지적은 큰 힘이 되었다.

돌이켜보면, 2015년에 우리는 마음만 앞섰지 이런저런 핑계로 차일피일하면서 역량 부족을 확인하고 의기소침했다. 학회 발표로 '프로젝트 J'가 알려지는 바람에 책이 언제 나오느냐는 질문을 종종 받게 됐다. 우리는 그런 질문이 부담스러워서 답변을 얼버무렸으며 질문을 피하기도 했다. 더 이상 이 일을 미룰 수 없는 지경이었다. 2016년 초에 박성호, 안수찬, 이종명과 나는 마음을 다잡고 여름 출간을 마지막 목표로 삼아 원고와 다시 씨름하기 시작했다. 각자 2~3개의 장을 나눠 맡아서 자기 원고뿐 아니라 동료들의 원고도 갈고 닦았다. 특히 박성호는 전체 원고의 절반 정도를 저자들과 함께 전면적으로 재검토하고 재작

1) 2015년에 출판된 논문도 추후에 추가했다.

성하여 책의 완성도를 한껏 높였다.

이 책은 슈메이커와 리즈(Shoemaker & Reese, 2014)의 역작 〈Mediating the message in the 21st century〉를 모태로 삼았다. 이 두 저자는 두 가지 점에서 독보적이다. 첫째, 대다수 연구자는 '뉴스' 또는 '뉴스 이후'에 주목하지만 이들은 '뉴스 이전'에 주목했다. 뉴스는 텍스트 자체이며, 뉴스 이후는 텍스트에 노출된 수용자의 반응 즉 수용자 효과다.[2] 뉴스는 독립변인이며 뉴스 이후는 종속변인이다. 이 독립변인에 선행하는 변인, 즉 이 독립변인의 독립변인은 없을까? 두 저자는 바로 여기에 주목하여 원재료가 뉴스로 만들어지기까지 어떤 요소들이 영향을 줄 수 있는지 탐구했다. 둘째, 이들은 그런 영향 요소들을 뉴스 생산자 개인, 관행, 미디어 조직, 사회기구, 사회체계의 5개 차원으로 나누고 각 차원을 다음 차원이 둘러싸는 동심원 구조로 시각화했다(이 책 48쪽 〈그림 1〉 참조). 이로써 뉴스 제작과정의 영향 요소들을 체계적으로 파악할 수 있게 됐다.

이 책의 2장 '뉴스를 만드는 사람들'은 슈메이커와 리즈의 뉴스 생산자 개인 차원과 일치하며 3장 '뉴스룸'은 뉴스 관행과 미디어 조직을 아우른다. 또 4장 '뉴스와 정치경제적 압력'은 사회기구와 사회체계를 포함한다.[3] 슈메이커와 리즈 류의 미디어 사회학은 여기서 끝난다. 구조와 관계가 관심사이지 텍스트나 텍스트 이후는 그다지 중요하지 않기 때문이다. 그러나 이 책은 훨씬 더 앞으로 나아가 보았다. 5장에 '뉴스 분석'을 두어 정치, 경제, 사회, 국제 등 주제별로 뉴스의 실제를 살펴보았다. 6장은 객관성이나 공정성 같은 '저널리즘 원칙'을 다루었으며 7장은 여러 가치들이 상충할 때 기자들이 겪게 되는 '취재보도의

---

2) 방법론으로 보면, 일반적으로 '뉴스'는 내용 분석과, '뉴스 이후'는 실험이나 수용자 설문조사와, '뉴스 이전'은 뉴스룸 참여관찰이나 기자 심층인터뷰와 조응한다.

3) 1장은 한국 저널리즘 연구의 역사를 설명하고 저널리즘 논문들의 메타분석 결과를 기술했다.

윤리적 딜레마'를 조명했다. 8장 '뉴스를 보는 사람들'에서 독자와 시청자가 어떤 사람들인지 알아보고, 9장 '뉴스의 효과'에서 그들이 뉴스를 통해 무엇을 얻게 되는지 살펴보았다. 마지막으로 한국의 저널리즘이 민주주의에 어떤 순기능과 역기능을 했는지를 10장 '민주주의와 저널리즘'에서 종합했다.

책이 이렇게 구성되기까지 우여곡절이 많았다. 여러 번 뒤집고 엎으면서 장의 내용을 차별화하고 장의 순서를 조정했다. 각 장도 수없이 엎었다. 그럼에도 불구하고 몇몇 장의 일부 내용은 중복될 수밖에 없었는데, 각 장의 완결성을 고려하여 그대로 놔뒀다.

모든 장은 개요를 설명한 '들어가며'로 시작하여 본론으로 이어지고 '나가며'로 마무리된다. 선행 연구를 되도록 많이 소개하려 했지만 우리가 보기에 관련성이 낮아서 제외했거나 간과했거나 발견조차 하지 못했던 옥고가 많을 것이다. '나가며'에서는 요약과 함께 향후의 연구 과제를 조심스럽게 제안했다. 마지막으로, 해당 주제에 관심이 있는 대학생과 대학원생 등이 입문격으로 읽어볼 만한 10편 내외의 '추천 논문'을 덧붙였다.

'프로젝트 J'는 주변의 도움 없이 완결될 수 없었다. 이 책에 관심을 보였던 모든 사람들에게 고마움을 표하고 싶다. 이제야 우리 마음도 홀가분해졌다. 이 작업을 높이 평가하여 책으로 빛을 볼 수 있게 지원해 준 정창영 삼성언론재단 이사장과 심상복 상임이사에게 깊이 감사드린다. 원고를 세밀하게 검토하고 다듬어 준 한혜경 도서출판 이채 대표에게도 감사드린다. '프로젝트 J'의 아이디어부터 책 출판까지 전 과정에 도움과 격려를 아끼지 않았던 이재경 이화여대 교수에게 특별히 감사의 마음을 전하고 싶다.

이번 작업의 한계도 미리 밝혀 둔다. 우리가 검토했던 12개 학술지의 논문 외에도 대학의 석·박사 학위논문, 각종 단행본, 한국언론진흥재단이나 관훈클럽 등이 발행하는 연구보고서와 정기간행물에도 저널리즘을 다룬 연구 결과물이 많이 있을 것이다. 이를 살펴보는 작업은 미래의 과제로 남겨 둘 수밖에 없다.

책 작업을 마무리하던 2016년 여름에 박성호, 안수찬, 이종명과 나는 몇 차례 회의를 하면서 저널리즘 연구는 '하이브리드'라고 생각하게 됐다. 저널리즘 연구는 규칙성을 발견하고 일반화하는 이론과 예측의 사회과학인 동시에 규범성을 중시하고 텍스트의 분석에 집중하는 인문학적 속성을 지니고 있다. 이 속성 때문에 타 분야의 연구자보다 저널리즘 연구자들은 자기의 연구가 무엇을 위한 연구이며 누구를 위한 연구인지 더 강하게 자문하게 된다. 제작과정을 살펴본 연구든, 텍스트를 분석한 연구든, 효과를 측정한 연구든, 민주주의라는 큰 틀과 관련된 연구든, 무릇 저널리즘 연구는 더 나은 기자, 더 좋은 뉴스를 위한 실태 확인이고 방안 모색이며 미래 제안이다. 기자와 뉴스에 대한 관심이 저널리즘 연구를 지탱하는 힘이다.

책을 내면서 막연한 자부심과 분명한 두려움이 교차한다. 우리는 이 책을 통해 한국 저널리즘 연구의 전모를 그려 보고 싶었다. 그러나 막상 일을 끝내고 보니 이제 겨우 시작임을 알게 됐다. 부족하고 엉성한 곳이 있을 것이다. 그래도 대학원생들이 의욕적으로 만들어 본 실험적 작품으로 봐 주면 좋겠다.

2016년 8월 31일

박재영

참고문헌

Shoemaker, P. J., & Reese, S. D. (2014). *Mediating the message in the 21st century: A media sociology perspective* (3rd ed.). New York, NY: Routledge.

:: 목 차

3장 뉴스룸

장금미·박재영

4장 뉴스와 정치경제적 압력

이종명·박성호

5장 뉴스 분석

김지은·송유라·조명아·조유정·한성은·안수찬

6장 저널리즘 원칙

안수찬

7장 취재보도의 윤리적 딜레마

송유라·박성호

8장 뉴스를 보는 사람들

이승아·박성호

9장 뉴스의 효과

용미란

10장 민주주의와 저널리즘

박성호

※ 본문 내 [ ] 표시는 필자 삽입입니다.

1장

한국 저널리즘 연구의 어제와 오늘

안수찬 · 민혜영 · 장바울

1장은 다음의 논문을 보완 수정한 것이다.

안수찬·민혜영·장바울·박재영 (2015). 한국 저널리즘 연구의 메타 분석: 1990~2014년 국내 12개 언론 학술지 게재 논문을 중심으로. 〈한국언론학보〉, 59권 6호, 246-280.

::

들어가며

한때 모든 이가 따랐고 모든 것을 가졌던 리어왕이 외롭게 황야로 내몰린 뒤 울부짖으며 말한다. "나는 누구인가? 나는 잠들어 있는가, 혹은 깨어 있는가? 내가 누구인지 말해 줄 수 있는 자 누구인가?" 셰익스피어가 비극 〈리어왕〉에 적은 이 대사는 번영에 대한 성찰이 없는 자를 향한 경고이기도 하다. 이제 그 질문을 오늘의 한국 언론학계를 향해 던질 수 있지 않을까. 언론학은 무엇인가? 언론학은 잠들어 있는가, 혹은 깨어 있는가? 언론학이 무엇인지 말해 줄 수 있는 자 누구인가?

제도화된 학문의 정체성은 대부분 대학 학과 이름으로 대변된다. 언론학은 예외적이다. 대학마다 관련 학과의 이름이 다르고, 역사적으로도 자주 바뀌었다. 국내 대학을 중심으로 살펴보자면, 이 학문의 이름은 신문학, 신문방송학, 언론학 등으로 변화해 왔고, 지금도 언론학, 언론홍보학, 언론광고학, 언론정보학, 언론홍보영상학, 미디어학, 커뮤니케이션학, 미디어커뮤니케이션학, 미디어콘텐츠학 등으로 다르게 부른다.

그 가운데서도 이 학문을 대표하는 명칭으로 언론학, 커뮤니케이션학, 미디어학 등이 있다. 그러나 이들 명칭 모두 혼란스럽기는 마찬가지다. 한국에서 '언론'이라는 말은 일상적으로는 매스미디어, 즉 대중매체를 지칭하는데, 언론학이 실제로 포괄하는 영역은 매스미디어를 넘어선다. '커뮤니케이션'은 의사소통 전반을 아우르는 개념으로서 '언론'보다 광범위한 개념이지만, 학문 정체성을 표현하는 데 있어서는 그 광대함이 오히려 문제가 될 수 있다. 말과 글은 물론 표정과 몸짓도 의사소통이고, 심리적 현상부터 사회적 구조까지 커뮤니케이션이 포괄하지 못할 영역이 없다. 최근에는 인간의 의사소통을 넘어 컴퓨터를 매개로 하는 의사소통, 나아가 기계 대 기계의 의사소통까지 커뮤니케이션 연구의 대상으로 등장하고 있다. '미디어'는 이러한 의사소통을 담는 모든 매체 또는 매개를 포괄하는 것이므로 커뮤니케이션 개념이 갖는 광범위함의 문제가 미디어학이라는 명칭에서도 반복된다.

편의상 이 모든 연구를 아울러 언론학이라 부르기로 하자. 그것은 위의 연구를 포괄하는 국내 대표적 학회의 이름('한국언론학회')이기도 하다. 한국언론학회 회원 학자들이 그동안 전개해 온 여러 연구 주제를 아우르자면, 언론학은 의사소통(커뮤니케이션)이라는 프리즘으로 인간 개인의 미시적 수준부터 사회 전체의 거시적 수준까지 종합적으로 분석하는 학문으로 볼 수 있다.

그동안 언론학자들은 대중매체를 통한 사회적 소통(매스 커뮤니케이션)은 물론 정치적 소통(정치 커뮤니케이션), 경제적 소통(광고·PR), 개인 간 소통(대인 커뮤니케이션)에 이르기까지 철학, 심리학, 사회학, 정치학, 경제학, 문화연구 등의 개념과 이론을 두루 흡수하며 연구 영역을 넓혔다(김성해, 2014). 이렇게 확장된 언론학 연구의 대상은 기사, 기자, 뉴스룸, 언론사, 시민(수용자), 인터넷, 시민사회단체, 이익단체, 여론, 기업, 광고, 홍보자료, 정당, 연설, 성명, 선전, 언론정책, 언론법, 언론기술, 언론 역사, 대중문화, 국가, 심지어 세계 체계까지 망라하며, 여기서 비롯한 모든 현상을 아우른다. 그런 점에서 언론학은 맹렬한 속도로 전방위를 향해 팽창하는, 빅뱅 직후의 갓 태어난 우주와 비슷하다. 아직 가닿지 못한 연구 영역과 주제가 있지만, 그 외형적 팽창의 추이만 보자면 머지않아 '모든 사회과학의 사회과학' 또는 '메타 사회과학'으로 커져갈 기세다.

그런데 광범위한 연구 대상을 아우르는 언론학의 현재가 장밋빛 미래로 연결될 것인지는 의문이다. 오늘의 언론학의 제도화 과정에서 결정적 기여를 했던 '혼융의 과학' 또는 '확장의 과학'이라는 특성이 그 정체성에 대한 근본적 질문으로 이어지기 때문이다. 그 질문은 언론학의 고유성에 대한 것이다. 의사소통을 매개로 인간과 사회를 연구하는 학문이라는 언론학은 정치학, 경제학, 사회학, 심리학 등과 무엇이 다른가? 여타 사회과학 역시 의사소통을 매개로 하는 각종 (정치적, 경제적, 사회적, 심리적) 현상을 연구하는 것 아닌가? 언론학이 이들과 구분되는 고유의 학문 체계를 갖출 수 있다면, 이 학문만의 연구 대상과 핵심 이론은 도대체 무엇일까?

언론학의 확장 또는 팽창을 거슬러 그 기원으로 올라가면, 언론학의 탄생을 가능케 한 대중매체가 있다. 초창기의 그것은 신문이었고 20세기 중반 무렵 방송이 등장했다. 애초 언론학은 이런 대중매체에 대한 연구였다. 그 가운데서도 대중매체의 주요 기능인 뉴스의 생산과 전달에 주목하는 저널리즘 연구가 언론학의 고갱이였다. 언론학의 초창기 명칭이 '신문학'인 데서 알 수 있듯이, 초기 언론학은 뉴스 및 뉴스 생산 활동을 연구하는 학문, 즉 저널리즘 연구를 핵심으로 삼고 있었다. 그런데 이후 연구 영역의 확대와 팽창 과정에서 언론학의 본류 또는 본성으로서의 뉴스 연구가 제 갈피를 놓치게 됐고, 바로 이것이 언론학의 정체성 혼란과 밀접한 관련이 있다는 문제의식이 이 글의 바탕을 이룬다. 따라서 언론학 정체성을 둘러싼 여러 문제를 해결하기 위해서라도 뉴스 연구를 중심에 두는 저널리즘 연구의 제자리를 탐색하는 작업은 중요하다.

이런 문제의식에 따라 이 글에서 탐색하려는 질문은 다음과 같다. 언론학의 원시이자 기초인 저널리즘 연구는 20세기 중반 이후 언론학이 팽창을 거듭하는 동안 어떻게 변화했나? 그 과정에서 저널리즘 연구 분야의 성취는 무엇이었나? 현재의 언론학 지형에서 저널리즘 연구의 위상과 가치는 무엇인가? 이 분야의 향후 연구과제는 무엇인가? 그것은 언론학 전체의 발전에 어떤 기여를 할 수 있나?

이 글에서는 우선 한국 언론학의 탄생과 변화 과정을 짚는다. 이 과정에서 저널리즘 연구의 주변화 과정도 이해할 수 있을 것이다. 이와 관련된 것으로 2000년대 이후 제기된 언론학 정체성 논쟁도 소개한다. 저널리즘을 둘러싼 학계의 고심과 긴장을 읽을 수 있을 것이다. 뒤이어 최근 사반세기 동안 언론학 관련 국내 학술지에 게재된 연구 논문을 메타 분석한다. 국내 언론학계에서 차지하고 있는 저널리즘 연구의 위상과 비중을 분석하고, 한국 저널리즘 연구의 특성을 시기별로 살펴볼 것이다.

이를 통해 저널리즘 연구에 관심 있는 대학원생 또는 대학생 등이 이 분야의 중요성을 이해하고, 그 진전에 도움이 될 다양한 연구 과제를 스스로 마련하여, 궁극적으로는 한국 언론학의 발전에 기여할 저널리즘 연구자로 거듭날 수 있기를 기대한다. 저널리즘 연구는 언론학이라는 나무의 뿌리이고, 저널리즘 연구자는 그 뿌리를 보살피는 사람이라고 우리는 생각한다.

1. 한국 언론학의 역사

선구자들

한국 최초의 민간 일간지인 〈독립신문〉이 처음 발행된 것은 1896년이다. 이후 구한말과 일제 강점기를 관통하는 20세기 초중반, 국내에도 여러 언론이 등장하는 가운데 이에 종사하는 기자들이 늘어나고, 이들 기자를 체계적으로 교육할 필요가 생겼으며, 그런 교육을 위한 연구에 매진하려는 이들도 등장했다. 한국 언론학의 태동은 근대 언론의 등장과 밀접한 관련을 맺고 있었고, 언론 연구자들과 언론 생산자의 거리도 멀지 않았다. 언론학의 초창기를 이끌며 기틀을 세운 이들의 이력을 살펴보면, 그들의 학문적 관심이 당대 언론의 과제와 밀접한 관련이 있었음을 알 수 있다.

아직 언론학이 국내에 등장하기 전, 해외에서 이를 체계적으로 공부한 최초의 인물은 김동성과 김현준이다. 다만 두 사람이 신문학을 공부한 일제 강점기에는 정상적 언론활동이 불가능하여 언론학에 대한 본격적 요구가 없었고, 학문 연구를 펼치기에는 국내 고등 교육기관의 형편과 상황도 불안정했다. 이들이 한국의 신문학을 독자적인 학문으로 정립시키는 데 직접 기여하기에는 어려움이 많았던 것이다(정진석, 2009 참조).

김동성은 1909년 미국으로 유학하여 오하이오 주립대에서 신문학을 전공했다. 그는 미국에서 신문학을 전공한 최초의 한국인이다. 이후 〈동아일보〉 창간 멤버로 참가했고, 해방 이후에는 초대 공보처장을 맡았으며, 나중에는 국회의장까지 역임했다. 한국 최초의 언론학 교재로 꼽히는 〈신문학〉을 저술하고 조선신문학원에서 강의도 맡았지만, 학계보다는 주로 언론계와 정계에서 활약했다. 김현준은 신문학 전공으로 박사학위를 받은 최초의 한국인이다. 일본 도요대(東洋大)를 졸업한 뒤, 독일 라이프치히대에서 1928년 신문학 박사학위를 취득했다. 그가 공부한 라이프치히대는 독일 신문학의 진앙지이기도 했다. 김동성과 달리 김현준은 귀국 이후 보성전문 교수로 취임하는 등 학계에 머물렀다.

한국 언론학이 그 체계를 갖추기 시작한 것은 해방 이후였다. 이 시기의 언론학을 이끈 주역이 곽복산이라는 데 국내 학자들 사이에 이견이 거의 없다. 곽복산은 1932년 일본 조치대(上智大) 신문학과를 1기로 졸업했다. 일본 유학 전부터 〈동아일보〉에서 기자로 일했고, 해방 이후에는 이 신문의 사회부장을 거쳐 편집국장을 맡았다. 그는 현업과 학계를 수시로 오가며 언론인 양성과 언론학의 제도화에 힘을 쏟았다. 곽복산은 해방 전후에 활약했던 1세대 기자인 동시에 일본 유학을 통해 체계적 신문학을 처음 공부했으며, 각 대학의 관심과 재정이 뒷받침되지 못했던 시절, 스스로 사설 교육기관을 만들어 그 보급에 열중했다. 그는 또 국내 여러 대학에 언론학과가 설립되는 일을 이끌었고, 그 초대 주임교수 등을 맡았으며, 이에 관심 있는 학자 등을 모은 학회를 처음 만들어 주도했다(강현두, 1994; 김영희, 2012; 정진석, 2009; 차배근, 2009 참조).

언론학에 대한 그의 가장 중요한 기여는 해방 이후인 1947년 조선신문학원(훗날 서울신문학원으로 개칭)을 설립한 데 있다. 조선신문학원은 한국 언론학의 교육과 연구를 체계화·제도화하려는 노력의 첫 결실이었다. 아직 신문학 또는 언론학이 대학 정규과정으로 개설되기 전, 조선신문학원은 언론계에 진출하려는 이들을 위한 이론과 실무를 교육했다. 당시 강의과목은 철학, 정치학, 경제학 등 기초 사회과학이 50%를 차지했고, 언론 관련 이론과 실제가 30%, 시사영어 및 특강이 20%를 차지했다. 강의는 신문 연구에 관심이 많은 언론인들이 주로 담당했다. 국내 최초의 체계적 언론 교육기관으로서의 조선신문학원은 각 대학에 관련 학과가 설립되는 데 결정적 역할을 했다.

대학 최초의 신문학 강좌는 1949년 서울대 문리대에 개설됐는데, 그 강사도 곽복산이었다. 연세대 문과대도 1953년 신문학 강좌를 열었는데 이 역시 곽복산이 강사를 맡았다. 1954년 국내 처음으로 홍익대에 신문학과가 정규 학과로 개설됐는데, 곽복산은 이 학과의 초대 주임교수로 부임했다. 1958년 중앙대 신문학과 설립 과정에도 중요한 역할을 하여 역시 초대 주임교수를 맡았다. 나중에 홍익대 신문학과는 중앙대 신문학과에 통폐합됐고, 그가 세운 조선신문학원도 1969년 중앙대 신문방송연구소로 흡수됐다. 곽복산은 이 연구소의 초대 소장을 맡았다. '신문학의 씨를 뿌리는 사람'을 자처했던 그는 언론 실무와 이론을 겸하여 추진하면서 언론계와 학계를 넘나들었고 1957년에는 당시 문교부로부터 '신문학 교수 제1호'로 인정받았다.

학회의 탄생

곽복산은 1959년 6월 30일 창립된 한국신문학회의 초대회장도 맡았다. 한국신문학회 창립 임원은 곽복산을 포함해 모두 10명이었다. 회장 곽복산이 언론의 실무와 이론을 겸한 인물이었음은 위에 적었는데, 다른 임원진 구성에서도 대학 측과 언론계 측이 절반씩 참여했다. 학자와 기자의 협력 연구를 표방했던 셈이다(정진석, 2009; 차배근, 2009 참조).

대학 측 부회장 임근수는 연희전문에서 사학을 전공한 뒤 서울신문학원 강사를 거쳐 광복 뒤 첫 영어신문이었던 〈코리아타임스〉 기자와 〈서울신문〉 상무이사를 지냈다. 이후 홍익대 교수와 중앙대 교수를 거쳐 서울대 교수를 역임하면서 신문 역사 연구 등의 기틀을 놓았다. 언론계 측 부회장 한경수도 곽복산과 마찬가지로 일본 조치대에서 신문학을 전공했고, 이후 〈경성일보〉 기자,

〈경향신문〉 창간준비위원을 거쳐 주간 〈비판신문〉을 직접 창간해 발행인을 맡았다.

대학 측 이사 3명은 최준, 이해창, 오주환이었다. 홍익대 신문학과 교수였던 최준은 〈황해일보〉 도쿄지사 기자를 거쳐 〈코리아타임스〉 출판국장을 맡은 바 있다. 나중에 최준은 〈방송론〉 등을 집필해 국내 방송학 연구를 개척했다. 이해창은 독일 뮌스터대 신문학과에서 공부했는데, 유학 전까지 〈조선신문〉, 〈매일신보〉, 〈한성일보〉 등에서 기자 생활을 했다. 그는 독일 신문학에서 발전한 공시학(公示學)을 국내에 소개했다. 고려대에서 정치학을 전공한 오주환은 〈고대신문〉 주간을 맡으면서 이 대학 신문학 강좌를 맡다가 한국신문학회 창립에 참여했다. 언론계 측 이사는 천관우, 김광섭 등 2명이었다. 미국 미네소타대에서 신문학을 공부한 바 있는 천관우는 〈대한통신〉, 〈한국일보〉, 〈조선일보〉 등에서 논설위원까지 오른 언론인이다. 일본 와세다대에서 영문학을 전공한 김광섭은 〈민중일보〉 편집국장, 〈세계일보〉 사장 등을 역임했으며, 나중에 홍익대 교수로 부임했다. 학회 간사 역시 언론계 측과 대학 측으로 구성됐다. 언론계 측 초대 간사 박권상은 기자 시절, 미국 노스웨스턴대에서 신문학 석사학위를 받았으며, 〈합동통신〉, 〈세계통신〉, 〈한국일보〉 등에서 오랫동안 언론인으로 일했다. 대학 측 간사 장용은 미국 미주리대에서 신문학 석사학위를 취득했으며, 언론 이력은 따로 없다.

매스커뮤니케이션 연구를 일으킨 윌버 슈람(Wilbur Schramm)은 현대 미국 언론학의 4대 비조(鼻祖)로 해럴드 라스웰(Harold Lasswell), 폴 라자스펠드(Paul Lazarsfeld), 칼 호블랜드(Carl Hovland), 커트 레윈(Kurt Lewin) 등을 지목했는데, 이와 비교해 차배근(2009)은 한국신문학회 창립 임원 가운데 곽복산, 임근수, 이해창, 최준 등을 한국 언론학의 4대 비조로 꼽기도 했다. 그런데 이들 비조를 포함하는 학회 창립 임원 10명 가운데 8명은 언론인이거나 언론인 출신이었다. 즉 1930년대 독일에서 비롯하여 일본으로 이식된 신문학에 관심을 가진 언론인들이 한국 언론학의 기초를 쌓는 데 크게 기여한 것이다.

현직 언론인과 언론학의 강력한 연관은 1970년대까지 이어지다 이후 점차 사라졌다. 〈신문학보〉 제3호에 기록된 1970년 12월 현재 한국신문학회 회원은 모두 57명인데, 그 가운데 현재 소속을 언론사로 밝힌 이가 6명이다. 소속 또는 직위를 교수·강사 등으로 밝힌 나머지 회원 중에서도 언론 이력을 가진 이가 상당수였을 것으로 추정된다. 그런데 1982년 5월 〈신문학보〉 제14호에 게재된 회원 명단 88명 가운데 현재 소속을 언론사로 밝힌 이는 2명에 불과했다. 현직 언론인이 학회에 참여하여 연구자의 일원으로 활동하는 풍토가 1980년대 초반에 이르러 사실상 사라진 것이다. 신문학을 공부한 기자들이 주동하여 1959년 창립한 한국신문학회에 무슨 일이 일어났던 것일까? 이 시기 한국 언론학계는 어떤 변화를 겪었던 것일까?

독일 신문학

현대 언론학의 맹아는 20세기 초반 등장한 독일의 신문학과 미국의 저널리즘 연구(또는 저널리즘 교육)에서 찾을 수 있다. 세계 최초의 일간지는 1660년 독일 라이프치히에서 발간된 〈라이프치거 차이퉁(Leipziger Zeitung)〉인데, 언론의 역사가 오래된 만큼 신문(언론)에 대한 독일 학자들의 관심도 일찍부터 발달했다. 칼 뷔허(Karl Bücher)는 1910년 라이프치히대에 신문연구소를 처음으로 창설해, 신문학(Zeitungswissenschaft)을 주창했다. 미국에서는 전문직 언론인 양성을 위해 저널리즘스쿨이 만들어졌는데, 그 효시는 1908년 미주리대 저널리즘스쿨이다. 초대 학장인 월터 윌리엄스(Walter Williams)는 스쿨 창설과 함께 "나는 저널리즘의 전문성(professionalism)을 믿는다"는 조항으로 시작하는 '언론인의 신조'(The Journalist's Creed)를 천명했다. 이 교육기관의 목적이 전문직으로서의 기자 양성에 있음을 밝힌 것이다.

기원과 학풍에 다소 차이가 있지만, 독일과 미국의 초기 언론학은 뉴스 생산자를 둘러싼 언론 규범과 실천에 깊은 관심을 두고 있었다는 점에서 공통적이다. 규범과 실천은 상통하는 바가 있다. 언론 현실에 대한 규범적 비판은 '더 좋은 언론(인)'의 구현을 전제하고, 더 좋은 언론 실천을 꾀하기 위해서라도 현실에 대한 규범적 비판이 필요하다.

두 학풍 가운데 한국 초기 언론학에 더 지대한 영향을 준 것은 독일 신문학이었다. 신문학은 윤리적·철학적 토대 위에서 언론의 구조와 역사에 관심을 기울이고, 특히 언론의 존재 의의와 사명에 대한 규범 연구를 강조했다(강현두, 1994). 독일에서 직접 신문학을 공부한 이해창(1962)은 "신문학 연구는 신문의 존재 의의와 그 사명을 연구하는 데 제1의적인 목적이 있는 것"(33쪽)이라고 설명했다.

곽복산 등이 유학했던 일본 조치대 신문학과는 일본 최초의 신문학과다. 그 창설자인 오노 히데오는 독일 신문학자들과 접촉하며 주로 독일 신문학을 연구했다. 이러한 독일 (및 일본) 신문학의 영향을 받은 이들이 한국신문학회 창립 임원의 주축이었다. 창립 임원 10명을 중심으로 보자면, 곽복산(일본 조치대 신문학과), 최준(일본 메이지대 신문고등연구과), 이해창(일본 조치대 신문학과), 한경수(일본 조치대 신문학과), 김광섭(일본 와세다대 영문과) 등 5명이 독일 신문학의 영향을 받은 일본에서 공부했다. 이와 비교해, 창립 임원 가운데 미국에서 언론학을 접한 이는 장용(미국 미주리대 신문학 석사), 천관우(미국 미네소타대 연수), 박권상(미국 노스웨스턴대 신문학 석사) 등 3명이었다. 국내에서만 공부한 경우로는 임근수(연희전문 사학과), 오주환(고려대 정치학과) 등이 있다.

신문학의 영향을 받은 이들은 국내 대학의 신문학과 창설에도 기여했다. 신문학과 창설을 순서별로 보면, 1954년 홍익대(이후 중앙대에 통폐합), 1957년 중앙대, 1960년 이화여대, 1963년 한양대, 1965년 고려대, 1966년 경희대, 1967년 성균관대와 서강대, 1972년 연세대 등에 신문학과 또는 신문방송학과가 설치됐다. 대학원 과정을 보면, 1964년 중앙대와 이화여대, 1965년 서울대에 석사과정이 개설됐다. 이 가운데 홍익대와 중앙대의 학과 창설을 이끈 것은 곽복산이었고, 이해창과 박유봉은 각각 이화여대와 한양대의 학과 창설을 이끌었다. 이들 모두 일본 조치대에서 유학했다.

독일 신문학은 1930년대 이후 신문, 방송은 물론 의사소통 미디어 전반에 대한 연구로 그 대상을 확장하는 공시학 또는 푸블리치스틱(Publizistik) 과학으로 변모했다. 여기서 '공시'란 공공의 다중에게 노출된 미디어를 통칭하는 것으로 신문, 라디오, 방송은 물론 연극, 선전, 연설, 포스터, 출판 등을 아우르는 개념이다. 1960~1970년대의 국내 언론학자들도 그 영향을 받아 신문학을 공시학 또는 푸블리치스틱 과학으로 바꿔 부르면서 관련 저술들을 내놓았다(예: 박유봉, 1974; 이해창, 1962).

미국 커뮤니케이션학

독일 신문학이 공시학으로 변모하던 무렵, 미국에서는 미디어를 통한 프로파간다의 효과 연구를 위시로 하는 커뮤니케이션 연구가 등장했다. 그 제도화 과정을 이끈 이는 윌버 슈람이다. 그는 1943년 아이오와대 저널리즘스쿨 학장이 되어 처음으로 매스 커뮤니케이션 박사과정을 신설했다. 이후 미국의 언론학의 주류는 언론인 양성이 아니라 사회과학적 커뮤니케이션 연구에 초점을 맞추기 시작했다(양승목, 2013).

여기서 독일 신문학과 공시학 간에, 그리고 미국의 저널리즘스쿨과 커뮤니케이션 연구 사이에는 각각 다소의 간극이 있다. 즉 전자를 계승하여 후자가 등장했다기보다는 새로운 매체 환경에 자극받은 새로운 학문적 흐름이 태동한 것이다. 우선 독일의 상황을 보면, 1930년대 이후 라디오의 등장, 2차 세계대전 이후 텔레비전의 급성장 등 인쇄매체 중심의 매체 환경이 다양한 매체 환경으로 변모하고, 이들 새로운 매체들이 막강한 사회적 영향력을 발휘하자 이를 탐구하려는 과정에서 공시학이 등장했다(채백, 2013). 미국의 커뮤니케이션 연구 역시 2차 세계대전 전후 라디오 등 새로운 매체를 통한 각종 프로파간다의 효과를 연구하는 과정에서 매체의 사회적 영향력에 주목한 학자들이 주도적으로 그 학문적 체계를 정립했다.

이는 당시 세계 체제의 격변과 밀접한 관련이 있었다. 1차, 2차 세계대전을 치르면서 유럽과 미국은 신문과 영화를 동원해 선전활동을 벌였고, 특히 독일의 나치와 소비에트 연방 등은 선전도구로서 대중매체의 가치가 크다는 점을 확실히 보여주었다(McQuail, 2005/2007). 이에 따라 많은 학자들의 관심은 대중매체가 사람들에게 어떤 영향을 줄 수 있는지에 쏠리게 됐고, 그 과정에서 탄생한 공시학과 커뮤니케이션 연구 모두 저널리즘 그 자체보다는 대중매체의 사회적 영향에 관심을 두었던 것이다. 다만 공시학은 커뮤니케이션 연구에 비해 역사적 맥락과 규범적 비판을 더 중시했다는 정도의 차이가 있다.

이에 따라 1960년대 이후 국내 언론학계에서도 흥미로운 격변이 일어났다. 독일 신문학 또는 공시학의 영향을 받은 1세대 언론학자들이 급격히 퇴조하고, 미국 커뮤니케이션 연구의 세례를 받은 2세대 언론학자들이 전면에 등장한 것이다. 한국 초기 언론학에 영향을 준 것이 주로 독일 신문학 전통이었다면 이후에는 미국 커뮤니케이션 연구가 그 자리를 대체했으며, 특히 미국 대학에 유학하여 커뮤니케이션 연구를 체계적으로 공부한 학자들이 속속 입국한 1970년대 들어 이런 변화가 두드러졌다(차배근, 2009).

그 결과, 주로 독일 신문학의 영향을 받아 태동한 한국 언론학은 1970년대를 전후해 미국 커뮤니케이션학의 영향 아래 사회과학으로 정립됐다. 그 학문적 관심 역시 언론의 규범적 역할에 주목하는 연구에서 의사소통 일반에 대한 과학적 연구로 옮겨 갔다.

그 주역은 김규환이다. 그는 커뮤니케이션 연구의 필요성을 역설하면서, 근원적이고 보편적인 문제 영역으로 관심을 옮겨야 언론학이 체계적 과학으로 성립할 수 있다고 주장했다.

> 한국에서 매스·콤뮤니케이션 연구가 사회에 있어서의 매스·메디아의 책임이라던가 신문의 자유, 알아야 할 권리, 경제적 제약이라던가 정부의 통제 등등[에] 중점을 두고 온 것은 한국에 이어서 매스·메디어(특히 신문)가 정치적 사회적 변동에 관하여 커다란 사회세력으로서 주요한 기능을 발현할 수 있었고 또 그래야만 하겠다는 전진적 의욕에 기인하는 것이라고 하겠다. [중략] 그러나 매스·콤뮤니케이션 연구에 있어서 근본적 과제는 콤뮤니케이션과 그 밖의 여러 가지 사회적 현상 및 행동형태 간의 체계적 관계성의 종류 및 성격을 결정하는 것이다. (김규환, 1964, 7쪽)

김규환은 곽복산과 비슷하면서도 다른, 여러모로 비교되는 학자다. 그는 서울대 정치학과에서 공부했고, 1950년 일본 도쿄대 신문연구소로 유학하여 1955년 석사학위를 받았으며 1959년 사회학 박사학위를 취득했다. 곽복산과 마찬가지로 김규환은 일본에 유학했으나, 독일 신문학의 영향을 받은 곽복산과 달리, 당시 미국에서 태동한 매스 커뮤니케이션 연구에 관심이 많았다. 〈동아일보〉 창립 멤버였던 곽복산과 마찬가지로 김규환 역시 오랫동안 언론에 직접 몸담았는데, 〈동양통신〉 주일 특파원을 거쳐 편집국장까지 역임했다. 곽복산이 신문연구소를 설립한 것과 마찬가지로 김규환은 1963년 서울대에 대학 최초의 신문연구소를 설립하고, 1967년 서울대 교수로 부임했으며, 1968년 신문대학원을 세워 학위과정을 본격화했다. 그러나 재정적 후원에 어려움을 겪었던 곽복산과 달리, 김규환은 〈동양통신〉 사장이자 당시 집권 공화당의 유력자였던 김성곤의 후원으로 1965년 한국 최초의 언론 공익 재단인 성곡언론문화재단의 설립을 주도했다. 1969년 김규환은 창립 이래 10년간 회장을 맡았던 곽복산에 이어 한국신문학회 2대 회장으로 선출됐고, 한동안 침체에 빠져 있던 학회를 활성화했다(양승목, 2013; 정진석, 2009; 차배근, 2009).

언론학 논쟁

미국 커뮤니케이션 연구를 공부한 학자들은 독일 신문학의 비체계성, 비과학성 등을 비판하면서 독립적 과학으로서의 언론학 정립을 주도해 갔다. 반면 독일 신문학 또는 공시학 전통을 따르는 학자들은 미국 커뮤니케이션 연구의 도입에 상당히 비판적이었다. '언론학'이라는 명칭이 탄생한 것도 두 학풍 사이의 긴장 또는 경쟁과 관련이 있다. 처음 언론학이라는 개념을 사용한 것은 곽복산이다. 이전까지 이 학문에 대한 국내 명칭은 독일의 Zeitungswissenschaft를 번역한 '신문학'이었고, 학회 이름도 '한국신문학회'였다. 그런데 곽복산이 1971년 편저한 〈언론학 개론〉에서 처음으로 언론학이라는 명칭이 등장했다. 이 저서에서 곽복산은 독일과 미국의 학문을 수입하여 형성된 신문학을 한국 현실에 맞게 토착화하는 동시에 체계화를 모색해야 한다면서, 그 작업을 이끌어갈 개념으로 언론학을 제시했다.

> 언론학이란 무엇을 의미하는 것인가? 나는 학계에서 전혀 생소한 '언론학'이란 이름으로, 그 학문적인 형성을 위하여 시도하는 첫 출발에 있다. 언론학이란 '공공적인 현실의식의 다중사회적인 대화의 현상을 체계적으로 인식하는 과학'이다. (곽복산, 1971, 3쪽)

같은 책에서 그는 실증적·미시적 관점에서 정보와 행동에 초점을 두는 커뮤니케이션 연구에 비해 공시학은 사변적·거시적·추상적 관점에서 언론을 통한 지식의 전달과 의식의 형성, 그리고 공공여론의 성격에 초점을 두고 있다고 구분한 뒤, 미국 커뮤니케이션학의 영향으로 신문학 연구의 영역이 지나치게 확장되어 오히려 혼선이 빚어지고 있다고 비판했다.

> 근자에 와서 커뮤니케이션과학의 이입 등은 신문학의 연구 또는 교육이라는 이름 아래 적지 않은 혼선을 빚어내고 있는 실정이다. [중략] 신문학에 대한 나의 입장은 신문지학에 그 범위와 한계성을 두고자 한다. 따라서 이 분야 학문의 탐구에 있어서 그 근원과 구심점을 '언론 현상'에서 찾는 바이다. 이에 입각하여 그의 모체가 될 수 있는 기능적인 모든 대상을 모색하면서 언론학의 구성을 위한 기초이론을 탐구한다. (곽복산, 1971, 3-4쪽)

1971년에 출간된 〈언론학 개론〉은 독일 신문학의 세례를 받은 한국 언론학의 초창기 학자들이 주도하여 미국식 학풍과 독일식 학풍을 한국적으로 종합하려는 시도였다고 평가할 수 있다. 그 바탕에는 독일 신문학·공시학 전통을 따르려는 이들이 미국식 커뮤니케이션 연구의 영향을 견제하려던 비판의식이 있었던 것으로 보인다.

이 책에는 모두 16명의 언론학자들이 참여했다. 곽복산·오주환·최준 등 독일 신문학의 영향을 받은 1세대 학자들과 김규환·차배근 등 미국 커뮤니케이션 연구를 공부한 2세대 학자들이 함께 집필했다. 책의 구성으로만 보면, 독일식 학풍과 미국식 학풍을 아우르는 모양새지만, 대표 편저자는 미국식 학풍에 비판적이었던 곽복산이었다. 그러나 곽복산은 이 책이 발간되기 하루 전, 뇌일혈로 쓰러져 사망했다. 공시학과 커뮤니케이션학을 아울러 토착화하겠다는 그의 구상도 더 이상 발전을 이루지 못했다.

이후 커뮤니케이션 연구는 독일 신문학 전통을 서서히 밀어냈다. 위에 적은 김규환 외에도 해방 이후 미국에 유학하여 커뮤니케이션 연구를 그 본토에서 직접 공부한 학자들이 속속 귀국해 국내 언론학계를 이끌기 시작했다. 커뮤니케이션 학자들의 초기 연구를 대표하는 저작으로 박유봉, 서정우, 차배근, 그리고 한태열(1974)이 공저한 〈신문학 이론〉이 있다. 그 제목에서는 (독일 학풍에서 비롯한) 신문학을 그대로 따랐지만, 실제 내용에는 기존 신문학에 대한 강력한 비판을 담았다.

사회과학으로 정립

서정우 등이 펴낸 〈신문학 이론〉의 가장 큰 특징은 해럴드 라스웰의 '커뮤니케이션 모형'에 입각하여 국내 학계의 기존 연구를 종합 정리한 데 있다. 라스웰(1948)은 의사소통 과정을 'S(Sender, 송신자)-M(Message, 메시지)-

C(Channel, 미디어)-R(Receiver, 수용자)-E(Effect, 효과)'로 나누고 각 단계에 상응하는 연구 영역을 생산자 분석, 내용 분석, 미디어 분석, 수용자 분석, 효과 분석 등으로 구분하여 제시했다. 해방 이후 미국에 유학하여 커뮤니케이션 연구를 공부한 일군의 학자들은 이러한 라스웰의 커뮤니케이션 모형을 한국 언론학의 새로운 준거이자 기초이론으로 받아들였다.

〈신문학 이론〉으로 대표되는 커뮤니케이션 연구자들이 주도한, 언론학의 과학적 정립 작업은 1976년 〈커뮤니케이션학 개론〉의 출간에서 꽃을 피웠다. 이들은 스스로의 학문적 정체성을 표현함에 있어 신문학을 버리고 커뮤니케이션학을 내세웠을 뿐만 아니라, 〈신문학 이론〉에서 시도했던 언론학의 체계적 정리를 크게 확대하여 국내 언론학 연구를 S-M-C-R-E 모형에 입각해 분류하면서 총정리했다. 임영호(2013)는 이 저술에 대해 "한국 언론학의 역사 전 기간을 통틀어 가장 야심차고 체계적으로 관련 영역의 지식을 정리한 것으로, 그 후에도 이를 대신할 만한 저술은 아직 나오지 않았다"(11-12쪽)라고 평가했다.

당시 커뮤니케이션 모형을 중심으로 한 언론학 체계화 작업을 비판하는 글에 대한 재비판에서 차배근(1974)은 라스웰의 커뮤니케이션 모형만큼 커뮤니케이션 과정의 구조를 명시해 주는 유용한 대안적 모형이 없다며 이렇게 적었다.

> 이제까지 수많은 신문학 저서가 취재보도론, 편집론, 경영론 등의 편제로 서술되어 발행되었음에도 불구하고 아직까지 신문학 이론을 체계화시키지 못하고, 이제 와서 "신문학도 학문이냐?", "신문학은 이제 벽에 부딪쳤다"는 말을 듣게 되는 것은 오히려 종래의 편제에 얽매어서 새로운 이론체계를 정립하지 못하였기 때문이 아닐까 한다. (차배근, 1974, 183쪽)

이 글에서도 드러나듯이 커뮤니케이션 연구의 수입은 실무교육 중심의 언론학을 이론적 체계를 갖춘 사회과학으로 정립하려는 노력과 밀접한 관련이 있었다. 이에 힘입어 한국의 언론학은 다양한 영역의 분과 학문을 거느린 사회과학으로 성장했다. 커뮤니케이션 연구자들의 선도 아래 한국 언론학은 1970년대부터 행동과학적 사회과학으로 자리 잡았고, 이에 따라 "사회과학으로서의 커뮤니케이션학"(양승목, 2005, 2쪽)이라는 정체성을 굳혔다. 행동과학적 사회과학은 실증주의적 검증 모델을 기본으로 삼는 데, 이를 추구한다는 것은 미국식 사회과학 방법론을 필수적으로 훈련해야 한다는 뜻이기도 했다.

저널리즘 연구 중심에서 커뮤니케이션 연구 중심으로 변화하는 과정은 한국언론학회의 명칭에도 반영됐다. 1959년 창립 당시 한국신문학회의 영문 명칭은 'Korean Study of Journalism'이었다. 학회 정관에 밝힌 목적도 '신문(Journalism)에 관한 연구·조사'였다. 저널리즘을 연구하는 학회임을 분명히 한 것이다.

그러다 김규환이 2대 회장으로 취임한 직후인 1969년 학회의 영문 명칭이 'The Korean Society of Journalism and Mass Communication Studies'로 바뀌었고, 정관의 목적도 '저널리즘 및 매스·커뮤니케이션에 관한 연구·조사'로 변경됐다. 저널리즘 연구를 앞장세우기는 했지만 매스 커뮤니케이션 연구가 그에 상응하는 비중으로 등장한 것이다. 1977년에는 그 영문 명칭을 'The Korean Society of Journalism and Communication Studies'로 바꿔, 매스 커뮤니케이션을 넘어 커뮤니케이션 일반을 연구하는 학회임을 밝히는 데 이르렀다.[1)]

영문 명칭과 달리 한글 명칭은 딱 한 번 바뀌었다. 1985년 학회의 한글 명칭은 '한국신문학회'에서 '한국언론학회'로 바꾸어 오늘에 이른다. 영어 명칭과 한국어 명칭을 종합해 살펴보면, 한국언론학회가 생각하는 언론학이란 저널리즘 연구와 의사소통 연구를 아우르는 학문인 셈이다. 이는 그 용어를 처음 사용한 곽복산이 '광의의 신문학'이라는 의미로 언론학 개념을 주창했던 것과는 다소 구분된다.

즉, 오늘날 한국 언론학계에 두루 퍼져 있는 언론학이라는 개념은 독일식 학풍을 따르는 집단에서 먼저 제안했고, 미국식 학풍을 따르는 집단에서는 상당 기간 동안 이를 수용하지 않다가 나중에야 이 학문 및 학회의 대표 명칭으로 수용했다. 현재 한국언론학회는 저널리즘 연구와 커뮤니케이션 연구를 두 축으로 삼고 있음을 표방하고 있는데, 여기서 언론(학)이 저널리즘과 커뮤니케이션을 포괄하는 것인지, 그런 개념이 성립 가능한 것인지에 대한 진지한 검토를 거치지 않고 오늘에 이르고 있는 것이다. 이 학문 체계의 가장 기본적인 개념에 대한 논구가 보다 충분히 이루어질 필요가 있다 하겠다.

언론학의 경계가 어디까지 확장돼 있는지는 한국언론학회 산하 연구분과위원회를 살펴보면 된다. 한국언론학회는 1990년부터 다양한 연구 분야를 아우르는 연구분과위원회를 구성했는데, 2016년 3월 현재, 그 분과는 과학보건환경위험 커뮤니케이션 연구회, 광고 연구회, 국제커뮤니케이션 연구회, 문화-젠더 연구회, 미디어경제/경영 연구회, 미디어교육 연구회, 미디어콘텐츠 연구회, 방

1) 이 시기 한국언론학회의 변신을 이끌었던 김규환의 몇몇 저술을 보면, 박정희 정부 및 전두환 정부의 언론 정책을 호의적으로 평가하고, 정부 비판적 언론보도를 오히려 비판하는 내용이 있다. "민중의 이러한 주된 욕구에 치중하여 신문이 네거티브한 어프로치로서 그러한 [민중의] 욕구불만을 안이하게 일시적으로 해소시킨다면 신문은 문제를 합리적으로 해결하여 사회발전에 공헌하는 기능을 발휘하지는 못할 것"(1966, 9쪽)이라면서 박정희 정부에 대한 언론의 보도 태도를 문제 삼거나 "전두환 대통령의 제5공화국은 정의사회의 구현을 시정의 대원칙으로서 슬로건으로 내걸고 정치, 사회, 경제에 이르는 각 분야의 일대 개혁을 단행하였는바, 특히 언론의 개혁을 가장 중요시하였다. 그 중에서도 한국 언론사상 아직 실현을 보지 못했던 다음과 같은 변혁을 강행하였다"(1985, 55쪽)라며 언론통폐합을 긍정하는 것이 대표적이다. 한국 언론학을 독립적인 제도 학문으로 자리매김하는 데 있어 김규환의 역할은 가히 결정적이었다고 평가할 수 있지만, 이 시기의 언론학이 언론 현실에 대해 어떤 역할을 했는지는 또 다른 연구와 논쟁의 대상이다.

송과 뉴미디어 연구회, 언론과 사회 연구회, 언론법제윤리 연구회, 인터랙션 연구회, 저널리즘 연구회, 정치커뮤니케이션 연구회, 조직커뮤니케이션 연구회, 종교와 커뮤니케이션 연구회, 지역언론 연구회, 출판과 커뮤니케이션 연구회, 커뮤니케이션 정책 연구회, 커뮤니케이션 철학과 사상 연구회, 커뮤니케이션과 역사 연구회, 통일 커뮤니케이션 연구회, 홍보 연구회, 휴먼커뮤니케이션 연구회 등 23개에 이른다.

독일 공시학과 미국 커뮤니케이션학의 경쟁, 언론학 개념의 등장과 정착 등 한국 언론학의 변화 또는 발전 과정에 대한 역사적 연구는 아직 충분치 않다. 규범 중심의 독일 학풍과 과학적 방법론을 내세운 미국 학풍 사이에 벌어진, 1970년대 초반의 짧지만 강렬했던 논쟁을 깊이 들여다본 연구도 드물다. 이 대목이 매우 중요한 이유가 있다. 학문 변천 과정에서 어떤 논쟁과 고심이 있었는지 깊게 들여다보지 않으면 아주 곤란한 문제가 발생한다. 언론학이 도대체 무엇을 연구하는 학문인지, 연구자들 스스로 자꾸 되묻게 되는 것이다.

정체성 위기

한국 언론학은 일제 강점기에 도입된 신문학 전통의 저널리즘 규범 연구를 토대로 삼았으나, 1970년대 들어 사회과학으로서의 커뮤니케이션 연구로 변모했고, 이후 오늘의 분과별 연구체계를 거느린 학문으로 발전했다. 그러나 일련의 변화에도 불구하고 언론학의 정체성과 가치는 여전히 모호하다.

> 초창기의 현장 지향적 저널리즘 연구는 다양한 문제의식과 현실에 대한 폭넓은 관심을 갖추었던 데 비해 개념적 치밀성이나 방법론적

> 엄밀성이 부족하다는 결정적 결함이 있었다. 반면에 1970년대의 경험적 연구는 또 다른 형태의 극단적 문제점을 안고 있었다. 외부의 학문적 비판에 대비해 방법론적 보호막은 잘 갖추게 되었지만, 그 연구의 이론적 가치가 과연 무엇인가 하는 의문이 바로 그것이다. (임영호, 2009, 441쪽)

언론학의 정체성을 논구하는 연구는 이 학문의 초기부터 지속적으로 등장했지만, 특히 2000년대 들어 관련 논의가 더욱 활발해졌다. 우선 언론학 교육과정의 문제를 지적하는 연구들이 많다. 송우천(2001), 이재경(2005), 김성해(2007), 최경진(2007), 박동숙(2009) 등은 언론학과에서 실무적 저널리즘 교육이 사라진 것을 비판하고 있는데, 올바른 저널리즘을 실천하는 인재를 길러 내는 언론학 교육이 언론 현실 개선에 중요한 기여라는 인식이 그 바탕에 깔려 있다.

> 국내 대학들은 저널리즘 교육과정 자체가 분명하게 정립돼 있지 못한 현실이기 때문에 어느 학교도 직업 교과의 내용이 충실하지 못하다. 이러한 구조적인 상황은 결과적으로 교양교과에 대한 성찰도 체계적으로 할 수 없는 조건을 형성해 왔다. (이재경, 2005, 27쪽)

무엇을 가르칠 것인지 분명치 않은 상황은 무엇을 연구할 것인지 분명치 않은 상황과 밀접한 관련이 있다. 학문적 정체성과 교육과정의 혼란에 대해서는 강현두(1994)도 1990년대 초반 선구적으로 문제를 제기한 바 있다. 그는 "[1970년대 이후] 실무적 저널리즘 연구와 교육은 발전적 변화과정을 겪기보다는 일종의 '종말'을 맞게 됐다"(15쪽)면서, 인문적인 동시에 실무적인 성격의 미국식 (학부) 저널리즘 교육과 사회과학적 연구과정으로서의 대학원 교육과정을 구분할 것을 요청했다.

> 70년대에 이르면서 신문학과 매스커뮤니케이션학의 통합은 [중략] 실무적 저널리즘 교육의 막이 내려지는 단절이라고 보거나, 아니면 매스 커뮤니케이션 연구에 흡수 통합된 것이라고 보는 게 타당하다. 따라서 한국의 저널리즘 학문은 미국의 그것처럼 인문학에 뿌리를 두고, 언론의 실무적 이론을 연구 교육하는 것으로 발전되지 못[했다]. (강현두, 1994, 12쪽)

한국언론학회 미래위원회가 2009년 발간한 〈언론학 교육의 길을 묻다〉와 그 후속 작업으로 한국언론학회 언론교육위원회가 2014년 발간한 〈언론학 교육의 혁신 모델〉은 한국 언론학의 정체성 논란에 대한 여러 입장을 포섭하면서 새로운 언론학 교육 패러다임을 제시하려는 노력으로 평가할 수 있다.

〈언론학 교육의 길을 묻다〉는 현실과 지식의 통합을 지향하면서 새로운 보편을 추구하는 학문으로 언론학을 재정립할 것을 제안하고, 이를 위해 여러 학문을 엮는 자유 학문 중심의 커리큘럼을 통해 언론 현실에 기여하는 성찰적 실천교육의 필요성을 지적했다. 뒤이어 발간된 〈언론학 교육의 혁신 모델〉은 일련의 교양 교육과 실무 교육을 바탕으로 변화하는 현실에 발맞추려는 국내외 저널리즘스쿨의 사례를 집중적으로 분석했다. 여러 학문을 넘나드는 통섭 또는 통합의 바탕 위에서 언론을 포함한 사회 현실에 직접 기여하거나 그 현실을 비판적으로 탐구하는 인재를 길러 내는 언론학 교육의 혁신이 필요하다는 것이 두 연구를 가로지르는 문제의식이다.

언론학 교육과 언론학 연구는 동떨어진 별개의 것이 아니라 밀접하게 영향을 주고받을 수밖에 없다. 한국 언론학 교육의 핵심 질문이 “우리는 학생들을 제대로 교육하고 있는가"(강명구, 2009, 3쪽)에 있다면 그 교육을 담당하는 언론학자들이 답해야 할 또 다른 질문은 '제대로 교육하기 위해 무엇을 연구할 것인가'로 이어질 수밖에 없기 때문이다.

이론과 실천

언론 현실에 대한 학문적 실천력 확보를 요청하는 연구들도 속속 등장하고 있다. 그 가운데 조항제(2014)는 언론의 자율성·공정성·다양성에 대한 연구, 권력화된 언론에 대한 감시, 위축되는 언론의 자유에 대한 고발 등 학문의 비판적 실천이 필요한 여러 문제에 대해 한국 언론학이 제대로 대응하지 못했다고 지적했다.

> 진실의 전모에 좀 더 가까울 수 있고 그런 임무를 가진 언론인을 가르쳐야 하는 언론학자라면 '방법론적인 것'보다 '도덕적인 것'을 앞세워야 한다. [중략] 무엇보다도 한국의 현실이 연구자의 '문제틀'(problematic)의 중심에 서도록 해야 한다. (조항제, 2014, 66-67쪽)

한국 저널리즘의 위기를 진실성과 공정성의 위기로 개념화한 손석춘(2006) 역시 그 해결을 위한 저널리즘 연구의 활성화가 시급하다고 진단했다.

> 한국 저널리즘에 나타나고 있는 실체적 위기는 언론인들 자신의 책임이 일차적이고 결정적이지만 저널리즘 현상을 연구하는 언론학의 책임도 적지 않다. 사회과학으로서 언론학이 사회 현상의 하나인 언

> 론 현상에 대해 문제점을 분석하고 해결방안을 모색하는 것은 본연의 일이다. 하지만 언론학계에서 저널리즘 연구는 점점 약화되고 있다. (손석춘, 2006, 67쪽)

일찍이 안광식(1989)은 독재정권 시절 시대적 상황에 항거하면서 언론자유의 확장에 기여하지 못한 것이 언론학계의 가장 큰 문제라고 지적한 바 있다. 언론학이 언론 현실을 제대로 비판하거나 이를 개선하는 데 별다른 역할을 못했다는 20여 년 전의 자성이 오늘에 이르러 재등장하고 있는 형국인 것이다.

이론적 체계에 초점을 둔 문제제기도 있다. 언론학의 하위 분과 간 교류를 확대하여 '통섭의 학문'으로 발전시키자거나 사회과학을 넘어 인문학적 정체성을 강화하자고 제안하는 연구들이 나와 있다. 유선영(2014)은 계량화 연구를 통해 단편적 정보만 제공하는 연구 풍토에 따라 언론학의 정체성을 둘러싼 회의론과 비판론이 반복되고 있다고 지적한다. 특히 미디어 기술의 급변에 주목하는 기술중심적 확장에 의해 커뮤니케이션의 개념까지 급속하게 확장되면서 새로운 분과 연구가 늘었으나, "계량화, 과학화, 모델화의 노선을 따라 현상을 요인으로 쪼개고 분절하면서 맥락과 배후가 없는 요인들만 언급"(28쪽)하게 되어, 분과 연구를 아우르는 공통의 문제틀과 관점, 행동과 감각을 만들어 내지 못했다고 보았다.

> 커뮤니케이션학은 점차 저널리즘을 근간으로 한 언론학의 전통적 연구 영역들로부터 멀어지고 이제까지 언론학의 기본 영역들을 주변화하기 시작했다. 언론학이라는 학문적 전통성과 정체성이 행사하는 구심력은 약화되고 새롭게 부상한 다수의 하위 영역들이 바깥으로 확장하는 원심력으로 인해 커뮤니케이션학의 정체성은 점점

더 모호하게 된 것이다. [중략] 언론학이라는 범주는 저널리즘(press/journalism)을 근간으로 하는 학문 분야를 지칭하는 것으로 간주되어 왔다. [중략] 언론학이 다소 낡은, 시대에 부합하지 않는 것으로 여겨지면서 정보학 그리고 커뮤니케이션학이라는 명칭은 점차 안정화되고 있다. 이 과정에서 언론학이라는 호명에 내재되었던 가치, 원칙, 기준 및 도덕적 정향성도 소실되어 갔다. (유선영, 2014, 11-12쪽)

유선영은 분과별로 파편화되어 고립된 채 서로 소통하지 않는 언론학의 연구 풍토를 극복할 대안으로 사회-미디어-인간의 전체성을 환기할 것을 촉구한다. 미시 연구를 누적한다고 해서 언론학의 학문적 성취와 수준이 높아지는 것이 아니라 각 연구마다 구조와 맥락, 그리고 역사에 대한 관심을 기울여야 진정한 의미의 비판적 사회과학으로 정립할 수 있다는 문제의식이 그 바탕에 깔려 있다.

임영호(2009, 2013)는 언론학의 이론적 재정립을 강조했다. 라스웰의 커뮤니케이션 모델을 극복하거나 대체하는 새로운 이론체계를 구성하여, 급속하게 변화한 커뮤니케이션 일반의 현실에 발맞추는 사회과학적 모색이 절실하다는 것이다. 특히 그는 뉴미디어와 디지털의 등장으로 언론학의 연구 영역이 더 확대된 것으로 보이지만, 커뮤니케이션 문제와 연관된 연구 자체가 철학, 문학, 사회학, 정치학 등을 망라하는 것이므로, 오히려 언론학의 고유한 정체성이 흔들리고 있다고 지적했다. 언론학이 이들 학문과 차별화된 지식을 제공하기 위해서는 여러 이론적 흐름들 간의 대화와 소통이 필요하다고 보았다.

언론학 연구의 이론적 틀은 과거 매스미디어가 지배하던 시절의

SMCR 모델에 의존하고 있으며, 이는 시대 변화에 따라 많은 문제점을 드러내고 있다. [중략] 여러 이론적 흐름들 간의 대화와 소통은 실종되고 세부 영역들은 각자 관심사대로 파편화하고 있어, 진정한 의미의 다원성과 거리가 멀다. (임영호, 2013, 6쪽)

새로운 관점

그동안 변방에 밀려나 있었거나 또는 새롭게 등장한 이론체계를 끌어들여 저널리즘 연구의 분절화, 파편화를 극복하려는 흐름도 있다. 이동후(2015)는 미디어 생태학을 간학제적·다학제적 지식의 네트워크로 소개하면서 '환경으로서의 미디어에 대한 연구'를 중심에 두고 관계주의적, 통시적, 성찰적 접근을 시도할 것을 제안했다. 이를 통해 "사람, 미디어, 다른 사회적 힘 간의 복잡하고 다중적인 차원의 상호작용을 고려하면서, 미디어의 영향력을 좀 더 세밀하게 이해"(37쪽)하자는 것이다.

임영호(2015)는 미디어 정치경제학의 가치에 다시 주목하여 언론학 이론의 체계화에 접근할 것을 제안하면서, 미디어 자본 축적과정에서 나타나는 추이와 특징, 미디어 산업의 노동 양식 및 제작 방식의 변화, 미디어 산업의 생산-유통-소비 등 유관 부문 간의 관계 등에 대한 귀납적 분석과 입체적이고 역사적인 추적 등의 연구 과제를 제시했다. "유럽과 북미 등 해외 언론학계에서 미디어 환경의 변화를 반영하는 새로운 경험적 연구 축적과 더불어 이론의 체계화 작업이 전개되는 추세"(10쪽)인 만큼 한국 학계에서도 "과거 어느 때보다도 이러한 산업적 추이를 비판적 관점에서 진단하고 쟁점화하면서 대안을 모색하는 노력이 필요하다"(10쪽)는 것이다.

몇몇 연구자들은 사회과학의 경계를 넘어 인문학적 재구성까지 촉구하고 있다(예: 남궁협, 2013; 박진우, 2013). 한국 언론학이 실증주의적 방법론에 경도된 결과, 실용성을 앞세우면서도 정작 현실의 문제 앞에서 무용지물인 상황이 됐으므로, 기존의 방법론에 대한 인문학적 성찰과 전복을 통해 언론학을 완전히 재구성하자는 것이다.

> 인문학과의 대화를 통해 언론학은—나아가 사회과학 전체가— '당대에 대한 관심'을 새롭게 가질 수 있을 것이다. 당대에 대한 관심, 당대의 삶의 구체성에 대한 비판적 관심은 그 자체로 인문학이 제공할 수 있는 최선의 지적인 자극이자 상상력이기 때문이다. (박진우, 2013, 28쪽)

> 실증주의적 방법론에 경도되어 현실 문제에 대한 비판적 상상력이 실종되고 있다. [중략] 이런 종류의 연구들[실증주의적 방법을 활용한 산업정책적 연구 내지는 수용자 연구]이 눈에 띄게 증가했음에도 불구하고 현실 속 언론 현상 이면에 감춰진 모순을 꿰뚫어 보고 새로운 의미를 확보하는 성과에는 이르지 못하고 있다. [중략] 사회과학은 본질적으로 인간의 문제가 사회구조 속에서 비롯된다는 인식에서 출발하는 것인데 커뮤니케이션학이 인간의 욕구 충족이나 만족에 근거하여 현상의 문제를 인식하게 되면 그것은 사회구조의 문제보다는 개인의 책임으로 귀결될 수밖에는 없다. [중략] '사회'가 빠진 사회과학은 더 이상 사회과학이 아니다. (남궁협, 2013, 87-88쪽)

한국 언론학의 정체성에 대한 논의는 사회과학으로서의 이론적 체계의 재정립부터 사회 현실 및 언론 현실에 대한 비판적 실천성 제고, 그리고 언론학 교육 커리큘럼에 이르기까지 두루 걸쳐 있다. 연구자마다 초점은 조금씩 다르지만, 이론에서 교육에 이르는 모든 논의는 서로 밀접하게 맞물려 있다. 그동안 진행된 논의에 바탕을 두고 언론학의 미래 과제를 대략 정리하자면, 분과별 연구를 통합하는 사회과학적 체계를 갖추면서 현실 비판의 실천성을 보완하고 이를 교육과정에 반영하는 것으로 요약할 수 있을 것이다. 그 미래 과제를 위해 반드시 짚어야 할 대목이 있다. 그동안 한국 언론학은 도대체 무엇을 어떻게 연구해 왔을까.

2. 저널리즘 연구의 지형

저널리즘 연구의 동심원

이 글의 초입에서 잠시 언급했으나 아직 마무리 짓지 못한 문제가 있다. 한국 언론학의 변천 과정을 저널리즘 연구의 주변화 과정으로 본다면, 여기서 언론학은 무엇이고 저널리즘 연구는 또 무엇인가.

앞서 살펴본 바와 같이, 언론학이라는 개념을 처음 제안한 것은 곽복산이다. 곽복산(1971)은 독일 공시학과 미국 커뮤니케이션학을 종합해 한국적으로 토착화한 새로운 학문 체계의 명칭으로 언론학을 제안했다. 그러나 이후 언론학이라는 '한국적 개념'의 영역과 경계에 대한 논구가 충분히 이뤄지지 않았고, 학자들 간의 합의도 없다. 이런 가운데 그 하위 분과의 하나로 여겨지는 저널리즘 연구의 영역과 경계를 구분 짓는 것은 대단히 어려운 일이다. 일단 이 글에서는 연구 편의를 위한 조작적 정의 또는 잠정적 정의를 제시하고자 한다.

이건호, 최윤정, 안순태, 차희원, 그리고 임소혜(2013)는 맥퀘일(McQuail, 2005/2007)의 연구를 주로 참조하면서, 전반적인 의사소통을 아울러 연구하는 학문을 커뮤니케이션학이라 정의하고, 그 하위 개념인 매스 커뮤니케이션(학)은 대중매체를 통한 의사소통을 연구하는 학문으로, 저널리즘 연구는 다시 그 하위 개념으로서 대중매체가 공공의 관심이 될 만한 내용을 전달하는 과정에서 발생하는 의사소통을 연구하는 학문으로 각각 정의했다.

이런 분류에 따르자면, 언론학은 커뮤니케이션학에 해당할 것이다. 이러한 커뮤니케이션학의 하위 분과인 저널리즘 연구는 대중매체가 매개한 의사소통을 연구하는 것으로 이해된다. 그런데 저널리즘 연구를 이렇게 정의해도 문제가 남는다. 대중매체가 매개한 의사소통을 연구하는 데 있어서도 연구자마다 주안점이 다르기 때문이다.

젤리저(Zelizer, 2004)는 저널리즘의 정의를 서로 다르게 이해하는 다양한 해석 공동체가 존재한다는 점을 짚으면서, 학문적 문헌에 등장하는 저널리즘 연구에 대한 해석의 유형을 5가지로 분류했다.

첫째, 저널리즘을 하나의 텍스트로 간주하여 연구한다. 여기서는 텍스트로서의 뉴스의 특성 자체에 주목하게 된다. 둘째, 사람으로서의 저널리즘에 관심을 기울이는 태도도 있다. 뉴스 생산자들에 대한 이런 연구는 민속지학적 연구와 관련이 있다. 셋째, 저널리즘을 기자 등 언론 전문직의 행위로 이해하는 태도가 있다. 이는 무엇이 뉴스인지 아닌지를 구분하고 판단하는 뉴스 생산 관행(practice) 연구와 연결된다. 넷째, 저널리즘을 여러 요소에 의해 형성된 뉴스의 수집, 제시, 전파의 과정과 배경으로 이해하는 흐름이 있다. 이는 뉴스 전달 과정과 관련이 깊다. 다섯째, 정치·사회·경제·문화적 제도로서 저널리즘을 연구하는 태도가 있다. 여기서는 저널리즘을 정치경제학 또는 이데올로기의 관점에서 연구하게 된다.

젤리저는 이런 연구 성향 또는 흐름을 종합하여 모두가 합의할 수 있는 저널리즘 및 저널리즘 연구에 대한 정의가 아직까지는 존재하지 않는다고 지적했다. 모든 연구자가 납득할 수 있을 정도로 저널리즘 연구 영역을 한정하거나 확정하는 것이 그만큼 힘들다는 뜻이다. 그런데 젤리저가 분류한 저널리즘 연구에 대한 5가지 해석 유형을 종합해 보면, 저널리즘 연구의 층위가 드러난다. 그것은 뉴스 텍스트–(개인으로서의) 뉴스 생산자–(집합으로서의) 뉴스 생산 조직–(생산부터 전파에 이르는) 뉴스 확산 과정–뉴스를 둘러싼 제도 등이다. 여기서 가장 미시적인 연구 대상은 뉴스 그 자체이고, 가장 거시적인 연구 대상은 사회적 제도다.

슈메이커와 리즈(Shoemaker & Reese, 2014)가 각종 미디어 연구를 종합하여 분류한 체계도 이와 유사하다. 슈메이커와 리즈는 미디어 연구들을 분류하면

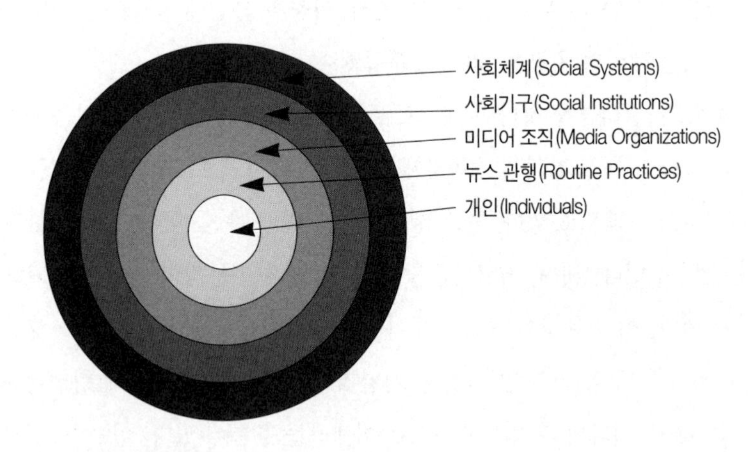

그림 1. 5단계 위계적 영향 모델

출처: Shoemaker, P. J., & Reese, S. D. (2014). *Mediating the message in the 21st century: A media sociology perspective* (3rd ed.). New York, NY: Routledge, 9쪽에서 인용. 원 저작자의 모든 권리가 보호됨.

서 '위계 모델'(hierachical model)을 제시했는데, 미시 차원에서 거시 차원으로 확산하는 그 연구 대상으로 개인, 뉴스 관행, 미디어 조직, 사회기구, 사회체계를 꼽았다(〈그림 1〉 참조).

이를 다시 행위 주체의 차원에서 동심원 구조로 정리하면, 미디어 연구의 중심에 개인으로서의 뉴스 생산자가 있고, 그 외곽에 뉴스 관행이 벌어지는 뉴스룸이 있으며, 다시 그 외곽에 미디어 조직으로서의 개별 언론사가 있고, 그 바깥에는 광고주 및 압력단체 등 각종 사회기구가 있으며, 이들 모두를 둘러싸는 가장 큰 외곽의 원에는 법·제도·시장 등 사회체계가 있다. 슈메이커와 리즈의 분류는 오늘날 저널리즘 연구의 영역을 이해하는 데 큰 도움을 줄 수 있다.

뉴스의 사회적 역할

이런 분류는 미국 커뮤니케이션학의 본래적 문제의식과도 연결된다. 커뮤니케이션학은 1920~1940년대 미국 사회학계, 특히 시카고대 사회학과에서 도시, 이민, 언론의 매개기능 등에 주목하여 뉴스의 사회적 역할을 연구했던 것에 그 기원을 두고 있다. 이후 라자스펠드와 머튼 등 컬럼비아대 사회학과 교수들은 뉴스의 사회적 역할을 연구하는 차원에서 라디오를 매개로 한 프로파간다 연구로 눈을 돌렸고, 슈람은 이들의 사회과학적 미디어 연구를 모델 삼아 커뮤니케이션 행태 연구의 기초를 구축했다(유선영, 2014).

다시 말해, 커뮤니케이션학의 초창기 문제의식은 뉴스의 사회적 역할과 잇닿아 있었던 것이다. 따라서 뉴스를 둘러싼 다양한 행위자와 구조를 연구하는 것은 저널리즘 연구의 본령인 동시에 커뮤니케이션학의 근본과도 연결된다.

이상의 검토에 기초하여, 이 글에서는 언론학을 의사소통 일반을 연구하는 커뮤니케이션학과 같은 의미로, 저널리즘 연구는 그 가운데서도 뉴스 생산과 유통의 5가지 층위 또는 동심원을 아우르는 연구로 볼 것이다. 즉 저널리즘 연구는 뉴스를 둘러싼 개인(생산자), 집합 행위로서의 뉴스 생산 관행(뉴스룸), 뉴스 생산을 둘러싼 미디어 조직(언론사), 뉴스와 관련한 각종 사회기구(기업과 단체), 뉴스에 영향을 주는 사회체계(시장과 국가) 등에 대한 연구라고 볼 수 있다. 이러한 저널리즘 연구는 한국 언론학계에서 어떤 비중을 차지하고 있을까.

저널리즘 연구의 비중

전범수와 한상권(2007)은 하위 분과를 구분하지 않고 언론학 연구 전체에 걸쳐 지식 생산의 연결망을 분석했다. 2000~2004년 〈한국언론학보〉, 〈한국방송학보〉, 〈한국언론정보학보〉 등 3개 학술지에서 모두 643편의 논문을 추출하여 저자 인용의 연결망을 분석한 결과, '방송·뉴미디어 정책', '방송·뉴미디어 현상', '수용자 분석', '문화연구' 등의 분야에서 인용 저자들의 관계가 집중되어 있다는 점을 발견했다. 한국 언론학자들의 학문 공동체가 주로 방송, 뉴미디어, 수용자, 문화연구 등의 연구영역에서 형성되어 있다는 것이다. 방송과 뉴미디어를 둘러싼 현상과 정책, 수용자 연구와 문화연구 등에 한국 언론학자들의 관심이 쏠려 있다고 볼 수 있다.

저널리즘 연구에 초점을 두고 한국 언론학을 분석한 것으로는 문종대(2001)의 연구가 있다. 이 연구는 1991~2000년 〈한국언론학보〉, 〈한국방송학보〉, 〈한국언론정보학보〉, 〈언론과 사회〉 등 언론 관련 4대 학술지에 실린 논문 전체를 분석하여 각 논문의 연구 영역을 주제별로 구분해 분석했다. 연구를 보면, 1990년대 한국 언론학 연구 가운데 39% 정도가 저널리즘과 관련이 있었고, 저널리즘 연구 가운데서도 뉴스 메시지 연구와 정치 커뮤니케이션 연구의 비중이 높은 것으로 드러났다.

우리는 이를 보다 확대하여 분석해 보았다. 2014년 12월 현재, 한국연구재단에 등재된 '신문방송학' 분야 학술지는 모두 20개인데, 이 가운데 저널리즘 연구와 관련이 깊은 12개 학술지를 솎아 내어 이를 중심으로 연구 동향을 살펴보았다. 해당 학술지는 〈한국언론학보〉, 〈한국언론정보학보〉, 〈한국방송학보〉, 〈언론과 사회〉, 〈커뮤니케이션 이론〉, 〈언론과학연구〉, 〈방송문화연구〉, 〈방송통신연구〉, 〈미디어, 젠더 & 문화〉, 〈언론정보연구〉, 〈미디어 경제와 문화〉, 〈방송과 커뮤니케이션〉 등이다.[2)]

분석 결과, 저널리즘 관련 12개 학술지에 1990~2014년까지 25년 동안 게재된 논문은 모두 5,895편이다.[3)] 이들 가운데 저널리즘 연구 논문은 얼마나 될까. 우리는 앞서 언급한 젤리저(2004), 슈메이커와 리즈(2014) 등과 함께 문종대(2001)의 연구를 참조하여, 저널리즘 활동을 중심으로 하는 신문·방송·뉴미디어 연구, 민주주의와 언론의 관계 연구, 저널리즘 활동에 영향을 미칠 수 있는 언론법제 연구, 언론 역사 연구, 저널리즘 관련 언론정책 연구, 뉴스 효과 연구 등을 저널리즘 연구로 분류했다. 반면 광고·홍보·영화·출판 연구, 대인·설득 커뮤니케이션 연구, 정당 등 정치행위자 중심의 정치 커뮤니케이션 연구, 저널리즘 관련성이 낮은 방송 기술·정책 연구, 저널리즘 관련성이 낮은 뉴미디어

---

2) 20개 학술지 가운데 광고·홍보·출판 등 저널리즘 연구와 다소 동떨어진 것으로 보아, 분석 대상으로 삼지 않은 학술지는 〈언론과 법〉, 〈미디어와 공연예술 연구〉, 〈홍보학 연구〉, 〈광고PR실학연구〉, 〈광고학 연구〉, 〈광고연구〉, 〈한국광고홍보학보〉, 〈조사연구〉 등 8개다.

3) 권두언, 좌담, 비평 등 연구 논문으로 볼 수 없는 것은 분석 대상에서 제외했다. 학술지 가운데는 창간 이후 명칭이 바뀐 경우도 있었지만, 발행 학회 등이 그대로 유지된 만큼 동일한 학술지로 보고 현재 학술지 명칭으로 통일하여 분석했다. 예컨대 현재 〈한국언론학보〉는 1992년 이전엔 〈한국신문학보〉였지만, 분석의 편의를 위해 1990~1992년 〈한국신문학보〉도 〈한국언론학보〉로 간주했다.

연구, 저널리즘 관련성이 낮은 문화연구 등은 비저널리즘 연구로 구분했다.[4)]

그 결과, 12개 학술지에 1990~2014년까지 25년 동안 게재된 논문 5,895편 가운데 저널리즘 연구 논문은 1,205편(20.4%)이었다. 이를 시기별로 구분하면 〈표 1〉과 같다. 한국 언론학계가 생산하는 연구 논문의 개수는 2000년대 들어 급증했으나, 이 가운데 저널리즘 연구가 차지하는 비중은 20% 안팎으로 시기별로 큰 차이가 없었다.

전체 논문 가운데 저널리즘 연구 논문의 비중이 39%로 나타났던 문종대(2001)의 연구와 비교하자면, 우리의 분석에서 그 비중은 더 적게 나타났다. 더 많은 학술지의 게재 논문을 분석했고, 정치 커뮤니케이션 연구 가운데 뉴스 관련성이 있을 때만 저널리즘 연구로 분류한 탓에 이런 차이가 나타난 것으로 추정된다.

언론학이 분과별로 분화하면서 언론학 관련 학술지가 많아졌으므로 이들 학술지마다 연구의 초점과 층위가 조금씩 다른 것은 당연하다. 다만 이들 학술지

표 1. 12개 학술지 총 논문 수 대비 저널리즘 관련 논문 시기별 변화 (%)

시기	1990~1994	1995~1999	2000~2004	2005~2009	2010~2014	전체
빈도(비중)	76(17.0)	124(20.3)	229(20.7)	388(21.2)	388(20.3)	1205(20.4)

x^2 = 226.552, *df* = 44, *p* < .001

4) 예를 들어 〈한국언론학보〉 2014년 8월호에 게재된 논문 가운데 김영희의 '한국전쟁 초기 전쟁 소식 전파와 대응의 커뮤니케이션' 논문은 전쟁 상황을 면대면 커뮤니케이션을 통해 접했던 것에 대한 연구로서 당연히 커뮤니케이션 연구에 해당하지만, 매스미디어 또는 뉴스에 대한 관심에서는 다소 비켜나 있어 '비저널리즘 연구'에 해당한다고 보았다. 반면 같은 호 목은영의 '정보원 다양성, 이해당사자 견해 반영, 관점 균형성이 뉴스 공정성에 미치는 영향' 논문은 실험적 처치를 통한 효과 연구이지만, 정보원 다양성 등이 뉴스 공정성 판단에 어떤 영향을 주는지를 살펴보는 데 주된 연구 목적이 있어, 뉴스 및 미디어 관련 연구로 보아 '저널리즘 연구'로 코딩했다.

의 관심이 저널리즘 연구와 어느 정도 연결돼 있는지 살펴볼 필요가 있다. 〈그림 2〉에 나타난 바와 같이, 저널리즘 연구 논문을 많이 게재한 학술지는 〈한국언론학보〉, 〈한국언론정보학보〉, 〈한국방송학보〉 등의 순이었다. 국내 언론학계를 대표하는 학술지에 저널리즘 연구 논문이 많이 실렸다고 볼 수 있다.

그러나 이들 학술지는 권당 게재 논문 수가 많으므로 저널리즘 연구 논문의 수도 당연히 비례한다고 볼 수도 있다. 이에 따라 각 학술지에 실린 논문 가운데 저널리즘 연구 논문의 비중을 다시 살펴봤더니 〈그림 3〉에서 보듯이, 〈한국언론정보학보〉, 〈한국언론학보〉, 〈언론과 사회〉, 〈커뮤니케이션 이론〉 등에서는 저널리즘 연구 논문이 차지하는 비중이 높은 반면, 〈방송통신연구〉, 〈방송문화연구〉, 〈방송과 커뮤니케이션〉 등 방송 관련 학술지에서는 그 비중이 낮았다. 이들 방송 관련 학술지는 방송정책, 방송시장, 뉴미디어 등에 대한 연구 논문을 게재하면서 언론학 연구의 팽창에 일익을 담당한 것으로 볼 수 있는데, 상대적으로 저널리즘 연구의 비중은 적었다.

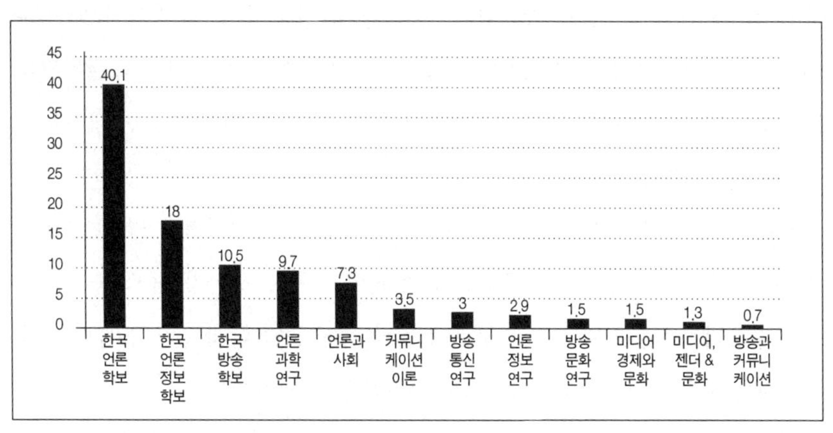

그림 2. 저널리즘 연구 논문의 학술지별 분포(%)

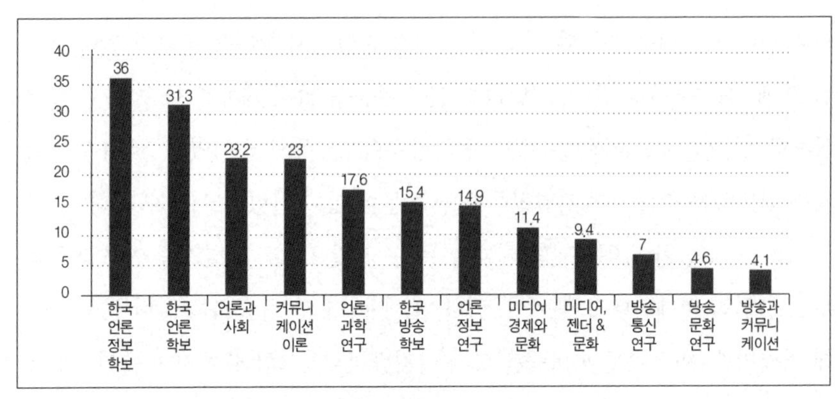

그림 3. 학술지별 총 논문 가운데 저널리즘 연구 논문 (%)

연구 주제의 편향

전범수와 한상권(2007)은 2000~2004년 〈한국언론학보〉, 〈한국언론정보학보〉, 〈한국방송학보〉에 게재된 논문을 분석한 결과, 연구 주제의 대부분이 '문화·젠더', '방송·뉴미디어·인터랙션', '언론윤리법제', '방송·뉴미디어 정책' 등에 집중돼 있다는 점을 발견했다. 김용학, 김영진, 그리고 김영석(2008)은 1996~2005년 〈한국언론학보〉에 게재된 514편의 논문들의 인용 네트워크를 분석해, 인터넷 미디어 관련 논문들이 한국 언론학계의 가장 중요한 관심사라는 것을 발견했다.

우리는 조금 다른 잣대로 연구 주제를 분석했다. 슈메이커와 리즈(2014)의 '위계 모델'을 참조하여 연구 주제를 뉴스 콘텐츠, 뉴스 생산자, 뉴스 생산조직, 뉴스 수용자, 언론 역사 등으로 구분해 지난 25년 동안 국내 언론학 관련 12개 학술지에 게재된 저널리즘 연구 논문 1,205편을 분석했다.

여기서 '뉴스 생산자 연구'는 기자의 위상·정체성·인식 등에 대한 연구, '뉴스 생산조직 연구'는 뉴스룸 조직·문화·관행 및 게이트키핑 등에 대한 연구, '뉴스 콘텐츠 연구'는 기사 내용·형식·가치 및 저널리즘 원칙 등에 대한 연구, '뉴스 효과·수용자 연구'는 뉴스에 대한 독자·시청자의 반응 및 효과에 대한 연구, '언론 환경 연구'는 정치권력·기업·시장·시민사회단체·이익단체 등과 언론사 간의 관계에 대한 연구, '언론 역사 연구'는 과거의 언론 또는 언론 환경에 대한 연구, '법·윤리 연구'는 언론 관련 법·제도·정책·윤리에 대한 연구, '이론 연구'는 저널리즘과 관련한 이론·방법론·사상 연구 또는 저널리즘 연구 전반에 대한 메타 연구 등이다. 복수의 연구 주제를 갖고 있는 경우에는 연구 논문의 본문을 검토해 더 중점을 둔 주제를 코딩했다.

그 결과, 주요 연구 주제는 시기 구분 없이 '뉴스 콘텐츠'에 집중됐고, 특히 '뉴스 효과·수용자' 연구가 2000년대 이후 급증했다는 점을 발견했다. 반면 '뉴스 생산조직', '뉴스 생산자' 등에 대한 연구의 비중은 낮았다. '언론 역사'에 대한 연구도 2000년대 이후 급락했다. 앞서 밝힌 것처럼 한국 언론학계의 연구 논문 가운데 저널리즘 연구가 차지하는 비중은 20% 정도인데, 그다지 활성화되지 않은 저널리즘 연구 내부에서도 연구 주제가 집중 또는 편향돼 있는 것이다.

이를 시기별로 분석하면, 〈표 2〉와 〈그림 4〉에 나타난 바와 같이 '뉴스 콘텐츠'가 30% 안팎의 비중을 지속적으로 유지했다. '언론 역사' 연구는 1990~1994년에는 26.3%를 차지하며 '뉴스 콘텐츠' 다음으로 가장 많은 비중을 차지한 연구 주제였지만, 이후 급감하여 2010~2014년에는 12.1%로 나타났다. 같은 시기, '뉴스 효과·수용자' 연구는 3.9%에서 24.2%로 급증했다. '뉴스 생산자', '뉴스 생산조직', '언론환경' 등에 대한 연구는 시기별로 큰 차이 없이 낮은 비중을 유지했다.

표 2. 연구 주제 유형의 시기별 변화 (%)

	1990~1994	1995~1999	2000~2004	2005~2009	2010~2014	전체
뉴스 콘텐츠	23(30.3)	35(28.2)	69(30.1)	128(33.0)	139(35.8)	394(32.7)
뉴스 효과·수용자	3(3.9)	13(10.5)	46(20.1)	88(22.7)	94(24.2)	244(20.2)
언론 역사	20(26.3)	26(21.0)	30(13.1)	42(10.8)	47(12.1)	165(13.7)
언론 환경	8(10.5)	17(13.7)	26(11.4)	19(4.9)	31(8.0)	101(8.4)
뉴스 생산조직	7(9.2)	2(1.6)	17(7.4)	27(7.0)	17(4.4)	70(5.8)
뉴스 생산자	4(5.3)	2(1.6)	7(3.1)	29(7.5)	27(7.0)	69(5.7)
법/제도/윤리	2(2.6)	5(4.0)	22(9.8)	29(7.5)	10(2.6)	68(5.6)
언론 사상/철학	8(10.5)	14(11.3)	4(1.7)	16(4.1)	10(2.6)	52(4.3)
기타	1(1.3)	10(8.1)	8(3.5)	10(2.6)	13(3.4)	42(3.5)
전체	76(100.0)	124(100.0)	229(100.0)	388(100.0)	388(100.0)	1205(100.0)

$x^2 = 123.534$, $df = 32$, $p < .001$

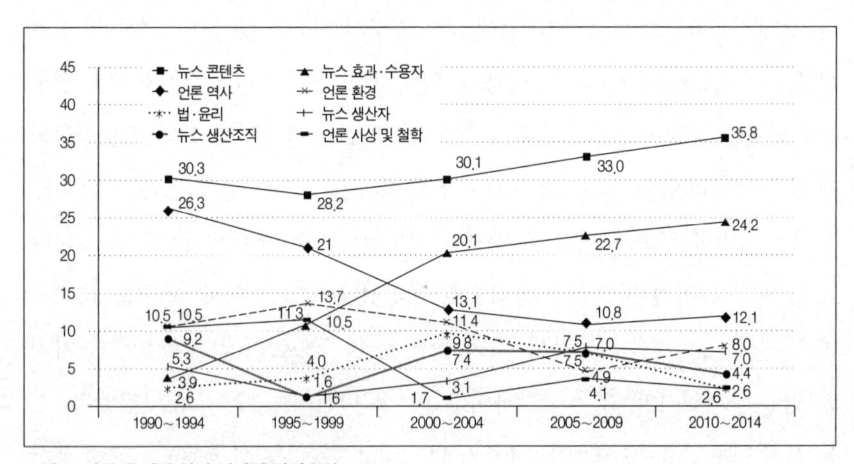

그림 4. 연구 주제 유형의 시기별 변화 (%)

뉴스 효과·수용자 연구의 급증

대체로 보아 한국 저널리즘 연구는 뉴스 텍스트를 연구하는 뉴스 콘텐츠 연구가 가장 많고, 그다음으로 뉴스 효과·수용자를 주로 연구하고 있다. 반면 뉴스 생산과 관련한 뉴스 생산자, 생산조직, 언론 환경 등에 대한 연구는 상대적으로 부족했다. 뉴스 생산의 동학에 대한 관심은 적고, 그 결과물인 뉴스 콘텐츠 또는 이에 대한 수용자 반응에 대한 관심이 높은 것이다.

뉴스 콘텐츠 연구의 높은 비중은 뉴스 현실에 대한 풍부한 분석과 잇닿아 있는 것으로 평가할 수도 있을 것이다. 그러나 뉴스 콘텐츠는 뉴스 생산자 및 생산조직, 그리고 이를 둘러싼 정치사회적 환경으로부터 큰 영향을 받는다는 점에서 뉴스 생산 및 그 체계에 대한 더 많은 연구가 필요하다고 본다.

이와 관련해 짚을 것은 뉴스 효과·수용자 연구의 증가다. 전통적으로 수동적 뉴스 수용자에 머물렀던 시민들이 뉴미디어 등을 통해 적극적 생산자의 역할을 하는 최근 현실 변화를 감안할 때, 수용자 연구의 활성화는 바람직한 현상으로 평가할 수 있다. 하지만 특정 주제에 대한 연구가 비대해지면 학문 전체의 균형발전에 걸림돌이 될 수 있다.

1980년대 서구 언론학의 정체성 논쟁의 장이었던 ICA(Internatioanl Communication Association) 심포지엄 '퍼먼트 인 더 필드'(Ferment in the Field)에서 갠즈(Gans, 1983)는 뉴스와 뉴스미디어 연구가 커뮤니케이션 연구의 기본이자 핵심이라면서 "지난 10~12년 동안 많은 단행본과 굵직한 논문을 생산해 온 뉴스와 뉴스미디어에 대한 연구는 커뮤니케이션 연구 영역에서 가장 활발한 분야 가운데 하나였다"(174쪽)라고 평가했다. 1970~1980년대까지 서구 언론학 연구의 핵심이자 가장 활발한 연구 성과를 낸 분야가 저널리즘 연구였다는 것이다.

뒤이어 같은 글에서 갠즈는 "[뉴스와 뉴스미디어 연구에 있어] 1970년대의 중요한 성취는 언론이 어떻게 뉴스를 선택하고, 보도하고, 생산하고, 확산시키는지에 대한 일련의 발견에 있다"(176쪽)면서, 이에 기초해 미래 연구 과제를 제시했다. 뉴스에 대한 연구 및 뉴스를 생산하는 언론(조직)에 대한 연구는 충분히 이뤄졌으니, 앞으로는 뉴스 조직이 뉴스 조직 외부의 권력과 어떻게 상호작용하는지, 언론이 정치사회에 어떤 영향을 끼치는지, 반대로 정치가 언론에 어떻게 작동하는지, 정치적 대중이 뉴스를 어떻게 수용하여 어떤 영향을 받는지 등을 연구해야 하고, 이 과정에서 보다 많은 질적 연구를 도모해야 한다고 지적했다. 또한 기왕의 저널리즘 연구가 어떤 이론 지형 또는 이데올로기 구도에 바탕을 두고 있는지를 살펴보는 저널리즘 연구에 대한 메타 연구도 미래 과제로 제기했다.

갠즈의 제안에서 특징적인 것은 뉴스 생산자 및 뉴스 생산조직에 대한 연구가 충분히 축적됐다고 평가하면서 그 성과에 기초해 연구의 확장 방향을 제시했다는 데 있다. 미국의 저널리즘 연구는 뉴스 생산자에 대한 연구부터 시작하여 뉴스 생산자 및 생산조직이 외부와 관계 맺는 방식에 대한 연구로 옮겨 가고, 이를 확대해 수용자 연구로 넘어가는 단계를 밟았던 것이다. 반면 한국의 저널리즘 연구는 뉴스 생산자 및 생산조직에 대한 연구가 부족한 상태에서 2000년대 이후 뉴스 효과·수용자와 뉴스 콘텐츠 연구로 몰려가고 있는 형국이라 할 수 있다.

변하지 않는 연구 대상

저널리즘 연구의 상당수는 대중매체에 대한 연구다. 최근 들어 다양한 형태의 대중매체가 등장했으므로 그 연구 대상에도 변화가 있을 것으로 예측했지만, 분석 결과는 달랐다. 저널리즘 연구자들이 분석 대상으로 삼은 매체를 살펴보면, 〈표 3〉에 나타난 바와 같이 '신문'이 36.3%로 압도적으로 많은 비중을 차지했다. 그다음으로 '텔레비전 방송'이 15.4%, 여러 매체를 동시에 연구 대상으로 한 '복합 매체'가 14.7%, 그리고 '인터넷', '뉴미디어'가 각각 7.8%, 2.6%로 나타났다.

시기별 변화를 살펴보면, 〈그림 5〉와 같이 여러 매체를 함께 연구한 '복합 매체' 연구가 늘어나긴 했지만, 2000년대 이후에도 여전히 연구자들의 관심은 '신문'에 집중돼 있다는 것을 알 수 있다. 이는 언론 현실과 언론 연구의 부조화 또는 비대칭이라고 평가할 수 있다. 다양하고 복잡한 언론 현실은 방송과 인터넷 등에서 진행되고 있는데, 연구자들은 그런 현실에 뒤처져 있는 것이다.

표 3. 저널리즘 연구 대상 매체 (%)

	1990~1994	1995~1999	2000~2004	2005~2009	2010~2014	전체
신문	33(43.4)	41(33.1)	78(34.1)	146(37.6)	140(36.1)	438(36.3)
텔레비전 방송	14(18.4)	24(19.4)	38(16.6)	59(15.2)	50(12.9)	185(15.4)
복합	2(2.6)	4(3.2)	33(14.4)	67(17.3)	71(18.3)	177(14.7)
인터넷	0(0.0)	4(3.2)	26(11.4)	35(9.0)	29(7.5)	94(7.8)
뉴미디어	0(0.0)	0(0.0)	1(0.4)	15(3.9)	15(3.9)	31(2.6)
소셜 미디어	0(0.0)	0(0.0)	0(0.0)	0(0.0)	13(3.4)	13(1.1)
잡지	0(0.0)	2(1.6)	1(0.4)	1(0.3)	1(0.3)	5(0.4)
라디오	0(0.0)	1(0.8)	0(0.0)	1(0.3)	0(0.0)	2(0.2)
기타	27(35.5)	48(38.7)	52(22.7)	64(16.5)	69(17.8)	260(21.6)
전체	76(100.0)	124(100.0)	229(100.0)	388(100.0)	388(100.0)	1205(100.0)

χ^2 = 125.236, df = 32, p < .001

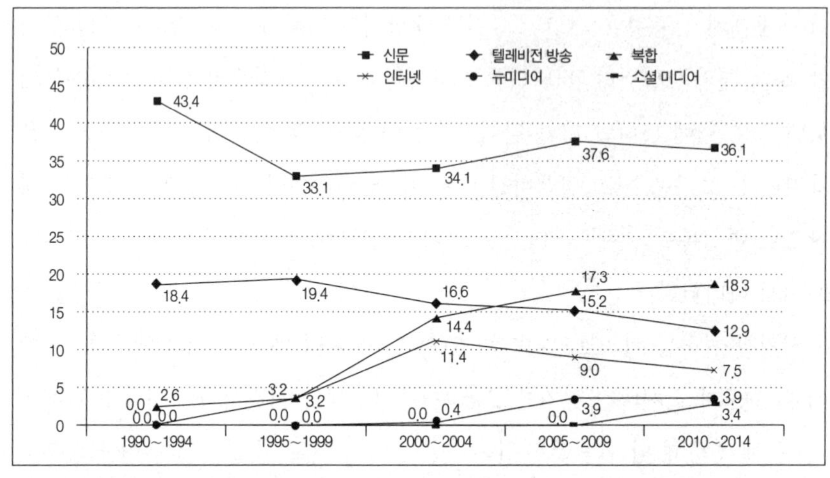

그림 5. 저널리즘 연구 대상 매체 (%)

연구자 특성

앞서 한국 언론학계의 초창기에는 언론 현업과 학계의 거리가 멀지 않았다는 점을 짚은 바 있다. 그렇다면 최근 25년 동안, 저널리즘 연구자 가운데 언론 현업을 경험한 이들은 얼마나 되고, 그들은 주로 어떤 주제를 연구했을까.

표 4. 저널리즘 연구 논문 저자의 언론 경력 유무 (%)

시기	1990~1994	1995~1999	2000~2004	2005~2009	2010~2014	전체
있다	18(23.7)	21(16.9)	43(18.8)	88(22.7)	76(19.6)	246(20.4)
없다	58(76.3)	103(83.1)	186(81.2)	300(77.3)	312(80.4)	959(79.6)
전체	76(100.0)	124(100.0)	229(100.0)	388(100.0)	388(100.0)	1205(100.0)

$\chi^2 = 3.191$, $df = 4$, $p = 0.526$(insig)

〈표 4〉와 같이 저널리즘 연구 논문의 단독 또는 공동 저자 가운데 20.4%가 '언론인 경력'을 갖고 있었다.[5] 시기간 분석에서 통계적으로 유의미한 차이가 없었으므로 이 비율은 지난 25년간 그대로 유지됐다고 말할 수 있다.

언론 경력이 있는 저자와 언론 경력이 없는 저자가 작성한 논문의 연구 주제를 비교해 보면, 〈그림 6〉과 〈그림 7〉에 나타난 바와 같이, 두 그룹 모두 '뉴스

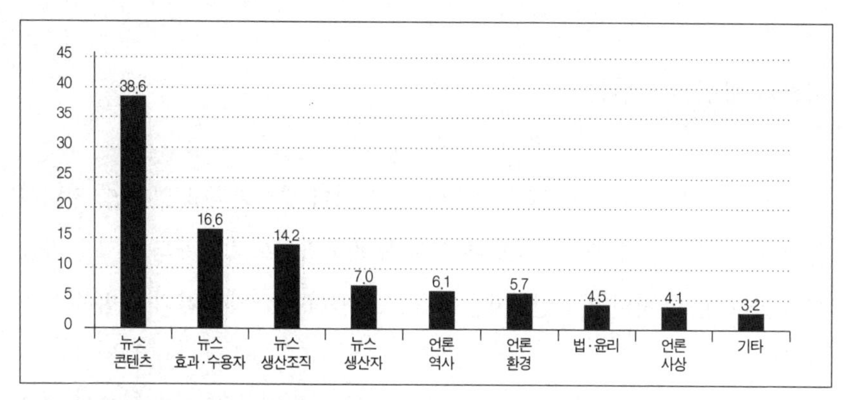

그림 6. 언론 경력 있는 저자의 연구 주제 (%)

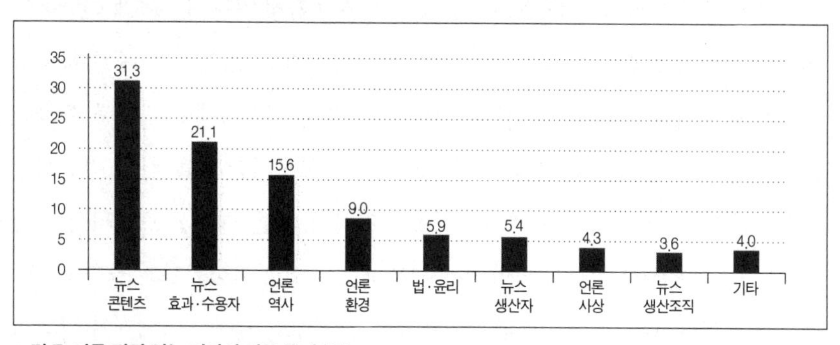

그림 7. 언론 경력 없는 저자의 연구 주제 (%)

5) 공동 저자가 연구 논문을 집필한 경우, 제1저자, 교신저자 등을 구분하지 않고 단 한 명이라도 언론 경력이 있을 경우, 언론경력자가 집필한 것으로 코딩했다.

콘텐츠'와 '뉴스 효과·수용자'를 가장 많이 연구했지만, 그다음으로 주로 연구한 주제를 보면, 언론 경력이 있는 연구자는 '뉴스 생산조직'과 '뉴스 생산자'를, 언론 경력이 없는 연구자는 '언론 역사'와 '언론 환경'을 주로 연구했음을 알 수 있다. 다시 말해, 언론 경력이 있는 연구자들은 그렇지 않은 연구자들에 비해 뉴스 생산 부문에 관심이 더 많은 것이다.

이론과 방법론의 빈곤

비슷한 주제와 대상을 채택한 연구가 반복되어 관성화되고 있다면, 저널리즘 연구의 이론적 지평과 그 방법론 역시 특정한 방식으로 정체되고 있을 가능성이 높다. 한국 저널리즘 연구자들이 주로 적용하는 근거 이론과 방법론은 무엇일까.

안민호(2005)는 1995~2004년 〈한국언론학보〉에 실린 논문들의 핵심 이론 연결망을 분석한 바 있는데, 모두 256개의 이론적 관점 가운데 35%에 해당하는 98개의 이론적 관점이 서로 밀접한 연결망을 형성하고 있고, 이는 주로 사회심리학적 이론이라는 점을 발견했다. 안민호는 한국 언론학에서 주류를 형성하는 사회심리학적 이론 군집에 대해 "그 규모도 규모지만 이들 간의 긴밀성과 연결성이 타 이론들에 비해 너무나 두드러지기에, 이들 메인 스트림의 존재는 [중략] 커뮤니케이션 이론의 다양성을 저해하는 요소로 보이기까지 한다"(55쪽)라고 지적했다. 다시 말해, 한국 언론학이 주로 기대고 있는 이론체계가 사회심리학 이론들이라는 것이다.

다만 위 연구에서는 핵심 이론이 아예 등장하지 않는 연구 논문의 비중을 밝히지는 않았는데, 우리는 저널리즘 연구 논문에 적용된 이론 및 개념의 유무부터 확인했다. 저널리즘 연구 논문에 적용된 이론 및 개념을 분석했더니, 〈그림 8〉과 같이 '특정한 근거 이론 및 개념이 없는' 경우가 42.2%로 가장 많았다(χ^2 = 41.150, df = 4, p < .001).

이와 관련해 분석 과정을 따로 설명할 필요가 있겠다. 우리는 먼저 여러 선행 연구를 참조하여 언론학 연구에 적용되는 대표적 이론 또는 개념을 추출했다. 대표적인 것으로 틀짓기, 의제설정, 점화 효과, 이용과 충족, 침묵의 나선, 제3자 효과, 문화계발, 공론장 등이 있었다. 이를 토대로 100여 편의 연구 논문을 사전 분석하면서, 언론학의 대표 이론 또는 개념 외에 타 학문 분야의 이론 또는 개념을 적용했는지도 살폈다. 이를 통해 국내 저널리즘 연구들이 주로 활용하는 근거 이론이 무엇인지 밝혀내려는 게 애초의 목적이었다.

그러나 위에 적은 것처럼 근거 이론 또는 개념이 없는 연구 논문이 매우 많아 이러한 분석의 실효가 의심됐고, 나머지 연구 논문에 등장하는 다양한 이론 및 개념의 갈래를 잡아낼 수 있는 적절한 방법을 찾는 데도 어려움을 겪은 끝에 근거 이론 및 개념의 유무만 따져 연구 논문을 분류하게 됐다.

다만 근거 이론 및 개념이 없는 연구 논문의 비중이 1990~1994년의 65.8%

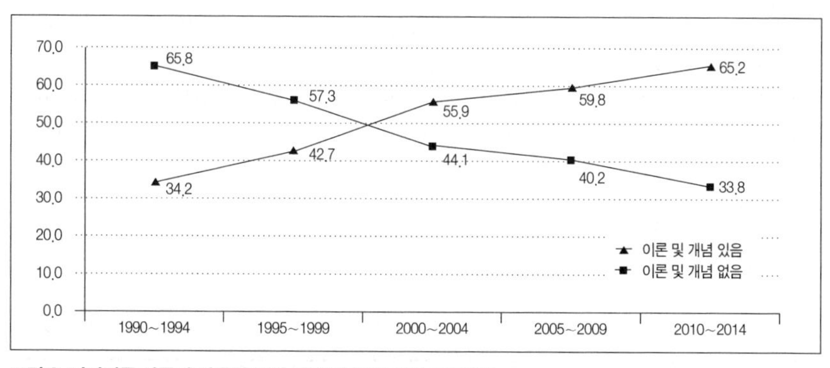

그림 8. 저널리즘 연구에 적용된 근거 이론 및 핵심 개념 유무 (%)

에서 2010~2014년의 33.8%로 줄어들고 있는 추세는 발견됐다. 이와 관련해서는 뉴스 효과·수용자 연구가 2000년대 들어 급증했다는 점과 더불어 한국 언론학 연구가 주로 사회심리학적 효과이론에 기초하고 있다는 안민호(2005)의 발견을 함께 고려해 추론할 필요가 있다. 즉 근거 이론을 갖춘 연구가 늘어나고 있기는 하지만, 그 상당수가 사회심리학적 효과이론에 기초한 뉴스 효과·수용자 연구로 추정된다.

이론적 측면뿐만 아니라 방법론에 있어서도 저널리즘 연구의 특정한 편중이 발견된다. 국내 저널리즘 연구 논문들의 연구 방법을 분석한 결과, 연구 방법 가운데 가장 많은 비중을 차지하는 것은 '내용분석'으로 〈표 5〉와 같이 전체의 29.0%를 차지했다. 그다음으로 '문헌연구'(23.9%), '설문조사'(14.1%)의 순이었다. 2가지 이상의 연구 방법을 채택한 '복합 연구'는 12.5%로 나타났다. '참여

표 5. 저널리즘 연구 방법의 시기별 변화 (%)

	1990~1994	1995~1999	2000~2004	2005~2009	2010~2014	전체
내용분석	12(15.8)	24(19.4)	67(29.3)	117(30.2)	129(33.2)	349(29.0)
문헌연구	41(53.9)	64(51.6)	56(24.5)	67(17.3)	60(15.5)	288(23.9)
설문조사	4(5.3)	7(5.6)	31(13.5)	56(14.4)	72(18.6)	170(14.1)
복합 연구	12(15.8)	12(9.7)	34(14.8)	53(13.7)	40(10.3)	151(12.5)
실험연구	0(0.0)	1(0.8)	6(2.6)	27(7.0)	30(7.7)	64(5.3)
담론분석	5(6.6)	11(8.9)	11(4.8)	20(5.2)	15(3.9)	62(5.1)
심층 인터뷰	0(0.0)	1(0.8)	4(1.7)	22(5.7)	26(6.7)	53(4.4)
2차 자료 분석	0(0.0)	0(0.0)	16(0.7)	12(3.1)	6(1.5)	34(2.8)
빅데이터 분석	0(0.0)	0(0.0)	0(0.0)	0(0.0)	1(0.3)	1(0.1)
참여관찰	0(0.0)	1(0.8)	0(0.0)	0(0.0)	0(0.0)	1(0.1)
기타	2(2.6)	3(2.4)	4(1.7)	14(3.6)	9(2.3)	32(2.7)
전체	76(100.0)	124(100.0)	229(100.0)	388(100.0)	388(100.0)	1205(100.0)

$\chi^2 = 193.783$, $df = 40$, $p < .001$

관찰'을 적용한 연구는 극히 미미했다.

앞서 드러난 것처럼 방송 저널리즘 연구가 신문 연구에 비해 부족한 이유를 이와 관련해 추론해 볼 수 있다. 저널리즘 연구자들의 상당수가 내용분석을 선호하는데, 이를 적용하기에 까다로운 방송영상과 음성을 회피하고 활자 중심의 신문을 주된 연구 대상으로 삼고 있는 게 아니냐는 추정이 가능하다.

여러 방법론을 크게 '양적방법론'과 '질적방법론'으로 구분해 시기별 변화를 살펴보면, 〈그림 9〉와 같이 1990년대 후반부터 '양적방법론'을 채택한 연구가 급증하여, 1990년대 초반 20% 정도였던 양적방법론이 2010년대 초반에는 60%를 넘어섰다. 질적 방법 중심이었던 저널리즘 연구 풍토가 양적 방법 중심으로 완전히 변모한 것이다.

갠즈(1983)는 1970년대 미국 연구자들 사이에서 뉴스 생산자 연구가 활발했던 이유로 (설문조사 등과 달리) 비용이 적게 들고 연구자가 결심만 하면 언제든지 뉴스룸에 밀착하여 (참여관찰 등) 연구가 가능했기 때문이라고 설명한다. 국내에서는 여전히 낮은 비중을 차지하고 있는 뉴스룸 참여관찰 등 질적 연구가 오히려 가장 용이한 연구 방법이라는 것이다.

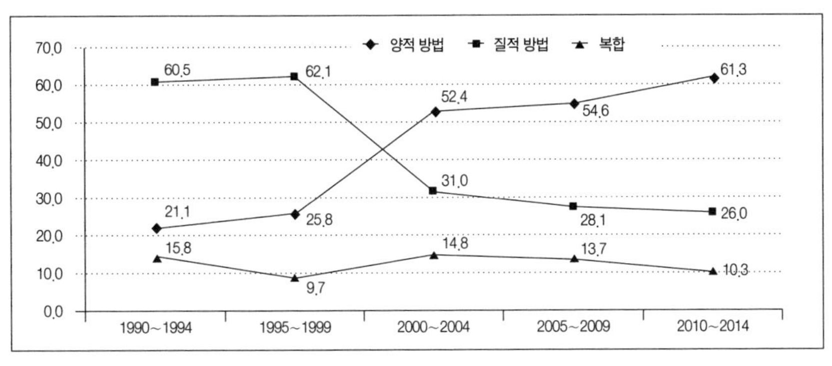

그림 9. 저널리즘 연구 방법(대분류)의 시기별 변화 (%)

국가 간 비교와 통시적 분석

이상을 종합해 보면, 한국 저널리즘 연구의 일정한 패턴을 묘사해 볼 수 있다. 한국 언론학 전체를 통틀어 저널리즘 연구는 20% 정도의 비중을 차지하는데, 그나마 연구자들은 주로 뉴스 콘텐츠, 특히 신문기사를 내용분석하는 데 집중하고 있다. 그다음으로 흔한 연구는 뉴스 효과·수용자 연구인데, 이 경우에는 주로 설문조사를 실시한다. 이렇듯 고정된 연구 패턴을 벗어나는 여러 대안 가운데 하나는 국가 간 언론 현실을 비교하거나 그 현실의 역사적 변화를 추적하는 등 다각적이고 복합적인 연구를 통해 현상의 새로운 이면을 발견하거나 현실을 설명할 새로운 이론 또는 개념을 탐색하는 것이다. 그러나 이 대목에서도 한국 저널리즘 연구는 지지부진하다.

저널리즘 연구 논문 가운데 국가 간 비교 연구의 비중을 분석해 보면, 〈표 6〉에 나타난 바와 같이 '국내 연구'가 86.6%로 대다수를 차지한다. '한국-외국 비교 연구'는 10.0% 정도다. 게다가 비교 연구의 대상이 된 국가는 미국에 편중돼 있다. '한국-외국 비교 연구' 가운데 '한-미 비교 연구'가 54.2%를 차지해

표 6. 국가 간 비교 연구의 시기별 변화 (%)

	1990~1994	1995~1999	2000~2004	2005~2009	2010~2014	전체
국내 연구	67(88.2)	98(79.0)	185(80.8)	346(89.2)	347(89.4)	1043(86.6)
한국-외국 비교	7(9.2)	15(12.1)	32(14.0)	33(8.5)	33(8.5)	120(10.0)
외국 간 비교	1(1.3)	0(0.0)	2(0.9)	2(0.5)	2(0.5)	7(0.6)
기타	1(1.3)	11(8.9)	10(4.4)	7(1.8)	6(1.5)	35(2.9)
전체	76(100.0)	124(100.0)	229(100.0)	388(100.0)	388(100.0)	1205(100.0)

x^2 = 31.805, *df* = 12, *p* < .001

한국과 일본, 한국과 유럽, 한국과 중국 등의 언론을 비교한 연구보다 월등히 많았다.

추세적 변화를 드러내는 데 용이한 '통시적 연구'는 〈표 7〉에 나타난 바와 같이 14.9% 정도다.[6] 반면 저널리즘 연구 논문의 85.0%는 '공시적 연구'다. 현존하는 구조를 밝히는 과학으로서의 공시적 연구도 중요하지만, 역사적 변화를 규명하고 시기별 비교를 가능하게 하는 통시적 연구가 더 활성화될 필요가 있다.

연구의 함의

연구 주제, 대상, 이론, 방법론 등에서 고정적 또는 지배적 패턴이 발견된 것을 심각하게 생각해야 할 이유가 있다. 관습적인 연구가 반복되면, 다양한 현실

표 7. 저널리즘 연구의 공시적·통시적 접근 (%)

시기	1990~1994	1995~1999	2000~2004	2005~2009	2010~2014	전체
공시적 접근	64(84.2)	97(78.2)	197(86.0)	337(86.9)	329(84.8)	1024(85.0)
통시적 접근	11(14.5)	26(21.0)	32(14.0)	51(13.1)	59(15.2)	179(14.9)
복합 접근	1(1.3)	1(0.8)	0(0.0)	0(0.0)	0(0.0)	2(0.2)
전체	76(100.0)	124(100.0)	229(100.0)	388(100.0)	388(100.0)	1205(100.0)

$\chi^2 = 15.692$, $df = 8$, $p < .05$

6) 통시적 연구는 시간의 흐름을 고려하는 역사적 연구이고, 공시적 연구는 그 시대의 상황을 주로 고려하는 단면적 연구다. 이 연구에서는 10년 이상의 기간을 다룬 논문을 통시적 연구로 구분하고 그 외의 경우는 공시적 연구로 일단 분류했다. 다만 10년 미만의 기간을 다룬 연구 가운데도 변화 추이를 살펴보는 데 중점을 두었으면 통시적 연구를 수행한 것으로 코딩했다.

을 포착할 수도, 그 현실의 이면을 잘 설명할 수도, 이를 총체적으로 들여다볼 새로운 이론도 제기할 수 없다. 나름의 학문적 노력에도 불구하고 언론의 현실에 별다른 기여도 할 수 없게 될 것이다.

이와 관련해 우리는 또 다른 분석을 시도해 봤다. 모든 연구는 기존 연구의 한계나 여백에 착안하여 이를 보완하는 진전을 도모한다. 그래서 많은 연구자들은 논문 본문에서 자신의 연구의 의의를 명시적으로 밝힌다. 그렇다면 국내 저널리즘 연구 가운데 언론학 이론의 진전 또는 언론 현실의 개선에 도움을 주는 논문은 얼마나 될까.

연구에 활용한 배경 이론 또는 핵심 개념과 관련해 그 의미를 자기 의견으로 강조하거나, 선행 연구와 비교해 앞으로 진전해야 하는 이론이 무엇인지 등을 두세 줄 이상 명확하게 기술한 경우는 '이론적 함의'가 있는 연구로 분류했다. 또한 결론 및 함의에서 명시적으로 언론 현실에 대한 비판, 개선책 제시 또는 촉구 등을 적어도 두세 줄 이상 명확하게 기술한 경우는 '실천적 함의'가 있는 연구로 분류했다. 두 함의가 모두 포함된 연구 논문은 중복 코딩했다.

그 결과, 〈표 8〉과 〈표 9〉에서 나타난 것처럼, 이론적이건 실천적이건 연구 논문의 함의를 밝히지 않은 경우가 많았다. '이론적 함의'를 밝힌 논문은 전체 가운데 9.1%였고, '실천적 함의'를 밝힌 논문은 20.3%였다. 이를 어떻게 해석하면 좋을까.

모든 연구는 여러 방식으로 학문적 발전과 현실의 개선에 일정하게 기여하는 것이 분명하다. 따라서 의미 없는 연구란 존재하지 않는다고 할 수 있다. 그러나 연구자들이 자신의 연구가 구체적으로 어떤 대목에서 어느 정도의 역할을 감당하는 것인지에 대한 목적의식이 불분명하다면, 즉 연구의 이론적이고도 실천적 의미를 분명히 하지 못한다면, 학문과 현실에 대한 '일정한 기여'를 스스로 포기하는 것으로 귀결될 수 있다.

표 8. 연구의 실천적 함의 유무 (%)

	1990~1994	1995~1999	2000~2004	2005~2009	2010~2014	전체
있음	23(30.3)	18(14.5)	36(15.7)	71(18.3)	97(25.0)	245(20.3)
없음	53(69.7)	106(85.5)	193(84.3)	317(81.7)	291(75.0)	960(79.7)
전체	76(100.0)	124(100.0)	229(100.0)	388(100.0)	388(100.0)	1205(100.0)

x^2 = 16.433, *df* = 4, *p* < .002

표 9. 연구의 이론적 함의 유무 (%)

	1990~1994	1995~1999	2000~2004	2005~2009	2010~2014	전체
있음	5(6.6)	13(10.5)	16(7.0)	35(9.0)	41(10.6)	110(9.1)
없음	71(93.4)	111(89.5)	213(93.0)	353(91.0)	347(89.4)	1095(90.9)
전체	76(100.0)	124(100.0)	229(100.0)	388(100.0)	388(100.0)	1205(100.0)

x^2 = 3.110, *df* = 4, *p* = 0.54(insig)

나가며

한국 언론학 연구 논문 가운데 저널리즘 연구 논문은 대략 20% 정도의 비중을 차지하고 있다. 저널리즘 연구가 차지하는 이러한 비중이 충분한 것인지 아닌지에 대해 단정하기는 어렵다. 많은 연구자들이 언론학의 기본에서 멀리 떨어진 곳에서 연구를 진행하고 있다고 볼 수도 있겠고, 언론학의 연구 영역과 대상이 어느 때보다 넓어진 작금의 상황에서 저널리즘 연구가 여전히 상당한 비중을 차지하고 있다고 볼 수도 있다. 그럼에도 연구자들의 분석과 비판 그리고 방향과 좌표 제시를 기다리는 한국 언론의 현실을 떠올릴 때, 저널리즘 연구가 지금보다 더 활성화되어야 한다는 진단을 내릴 수밖에 없다.

특히 언론학 전체의 지평을 넓힌 것으로 평가되는 방송학 관련 학술지에서 저널리즘 연구 논문 비중이 낮게 나타난 것은 성찰할 필요가 있다. 〈한국언론정보학보〉, 〈한국언론학보〉, 〈언론과 사회〉, 〈커뮤니케이션 이론〉 등의 학술지에선 저널리즘 연구 논문이 차지하는 비중이 높은 반면, 〈방송통신연구〉, 〈방송문화연구〉, 〈방송과 커뮤니케이션〉 등 방송 관련 학술지는 저널리즘 연구 논문을 많이 게재하지 않았다. 특히 신문 위기 담론 속에서도 방송의 영향력은 여전하고, 종합편성채널 등 새로운 형태의 뉴스 매체가 등장한 것을 감안하면, 방송기술, 방송정책에 대한 연구만큼이나 방송뉴스와 방송 저널리즘 연구가 절실하다.

신문은 저널리즘 연구의 기본이고, 비록 그 대중적 영향력은 예전만 못하다 해도 방송과 포털 등 다른 뉴스 매체에 결정적 영향을 끼치고 있는 만큼, 여전히 중요한 연구 대상이다. 그러나 디지털 모바일 신기술을 업은 새로운 미디어가 등장했고, 방송뉴스를 둘러싼 정치적 논란도 계속되고 있으며, 주요 신문사들이 이미 종합편성채널과 함께 복합 미디어 그룹으로 거듭난 상황까지 감안하면, 신문뉴스를 분석하더라도 이들 영상뉴스 매체 또는 뉴미디어와 연관하여 복합적으로 상호 비교하며 연구할 필요가 있다. 다양하고 복잡한 언론 현실은 방송 등 영상매체와 각종 뉴미디어에서 진행되고 있는데, 정작 연구자들은 신문만 들여다보는 언론 현실과 언론 연구의 '비대칭성'을 극복하는 게 저널리즘 연구의 과제인 것이다.

저널리즘 연구의 비대칭성은 연구 주제, 연구 방법 등에서도 극명하게 드러난다. 연구자들의 주요 연구 주제는 시기 구분 없이 뉴스 콘텐츠에 집중됐고, 특히 뉴스 효과·수용자 연구가 2000년대 이후 급증했다. 반면 뉴스 생산조직,

뉴스 생산자 등에 대한 연구의 비중은 낮았다. 언론 역사에 대한 연구도 2000년대 이후 급락했다. 연구 방법에 있어서는 양적 연구가 절대적 비중을 차지하고 있다. 10년 이상의 추세를 살펴보는 통시적 연구도 드물다.

여기에 더해 주로 신문을 연구 대상으로 삼는 상황을 감안하면 한국 저널리즘 연구의 고정된 패턴이 발견된다. 기존 커뮤니케이션 이론 가운데 대표적인 것을 근거로 삼아 연구 문제 또는 가설을 설정한 뒤, 양적 방법을 적용해 신문 기사 내용을 분석하거나 그 기사에 대한 효과를 양적 방법으로 분석하는 것이 한국 저널리즘 연구의 주된 경로인 것이다. 비록 각 연구마다 나름의 함의를 갖고 있다 하더라도, 연구 대상, 연구 주제, 연구 방법에 있어 비슷비슷한 전철을 밟는 연구가 양산된다면, 연구 성과가 풍부해지기는 힘들 것이다. 이론적 함의 또는 실천적 함의가 있는 저널리즘 연구 논문이 10~20% 정도에 그친 것은 이런 현실을 반영한 것으로 보인다.

그런 점에서 저널리즘 연구의 고정된 패턴을 극복하려는 노력이 필요하다. 우선 뉴스 생산자, 생산조직, 언론 역사, 언론 환경 등에서 연구 주제를 더 많이 개발하려는 노력이 필요하다. 특히 갠즈(1983)의 진단과 제안을 이제라도 진지하게 검토해야 한다. 1990년대 이후 한국 저널리즘 연구의 변모 과정을 살펴보면, 뉴스 생산자 연구의 충분한 누적 없이 곧바로 뉴스 효과 연구로 다급하게 옮겨 가는 형국이다. 그 결과, 갠즈의 진단과 제안에 역행하는 방식으로 한국 저널리즘 연구가 진행됐다고 하면 지나친 지적일까.

저널리즘 연구의 고정된 패턴을 극복하는 데 있어 글로벌 관점도 필요하다. 저널리즘 원칙에 대한 연구를 예로 들자면, 한국 언론의 정파성이 해외 여러 나라와 비교하여 어느 정도인지 등에 대한 연구가 절실하다.

국내에 국한한 연구를 진행함에 있어서도 장기적 추세와 변화를 살펴 미래의 함의를 제시하는 통시적 연구가 더 활성화되어야 할 것이다. 특정 이슈에 대한 몇몇 신문의 기사만 내용분석하여 비교할 것이 아니라, 특정 주제에 대한 이들 매체의 보도가 수십 년에 걸쳐 어떻게 변화했는지를 연구하는 열의는 있어야 오늘날의 언론 현실이 앞으로 어떻게 변화할 것인지 또는 변화해야 하는지에 대한, 실천적인 연구를 내놓을 수 있을 것이다.

저널리즘 연구의 고정된 패턴을 극복하는 일이 중요한 이유는 이를 통해 연구자들의 상상 또는 기대 속에서만 존재했던 연구를 실현시킬 수 있기 때문이다. 예를 들어 한국 언론의 영향력은 가히 국가적인데, 국가적 의제에 영향을 주는 언론의 메커니즘을 분석하려면, 단순히 기사 내용을 분석하는 것을 넘어, 뉴스룸 내부의 의제설정 과정, 이에 대한 권력집단과의 관계, 광고주와의 연관성, 독자 집단의 반응 등을 종합적으로 연구 대상으로 삼을 필요가 있다.

언론 현실에 대한 국면적 분석도 절실하다. 언론보도는 일상적 순간이 아니라 특별하고 특이한 순간에 사회적 영향력과 파급력을 높이는데, 대형 재난 또는 전쟁, 전국 선거 또는 대형 스캔들 등이 대표적이다. 보통 몇 주에서 몇 달 동안 이어지는 이런 이슈에 주목하여 다양한 이론 또는 개념을 적용해 보고 새로운 이론 또는 개념을 도출해 내는 언론 현실 연구가 필요한 것이다.

마지막으로 저널리즘 연구의 대부분이 근거 이론 또는 개념이 없거나, 커뮤니케이션 일반 이론 또는 개념을 활용하는 데 그치고 있는 점에 대해 짚어야겠다. 공통의 이론적 틀을 마련하여 분과 학문 간 통합성을 높인다는 차원에서 보자면, 근거 이론이 빈약한 연구 논문이 양산되는 것은 바람직하지 않다. 이를 빌미로 언론학에 대해 '사회과학이 아닌 실용학문'이라고 비판하는 문제제기도 나올 수 있다.

그러나 또 다른 관점에서 보자면, 언론의 복잡하고 다단한 현실에서 구체적인 연구 대상을 발굴하고 분석하는 '현장 연구'의 정신을 통해 현실을 설명하는 새로운 이론 또는 개념이 만들어질 수도 있다. 따라서 언론학이 더 풍부한 이론 또는 개념을 확보하기 위해서라도, 언론 현실을 연구하는 저널리즘 연구자들이 더 다양하고 새로운 현상에 주목하는 탐색적 연구를 펼칠 필요가 있다고 본다.

한국 언론학의 정체성 논란을 해소하는 주요한 방법은 '비대칭성'의 정상화에 있을 것이다. 뉴스 생산자 연구, 참여관찰 등 질적 연구, 뉴미디어 등 최신 언론 현실 연구, 통시적 연구, 해외 연구 또는 국가 간 비교 연구 등을 더 활성화하고, 이를 통해 언론학 전체에서 차지하는 저널리즘 연구의 비중과 수준을 높여야, 비로소 언론학이 무엇인지, 잠들어 있는지 혹은 깨어 있는지를 저널리즘 연구자들이 앞장서 대답할 수 있을 것이다.

추천 논문

김영희 (2012). 우리나라 초기 언론학 교육의 출현과 그 성격. 〈한국언론학보〉, 56권 1호, 132-155.

김용학·김영진·김영석 (2008). 한국 언론학 분야 지식 생산과 확산의 구조. 〈한국언론학보〉, 52권 1호, 117-140.

문종대 (2001). 1990년대 이후 저널리즘 연구: 수요 전환의 위기. 〈한국언론학보〉, 45권 특별호, 99-127.

안민호 (2005). 한국 언론학 연구의 이론 매트릭스: 1995~2004년 한국언론학보 게재 논문을 중심으로. 〈커뮤니케이션 이론〉, 1권 1호, 35-62.

유선영 (2014). 한국의 커뮤니케이션학, 공통감각을 소실한 공생적 지식생산. 〈커뮤니케이션 이론〉, 10권 2호, 4-40.

이재경 (2005). 한국의 저널리즘 교육: 어떻게 바꿔야 하는가. 〈한국언론학보〉, 49권 3호, 5-29.

임영호 (2013). 한국 언론학의 제도적 성공담과 내재적 위기론. 〈커뮤니케이션 이론〉, 9권 1호, 6-38.

전범수·한상권 (2007). 한국 언론학 연구의 지식생산 연결망 구조. 〈한국언론학보〉, 51권 5호, 197-215.

조항제 (2014). 한국의 민주화와 언론의 자유·언론학에 대한 비판적 성찰. 〈커뮤니케이션 이론〉, 10권 2호, 41-76.

참고문헌

강명구 (2009). 삶과 지식의 통합을 지향하는 언론학 교육을 위하여. 한국언론학회 미래위원회 (편), 〈언론학 교육의 길을 묻다〉 (1-8쪽). 서울: 커뮤니케이션북스.

강현두 (1994). 한국언론학사 재고. 〈언론정보연구〉, 31호, 1-17.

곽복산 (편) (1971). 〈언론학 개론-매스미이디어 종합연구〉. 서울: 일조각.

김규환 (1964). 매스·콤뮤니케이션 연구의 방향. 〈언론정보연구〉, 1권, 7-8.

김규환 (1966). 매스·콤 활동을 통한 근대화과정에 있어서 지식인의 역할. 〈언론정보연구〉, 3권, 3-10.

김규환 (1985). 최근의 한국 언론. 〈언론정보연구〉, 22권, 47-61.

김성해 (2007). 미디어와 교육: 언론인 전문화를 주도하는 미국 경제저널리즘 대학원 사례를 중심으로. 〈한국언론정보학보〉, 37호, 7-42.

김성해 (2014). 언론학 교육 혁신을 위한 성공 조건. 한국언론학회 미래위원회 (편), 〈언론학 교육의 길을 묻다〉 (162-185쪽). 서울: 커뮤니케이션북스.

김영희 (2012). 우리나라 초기 언론학 교육의 출현과 그 성격. 〈한국언론학보〉, 56권 1호, 132-155.

김용학·김영진·김영석 (2008). 한국 언론학 분야 지식 생산과 확산의 구조. 〈한국언론학보〉, 52권 1호, 117-140.

남궁협 (2013). 인문학적 관점에서 커뮤니케이션학의 새로운 모색: '부정(否定)의 학(學)'으로 재구성. 〈커뮤니케이션 이론〉, 9권 2호, 74-126.

문종대 (2001). 1990년대 이후 저널리즘 연구: 수요 전환의 위기. 〈한국언론학보〉, 45권 특별호, 99-127.

박동숙 (2009). 한국의 방송학 교육: 무엇을 가르칠 것인가? 〈한국방송학보〉, 23권 2호, 141-186.

박유봉 (1974). 獨逸에 있어서의 弘報學(Publizistikwissenschaft)의 成立과 發展: Publizistikwissenschaft의 學問的 位置. 〈한국언론학보〉, 7호, 5-29.

박유봉·서정우·차배근·한태열 (1974). 〈신문학 이론〉. 서울: 박영사.

박진우 (2013). 어떤 인문학적 상상력이 필요한가: '언론학에 대한 새로운 접근으로서의 인문학'의 현실과 과제. 〈커뮤니케이션 이론〉, 9권 특별호, 9-39.

손석춘 (2006). 저널리즘 위기의 실체와 극복 방안에 관한 연구. 〈한국언론정보학보〉, 36호, 42-77.

송우천 (2001). 언론학 교육에서 이론과 실제. 〈한국언론정보학보〉, 17호, 61-84.

안광식 (1989). 언론학회 30년의 과정 평가와 방향 모색. 〈한국언론학보〉, 24호, 5-27.

안민호 (2005). 한국 언론학 연구의 이론 매트릭스: 1995~2004년 한국언론학보 게재 논문을 중심으로. 〈커뮤니케이션 이론〉, 1권 1호, 35-62.

안수찬·민혜영·장바울·박재영 (2015). 한국 저널리즘 연구의 메타분석: 1990~2014년 국내 12개 언론학술지 게재 논문을 중심으로. 〈한국언론학보〉, 59권 6호, 247-281.

양승목 (2005). 초창기 한국 언론학의 제도화와 정체성 변화: 南玎 金圭煥 小考. 〈커뮤니케이션 이론〉, 1권 1호, 1-34.

양승목 (2013). 남정 김규환 박사의 삶과 커뮤니케이션 연구. 〈언론정보연구〉, 50권 2호, 122-145.

유선영 (2014). 한국의 커뮤니케이션학, 공통감각을 소실한 공생적 지식생산. 〈커뮤니케이션 이론〉, 10권

2호, 4-40.
이건호·최윤정·안순태·차희원·임소혜 (2013). 〈커뮤니케이션과 사회〉. 서울: 이화여자대학교 출판부.
이재경 (2005). 한국의 저널리즘 교육: 어떻게 바꿔야 하는가. 〈한국언론학보〉, 49권 3호, 5-29.
이동후 (2015). '뉴'미디어의 이해: 미디어 생태학의 지적 실천과 함의. 〈한국방송학보〉, 29권 5호, 32-66.
이해창 (편) (1962). 〈독일신문학연구〉. 서울: 이화여대 출판부.
임영호 (2009). 저널리즘 연구 50년의 성찰. 〈한국언론학회 50년사: 1959~2009〉 (427-460쪽). 파주: 나남.
임영호 (2013). 한국 언론학의 제도적 성공담과 내재적 위기론. 〈커뮤니케이션 이론〉, 9권 1호, 6-38.
임영호 (2015). 한국 미디어 정치경제학의 한계와 가능성 탐색. 〈한국언론정보학보〉, 70호, 9-34.
전범수·한상권 (2007). 한국 언론학 연구의 지식생산 연결망 구조. 〈한국언론학보〉, 51권 5호, 197-215.
정진석 (2009). 한국언론학회 50년: 성장과 변화의 역사(1959~2009). 〈한국언론학회 50년사: 1959~2009〉 (33-96쪽). 파주: 나남.
조항제 (2014). 한국의 민주화와 언론의 자유·언론학에 대한 비판적 성찰. 〈커뮤니케이션 이론〉, 10권 2호, 41-76.
차배근 (1974). "〈신문학 이론〉을 비판한다"를 비판한다. 〈한국언론학보〉, 7권, 177-185.
차배근 (1976). 〈커뮤니케이션학 개론〉. 서울: 세영사.
차배근 (2009). 한국언론학회를 일군 사람들: 한국신문학회 시기를 중심으로. 〈한국언론학회 50년사: 1959~2009〉 (97-188쪽). 파주: 나남.
채백 (2013). 인석 박유봉 박사의 학문 세계. 〈언론정보연구〉, 50권 2호, 146-168.
최경진 (2007). 방송인력 양성을 위한 미디어 교육의 의미 고찰: 대학 방송영상 교육의 지상파 방송3사 인력 운용과의 연계를 중심으로. 〈한국언론정보학보〉, 37호, 100-138.

Gans, H. J. (1983). News media, news policy, and democracy: Research for the future. *Journal of Communication, 33*(3), 174-184.
Lasswell, H. D. (1948). The structure and function of communication in society. In W. Schramm (Ed.), *Mass communications* (2nd ed.) (pp. 117-129). Urbana, IL: University of Illinois Press.
McQuail, D. (2005). *McQuail's mass communication theory* (5th ed.). London: Sage. 양승찬·이강형 (역) (2007). 〈매스커뮤니케이션 이론〉. 서울: 나남.
Shoemaker, P. J., & Reese, S. D. (2014). *Mediating the message in the 21st century: A media sociology perspective* (3rd ed.). New York, NY: Routledge.
Zelizer, B. (2004). *Taking journalism seriously: News and the academy.* Thousand Oaks, CA: Sage.

2장

뉴스를 만드는 사람들

장바울 · 심해련 · 박재영

::

들어가며

대부분의 사람들은 평생 기자를 만나지 않는다. 기자는 좋은 일이 있거나 나쁜 일이 있을 때 만나게 되는데, 대개의 경우는 후자라서 기자를 안 만나며 사는 게 더 좋다. 사람들은 기자를 만나지 않더라도 그들이 만든 뉴스는 매일 본다. 그러면서 때때로 "이렇게 글을 잘 쓰는 기자는 어떤 사람이야?", "누가 이따위 기사를 쓰는 거야?"라고 혼잣말을 한다. 기자에게 호기심이 있다는 증거다. 상상력을 발휘하여 이 호기심을 자극해 보자.

〈조선일보〉의 기자들은 보수적인 사람들일까, 진보적인 사람들일까? 그들은 보수적이어서 보수적인 뉴스를 만드는 것일까, 진보적인데도 보수적인 뉴스를 만드는 것일까? 그 이전에, 〈조선일보〉 기자들은 원래 보수적이어서 〈조선일보〉를 선택하여 입사하는 것일까, 아니면 딱히 성향이랄 게 없었는데 〈조선일보〉에 들어가 일하면서 보수적으로 변하는 것일까? 이런 질문들은 〈한겨레〉의 기자에게도 그대로 적용된다.

호기심을 확장하면 질문은 끝없이 이어진다. 남자 기자는 부부의 가사노동 분담을 보도할 때 남편을 더 봐줄까? 여자 기자는 여성 인권 보호를 남자 기자보다 더 동조적으로 다룰까? 기자가 어떤 정치인을 편애하거나 편증한다면, 그런 개인적인 태도는 그의 기사에 반영될까? 서울 강남 출신으로 소위 명문 대학을 나온 기자와 그렇지 않은 기자의 세계관은 서로 다를까? 이 두 기자의 뉴스 선택이 상이하다면, 그것은 그들의 대조적인 출신 배경 때문일까? 조금 더 나아가 보자. 한국 기자들은 자유민주주의나 자본주의를 얼마나 신봉할까? 그들은 어떤 국가관을 갖고 있을까? 그들은 시민을 뉴스라는 제품의 소비자로 보는가, 대한민국이라는 국가의 구성원으로 보는가, 아니면 별다른 생각 없이 취재의 대상으로 여기는가? 이런 질문들은 별것 아닌 것 같아 보여도 답하기 쉽지 않다. 혹자는 이렇게 되물을지 모른다. 왜 그런 질문들을 떠올려 보아야 하는가? 도대체 그런 질문들은 얼마나 중요한가? 이 반문은 더 근본적이어서 답하기가 더 어렵다. 위 질문들은 모두 기자를 향한다. 한마디로 "한국의 기자는 누구인가?"라고 묻는다. 이 장이 다루는 주제이기도 하다.

골초에 알코올 중독자이며 일에 미쳐 있는 바람에 이혼을 했으며 거리낌 없이 권력과 결탁하는 모사꾼은 영화에 나오는 기자다. 불의를 참지 못하고 협박에 굴하지 않는 정의의 사도 역시 현실에서 흔히 볼 수 있는 기자는 아니다. 이 시대 보편적인 기자는 4년제 대학 인문계열을 전공하고 결혼하여 아이 한 명을 가진 37세 남자로서 연봉 4,540만원의 자칭 중산층이다. 이는 한국언론진흥재단(2013)이 2013년에 전국의 신문·방송·통신·언론사닷컴·인터넷신문 164개에 소속된 기자 1,527명을 조사하여 얻은 결과다.[1] 이 기자는 하루에 10시간 이상 일하며 6시간 동안 잠을 자고, 일주일에 기사 31.3건을 작성하며 취재원을 만나거나 부서 회식으로 일주일에 한두 번 술자리를 갖는다. 대개 담배를 피우

1) 한국언론진흥재단은 '언론인 의식조사'라는 이름으로 전국의 기자를 주기적으로 표본조사한다. 1989년부터 2009년까지 격년으로 조사했으며 이후 4년 주기로 바뀌었다. 이 조사는 가장 오래되고 규모도 가장 크다.

지 않는다. 하지만 30%의 기자는 흡연자인데 평균적으로 하루에 한 갑을 핀다. 창조적이고 능동적인 직업이어서 기자를 선택했으며 자율성과 안정성이 어느 정도 보장되기에 직업에 대체로 만족한다. 자기 자신은 정치적으로 중도에 가깝고 자기 회사는 보수적인 편이라고 생각한다. 한국 사회의 가장 시급한 과제는 빈부격차 해소이며 광고주에 의해 자유가 제한되는 느낌을 받는다고 믿고 있다.

한국언론진흥재단의 조사는 한국의 기자에 대한 개략적인 밑그림을 제공해준다. 학자들은 이보다 더 넓고 깊게 파고들어 한국 기자의 외형과 내면을 구체적이고 섬세하게 그려낸다. 기자에 대한 연구는 제법 축적돼 있다. 기자 연구는 한국 사회의 주요 주체로서 그들이 누구이며, 또 그들의 개인적 배경과 속성이 자기들이 생산하는 뉴스에 영향을 끼치는지 알아볼 필요가 있다는 점에서 중요하다.

이 장은 온전히 또는 부분적으로 한국 기자를 다룬 연구를 수집하여 네 분야로 나누어 서술했다. 첫 번째 분야는 기자의 성별, 학력, 연고와 같은 인구사회학적 배경과 함께 이념성향을 다루고, 이런 요소들이 뉴스 콘텐츠에 어떤 영향을 줄 수 있는지 논의했다. 또 여자 기자의 고충과 위상, 한계는 무엇인지 알아보았다. 두 번째 분야는 저널리즘 원칙과 덕목에 대한 기자의 인식이다. 취재보도 원칙, 정파성과 공정성에 대해 기자들은 어떻게 생각하고 있는지, 그리고 이런 원칙과 덕목은 어떻게 위협받고 있는지 살펴보았다. 세 번째 분야는 비판적 지사에서 샐러리맨에 이르기까지 한국 언론 100여 년의 역사에서 기자의 역할이 어떻게 바뀌었는지 논의했다. 네 번째 분야는 기자 시험 준비와 공채, 입사 후 수습기자 과정, 이후의 승진과 직장 이동 등 기자로 입사하여 성장하는 과정을 다루었다. 과도한 노동으로 인한 탈진과 그에 따른 만족도 저하도 알아보았다.

여느 소비자는 자기가 사용하는 제품의 생산자를 굳이 알 필요 없다. 뉴스 소비자는 그렇지 않다. 뉴스와 같은 문화 제품은 소비과정에서 정서적 교감이 일어나므로 생산자를 잘 알수록 제품을 더 잘 사용할 수 있으며 효용도 더 많이 얻을 수 있다. 가수나 작곡가를 알면 노래를 더 잘 즐길 수 있는 것과 비슷한 이치다. 뉴스 소비가 이러하듯이 뉴스 연구도 마찬가지다. 뉴스의 중심에 기자가 있다. 저널리즘의 중심 역시 기자다. 저널리즘을 이해하려면 기자를 파악해야 한다. 기자는 저널리즘 연구의 출발점이자 전부라고 해도 과언이 아니다.

1. 인구사회학적 배경

학력과 전공

기자는 학력과 대학 전공에 구애받지 않는 직종이다. 하지만 기자 시험에 지원하는 사람들이 거의 모두 대학졸업자이다 보니 기자 역시 모두 대졸자가 됐다. 한국언론진흥재단(2013)의 전국언론인 조사에서 2년제 대졸자는 1.3%, 4년제 대졸자는 72.0%, 석사학위 소지자(석사과정생 포함)는 23.4%, 박사학위 소지자(박사과정생 포함)는 3.2%였다. 〈조선일보〉, 〈중앙일보〉, 〈동아일보〉 같은 대형 종합일간지에는 서울대, 고려대, 연세대 출신 기자들이 많다. 지역신문 기자는 해당 지역 대학의 졸업자가 60%를 차지할 정도로 많고 나머지는 대개 서울 지역 대학 출신자들이다. 하지만 출신 대학은 채용과정에서 일종의 여과장치로 활용될 뿐이며 입사 후 승진과정에서는 별다른 기준이 되지 못한다(임영호·김은미·박소라, 2004). 기자의 출신 대학이 몇몇 상위권 학교에 집중되는 경향은 최근 들어 현저하게 약화됐다.

대학 전공별로 보면, 인문·어문 계열을 전공한 기자가 가장 많으며(31.3%), 그다음은 신문방송계열(22.9%), 정치·법정계열(15.2%), 이공계열(10.0%), 경제·경영계열(9.8%), 사회과학계열(7.3%)의 순이다(한국언론진흥재단, 2013). 대학 전공에 따라서 취재 분야가 결정되는 것은 아니지만 다소의 연관성은 있다. 장하용(2004)의 조사는 조금 오래되어서 전공 계열 구분이 한국언론진흥재단의 조사가 다소 다른데, 사회계열 전공자는 정치부와 사회부에, 상경계열 전공자는 경제부에, 인문계열 전공자는 국제부와 문화부에 많았다. 한국언론진흥재단의 조사에서 신문방송학 전공자의 비율은 1989년 이후 계속 증가하여 2013년에 최고에 달했다.

이념성향

기자도 자기의 세계관이나 가치관, 정치관을 갖고 있다. 그 자체는 전혀 문제되지 않지만 그것이 기사에 영향을 끼친다면 문제가 아닐 수 없다. 요즘처럼 사회가 이른바 진영 논리로 쪼개진 상황에서는 더욱 그렇다. 그런 이유에서 기자의 이념성향이나 정치적 입장은 학문적 관심사다.

북한에 대한 입장은 정치적으로 예민해서 기자들의 이념성향을 알아보기에 좋다. 김재선(2014)은 신문의 북한 담당 기자 29명을 Q방법론으로 조사하여 4개 유형을 찾아냈다. 첫 번째 유형인 '적대적 대결형'은 북한을 비민주적 독재체제로 간주하여 적대적 대상으로 보는 강경보수주의 기자들이다. 조사한 기자 가운데 이 유형이 65%로 가장 많았다. 둘째, '우호적 공존형'은 북한을 적대적 대상인 동시에 화해협력과 공존의 대상으로 보는 온건진보주의 기자들이다. 북한의 비민주성이나 독재와 같은 체제 문제와 북한의 불안정이 야기할 안보불안 문제를 분리해서 보려는 이중적인 태도를 지니고 있다. 21%의 기자가 여기에 해당했다. 셋째, '민족중시적 협력형'은 북한을 동반자 관계로 인식하며 북한 주민의 인권에 강한 관심을 갖고서 민족의 공존공영을 중시하는 강경진보주의 기자들이다. 이들은 북한의 독재통치를 강하게 비판하면서도 외교적 자주성에 호의적이며 북한 정권과 북한 주민을 분리해서 인식한다. 넷째, '합리적 경쟁형'은 북한 정권에 대해 적대적이고 부정적이면서도 민족적 관점에서 호의적으로 대하려는 이중적인 태도를 지닌 온건(중도)보수주의 기자들이다. 남한의 체제 우월성 및 그에 대조적인 북한 주민의 억압과 고통을 강조한다. 셋째와 넷째 유형은 공히 7%에 불과했다.

홍미롭게도, 〈조선일보〉 기자 가운데 보수 성향의 유형은 하나도 없었으며 오히려 모두 진보 성향의 유형에 포함됐다. 일부 〈동아일보〉 기자도 진보 성향의 유형에 포함됐다. 그러나 〈중앙일보〉 기자 4명은 모두 적대적 대결형의 강경보수주의 성향이었다. 〈한겨레〉와 〈경향신문〉의 일부 기자도 강경보수주의 성향이었다. 이런 결과는 사람들의 보편적인 인식과 다소 달라서, 진보 성향의 기자가 보수 성향의 신문에서 보수적인 뉴스를 생산하며 그 반대의 경우도 있다고 추론할 수 있다. 이렇게 보면, 기자 개인적 요인이 뉴스 생산에 끼칠 수 있는 영향력은 의외로 적으며 조직 차원의 요인들이 뉴스 생산에 상당히 큰 영향을 끼칠 수 있다.

전국의 기자를 대상으로 이념성향을 설문조사한 결과도 있다. 한국언론진흥재단(2013)의 조사에서 이념성향을 10점 척도(0=가장 진보, 5=중도, 10=가장 보수)로 물어본 결과, 기자들의 응답 평균치는 5.54로 나타나 중도에서 아주 조금 보수 쪽으로 넘어간 '약한 중도보수' 성향을 보였다. 2009년과 2007년의 이 수치는 모두 4.58이어서 그간에 기자들은 약한 중도진보에서 약한 중도보수로 이동했다고 말할 수 있다. 직위별로 보면, 국장급(6.13)과 부국장급(5.61)이 부장급(5.47)이나 차장급(5.47)보다 조금 더 보수적이었으며 평기자(5.54)는 이 두 그룹의 중간이었다. 그러나 직위 간의 이런 차이는 매우 미세했다.

이 조사는 기자 자신이 일하고 있는 언론사에 대해서도 물어보았는데, 회사 이념성향의 평균은 7.04였다. 2009년의 이 수치는 5.64, 2007년은 5.57이어서 기자들이 생각하는 자기 회사의 이념성향은 그간에 약한 중도보수에서 보수 쪽으로 이동했다. 직위별로 보면, 평기자(7.22)와 차장급(6.95)이 부장급(6.60), 부국장급(6.24), 국장급(6.47)보다 더 자기 회사가 보수적이라고 응답했다.

위 두 조사결과는 상반된다. 즉 기자의 보수성은 직위가 높으면 강했고 직위가 낮으면 약했다. 그러나 회사의 보수성(기자가 생각하는 자기 회사의 보수 성향)은 직위가 높으면 약했고 직위가 낮으면 강했다. 다시 말해, 직위가 높은 기자는 자기 자신의 보수성은 강하고 회사의 보수성은 약한 반면에 직위가 낮은 기자는 자기의 보수성은 약하고 회사의 보수성은 강한 것으로 인식했다.

매체 유형별로 보면, 기자의 이념성향은 신문기자(5.62)가 인터넷언론 기자(5.45), 뉴스통신사 기자(5.40), 방송기자(5.37)보다 더 보수적인 것으로 나타났다. 그러나 이 차이는 미세했다. 회사의 이념성향에 대해서는 방송기자(7.23)와 신문기자(7.13)가 뉴스통신사 기자(6.50)나 인터넷언론사 기자(6.27)보다 더 보수적이라고 응답했다. 기자 자기 자신의 이념성향과 회사의 이념성향을 비교해 보면, 모든 매체 유형에서 기자들은 회사가 자기 자신보다 더 보수적이라고 답했다. 둘 간의 차이가 가장 컸던 기자는 방송기자로 나타나, 방송기자들은 타 기자들보다 더 자기 회사가 보수적이라고 생각하고 있었다.

연고 특성

학연이나 지연과 같은 연고주의가 사회에 만연하다 보니 언론사도 그러한지 궁금할 수 있다. 특히 KBS나 MBC 같은 공영방송사는 정부가 사장을 임명하다시피하므로 정권이 바뀌면 사장과 간부들도 바뀔 가능성이 있다. 권장원(2002)은 제5공화국부터 국민의 정부 초기까지인 1981~1999년에 방송정책진과 방송사 인사들을 비교하여 연고주의를 확인했다. 방송정책진은 대통령, 안전기획부 부장, 청와대 정무수석비서관, 방송 관련 정부부처 장관, 방송 관련 위원회 위원장이며 방송사 인사는 KBS, MBC, SBS의 사장, 임원진, 국실장급 실무진이다. 우선 제5공화국(전두환 대통령), 제6공화국(노태우 대통령), 문민정부(김영삼 대통령) 때의 방송정책진은 영남 인사가 과반수였던 반면에 국민의 정부(김대중 대통령)에서는 호남 인사가 약 절반을 차지했다. 앞의 세 대통령은 모두 영남 출신이며 뒤의 김대중 대통령은 호남 출신이다. 방송사 사장과 임원진은 제5공화국, 제6공화국, 문민정부 때 서울경기 및 영남 인사가 55~70%였는데 국민의 정부에서는 서울경기 및 영남 인사는 36%로 줄어들고 호남 인사가 40%를 차지했다. 정권과 방송사 사장·임원진 간의 지연주의는 비교적 뚜렷했다고 말할 수 있다.

대학 연고도 관심사다. 권장원(2002)의 위 연구에서 방송정책진, 방송사 사장, 임원진, 실무진의 네 집단에서 모두 서울대, 연세대, 고려대 출신자들이 다수를 차지하는 연고 중심이 나타났다. 또 권장원과 박한우(2005)는 참여정부(노무현 대통령) 초기까지 포함한 1981~2004년에 KBS, MBC, SBS의 이사진과 부장급 이상 실무진의 대학을 조사하여, 이 기간의 모든 정권에서 서울대 출신자들이 가장 많았다고 보고했다.

지역이나 대학 연고주의는 다행스럽게도 완화 추세다. 권장원(2004)의 연구에서 방송사 이사진과 실무진은 모든 정권에서 여전히 서울, 경기, 영남 지역 중심인데 그 경향성은 완화하고 있는 것으로 나타났다. 또 제6공화국부터는 출신 지역보다 출신 대학의 연고 중심성이 더 강해지는데, 그 핵심인 서울대 중심성도 국민의 정부 이후 약화되고 있다.

성별

많은 사람들은 기자는 신경전과 몸싸움이 일상사인 현장에서 밤낮없이 일해야 하므로 성격이 강하고 체력이 좋고 일을 최우선시하는 충성심이 있어야 한다고 말한다. (이 말은 상당 부분 맞지만 꼭 그런 것은 아니다.) 그래서 기자를 남성적인 직업으로 인식한다. 이런 고정 관념은 여성이 언론계에 진입하고 정착하고 성장하는 데 장애물이 되어 왔다. 실제로 기자 가운데 여성은 극소수일 뿐 아니라 남성과 동등하다고 말하기 어려운 여건에서 일하고 있다. 가장 최근의 전국 언론인 조사에서 남자 기자는 71.8%, 여자 기자는 28.2%로 나타났다(한국언론진흥재단, 2013). 여자 기자의 비율이 증가 추세라는 것은 그나마 희소식이다. 그래도 여전히 30%도 안 된다.

1969년부터 1987년까지 여자 기자들의 부서를 조사한 최이숙(2009)은 핵심 부서로 불리는 정치부, 경제부, 사회부에 근무한 여자 기자의 비율은 전 시기 내내 극소수에 불과했다고 보고했다. 여자 기자들이 많이 근무했던 부서는 문화부, 조사부, 교정부 등이었다. 남자 기자들의 절반 이상은 평기자 시절에 여러 부서를 거치는 반면에 여자 기자들은 문화부, 체육부, 과학부 이외의 부서에서 일하는 경우가 적었다. 여러 부서를 돌아가며 일하는 게 꼭 좋은 것은 아니지만 뉴스 생산의 다양한 과정을 경험할 수 있다는 장점이 있다. 이런 경향은 비교적 최근에도 크게 변하지 않았다. 방송사들을 조사한 2003년의 한 연구(윤석민·이철주, 2003)를 보면, 보도국의 정치부나 경제부에 여자 기자는 구색 맞추기 수준으로 극소수가 배치되어 있었다. 사회부에서 사건사고를 담당하는 경찰팀에는 오히려 여자 기자 두세 명이 배치되어 있었다. 저자들은 이를 두고 편견을 넘어서는 긍정적 변화라고 하면서도 경찰팀과 같이 힘든 일은 남녀평등이고 가장 핵심적인 부서에는 여전히 차별이 존재한다고 주장했다.

여자 기자들은 업무 배분에서도 차별을 받는다. 예를 들어, 정치부의 여자 기자는 선거 때 후보자가 아니라 후보자 부인을 주로 담당한다(윤석민·이철주, 2003). 지역 신문의 정치부 여자 기자도 도청과 같은 중심 기관을 맡는 일은 거의 없다(허명숙, 2006). 경제부 여자 기자는 건설이나 금융보다는 유통 분야를 맡으며 경제정책처럼 비중 있는 기사를 쓸 기회는 별로 없는 반면에 백화점이나 소비자 관련 기사를 많이 쓴다(윤석민·이철주, 2003; 허명숙, 2006). 여자 기자들은 주로 비중이 낮은 아이템을 맡다 보니 성과는 눈에 띄지 않고 기여도는 낮아져서 인사고과와 승진에 좋은 점수를 못 받는다(윤석민·이철주, 2003).

그래서 여자 기자들은 자신들에 대한 정형화한 인식이 언론사에 존재한다고 믿고 있다. 이들은 언론사 간부들이 정치부나 경제부에 여자를 보내면 과연 일을 잘할 수 있을지 의구심을 갖고 있다고 믿고 있다(허명숙, 2006). 여자 기자들은 남성 중심의 취재문화로 말미암아 술자리 등을 통한 취재원과의 관계 형성이나 밀착 취재에 뒤져서 고급 정보를 얻기 어렵다는 것이다. 심지어, 남자 기자가 일을 잘 못하면 그런 일에 잘 맞지 않아서 그렇다고 평가받지만 여자 기자가 일을 잘 못하면 "여기자들이란 다 그렇다"(허명숙, 2006, 382쪽)는 평가를 받는다. 예컨대 여성은 안전이나 체력이 염려되어서 언제든지 불러내 일을 시키기 어려우며, 특히 기혼 여성은 임신, 출산, 육아 등 가정생활 때문에 일에서 배제되는 경우가 많다(김균·이은주·장은미, 2008). 그 결과, "외근 취재 부서는 남성, 내근 부서는 여성"이라든지 "정치·경제·사회부는 남성, 생활·문화부는 여성"(허명숙, 2006, 378쪽) 등으로 언론사 내에서 성별 분업이 이뤄지고 있다. 여자 기자가 남자 기자와 비슷하게 승진의 기회를 가질 수 있다고 말하기 어려운 상황이다. 이런 어려움은 고위직으로 갈수록 더 커져서 여자 기자들은 승진 "유리벽"(허명숙, 2006, 376쪽)이 있다고 믿고 있다.[2)]

여자 기자들이 차별 대우를 자초한 측면도 있다고 여자 기자 스스로 말한다. 여자 기자들은 입사 후부터 "나는 여기자니까 문화부 아니면 여성[부]? 아니면 사회부?"(허명숙, 2006, 386쪽)라는 식으로 스스로 입지를 좁히며, 차후에도 치열한 경쟁보다는 현재의 자리에 안주하려는 성향이 강하다는 것이다. 연차가 늘면서 유능해지고 역량도 커져야 하는데 여자 기자들은 도전 의식 없이 스스로 위축되어 있다 보니 "여기자의 한계"(허명숙, 2006, 386쪽)라는 말을 듣게 되고 기자직에 대해 갈등하게 된다는 의견도 나왔다.

성별의 영향

저널리즘에서 기자의 성별이 긴요한 이유는 여성 차별 자체가 중대 이슈이기도 하지만 성별에 따라 기사가 달라질 수 있다는 것 때문이다. 이 분야 연구는 많지 않지만 몇 가지 의미 있는 사실을 발견했다.

김경모와 김연정(2005)은 신문의 인물기사에 등장한 주인공 여성을 분석하여 다수는 문화예술인, 종교인, 일반 여성이며 재야·시민운동가, 기업인, 공무

2) 여자 기자들의 고위직 승진은 여성들의 근속기간이 길어지고, 1987년 민주화로 새 언론사가 많이 탄생하여 인력 수요가 늘어난 1990년대 중후반부터 본격적으로 증가했다(최이숙, 2009).

원은 소수이고 정치인, 행정관료 등의 전문직은 그 중간이었다고 보고했다. 이 연구에서 여자 기자와 남자 기자가 작성한 여성 인물기사의 길이는 별 차이가 없었다. 즉 여자 기자가 특별히 여성 인물에게 지면을 더 할애하는 식으로 호의적이지 않았다. 또 남자 기자가 여자 기자보다 기사에 사적 정보를 더 많이 포함할 것이라는 가설도 지지되지 않았다. 즉 남자 기자라고 해서 여성 인물기사에 기사의 주제와 직접적으로 관련이 없는 인물 주변 정보(사생활, 외모, 복장, 결혼 여부, 종교, 학벌 등)를 추가하여 여성 인물을 흥미 위주로 다루지는 않았다. 하지만 여자 기자가 남자 기자보다 여성 인물을 더 긍정적으로 보도할 것이라는 가설은 지지됐다.

한편, 위 연구에서 신문사의 여자 기자 비율과 여성 인물기사의 양은 별 관계가 없었다. 다만, 여자 기자의 비율이 증가하면 사적 정보 사용 빈도가 분명하게 감소했다. 예를 들어, 여자 기자 비율이 9.6%로 가장 낮은 〈조선일보〉는 사적 정보를 가장 많이 사용했으며 여자 기자 비율이 〈조선일보〉의 약 두 배(18.4%)인 〈한겨레〉는 사적 정보를 가장 적게 사용했다. 또 〈조선일보〉는 여성 인물의 긍정적 보도 비율이 가장 낮았으며 부정적 보도 비율은 가장 높았다. 전체적으로 여자 기자의 비율이 증가하면 여성 인물을 부정적으로 묘사하는 정도는 현저하게 줄어들었다.

칼럼과 같은 의견기사에서도 필자의 성별에 따른 차이가 드러났다. 박선이, 김경모, 그리고 고민경(2010)은 〈경향신문〉, 〈조선일보〉, 〈중앙일보〉, 〈한겨레〉의 1998년과 2003년 칼럼을 조사하여 전체 칼럼 가운데 여성 필자가 쓴 칼럼은 9.9%에 불과하다고 보고했다. 주제도 성별에 따라 분리돼 있었는데, 여성 필자의 칼럼은 보건·복지·노동·노사, 아동·보육·교육·입시, 여성·인권과 같은 전통적인 "보살핌"(care)(70쪽) 영역의 주제를 다루었고 남성 필자의 칼럼은 정치, 군사·안보·통일·북한, 경제·산업·에너지 등을 다루었다. 저자들은 "'경성 이슈와 공적 영역의 남성화' 대 '연성 이슈와 사적 영역의 여성화'"(76-77쪽)라는 이분법적 성 역학 구도가 신문 오피니언 면에서도 발견됨으로써 여성의 과소 재현을 넘어 여성 존재의 상징적 소멸 현상이 드러났다고 주장했다.

김경모(2003)의 연구를 보면, 방송뉴스에서도 성별에 따른 뉴스 내용의 차이가 발견됐다. 우선 앵커의 경우, 성별에 따른 뉴스 담당 건수는 차이가 없었지만 남성 앵커는 헤드라인 뉴스를, 여성 앵커는 단신을 낭독하는 빈도가 높았다. 남성 앵커는 뉴스 프로그램의 앞부분에 배치된 정치, 외교, 북한통일 등의 뉴스를 담당했으며 여성 앵커는 뒤에 배치된 환경, 보건, 교육, 문화, 예술 등의 뉴스를 담당했다. 남성 앵커가 담당한 뉴스는 여성 앵커의 뉴스보다 길었다. 또 방송사 남성 기자의 보도 건수는 여자 기자의 10배나 됐으며 주로 앞 시간대의 뉴스를 보도했다. 남성 기자 역시 앵커와 마찬가지로 정치, 외교, 사회 등 경성 주제를 많이 다룬 반면에 여자 기자는 가정, 교육, 보건, 생활정보 등 연성 주제를 다루었다. 남녀 기자가 자기 뉴스에 활용한 남성 취재원의 수는 차이가 없었지만 여성 취재원의 수는 여자 기자가 남성 기자보다 2배 정도 더 많이 사용했다. 한편, 남자 기자는 공무원, 법조인, 정치인 등 공공기관의 고위관리를 취재원으로 많이 활용했으며 여자 기자는 기업 직원, 자영업자 등의 중간관리층과 일반 서민층을 취재원으로 많이 인용했다. 저자는 남성 취재원은 사회적 지위가 높고 권위가 있으며 능동적이고 이성적인 주체로 중요한 정보를 제공하면서 현실을 규정하는 반면에 여성 취재원은 평범한 개인으로 고립되고 감성적이며 수동적인 객체로 주변화하여 뉴스에 등장한다고 주장했다.

여자 기자와 관련한 연구들은 흥미롭고 의미 있는 결과를 다수 발견했지만 대다수가 오래전에 수행됐다는 단점을 지니고 있다. 특히 최근에 많은 언론사들이 여성을 대거 채용했기 때문에 언론사 내 여자 기자의 위상이나 역할이 어떻게 변했을지 궁금하다. 이런 변화를 확인하는 후속 연구가 필요해 보인다.

2. 저널리즘 원칙과 덕목에 대한 인식

취재보도 원칙에 대한 인식

취재보도의 원칙에 대한 기자들의 인식은 한 사회의 언론의 수준을 가늠케 해준다. 한국언론진흥재단도 주기적으로 이를 조사하여 발표하고 있다. 가장 최근인 2013년 조사에서 기자들은 〈표 1〉과 같이 답했다. 〈표 1〉의 '중요도'는 4점 척도(1=별로 중요하지 않다, 4=절대적으로 중요하다)로 측정됐으며 '실행도' 역시 4점 척도(1=전혀 그렇지 않다, 4=항상 그렇다)로 측정됐다. '사실의 정확한 취재'는 2003년 이후 다소 큰 차이로 줄곧 중요도 인식에서 1위를 유지했다. 2~4위의 원칙들은 비판 기능과 관련한 원칙들이다. 원칙들의 중요성을 인식하고 있는 것과 실제로 그런 원칙에 따라 취재보도를 하는 것과는 차이가 있다. 중요도 인식과 실행도 인식의 차이는 '기업 활동 비판적 감시' 원칙에서 가장 컸으며 그다음은 '공직자 활동 비판적 감시', '정부정책 비판적으로 파고드는 일', '주요 사안에 대해 일반 시민의 의견 표출 기회 제공' 등이었다. 12개 원칙 가운데 8개 원칙은 중요도 인식에 비해 실행도 인식은 낮아서 기자들이 실제로는 취재보도 원칙을 제대로 지키지 못하는 것으로 나타났다. 반면에 '가능한 한 많은 수용자가 관심을 가질 뉴스를 제공하는 일', '뉴스를 보다 빨리 전달하는 일', '사회 현안에 대해 적극적으로 자기주장을 펴는 일', '오락과 휴식을 제공하는 일'에서는 실행도 인식이 중요도 인식보다 높았다.

표 1. 기자들의 취재보도 원칙에 대한 중요도 및 실행도 인식

원칙	중요도	실행도
사실의 정확한 취재	3.72	3.34
공직자 활동 비판적 감시	3.40	2.88
기업 활동 비판적 감시	3.38	2.75
정부정책 비판적으로 파고드는 일	3.36	2.87
중립적인 보도 자세 견지	3.20	3.07
중요 뉴스에 대한 해설과 비평 제공	3.03	2.76
주요 사안에 대해 일반시민의 의견 표출 기회 제공	2.97	2.53
국가정책 현안에 대한 공개적인 토론을 제공하는 일	2.80	2.42
가능한 한 많은 수용자가 관심을 가질 뉴스를 제공하는 일	2.69	2.80
뉴스를 보다 빨리 전달하는 일	2.64	2.82
사회 현안에 대해 적극적으로 자기주장을 펴는 일	2.48	2.50
오락과 휴식을 제공하는 일	2.24	2.26

정파성과 공정성에 대한 인식

분출하는 온갖 갈등 사안에 대해 대중의 입장이 엇갈리는 만큼 뉴스도 언론사 입장에 따라 대조적이다. 그런 분위기 탓인지 정파성이라는 표현이 보편적으로 사용되면서 거부감마저 줄어든 느낌이다. 정동우(2010)는 〈경향신문〉, 〈조선일보〉, 〈중앙일보〉, 〈한겨레〉의 기자와 에디터 24명을 인터뷰하여 언론의 정파성에 거부반응을 보인 사람은 단 한 명도 없었다고 보고했다. 오히려 공공 이슈를 신문사 나름의 정치적인 성향을 담아 보도하는 것이 상업적으로 도움이 된다고 여기는 기자와 에디터가 많았다. 심지어 한 기자는 "솔직히 말해 우리 신문은 가치지향성 때문에 실력에 비해 과도한 관심과 대우를 받고 있는 측면이 있다"(94쪽)라고 말했다. 미디어 환경 변화도 언론의 정파성에 대한 거부감을 줄인 측면이 있다. 사람들은 날이 갈수록 진실의 다의성이 심화되는 것 같은 인상을 받고 있으며 그 때문에 소셜 미디어나 인터넷을 통해 자기 선호에 맞는 콘텐츠를 더 열심히 찾아다니고 있다. 일부 기자들도 대중이 다채널 환경에서 자기 자신의 정파적 성향이나 취향에 맞는 뉴스를 골라서 소비하는 것을 저널리즘의 외연이 넓어지는 긍정적인 현상으로 보고 있다(이봉현, 2012). 이런 연구 결과들은 왜 언론이 갈수록 정파적이 되어 가는가에 부분적으로 해답을 제시해 준다. 과장하면, 정파성을 소비하는 독자와 정파성을 판매하는 언론이 시너지 효과를 내고 있는 것이다.

정동우와 황용석(2012)은 정파성에 대한 거부감이 줄어드는 데 착안하여 공정성 개념을 객관주의 입장(객관적 공정성)과 탈객관주의 입장(탈객관적 공정성)으로 나누어 기자들의 인식을 조사했다.[3] 전자는 고전적인 공정성으로서 사실성과 균형성으로 구성되며 후자는 기사에 정치적 입장을 담을 수 있다는 정파성, 개인적 의견을 담을 수 있다는 주관성, 설득이 언론의 중요한 역할이라는 주창성으로 구성된다. 6개 신문사 기자들을 조사한 결과, 기자들은 객관적 공정성을 탈객관적 공정성보다 더 중요하게 인식했다. 객관적 공정성에 대한 인식은 신문 간에 차이가 없었지만 탈객관적 공정성에 대한 인식은 차이가 나타났다. 예를 들어, 탈객관적 공정성 가운데 정파성의 경우 〈경향신문〉 기자들이 가장 중요하다고 응답했으며 그다음은 〈한겨레〉, 〈서울신문〉, 〈조선일보〉, 〈동아일보〉, 〈한국일보〉 기자의 순이었다. 주관성 역시 〈경향신문〉 기자들이 가장 중요하다고 응답했으며 그다음은 〈서울신문〉, 〈한국일보〉, 〈한겨레〉, 〈조선일보〉, 〈동아일보〉 기자의 순이었다. 기자 자신이 소속된 언론사가 이런 요소

---

3) 2013년 전국 조사에서 언론 전반의 공정성을 5점 척도(1 = 전혀 공정하지 않다, 3 = 중립, 5 = 매우 공정하다)로 물어본 결과, 기자들의 응답 평균치는 2.51이었다(한국언론진흥재단, 2013).

들을 얼마나 중시하는가도 물어보았는데, 정파성의 경우 〈경향신문〉 기자들의 응답수치가 가장 높았으며 그다음은 〈동아일보〉, 〈한겨레〉, 〈조선일보〉, 〈서울신문〉, 〈한국일보〉의 순이었다. 주관성 역시 〈경향신문〉 기자들의 응답수치가 가장 높았으며 그다음은 〈한겨레〉, 〈동아일보〉, 〈한국일보〉, 〈조선일보〉, 〈서울신문〉 기자의 순이었다. 요약하면, 〈경향신문〉 기자들은 타 신문의 기자들보다 정파성과 주관성을 더 중요하게 인식했으며 자기 회사 역시 그렇게 인식하고 있다고 믿는 것으로 나타났다. 〈한겨레〉도 〈경향신문〉과 비슷한 결과를 보였다. 따라서 진보 신문 기자들이 보수 신문 기자들보다 탈객관적 입장의 공정성에 거부감을 덜 가지면서 더 중요시한다고 말할 수 있다.

공정성은 실행하기가 쉽지 않다. 사람들은 무시로 기자나 언론이 불공정하다고 말하면서도 무엇이 얼마나 불공정하다는 것인지 잘 설명하지 못한다. 기자에게 공정성을 주문할 때도 누구에게 공정하라는 것인지 모호하다. 기자는 자기가 다루는 사안에 공정해야 하는가, 취재원에게 공정해야 하는가, 독자에게 공정해야 하는가? 사안에, 취재원에게, 독자에게 공정하다는 것은 무슨 뜻인가? 또 왜 그래야 하는가? 무엇보다도 "무엇을 어떻게 해야 공정성을 달성할 수 있는가?"라는 질문에 이르면 정말로 난감해진다. 그럼에도 불구하고 공정성은 워낙 중요한 덕목이어서 간과하거나 무시할 수 없다.

기자들도 공정성을 중시하며 나름대로 자기가 공정하다고 주장한다. 대통령 선거 때처럼 극도로 민감한 시기에는 더욱 공정하게 보도하려고 애쓴다. 과연 기자들은 무엇을 어떻게 하면서 스스로 공정하다고 인식하는 것일까? 박재영(2005)은 2002년 대통령선거 보도에서 공정보도상을 받았던 〈문화일보〉를 사례로 삼아 이 의문에 답해 보았다. 당시의 대선보도 때 〈문화일보〉가 공정보도를 위해 했던 일은 한마디로 대선 후보자들 간의 균형 맞추기였다. 균형은 대선 기간 내내 각 기사에서, 각 지면에서, 하루치 신문 내에서, 또 과거 보도를 비교하면서 이루어질 정도로 다차원적이었다. 심지어 기사의 제목에 표기되는 후보자 이름의 순서와 운율에서, 후보자 사진의 크기와 순서 및 이미지에서, 사진 설명의 글자 수에서, 각 후보자를 다룬 기사 본문의 면적과 글자 수에서까지 후보자들 간에 시비가 일지 않도록 기계적으로 균형을 맞추었다. 이 연구는 균형성과 관련하여 그간에 학계에 소개되지 않았던 몇 가지 관행을 발견했다. 예를 들어, 〈문화일보〉는 특정 후보에게 부정적인 기사를 보도하게 되면 그날의 타 지면에 그 후보의 긍정적인 기사도 함께 보도하는 "정치적 물타기"(186쪽)를 했다. 또 특정 후보의 이벤트가 많아서 거기에 지면을 할애하게 되는 날에는 별일이 없는 경쟁 후보도 타 지면에 큼지막하게 보도하는 "그림자 기사"(187쪽)도 발견됐다. 이토록 철두철미하게 균형을 맞춘 것은 각 후보자 진영에서 자기 기사는 물론이고 상대 후보의 기사에 대해서도 센티미터 단위로 기사의 크기를 재고, 글자 수를 세고, 초단위로 방송시간을 측정했기 때문이다. 즉 기계적 균형은 취재원의 예상되는 요구 사항과 기자의 방어주의가 합작한 결과물이었다.

위협 요인에 대한 인식

저널리즘 원칙이나 덕목을 위협하는 가장 중요한 요인은 광고 여건이다. 언론사의 수입이 줄어들고 경영 압박이 심해지면 생존전략이 저널리즘 원칙이나 덕목을 훼손할 가능성이 크다. 그로 인해 간부 기자의 비즈니스 역량이 강조되기도 한다고 한 기자는 말했다.

> 과거에 데스크는 취재기자를 관리하고 신문의 콘텐츠 영역에 집중하는 베테랑 선배의 역할이었는데, 현재에는 데스크가 되면 광고 영

> 업과 신문사 연관 사업 등에 관여하며 성과 창출이 중요한 임무가 되어버렸어요. 그러다 보니, 중견 기자로서 콘텐츠 부문의 전문적인 역량을 발휘하는 것보다는 신문 수익 창출을 위한 경영직으로서의 역할이 우선시되는 분위기가 강하죠. (최석현·안동환, 2012, 101쪽)

〈경향신문〉, 〈조선일보〉, 〈중앙일보〉, 〈한겨레〉의 기자와 에디터 24명을 인터뷰한 정동우(2009)의 연구에서도 한 기자를 통해 다음과 같은 진술이 나왔다.

> 요즘 신문 매체에서 광고주 비판하는 것은 사라졌습니다. 만약 비판하는 기사가 나온다면 뭔가 불만이 있기 때문일 것입니다. 경제지는 아예 광고에 온 구성원이 목메고 있습니다. 인터넷 매체의 광고주 협박은 상상을 초월합니다. 서울지검에서 특정 인터넷 매체에 대한 내사를 벌인 적도 있을 정도죠. 그만큼 저널리즘적 가치가 훼손됐다는 것을 의미합니다. (정동우, 2009, 409쪽)

위 연구에서 다수의 기자들은 광고 특집과 캠페인 기사 등을 통해 자사의 광고 영업이나 수익사업에 개입됐던 적이 있다고 답했다. 진보 신문의 기자들도 마찬가지였다. 다행스러운 점은 소속 신문사 성향이나 직급에 관계없이 저널리즘 가치를 지켜야 한다는 공통된 입장이 나왔다는 점이다. 또 생존을 위해 저널리즘 가치를 훼손할 수밖에 없는 상황이 되더라도 최소한에 그쳐야 한다는 데에도 견해가 일치했다. 다만, 진보 신문 기자들 중에는 '훼손 불가'라는 원칙론자가 많았던 반면에 보수 신문 기자들은 현실론자가 조금 더 많았다. 또 광고 수주와 관련될 수 있는 부서인 산업부와 경제부 기자들 중에도 현실론에 선 사람들이 많았다.

3. 역할 인식

계몽주의자, 비판적 지사

어느 사회에서나 기자가 수행하는 역할은 크게 다르지 않다. 그러나 언론은 역사적 산물이라는 점에서 한 사회의 언론과 기자는 그 나름의 특수성을 지닐 수밖에 없다. 한국도 마찬가지다. 한국의 언론과 기자는 탄생 배경부터 서양과 달랐으며 성장 과정도 그랬다. 한국 언론은 개화기인 19세기 말에 시작했는데, 당시 〈독립신문〉을 비롯한 〈제국신문〉, 〈황성신문〉, 〈대한매일신보〉 등의 기자들은 서재필과 같은 외국 유학자이거나 이승만, 주시경과 같은 배재학당 출신으로 신학문을 배운 사람들이었으며 경영진은 대개 양반계급 사람들이었다(유선영, 1995). 전체적으로 근대 지향성이 강한 개화 지식인들이었다. 한국 언론은 열강의 틈바구니에서 시민 계몽과 근대화를 열망하는 고담준론의 정론지 성격을 띠었으며 언론인은 무관의 제왕이자 애국지사, 사회적으로 존경받는 지도자적 위치에 있었다(이정훈·김균, 2006).

일제 강점기에도 1933년 전까지 기자는 민족주의와 사회주의 바탕의 비판적 지사형이었으며, 그 이후 일제의 언론 탄압이 강해지면서 신문이 상업화를 전략적으로 선택하고 민간지 경영인들은 일제에 순응하면서 기자들도 저항 의지를 상실했다(박용규, 1995).

일제 강점기의 한국 언론에 주목할 만한 또 다른 변화가 있었는데, 그것은 1920년에 〈매일신보〉가 처음으로 여자 기자를 채용했다는 것이다. 특히 이 시대 여자 기자들은 시민들 특히 여성의 의식과 행동양식에서 근대화를 촉구하는 계몽주의적 성향이 강했다. 한국의 초기 여자 기자들에 대한 박용규(1997)의 연구를 보면, 여자 기자의 등장은 당시 여성의 적극적인 사회 진출의 결과였다기보다 신문이 여성 독자를 확보하기 위한 상업주의 전략의 산물이었다. 여자 기자는 이렇게 생색 내기 식으로 채용되어 "화초 기자"(13쪽)로 불렸다. 1920년대 여자 기자들은 대부분 민족운동가인 동시에 여성운동가였으며 자유연애를 지향하고 여성 계몽적 직업의식을 갖고 있었다. 한마디로 시대를 앞서간 신여성들이었는데, 실제로 남자 기자보다 교육 수준이 더 높았으며 상당수는 기혼자로 입사했다. 대부분의 여자 기자들은 학예부에서 여성 관련 사건을 보도했으며 시평을 통해 여성해방이나 여성계몽을 주창했다. 그러나 이런 여자 기자 전성시대는 짧았으며 1920년대 말 여성운동이 위축되면서 여자 기자들은 거의 모두 언론계를 떠났다(박용규, 1997).

1945년 해방 이후 언론은 그전에 비해 무제한에 가까운 자유를 구가했다(이정훈·김균, 2006). 좌우 이념 대립이 극심했던 당시 사회 분위기처럼 언론계에도 유아독존식의 애국자, 혁명가, 정치인 기자가 넘쳐났으며 주관적, 이념적, 정파적 보도가 범람했다. 이 당시 신문사는 아직 위계 구조를 갖지 못했으며 경영진의 기자 통제도 거의 없었다. 신문은 재정적으로 불안했고 기자들은 제대로 임금을 못 받아 직업적 안정성이 없었다(박용규, 1995).

건국과 함께 들어선 이승만 정부(1948~1960년)는 언론을 탄압했으며, 그 바람에 경영진과 기자들은 서로 대립하기보다는 힘을 합쳐 정부에 대항하는 공동전선을 형성했다. 신문 기업은 여전히 영세했으며 조직은 체계를 갖추지 못했고 임금은 낮아서 기자들은 여기저기로 이동할 정도로 신분 보장이 안 되었다. 이처럼 1950년대의 기자들은 정부의 언론 탄압으로 인해 정부에 저항하고 용감하게 비판하는 것을 신문의 사명이나 역할로 이해하면서 무관의 제왕이나 애국지사와 같은 지사주의를 새롭게 강조하게 됐다(박용규, 1995; 이정훈·김균, 2006).

이런 분위기는 1953년 〈서울신문〉이 기자 공채를 시작하고 1957년 관훈클럽이 결성되면서 바뀌기 시작했다. 특히 관훈클럽은 지사주의를 지양하고 저널리즘의 전문직화(professionalism)를 처음으로 추구했다는 점에서 한국 언론사의 획기적인 전환점이라 할 만하다(박용규, 1995).

관훈클럽을 결성했던 몇몇 기자들은 정기적으로 토론 모임을 갖고 연구 활동의 결과물을 '회지'(會誌)라는 잡지에 담아 발행했다. 1957년 8월의 회지 창간호는 미국의 역피라미드형 기사 작성법, 구두법, 보도준칙 등을 소개했다. 미국 저널리즘 실무 문헌들을 번역하고 한국의 스타일북도 만들었다. 객관적 사실 보도를 위해 주관적 동사의 사용을 억제하고 중립적인 표현을 쓰며 5W1H 원칙으로 기사를 작성한다는 것 등이 모두 관훈클럽을 통해 확산된 저널리즘 준칙들이다(유선영, 1995). 2년 후인 1959년에 한국 기자의 전문직주의에 결정적인 계기가 마련됐다. 관훈클럽 회원 11명이 미국 국무성의 초청으로 미국 노스웨스턴대에서 5개월간 저널리즘 교육을 받으면서 처음으로 서구 저널리즘에 눈을 뜨게 됐던 것이다. 이들이 배웠던 세 과목의 내용은 다음과 같다(차재영, 2014, 235-236쪽 참조). 첫째, '미국 저널리즘' 과목에서 저널리즘의 역사, 신문 제작 방법, 기자회견 제도, 인터뷰 기술, 보도 일반, 피처 작성법을 배우고 실습과 발표도 했다. 둘째, '비교 저널리즘' 과목에서 세계 여러 국가의 취재보도 방식을 배우고 미국과 차이점을 비교하며 논의했다. 세 번째 과목은 미국의 문화와 생활을 배우는 과목이었다. 이런 교육 내용은 지금의 언론 현실에 견줘 보아도 매우 획기적이다. 관훈클럽 회원들은 선진 언론을 배우면서 한국 언론의 낙후된 현실을 자각하고 개선과 변화의 주역이 되고자 했다. 그러나 안타깝게도 관훈클럽이 주도했던 전문직주의 실험은 단발성으로 끝났으며 그 후에도 관훈클럽에 버금가는 기자들의 자발적인 교육활동은 나타나지 않았다.

다만, 다행스럽게도 1960년대에 일부 언론 관련 기관은 기자들에게 소정의 교육 서비스를 제공했다(박용규, 2014, 66쪽 참조). 예를 들어, 몇몇 신문 발행인들이 1964년에 자금을 출연하여 만든 한국신문연구소는 좌담이나 강연을 통해 기자들을 재교육했으며 1966년부터는 서울 지역의 수습기자들을 교육했다. 1963년에 설립된 서울대 신문연구소는 1년제 연구과정으로 기자들의 재교육을 담당했으며 한국신문편집인협회와 한국기자협회도 언론인의 자질 향상을 위한 세미나를 열었다. 그러나 이런 교육은 비체계적이고 비지속적이어서 기자들의 전문직주의로까지 이어지는 토양이 되지 못했다.

한편 1960년대 이전까지 한국 언론은 자본주의적 기업경영의 형태를 갖추지 못했으며 이윤 극대화보다는 정치적 영향력을 발휘하는 수단으로 운영됐다. 10명 이내의 직원들 모두가 사장이고 논설위원이며 기자이고 판매원이어서 서로 동지관계를 형성한 채 신문제작이나 방향을 놓고 갈등하는 경우가 거의 없었다(이정훈·김균, 2006). 기자의 경제적 처우는 여전히 낮았는데, 1965년 당시 전체 기자 7,009명 가운데 22.4%인 1,567명이 무보수 기자였으며 신문사 부장의 월급은 최저생계비도 안 되는 비참한 상황이었다(이정훈·김균, 2006).

이정훈과 김균(2006)은 1960~1970년대 한국 언론의 성격을 규정짓는 가장 강력한 힘은 정부였다고 했다. 그 중심에 언론을 탄압하면서도 경제적 보상으로 회유하는 이중 정책을 폈던 박정희 정권(1963~1979년)이 있었다. 경제적 기반이 취약한 언론사 소유주 입장에서 경제적 특혜는 회사 존립에 결정적이었으므로 정부의 통제를 받아들여야 하는 상황이었다. 언론사는 권언유착으로 이루어진 독과점 체제를 기반으로 급격히 기업화했으며 광고 수입은 급증했다. 언론사가 기업조직으로 바뀌고 이윤 추구가 경영의 우선순위로 되면서 조직은 위계화되고 소유주의 영향력은 강해졌다. 결국 정부는 언론인을 직접 통제하기보다 언론사 소유주를 통해 기자를 통제하게 됐으며 소유주와 기자의 관계는 과거의 지사적 동지관계에서 자본-노동의 대립관계, 사장과 월급쟁이의 관계로 변했다. 이런 평가가 전혀 과도하지 않음을 보여 주는 몇 가지 사례가 있다. 언론인 최석채는 "신문이 편집인 손을 떠났다"(박용규, 1995, 155쪽)라고 말했는데 이때가 1968년이었다. 또 다른 예는 박권상이 1969년 한국편집인협회 세미나에서 한 발언이다.

> 오늘날 언론계의 지배자는 저널리스트가 아니라 언론기관을 소유하는 기업주라는 것을 부인할 사람은 이 자리에 단 한 사람도 없을 것이다. 그리고 기업주들은 상당수의 경우 순수한 언론인도 아니요 언론 기업인도 아니라는 것도 또한 명백하다. 또한 상당수의 기업주는 언론기관을 공공의 제도로 생각하기보다는 자기의 정치적 또는 기업적 사기로 생각하는 경향이 있어 보인다. (이정훈·김균, 2006, 65쪽)

샐러리맨화

1970년대 초반 한국 언론계는 정부, 언론사 소유주, 일선 기자로 완전히 분리되었으며 기자들은 샐러리맨화를 수용하는 문제로 고민하기 시작했다(이정훈·김균, 2006). 언론사는 급격히 성장했지만 기자의 처우는 그다지 개선되지 않았다. 1970년대 중반에 임금 수준이 다소 높아졌지만 여전히 일부 기자들의 급여는 최저생계비에 못 미쳤다(박용규, 1995). 1970년대 후반 〈조선일보〉와 〈중앙일보〉의 발행부수가 100만부를 넘었을 때도 처우는 크게 나아지지 않았다(이정훈·김균, 2006).

1970년대 언론계의 새로운 현상은 유신체제(1972~1979년) 기간에 기자들이 정부부처의 대변인이나 해외공보관, 유정회 국회의원 등으로 대거 발탁되면서 정계 진출이 본격화하고 권력 지향성이 심화했다는 점이다. 박용규(1995)는 언론사 소유주의 권력에 대한 굴종은 물론이고 기자들의 권력 지향성은, 외부로부터 구체적인 통제가 없더라도, 신문 스스로 권력 눈치 보기 식으로 보도하기 시작했음을 보여 주는 증거라고 주장했다.

1980년대에도 여전히 정부는 한국 언론에 결정적인 영향을 끼쳤다(이정훈·김균, 2006). 한국 언론은 두 번의 전환점을 맞았는데, 1980년 언론통폐합과 1987년 민주화가 그것이다. 1980년 언론통폐합으로 기자 1,900여 명이 해직되고 언론사는 64개에서 49개로 감소했다. 언론시장의 독과점화가 제도화됐으며 언론사들은 대기업화하여 일반 기업체와 다를 바 없는 이윤 절대 우선주의가 고착화됐다. 체제 순응 여부에 따라 해직과 특혜가 엇갈림으로써 기자 문화는 타락하기 시작했다. 1987년 민주화로 언론사는 급증했고 기자들은 최고의 언론자유를 누렸으며 광고시장이 커지고 발행면수가 늘었으며 매출도 급증했다. 동시에 언론사 간 경쟁은 치열해졌으며 기자들의 업무 압박감은 커지고 노동 강도는 세졌다. 1980년의 언론통폐합이 인위적인 독과점 체제를 통해 언론사를 대기업 수준으로 키워 주었다면 1987년의 민주화와 뒤이은 언론자유화는 언론사 간의 시장경쟁을 본격화함으로써 언론조직의 기업적 성격을 극단적인 수준으로 강화했다. 기자들의 임금은 급상승하여 1980년대 중반에는 여러 비교 업종 가운데 최고를 유지했다. 기자들의 경제적 처우가 개선되면서 업무량과 노동 강도도 증가하여, 결과적으로 언론인의 샐러리맨화는 가속화했다. 언론자유화가 언론사 간 무한경쟁으로 변질되면서 사내 민주화운동의 급격한 퇴조를 불러왔다.

1987년 이후의 한국 언론 및 기자와 관련하여 한 가지 분명한 사실은 자율성이 몰라보게 신장됐다는 점이다(남재일, 2010). 하지만 그 자율성은 주로 언론사 사주 쪽에서 신장됐지 기자 쪽에서 신장됐던 것은 아니다. 이런 가운데 기자들의 임금 수준은 높아졌고 매체의 영향력을 통해 얻을 수 있는 사적 이익도 증가했다. 남재일(2010)은 이처럼 기자들의 직업적 위치가 다소 애매해진 상황을 세 가지 측면에서 설명했다(82-83쪽 참조). 첫째, 자본의 권력화가 심화돼 언론사 사주에 대한 기자들의 종속이 심화됐고, 언론자유에 대한 통제도 정치적 통제에서 자본권력의 통제로 바뀌었다. 여기서 기자들의 직업적 위치는 능동적 선택이 아니라 불가피한 순응으로 전제된다. 둘째, 언론이 정권의 통제를 벗어나 권력기구화하면서 기자들이 여기에 편승했다고 볼 수 있다. 이 관점은 기자의 능동적 선택을 인정하고 사주와의 관계를 위계 속의 교섭관계로 가정한다. 셋째, 1987년 이후 기자의 직업적 정체성은 하나의 기자 집단을 가정해서는 안 된다. 〈한겨레〉 기자와 〈조선일보〉 기자는 같을 수 없다. 이런 시각은 기자 집단을 저항적 기자 집단과 순응적 기자 집단으로 나누어 볼 것을 요구한다.

1990년대 초부터 본격화한 무한 경쟁체제로 인해 전문직이며 지식인으로서의 기자 정체성은 더욱 약화하고 '우리 신문', '우리 방송'이라는 기업 종업원으로서의 의식은 한층 두드러졌다. 1997년 외환위기와 그에 따른 구조조정은 언론인의 샐러리맨 정체성이 강화되는 데 결정적인 영향을 끼쳤다. 외환위기가 초래한 경영 악화는 임금 삭감과 구조조정, 실직을 낳으며 기자들이 편집권보다 생존권을 우선시하게 만들었고 눈치 보기와 보신주의가 팽배해졌다. 기자에게 광고영업을 시키고 광고를 따오면 보상금을 주는 게 일상적이 됐다. 한 기자는 "내가 기자인지 광고국 직원인지 생각할 때가 한두 번이 아니었다"(이정훈·김균, 2006, 83쪽)라고 말했다. 2000년대는 기자의 완전한 샐러리맨화 시대라 할 수 있으며 회사에 무조건적인 충성만이 살아남는 길이라는 인식이 강해졌고 사주에 대한 충성은 자연스럽게 자사 이기주의로 이어졌다(이정훈·김균, 2006).

이런 샐러리맨화 경향은 중앙지보다 경영 여건이 나쁜 지역 신문에서 더 두드러졌다. 지역 신문은 1990년대 말의 외환위기와 2000년대 중반의 글로벌 금융위기로 인한 구조조정으로 인력은 3분의 1로 줄었으며 광고 사정도 악화됐다(한선·이오현, 2010). 지방지 기자들은 노동 악조건에서 광고 유치까지 해야 하는 이중고를 겪으면서 좋은 기사를 쓰기보다 경영에 도움이 되고 사내외 정치를 잘하는 기자가 유능한 기자로 인정받는 분위기에서 일하고 있다. 회사의 입장을 먼저 생각하게 만드는 이런 상황은 기자들로 하여금 월급쟁이로 인식하게 만들고 나아가 자괴감을 느끼고 체념하게 만들었다.

4. 입사와 성장, 만족도

언론사 입사와 수습기간

세계 대부분의 나라에서 기자는 작은 언론사에서 인턴이나 비정규직으로 일을 시작하여 점점 큰 언론사로 옮겨 가며 단계적으로 성장한다. 그러나 국내 거의 모든 언론사는 시험으로 단번에 기자를 선발한다.[4] 한국 언론은 일찌감치 공개적으로 시험을 치러서 인재를 채용했다. 언론사 공채는 1953년 〈서울신문〉이 시작하고 이듬해 〈한국일보〉가 동참하면서 언론계에 자리 잡았다. 전형은 서류심사, 과목별 시험, 임원 면접으로 이루어졌다. 시험은 국어, 영어, 상식 과목과 논술·작문을 포함했다. 한동안 이렇게 유지됐던 공채는 2000년대 초에 실무평가를 추가하면서 크게 변했다. 요즘 실무평가는 지원자들에게 보도자료를 주고 스트레이트 기사를 쓰게 하고, 현장으로 내보내 직접 취재를 하여 기획

기사를 쓰도록 한다. 집단토론이나 발표(프레젠테이션)를 시키는 언론사도 있다. 실무평가는 며칠간 합숙을 하며 진행되기도 한다.

언론사 시험이 실무 중심으로 바뀌면서 지원자들은 난감해졌다. 대학의 커리큘럼은 여전히 이론 중심이며 대학 바깥에도 취재보도 실무를 배울 곳은 별로 없다. 국내에서 저널리즘 실무를 학위과정으로 교육하는 곳은 세명대 저널리즘스쿨(대학원 석사과정) 한 곳뿐이다. 대학 학위과정은 아니지만 프런티어 저널리즘스쿨(Frontier Journalism School, FJS)[5]도 6개월~1년의 커리큘럼으로 취재보도 실무를 체계적으로 교육한다.[6] FJS는 운영된 지 벌써 10년째인데 매년 수료생이 30~40명으로 결코 많지 않다. 사정이 이렇다 보니 대부분의 기자 지원자들은 자구책으로 공부 모임을 만들어 시험용 지식을 공유하고 서로의 글을 비평하며 공채를 준비한다. 몇몇 신문사가 개설한 수 주짜리 글쓰기 강좌를 듣기도 한다. 언론사 시험은 '언론고시'로 불릴 때만큼은 아니더라도 여전히 인기 있어서 합격에 6개월에서 2년 이상 걸린다(최석현·안동환, 2012).

언론사 시험 합격자 대부분은 취재보도를 제대로 배우지 않은 가운데 기자가 되기 때문에 소정의 교육이 필요하다. 한국 언론이 애초부터 6개월 정도의 수습기간을 두었던 것은 이 때문이다. 수습기자는 선배 기자에게서 뉴스 소재 개발, 취재 방법, 취재원 관리, 기사 작성 등에 대한 노하우를 배운다. 특히 경

---

4) 이런 기자 선발 방식은 2010년대 들어 몇몇 언론사에서 이른바 채용연계형 인턴제를 도입하면서 바뀌기 시작했다. 〈조선일보〉와 〈동아일보〉 등은 여름에 인턴기자 수십 명을 선발한 후 2개월간 평가하여 소수의 우수자를 가려내고, 이들을 추후에 있을 공채전형에 합류시키되 곧바로 임원 면접의 단계로 올려 보내는 특혜를 준다. 즉 인턴에서 선발된 우수자들은, 공채전형의 지원자들과 달리, 서류전형과 필기시험, 실무평가 등의 단계를 모두 면제받고 곧바로 최종 단계인 임원 면접을 볼 수 있도록 해 주는 것이다.

5) http://www.fjs.or.kr/

6) 한국언론진흥재단은 2000년대 초중반에 6개월 정도의 취재보도 실무 커리큘럼으로 구성된 '예비언론인과정'을 운영하다가 중단했다.

찰서를 돌면서 밤낮없이 사건사고를 챙기는 일이 체력적으로 고되고 심리적으로 힘들다. 거의 모든 언론사가 수습기자 제도를 운영하지만 교육 매뉴얼이나 커리큘럼을 갖고 있는 언론사는 별로 없다. 따라서 수습기자 교육은 취재 방법과 기사 작성에 대한 선배 기자의 개인적인 노하우를 도제식으로 전수받는 것이다(최석현·안동환, 2012). 저널리즘 원칙이나 직업윤리와 같은 이론적인 교육은 기대하기 어렵다(김경모·신의경, 2013). 정식 기자가 돼서도 교육을 받는 일이 별로 없기 때문에 수습기간은 실무를 배우는 유일한 기회라고 할 수 있다. 수습기간의 교육은 현장 분위기를 익히는 데 유용하지만 비체계적이며 비인간적이기도 하다. 전문적인 교육은 물론 아니다.

부서 이동과 이직

언론사는 수습기간을 마친 기자를 상당 기간 여러 취재부서에 돌려가며 배치한다. 단기간에 여러 분야의 취재를 다양하게 경험하도록 하자는 취지다. 이런 순환보직 기간은 3~5년 또는 그 이상 걸리기도 한다. 순환보직 후의 경로는 천차만별이지만, 그래도 이때부터 한 부서에 정착하여 전담 취재 분야를 갖게 되는 경우가 많다. 다시 말해, 기자가 처음부터 끝까지 한 부서에서 경력을 쌓고 승진하는 경우는 극히 예외적이며 여러 부서를 경험한 후에 특정 부서에서 간부로 승진하는 것이 일반적이다(임영호·김은미·박소라, 2004).

취재기자로서 현장을 누비며 왕성하게 일하는 시기는 간부기자가 되기 전까지이다. 차장이나 부장과 같은 간부기자는 후배 기자들을 지휘하고 기사를 첨삭하는데, 워낙 일이 많아서 취재 현장으로 나가지 못한 채 내근을 한다. 기자는 승진에 그다지 큰 의미를 두지 않지만 취재 부서를 책임지는 부장(에디터,

editor)은 한번 해보고 싶어 한다. 언론사에서 차장급으로 승진하려면 입직 후 약 13년, 부장급은 18년, 국장급은 22년이 걸린다(한국언론진흥재단, 2013).

일반적으로 기자들이 선호하는 취재 부서는 '정경사'로 불리는 정치부, 경제부, 사회부다. 이 세 부서 출신자들이 간부가 될 가능성도 크다. 〈동아일보〉, 〈조선일보〉, 〈중앙일보〉의 부장급 이상 간부들의 다수는 이 세 부서 출신이며 특히 사회부 출신이 많다(임영호·김은미·박소라, 2004). 〈광주일보〉, 〈매일신문〉, 〈부산일보〉 같은 지역 신문의 경우에도 간부의 대다수는 이 세 부서 출신이다. KBS, MBC, SBS 및 지방 일간지는 대개 사회부 경력이 많은 사람이 간부가 되며 〈조선일보〉와 〈중앙일보〉의 간부는 경제부 출신이 많다(장하용, 2004).

타 업종에 비해 언론계에서 이직은 흔하지 않다. 2000년대 들어서도 신문기자가 타 신문사로 옮기는 경우뿐 아니라 신문사에서 방송사로 옮기는 경우도 많지 않았다. 그러다가 2011년 12월 1일 종합편성채널이 개국하면서 이직이 급격히 늘었다. 최근의 전국 조사에서도 언론사의 신입 입사자는 64.7%, 경력 입사자는 35.3%로 나타나 경력 입사자가 상당히 늘었음을 보여 준다(한국언론진흥재단, 2013).

임영호, 김은미, 그리고 박소라(2004)는 중앙지와 지방지의 부장급 이상 간부들을 조사한 결과, 대부분이 자기 회사에 공채로 입사하여 간부 직위까지 쭉 승진했으며 일부만 타 언론사에서 이직한 사람들임을 발견했다. 임영호 등은 이런 현상이 언론사의 독특한 조직문화와 관련된다고 설명했다. 공채시험으로 선발된 기자들에게 입사 동기(同期)는 매우 특별한 의미를 지닌다. 동기들 사이에 결속력이 강한 문화가 생겨났으며 승진에서도 공채 기수에 따른 균등주의가 적용되어 언론사별로 폐쇄적인 기수 네트워크가 만들어졌다. 각 언론사가 기수 중심의 배타적인 조직문화를 갖고 있다 보니 이직을 꺼릴 수밖에 없다는 것이다.

기자들의 많지 않은 이직 사례에서 임영호 등(2004)은 몇 가지 특징을 발견했다. 신문기자들의 이직은 주로 신문사 간에 이루어지며 신문–방송 간에는 별로 없었다. 신문기자로 일하다가 방송기자가 되거나 방송기자로 일하다가 신문기자가 되는 경우는 예외적이라는 뜻이다. (이 경향 역시 종합편성채널 개국과 함께 많이 바뀌어 요즘은 신문–방송 간 이직이 현저히 늘었다.) 신문기자들은 대체로 경제지에서 종합지로, 통신에서 신문으로, 한 중앙지에서 다른 중앙지로 이직했다. 그 반대의 경우는 '다운그레이드'(downgrade) 느낌이 있어서 신문기자들이 선호하지 않는다. 지역 간 이직은 한마디로 지리적 폐쇄성으로 특징지을 수 있다. 예를 들어, 서울에서 일하던 기자가 수도권을 벗어나서 이직하는 경우는 드물며 그 반대의 경우도 마찬가지다. 이 경향은 지역신문에서 더 두드러져서, 〈광주일보〉 기자는 이직을 하더라도 광주광역시 내에서 하며 시계를 벗어나는 경우는 거의 없었다. 〈매일신문〉과 〈부산일보〉도 마찬가지였다.

임영호와 김은미(2006)는 방송기자에게서도 비슷한 경향을 발견했는데, 방송기자들의 이직은 수도권 내에서 또는 동일 지역 내에서 압도적으로 많았으며 지방에서 수도권으로나 수도권에서 지방으로 이직하는 경우는 매우 적었다.[7] 연구자들은 기자들의 이직에 지리적 연고 요인이 강하게 작용한다는 것을 발견하고 언론계의 노동시장 구조가 지리적 시장 단위별로 분절화했다고 진단했다. 지연, 학연 등의 사회자본이 취재를 포함한 기자들의 직업적 활동에 긴요하다 보니 좀처럼 자기 지역을 벗어나서 이직하지 않는다는 것이다.

7) KBS와 MBC는 과거에도 지역 방송국에서 서울로 이동하는 기자들이 있었기 때문에 다소 예외라 할 수 있다.

기자 교육

앞에 언급했듯이 한국언론진흥재단(2013)의 조사에서 신문방송 전공자의 비율은 1989년 이후 계속 증가하여 2013년에 최고에 달했다. 이는 매우 고무적이지만 미국과 달리 우리의 대학들이 내실 있는 저널리즘 실무 교육을 제공하고 있지 못하다는 게 아쉽다. 그러다 보니 대다수 신입 기자들은, 심지어 미디어 및 신문방송학을 전공한 기자들도 입사 후 수습과정에서 선배 기자에게서 도제식으로 취재보도를 배우는 게 기자 생활을 통틀어 처음이자 마지막 교육이다. 이런 상황을 감안하여 한국언론진흥재단은 언론사들의 위탁을 받아 신입 기자들에게 2주짜리 '수습기자 기본교육'을 제공하고 있다.

수습기간을 끝내고 기자로서 왕성하게 활동하는 동안 교육을 제공하는 언론사는 거의 없다. 기자들이 스스로 공부 모임을 만들면 소정의 비용을 지원해 주는 언론사는 일부 있다. 그러나 기자들이 원하는 것은 체계적인 교육이다. 한국언론진흥재단(2013)의 조사에서 "사내외 연수나 재교육 필요하다"라고 응답한 기자는 96.1%에 달했다. "재교육 받은 적이 있다"는 기자는 37.1%로 2009년의 25.0%에 비해 높아졌다. 재교육의 필요성은 방송기자들이 가장 강하게 느끼고 있었으며 그다음은 뉴스통신 기자, 신문기자, 인터넷언론사 기자의 순이었다. 재교육에 대한 갈증은 여전한데 해소가 되지 않으니 기자들은 자구책을 강구할 수밖에 없다. 중소 규모 언론사의 8년차 기자는 다음과 같이 말했다.

> 언론사 입사 때나 입사 이후나 사측에서의 전문적인 재교육 과정은 없어요. 필요하다면 언론재단의 교육과정을 이수하는 정도일 뿐입니다. 회사 지원보다는 기자 스스로의 전문화를 위한 노력이 더 중요해요. 스스로 관심을 두고 있는 분야에 대한 대학원 교육과 자료

수집, 관련 서적을 읽고 공부할 수밖에 없습니다. 사측에서 기자 전문화를 위한 지원 자체가 전무하기 때문이죠. (최석현·안동환, 2012, 100쪽)

전문성

우리말의 전문성은 기자가 전문 직업인이라는 의미의 전문성과 특정 분야에 정통하다는 의미의 전문성을 모두 포함한다. 전자(professionalism)와 후자(expertise)는 서로 다르다. 전자의 의미에서 "기자가 전문 직업인인가?"는 여전히 논란거리다. 일반적으로 전문직은 협회를 갖추고 있으며 윤리강령을 공유하며 기술적 전문성과 업무의 자율성을 기반으로 사회적으로 권위를 인정받는다는 기준을 충족해야 한다(손승혜·김은미, 2004). 예를 들어, 의사나 법률가는 전문성과 자율성의 필수조건인 특정한 핵심 지식 체계와 공통의 인지적 기반을 갖고 있으며 엄격한 윤리강령을 공유한다(박진우·송현주, 2012). 정부가 주관하는 시험에 합격함으로써 전문직으로서 공인을 받는다. 이에 비해 언론인은 전문적 지식 체계를 갖고 있지 않으며 직업적 윤리규정은 있지만 그다지 엄격하게 실행되지 않는다. 더구나 언론인이 정부의 인증이나 허가로 자율성과 독립성을 확보한다면 그것은 오히려 언론의 존재 이유와 근본적으로 배치된다. 따라서 전문 직업인으로 보기 어렵다.

이에 비해 언론인을 전문 직업인으로 인정하는 쪽의 입장은 위와 같은 현실적 요건보다 전문직으로서 규범과 언론의 공익적 측면을 강조한다(박진우·송현주, 2012). 즉 객관적이고 공정한 보도를 통해 공익성을 구현한다는 언론의 가치를 전문직주의의 핵심으로 본다. "외부 세력이나 이념의 영향에서 독립해 나름대로 정착된 취재, 기사작성 원칙에 따라 자율적으로 직무를 수행"(임영호, 2007, 243쪽)한다는 측면에서 매우 특수한 의미를 지닌 전문직이라고 할 수 있다는 것이다. 이 논란은 그 자체로 의미가 있다기보다 언론인이 스스로 전문직임을 인지하고 적극적으로 주장함으로써 그에 걸맞은 지식을 쌓고 규범을 지키도록 부추기는 데서 의의를 찾을 수 있다. 그렇게 함으로써 매체 유형이나 소속 회사에 관계없이 언론인이라면 누구나 공유해야 할 직업적 가치가 있다는 사실을 알게 되며 그런 가치에 대한 공감대를 높일 수 있다.

이런 의미의 전문성을 경험적으로 연구한 논문은 극소수인데, 손승혜와 김은미(2004)는 지상파 방송 3사의 기자와 PD를 대상으로 남녀 간 전문성 인식의 차이를 알아보았다. 그 결과, 여성들은 남성보다 엄격한 업무기준을 갖고 있으며 윤리기준에 대해서도 스스로를 엄격한 잣대로 평가하며 기술을 익히거나 업무지식을 쌓는 데 큰 의미를 부여했다. 그러나 여성들은 이런 엄격한 전문성 기준에도 불구하고 실제로 조직에서 실력을 인정받고 승진하기 위한 평가에 있어서는 전문성보다 오히려 인맥이나 인간관계가 중요하게 작용한다고 인식하고 있었다.

전문성의 두 번째 의미(expertise)는 기자가 자기의 취재 분야에 대해 전문적인 지식을 갖고 있어야 한다는 것이다. 의학이나 법률은 물론이고 노동, 복지, 교육, 환경 등 거의 모든 취재 분야에 전문적인 지식이 요구되며 그런 지식은 많을수록 좋다. 하지만 순환보직과 같은 관행으로 인해 기자는 넓고 얇은 지식을 지닌 제너럴리스트(generalist)로 성장할 가능성이 크다. 실상도 그렇다. 한국언론진흥재단(2013)의 조사에서 담당 분야에 전문성이 있다고 자평한 기자는 절반에도 못 미쳤다(46.3%). 자기의 전문성을 5점 척도(1 = 전혀 전문성 없음, 3 = 보통, 5 = 매우 전문성 있음)로 평가했을 때, 전체 평균은 3.4로 '보통'보다 조금 높았다. 전문성 평점은 인터넷언론사 기자(3.63)가 가장 높았으며, 그다음은 신문기자(3.41), 방송기자(3.34), 뉴스통신 기자(3.29)의 순이었다. 부서별로는 사진·카메라(4.05), 여론·독자(3.75), 체육·생활·건강(3.69), 편집·조사(3.68), 과학·IT(3.61), 논설·해설(3.59) 담당 기자들이 높다고 자평했으며 사회(3.15), 정치(3.30), 경제·산업(3.31), 문화(3.32), 국제·북한(3.40) 부서의 기자들은 자기의 전문성을 상대적으로 낮게 평가했다.

전문기자 실험

기자의 전문성 부족은 기자 개인의 문제인 동시에 언론사의 구조적 문제다. 기본적으로 언론사는 기자 교육을 그다지 중시하지 않아서 기자의 전문성을 높이기 위한 지원에 인색하다. 이런 상황에서 〈중앙일보〉는 1990년대 초 외부에서 전문가를 수혈하는 방법으로 기자의 전문성 문제를 풀어보고자 했다. 의사면허나 변호사 자격증을 가진 사람, 경제학 박사, 환경공학 박사 등을 대거 충원하여 소정의 실무 교육을 시킨 다음에 해당 분야의 취재에 투입했다. 자격증이나 학위가 있고 지식도 많지만 취재에 능숙하지 않은 나이 든 전문기자가 편집국에 무리 없이 안착할 것이라고 예측하긴 어려웠다. 김사승(2002)은 그렇게 편집국에 투입된 전문기자와 기존의 기자, 에디터가 어떤 갈등을 겪었는지 연구했다. 기자들은 전문기자들의 취재 능력을 신뢰하지 않았으며 기사 작성에 대해서도 "역사책 쓰고 있다"거나 "강의하고 있다"(112쪽)는 식으로 비판했다. 이는 전문기자들이 취재보도를 배운 경험이 기존 기자에 비해 턱없이 부족했으므로 당연히 나올 수 있는 지적이었다. 전문기자들은 기사의 전문성을 높이고자 채용됐는데도 막상 그렇게 쓴 자기의 글이 호된 비판을 받게 되자 당황하지 않을 수 없었다. 전문기자들은 자기들에게 출입처를 전담케 하면서 심층적인 기사도 요구하는 것은 무리라고 주장했으며 기사를 출고하는 권한을 달라고 요구했다. 또 전문기자들은 독립적인 취재를 선호해서 협업으로 뉴스를 생산하는 경우가 많은 정치부, 경제부, 사회부에 전문기자를 도입하기는 어려운 것으로 나타났다. 에디터와도 기사 생산의 여러 단계에서 갈등이 나타났는데 그중에서 기사 작성과 관련하여 한 전문기자는 다음과 같이 말했다.

> 사회부 데스크는 기사를 어느 정도 부풀리기 기대한다. 기사의 정확성이 중요하다고 생각하는 나는 이 때문에 부장과 자주 갈등을 일으킨다. 나는 어떤 이슈든지 심층 추적의 관점에서 파고들려고 한다. 그러면 부장은 "문화부나 다른 일간지에 자리가 남았는지 알아보라"라고 한다. 그런 기사는 사회부 기사가 아니라는 것이다. 결국 기사를 밀어내거나 죽여 버린다. 이런 싸움에서 이겨 본 적이 없다. 양쪽의 의견차가 너무 큰 것 같다. (김사승, 2002, 115쪽)

지난 20여 년간의 실험을 통해 전문기자는 외부 수혈보다 기존의 기자를 성장시키는 쪽으로 결론이 난 것 같다. 최근엔 상당 기간 동안 국방, 노동, 의료 등의 분야만 전담한 기자들이 나타나 실질적인 전문기자로 활약하고 있다. 당연히 전문적인 지식만으로 전문기자가 되지는 않는다. 그런 점에서 기자의 전문성은 예나 지금이나 별 차이가 없다.

전문성과 관련하여 논의가 많이 됐던 또 다른 이슈는 미디어 환경과 전문직 노동의 변화다. 디지털 시대의 전문성과 관련하여 한 기자는 "멀티미디어 시대의 기자는 텍스트 기사 작성에서 사진, 동영상, 편집 및 디자인에 걸친 모든 분야의 테크닉에 숙달되어 있는 '1인 5역'을 해야 한다"(박진우·송현주, 2012, 60쪽)라고 말했다. 종이신문 기자가 온라인용이나 방송용 뉴스도 생산하며 수시로 마감에 시달리고 끊임없이 수용자 피드백을 받는다는 것은 분명히 스트레스 상황이다. 미디어가 융합되면서 기자들이 협업을 할 기회가 증가할 것이라는 긍정적인 예측이 있었는데, 실제로 협업이 증가했지만 소통은 줄어들었다. 한 기자의 경험담은 이런 아이러니를 잘 보여 준다.

> 우리 신문사에서 〈코리안 루트를 찾아서〉라는 창간 60주년 기획이 있었다. 우리 민족이 어디서 왔는지 그 뿌리를 찾는 기획이다. 기자가 8명, 학계에서 6명, 도합 14~16명이 동원되었고 편집국 기자로 나도 참여했다. (…) 그러니까 펜, 영상, 사진이 호흡이 달라 섞이기가 힘들더라. 몇 년 동안 이런 작업 하다가 최근에는 나 혼자 하게 되었다. 제일 쉬운 것이 역시 혼자 하는 것이고, 역할 분담이 되면 좋은데, 신문은 영상에 대한 인식이 부족하고, 1시간 동안 내내 찍더니 1분 분량 내어 놓으려니, 필요 없는 작업을 한다는 둥 노력한 대비 결과물이 없다는 둥 시간 대비 효율성이 낮다는 둥, 그런 평가를 받게 되는 것이다. (박진우·송현주, 2012, 59쪽)

내부 구성원 간의 소통뿐 아니라 언론사 조직 외부와의 소통도 중요하다. 디지털 모바일 환경은 서로 간에 정보를 최대한 협력적으로 교류할 수 있게 해 주므로 기자에게는 수많은 전문가와 시민들을 연결하는 망의 핵심 지점인 "네트워크 노드"(network node)나 수많은 정보를 정리하여 전달하는 "코디네이터"(coordinator) (이봉현, 2012, 44쪽)라는 새로운 전문성이 요구된다.

탈진

언론사는 언제나 인력 부족을 호소한다. 하기야 아무리 기자가 많아도 매일의 일상사를 모두 취재할 수 없으니 일손이 부족한 것은 당연하다. 이런 상황은 온라인 모바일 시대가 만개하면서 더 악화됐다. 조간신문 기자만 보더라도 예전에는 오후 6시쯤 기사를 마감하고 한숨을 돌렸지만 이제는 일이 터지는 족족 인터넷에 속보를 올리고 음성으로든 영상으로든 방송뉴스도 담당해야 한다. 한 대형 신문 9년차 기자는 다음과 같이 말했다.

> 최근에는 하루에 기사를 몇 개를 썼는지 기억나지 않을 정도로 쓰는 날이 많아요. 그러다 보니 내가 무슨 기사를 써야 하는지, 아니면 이것의 의미가 무엇인지 생각할 겨를이 당연히 없죠. … 신문 면수는 늘어나는데, 기자 수는 늘지 않고 … 그러다 보니 현장에 가서 쓸 시간도 없고 … (최석현·안동환, 2012, 101쪽)

기자들의 볼멘소리는 실제 조사에서도 그대로 확인된다. 한국언론진흥재단(2013)의 조사에서 기자들은 일주일에 평균적으로 기사 31.3건을 작성한다고 답했다.[8] 이는 1995년 조사 이래 최고치이며 직전 조사인 2009년에 비해서도 2배 이상 증가했다. 주요 원인은 온라인용 기사 작성이 급증했기 때문이다. 상황이 이러하다 보니 기자들은 상당한 직무 스트레스를 느끼는 것으로 나타났다. 스트레스 항목을 4점 척도(1=전혀 그렇지 않음, 2=그렇지 않음, 3=그러함, 4=

---

8) 일주일 평균 기사 작성 건수는 1995년 15.7건, 1997년 11.4건, 1999년 12.7건, 2001년 11.8건, 2003년 15.9건, 2005년 15.9건, 2007년 15.4건, 2009년 14.8건이었다.

매우 그러함)로 조사한 결과, '여러 가지 일을 동시에 해야 한다'(3.10)거나 '업무량이 현저하게 증가했다'(2.87)는 데서 오는 스트레스가 크게 나타났다. '평소 내가 추구하는 가치와 회사가 추구하는 가치는 일치하지 않는다'(2.70)와 '회사 사정으로 미래가 불확실하다'(2.61)는 것도 스트레스의 주원인이었다. 그 외에 '내 능력을 개발하고 발휘할 수 있는 기회가 거의 없다'(2.48), '나는 기준이나 일관성 없는 상태로 업무지시를 받는다'(2.41), '업무 수행 과정에서 나에게 결정권한이 주어지지 않는다'(2.23)는 것도 스트레스를 유발했다.

학자들은 기자들의 과도한 노동을 심리적 탈진이라는 개념을 동원하여 연구했다. 심리적 탈진은 정서적 고갈, 냉소감, 직업효능감 결여로 구성된다. 예를 들어, 김동률(2009)은 지상파 방송 3사의 기자를 조사하여 KBS 기자들의 심리적 탈진이 가장 심하며 그다음은 MBC와 SBS의 순이라고 보고했다. 전체적으로 심리적 탈진의 3요소 가운데 정서적 고갈 측면에서의 탈진감이 가장 심했다. 정서적 고갈은 일과 긴장감 때문에 정서적으로 녹초가 되었다는 뜻이다. 정서적 고갈은 직업 만족도와 이직 의사에 영향을 끼치는 요인이었다.

정재민과 김영주(2011)는 일간지 기자를 조사했는데, 방송기자와 마찬가지로 심리적 탈진의 구성요소 가운데 정서적 소진이 가장 심했다. 정서적 소진에 영향을 끼치는 요인은 업무량, 자율성, 보수에 대한 만족도로 나타나, 일이 너무 많거나 취재보도의 자율권이 침해되는 경우가 신문기자들에게 특히 치명적이었다. 한편 신문기자들의 조직 전념과 이직 의도를 예측하는 가장 설명력 높은 변인은 냉소주의로 나타나 방송기자의 경우와 차이를 보였다.

노동 조건이 가장 열악한 기자는 언론사닷컴의 편집기자들이다(김위근, 2012). 이들은 자사의 오프라인 기자들에 비해 비정상적인 노동 조건에서 일하고 있다. 이들은 기본적으로 24시간 체제로 일하기 때문에 새벽, 낮, 밤샘 근무가 수시로 뒤바뀌면서 근무시간이 불규칙하다. 야간이나 주말, 휴일 등 시간외

근무는 잦고 보상은 제대로 못 받는다. 더구나 마감시간이 따로 없으므로 뉴스를 상시적으로 생산하고 편집하는 육체적 노동에 시달리며 이용자들의 클릭에 신경을 써야 하는 정신적 피로감도 상당하다. 김위근은 언론사닷컴의 편집기자는 기자로 불리지만 실제로는 기사를 선택해서 제목을 작성하고 적당하게 배치하는 편집 기능자 역할에 머물러 있다고 주장했다. 트래픽 위주의 편집을 할 수밖에 없는 현실은 언론인으로서 이들의 정체성을 위협하고 있다는 것이다.

만족도

한국언론진흥재단(2013)은 여러 측면에서 기자들의 만족도를 조사했는데 공통적으로 그다지 긍정적인 결과를 얻지 못했다. 예를 들어, 직업 만족도(기자라는 직업에 대한 만족도)를 11점 척도(0 = 매우 불만족, 10 = 매우 만족)로 측정한 결과 6.97로 나와 '보통' 수준보다 조금 더 만족하는 상태였다. 그러나 직업 만족도는 2005년 6.14, 2007년 6.38, 2009년 6.27로 상승 추세다. 직업 만족도가 가장 높은 매체 유형은 인터넷언론(7.38)이었으며 그다음은 방송(7.10), 신문(6.91), 뉴스통신(6.91)의 순이었다. 직위별로는 국장급(7.87), 부국장급(7.35), 부장급(7.01), 차장급(6.98), 평기자(6.91)로 나타나 직위와 직업 만족도는 정비례했다. 차장급의 직업 만족도는 전체 평균 정도이며 평기자의 직업 만족도는 평균 이하였다. 부서별로는 논설·해설(7.45), 정치(7.29), 기획탐사(7.18), 사회(7.16), 여론·독자·심의(7.13), 사진·카메라(7.09), 경제·산업(7.01) 부서가 평균 이상이었고, 과학·IT·문화 등 부서(6.66), 체육·생활·건강(6.68), 국제·북한(6.69), 편집·조사(6.70) 부서는 평균보다 낮았다.

회사 만족도(자기가 다니는 회사에 대한 만족도)는 5점 척도(1 = 전혀 만족하지 않는다, 3 = 중립, 5 = 매우 만족한다)로 측정됐는데 '4 = 대체로 만족한다'와 '5 = 매우 만족한다'를 합한 수치 즉 '회사에 만족한다'는 응답자는 45.1%로 나타나 불만족한다는 기자들이 더 많았다. 회사 만족도의 전체 평균은 3.29로서 '중립'을 조금 웃도는 수준이었다. 매체 유형별로는 인터넷언론(3.48) 기자들의 회사 만족도가 가장 높았으며, 그다음은 뉴스통신(3.35), 신문(3.29), 방송(3.22)의 순이었다. 회사 만족도는 2005년 3.35, 2007년 3.48, 2009년 3.40, 2013년 3.29로 하락세이며 특히 방송은 급격히 하락했다. 직위별로는 국장급(3.61), 부국장급(3.43), 부장급(3.43), 차장급(3.31), 평기자(3.24)로 나타나 회사 만족도는 직위와 정비례했다. 이는 위의 직업 만족도와 동일한 결과이다.

부서 만족도도 5점 척도(1 = 전혀 만족하지 않는다, 3 = 중립, 5 = 매우 만족한다)로 측정됐는데 전체 평균은 3.43으로 '중립'을 조금 웃도는 수준이었다. 위 회사 만족도와 마찬가지로 부서 만족도는 2005년 3.60, 2007년 3.59, 2009년 3.59, 2013년 3.43으로 하락 추세다. 부서 만족도는 여론·독자(3.75) 부서가 가장 높았으며 논설·해설(3.64), 문화(3.61), 기획탐사(3.56), 과학·IT(3.44) 부서도 평균 이상이었다. 경제·산업(3.33), 체육·생활·건강(3.37), 정치·사회(3.38) 부서는 평균 이하였다.

위 세 가지 만족도 조사는 상당히 일관적이라고 할 수 있다. 만족도가 떨어지면 일에 흥미를 잃게 되고 회사 차원에서 보면 사기 저하로 이어지게 된다. 한국언론진흥재단의 조사에서도 그렇게 나타났다. "최근 1~2년간 뉴스룸 내 기자들의 사기는 대체적으로 저하된 편이었다"는 질문에 절반 이상인 58.5%의 기자들이 동의했다. 5점 척도(1 = 매우 저하, 3 = 중립, 5 = 매우 상승)로 측정한 평균치는 2005년 2.42, 2007년 2.52, 2009년 2.38, 2013년 2.36으로 2007년 이후 하락 추세다. 매체 유형별로는 방송(2.16)이 가장 낮았으며 그다음은 뉴스통신(2.27), 신문(2.41), 인터넷언론(2.69)의 순이었다. 사기 저하의 이유로는 언론사 경영 위기(26.1%)가 가장 많았으며 그다음은 언론인으로서 비전 부재(22.5%), 성취감 및 만족감 부재(15.6%), 많은 업무량(10.1%), 언론인으로서 자율성 감소(9.9%), 언론사와 언론인의 여론 영향력 축소(7.5%), 광고와 영업활동 부담(3.2%), 수용자 감소(2.0%)의 순이었다. 전국 종합일간지 기자들이 가장 많이 지목한 이유는 언론인으로서 비전 부재(34.2%)였으며 지상파 3사 기자가 가장 많이 지목한 원인은 언론인으로서 자율성 감소(41.8%)였다.

이런 상황을 감안하면, 상당수 기자들이 부서 이동이나 심지어 이직을 희망한다는 것은 그다지 놀랄 일이 아니다. 한국언론진흥재단의 조사에서 기자의 44.7%는 부서를 옮길 의향이 있다고 답했다. 부서 이동 희망자는 경제·산업(59.2%) 부서 기자들이 가장 많았으며 국제·북한(58.8%), 사회(55.8%), 정치(48.5%) 부서의 기자들도 평균 이상이었다. 반면에 편집·조사·독자(27.1%), 논설·해설(27.3%), 사진·카메라(27.6%), 문화(31.8%), 체육·생활·건강(35.4) 부서는 평균 이하였다. 부서 이동을 원하는 기자들이 가장 가고 싶어 하는 부서는 경제·산업(18.4%)이었으며 그다음은 문화(18.2%), 기획탐사(17.0%), 정치(12.6%), 사회(10.5%) 부서의 순이었다.

타 언론사로 직장을 옮기고 싶다는 기자는 30.5%로 조사되어 2009년의 18.8%에 비해 급증했다. 매체 유형별로는 인터넷언론(46.5%)이 가장 높았으며 그다음은 신문(33.0%), 뉴스통신(29.5%), 방송(19.0%)의 순이었다.

아예 타 직종으로 이동하고 싶다는 기자도 29.9%나 됐다. 이 비율은 1989년의 11.1% 이후 약간의 등락을 거쳐 2003년에 33.6%의 최고치를 나타냈으며 2007년까지 26.5%로 떨어졌다가 다시 상승했다. 매체 유형별로는 신문(33.2%)이 가장 높았으며 그다음은 뉴스통신(31.0%), 방송(22.7%), 인터넷언론(18.7%)의 순이었다. 직위별로는 국장급(21.1%), 부국장급(32.7%), 부장급(29.5%), 차장급(31.8%), 평기자(29.6%)의 순이었다. 이동 희망 직종 1~3순위는 전문직,

대학·연구직, 프리랜서였다.

기자가 조직에 얼마나 전념하는가 또는 이직할 의향이 얼마나 있는가는 언론사 입장에서 긴요하다. 지상파 방송 3사와 중앙일간지 기자를 조사한 정재민과 김영주(2008)의 연구를 보면, 기자들은 보수나 승진과 같은 보상에 만족하지 못하더라도 자기 자신과 조직의 적합도(자신이 조직의 가치와 문화를 존중하며 조직원으로서 필요한 존재라고 인식하는 정도)가 높고 직무 및 동료, 상사에 대한 만족도가 높으면 조직 전념도도 높다. 또 조직 적합도가 높고 직무 만족도와 동료 만족도가 높을수록 이직 의도는 낮아졌다. 물론 승진과 보수도 이직과 관련이 있지만, 자기의 직무에 대한 만족도나 동료 만족도보다 중요하지 않았다.

한국언론진흥재단(2013)의 언론인 조사를 보면, '창조적이고 능동적인 직업'이어서 기자를 직업으로 선택한 경우가 33.7%로 가장 많았다. 그다음은 '사회의 문제점을 파악해 사회정의를 구현하고자'(28.7%), '사회적, 정치적 영향력을 행사할 수 있는 직업이어서'(13.9%), '특별한 동기 없이 우연한 기회에'(8.4%), '구속받지 않는 자유로운 직업이라 생각해서'(7.5%), '새로운 정보를 먼저 접하고 전달할 수 있어서'(6.2%) 등이었다. 이처럼 직업을 선택하는 동기에서 보더라도 기자는 여느 직장인과 달리 보수나 승진과 같은 세속적인 보상에 별로 얽매이지 않는다고 말할 수 있다.

나가며

이 장은 한국의 기자는 누구이며 그의 개인적 배경과 속성은 뉴스에 얼마나 영향을 주는지에 대해 논의했다. 선행 연구는 상당히 축적되어 있으며 한국의 기자라는 그림을 구성하는 퍼즐 조각을 많이 찾아냈다. 여기에 미처 소개하지 못한 논문까지 포함하면 그림의 완성도는 더 높을 것이다. 그래도 비어 있는 퍼즐 조각을 찾아보자는 취지에서 몇 가지를 제안해 본다.

우선, 대다수의 선행 연구가 상당히 오래전에 수행된 것이어서 최근의 변화를 반영하지 못하고 있다. 디지털 모바일 환경이 날이 갈수록 가속화하고 있다거나 종합편성채널이 수 년간의 실험을 통해 새롭고 다양한 시도를 한 점 등은 기자의 언론계 입직에서부터 저널리즘에 대한 인식, 역할 정체성, 교육과 전문성, 노동 등 전 영역에 급격한 변화를 초래했을 수 있으므로 이에 대한 업데이트가 필요하다. 또한 기존의 몇몇 인구통계학적 요소에서 벗어나 사회경제적, 계층적 요소까지 포함하는 쪽으로 기자 연구를 확장할 필요가 있다.

기자 선발방식과 수습 제도는 지나치게 실무적인 이슈이지만 그간에 언론사가 제대로 검토한 적이 없다는 점에서 학계의 도움이 필요하다. 기자에게 필요한 소양과 자질은 무엇이며 현행의 기자 선발방식은 그것들을 얼마나 반영하고 있는지 연구해 볼 수 있다. 수습기간의 도제식 교육의 실효성을 정면으로 다루는 연구도 필요하다. 도대체 수습기간에 선배 기자는 무엇을 가르치며 수습기자는 무엇을 배우는지, 그 과정에서 오히려 저널리즘의 원칙과 규범에 벗어나거나 비윤리적인 경험을 하지 않는지 등은 언론사에게도 매우 긴요한 사항이다.

조금 더 확장하여, 기자의 사회화 과정에 대한 연구를 제안해 본다. 대다수의 기자 지망생들은 평범한 대학(졸업)생이었다가 언론사에 들어가서 거칠고 저돌적이며 때로 막무가내 식의 기자로 변한다. 서로 비슷했던 대학생들이 언론사에서 (중견)간부가 되면, 어느새 자기가 일하는 언론사의 조직원이 되어 'ㅇㅇ일보맨'과 같은 분위기를 풍긴다. 기자들은 한국의 언론사라는 조직에서 도대체 무엇을 어떻게 경험하며 성장하는 것일까? 기자의 조직 사회화 과정에 대한 연구는 한국의 기자를 파악하는 열쇠이며 한국 언론을 이해하는 지름길이다.

기자의 인지과정을 다룬 연구가 별로 없는데, 이 역시 흥미로운 영역이다. 기자의 사고방식, 특히 일련의 취재보도 과정에서 기자의 머릿속은 어떻게 작동하고 대응하는지는 잘 알려지지 않았다. 이런 연구가 단순히 '한 인간으로서의 기자' 연구에 그치지 않고, 저널리즘과 접목되어 수행된다면 더 좋을 것이다.

추천 논문

김경모 (2003). 텔레비전 뉴스의 성 역학구도 재생산 보도관행과 저널리스트의 성차: KBS, MBC, SBS의 저녁종합뉴스 내용분석. 〈한국방송학보〉, 17권 3호, 197-238.

김사승 (2002). 전문기자의 전문화를 제약하는 취재보도관행에 대한 분석: 국내 일간신문사의 전문기자제도 운용 분석을 중심으로. 〈언론과 사회〉, 11권 1호, 91-124.

박용규 (1995). 한국기자들의 직업적 특성과 활동의 변화과정. 〈한국언론정보학보〉, 6호, 141-174.

박재영 (2005). 공정성의 실천적 의미: 문화일보 2002년 대선(大選)보도의 경우. 〈한국언론학보〉, 49권 2호, 167-195.

이정훈·김균 (2006). 한국 언론인의 직업 정체성: 샐러리맨화의 역사적 과정을 중심으로. 〈한국언론학보〉, 50권 6호, 59-88.

정동우 (2009). 신문기업의 생존전략이 저널리즘적 가치 수행에 미치는 영향. 〈한국언론학보〉, 53권 3호, 395-416.

최석현·안동환 (2012). 한국 신문언론노동의 숙련구조 변동과 전문직화에 대한 탐색적 접근. 〈한국언론정보학보〉, 57호, 84-108.

참고문헌

권장원 (2002). 사회적 자본으로서의 연고 속성 변화 경향에 대한 연구: 방송 정책진과 방송사 내부 조직을 중심으로. 〈언론과 사회〉, 10권 2호, 7-34.

권장원 (2004). 한국 언론사의 관계 권력 구조에 대한 연구: 연고에 의한 사적 신뢰 요인을 중심으로. 〈한국언론학보〉, 48권 2호, 164-188.

권장원·박한우 (2005). 한국 방송 뉴스 조직에서의 사회적 네트워크 집중 경향에 대한 종단적 연구: 정권에 따른 연고의 분포적 특성과 밀도를 중심으로. 〈한국방송학보〉, 19권 4호, 42-78.

김경모 (2003). 텔레비전 뉴스의 성 역학구도 재생산 보도관행과 저널리스트의 성차: KBS, MBC, SBS의 저녁종합뉴스 내용분석. 〈한국방송학보〉, 17권 3호, 197-238.

김경모·김연정 (2005). 일간지의 여성인물 보도방식의 차이에 관한 연구: 기자 성별과 조직 성비 요인의 영향력 분석. 〈한국언론정보학보〉, 29호, 7-41.

김경모·신의경 (2013). 저널리즘의 환경 변화와 전문직주의 현실: 반성적 시론. 〈언론과학연구〉, 13권 2호, 41-84.

김균·이은주·장은미 (2008). 여기자 직무수행에 따른 경험과 인식에 관한 탐색적 연구. 〈언론과학연구〉, 8권 3호, 75-116.

김동률 (2009). 방송사 기자들의 심리적 탈진에 관한 연구: KBS, MBC, SBS 등 지상파 3사 취재기자를 대상으로. 〈한국방송학보〉, 23권 1호, 7-49.

김사승 (2002). 전문기자의 전문화를 제약하는 취재보도관행에 대한 분석: 국내 일간신문사의 전문기자제도 운용 분석을 중심으로. 〈언론과 사회〉, 11권 1호, 91-124.

김위근 (2012). 온라인 저널리즘에서 나타나는 왜곡된 노동: 우리나라 언론사닷컴 편집기자의 사례. 〈한국언론정보학보〉, 57호, 7-32.

김재선 (2014). Q방법을 통한 한국 신문기자들의 북한에 대한 인식유형 연구. 〈언론과학연구〉, 14권 4호, 5-52.

남재일 (2010). 직업이데올로기로서의 한국 언론윤리의 형성과정. 〈한국언론정보학보〉, 50호, 73-93.

박선이·김경모·고민경 (2010). 한국 신문 오피니언 칼럼의 젠더 특성 분석: 여성 필자의 과소 재현과 성 불평등 구조. 〈한국언론학보〉, 54호 1권, 55-81.

박용규 (1995). 한국기자들의 직업적 특성과 활동의 변화과정. 〈한국언론정보학보〉, 6호, 141-174.

박용규 (1997). 일제하 여기자의 직업의식과 언론활동에 관한 연구. 〈한국언론학보〉, 41호, 5-40.

박용규 (2014). 박정희 정권 시기 언론인의 직업적 정체성의 변화. 〈언론정보연구〉, 51권 2호, 34-76.

박재영 (2005). 공정성의 실천적 의미: 문화일보 2002년 대선(大選)보도의 경우. 〈한국언론학보〉, 49권 2호, 167-195.

박진우·송현주 (2012). 저널리스트 전문직에 대한 인식의 변화: 전문직 노동과 직업 전망에 대한 위기의식. 〈한국언론정보학보〉, 57호, 49-68.

손승혜·김은미 (2004). 지상파방송 종사자의 남녀 차이에 관한 연구: 전문화와 조직사회화 차원을 중심으로. 〈한국언론학보〉, 48권 6호, 196-224.

유선영 (1995). 객관주의 100년의 형식화 과정. 〈언론과 사회〉, 10호, 86-128.

윤석민·이철주 (2003). 우리나라 지상파 방송사 조직에 있어서 여성인력의 지위에 관한 연구. 〈한국언론정보학보〉, 22호, 167-210.

이봉현 (2012). 뉴미디어 환경과 언론인 직업 규범의 변화: 리영희 언론정신을 통한 탐색연구. 〈한국언론정보학보〉, 59호, 31-49.

이정훈·김균 (2006). 한국 언론인의 직업 정체성: 샐러리맨화의 역사적 과정을 중심으로. 〈한국언론학보〉, 50권 6호, 59-88.

임영호 (2007). 언론인의 직업 모델과 전문성 문제. 임상원·김민환·양승목·이재경·임영호·윤영철, 〈민주화 이후의 한국 언론〉 (233-281쪽). 파주: 나남.

임영호·김은미 (2006). 사회자본이 방송 경력 기자의 직장 이동에 끼치는 영향: 연고 요인을 중심으로. 〈한국방송학보〉, 20권 1호, 360-403.

임영호·김은미·박소라 (2004). 한국 일간지 언론인의 커리어(career) 이동 특성에 관한 연구. 〈한국언론학보〉, 48권 3호, 61-89.

장하용 (2004). 한국 언론인의 조직 내 승진요인에 관한 연구: 편집국과 보도국의 분석. 〈한국방송학보〉, 18권 2호, 36-67.

정동우 (2009). 신문기업의 생존전략이 저널리즘적 가치 수행에 미치는 영향. 〈한국언론학보〉, 53권 3호, 395-416.

정동우 (2010). 시장지향적 저널리즘에 대한 기자들의 수용태도. 〈한국언론정보학보〉, 49호, 81-98.

정동우·황용석 (2012). 공정성 개념에 대한 신문기자들의 인식 차이 연구: 객관주의적·탈객관주의적 관점의 통합모형을 중심으로. 〈언론과 사회〉, 20권 3호, 120-158.

정재민·김영주 (2008). 미디어 기업 종사자의 조직적합도와 직업만족도가 조직성과에 미치는 영향: 조직 전념과 이직의도를 중심으로. 〈한국방송학보〉, 22권 3호, 290-331.

정재민·김영주 (2011). 신문사 종사자의 탈진에 대한 연구: 편집국과 비편집국 종사자의 비교를 중심으로. 〈한국언론학보〉, 55권 2호, 252-276.

차재영 (2014). 1950년대 미국무성의 한국 언론인 교육교류 사업 연구: 한국의 언론 전문직주의 형성에 미친 영향을 중심으로. 〈한국언론학보〉, 58권 2호, 219-245.

최석현·안동환 (2012). 한국 신문언론노동의 숙련구조 변동과 전문직화에 대한 탐색적 접근. 〈한국언론정보학보〉, 57호, 84-108.

최이숙 (2009). 산업화 시기(1961~1987) 성별화된 언론노동시장과 여성언론인의 경력이동. 〈한국언론학보〉, 53권 1호, 133-160.

한국언론진흥재단 (2013). 〈한국의 언론인 2013: 제 12회 언론인 의식조사〉. 서울: 한국언론진흥재단.

한선·이오현 (2010). 지역신문 기자의 작업문화와 정체성 형성에 대한 연구: 광주지역을 중심으로 한 질적 연구. 〈언론과 사회〉, 18권 4호, 2-36.

허명숙 (2006). 여기자의 위상에 대한 인식과 평가 연구: 전북지역 여기자들의 심층인터뷰를 중심으로. 〈언론과학연구〉, 6권 4호, 364-401.

3장

뉴스룸

장금미 · 박재영

: :

들어가며

2장이 기자의 개인적 배경과 속성, 인식에 주목했다면 3장은 기자의 직업적 영역으로 깊숙이 들어가 취재보도의 실제를 살펴보고, 그 과정에서 어떤 요인들이 뉴스 콘텐츠에 영향을 줄 수 있는지 알아본다. 3장이 다루는 내용의 중심에 뉴스룸(newsroom)이 있다. 뉴스룸은 신문사의 편집국이나 방송사의 보도국을 뜻하는데, 기자들이 한데 모여 뉴스를 제작하는 곳이다. 현장에 나가서 취재를 하는 기자, 현장 기자들의 취재와 기사 작성을 지휘하는 중간 간부 기자, 각 취재 부서를 책임지는 부장(에디터), 뉴스와 관련하여 최종적인 판단과 결정을 내리는 편집국장이나 보도국장이 뉴스룸의 주인공들이다. 이처럼 뉴스룸은 기자들의 집합체로서 하나의 조직을 이룬다. 저널리즘을 이해하려면 이 조직의 내부를 들여다봐야 한다. 이 조직의 외부 역시 궁금한데, 결국 기자들은 조직 외부의 여러 요소들과 상호작용하면서 사안을 취재하고 기사를 제작하기 때문이다. 뉴스룸은 기자가 독자나 시청자, 취재원, 사회 제 분야의 권력자들과 상호작용하는 접점이라 할 수 있다. 따라서 이 장은 뉴스룸 내부뿐 아니라 외부도 아우른다.

슈메이커와 리즈(Shoemaker & Reese, 2014)는 뉴스에 영향을 끼칠 수 있는 요인들을 5개 차원으로 나눈 다음에 이들을 하나의 동심원 구조로 체계화했다. 동심원의 맨 가운데에 기자 개인 차원이 있으며 그 바깥으로 관행 차원, 미디어 조직 차원, 사회기구 차원, 사회체계 차원이 겹겹이 쌓여 있다. 이 장은 이 동심원 구조를 좇아서 서술됐다.

취재보도의 실제와 관련하여 제일 먼저 논의해야 할 분야는 관행(routine)이다. 슈메이커와 리즈는 관행이 기자, 취재원, 수용자의 세 주체에 의해 형성될 수 있다고 하면서 각 주체와 관련한 관행적 요소들을 상세하게 설명했다. 하지만 이 분야 국내 연구는 많지 않아서 뉴스 가치(news value), 게이트키핑(gatekeeping), 이차적 판단(second-guess)과 같은 굵직한 요소만 중점적으로 살펴보았다. 미디어 조직 가운데 조직 내부는 많이 연구되지 않아서 위계적 조직문화를 중심으로 간략히 설명했다. 미디어 조직 외부 차원은 상당히 풍부하게 연구됐다. 제일 중요한 요소인 취재원부터 기자들이 취재원과 접촉하는 출입처, 여러 언론사의 기자들이 함께 모여서 경쟁하고 협력하는 기자실, 엠바고(embargo)와 팩 저널리즘(pack journalism), 보도자료까지 두루 검토했다.

이 장은 취재 현장에서 벌어지는 일들을 생생한 언어로 전달하면서 취재보도의 메커니즘과 뉴스룸의 작동 방식을 알기 쉽게 설명하고자 했다. 언론 현장을 잘 아는 사람들은 이 장을 더 편하게 읽겠지만 그렇지 않은 사람도 흥미롭게 읽을 수 있도록 최대한 배려했다.

1. 관행과 조직

뉴스 가치

여기 두 사건이 있다. 하나는 동네 건달들이 치고받아 서로에게 중상을 입힌 경우이며, 나머지는 국회의원과 행인이 언쟁을 벌인 경우이다. 어느 사건이 뉴스가 될 가능성이 더 클까? 둘 다 뉴스가 된다면, 더 크게 보도될 사건은 어느 것일까? 이 의문에 답하다 보면 두 사건이 뉴스로서 지니고 있는 값어치를 매기게 된다. 그게 뉴스 가치(news value)다. 다툼 및 피해의 정도에서 전자는 후자보다 훨씬 더 심하다. 하지만 뉴스로 보도될 가능성은 후자가 더 크다. 왜 그럴까?

두 사건의 큰 차이는 동네 건달과 국회의원이다. 국회의원은 동네 건달과 비교할 수 없을 정도로 유명하며, 또 중요한 일을 하는 사람이다. 영향력도 크다 보니 그의 일거수일투족에 대중의 관심이 쏠린다. 저명성, 중요성, 영향력 면에서 국회의원 사건의 값어치는 동네 건달 사건보다 훨씬 더 크다. 동네 건달의 주먹다짐은 대수롭지 않은 반면에 국회의원의 말싸움은 의외다. 동네 건달은 웬만큼 나쁜 짓을 하지 않고서는 주목을 받기 어렵지만 국회의원은 사소한 일에도 연루되기만 하면 곧바로 입방아에 오른다. 이처럼 일탈성 측면에서도 국회의원 사건의 값어치는 동네 건달 사건보다 더 크다.

부지런한 기자가 동네 건달들을 캐다가 그 가운데 한 명이 모 재벌 회장의 망나니 아들이라는 사실을 알아냈다고 가정해 보자. 이제 동네 건달 사건은 그저 그런 사건이 아니다. 재벌 회장의 아들은 그 자체만으로도 세간의 주목을 받는데 나쁜 짓까지 했으니 도저히 그냥 덮어 둘 수 없다. 한 요소가 바뀌었을 뿐인

데도 이 사건은 갑자기 국회의원 사건보다 더 중요해졌다. 국회의원 사건에도 놀랄 만한 사실이 숨어 있을 수 있다. 국회의원이 행인과 언쟁을 벌이다가 여성을 비하했다면 어떻게 될까? 요즘 시대에 국회의원이 그런 말을 했다면 충분히 머리기사감이다. 사건의 구성요소가 바뀌면 뉴스 가치는 요동친다. 기자들이 사건의 세밀한 부분까지 집요하게 취재하는 것은 거기에 의외의 뉴스 가치가 숨어 있을 수 있기 때문이다.

저명성, 중요성, 영향력, 일탈성 외에 시의성, 인간적 흥미, 근접성도 뉴스 가치에 포함된다. 사건이 이제 막 발생하여 긴급할수록, 인간의 감성을 자극할수록, 정치·경제·사회·문화·지리적으로 뉴스 소비자들과 가까울수록 뉴스 가치는 커진다. 국회의원 사건에서 보듯이, 한 사건에 뉴스 가치 여러 개가 얽혀 있다. 그런 게 많을수록 사건의 전체 뉴스 가치는 급증한다.

뉴스 가치에 대한 연구는 '뉴스에서 뉴스 가치를 뽑아내는' 방식으로 수행됐다. 학자들은 뉴스를 읽어 보면서 해당 사안이 왜 뉴스가 됐는지를 추정했다. 예를 들어, 이창현과 손승혜(1999)는 KBS, MBC, SBS 저녁 종합뉴스의 맨 처음에 나오는 (오늘의) 주요 뉴스 목록과 뒤이은 뉴스 리포트들을 조사하여 뉴스의 보도 순서는 부정성, 갈등성, 영향성이라는 뉴스 가치에 영향을 받는다고 보고했다. 이종혁, 길우영, 강성민, 그리고 최윤정(2013)은 이 분야 선행 연구를 집대성하여 그간에 학자들이 밝혀 낸 뉴스 가치 56개를 체계적으로 정리했다. 이들의 연구에서 뉴스 가치라는 개념은 최상위 요인 4개(사회적 중요도, 새로운 볼거리, 수용자 관련성, 인간적 흥미)로 구성되며 최상위 요인은 차상위 요인 10개(영향성, 저명성, 심층성, 갈등성, 참신성, 활동성, 유용성, 근접성, 오락성, 이야기)로, 차상위 요인은 최하위 항목 30개로 나누어졌다.

학자들은 뉴스 가치라는 개념을 체계적으로 이해하고 설명할 수 있겠지만 기자들은 그런 단어를 사용조차 하지 않을지 모른다. 취재보도의 현장은 기자가 사건의 뉴스 가치를 차분히 검토할 수 있을 정도로 여유롭지 않다. 그런 체계적인 분석이 뉴스의 경중 판단에 최적의 결론을 보장해 주는 것도 아니다. 대개 기자의 판단은 직관적이고 감각적이다. 기자는 사건의 뉴스 가치를 경험에 비추어 순식간에 결정한다. 한 기자는 다음과 같이 말했다. "뉴스 가치 판단의 기준에 대해 심각하게 생각해 본 적은 없다. 취재 지시 받고 기사 쓰고, 자기 기사가 편집되어 나오는 과정을 보면서 경험적으로 터득한다. 뉴스 가치 판단은 감각적인 것이고, 말로 할 수 있는 성질은 아니다"(남재일, 2008, 257쪽).

뉴스 가치를 분석한 연구는 더러 있지만 정작 수용자들이 뉴스 가치에 어떻게 반응하는가를 알아본 연구는 별로 없다. 이종혁(2014)은 일탈성이라는 뉴스 가치를 여러 형태와 크기로 집어넣은 가상의 기사를 만들어서 실험연구를 수행했다. 일탈성을 단순히 통계적 중심을 벗어난 통계적 일탈성(쓰나미 기사)과 사회도덕이나 규범에 어긋난 규범적 일탈성(연쇄살인 기사)으로 나누고, 통계적 일탈성도 부정적인 경우(범죄 증가 기사)와 긍정적인 경우(자살하려는 사람을 구조한 기사)로 나누었다. 또 일탈성의 크기를 상중하 세 가지로 조작하여 여러 버전의 기사를 만들었다. 온라인으로 수행된 이 실험의 웹 트래킹 데이터를 분석해 보니 피험자들은 일탈성이 큰 사건을 그렇지 않은 사건보다 더 빨리 선택해서 읽었으며, 규범적 일탈성 기사를 통계적 일탈성 기사보다 더 빨리 선택했다. 일탈성 증가에 따라 기사 선택 가능성이 증가하는 경향은 통계적 일탈성의 경우보다 규범적 일탈성의 경우에서 더 강하게 나타났다. 하지만 통계적 일탈성 가운데 부정적인 경우의 기사가 긍정적 경우보다 더 빨리 선택될 것이라는 가설은 지지되지 않았다.

신문사는 여러 사건들의 뉴스 가치를 어떻게 판단했는지 매일 신문 지면을 통해 독자에게 보여 준다. 신문 지면의 편집 모양새는 여러 사건들의 뉴스 가치를 위계적으로 시각화한 것이다. 예를 들어, 머리기사는 해당 지면에서 신문사가 가장 중시한, 즉 뉴스 가치가 가장 크다고 판단한 기사다. 그래서 독자가 신문을 펼쳤을 때 눈에 잘 띄어 꼭 볼 수 있도록 지면의 최상단에 가장 큰 활자의 제목으로, 또 가장 넓은 면적에 배치한다. 특히 신문 1면의 머리기사는 당일의 모든 기사 가운데 뉴스 가치가 가장 큰 기사이므로 독자가 신문을 집는 순간 거의 강제적으로 노출되도록 편집되어 있다. 박재영과 전형준(2006)은 신문의 이런 의도에 착안하여 신문사의 뉴스 가치 판단에 독자가 어떻게 호응하는지 알아보았다. 이 연구는 당일 〈조선일보〉나 〈중앙일보〉를 읽었다는 독자들에게 자기가 읽은 신문의 지면을 1면부터 차례대로 보여 주면서 각 기사를 얼마나 읽었는지 조사했다. 조사 결과, 1면 머리기사를 '전부 읽었다'라고 한 사람은 전체 응답자의 29.2%, '대강이라도 읽었다'는 11.1%, '제목만 읽었다'는 40.9%, '제목도 읽지 않았다'는 18.8%였다. 신문 1면 머리기사인데도 제목도 읽지 않은 독자가 18.8%라는 것은 다분히 충격적이다. 그래도 1면의 머리기사라서 사정이 나은 편이었다. 1면을 포함한 주요 22개 지면을 통틀어서 이 비율의 평균을 구해 보니 46.1%나 됐다. 즉 〈조선일보〉와 〈중앙일보〉 독자의 약 절반은 자기가 보는 신문에서 주요 22개 지면의 머리기사의 제목도 보지 않았다.

이 연구는 모든 기사를 일일이 조사했으므로 신문의 각 지면에서 열독률이 가장 높은 기사를 찾아낼 수 있었다. 여기서 열독률은 기사를 '대강이라도 읽었다'는 비율과 '전부 읽었다'는 비율을 합한 값이다. 열독률이 가장 높은 기사는 독자들의 호응을 가장 많이 받은 기사인데, 그 기사가 신문사에 의해 뉴스 가치가 가장 큰 것으로 간주됐던 기사 즉 머리기사인지는 알 수 없다. 각 지면에서 열독률이 가장 높은 기사가 그 지면의 머리기사라면, 신문사는 자기의 의도대로 독자들이 지면을 읽었다고 생각하여 만족할 것이다. 이 일치도, 즉 지면에서 열독률이 가장 높은 기사가 머리기사일 확률은 56%였다. 신문이 가장 중시하는 (그래서 독자들이 가장 많이 열독해 주었으면 하고 신문이 바라는) 기사와 실제로 독자가 가장 많이 열독한 (그래서 신문의 의도대로 따랐다고 말할 수 있는) 기사는 두 번에 한 번꼴로 일치했다. 다시 말해, 독자는 지면을 하나 건너뛰며 신문의 의도대로 머리기사를 열독했다. 이 일치도가 가장 높았던 지면은 사회2면(83%)이었으며, 그다음은 경제섹션2·4면(각각 80%), 종합3면·사회3면·스포츠1면(각각 75%)의 순이었다.

게이트키핑과 이차적 판단

매일의 세상만사가 모두 뉴스일 수 없다. 신문의 분량이나 방송시간과 같은 물리적인 제한 때문은 물론이고 기자들의 뉴스 가치 판단에 따라서 특정 사건만 뉴스로 선택된다. 여러 사건에서 뉴스가 될 만한 것을 골라내는 일이 게이트키핑(gatekeeping)이다. 문지기가 특정 조건을 충족하는 사람만 문 안쪽으로 들여보내는 것과 비슷하다. 일차적으로 현장에 나가 있는 기자는 당일 자기가 알게 된 여러 사건 가운데 뉴스가 될 만한 것을 골라서 선배 기자에게 보고한다. 선배 기자는 자기의 상급자인 차장 기자에게, 차장 기자는 부장(에디터)에게, 부장은 편집회의 시간에 편집국장에게 보고한다. 이 과정이 지나치게 순차적이고 관료적이라고 비판할 수 있지만 여러 사람들이 사건을 검토, 재검토하는 덕택에 사건의 내용을 이해하고 사건의 뉴스 가치를 파악하는 데 있어서 오류를 줄일 수 있다. 한 사건담당 기자는 "경찰기자의 기사가 지면에 반영되기까지 여러 단계를 거친다. 2진 기자, 1진 기자, 시경캡, 사회부 데스크, 편집기자 등이 개입한다. 그 과정에서 뉴스 가치가 조정되는 것 같다"라고 말했다(남재일, 2008, 257쪽). 이 기자는 또 "경찰기자는 여러 번의 경험을 통해 감각적으로 어떤 기사가 잘 먹히는지 터득한다"(남재일, 2008, 257쪽)라고 말했는데, 이는 게이트키핑이 하나의 관행으로 굳어지면서 야기하는 이차적 판단(second-guess)과 관련된다.

현장의 일선 기자인 당신이 어떤 사건을 뉴스라고 판단하여 선배 기자에게 보고했다고 가정해 보자. 선배 기자가 당신의 판단을 칭찬했다면 앞으로 당신은 의심 없이 그런 판단을 계속할 것이다. 선배 기자가 당신의 판단에 이의를 제기했다면, 즉 당신은 어떤 사건을 기사라고 판단했는데 선배 기자는 그렇지 않았다면 앞으로 당신은 어떻게 할 것인가? 자존심과 자기 확신이 강한 기자라면 그와 유사한 사건을 또 접했을 때 여전히 자기의 판단대로 선배 기자에게 보고하겠지만 선배 기자에게서 꾸지람을 받을 것도 각오해야 한다. 이쯤 되면 당신은 더 이상 그런 사건을 선배 기자에게 보고하지 않은 채 자기 선에서 뉴스가 아니라고 판단하게 될 것이다. 당신과 선배 기자의 이런 관계는 선배 기자와 차장 기자, 차장 기자와 부장, 부장과 편집국장, 나아가 편집인, 사장에 이르기까지 단계마다 발생한다. 기자가 자기 상급자의 판단을 예상하면서 사건의 뉴스 여부를 가늠하는 이 관행을 이차적 판단이라고 한다. 사건의 뉴스 여부는 물론이고 얼마나 큰 뉴스인가에 대한 판단도 이차적 판단의 영역에 포함된다.

게이트키핑과 이차적 판단에 강하게 영향을 끼치는 사람은 팀장이나 부장이다. 흔히 일선 기자들은 자기의 뉴스 아이템이 나중에 '킬'(kill) 당하지 않기 위해 애초에 뉴스 아이템을 고를 때부터 팀장이나 부장의 관심이 어디에 있는지 의식적으로 또 무의식적으로 고려한다. 한 사회부 기자는 "시경과 법조팀의 경우 시경캡(경찰 출입기자 팀장)과 법조캡(법원, 검찰 출입기자 팀장)을 통해 데스크의 지휘를 받는다. 따라서 (현지 기자들은) 이 사람들에 맞춘다"(김원용·이동훈, 2004, 366쪽)라고 말했다. 특히 부장의 영향력은 절대적이다. "기자가 기사를 써도 부장의 입맛에 맞지 않으면 기사가 수정되어 반영되거나 혹은 축소되어 지면에 실리거나 아예 부장의 책상 속에서 세월만 보내는 경우가 발생"할 수 있으며 "기사를 지면에 실을 건지 말 건지에 대한 권한은 부장(데스크)의 고유 권한이기 때문에 이에 항거하기는 힘들다"(조철래, 2006, 399쪽). 특종이라 하더라도 데스크의 성향과 맞지 않으면 순화되거나 과장되거나 심지어 보도조차 되지 않으며 권력기관에 대한 기사는 특정한 관점이 강화, 배제, 순화되기도 한다(김원용·이동훈, 2004). 이런 경향은 선거와 같은 민감한 시기에 두드러지게 나타난다(조철래, 2006). 한 예로, 〈강원도민일보〉는 1995년 지방선거를 보도하면서 부장 지시로 작성한 기사는 대부분 게재한 반면에 기자가 발제하여 취재한 기사는 부장이 보도 여부를 결정하여 선택적으로 게재했다(윤영철·홍성구, 1996). 그러다 보니 기자들은 부장의 의도와 뉴스 선택 기준에 자기의 취재 방향을 일치시키려고 노력했다. 언론사의 정치적 성향도 영향 요인이다. 김원용과 이동훈(2004)의 연구에서 한 기자는 "보수적 신문이라도 보도 패턴이 다 같을 수는 없지만, 기자들이 신문의 기본 이념과 성향을 맞춰서 찾아가는 경우가 많다. 따라서 자연스럽게 따라가게 된다"(366쪽)라고 말했다.

게이트키핑은 기자와 저널리즘을 이해하는 출발점이다. 과거에 정보를 얻을 수 있는 통로가 제한적이었을 때 기자는 게이트키핑 권한을 갖고 있다는 것만으로 대중 커뮤니케이션에서 상당한 영향력을 행사할 수 있었다. 그러나 인터넷을 비롯한 미디어 신기술 덕에 수많은 정보를 편하게 얻으며 누구나 기자가 될 수 있는 이 시대에 게이트키핑은 더 이상 기자의 전유물이 아니다. 그래서 게이트키핑의 중요성이 약화될 것이라는 전망이 많다. 과연 그럴까? 김사승(2003)은 2000년대 초에 한국 사회에 안착했던 인터넷이 저널리즘에 끼친 영향을 알아보려고 중앙일간지 기자와 에디터를 인터뷰했는데, 그 가운데 한 명이 다음과 같이 말했다.

> 인터넷이 엄청난 양의 정보를 제공하는 것은 사실이지만 이 때문에

> 수용자들은 오히려 이들 정보의 가치, 뉴스의 가치를 선별하는 데 혼란을 겪는다. 신문기자들의 뉴스 가치 판단은 이런 정보 범람 속에서 길잡이 역할을 한다. 즉 신문은 뉴스를 '선택'하는 데 비해 인터넷은 정보를 단순히 나열하는 데 그친다. (김사승, 2003, 73쪽)

위 진술은 인터넷 시대에 신문의 게이트키핑 기능이 오히려 더 중요해질 것이라고 제안한다. 김사승(2003)은 그 근거로 신문 뉴스가 품질과 비판적 접근 태도 면에서 여전히 타 미디어보다 우위라는 점을 들었다. 이 연구 9년 후에 수행된 이봉현(2012)의 연구에서도 기자들은 정보의 홍수 속에서 사안의 진위와 경중을 가려 주는 언론인의 전문성이 한층 더 중요해졌다고 답했다. 이봉현은 온라인 저널리즘이 발달하더라도 공적 지식의 상당 부분은 여전히 신문을 통해 생산되고 전달된다면서 객관성, 공정성, 사실 확인, 불편부당 등의 가치는 온라인 저널리즘 시대에도 지켜져야 하므로 훈련받은 전문적인 기자가 더 필요해졌다고 주장했다.

위계적 조직문화

비록 게이트키핑이나 이차적 판단에서 자유롭지 않다 하더라도 기자는 상당히 독자적이고 자율적이다. 그러나 취재보도라는 일의 성격상 상급자의 지시를 충실히 따라야 하는 상황이 많이 발생한다. 사건은 예고 없이 터지고 취재는 결코 녹록치 않은 한계 상황에서도 정확하고 신속하게 뉴스를 보도하려면 명령체계에 따라 일사분란하게 움직여야 한다. 그래서 기자는 자율적이면서도 위계적이다. 전자보다 후자에 논의가 집중된 것은 그 부정적인 여파 때문일 것이다.

신문사 편집국이나 방송사 보도국은 수차례의 획기적인 변화에도 불구하고 전통적인 구조에서 크게 달라지지 않았다. 편집국장이나 보도국장을 정점으로 취재부서들이 편재되고, 그 아래로 취재팀과 일선 기자들이 피라미드 모양으로 배치되어 있다. 정치부, 경제부, 사회부, 문화부, 체육부와 같은 취재부서의 명칭은 정부부처의 이름을 연상케 한다. 부장, 차장, 팀장, 기자와 같은 위계 역시 공무원들의 상하 직위와 유사하다. 실제로, 중앙일간지 10개를 조사해 보니 공식적 규범과 절차에 따라서 업무를 수행하는 위계형 문화와 사람을 우선시하고 배려하는 인간관계 중심의 공동체형 문화가 강하게 나타났다(정재민, 2009). 반면에 열린 조직에서 흔히 볼 수 있는 혁신적인 유기체형 문화와 개인의 창의성을 고무하는 문화는 부족했으며 소통도 원활하지 않았다. 한 기자는 "편집회의는 경직되어 있고 토론이 이루어지지 않는다. 보고와 지시로 이루어져 있다고 할 수 있다"(정재민, 2009, 86쪽)라고 말했다. 이외에, 목표의 방향과 범위를 명확하게 설정하고 목표 완성을 독려하며 그에 따라 보상을 하는 시장형 문화도 성숙하지 않은 것으로 나타났다(정재민, 2009).

한 언론사 내에서도 부서에 따라 조직문화는 다를 수 있다. 예를 들어, MBC의 영상미술·기술부서는 자율성과 부서 응집도가 모두 높은 공동체적 합의문화를, 시사교양·라디오부서는 자율성이 높고 응집도는 낮은 개별화된 네트워크 문화를, 보도부서와 편성·기획부서는 자율성보다 조직 전체의 목표 추구를 중시하며 부서 응집도가 높은 가부장적 문화를, 조직 관리를 담당하는 인력자원부서는 응집도가 낮은 관료제적 문화를 보였다(백영민·윤석민, 2005). 공동체적 합의문화와 개별화된 네트워크 문화의 부서들은 공익성을 추구하는 반면에 가부장적 문화와 관료제적 문화의 부서들은 상업성을 추구하는 경향이 강했다.

같은 보도부서라 하더라도 회사에 따라 의사결정구조가 달랐던 예도 있다. 김광우와 백선기(2012)는 2010년 제주도지사 선거보도의 국면을 선거절차 의제(공정선거, 선거법 위반, 선거 일정 등), 선거전략 의제(단순 선거운동, 정당행사, 여론조사·판세 분석, 흑색 선전·폭로 등), 중심 주제 의제(공약, 정책 등)로 나누어 각 국면에서 KBS제주, 제주MBC, JIBS의 의사결정 구조를 조사했다. 선거절차 의제 국면의 의사결정 구조는 3사 간에 큰 차이 없이 취재기자와 선거팀장 중심이었으며 보도국장이나 경영진의 개입은 없었다. 선거전략 의제 국면에서 KBS제주와 제주MBC는 공히 보도팀장 책임하에 보도 주도자가 기자냐 선임기자냐의 차이가 있었을 뿐인 반면에 JIBS는 보도국장과 경영진이 보도를 주도했다. 중심주제 의제 국면에서도 KBS제주는 보도팀장이, 제주MBC는 보도팀장과 선임기자가 공동으로 보도를 주도했지만 JIBS는 보도국장 주도로 선거보도를 의논하고 경영진과 최종 논의를 거쳐 의사결정을 하는 독특한 양태를 보였다. 제주 지방정부는 지역 매체의 주요한 협찬 제공자이자 거대한 광고주이다. 2002년 개국한 산업자본의 신생 민영 지역방송사인 JIBS로서는 도지사와 관계가 방송 경영에 영향을 줄 수 있으므로 경영진이 직접 나서서 선거보도에 간여했다고 볼 수 있다.

2. 취재원과 기자실

채널

비행기 추락 사고를 목격하는 기자는 거의 없다. 대개 기자는 사건의 발생을 전해 듣게 되며 취재를 할 때에도 누군가의 도움을 받는다. 기자가 정보를 얻는 경로를 채널(channel)이라고 한다. 기자회견이나 보도자료처럼 정보가 모두에게 공개되는 형태는 공식 채널(formal channel)로, 취재원과 개별적 인터뷰 또는 취재원이 특정 기자에게 정보를 흘려주는 리크(leak)는 비공식 채널(informal channel)로 불린다. 전자는 개방형이며 후자는 폐쇄형이다. 공식 채널과 비공식 채널의 공통점은 기자가 이미 활용해 온 채널들이라는 점이다. 기자가 새로 개척하는 채널도 있다. 예를 들어, 기획기사를 준비하는 기자는 새 취재원을 발굴하고 새 자료를 찾아낸다. 이를 자발적 채널(enterprising channel)이라고 한다. KBS, MBC, SBS의 뉴스 가운데 공식 채널로 제작된 뉴스는 69.1%였으며 비공식 채널과 자발적 채널로 제작된 뉴스는 30.9%였다(이창현, 2004). 즉 지상파 방송 3사가 보도하는 뉴스 10개 가운데 약 7개는 당일 누구에게나 알려진 사안이며 나머지 3개는 자사만 알고 있는 사안이다. 기자들은 공식 채널로는 차별적인 기사를 쓰기 어려우므로 비공식 채널이나 자발적 채널을 적극적으로 활용하려 한다. 한 기자의 말처럼 "특종 경쟁을 하는데 공식 채널에서는 그런 게 나오지 않는다. (공식 채널은) 공식적으로 확인하는 단계일 뿐이고, 실제로는 비공식 채널이 중요하다. 배경을 알아야 초점을 잡을 수 있다"(김원용·이동훈, 2004, 366-367쪽).

취재원 편중

어떠한 채널을 이용하든 기자는 결국 사람이나 자료를 통해 정보를 얻는다. 그게 취재원(news source)이다. 기자는 사건을 전하는 사람이므로, 자기가 직접 본 바를 전하는 경우를 제외하면, 해당 정보를 누구에게서 또는 어디에서 얻었는지 기사에 밝혀야 한다. 정보의 출처를 밝히는 것을 적시(attribution)라고 한다. 기사에 적시가 많으면 취재원을 통해 전달되는 정보가 많아지고, 적시가 적으면 기자의 서술을 통해 전달되는 정보가 많아진다. 후자는 기자가 자기 이야기를 한다는 인상을 줄 수 있다. 취재원의 수는 그래서 중요하다.

신문기사나 방송뉴스에 포함된 취재원은 적은 편이다. 한 예로, 2008년 미국산 쇠고기 수입 문제 및 관련 시위를 다룬 주요 5개 신문(〈경향신문〉, 〈동아일보〉, 〈조선일보〉, 〈중앙일보〉, 〈한겨레〉) 1면 기사의 취재원은 평균 2.97개였다(이건호·고홍석, 2009). 〈경향신문〉이 가장 많았으며(3.55개), 그다음은 〈한겨레〉(3.29개), 〈중앙일보〉(2.89개), 〈조선일보〉(2.55개), 〈동아일보〉(2.44)의 순이었다. 당시 온 나라를 떠들썩하게 했던 중대 사안을 보도한 기사에, 그것도 가장 중요한 지면인 1면에 게재된 기사에 취재원이 3개밖에 없었다는 것은 결코 만족스럽지 않다.

기사에 취재원이 적다는 사실은 미국 기사와 비교해 보면 더 극명하게 드러난다. 미국 지역신문 1면 기사의 취재원은 평균 5.26개이며 실명 취재원은 4.56개인 데 비해 국내 지역신문 1면 기사의 취재원은 1.75개이고 실명 취재원은 1.69개에 불과하다(고영철, 2010). 〈뉴욕타임스〉 대통령 관련 기사의 취재원은 평균 7.5개인 데 비해 〈조선일보〉 대통령 기사의 취재원은 2.1개다(이재경, 2006).

특정 직업의 취재원이 많다는 것, 즉 취재원 편중도 문제점이다. 기사에 과도하게 많이 등장하는 취재원은 공무원, 특히 고위직 공무원이다. 임영호와 이현주(2001)는 1949~1999년의 〈동아일보〉 기사에서 정부기관 소속의 취재원은 평균적으로 전체의 68.8%를 차지했다고 밝혔다. 정부 취재원은 조사기간 내내, 그리고 정치, 경제, 사회 분야의 기사에서 모두 60~80%대를 유지하면서 가장 많이 발견되었다. 저자들은 1989년 이후 정부기관에 대한 정보 의존도가 완화되었다고 하지만 여전히 기사의 분야와 시기에 상관없이 정부기관의 비중이 매우 높았다고 보고했다. 이 경향은 2000년대 들어서도 변하지 않았다. 2003~2006년 지상파 방송 3사의 6자회담 뉴스에 한국, 미국, 북한, 중국 쪽을 막론하고 정부관료(외무부 장·차관, 정부부처 대변인, 대사 등) 취재원이 전체의 76%나 됐다(설진아·남궁강, 2007). 그다음으로 많이 발견된 취재원은 대통령(9.3%)으로 역시 공무원이었다.

취재원 편중은 곧 취재원의 다양성 부족을 뜻한다. 편중이 국내외 공통된 현상이니 다양성 부족 역시 그러하겠지만 한국 언론은 더 심한 편이다. 미국 통신사 AP는 한국전쟁 와중인 1950년 7월말 농촌마을 노근리의 한 철교 아래에서 미군이 3일 동안 양민을 무차별 학살했다는 기사를 1999년 9월 30일 보도했다. 양민 학살은 이미 알려져 있었기 때문에 국내 매체도 보도한 적이 있었다. 그러나 정작 AP 기사를 보니 한국 언론의 기사가 얼마나 엉성한지 드러났다. 차재영과 이영남(2005)은 AP 기사와 그 5년 전에 국내 매체 8개가 보도했던 기사들을 비교하여 취재원의 다양성에서 현저한 차이를 찾아냈다. 국내 매체들은 몇 안 되는 취재원으로 기사를 작성했으며, 그것도 주로 피해자 증언이나 기존의 문헌자료에 의존했다. 이에 비해 AP 기사에는 피해자 취재원은 적고, 가해자 측 미국 정부와 미군 측 취재원이 전체의 약 절반(45개 가운데 21개)을 차지할 정도로 많았다. AP 기자는 미국 퇴역 군인 130여 명을 인터뷰했으며 미국 국립문서보관소에서 비밀 해제된 문서 수백 상자를 뒤져 주요 문서 13개를 찾아내 기사에 제시했다. 그런 취재과정도 기사에 소개하여 기사의 진실성을 한껏 높였다. 노근리 사건은 가해자라 할 수 있는 미국의 일이기에 앞서 피해자인 우리의 일이다. 그런데도 한국의 매체들은 진실을 규명하지 못했고, AP와 미국 기자들은 집요하고 다양하게 취재하여 진실을 드러냈다. 그 덕에 퓰리처상을 받았다.

전문가 취재원

취재하는 사건의 내용이 전문적이면 기자는 전문가 취재원을 많이 활용할 것 같지만 실상은 그렇지 않다. 위에 소개한 방송 3사의 2003~2006년 6자회담 뉴스에 북한 관련 전문가 취재원은 전체의 6%에 불과해 전문적인 해석과 심층 보도에 미흡했던 것으로 나타났다(설진아·남궁강, 2007). 2008년 주요 5개 신문의 미국산 쇠고기 수입 관련 기사에서도 전문가 취재원의 빈도는 입법·사법·행정부, 시민단체, 일반인에 이어 네 번째였다(이건호·고흥석, 2009). 이 사건의 핵심 쟁점은 미국산 쇠고기의 위해성이었으므로 축산물 안전 및 보건 전문가의 과학적인 해석과 평가가 기사의 중심이어야 했다. 그런데도 전문가 취재원은 정치인이나 공무원은 물론이고 심지어 시민단체 관계자나 일반인보다 적었다. 더구나 보수 신문은 전문가 취재원을 미국산 쇠고기 수입에 찬성하거나 중립적인 입장을 보여 주는 용도로 활용했고, 진보 신문은 수입 반대 용도로 활용했다. 전형적인 과학 이슈였기 때문에 기자들은 과학자에게서 사건과 관련한 전문적인 지식을 배우고 그들의 의견을 중시하며 보도해야 하는데, 과학적 지식이 부족한 정치인이나 시민단체 사람들에게 의존하고 전문가도 자기 입맛대로 활용했다. 이 사건이 그토록 장기간 온 나라를 둘로 갈라놓았던 데에는 언론의 책임도 크다.

2005년 세계의 이목을 집중시킨 황우석 사건에도 전문가 취재원의 문제가 개입되어 있다. 황우석은 줄기세포 연구 성과로 세계 과학계의 총아가 됐다가 논문 조작이 밝혀지면서 하루아침에 희대의 거짓말쟁이로 추락했다. 기자들은 논문이 세계적인 학술지에 실렸던 것만으로 황 박사와 그의 연구팀을 맹목적으로 신뢰했다. 그의 연구가 최첨단이었기 때문에 그것을 검증해 줄 또 다른 과학자를 찾기 어려웠지만 논문 조작의 단서를 제공했던 사람은 역시 과학자였다는 점에서 기자들은 비난을 피할 수 없다. 그래서 강명구, 김낙호, 김학재, 그리고 이성민(2007)은 당시의 과학 담당 기자들은 "줄기세포와 관련된 배경지식이 부족하여 사태의 진실을 파악하지 못했다기보다는, 사실관계에 대한 검증 자체에 대한 필요성을 거부하고 나섰다"(79쪽)라면서 황 박사와 연구팀의 발언을 여과 없이 전달함으로써 취재원과 "사실상의 흡수 관계"(80쪽)를 유지했다고 주장했다.

해외 미디어 취재원

해외에서 발생한 사건을 다룰 때 발생지에 자기 회사의 특파원이 없다면 해외 미디어의 뉴스를 인용하여 보도하게 된다. 즉 해외 미디어가 취재원이 되는 것이다. 이때 해외 미디어가 어느 나라의 미디어인가라는 질문은 예상외로 긴요하다. 오대영(2013)의 연구를 보면, 〈경향신문〉, 〈동아일보〉, 〈조선일보〉, 〈한겨레〉는 동아시아 지역을 제외한 해외의 사건을 다룰 때 전적으로 서구 미디어를 핵심 취재원으로 활용했다. 한국 신문은 서구 미디어의 뉴스를 인용함으로써 자연히 그들의 관점을 한국 뉴스를 통해 우리 독자에게 전달했던 것이다. 또 해외 미디어를 지역별로 나누어 그들의 뉴스가 취재원으로서 한국 신문에 인용될 때 어떤 톤(tone)이었는지 조사해 보니 아시아 미디어의 아시아에 대한 뉴스는 비교적 긍정적인 톤인 반면에 서구 미디어의 아시아에 대한 뉴스는 부정적인 톤, 서구 미디어의 서구에 대한 뉴스는 중립적인 톤이었다. 결론적으로 신문들은 해외에서 발생한 사건을 서구 미디어에 의존한 채, 다시 말해 서구 중심적으로 보도했으며 특히 아시아의 사건을 보도할 때는 서구 미디어 뉴스에 담겨 있는 아시아에 대한 부정적인 톤을 전달했다.

기자와 취재원의 상호 활용

위에서 톤은 대상에 대한 입장, 태도 또는 논조라 할 수 있다. 취재원, 특히 사람 취재원은 자기의 말과 함께 기사에 인용되므로 특정한 톤을 보일 수 있다. 그 톤을 긍정, 부정, 중립 등으로 측정한 값을 유인가(valence)라고 한다. 앞에 소개한 2008년 미국산 쇠고기 수입 관련 사태 때 보수 신문은 미국산 쇠고기 수입에 찬성하고 진보 신문은 반대하는 쪽으로 보도했다는 비판이 파다했다. 이건호와 고홍석(2009)은 이 비판을 검증해 보려고 주요 5개 신문의 1면 기사에 포함된 취재원의 유인가를 측정했다. 우선 5개 신문에서 발견된 전체 취재원 1,363개 가운데 826개는 미국산 쇠고기 수입에 중립적인 입장을 보였으며 174개는 찬성 입장을, 363개는 반대 입장을 보였다. 찬성 입장에 +1점을, 반대 입장에 −1점을, 중립 입장에 0점을 주어 신문별로 점수를 내 보니 〈중앙일보〉 0점, 〈동아일보〉 −2점, 〈조선일보〉 −7점, 〈경향신문〉 −87점, 〈한겨레〉 −93점이었다. 즉 〈동아일보〉와 〈조선일보〉에 나타난 취재원의 톤은 대부분 중립적인 가운데 극소수의 반대 입장이 있었던 반면에 〈경향신문〉과 〈한겨레〉에는 반대 입장이 월등히 많았다. 〈중앙일보〉에는 찬성 입장과 반대 입장이 정확하게 동수였다. 취재원의 톤만 놓고 보면, 〈중앙일보〉는 물론이고 〈동아일보〉와 〈조선일보〉는 당시의 비판론과 달리 중립적 또는 균형적으로 보도했으며 〈경향신문〉과 〈한겨레〉는 당시의 비판론처럼 적극적으로 반대 입장을 보이며 편향적으로 보도했다.

혹자는 취재원은 기사를 구성하는 요소 가운데 하나에 불과하므로 취재원의 톤과 기사(전체)의 톤은 별개라고 주장할 수 있다. 이 주장은 일리 있어 보이지만 실제로는 그렇지 않다. 앞에 소개한 설진아와 남궁강(2007)의 연구에서 방송의 6자회담 뉴스에 포함된 취재원의 톤은 중립적 입장 51.0%, 긍정적 입장

30.8%, 부정적 입장 18.2%였다. 취재원과 별도로 기사의 톤도 측정해 보니 중립적 입장은 46.2%, 긍정적 입장은 34.6%, 부정적 입장은 19.2%로 나왔다. 세 입장의 비율 구성만 보아도 취재원의 톤과 기사의 톤은 매우 비슷하다. 저자들은 이 두 가지 톤의 상관관계를 알아보기 위해 둘이 일치하는 경우의 비율을 구해 보았다. 취재원의 톤이 중립적인데 기사의 톤도 중립적인 경우는 77.4%, 둘 다 긍정적인 경우는 77.8%, 둘 다 부정적인 경우는 83.7%였다. 이 비율들은 매우 높은 상관관계를 보여 주므로 취재원의 톤은 기사의 톤을 대변한다고 말할 수 있다. 취재원은 그만큼 기사에서 중요하다. 이를 더 직접적으로 보여 주는 연구가 있다.

송용회(2006)는 취재원을 핵심부 지배엘리트와 주변부 지배엘리트로 나누어 2004년 국가보안법 개폐 논쟁을 다룬 기사를 분석했다. 핵심부 지배엘리트는 정책 결정권을 갖고 있거나 정치적 영향력이 큰 입법부, 사법부, 행정부의 최고위층 인사들이며, 이들에 비해 정책 결정권이나 정치적 영향력은 적지만 명성이나 권위를 배경으로 사회적 영향력을 발휘하는 사람들, 예를 들어 종교지도자나 전직 고위공직자는 주변부 지배엘리트이다. 분석 결과, 〈조선일보〉와 〈한겨레〉는 핵심부 지배엘리트의 말과 행동이 자기 회사의 편집 방향과 같거나 비슷하면 그것을 그대로 전달하는 발표기사 형식으로 주요 면에 크게 보도했다. 또 분석이나 반응을 곁들이면서 긍정적이고 호의적으로 의미를 부여했다. 그러나 자사 편집 방향과 충돌하면 주요 면에 보도하기는 하지만 이들에 비판적인 정치 행위자들의 의견을 병렬시켜서 논란이나 파문, 갈등의 발표기획담론으로 구성해 보도했다. 주변부 지배엘리트의 말과 행동은 자사 편집 방향과 일치하면 핵심부 지배엘리트와 비슷한 지위를 부여했으며, 충돌하면 간략히 처리하거나 아예 무시하거나 이들에게 비판적인 정치 행위자의 말과 행동을 더 부각했다. 송용회는 이런 정파적 보도 관행에 대해 "같은 법조계라 해도 〈조선일보〉와 〈한겨레〉의 반응 기사에서는 완전히 다른 법조계였으며, 심지어 같은 인물의 코멘트를 〈조선일보〉와 〈한겨레〉는 다르게 구성할 정도였다"(70쪽)라고 썼다. 한마디로 신문은 자기 입맛에 따라 취재원과 그의 말을 선택적으로 활용했다.

기자가 취재원을 전략적으로 활용하는 것 못지않게 취재원도 기자를 활용한다. 기본적으로 취재원은 자기 자신이나 자기가 속한 조직의 좋은 점을 부각하고 나쁜 점은 덮어 두도록 기자를 유도한다. 정치인이나 정부·기업의 홍보담당자처럼 기자를 상대한 경험이 많을수록 이런 일에 능수능란하다. 한때 정치 사회적으로 큰 문제였던 영호남 지역주의 보도에 취재원이 어떤 영향을 끼치는지 알아본 연구에서 한 기자는 "취재원의 가치관이나 노선 등에 '세뇌' 되는 경향도 없지 않은 것으로 판단된다"(조철래, 2006, 397쪽)라고 고백했다. 또 다른 기자는 이런 말도 했다. "취재원이 자신들의 필요에 따라 지역주의적 보도를 유도할 수 있는 소스를 기자들에게 제공하는 경우가 많다. 신문사 입장에선 그 자체가 기사가 되기 때문에 저의를 알면서도 기사화해 주는 경우가 많다"(조철래, 2006, 400쪽). 이쯤 되면 취재원이 수 싸움에서 우위라고 봐야 한다.

기자가 자기 목적에서 스스로 취재원을 신경 쓰기도 한다. 일반적으로 취재원은 해당 사안을 기자보다 더 많이 알기 때문에 기사를 보면 기자가 얼마나 유능한지 판단할 수 있다. 그래서 기자들은 대중뿐 아니라 취재원에게 인정받으려고 애쓴다. 한 기자는 이렇게 말했다. "기자들이 팩트를 위주로 쓰는 스트레이트 기사 말고 해설기사, 전망기사를 쓸 때, 독자를 의식하는 것이 아니고, 취재원들을 의식한다. 취재원들이 이 기사를 읽을 때, 이 기자는 아무것도 모르고 쓴다, 그래서 이 기자는 제대로 맥락을 못 읽고 쓴다는 평가를 받는다, 그러면 취재원과 또 다른 국면을 맞게 된다"(김원용·이동훈, 2004, 367쪽). 독자가 아니라 취재원 보라고 쓰는 이런 기사가 사회적으로 얼마나 의미 있을지 의문이다.

출입처와 기자실

미국에서 기자는 출입처 기자(beat reporter)와 일반임무 기자(general assignment reporter)로 나뉜다. 전자는 특정 분야를 전담하며 후자는 그렇지 않다. 후자는 여러 분야를 맡을 수 있으므로 베테랑일 것 같지만 그 반대다. 미국의 일반임무 기자는 주로 경력 5년 이하이며 에디터들이 그때그때 지시하는 임무를 수행한다. 출입처 기자는 '출입처'라는 번역어의 어감 때문에 기자가 특정한 '기관'을 담당하는 것으로 들리겠지만 실제로는 특정한 '분야'를 담당한다. 적어도 미국에서는 그렇다. 예를 들어, 교육부는 담당 기관이며 교육은 담당 분야다. 우리도 '교육부 출입기자'라고 하면 교육을 담당하는 게 맞지만 그는 대부분의 시간을 교육부라는 기관에서 보낸다. 교육부 기자실에 자기 책상도 있다. 기자의 몸이 교육부라는 기관에 메여 있다는 게 뭐 그리 문제냐고 물을 수 있다. 교육부를 벗어나는 일이 거의 없다 보니 기자는 교육부가 하는 일을 자기가 맡은 분야의 전부로 오해하기 쉽다. 하지만 교육은 국가 재정, 가계, 가정, 경제, 산업, 일자리, 복지, 과학기술, 미래성장 심지어 범죄와도 밀접하게 연관된다. 기자가 자기 자신을 교육부라는 물리적인 공간에 가두면 교육의 이런 복합성을 잘 체감하지 못한다. 노동, 복지, 환경, 문화, 외교 등 여타 분야도 마찬가지다.

미국과 달리, 한국에 일반임무 기자는 사실상 없다. 경력이 많든 적든 모든 기자는 출입처 기자로서 특정한 기관에 배치된다. 다시 말하지만, 특정한 분야에 배치되는 게 아니다. 대개 그런 기관에 기자실이 있으며 거기에서 타 언론사 기자들과 함께 지낸다. 기자실, 특히 정부부처의 기자실은 노무현 정부 시절인 2002년에 획기적으로 바뀌었다가 이내 예전 모습으로 되돌아왔다. 모든 기관의 기자실이 똑같지 않으며 나름의 전통과 문화에 따라 조금씩 다르다. 김관규와 송의호(2004)는 기자실 신규 진입의 조건 등을 기준으로 기자실의 유형을 4개로 나누었다. 준폐쇄형은 기자실 진입에 기존 기자들의 동의가 필요하며 기자별로 지정석이 마련되어 있다. 따라서 아무나 기자실 멤버가 될 수 없다. 이렇게 진입 장벽을 높인 이유는 아래에 설명할 엠바고 유지 및 기밀 보호 때문이다. 개방형은 진입 장벽이 없고 지정석도 없다. 이원화형은 지정석과 비지정석을 함께 운영하여 사실상 진입 장벽이 없다. 동의 중시형은 지정석은 없지만 신규 진입이 아주 어려운 유형이다.

엠바고

기자실은 기관과 기자가 만나는 접점이다. 정부부처나 기업은 뉴스로 홍보를 하려고 애쓰는데, 이는 광고를 내는 것보다 싸고 효과적이기 때문이다. 그래서 기관들은 필요할 때마다 홍보 사안을 기자실에 알려 준다. 기자들은 기삿거리를 거저 얻을 수 있으니 마다할 리 없다. 홍보 사안은 대개 '0월 0일 00시'라는 식으로 보도시점이 정해져서 게시된다. 내용은 미리 알 수 있지만 보도는 정해진 시점부터 할 수 있다는 뜻이다. 이를 엠바고(embargo)라고 한다. 대개 엠바고는 정부의 단속 결과나 기업의 수출실적처럼 기관이 주기적으로 공개하는 사안에 붙는다. 어차피 공개될 사안이므로 기자들이 먼저 입수하려고 취재 경쟁을 벌이는 것은 낭비적이다. 기관 입장에서도 동일 사안에 대한 여러 기자들의 취재를 반복적으로 도와주지 않아도 되므로 이득이다.

위와 같은 평범한 사안과 정반대의, 즉 아주 민감하거나 중대한 현안에도 엠바고가 붙는다. 아동 납치 사건을 수사하는 경찰은 대개 공개수사로 전환하기 전까지 기자들에게 비보도를 요청한다. 경찰의 수사 내용이 언론에 공개되면

납치된 아이의 생명이 위태로울 수 있고, 납치범에게 유리할 수 있으므로 엠바고를 걸어 놓는 것이다. 이 경우 엠바고는 공개수사와 함께 자동적으로 풀린다. 〈사이언스(Science)〉와 같은 세계적인 학술지에 실리게 되는 논문에도 엠바고가 걸려, 기자들은 논문의 내용을 알 수 있지만 특정한 시점까지 보도하지 못한다. 그런 논문은 사회경제적 여파가 워낙 크기 때문에 논문의 정보를 먼저 알게 된 사람들이 주식투자 등의 방법으로 부당이득을 볼 수 있다. 따라서 세계적으로 한날한시에 논문 정보가 공개되도록 해 놓는 것이다. 안보나 보안 차원의 엠바고도 있다. 대통령의 일정과 장소에는 경호와 보안상의 이유로 엠바고가 붙으며 청와대 출입기자들은 불문율로 이를 지킨다(송의호·이상식, 2007). 대개 청와대 엠바고는 청와대 쪽에서 정하는 편이며 여타 기관의 엠바고는 기관과 기자들의 협의로 정해진다. 엠바고는 기자와 홍보담당자 모두가 현실적인 이유에서 절충한 제도다. 대개 엠바고는 기관이 요청하고 기자들이 수용할 때 성립된다. 그렇다고 기자들이 엠바고를 무조건 수용하는 것은 아니다.

물론 양쪽 어디서든지 엠바고를 악용할 가능성은 있다. 예를 들어, 한 기자가 어떤 사안을 파고들어서 뉴스로 보도할 가능성이 커지면 기관은 뜬금없이 그것을 엠바고 사안으로 만들어서 기자실로 내려 보낸다. 기관은 그 사안이 특종 형태로 보도되면 나머지 기자들로부터 성화를 받게 되므로 아예 동일 시점에 모두에게 공개하는 전략을 택하는 것이다. 어떤 사안을 엠바고로 할 것인가에 대해 기관과 기자 간에 또는 기자들 간에 이견이 생길 수 있으며 엠바고 지정에 모두 동의했더라도 엠바고 시점을 놓고 갈등을 빚기도 한다. 기자들이 기관의 입장을 받아들여서 엠바고에 동의하거나 기자들끼리 필요에 의해서 엠바고를 정하더라도 그것이 기관의 이익이나 기자들의 이익을 위한 것이라면 담합이라는 비판을 받기 쉽다. 엠바고를 깨는 경우 즉 약속을 어기고 정해진 시점에 앞서 미리 보도하는 경우에는 기자실 출입 정지 등의 벌칙을 받는다(송의호·이상식, 2007).

청와대와 국회 출입처

언론사의 많은 출입처 가운데 정치부가 맡고 있는 청와대는 가장 중요한 취재 공간이며 기자에게 가장 영예로운 자리로 여겨진다. 청와대 출입기자들이 어떻게 취재하며 취재원인 대통령과 어떤 관계를 맺고 있는지 매우 궁금하지만 남재일(2006)의 논문 외에 이렇다 할 연구가 없다. 남재일은 정권과 언론의 관계가 변함에 따라 청와대 출입기자의 위상이 어떻게 바뀌었는지 탐구했는데 역대 정권별로 상당한 차이가 발견됐다(105-115쪽 참조). 예를 들어, 노태우 정권 때 청와대 출입기자는 청와대가 결정했으며 언론사도 청와대가 원하는 조건에 맞는 사람을 파견했다. 청와대 기자들은 가끔 사안을 기사화할 것인지 의논하고 논조를 조율했다. 대통령 개인을 비판하는 기사는 거의 없었다. 청와대는 기자에게 격려금 명목으로 촌지를 지급했으며 출입처가 바뀌어 청와대를 떠나는 기자에게 전별금을 주었다. 이 당시 청와대 출입기자는 언론사 내에서 위상이 높았으며 스스로 "1호 기자"(107쪽)라는 자부심을 갖고 있었다.

뒤이은 김영삼 정권 때에도 청와대 출입기자를 선정하는 과정은 바뀌지 않았으며 김영삼 대통령은 자기와 친한 기자를 출입기자로 요청했다. 이 시기의 청와대와 출입기자는 서로를 이용하고 거래하면서 가장 역동적인 관계를 유지했다. 예를 들어, 정치 기사는 발표되는 사실보다 정치적 배경이 중요하므로 기자들은 사적인 채널을 가동해야 하는데, 청와대는 그런 정보를 기자에게 나눠주었고 그런 정보의 제공을 조건으로 기자를 통제하려 했다. 김영삼 대통령이 기자를 중시하는 바람에 기자의 위상이 높았으며 청와대 수석들은 기자들에게 절절맸다. 김영삼 대통령은 자기에게 협조적인 기자를 정치판으로 이끌어 주기도 해서 기자들은 이때를 행복했던 시기로 기억한다. 상호 청탁과 통제도 활발하여 청와대는 언론사 사장이나 최고 경영진을 통해 청와대 출입기자를 압박했으며 출입기자는 청와대 관계자나 유력 정치인을 통해 회사에 압력을 넣어 자기의 인사이동에 영향을 주려 했다.

최초의 진보 정권인 김대중 대통령 때 정권과 언론의 관계는 갈등 관계로 바뀌었다. 특히 정부의 언론사 세무조사를 계기로 언론끼리의 담합이 깨지고 편 가르기가 시작되면서 기자들도 분열됐다. 청와대 내 사적 채널은 대폭 축소됐으며 청와대와 기자 사이에는 최소한의 거래 창구만 가동됐다. 노무현 정권은 청와대 출입기자 선정에 전혀 개입하지 않았으며 언론사 내 청와대 기자의 위상도 예전같이 높지 않았다. 청와대에 새로 출입하게 된 기자는 몇 달이 지나도 수석들의 얼굴을 보지 못했다.

노무현 대통령은 기자와 사적인 자리를 갖지 않았으며 수석이나 비서관들도 기자와 관계를 완전히 차단했다. 촌지, 향응, 해외여행 등 기자가 누렸던 과거의 특혜적 관행은 완전히 사라졌다. 한마디로 청와대와 기자는 완전히 단절됐다. 이런 관계는 그 훨씬 전인 박정희 대통령 시절과 천양지차다. "박정희 때 휴가를 가면 메이저 신문 기자들이 가족과 함께 휴가를 갔다. 기자들이 박근혜와 찍은 사진도 있다. 이때는 기자들이 대통령과 같이 논다는 자부심이 있었다"(남재일, 2006, 117쪽). 이에 비해 노무현 대통령 시절에 청와대를 맡았던 한 기자는 다음과 같이 말했다. "청와대 기자들은 노 대통령을 이해하는 편이긴 하다. 그렇지만 스타일을 좋아하지는 않는다. 노 대통령의 캐릭터 때문이다. 노 대통령이 경선 후보, 대통령 후보 시절, 밥 얻어먹은 적이 한 번도 없다. 소주 한 잔 산 적이 없다. 우리 기자들 중에 노 대통령과 오랜 관계를 맺은 사람이 단 한 사람도 없다"(남재일, 2006, 118쪽).

국회도 정치부가 맡고 있는 중요한 출입처다. 국회 출입기자들은 기본적으로 국회의원을 비롯한 정치인들을 담당하므로 취재하는 내용이 워낙 중대하고 내밀하다. 그래서 정치인들은 여타 취재원보다 훨씬 더 기자와 신뢰관계를 중시한다. 이런 신뢰관계는 하루아침에 만들어지는 게 아니라 서서히 형성되므로 정치부 기자들은 정치부에서만 오랫동안 일한 경우가 많다. 특히 계파 정치가 활발했던 시절에 국회 출입기자는 정치인 김영삼이나 김대중, 김종필 계파 가운데 하나를 내내 전담하면서 매일 아침에 계파 주요 인사의 집으로 출근하여 하루 종일 동행했다. 강명구(1991)는 이 시절 국회 출입기자의 취재와 뉴스 생산 과정을 탐구하면서 취재원과 기자가 공생적 관계를 넘어 "계보 기자"(41쪽)의 관계로 변질됐다고 보고했다. 기자와 (계파) 정치인이 그렇게 밀접한 관계를 이루다 보니 기자들 사이에서 "A신문 누구는 C당의 누구의 라인"(41쪽)이라는 식으로 불렸다는 것이다. 강명구는 국회 출입기자가 정치인들과 아슬아슬하게 힘의 균형을 이루는 상황에서 언론이 권력을 견제하는 감시견 역할을 하기는 굉장히 어려웠다고 주장했다.

보도자료

기관 입장에서 기자실을 가장 잘 활용하는 방법은 기자들이 기관을 홍보하는 기사를 자주 쓰도록 만드는 것이다. 그 대표적인 수단이 보도자료다. 보도자료는 개인이나 기관이 자기 홍보를 위해 언론에 공표할 목적으로 작성하는 문건이다. 기자와 언론사 입장에서 보도자료는 별다른 노력 없이 좋은 기삿거리를 얻고, 단시간에 많은 정보를 수집하며, 객관적이고 신뢰할 수 있는 자료를 확보할 수 있게 해 준다. 기관 입장에서 보면, 보도자료는 광고보다 더 믿을 만하면서도 비용은 거의 들지 않는, 경제적이고 효율적인 커뮤니케이션 수단이다(남효윤, 2005).

선행 연구를 보면, 중앙정부나 지방정부를 담당하는 기자가 작성한 기사 가운데 보도자료에 기초한 기사는 80%를 넘는다(남효윤·구교태, 2004 참조). 또 일간지 기사의 3분의 2 이상은 정부나 기업의 보도자료에 의존하여 작성된다. 예를 들어, 재정경제부가 〈조선일보〉, 〈중앙일보〉, 〈한겨레〉, 〈매일경제〉에 배포한 보도자료가 기사로 보도된 비율은 평균 33.7%이며 〈매일경제〉의 이 비율은 45.6%에 이른다. 이런 기사의 절대 다수인 90.9%는 보도자료의 내용을 그대로 옮기거나 긍정적으로 보도했으며 부정적으로 보도한 경우는 9.1%에 불과했다. 보도자료에 의존하게 됨으로써 기사는 획일화하며 취재원 종속성은 심해지며 심지어 기사가 취재원을 대변하게 되며 보도의 심층성과 전문성은 약화될 수 있다.

보도자료 의존도는 언론사의 규모와 여건에 따라 다를 수 있다. 예를 들어, 대구 지역 일간지들이 경북도청의 보도자료를 기사화하는 비율은 신문사의 규모에 반비례했는데, 규모가 클수록 기사화 비율이 낮았으며 작을수록 기사화 비율은 높았다(남효윤·구교태, 2004). 여기서 신문사 규모는 기자 수, 자본금 액수, 발행부수를 반영하여 구분됐다. 기자들이 보도자료를 기사화할 때 중요하게 고려하는 요인은 보도자료 내용의 뉴스 가치, 지방정부 관계자와 친분 관계, 회사의 방침, 지면 사정 등이었다. 이 연구에서 규모가 큰 신문의 한 기자는 "보도자료를 무분별하게 기사화할 경우 신생 신문들과 차별화되지 않을 뿐만 아니라 우리 신문의 신뢰도마저 떨어질 수 있다"(남효윤·구교태, 2004, 58쪽)라고 말했다. 반면에 가장 규모가 작은 신문의 기자는 취재 인력이 부족하고 통신사 기사도 취급하지 않기 때문에 보도자료를 많이 활용할 수밖에 없다고 밝혔다. 또 다른 연구는 신문사 경영 여건의 영향을 보기 위해 재무 상태에 주목했는데, 재무 상태가 양호한 지역신문은 지방정부, 정당, 기업의 보도자료를 기사에 많이 반영하지 않는 반면에 재무 상태가 양호하지 않은 신문은 보도자료 내용을 기사에 많이 또 크게 보도했다(남효윤, 2005). 남효윤과 구교태(2004)의 연구에서, 보도자료에 의존한 기사의 보도 성향은 중립적인 경우가 71.7%로 대다수였으며 긍정적인 경우는 22.4%였고 부정적인 경우는 5.9%에 불과했다. 이 비율은 신문사의 규모에 따라 별 차이 없었다. 남효윤(2005)의 연구에서도 보도자료에 의존한 기사의 보도 성향은 재무 상태에 따라 특별한 경향성을 보이지 않았다. 규모가 큰 신문의 한 기자는 "[경북도청 관계자와] 안면 때문에 보도자료를 뒤집어쓰기란 어렵죠"(남효윤·구교태, 2004, 58쪽)라고 말했다. 남효윤과 구교태는 이런 결과들을 토대로 지역신문이 지방정부의 효과적인 홍보 도구로 전락했다는 우려가 사실로 증명됐다고 결론지었다. 하지만 언제나 그런 것은 아니다. 규모가 작은 신문의 한 기자는 다음과 같이 말했다. "신생 신문인데다 웬만한 보도자료를 다 기사화해 주니까 아예 무시하거나 차별하는 경우가 있습니다. 앞에서는 고맙다고 하면서 뒤에서는 별것 아니다는 식으로 무시할 때요. 화나죠. 기억해 두었다가 뒤집죠. 이때도 데스크한테 얘기하면 알아서 해 줘요"(남효윤·구교태, 2004, 59-60쪽).

정부의 보도자료가 기사로 보도되는 양태는 정권과 언론의 관계에 따라 달라질까? 임현수와 이준웅(2011)은 이 주제를 탐구하려고 노무현 정부의 2004년과 이명박 정부의 2009년에 정부부처들이 낸 보도자료를 〈조선일보〉와 〈한겨레〉가 어떻게 보도했는지 비교했다. 〈조선일보〉와 정권의 관계는 껄끄러운 관계(노무현)에서 비교적 우호적인 관계(이명박)로 바뀌었으며 〈한겨레〉는 우호적인 관계(노무현)에서 껄끄러운 관계(이명박)로 바뀌었다. 이 연구의 두드러진 발견은 두 가지다. 첫째, 보도자료를 기사로 채택한 비율을 보면 〈조선일보〉는 노무현 정부 때 31.4%에서 이명박 정부 때 25.2%로 감소했으며 〈한겨레〉는

43.3%에서 28.1%로 감소했다. 두 신문 모두 이명박 정부 때 보도자료의 기사 채택률이 낮았지만 〈한겨레〉의 낙폭이 더 컸다. 두 번째 발견은 보도자료에 기초한 기사의 논조 변화인데, 〈조선일보〉의 긍정적 논조의 기사 비율은 노무현 정부 때 3.0%에서 이명박 정부 때 28.2%로 상승했으며 〈한겨레〉의 부정적 논조의 기사 비율은 노무현 정부 때 5.5%에서 이명박 정부 때 29.5%로 상승했다. 〈조선일보〉는 자기와 비슷한 정치적 성향의 정부가 들어서면서 긍정적인 보도를 늘렸으며 〈한겨레〉는 자기와 상이한 정치적 성향의 정부가 들어서면서 부정적인 보도를 늘렸다고 말할 수 있다.

집단적 사고와 팩 저널리즘

뉴스 제작 과정은 언론사를 막론하고 크게 다르지 않기 때문에 기자들의 뉴스 감각이나 취재 방식은 서로 매우 유사하다. 한 기자의 말처럼, "어떤 사건을 접하면 기자들의 판단이 대체로 비슷하다. 그게 뭐라고 정의하긴 어렵다"(남재일, 2008, 257쪽). 집단적 사고(group think)나 집단적 정서(group mentality)는 이를 두고 하는 말이다. 무릇 기자는 이런 성향을 지니고 있는데, 한국의 기자는 출입처 기자실에서 공유하는 시간이 많아서 이 성향을 더 강하게 드러낸다. 기자들은 기자실이라는 작은 커뮤니티 안에서 사안을 이해하고 기사의 방향을 잡는 데 도움을 주고받는다(송의호·이상식, 2007). 특히 사안이 복잡하거나 미묘하거나 민감해서 어디에 중점을 둬야 할지 잘 모를 때 이런 경향은 더 잘 나타난다(김원용·이동훈, 2004). 대개 경력이 많은 기자들은 유사한 사안을 다뤄 본 경험이 많기 때문에 오류를 줄이고 요점을 파악하는 데 주도적인 역할을 한다. 경제부의 한 기자는 다음과 같이 말했다.

(정부가) 각종 정책을 발표했을 때 무엇을 머리[기사]로 올릴 것인가, 무엇이 포인트인가에 대해서는 기자실에서 의견 교환이 이뤄지며 여기서 나온 의견이 대부분 기사에 반영됩니다. 경제 기사의 경우 리드가 비슷한 것은 이 때문입니다. (송의호 · 이상식, 2007, 134쪽)

이것을 비판적으로 보면 담합이겠지만 기자들은 "브레인스토밍"(brainstorming)(송의호 · 이상식, 2007, 132쪽)으로 보고 있다. 사안을 이해하고 상황을 인식하는 데 기자실의 영향을 받을 수 있겠지만 결국 기자 개개인이 자기 나름대로 기사를 쓴다는 점에서 그렇다는 것이다. 그래도 기자실로 인해 기자 간에, 또 매체 간에 뉴스 내용이 유사해진다는 지적은 피하기 어렵다. 원래 서로 비슷한 사람들이 함께 지내면서 더 동질적이 되고, 취재 현장도 함께 다니면서 유사한 기사를 만들어 내니 기자들이 떼를 지어 몰려다닌다는 인상을 주기에 충분하다. 팩 저널리즘(pack journalism)은 그래서 나온 말이다. 이런 상황은 기자들에게 동조감을 높여 줄 수 있다. 특종과 같은 예외적인 상황이거나 굳이 자기만의 독특한 해석을 하고 싶지 않는 한, 기자들은 동료 기자들이 하는 대로 따라가려 한다. 한 기자는 그 이유를 이렇게 설명했다. "다른 신문들이 하는 대로 하면 잘못되더라도 부담이 적고 혼자서 튀면 엄청난 부담이 따른다. 정치적으로 민감한 문제의 경우 더욱 그렇다"(박재영, 2005, 187쪽).

기자실에서 나올 수 있는, 팩 저널리즘보다 더 부정적인 양태는 기자와 출입처 간의 상호 청탁이다. 2000년대 중반의 한 연구를 보면, 청와대 관계자는 수시로 출입기자에게 기사와 관련하여 불만을 토로했으며 지방자치단체의 공무원도 기사를 빼 달라거나 문구를 조정해 달라고 요구했다(송의호 · 이상식, 2007). 기자 역시 1년에 서너 번 정도로 광고 수주나 협찬기사 지원과 같은 자기 회사의 청탁을 청와대에 넣었다. 이보다 더한 경우는 인사 문제에 개입하는 것인데, 그 양태는 제법 복잡하다. 우선, 출입처 기관의 인사철이 되면 기자는 자기가 원하는 사람을 승진시키려고 기관의 고위층에 청탁을 한다. 승진을 희망하는 기관 쪽의 사람이 자기의 상사에게 그런 청탁을 해 달라고 기자를 부추기기도 한다. 반대로, 기관 쪽에서 특정 기자의 승진을 위해 그 기자의 언론사 고위층에 청탁을 넣기도 한다. 또는 기자가 기관 쪽 사람으로 하여금 언론사 고위층에 자기의 승진을 청탁하도록 부추기는 경우도 있다. 이쯤 되면 기자와 기관은 서로의 인사에 개입하는 거래 관계를 맺고 있다고 봐야 한다.

미국에도 출입처 기자가 있으며 주요 기관에 기자실이 있지만 한국처럼 많지 않다. 기자가 지나치게 출입처에 오래 머물며 지나치게 출입처 중심으로 활동한다는 점은 한국의 기자를 여느 국가의 기자와 구분 짓는 지점이며 한국의 기자를 이해하는 관문이다.

뉴스통신사의 영향

〈연합뉴스〉와 같은 뉴스통신사는 언론사를 위해 설립됐으며 사건이 발생하면 가장 먼저 뉴스를 생산하여 전재 계약을 맺은 언론사에 전송한다. 현장에 있는 기자들은 〈연합뉴스〉의 기사를 노트북 컴퓨터에 띄워 놓고 기사를 작성하는 경우가 많다. 〈연합뉴스〉 기사를 자기 기사의 밑그림으로 활용하다 보니 〈연합뉴스〉 기사의 틀(frame)에 영향을 받기 쉽다. 그렇다고 해서 기자들이 〈연합뉴스〉 기사를 베끼다시피 해서 자기 매체에 싣는 것은 아니다. 〈연합뉴스〉 기사에 포함된 정보를 재확인하고 보충 취재해서 나름대로 기사의 완성도를 더 높인다. 회사 안에 있는 간부 기자들도 〈연합뉴스〉 기사의 질에 만족하는 것은 아니다(김사승, 2009). 간부 기자들도 실시간으로 〈연합뉴스〉 기사를 볼 수 있기 때문에 현장 기자의 경우처럼 영향을 받을 수 있는데, 그 양상은 현장의 기자와 다소 다르다. 대개 간부 기자들은 〈연합뉴스〉 기사를 먼저 본 후에 현장에 있는 자기의 후배 기자가 보낸 기사를 보게 된다. 이때 〈연합뉴스〉 기사는 후배 기자의 기사를 검증하고 후배 기자를 통제하는 일종의 기준으로 활용된다. 즉 후배 기자의 기사에 포함된 사실정보, 기사의 방향, 전체적인 흐름 등을 〈연합뉴스〉 기사와 비교하면서 후배 기자의 기사가 지나치게 〈연합뉴스〉 기사와 동떨어지면 후배 기자를 두둔하기보다 〈연합뉴스〉 편에 서서 의문을 제기하는 경우가 많다. 김사승(2009)은 통신사 기사가 편집국 간부들에게 일종의 게이트키퍼 역할을 한다고 보았다. 후배 기자들이 〈연합뉴스〉의 기사에 신경을 쓰지 않을 수 없는 이유다.

3. 뉴스룸의 사회적 통제

통제 요인

뉴스룸 내외부의 제 요인들은 뉴스의 내용에 영향을 끼치는 수준을 넘어 기자의 사고를 제약하고 행동을 제한하기도 한다. 말하자면, 그런 요인들은 기자를 통제하는 기제들이다. 김연식(2014)은 통제 요인들을 조직 내부와 외부로 나누고, 조직 내적 요인 7개(상급자, 동료, 사내직능단체, 경영진, 사장·사주, 사내심의, 이해관계)와 조직 외적 요인 6개(정치권력, 광고주, 시민단체, 이익단체, 시청률, 시청평가)로 체계화했다. 그런 다음에 지상파 방송 3사의 기자와 PD를 조사해 보니 두 집단 모두 2008년에 비해 2013년에 조직 내외적으로 통제가 강화됐다고 응답했다. 이들은 상급자의 통제가 가장 강하다고 응답했으며 그다음은 시청률, 시청평가, 동료, 정치권력, 경영진, 사장·사주의 순이었다. 두 연도에서 각 요인의 순위 변화를 보면, 외적 요인 가운데 시청률과 정치권력이, 내적 요인 가운데 경영진과 사장·사주가 높게 상승했다. 광고주는 2008년 12위에서 2013년 11위로 상승했지만 전체적으로 워낙 낮았다. 그러나 방송사 광고 사정이 점점 더 악화하고 있으므로 광고주의 통제력에 대한 방송기자들의 인식은 변할 가능성이 크다.

통제는 선거 때와 같이 민감한 시기에 현저하게 드러난다. 지역주의가 심했던 2004년 총선 때 영호남 지역신문의 기자를 조사한 조철래(2006)의 연구를 보면, 데스크가 현장 기자를 직접적으로 통제했을 뿐 아니라 신문사 사주의 입김도 뉴스에 강하게 개입됐다. 한 기자는 "사주가 평소에 주로 접촉하는 지역 인사들은 대개 시장을 비롯한 한나라당이나 보수층의 인사가 많아서 그런 면들이 신문에도 자연스럽게 반영되기도 한다"(398쪽)라고 말했다. 조철래는 신문사의 오랜 수직적 구조는 게이트키핑 과정에서 자연스럽게 관료적 통제로 이어지며 편집국장이 방침을 정하면 기자들은 그에 따르는 시스템이 수십 년간 누적되어 작동했다고 밝혔다.

〈강원도민일보〉 사례

위 조철래(2006)의 연구보다 조금 더 오래된 윤영철과 홍성구(1996)의 연구는 언론사 최고경영진이 선거보도에 어떻게 개입하는지를 더 적나라하게 보여준다. 1995년 지방선거 때 강원도는 영서와 영동의 지역감정이 격화한 가운데 집권 여당인 민자당과 야당인 자민련의 대결 구도를 이뤘다. 특히 도지사 선거에서 맞붙은 민자당의 이상룡 후보는 영서를 대표하는 춘천고등학교 출신이며 자민련의 최각규 후보는 영동을 대표하는 강릉(상고) 출신이었다. 〈강원도민일보〉는 강원도의 대표 신문으로서 친여 성격이 강했는데, 도지사 선거를 담당할 기자를 민자당 이상룡 후보의 춘천고 출신으로 교체했다. 이로써 도지사 선거를 맡은 기자 2명과 부장 1명이 모두 춘천고 출신이 됐다. 지방선거 도중에 한 후보자가 불법선거운동 혐의로 적발된 일이 있었는데, 〈강원도민일보〉 사장과 경영진은 그의 이름을 밝히지 말라고 지시했으며 보도가 되더라도 기사의 양을 줄이라고 지시했다. 알고 보니 그 후보자는 〈강원도민일보〉 주주 170여 명 가운데 한 명이었다. 이보다 더 직접적인 통제도 있었다. 사장은 매일 일정 시간을 편집국에서 보내고 편집회의에 참석했으며 편집회의를 직접 주재하기도 했는데, 편집국 간부들과 기자들은 이를 편집권 침해나 통제로 인식하지 않았다.

사장의 지시와 결정은 위계구조를 타고 일선 기자에게까지 내려왔으며 그 양태는 기자 경력에 따라 달랐다. 경력이 많은 기자들에 대한 취재 지시는 주로 기사의 흐름이나 모양새와 같은 큰 틀에서 이루어진 반면에 경력이 적은 기자들에 대한 지시는 기사의 형태, 분량, 인터뷰할 대상자 등 매우 구체적인 수준으로 내려왔다. 〈강원도민일보〉는 선거기간 내내 여당의 도지사 후보를 호의적으로 보도했지만 정작 개표를 해 보니 야당인 자민련의 최각규 후보가 압도적인 표차로 당선됐다. 그러자 〈강원도민일보〉는 개표 결과를 보도한 그날부터 태도를 바꾸어, 최각규 후보를 그간의 부정적인 이미지와 정반대로 소신파로 보도했으며 선거기간 내내 자민련이 내세웠던 최각규 인물론과 일치하는 논조를 나타냈다. 이 연구는 한국의 언론사에서 통제 메커니즘이 어떻게 작동하는지를 실체적이고 종합적으로 밝혀낸 거의 유일한 논문이다. 윤영철과 홍성구는 무려 50일간 〈강원도민일보〉를 참여관찰했다. 가히 한국 언론학계의 기네스 기록이다.

KBS의 경우

최근의 대표적인 통제 사례로는 KBS를 들 수 있다. 박인규(2010)는 노무현 정부와 이명박 정부 때의 KBS 시사프로그램의 변화 및 담당 기자–PD를 심층 인터뷰하여 보도국 통제의 양태를 밝혀냈다. 우선, 노무현 대통령 시절의 정연주 사장에서 이명박 대통령 시절의 이병순 사장과 김인규 사장에 이르는 동안 KBS의 시사프로그램은 수적으로나 방영 시간 면에서 모두 축소됐다. 특히, 이병순 사장은 2008년 가을 개편에서 '시사투나잇'과 '미디어포커스'를 폐지했으며 2009년에는 '시사360'을 폐지했다. 이들은 주요 시사 이슈를 비판적으로 다루거나 KBS 뉴스를 스스로 비판적으로 검토한 간판 프로그램들이었다.

프로그램 폐지뿐 아니라 프로그램 지원 축소도 발견되었는데, 대표적인 예는 탐사보도팀이다. KBS 탐사보도팀은 노무현 정부 시절에 '누가 일제의 훈장을 받았나', '고위공직자, 그들의 재산을 검증한다', '해양투기 17년 바다는 경고한다', '김앤장을 말한다' 등 모두 7건의 수준 높은 특종 보도로 한국기자상, 한국방송기자클럽상, 한국방송대상 심지어 미국탐사보도협회(IRE)가 수여하는 상도 받았다. 이처럼 KBS 탐사보도팀은 분야를 가리지 않고 사회의 구조적인 문제점을 파헤치는 데 앞장섰는데, 이병순 사장이 취임하면서 팀 자체를 축소하고 방송 기회도 줄여버렸다. 인원과 예산이 감축되다 보니 탐사보도팀은 유명무실해질 수밖에 없었으며 결국 김인규 사장 취임 한 달 만인 2009년 12월에 사실상 해체되고 말았다.

박인규(2010)는 사실상 정권으로부터 내려온 KBS의 통제 실태를 두 가지 차원에서 설명했다. 첫 번째는 KBS 경영진의 직접 개입이다. 이명박 정부로 넘어오면서 프로그램 제작에 대한 개입과 지시가 많아졌으며 그 내용은 대개 친정부적인 것들이었다. 천안함 사건과 관련하여 2010년 4월에 편성·제작한 다수의 프로그램은 그 대표적인 예다. 'KBS 스페셜' 팀도 경영진의 직접적인 지시로 여러 건의 특집 프로그램을 제작했다. 두 번째는 제작 간부들을 통한 (간접) 통제 방식이다. "KBS 경영진은 직간접적인 지시를 통해 권력이 반길 만한 프로그램을 만들도록 하는 한편 징계, 전출 등 인사권을 통해 내부의 비판을 억누르며 권력이 꺼릴 만한 아이템들을 차단"(232쪽)했다. 이런 분위기는 중간 간부들로 하여금 경영진의 지시를 이행하는 데 그치지 않고, 자발적으로 자기 휘하의 실무자들에게 경영진이 좋아할 만한 아이템을 찾아내어 제작하라고 지시하게 만들었다. 이 당시 KBS에서 공영방송의 책무에 어긋나거나 저널리즘의 기준에 벗어난 경영진의 지시가 별 무리 없이 이행됐던 데에는 이와 같은 "해바라기성"(232쪽) 간부들이 있었기 때문이며 이들은 일선 기자나 PD와 마찰을 기꺼이 무릅쓰는 사람들이었다는 게 박인규의 진단이다.

기자의 자기검열

밖에서 광고주의 압력이 들어오고 안에서 자발적으로 동조하는 분위기라면 기자의 선택지는 많지 않다. 자기 나름의 저널리즘 원칙을 지키려다가 곤욕을 치른 기자가 있다 해도 놀랄 일이 아닐 것이다. 그런 실상은 배정근(2010)의 연구에 잘 나타난다. 이 연구에서 한 기자는 "우리 신문사와 우호적 관계에 있는 대기업에 대한 부정적인 기사를 썼다가 내부로부터 심한 눈총을 받은 적이 있다"(118쪽)라고 말했다. 전직 편집국장의 고백은 더욱 놀랍다. "기사 문제를 놓고 편집국장과 광고국장의 의견이 상충되는 경우 사장은 대개 광고국장의 손을 들어주었다. 일단 경영을 정상화하고, 신문의 질은 나중에 생각하자는 사장의 논리 앞에 달리 뭐라 할 말이 없었다"(120쪽). 광고주의 영향력을 전면 부정하기 어려운 현실에서 기자들은 언론의 본질적 기능을 훼손하지 않는 선에서 타협적 태도를 취하고 있다. 홍보성 기사 게재, 부정적인 기사 수정, 기자의 간접적인 광고 지원 등은 수용할 수 있다고 하면서도 기사 삭제 압력이나 광고와 기사의 교환 행위, 기자의 광고 청탁 행위 등은 용납하기 어렵다는 입장이다. 결론적으로 배정근은 신문사들이 만성적 경영난으로 인해 감원, 구조조정, 임금 삭감 등의 고통을 겪으면서 "언론의 정도보다 생존이 먼저"(118쪽)라는 인식이 뿌리내리고 있다고 진단했다.

나가며

이 장은 뉴스룸에서 벌어지는 취재보도의 과정을 이해하고, 뉴스 콘텐츠에 영향을 줄 수 있는 (기자 개인 이외의) 제 요인을 알아보았다. 기존의 뉴스룸 연구는 전국 규모의 언론사는 물론이고 지역의 신문사와 방송사도 여러 측면에서 탐구하여 한국의 뉴스룸을 이해하는 데 필요한 많은 정보를 제공하고 있다. 뉴스룸은 저널리즘을 이해하고 연구하는 데 있어서 가장 중요한 대상이어서 이 분야의 연구를 조금이라도 보강할 수 있는 연구 과제 몇 가지를 제안해 본다.

기존 연구에서 가장 두드러졌던 점은 이 영역의 세부 분야 연구들이 연구의 양 측면에서 상당히 비대칭적이라는 사실이다. 예를 들어, 취재보도 관행과 언론사 조직 내부에 대한 연구는 적은 반면에 언론사 조직 외부에 대한 연구는 상당히 많다. (물론 관행은 언론사 내부뿐 아니라 외부와 관련한 많은 내용을 아우를 수 있어서 지금까지의 연구를 어떻게 분류하는가에 따라 분야별 연구의 양은 달라질 수 있다.) 이는 연구방법론과도 연관되는데, 이 장에 포함된 연구는 대체로 내용분석이나 심층인터뷰로 수행됐다. 특히 취재 관행과 언론사 조직 내부를 다룬 연구는 거의 대부분 심층인터뷰로 수행됐으며 언론사 조직 외부를 다룬 연구는 내용분석 또는 심층인터뷰로 수행됐다. 관행이나 언론사 조직 내외부를 더 적극적으로 파헤치려면 아무래도 뉴스룸을 들여다보는 참여관찰 식의 연구 방법을 택해야 한다. 그런데 앞서 살펴보았듯이 참여관찰 연구는 손가락을 꼽아 가며 셀 수 있을 정도로 적다. 연구자들은 좀 더 적극적으로 언론사에 접근해야 하며 언론사들은 연구자들의 이런 의욕을 전향적으로 수용할 필요가 있다.

이 장은 슈메이커와 리즈(Shoemaker & Reese, 2014)의 동심원 모델을 좇아서 뉴스 콘텐츠에 영향을 줄 수 있는 차원을 관행과 미디어 조직 내·외부로 구성했는데, 많은 연구에도 불구하고 각 차원이 지니는 영향력의 상대적 크기에 대해서는 별다른 논의가 없었다. 물론 심층인터뷰로 수행된 몇몇 연구에서 그 단서가 제시되기는 했다. 예를 들어, 조철래(2006)의 연구에서 지역주의가 드셌던 시기에 선거를 보도했던 한 기자는 "자신의 신념 등을 기사에 적극적으로 반영하는 기자는 그다지 많지 않은 것으로 보인다. 틀에 얽매인, 혹은 소속 신문사의 논조에 충실한 기사를 쓰는 기자가 대다수라고 생각된다"(396쪽)라고 말했다. 또 김원용과 이동훈(2004)은 일반적으로 기자의 신념, 가치, 정치적 성향은 소속 언론사의 그것들과 상당히 일치하기 때문에 결국 기자 자신의 영향력이라기보다 조직의 영향력이 행사되는 것이라면서 사안이 중대할수록 특히 그러하다고 주장했다. 이런 심증에 덧붙여서 실증적 연구를 통해 여러 차원들의 영향력의 위계를 밝힐 필요가 있다.

조금 세부적으로 들어가면, 뉴스룸의 이해를 돕는 연구로서 편집국장이나 보도국장에 대한 연구, 편집회의를 정밀하게 들여다보는 연구[1], 뉴스룸에서 위계적으로 내려오는 지시 사항이 현장의 기자에게 전달되어 이행되는 과정에 대한 연구, 에디터와 기자의 관계에 대한 연구, 뉴스룸 내 여러 부서들의 협력과 갈등에 대한 연구, 타 언론사와 기사 경쟁에 대한 연구를 제안해 본다. 이런 주제들에는 사례 연구가 적합할 수 있다. 이 가운데 편집국장에 대한 연구는 가장 최근에 한 편이 나왔는데, 이충재와 김정기(2015)는 10개 종합일간지의 전·현직 편집국장 14명을 인터뷰하여 그들의 난처한 상황을 다음과 같이 요약했다. "편집국장이 신문제작의 가장 큰 권한을 갖고 신문을 제대로 만드는 게 중요하다고 판단하면서도 경영을 위한 편집권 침해는 불가피하고 받아들일 수밖에 없다는 이중적인 태도는 경영진과 기자 사이에 끼여서 오락가락해야 하는 편집국장이라는 직위의 한계성에서 기인"(184쪽)한다고 볼 수 있다.

이 장의 마지막에 다룬 통제에 대한 연구도 필요하다. 특히 최근의 YTN 사태나 MBC 사태는 극소수의 매체에서만 보도되었을 뿐이지 학계는 물론이고 사회적으로 쟁점화되지 않았다. 학계가 언제나 언론계의 현안에 시의적으로 따라갈 필요는 없지만 그렇다고 별일 없는 것처럼 손 놓고 있어서도 안 된다. 특히 지금처럼 누군가 아무 말도 하지 않을 때 학계의 역할은 더욱 중요하다. 학술적인 기여도 측면에서 보더라도 이런 단발적인 사례 연구가, 수많은 샘플을 수집하여 보편성을 파악하는 연구보다 더 많을 것을 알려 줄 수 있다.

---

1) 몇몇 논문에 편집회의를 부분적으로 다루어 놓았는데 편집회의 자체만 연구 대상으로 삼아서 집중적으로 분석해 볼 필요가 있다.

추천 논문

김원용·이동훈 (2004). 신문의 보도 프레임 형성과 뉴스 제작 과정에 대한 연구. 〈한국언론학보〉, 48권 4호, 351-380.

남재일 (2006). 1987년 민주화 이후 취재관행에 나타난 정권-언론 관계 변화: 청와대 출입기자의 경우. 〈한국언론학보〉, 50권 4호, 95-124.

남효윤·구교태 (2004). 지역신문의 지방정부 보도자료 이용에 관한 연구: 신문사 규모를 중심으로. 〈한국언론정보학보〉, 25호, 41-64.

배정근 (2010). 광고가 신문보도에 미치는 영향에 관한 연구: 그 유형과 요인을 중심으로. 〈한국언론학보〉, 54권 6호, 103-128.

송용회 (2006). 한국 유력 일간지와 정치적 행위자 간 역학관계에 대한 연구: 2004년 국가보안법 논쟁분석을 통한 취재원 연구 및 1, 2차 규정자론에 대한 비판적 검토. 〈언론과 사회〉, 14권 1호, 43-78.

윤영철·홍성구 (1996). 지역사회 권력구조와 뉴스 만들기: 지역언론의 뉴스틀 형성과정에 관한 참여관찰 연구. 〈언론과 사회〉, 11권, 90-122.

이재경 (2006). 한·미 신문의 대통령 취재관행 비교: 조선일보와 뉴욕타임스. 〈언론과 사회〉, 14권 4호, 37-69.

이종혁 (2014). 뉴스 일탈성(deviance)의 방향과 유형이 기사 선택에 미치는 영향: 부정성(negativity)과 규범성(normativity)을 중심으로. 〈한국언론학보〉, 58권 2호, 88-110.

조철래 (2006). 지역신문의 선거보도와 게이트키핑 과정에 관한 연구: 갠즈(Gans)의 다원주의적 접근을 중심으로. 〈한국언론학보〉, 50권 4호, 381-410.

차재영·이영남 (2005). 한·미 언론의 노근리사건 보도 비교 연구: 취재원 사용의 차이와 그 요인을 중심으로. 〈한국언론정보학보〉, 30호, 239-273.

참고문헌

강명구 (1991). 국회출입기자의 취재보도관행의 문제. 〈저널리즘 비평〉, 6호, 30-41.

강명구·김낙호·김학재·이성민 (2007). 애국적 열망과 숭고한 과학: 진실추구를 억압한 저널리즘. 〈한국언론학보〉, 51권 1호, 59-90.

고영철 (2010). 한·미의 지역일간지 1면 기사의 다양성 요인 비교분석: 뉴스 주제 및 취재원 유형을 중심으로. 〈언론과학연구〉, 10권 1호, 5-49.

김관규·송의호 (2004). 국내 주요 출입처 기자실 유형에 관한 탐색적 연구. 〈한국방송학보〉, 18권 1호, 38-75.

김광우·백선기 (2012). 제주도지사 선거TV뉴스의 의제형성과 내부 의사결정 구조: 제주지역 방송관계자에 대한 심층 인터뷰 분석을 중심으로. 〈한국방송학보〉, 26권 2호, 7-45.

김사승 (2003). 인터넷이 신문저널리즘에 미친 영향에 대한 기자들의 인식연구: 신문저널리즘의 취재보도활동 차원에서. 〈한국언론학보〉, 47권 1호, 56-80.

김사승 (2009). 편집국 간부의 통신기사 활용에 관한 인식 분석. 〈한국언론학보〉, 53권 4호, 276-298.

김연식 (2014). 방송 저널리스트의 방송 통제요인 인식 변화 연구: 2008년과 2013년의 비교를 중심으로. 〈한국언론학보〉, 58권 1호, 283-305.

김원용·이동훈 (2004). 신문의 보도 프레임 형성과 뉴스 제작 과정에 대한 연구. 〈한국언론학보〉, 48권 4호, 351-380.

남재일 (2006). 1987년 민주화 이후 취재관행에 나타난 정권-언론 관계 변화: 청와대 출입기자의 경우. 〈한국언론학보〉, 50권 4호, 95-124.

남재일 (2008). 한국 객관주의 관행의 문화적 특수성: 경찰기자 취재관행의 구조적 성격. 〈언론과학연구〉, 8권 3호, 233-270.

남효윤 (2005). 언론의 보도자료 이용에 관한 연구: 지역신문의 재무상태, 규모에 따른 차이를 중심으로. 〈한국언론학보〉, 49권 6호, 233-256.

남효윤·구교태 (2004). 지역신문의 지방정부 보도자료 이용에 관한 연구: 신문사 규모를 중심으로. 〈한국언론정보학보〉, 25호, 41-64.

박인규 (2010). 구조적 통제하의 저널리즘: KBS 시사프로그램의 변화를 중심으로. 〈한국방송학보〉, 24권 6호, 209-245.

박재영 (2005). 공정성의 실천적 의미: 문화일보 2002년 대선(大選)보도의 경우. 〈한국언론학보〉, 49권 2호, 167-195.

박재영·전형준 (2006). 독자 중심의 신문 제작과 독자의 실제 열독률. 〈한국언론정보학보〉, 35호, 211-249.

배정근 (2010). 광고가 신문보도에 미치는 영향에 관한 연구: 그 유형과 요인을 중심으로. 〈한국언론학보〉, 54권 6호, 103-128.

백영민·윤석민 (2005). 지상파 방송사 내 부서별 하위문화의 차이: MBC를 대상으로. 〈한국언론학보〉, 49권 3호, 129-152.

설진아·남궁강 (2007). 〈6자 회담〉에 관한 텔레비전 외교 뉴스의 정보원 분석. 〈한국방송학보〉, 21권 4호, 69-100.

송용회 (2006). 한국 유력 일간지와 정치적 행위자 간 역학관계에 대한 연구: 2004년 국가보안법 논쟁분석을 통한 취재원 연구 및 1, 2차 규정자론에 대한 비판적 검토. 〈언론과 사회〉, 14권 1호, 43-78.

송의호·이상식 (2007). 참여정부의 출입처 제도의 변화가 취재 관행에 미친 영향에 관한 연구. 〈한국언론정보학보〉, 40호, 114-149.

오대영 (2013). 한국신문의 아시아와 서구에 대한 보도양상의 차이와 이유 연구: 뉴스주제, 보도량, 보도태도, 미디어 정보원을 중심으로. 〈한국언론정보학보〉, 61호, 74-97.

윤영철·홍성구 (1996). 지역사회 권력구조와 뉴스 만들기: 지역언론의 뉴스틀 형성과정에 관한 참여관찰 연구. 〈언론과 사회〉, 11권, 90-122.

이건호·고흥석 (2009). 취재원 활용을 통해 살펴본 한국 신문의 보도시각 고찰: 미국 쇠고기 수입 관련 기사에 나타난 취재원 신뢰도와 유인가(Valence) 분석을 중심으로. 〈한국언론학보〉, 53권 3호, 347-369.

이봉현 (2012). 뉴미디어 환경과 언론인 직업 규범의 변화: 리영희 언론정신을 통한 탐색연구. 〈한국언론정보학보〉, 59호, 31-49.

이재경 (2006). 한·미 신문의 대통령 취재관행 비교: 조선일보와 뉴욕타임스. 〈언론과 사회〉, 14권 4호, 37-69.

이종혁 (2014). 뉴스 일탈성(deviance)의 방향과 유형이 기사 선택에 미치는 영향: 부정성(negativity)과 규범성(normativity)을 중심으로. 〈한국언론학보〉, 58권 2호, 88-110.

이종혁·길우영·강성민·최윤정 (2013). 다매체 환경에서의 뉴스 가치 판단 기준에 대한 종합적 구조적 접근: '뉴스 가치 구조모델' 도출. 〈한국방송학보〉, 27권 1호, 167-212.

이창현 (2004). 텔레비전 뉴스 아이템의 채널 간 중복률과 정보채널 및 내용적 특성. 〈한국언론학보〉, 48권 1호, 189-206.

이창현·손승혜 (1999). 뉴스 아이템의 특성에 따른 TV 뉴스의 중요도 차이. 〈한국언론학보〉, 44권 1호, 412-440.

이충재·김정기 (2015). 종합일간지 편집국장의 편집권에 대한 인식 연구: 10개 일간지 전·현직 편집국장을 대상으로. 〈한국언론학보〉, 59권 6호, 165-186.

임영호·이현주 (2001). 신문기사에 나타난 정보원의 권력 분포: 1949~1999년 〈동아일보〉 기사의 내용분석. 〈언론과학연구〉, 1권 1호, 300-330.

임현수·이준웅 (2011). 보도자료 기사화 과정에서의 영향요인에 관한 연구: 정부 보도자료에 대한 조선일보, 한겨레 기사 분석을 중심으로. 〈한국언론학보〉, 55권 2호, 5-31.

정재민 (2009). 경쟁가치모형에 따른 신문산업의 조직문화 연구: 편집국과 비편집국 종사자의 인식 차이. 〈한국언론학보〉, 53권 4호, 72-93.

조철래 (2006). 지역신문의 선거보도와 게이트키핑 과정에 관한 연구: 갠즈(Gans)의 다원주의적 접근을 중심으로. 〈한국언론학보〉, 50권 4호, 381-410.

차재영·이영남 (2005). 한·미 언론의 노근리사건 보도 비교 연구: 취재원 사용의 차이와 그 요인을 중심으로. 〈한국언론정보학보〉, 30호, 239-273.

Shoemaker, P. J., & Reese, S. D. (2014). *Mediating the message in the 21st century: A media sociology perspective* (3rd ed.). New York, NY: Routledge.

4장

뉴스와 정치경제적 압력

이종명 · 박성호

::

들어가며

방송사의 아침 편집회의. 전날 나간 뉴스에 대해 보도국장과 부장들이 품평을 한다. 어떤 뉴스는 기사를 너무 어렵게 써서 이해가 가지 않았다든지, 어떤 뉴스는 생생한 화면을 포착해 놓고도 부서 간 소통에 문제가 생겨 뉴스에 사용하지 못했다든지, 어떤 뉴스는 한쪽 입장에 치우쳐서 균형이 맞지 않았다든지, 어떤 컴퓨터 그래픽은 범행 상황을 너무 적나라하게 표현해 피해자 가족들에게 고통을 줄 수 있다든지 등의 다양한 논의가 오간다. 이 정도면 뉴스에 대한 토론은 충분할까?

같은 날 오후 방송사 노동조합이 펴낸 모니터 보고서의 차원은 사뭇 다르다. 재벌 기업의 휴대전화에서 심각한 결함이 발견됐다는 단독 취재 결과가 방송 직전에 빠졌다고 지적한다. 그 이전에 재벌 기업의 임원으로부터 보도국 간부에게 전화가 걸려 온 사실을 확인하고, 기사가 누락된 배경에 광고주의 압력이 있지 않았냐고 의심한다. 야당 의원의 막말을 비판하는 뉴스는 이틀 연속 다루면서, 대통령의 선거 공약 파기를 비판하는 기사는 단 한 줄도 보도하지 않은 것을 두고 권력 눈치 보기가 아니냐고 따진다.

앞에서 든 상황이 한날 한때 이뤄진 것처럼 표현한 것은 가공이지만, 내용은 모두 실제로 있었던 일들이다. 두 가지 상황은 저널리즘을 논하는 차원이 결코 간단하지 않음을 보여 준다. 개별 뉴스의 완성도를 높이는 것은 언제나 중요하지만, 뉴스가 만들어지는 구조와 맥락을 완전히 분리해 놓고 말한다면, 그것은 나무만 보고 숲은 보지 않는 셈이 된다. 그래서 저널리즘 연구의 차원은 중층적이다. 이 책의 2장에서 행위 주체(기자)를, 3장에서 메커니즘(관행)을 보았는데, 이를 미시(微視) 저널리즘이라고 부른다면, 이 장에서 다룰 영역은 거시(巨視) 저널리즘이라고 할 수 있을 것이다. 뉴스에 영향을 미치는 국가권력, 자본권력, 이데올로기에 주목하기 때문이다.

저널리즘 연구는 거시적 영역으로 눈길을 돌림으로써 정치와 경제, 이념의 맥락 속에 저널리즘을 위치시키고, 사회과학으로서 비로소 자리매김하게 된다. 권력과 이데올로기에 대한 분석은 이미 커뮤니케이션 연구의 대안적 전통인 비판 커뮤니케이션 연구에서 마르크시즘을 토대로 한 정치경제학적 접근을 통해 활발하게 이뤄졌고, 문화연구에서도 핵심 주제로 부각됐다.

이 장은 슈메이커와 리즈(Shoemaker & Reese, 2014)가 뉴스에 영향을 끼치는 요인으로 그린 동심원 구조의 가장 바깥쪽에 관한 것들이다. 따라서 기자, 뉴스룸 관행, 조직을 넘어서 사회제도와 사회체제와 관련된 '큰 그림'을 그린다. 그렇다고 거대 담론의 이론적 측면에 국한하지는 않을 것이다. 전개방식은 이렇다. 국가권력, 광고주의 영향력, 이데올로기 요인이라는 외곽에서 논의를 시작하되, 각 요인들이 기자와 뉴스룸에 어떤 영향을 미쳤는지 동심원의 내부로 다시 좁혀 들어간다. 이론적 논의에서 출발해 실증적 연구에 도달하는 방식이다.

1. 국가

국가의 직접적 개입

뉴스에 영향을 미치는 정치적 요인은 정치권력과 정부를 뜻하며, 이는 국가라는 틀로 파악된다. 1990년대 초 〈언론정보연구〉에 기고한 사회학자 김해식(1992)의 논문은 많은 언론학자들의 후속 연구에서 국가의 언론 통제를 논의할 때 기본적으로 인용된 일종의 출발점이다. 그는 국가를 "언론의 성장 및 성격 변화과정에서 가장 결정적인 영향력을 행사한 요인"(23쪽)으로 규정하고, 국가가 언론에 개입하는 방식을 다섯 가지로 구분했다. 여기에는 통제구조의 단순화, 상시적 감시감독, 정보유통의 통제, 이탈에 대한 예방·처벌 장치, 경제적 제제·지원이 해당된다. 이를 5·16 쿠데타 직후부터 노태우 정부에 걸쳐 정리하면 다음과 같다(25-48쪽 참조).

- 통제구조의 단순화: 5·16 세력은 쿠데타에 성공하자 사이비 언론인과 언론기관을 정화한다는 명분으로 전국 916개의 신문·통신 매체 가운데 82개만 남기고 등록을 취소했다. 언론사 수를 대폭 줄여 통제를 쉽게 하려는 것이었다. 박정희 정권은 1972년 유신헌법 선포를 전후해서 15개 신문을 통폐합했다. 전두환 정권은 1980년 대대적인 언론통폐합을 통해 언제든 언론사가 사라질 수 있음을 보여 주며 언론 구도를 단순화했다. 이 과정에서 언론인 1,900여 명이 일시에 해직됐다.
- 상시적 감시감독: 5·16 쿠데타 세력은 언론정책을 수행하는 공보부를 신설하고, 국론 통일과 언론의 계도를 목표로 삼는다고 공개 천명할 정도로 언

론을 쿠데타의 정당화에 동원하려 했다. 박정희 정권은 1971년 프레스카드제를 실시해 기자의 자격을 심사·허가하는 등 전형적인 파시즘 체제의 통제방식을 활용했다. 5공화국 정권은 언론기본법을 제정하고 통제를 체계화했다. 이때 설립된 기관이 방송위원회, 방송심의위원회, 언론중재위원회 등이다.

- 정보유통 통제: 박정희 대통령의 3공화국(1963~1972)은 정보기관 기관원들을 언론사에 출입·상주시키며 기사가 나오기 이전에 사전 검열체제를 구축했다. 기사 작성 여부와 기사의 크기까지 지정했고, 유신 이후에는 언론사에 협조의뢰라는 형식으로 지침을 하달했다. 5공화국 정권은 문공부와 안기부를 통해 보도지침을 언론사에 보내 취재 방향을 지시했다. 또 언론통폐합으로 정부가 인사권을 좌우하는 연합통신[1] 단일 체제를 만들어, 연합통신의 기사 서비스를 받는 전국 언론사에 대한 정보 흐름을 통제했다.
- 이탈 예방·처벌 장치: 5·16 쿠데타 직후 군사정권 당국은 반공법과 집시법으로 언론 규제의 틀을 마련했다. 유신체제에서는 헌법을 비롯해 계엄법, 형법, 국가보안법 등의 통제 장치를 추가했고, 사전 검열과 보도 금지, 외신기사 삭제 등 14개항을 담은 긴급조치 9호를 발동했다. 5공화국은 문공부 장관이 언론사의 등록을 취소할 수 있도록 했다. 6공화국은 이 법을 폐지했지만 정기간행물 등록법에 유사한 내용을 존치시켰다.
- 경제적 제재·지원: 3공화국은 신문용지의 관세 인하, 윤전기 구입 등에 대한 차관 지원, 은행 대부금의 금리 인하 등 경제적 특혜를 제공해 언론을 포섭했다. 5공화국은 언론의 독과점 체제를 조성하고, 카르텔을 통한 집중 구조를 허용했다. 매출이 늘어난 신문사들은 출판사, 호텔, 광고회사 등 다각

1) 오늘날의 연합뉴스이다.

경영이 가능해졌다. 언론인들에게는 생활자금·주택자금의 융자와 세금 감면, 자녀 학자금 등의 특혜를 제공했다.

이와 같은 언론에 대한 파시즘적 국가 개입은 두 차원에서 분할 통치의 형식을 띠었다. 우선 언론계를 분할 통치했다. 비판적 성향인 〈경향신문〉은 은행채무를 문제 삼아 강제로 공매 처분하는 등 보복조치를 통해 여당지로 돌려놓았고, 〈조선일보〉에 대해서는 일본 차관을 코리아나호텔의 건립자금으로 제공함으로써 우군으로 만들었다. 또한 언론 사주와 언론인도 분할 통치했다. 국가가 언론기업육성정책을 통해 세제와 금융상의 특혜를 주면서 기자의 샐러리맨화가 촉진됐고, 이는 국가 대 언론의 갈등구조를 사주 대 기자의 갈등구조로 전환함으로써 굳이 국가가 직접 개입하지 않아도 간접 통제하는 방식이었다[2](김해식, 1992).

요약하면, 유신에서 신군부에 이르는 권위주의 체제에서 국가의 언론 지배는 "강력한 규제와 강력한 보상이 결합된 양면적 통제 정책에 의하여 달성되었으며, 그 결과는 국가와 언론의 도구적 유착으로 나타났다"(박승관·장경섭, 2000, 89쪽). 국가는 강압과 통제를 통해 언론을 준국가기구로 만들었고, 언론은 그에 대한 보상으로 산업화와 카르텔화를 통한 자본축적 등 경제적 반대급부를 챙겼다는 것이다. 언론인에 대해서도 마찬가지였다. 기자들을 일상적으로 감시해 비판적인 언론인들에 대해서는 테러와 연행, 구속 등의 물리적 탄압을 가했지만(남시욱, 1997), 국회의원 공천이나 정부부처의 대변인 자리를 제공하는 등의 회유책을 써서 언론인들의 권력지향성을 심화시켰다(박용규, 2014).

그런데 국가의 언론통제 기조는 군사정권에서 확립된 것은 아니다. 이미 이

2) 실제로 사주들의 모임인 한국신문협회는 1972년 박정희의 10월 유신을 환영하는 성명을 냈다.

승만 정부는 정부 수립 두 달 만인 1948년 9월 7개 항의 기사 게재 금지항목을 발표하고, 전시가 아닌데도 군 관련 보도에 대한 사전 검열을 실시했다. 미국식 민주주의가 아니면 모두 공산주의로 간주해, 언론정책의 초점을 반공 이데올로기의 강화와 좌익 축출에 맞췄다. 한국전쟁 기간에는 언론에 대한 규제와 법률들이 추가됐고, 정권 말기인 1959년에는 독재 권력에 대항한 〈경향신문〉을 폐간하는 극단적 조치를 취했다(김영희, 2012).

국가의 비공식적 통제

1987년 6월 항쟁을 계기로 민주화가 이뤄진 이후, 노태우 정부는 언론에 대한 독소조항을 담고 있던 언론기본법과 언론인을 준공무원 신분화했던 프레스카드제를 폐지했다. 그러나 민주화 이후 국가의 언론통제는 방식만 달라졌을 뿐이었다. "직접통제 방식에서 비공식적 협력과 산업규제 방식으로 바뀌었다"(강명구, 2004, 325쪽). 노태우 정부는 신문의 증면을 허용하고 민영방송 SBS를 허가하는 과정에서 강한 영향력을 발휘했다. 국가가 언론사들의 경쟁에서 게임의 규칙을 정하는 권한을 쥐고 있었기 때문이다.

김영삼 정부에서 언론에 대한 공개적인 사찰과 보도지침은 폐지됐다. 그러나 정인숙(1998)은 〈기자협회보〉, 〈미디어 오늘〉, 〈언론노보〉 등 언론 비평지에 실린 324건의 사례에 대한 내용분석을 통해 문민정부에서 벌어진 비공식적 언론통제의 네 가지 유형을 발견했다. 첫째, 대통령 비서실이나 공보수석, 안기부를 통해 특정 기사의 홍보나 삭제를 요구하는 등의 보도 내용에 대한 영향력 행사가 이뤄졌다. 둘째, 청와대가 방송사의 청와대 출입기자 인선을 좌우할 뿐 아니라 신문사와 뉴스통신사의 인사권에도 부당하게 개입했다. 셋째, 안기부가 언론사에 북한 관련 정보를 제공하면서 선택과 누락을 통해 정보를 통제했다. 넷째, 정부가 기자들에게 촌지나 향응을 여전히 제공했다. 이 연구는 군사정부의 물리적이고 억압적인 통제가 교묘한 통제로 변형됐고 그 결과 기자들의 자기검열을 초래했다고 진단했는데, 국가권력의 지배라는 추상적 문제를 언론 현실의 구체적 현상을 통해 규명했다는 점에서 의의가 있다.

역대 대통령의 언론관리 정책을 분석해 보면, 어느 시기이건 언론 통제의 틀에서 완전히 벗어난 적은 없었다. 최영재(2011)는 이승만, 박정희, 노태우, 김영삼 대통령 모두 언론정책에서 정보기관의 협조를 받았고, 김대중, 노무현, 이명박 대통령 시기에도 "언론사 세무조사, 공영방송 및 관변 언론사 인사 개입, 이념과 정파에 따른 차별적인 매체 지원 정책 등을 통한 청와대의 언론 통제 시스템 자체는 큰 변화가 없었다"(374쪽)고 지적했다. 다만 김대중 대통령은 여소야대의 구도 속에서 임기 후반에는 언론으로부터 집중적인 공세를 받았기 때문에 그다지 언론 통제를 논할 환경은 아니었고, 노무현 대통령 시기에는 "인위적인 언론 통제 조정 능력이 거의 없어, 이른바 '건전한 언론관계'를 구현한 것으로 평가"(364쪽)받았다며 다른 시기와 구분했다. 그러나 보수 신문들은 김대중 정부의 언론사 세무조사와 노무현 정부의 언론정책이 비판 언론에 대한 통제라며 격하게 반발했다.[3)]

이명박 정부에서는 신문에 대한 통제 논란은 잦아들었지만, 방송에 대한 통제가 강력해졌다. 김세은(2012)은 정치권력이 방송사에 "낙하산 인사와 언론인 감찰을 통해 언론을 통제하려" 했고, "정권과의 갈등으로"(316쪽) YTN과 MBC에서 언론인들이 해직됐다며, 이를 후기 권위주의적 성격이라고 진단했다. 정

3) 이와 관련해 강명구(2004)는 "두 정권이 제시한 언론개혁 정책을 약탈적이라고 할 수는 없었다"(327쪽)며 통제로 보지 않았고, 오히려 〈조선일보〉, 〈중앙일보〉, 〈동아일보〉의 대항이 폭력적이었다고 주장했다.

권은 '코드'가 맞는 보수 신문에 대해서는 강한 유인책을 썼다. 신광영(2012)은 집권 여당이 미디어법을 강행 처리해 〈조선일보〉, 〈중앙일보〉, 〈동아일보〉, 〈매일경제〉에 종합편성케이블 채널을 허가한 것은 "국가가 과거와 같이 언론 통제나 억압을 하지 않고도" 보수적인 방송이 "보수 이데올로기를 전파할 수 있도록 미디어 생태계를 근본적으로 바꾸고자"(78쪽) 한 조치였다고 분석했다.

중앙정부만 언론을 통제하려 드는 것은 아니다. 지방정부가 지역언론을 통제하는 방식에서도 비공식적 통제의 다양한 유형이 확인됐다. 비판성 기사가 나오면 자치단체장이 직접 언론사 사주에게 기사의 삭제를 요구하거나, 비판적 성향을 가진 출입기자의 교체를 요구하기도 하며, 지역발전 논리를 동원해 출입기자를 심리적으로 압박하는 사례들이 발견됐다. 이 과정에서 지자체는 언론을 포섭하기 위해 기자들에게 산하 공기업에 취업 기회를 준다든지, 촌지나 골프 모임 등의 향응을 제공하는 것으로 나타났다(윤주성·이오현, 2011). 이런 영향력 행사에서 알아차릴 수 있는 것처럼 실제로 지방자치단체의 통제력은 막강하다. 한선과 이오현(2011)의 연구에서 인터뷰한 어느 공무원이 "과거에는 언론이 갑이고 지방자치단체가 을이었는데 지금은 갑을이 뒤바뀐 상태"(425쪽)라고 증언할 정도였다.

1차 규정자로서의 국가

그렇다면 언론에 대한 국가의 막강한 통제력이 뉴스에도 그대로 나타날까? 대표적 문화연구자인 스튜어트 홀(Stuart Hall) 등(Hall, Critcher, Jefferson, Clarke, & Roberts, 1978, 58-61쪽 참조)의 '1차 규정자'(primary definer) 논의에 비춰 보면 그렇다고 답할 수 있다. 홀은 언론이 제한된 조건하에서 뉴스를 생산해야 하고, 불편부당성, 균형성, 객관성을 추구해야 하는 등의 압박 때문에 일상적이고 신뢰할 만한 기관에 의존한다고 봤다. 그래서 언론은 1차 규정자인 권력층이 만들어 낸 뉴스 의제와 해석적 틀을 재생산한다. 즉 언론은 지배 이데올로기를 재생산하는 '2차 규정자'(secondary definer)로서의 역할을 수행한다는 것이다. 따라서 이 입장은 1차 규정자로서의 국가기구가 뉴스생산 과정에 막강한 영향력을 갖는다고 본다.

이러한 이론적 토대 위에서 김영욱(2006)은 행정수도 이전을 둘러싼 정부 브리핑 문건과 신문의 보도에서 정부가 1차 규정자로서 영향력을 행사하는가를 분석했다. 정부 브리핑의 순위에서 1위였던 '국민적 합의'는 언론 보도에서도 1위로 나타나 언론의 정부 의제에 대한 의존도를 보여 줬다. 언론이 정부 브리핑에 반하는 부정적 기사를 다룬 경우에도 결국에는 정부가 설정한 이슈 테두리를 벗어나지 못한 것으로 나타났다. 이 결과는 언론이 1차 규정자의 이슈 속성을 2차적으로 정의하는 역할을 하고 있음을 뜻한다. 이 밖에도 1949년에서 1999년 사이의 〈동아일보〉에 대한 내용분석 결과, 정부기관 소속 취재원의 비율이 지배적(68.8%)이었으며(임영호·이현주, 2001), 지역신문에서는 규모가 작은 신문사일수록 지방정부의 보도자료 이용률이 높은 것으로 나타나(남효윤·구교태, 2004) 1차 규정자의 영향력을 실증적으로 보여 줬다.

그러나 국가의 의제설정 능력이 늘 결정적인 것은 아니라는 반론도 있다. 한동섭(2000)은 스튜어트 홀의 1차 규정자론을 정면으로 비판했다. 국가가 제공하는 의제가 반드시 언론 의제가 되는 것은 아니라는 것이다. 그는 정부가 제공한 '총체적 난국'이라는 국면 전환용 의제들을 신문이 어떻게 보도했는가를 사설, 해설, 칼럼에 대한 질적 분석을 통해 알아봤다. 〈조선일보〉는 정권의 의도를 그대로 반영해 친정부적인 논조를 보였지만, 〈한겨레〉는 위기의 책임이 정권에 있으며 그런 의제를 설정한 정권의 의도를 비판하며 정부의 해석틀에 대항한 것으로 나타났다. 연구자는 이 차이를 방씨 일가가 주식의 75%를 보유하고 있는 〈조선일보〉와 6만여 명의 국민 주주로 구성된 〈한겨레〉의 경제적 토대의 차이에서 분석했다. 마르크스의 표현으로 말하자면, 상부구조(국가)가 의제설정에 영향을 미치기는 하지만 언론의 물적 토대에 따라 편집 방침은 달라진다는 것이다. 결론적으로 홀이 상부구조에 너무 집착해 하부구조를 무시하는 오류를 범했고, 이는 사적 유물론에 대한 잘못된 해석 탓이라고 비판했다. 해외에서도 홀이 언론의 자율성은 무시하고 언론을 지배엘리트에 종속된 수동적 수단으로만 파악했다는 비판이 적지 않지만(예: Curran, 1989; Schlesinger, 1990), 이 연구는 실증적 근거를 제시한 비판이라는 점에서 독창적이다.

같은 맥락에서 송용회(2006)도 홀 등의 1차 규정자론을 비판하며 언론이 지배엘리트의 의제를 언제나 중요하게, 우호적으로 전달하지는 않는다고 강조했다. 국가보안법 관련 의제에서 〈조선일보〉와 〈한겨레〉에 실린 기사를 분석한 결과, 지배엘리트의 언행이 신문의 편집 방향과 일치하거나 비슷할 경우에는 기사가 주요 면에 배치됐고 긍정적인 분석과 반응이 다뤄졌다. 반대로 지배엘리트의 입장이 신문의 편집 방향과 충돌할 경우에는 주요 면에서 다루기는 하되 "비판적인 정치적 행위자들의 의견을 병렬시켜 논란이나 파문, 갈등의 발표 기획기사 담론으로 구성"하고 "반응기사와 분석기사에서 정치인들이나 학자, 법조계 인사 등의 의견 중 비판적인 의견들을 집중적으로 부각시켜 부정적인 의미 부여"(68쪽)를 했다. 비슷한 발견은 또 있다. 노무현 정부와 이명박 정부 시절에 정부 보도자료가 얼마나 신문에 기사화됐는가를 분석한 연구에서, 〈한겨레〉는 진보에서 보수로 정권이 바뀌자 보도자료 채택률이 43.3%에서 28.1%로 떨어졌고, 부정적 논조가 5.5%에서 29.5%로 늘었다(임현수·이준웅, 2011). 〈조선일보〉는 보도자료 채택률이 31.4%에서 25.2%로 감소폭이 적었고 긍정적 논조가 3%에서 28.2%로 급증했다. 이는 언론사의 이념적 성향에 따른 정부와 언론의 관계의 차이에 따른 것으로 해석된다.

국가-언론 관계

국가의 영향력이 국가와 언론 관계에 따라 달라진다면, 이 부분에 대한 논의를 좀 더 살펴볼 필요가 있다. 박홍원(2001)은 국가-언론 관계에 관한 기존의 연구 흐름을 자유주의적 다원주의와 비판적 관점으로 구분했다. 자유주의적 다원주의 관점은 권력이 사회 내에 다양하게 분산돼 있으며, 언론은 그런 다양한 이해관계를 반영하는 자율적 기관이라고 전제한다. 반면 비판주의적 관점은 권력이 소수의 지배계급에 의해 독점되며 여기에 종속된 언론은 지배 이데올로기를 정당화하는 도구로서 기능한다고 본다. 특히 국가(정부)와 언론의 관계, 정치체계와 언론체계의 관계에 대해서는 독일 언론학의 연구가 이론적 토대를 형성한다. 이를 최경진(2003)은 상호의존, 정치권력 우위, 언론 우위, 상호공생, 상호침투 등 5가지로 정리했다. 상호의존 모델은 정치체계와 언론체계가 서로의 필요에 따라 이용하고 의존하는 관계를 말한다. 정치권력 우위 모델은 정치권력이 언론을 지배해 언론체계가 정치체계에 예속되는 것을 뜻하며, 언론 우위 모델은 언론의 역할이 지나치게 커져 정치의 위상을 위축시키는 것을 뜻한다. 상호공생 모델은 언론과 정치가 서로 타협하며 공존하는 현상이다. 상호침투 모델은 상호의존보다는 적극적이면서 상호 이용하고 대립하는 복잡하고 모순적 관계를 의미한다. 저자는 한국 상황에 이 모델을 적용해 보면, 군부독재의 강압적 시기에는 정치권력 우위 모델이었다가 점차 상호공생 모델로 변화했고, 민주화와 함께 정치와 언론이 대등해지면서 상호침투 모델로 이동하고 있다고 봤다.

상호침투 모델과 관련해서는 최용주(1996, 1998)의 이론적 연구가 두드러진다. 그에 따르면, 상호침투 모델은 여러 관계들이 복합돼 있는 총체적 개념이다. 우선 정치체계와 언론체계는 서로의 필요에 따라 정보를 얻는 상호교환 관계이다. 그러나 근본적으로 임무가 다르기 때문에 대립하는 규범적 적대관계이면서, 동시에 두 체계가 상대의 영역으로 침투하는 실제적 적대관계이다. 침투의 결과, 정치가 언론을 도구화하거나 언론이 정치를 도구화하는 상호포함 관계가 성립된다. 저자는 언론이 더 이상 정치의 하부구조가 아니며 서로 경쟁하고 의존하면서 관계가 복잡해졌기 때문에 단순한 상호의존 관계로 파악할 수 없으며, 이제는 정치와 언론 어느 한쪽이 일방적으로 영향력을 행사할 수 없다는 점에서 상호침투 모델로 이해해야 한다고 제안했다(최용주, 1996). 그는 상호침투의 정도에 따라서 정치와 언론의 권력관계도 달라지는데, 양자의 상호침투가 균등하면서 경쟁적인 유형을 서구 민주주의 국가들로 꼽았고, 상호침투가 균등하면서 협력적인 유형을 일본의 경우로 제시했다(최용주, 1998).

그렇다면 한국 사회의 국가-언론 관계는 어떻게 이해할 수 있을까? 정치학자 최장집(1994)은 '코포라티즘'(corporatism) 개념으로 설명했다. 코포라티즘, 즉 조합주의는 "조직화된 이익을 매개하는 이익대표 체계의 한 형태"(46쪽)를 뜻한다. 그는 국가가 보도지침을 하달하며 언론자유에 제한을 가하는 강제성을 띠었던 군부 권위주의 체제에서의 국가-언론 관계는 '권위주의적 코포라티즘'(authoritarian corporatism)이라고 개념화했다. 1987년 민주화 이후에는 국가의 강압적인 통제와 억압이 사라지는 대신 자유주의적인 시장 논리가 언론 환경을 지배하게 돼 '자유주의적 코포라티즘'(liberal corporatism)으로 변화했다고 구분했다. 그러나 박승관과 장경섭(2000)은 민주화 이전의 국가-언론 관계에 '코포라티즘'을 적용한 최장집의 설명을 비판했다. 권위주의 체제에서는 언론이 국가의 도구로서 위계적 통제와 후견의 대상이었기 때문에 '후견주의'

(clientelism) 또는 '국가 후견주의'가 더 적실성 있는 개념이라고 주장했다. 후견주의는 피후견자가 후견자의 통제에 복종함으로써 보상을 받는 것을 말한다. 최장집이 말한 조합주의로 설명하려면 국가와 언론 사이에 최소한 힘의 균형이 있어야 하는데, 민주화 이전에 언론은 국가의 파트너이기는커녕 일방적으로 국가의 강제적 통제에 끌려다녔다는 것이다. "국가-언론 관계는 일방적인 억압-복종, 지배-피지배 관계였을 뿐 아니라, 양자 간의 연대-담합, 충성-특혜 관계를 매개로 하는 담합적 상호 연대체계로서의 특성을 동시에 가지고 있었다"(박승관·장경섭, 2000, 97쪽).

후견주의는 민주화 이후, 특히 국가와 공영방송의 관계를 설명하는 데에도 설득력을 갖는다. 조항제(2014)는 방송의 경우 민주화 이후에도 후견주의는 완전히 사라지지 않았고, 보수의 재집권 이후 더욱 심해졌다고 평가했다. 정권이 믿을 수 있는 사람, 선거캠프에서 대통령을 도운 '공신'을 '낙하산 사장'으로 내려보냄으로써 정치의 논리가 방송의 영역으로 침투하는 방송의 식민화가 이뤄졌다고 지적했다(64-66쪽 참조). 그 대신 방송은 정권으로부터 재정적·정책적 지원을 받아 내는 후견주의에 머물러 있다는 것이다. 최영재(2014)는 한국의 신문들이 정파성에 따라 갈리면서 정권 입장에서는 공영방송을 자신들의 영향력하에 두려는 욕망이 과거보다 더욱 커졌다고 보고, 다음과 같이 진단했다.

> 이명박 정부 들어 이전의 진보정권 10년 동안 진보적 정파 편향으로 재편된 공영방송과 공영적 방송사[4]의 지배구조와 보도의 방향성을 보수적 정파 편향으로 급전환하기 위한 상대적으로 강력한 정치적 압박과 추진이 있었던 것은 사실이다. 이러한 보수 정권의 공영방송

4) 이 논문에서 공영방송은 KBS, MBC를 뜻하고, 공영적 방송사는 YTN을 지칭한다.

에 대한 정치적 지배력 강화 노력은 박근혜 정부에서도 크게 달라지지 않았다. (최영재, 2014, 495쪽)

기자·뉴스에 미치는 영향

지금까지 살펴본 국가와 언론의 관계, 거기서 작동하는 국가의 통제는 언론 현장에 대한 관찰에서 실질적인 영향력을 드러냈다. 남재일(2006)은 정권과 언론의 관계가 달라짐에 따라 기자들의 취재 관행이 어떻게 변화했는가를 알아보려고, 노태우, 김영삼, 김대중, 노무현 정권에서 청와대를 출입했던 기자 14명을 심층 인터뷰했다. 기자들은 대통령에 대한 비판, 취재 편의, 촌지나 향응, 청와대 출입기자의 지위라는 기준에서 변화를 인식했다. 노태우 정권 때는 청와대가 출입기자를 일방적으로 선정하고 뉴스 소재를 통제하며 언론도 스스로 비판을 금지하기 위해 논조를 조율할 정도로 순응했다. 한 기자는 다음과 같이 증언했다. "기자들이 청와대 입장을 거스르지 않는 범위 내에서 기사를 썼다. 정책 비판을 하는 것은 드물었고, 대통령 개인을 비판하는 일은 없었다"(107쪽). 그러나 노무현 정권 시기에는 정권과 언론의 담합이 근절되고, 김대중 정권까지도 남아 있던 취재원과 출입기자 사이의 사적 채널이 해체됐으며 대통령 개인에 초점을 맞춘 비판이 증가했다. 이 연구에 소개된 또 다른 기자는 인터뷰에서 다음과 같이 증언했다. "예전에 대통령이 잘못하더라도, 측근과 보좌관 등 시스템에 문제가 있다는 식으로 비판했다. 현재는 모든 잘못을 대통령에게 일임하는 경향이 있다"(112쪽). 남재일(2006)은 이에 따라 정권과 언론의 관계는 '정권 일방적 협조관계'(노태우 정권) → '정권 중심적 유착관계'(김영삼 정권) → '갈등적 유착관계'(김대중 정권) → '자율적 긴장관계'(노무현 정권)로 진행돼 왔다고 정리했다(120쪽 참조).

방송은 신문에 비해 훨씬 더 직접적이고 다각도로 국가의 영향을 받는데, 이 역시 실증적 비판에 의해 확인됐다. 김연식(2014)이 지상파 방송기자들이 느끼는 통제 요인을 분석한 결과, 국가의 영향에서 자유롭지 않은 KBS와 MBC의 종사자들의 경우 2008년과 2013년 사이에 정치권력의 통제를 인식하는 정도가 큰 폭으로 상승했다. 최영재(2014)는 공영방송의 정치종속화를 여러 각도로 분석했다. 기자들을 설문조사한 결과, 사장이 바뀌면 보수·진보와 같은 정파적 특성에 따라 보도국 인사가 재편된다는 진술문에 공영방송인 KBS와 MBC 기자들은 5점 만점에 각각 4.45, 4.10점을 기록할 정도로 보도국 내 정파적 분열이 확인됐다.[5] 정치적 종속의 결과 대통령선거 보도에서 교묘한 여당 편향이 나타났고, 대통령 보도에서도 대통령을 제왕적으로 묘사했다는 것이다. 그는 결국 한국의 공영방송은 정치권력에 의해 같은 편을 강요당하는 상황에서, "후견자가 바뀔 때마다 후견자의 이념과 정파로 탈바꿈하고 병행해야 하는 정치적 부랑아 신세가 됐다"(503-504쪽)라고 결론 내렸다.

5) "보수정권 들어서 정치적 종속관계의 심화와 더불어 보도국의 정파적 분열은 정치적 독립을 주장하는 기자의 해고와 구성권 간의 정파적 적대관계의 악화로 인해, 특히 MBC 보도국의 저널리즘 문화는 파탄지경에 이르게 됐다"(최영재, 2014, 504쪽).

2. 자본

경제적 원천: 구조적 영향

언론사는 다른 기업들과 돈을 버는 구조가 좀 다르다. 제조업이나 서비스업 분야 기업들은 만들어 낸 상품의 판매와 서비스를 통해 수입을 얻지만, 언론사는 직접 만든 상품의 수입만으로 생존하지 않는다. 언론사 외부에서 제공받는 경제적 자원이 언론사를 지탱하게 만드는 핵심 수입이며, 그것이 바로 광고 수입이다. 따라서 앞에서 본 국가가 언론의 정보 원천으로서 1차 규정자라면, 자본은 언론사의 경제적 원천이라는 점에서 1차 규정자라고 할 수 있다.

배정근(2012a)은 국내 종합일간지들이 대기업 광고주에 어느 정도로 의존하는지를 역사적으로 파악하기 위해 신문사의 내부 사정이 기록된 사사(社史) 등 1차 자료와 업계의 객관적 현황을 담은 〈한국신문방송연감〉과 〈광고연감〉 등 2차 자료를 분석했다. 1960년대에 이미 광고 수입이 판매 수입과 함께 신문사 재정의 두 축을 이뤘고, 1970년대 들어 광고 수입 비중이 매출의 절반을 넘어섰다. 그는 신문사들이 전체 수입에서 광고 수입이 어느 정도를 차지하는지 공개하지 않기 때문에 정확한 수치를 알 수는 없지만, 각종 비공식 자료를 참고하면 50~60% 선일 것이라고 추산했다. 그러나 신문사의 판매 수입이 판촉 지원비로 지국에 다시 보내지기 때문에 사실상 광고 의존율은 100%라고 해도 무리가 아니라는 추측도 있다고 소개했다. 즉 광고가 없으면 몇몇 신문사는 기업 자체가 휘청거릴 지경이다. 실제로 삼성이 2007년 김용철 변호사의 비자금 폭로 이후 〈한겨레〉에 대한 광고를 중단하자 〈한겨레〉의 매출은 2008년 764억원에서 이듬해 675억원으로 줄었다가, 광고를 재개한 2010년에는 811억원으로 늘었다. 저자는 광고의 영향이 상당했을 것이라고 추정했다.

배정근(2012a)의 분석에 따르면, 1970년대 말부터 대기업 광고주가 신문사 매출에서 차지하는 비중이 커지긴 했지만 1987년 이전까지는 광고주가 영향력을 행사할 수준은 아니었다. 신문사 간의 경쟁은 담합적 시장구조로 인해 제한돼 있었던 반면 광고 물량은 계속 늘고 있었기 때문에, 기업이 광고를 내 달라고 신문사에 부탁해야 하는 상황이었다. 그러나 1987년 이후 광고 자원을 놓고 신문사 간에 무한 경쟁이 심해졌고, 2002년을 기점으로 광고 총량은 감소 추세로 돌아섰다. 그 결과 신문은 대기업 광고주에 일방적으로 의존할 수밖에 없는 구조가 형성됐고, 자본의 영향력은 갈수록 극대화됐다. 그러나 신문은 자본권력에 대한 의존도를 탈피하기 위한 전략을 택하지 않았다. "대기업 광고주에 호감을 사서 광고를 수주하려는 순응 전략에 몰두"(배정근, 2012a, 289쪽)하는 쪽을 택했다.

매출은 줄고 광고를 따내기 위한 경쟁이 치열해지면서 언론사는 점차 이윤에 집착하게 됐다. 이러한 경향은 신문 기업의 상업주의로 나타났고, '시장 지향적 저널리즘'(market-driven journalism)이라는 현상을 놓고 토론이 벌어졌다. 이를 비판적으로 보는 쪽에서는 이윤 극대화를 추구하는 언론사의 목표가 자사 이기주의와 물량 경쟁을 촉발하고, 저널리즘의 질을 훼손할 수 있다고 지적했다(이상기, 2011). 장하용(2011)은 시장 지향적 저널리즘이 실제로 어떻게 나타나고 있는가를 알아보기 위해 KBS, MBC 뉴스와 〈서울신문〉, 〈경향신문〉, 〈동아일보〉, 〈한겨레〉, 〈세계일보〉, 〈국민일보〉, 〈한국일보〉, 〈조선일보〉 등 8개 일간지의 기사와 각 언론사의 매출액·당기순이익을 분석했다. 그의 연구에 따르면, 경영 상태가 좋지 않은 언론사일수록 다른 매체와 동일한 기사와 주제를 더 많이 싣고, 연성 주제를 다루는 정도가 높았다. 즉 매체 간에 상업적 경쟁이 심해지면서 정보의 의미와 가치, 배경을 설명하는 안내적 저널리즘

(orientating journalism)의 역할을 제대로 수행하지 못했다는 것이다. 그러나 박재영과 전형준(2006)은 시장 지향적 저널리즘에 대한 비판론과 달리 실제 경험적 연구에서는 공과가 엇갈린다고 지적했다. 기자들의 인식에서도 마찬가지였다. 경제·산업부, 문화부, 사회부 등 기자 12명을 상대로 심층 인터뷰한 결과, 진보 신문 기자들은 다소 부정적이었지만, 전반적으로는 독자들이 필요로 하는 것을 충실하게 전해 주려는 노력으로 인식하는 경향이 발견됐다(정동우, 2010).

광고주의 통제

조직이 생존에 필수적인 자원을 외부에 의존하면, 자원의 공급자로부터 통제를 받을 수밖에 없다(Peffer & Salancik, 1978). 광고 수입이 언론사의 존립을 결정짓는 기반이기 때문에 광고를 많이 하는 기업일수록 언론에 대한 통제력은 커진다(Shoemaker & Reese, 2014). 광고주의 영향력은 과거에도 있었지만 최근에 점점 더 강해져서 언론계는 전례 없는 국면을 맞았다. 배정근(2010)은 기자들과 광고주 기업의 임원들을 인터뷰해 다음과 같은 사실을 발견했다.

> 과거에는 기사를 줄여 주거나 표현을 바꿔 달라는 요구에 그쳤으나 지금은 기사를 통째로 빼 달라는 청탁을 드러내 놓고 하는 상황이다. (C부국장)
> 대기업은 부정적 기사를 빼 달라는 요구를 주로 하지만, 중견·중소기업들은 홍보성 기사를 내 달라는 부탁이 절대적으로 많다. (N기자)
> 광고주가 가장 예민하게 반응하는 기사는 오너 관련이다. 그리고 기

업의 범법 사실이나 노사관계, 타사와 이해관계가 대립되는 기사의 경우에도 강한 압력을 가해 온다. (D부국장) (배정근, 2010, 116쪽)

기자들의 인터뷰에서 나온 것처럼, 광고주의 입김이 거세져 노골적으로 기사를 삭제하라는 강압적 태도가 나타났다. 특히 그러한 압력이 과거에는 광고국을 통해 우회적으로 전달됐지만 이제는 편집국 간부나 기자에게 직접적으로 전해진다는 것이다(배정근, 2010). 김승수(2014)는 우리나라 광고시장의 가장 큰 비중을 차지하는 삼성의 영향력에 주목했다. 삼성은 앞서 언급한 〈한겨레〉에 대한 광고 중단 사례에서 보듯, 자신들에게 호의적이거나 영향력 있는 매체에 대해서는 광고비를 집중적으로 제공하지만, 비판적 매체에 대해서는 광고를 억제하는 식으로 언론에 대한 통제력을 행사한다고 주장했다. 특히 광고비를 많이 쓰는 것에 그치지 않고, 인적 네트워크를 통한 홍보 관리에도 막강하다고 지적했다. 이를 테면, 삼성은 MBC, SBS, 〈동아일보〉, 〈조선일보〉, 〈한겨레〉 등 언론계 출신 기자들을 홍보 업무에 배치해 정보 통제력을 행사한다는 것이다.

그러나 신문사의 생존 경쟁이 갈수록 절박해지면서 이제는 광고를 따내기 위한 신문사의 자발적인 내적 통제가 광고주의 직접적인 압력 이상으로 심각해졌다. 신문사는 기사를 광고 마케팅의 도구로 활용하거나 광고 수주에 편집국을 동원하고 있다. 그 양상은 광고성 특집과 협찬 기사라는 두 가지 형태로 나타난다(배정근, 2010). 신문사들이 광고 마케팅 수단으로 활용해 왔던 광고성 특집은 원래 특집 섹션의 주제를 잡은 다음에 거기에 맞는 광고주를 찾아서 광고를 유치하는 방식이었다. 그러나 지금은 주객이 전도돼 광고를 게재하겠다는 기업이 있으면 그 기업에 맞춰 섹션을 제작한다. 한 기자의 말은 더욱 충격적이다. "광고 특집은 부서마다 매달 할당돼 있다. 광고와 무관한 부서의 경우 광고 유치성 기사를 기획한다"(배정근, 2010, 117쪽). 협찬 기사도 과거에는 기사를 위해 기업에서 취재비 지원 등의 협찬을 받는 방식이었지만, 지금은 협찬 자체를 위해 기사를 만드는 식으로 본말이 전도됐다. 대개 그런 기사는 친기업적인 주제를 다루거나 기업 활동을 우호적으로 보도한다. 지역신문의 사정도 다르지 않다. 규모가 작을수록 광고주의 압력이 절대적인 영향을 미치는데, 기자들은 광고 수주를 목적으로 하는 "광고 기획 기사"(남효윤, 2006, 136쪽)를 발굴해야 했다. 조철래(2006)는 광고주의 영향력은 과거의 정치권력 이상으로 강해졌다고 주장했다. 편집과 경영을 분리한다는 신문 기업의 전통적 관행은 사라졌다고 볼 수 있다. 저널리즘이 광고에 종속된 것이다.

광고 종속화와 저널리즘

재벌이라는 강력한 경제권력이 광고를 중단하겠다고 하면 언론사에는 큰 위협일 수밖에 없다. 거의 모든 언론사는 그 위협에 취약하다. 그런 언론사에서는 광고주에 부정적인 기사를 억제하는 대신 호의적인 기사를 더 많이 싣게 된다. 언론이 호의적 보도를 하면 기업은 광고를 제공하는 식의 교환이 벌어지는 현상을 '프로모셔널 저널리즘'(promotional journalism)이라고 한다. 최인호, 주혜연, 이지연, 김준홍, 그리고 박재영(2011)은 호의보도를 5가지로 분류했다. 첫째, 시의성도 없는데 특정 기업을 긍정적으로 다룬 '기획기사', 둘째, '임원 인터뷰 기사', 셋째, '신제품 및 신기술 소개 기사', 넷째, 보도자료에 의존한 '실적 기사', 다섯째, 행사나 수상 등을 사진과 함께 다룬 '이벤트 기사' 등이다. 이 기준에 따라 1997년 외환위기 직후부터 2009년까지 신문사별로 호의보도량과 광고량의 상관관계를 분석했다. 그 결과, 〈조선일보〉와 〈매일경제〉 등 보수적이고 친기업적인 신문에서는 호의보도량과 광고량이 정적인 상관관계를 보였지만, 재벌 대기업에 비판적인 〈경향신문〉에서는 상관관계가 약했고 그마저도 통계적으로 유의미하지 않았다. 즉 보수적인 친기업 신문에서는 프로모셔널 저널리즘이 확인됐다. 저자들은 신문사 입장에서는 단기적으로는 이득일 수 있겠지만, 장기적으로는 신문에 대한 독자들의 외면을 불러올 것이라고 우려했다. 같은 분석 방법으로 방송뉴스를 대상으로 한 연구(김병철, 2013)에서도 프로모셔널 저널리즘의 관행이 부분적으로 확인됐다. 민영방송인 SBS는 호의보도량과 대기업의 텔레비전 광고비 사이에 정방향의 상관관계가 있었다. 그러나 공영방송인 KBS와 MBC에서는 통계적 유의성이 확인되지 않았다. 지역신문에서도 광고를 많이 하는 조직일수록 보도자료를 기사화하는 양이 많은 것으로 나타났다(송병원·이명천·김요한, 2014).

이충재와 김정기(2015)는 종합일간지 전현직 편집국장들을 상대로 광고주의 압력으로 인한 편집권 침해에 대해 물었다. 편집국장들은 신문사의 경영적 측면을 고려하면 어느 정도 불가피하다고 인식했다. 그럼에도 신문이 어려울수록 저널리즘 가치의 본령을 되찾아야 한다고 강조했다. 한 국장은 "신문이 어렵다고 광고와 경영의 논리에 매몰돼서는 안 된다"라고 했고, 다른 국장은 "신문이 침체되면서 저널리즘의 가치가 너무 많이 퇴색됐다. 최소한 편집국만이라도 정신을 차리고 독립성과 자율성을 찾아야 한다"(182쪽)라고 했다. 비슷한 진술은 〈경향신문〉, 〈동아일보〉, 〈서울신문〉, 〈조선일보〉, 〈중앙일보〉, 〈한겨레〉, 〈한국일보〉 등 종합일간지 경제·산업부 기자 107명을 대상으로 설문조사한 연구(배정근, 2012b)에서도 발견된다. 재정이 어려운 신문사의 기자들도 편집과 광고를 연계하는 것은 저널리즘 원칙상 수용될 수 없다는 인식을 드러냈다. 따라서 저자는 "광고가 미치는 부정적 영향을 차단하기 위해서는 기자를 비롯한 신문사 내부 구성원의 노력이 매우 긴요하다"(392쪽)라고 강조했다. 〈경향신문〉과 〈한겨레〉에서는 대기업 광고주의 영향으로 기사가 제대로 보도되지 못할 가능성이 있을 경우, 기자들이나 노조 차원에서 문제 제기를 하는 내부 문화가 형성돼 있다는 점을 거론했다. 따라서 신문사의 경영난으로 위축된 내부의 공정보도 감시운동이 부활해야 하며, 학계와 시민단체도 동참해야 한다고 제안했다.

3. 이데올로기

이데올로기는 여러 학자들과 여러 학문 분야에서 다양한 개념으로 쓰인다. 여기서는 문화연구의 권위자인 윌리엄스(Williams, 1977)의 정의를 따라, 이데올로기라는 용어를 '의미와 가치, 신념, 세계관 등으로 추상화될 수 있는 공식적이며 분명한 체계'라는 뜻으로 사용한다. 한국 언론에 영향을 미치는 가장 근원적인 관점으로서 내재돼 있는 이데올로기는 무엇이며, 그것들이 언론 보도에서 어떻게 재현되는가를 살펴본다.

집단 이데올로기: 국가주의, 애국주의, 민족주의

한국 언론의 뉴스 담론에서는 유독 국가주의적 관점이 두드러진다. 여기서 국가주의란 "세상을 이해하고 설명하는 지식 생산에서 국가를 현대 사회의 가장 자연스럽고 중요한 정치적 형식으로 인식하고, 국가 단위를 사회 개념과 동일시하는 태도"(양은경, 2014, 211쪽)를 말한다. 국가주의의 맹점은 인류 보편의 차원에서 바라봐야 할 문제를 영토라는 인위적 경계선으로 구획 짓는다는 점이다. 일본 후쿠시마 원전 사고에 대한 KBS 뉴스를 분석한 결과, 기자의 언어에서 '우리 바다', '우리 해역' 등 영토의 구분을 강조하고, 그래픽에서도 한국은 녹색, 일본은 붉은색으로 영토 단위로 나눠 '안전한 한국'과 '위험한 일본'의 대비를 이뤘다(양은경, 2014). 뉴스의 초점도 방사능이 한국 영토로 침범하는가에 맞춰졌고, 국내 유입을 막는 정부의 대응이 큰 비중을 가졌다. 이 연구는 영토적 국가주의가 방사능 오염과 같은 전 지구적 위험에 대한 인식과 대처를 방해하는 편협한 담론임을 지적했다. 언론의 국가주의 '렌즈'는 일본 역사교과서 왜곡사건에 대한 보도에서도 나타났다(이동후, 2003). 〈조선일보〉, 〈중앙일보〉, 〈동아일보〉에 대한 담론분석 결과, 국내 신문들은 일본의 역사 인식에 대한 부정적인 집합 기억을 상기시키며 반일 정서를 유도하는 도식적 태도를 보이면서도, 일본의 배타적 역사 인식에 반대하는 한일 시민단체들의 평화·인권주의·여성주의 운동의 맥락과 같은 탈국가적 노력에는 주목하지 않았다. 더구나 국정교과서 제도와 국가 중심적 사관에 대한 성찰은커녕 일본의 국수주의 역사교육에 대항하기 위해 국가주의 역사교육의 강화를 강조하는 모순을 드러냈다.

한국 언론의 국가주의는 특히 '애국', '국익' 앞에서 눈이 멀었다. 강명구, 김낙호, 김학재, 그리고 이성민(2007)은 황우석 사태 당시 상당한 증거 자료를 갖고 있었음에도 줄기세포의 진위와 실험자료 조작 가능성을 유일하게 제기한 MBC PD수첩의 진실 규명 노력을 왜 대다수 한국 저널리즘이 억압했는가라는 질문을 던졌고, 그 답을 '국익'에서 찾았다. 이들은 〈중앙일보〉, 〈조선일보〉, 〈한겨레〉, 〈국민일보〉의 기사와 사설에 나타난 담론의 흐름을 분석했다. 그 결과 대다수 언론이 황 박사의 연구가 한국의 과학기술 수준을 세계적으로 알리고 민족적 자긍심을 높여 줄 것이며 천문학적인 경제 효과도 낳을 것이라는 애국적 열망에 휩싸여 진실을 파악하려는 의욕을 상실했다고 주장했다. 그래서 당시의 기사에서 "국익은 일종의 절대선으로 묘사되었고, 모든 반론 행위가 사회적 발전에 부당하게 어긋나는 행위로 포장될 수 있었다"(78쪽). 이는 국가는 늘 성장을 향해 내달리며, '잘 살아 보세'로 함축되는 고도성장에서 배태된 '발전주의 망탈리테'(mentalities)의 결과라는 것이다.

그렇다고 한국 언론의 국가 담론이 모든 경우에 일치하는 것은 아니다. 이선민과 이상길(2015)은 세월호 침몰 사고에 대한 의견기사에 대한 비판적 담론분석(critical discourse analysis) 결과, 보수와 진보 신문이 상상하는 국가에 큰 차이가 있음을 발견했다. 〈조선일보〉는 세월호 참사를 지배세력의 위기가 아닌 국가의 위기로 설정하고, 선진국으로 발전하기 위해 의식과 관행의 후진성을 극복해야 한다고 강조했다. "발전주의와 국가주의 담론이 신자유주의와 기묘하게 결합"(60쪽)한 것이다. 〈한겨레〉는 사건을 정부의 구조 실패로 규정하고, "신자유주의 국가의 무능과 무책임을 비판하는 대항담론을 형성했다"(60쪽).

한국 언론에서는 배타적 민족주의도 쉽게 발견된다. 독도 문제와 같은 민족감정과 관련한 이슈를 다룰 때는 천편일률적으로 민족주의 도식에 충실했다. 하은빈과 이건호(2012)는 민족주의 담론의 다양한 프레임이 시대에 따라 어떻게 변화해 왔는가를 분석했다. 〈조선일보〉, 〈중앙일보〉, 〈동아일보〉, 〈한겨레〉, 〈경향신문〉 등 5개 신문의 보도를 내용분석한 결과 민족의 숭고함과 주체성을 강조하는 '저항적 민족주의'에서는 이미 탈피했고, 근대화와 성장을 강조하는 '발전론적 민족주의' 담론이 가장 지배적이었다. 1980년대 이후 촉발된 민주화와 세계화를 추구하는 '열린 민족주의' 프레임이 그다음으로 많았지만, 더 넓은 세계와 소통하는 '보편적 민족주의' 프레임에 이르지는 못했다. 한국 특유의 민족주의적 정서는 유교적 규범과 결합해 언론이 사용하는 언어에서 독특한 흔적을 남겼다. 정연구(1994)는 텍스트 분석을 통해 신문 사설에 등장하는 '우리'라는 표현의 이데올로기적 기원을 탐구했다. 해외 언론이 자기 나라를 '미국', '영국'으로 객체화하지만 한국 신문은 '우리나라'라고 쓴다. '우리'는 필자와 독자를 함께 묶는 표현이기도 하면서 때로는 언론사가 자신을 '우리'로 표현하기도 한다. 연구자는 집단주의적 성향이 담긴 '우리 회사', '우리나라', '우리 사회'라는 표현을 쓰지 말라고 촉구했다. " '우리'로부터 '나'를 구속하는 억압적 동의의 생산이 아니라 '나'로부터 '우리'로 해방되어 가는 이해와 합의 창출"(294쪽)이 필요하기 때문이다.

보수·진보, 좌우 이데올로기

한국 언론은 보수와 진보, 좌파와 우파, 자유민주주의와 사회주의라는 이념에 따라 담론 투쟁을 전개하는 양상을 보였다. 여기서 담론은 "특정한 방향으로 사물을 인지하게 하거나 정당화하는 이데올로기로 작용"하거나 "다양한 세력 관계를 변화시키는 사회적 '힘'으로 작용"하기 때문에 특정 집단에 의한 "권력의 산물이며 또한 그 권력을 재생산하는 역할을 한다"(김왕배, 2009, 79쪽). 한국 언론의 이념담론을 분석한 정재철(2002)의 연구에 따르면, 〈조선일보〉는 '보수'에 '자유민주주의', '국가안보 수호'라는 의미를 접합했고 '진보'에는 '반미', '친북', '좌파', '과격'이라는 의미를 접합했다. 반면, 〈한겨레〉는 '진보'에 '색깔론의 희생물'이라는 의미를, '보수'에는 '기득권 수호', '수구 세력'이라는 의미를 접합해 유통시켰다. 좌파와 우파에 대해서도 두 신문은 각기 다른 의미를 접합했다. 이는 홀의 접합(articulation)이론에서 설명된 것처럼, 한국 언론이 이데올로기적 용어들을 다른 위치에 접합시켜 이데올로기적 효과를 창출했음을 보여 준다. 이 연구는 〈조선일보〉가 유통하는 보수의 의미가 반공 이데올로기와 접합돼 지배담론을 형성하고 있는데, 이러한 담론 구성체가 사회의 다원적 가치를 위협하며 억압적이고 불평등한 질서를 정당화하는 문제점을 낳았다고 주장했다. 정재철(2001)은 좌우 이데올로기가 언론개혁 담론에서도 드러났다며 〈조선일보〉와 〈한겨레〉에 대한 담론분석 결과를 제시했다. 〈조선일보〉는 김대중 정부의 언론사 세무조사 발표 이후 언론의 민주화를 주장하는 쪽을 '좌파 세력'으로 공격하며, 언론개혁 이슈의 본질은 좌우 이념 대립이라고 사설, 칼럼, 기사를 통해 주장했다는 것이다. 이로써 "냉전적인 반공 이데올로기가 부활되는 극우적 법질서를 실현하는 메커니즘으로 기능했다"(141쪽).

그렇다면 3개 대형 신문인 〈동아일보〉, 〈조선일보〉, 〈중앙일보〉는 어느 분야에서 얼마나 보수적일까, 또는 진보적일까? 김세은(2010)이 세 신문의 사설을 분석한 바에 따르면, 반공 이데올로기 차원에서는 〈동아일보〉가 압도적으로 보수적이었다. 〈조선일보〉는 안보, 군사, 북한, 친일 문제에서는 대단히 보수적이었지만, 이명박 대통령, 한나라당, 보수 세력에 비판적이었고 소외 계층에 대한 배려도 강조했다. 〈중앙일보〉는 정치적 보수성은 약했지만 경제적으로는 보수 성향이 강했다. 그러나 '반공'과 '친미 의식'은 전적으로 보수 신문들만의 문제라고는 할 수 없다. 차재영과 이영남(2005)은 한국전쟁 당시 양민 학살지인 노근리 관련 보도에서 한국 언론이 '친미'와 '반공'이라는 이데올로기에 제약을 받았다고 밝혔다. 그런 이데올로기들이 자아 검열 기제로 작용했고 그 결과 미국 언론보다도 소극적인 보도 태도를 취했다는 것이다. 다음은 〈오마이뉴스〉 오연호 대표가 AP의 노근리 보도와 관련해서 〈관훈저널〉에 썼던 기고문 중 일부를 차재영과 이영남이 자기 논문에 인용한 대목이다.

> 그동안 우리 언론은 국가의 이익과 사실이 충돌할 때 사실을 양보하는 경향이 있었다… 그러한 관성에 젖은 언론인들에게는 노근리가 달갑지 않은 이슈일 수 있다. 노근리 때문에 한·미 우호관계가 상처받을 수 있다는, 노근리를 북한이 활용할 수도 있다는 생각 때문에 AP를 마지못해 따라가되, 어정쩡한 자세를 취하고 있다. (차재영·이

영남, 2005, 267쪽)

나가며

국가, 자본, 이데올로기에 관한 연구들은 거시적 차원에서 기자와 뉴스를 이해할 수 있는 밑그림을 제공했다. 그 밑그림이 언론 현상에 대한 심미안을 갖게 하지만, 한편으로 언론은 오로지 국가에 의해 지배당하고, 자본에 의해 통제되며, 이데올로기에 의해 조종된다는 비관적 인상을 준다. 그도 그럴 것이 압도적 다수의 연구들이 언론에 가해지는 외부의 통제에 초점을 맞췄고, 그 과정에서 언론은 통제의 영향을 받는 종속변인처럼 설정돼 있다. 그러나 언론을 둘러싼 여러 관계들은 반드시 일방향적이지는 않다. 국가–언론 관계는 이미 상호침투의 단계가 논의될 정도로 언론의 힘도 무시할 수 없다(언론의 권력화에 대해서는 이 책 10장에서 별도로 다룬다). 자본의 영향력도 강력하지만 그것만으로 모든 것을 설명하려는 것은 전체론적이고 결정론적일 수 있다. 거시적 요인들과 상호작용하는 개체들, 즉 기자와 뉴스룸의 판단과 저항, 욕망 등도 함께 살펴야 '그림'이 완성된다. 어떤 분야든 바람직한 이해의 방식은 숲과 나무를 모두 보는 것일 텐데, 이 장은 상대적으로 '나무'에 집중된 관심을 '숲'으로 끌고 나오려는 의도에서 기획됐다. '숲'만 보라는 것은 아니다.

지금까지 살펴본 연구들을 토대로 더욱 활발한 연구가 필요해 보이는 몇 가지를 덧붙이고자 한다. 우선, 국가–언론 관계가 취재 관행에 미친 영향을 분석한 것처럼, 거시적 맥락을 언론 현장에 접목시킨 연구들이 더 필요해 보인다. 또 스튜어트 홀 비판에서 보듯, 이론적 자원으로 수입한 저널리즘 영역 바깥의 해외 이론을 비판적으로 검토하는 연구들이 더 나올 필요가 있다. 신자유주의 이데올로기가 기자들의 인식과 뉴스 가치 판단에 어느 정도 침투했는지를 파악해 볼 만하다. 그런 시도는 아직 없었다. 무엇보다 자본권력의 통제에 대한 연구가 더 필요하다. 정치권력의 통제 연구에 비하면 대단히 부족하다. 광고주 연구만 보더라도 특정 연구자를 제외하고는 관심 갖는 학자가 보이지 않는다.

자본권력에 대한 관심은 한국 언론의 오늘을 설명할 수 있는 출발점이다. 이 책의 필자 가운데 한 사람은 최근 대기업들을 담당하는 1년차 기자로부터 대기업 광고주의 전화 한 통으로 자신의 기획기사 일부가 삭제된 과정을 전해 들었다. 기사에 삽입된 인터뷰의 한 대목이 그 기업의 눈에 거슬렸다고 한다. 그 햇병아리 기자는 이렇게 말했다. "정권의 임기는 5년이지만, 자본의 임기는 따로 없습니다. 무한하죠."

추천 논문

강명구 (2004). 한국 언론의 구조변동과 언론전쟁. 〈한국언론학보〉, 48권 5호, 319-348.

강명구·김낙호·김학재·이성민 (2007). 애국적 열망과 숭고한 과학. 〈한국언론학보〉, 51권 1호, 59-90.

김세은 (2012). 해직 언론인에 대한 생애사적 접근 연구. 〈한국언론학보〉, 56권 3호, 292-319.

김해식 (1992). 언론에 대한 국가개입의 구조 및 그 전개과정. 〈언론정보연구〉, 29권, 23-53.

박승관·장경섭 (2000). 한국의 정치변동과 언론권력. 〈한국방송학보〉, 14권 3호, 81-113.

배정근 (2010). 광고가 신문보도에 미치는 영향에 관한 연구. 〈한국언론학보〉, 54권 6호, 103-128.

배정근 (2012a). 국내 종합일간지와 대기업 광고주의 의존관계 형성과 변화과정. 〈한국언론학보〉, 56권 4호, 265-292.

정인숙 (1998). 김영삼 정부에서의 언론의 자유도와 비공식적 통제. 〈한국언론학보〉, 42권 4호, 57-99.

정재철 (2002). 한국언론과 이념담론. 〈한국언론학보〉, 46권 4호, 314-348.

최인호·주혜연·이지연·김준홍·박재영 (2011). 신문의 대기업 호의보도와 광고의 상관관계. 〈한국언론학보〉, 55권 3호, 248-270.

참고문헌

강명구 (2004). 한국 언론의 구조변동과 언론전쟁. 〈한국언론학보〉, 48권 5호, 319-348.

강명구·김낙호·김학재·이성민 (2007). 애국적 열망과 숭고한 과학. 〈한국언론학보〉, 51권 1호, 59-90.

김병철 (2013). 방송 광고주의 광고가 방송보도에 미치는 영향에 관한 연구. 〈한국방송학보〉, 27권 2호, 44-75.

김세은 (2010). 한국 보수신문의 유사성과 차별성. 〈미디어, 젠더 & 문화〉, 15호, 37-78.

김세은 (2012). 해직 언론인에 대한 생애사적 접근 연구. 〈한국언론학보〉, 56권 3호, 292-319.

김승수 (2014). 삼성자본주의와 정보통제에 관한 시론. 〈커뮤니케이션 이론〉, 10권 4호, 151-183.

김연식 (2014). 방송 저널리스트의 전문직주의 인식에 관한 탐색적 연구. 〈언론과학연구〉, 14권 2호, 5-30.

김영욱 (2006). 뉴스 속성의 정부소스 의존 정도. 〈한국언론정보학보〉, 32호, 76-111.

김영희 (2012). 한국전쟁기 이승만정부의 언론정책과 언론의 대응. 〈한국언론학보〉, 56권 6호, 366-390.

김왕배 (2009). 양극화와 담론의 정치: 정부와 신문미디어의 보도를 중심으로. 〈언론과 사회〉, 17권 3호, 78-115.

김해식 (1992). 언론에 대한 국가개입의 구조 및 그 전개과정. 〈언론정보연구〉, 29권, 23-53.

남시욱 (1997). 〈체험적 기자론〉. 서울: 나남.

남재일 (2006). 1987년 민주화 이후 취재관행에 나타난 정권-언론 관계 변화. 〈한국언론학보〉, 50권 4호, 95-124.

남효윤 (2006). 언론보도와 통제 요인에 관한 연구. 〈언론과학연구〉, 6권 1호, 115-146.

남효윤·구교태 (2004). 지역신문의 지방정부 보도자료 이용에 관한 연구. 〈한국언론정보학보〉, 25호, 41-64.

박승관·장경섭 (2000). 한국의 정치변동과 언론권력. 〈한국방송학보〉, 14권 3호, 81-113.

박용규 (2014). 박정희 정권 시기 언론인의 직업적 정체성의 변화. 〈언론정보연구〉, 51권 2호, 34-76.

박재영·전형준 (2006). 독자 중심의 신문 제작과 독자의 실제 열독률. 〈한국언론정보학보〉, 35호, 211-249.

박홍원 (2001). 언론-국가 관계 연구에 대한 비판적 고찰. 〈언론과 사회〉, 9권 3호, 40-72.

배정근 (2010). 광고가 신문보도에 미치는 영향에 관한 연구. 〈한국언론학보〉, 54권 6호, 103-128.

배정근 (2012a). 국내 종합일간지와 대기업 광고주의 의존관계 형성과 변화과정. 〈한국언론학보〉, 56권 4호, 265-292.

배정근 (2012b). 대기업 광고주가 자사 신문기사에 미치는 영향에 대한 기자 인식 연구. 〈한국언론학보〉, 56권 5호, 373-396.

송병원·이명천·김요한 (2014). 지역신문의 보도자료 이용과 기사 작성 과정에 영향을 미치는 요인. 〈언론과학연구〉, 14권 4호, 146-188.

송용회 (2006). 한국 유력 일간지와 정치적 행위자 간 역학관계에 대한 연구-2004 년 국가보안법 논쟁분석을 통한 취재원 연구 및 1, 2차 규정자론에 대한 비판적 검토. 〈언론과 사회〉, 14권 1호, 43-78.

신광영 (2012). 한국의 민주화, 시장화와 언론노조운동. 〈한국언론정보학보〉, 57호, 69-83.
양은경 (2014). 글로벌 위험 보도와 국가주의: 후쿠시마 원전사고에 대한 KBS 〈뉴스 9〉의 담론분석. 〈한국방송학보〉, 28권 1호, 206-244.
윤주성·이오현 (2011). 지방정부의 지역언론 통제방식에 관한 연구. 〈한국언론학보〉, 55권 4호, 358-381.
이동후 (2003). 국가주의 집합기억의 재생산. 〈언론과 사회〉, 11권 2호, 72-110.
이상기 (2011). 언론의 상업주의화에 대한 비판적 고찰. 〈한국언론정보학보〉, 56호, 26-47.
이선민·이상길 (2015). 세월호, 국가, 미디어: 〈조선일보〉와 〈한겨레〉의 세월호 의견기사에 나타난 '국가담론' 분석. 〈언론과 사회〉, 23권 4호, 5-66.
이충재·김정기 (2015). 종합일간지 편집국장의 편집권에 대한 인식 연구. 〈한국언론학보〉, 59권 6호, 165-186.
임영호·이현주 (2001). 신문기사에 나타난 정보원의 권력 분포. 〈언론과학연구〉, 1권 1호, 300-330.
임현수·이준웅 (2011). 보도자료 기사화 과정에서의 영향요인에 관한 연구. 〈한국언론학보〉, 55권 2호, 5-31.
장하용 (2011). 매체 간 경쟁의 심화에 따른 안내적 저널리즘의 약화. 〈한국언론정보학보〉, 56호, 48-70.
정동우 (2010). 시장지향적 저널리즘에 대한 기자들의 수용태도. 〈한국언론정보학보〉, 49호, 81-98.
정연구 (1994). 한국 신문사설의 대안적 글쓰기 연구: 필자와 독자의 「거리」를 중심으로. 〈한국언론학보〉, 32호, 249-299.
정인숙 (1998). 김영삼 정부에서의 언론의 자유도와 비공식적 통제. 〈한국언론학보〉, 42권 4호, 57-99.
정재철 (2001). 언론개혁에 관련된 담론 분석. 〈한국언론정보학보〉, 17호, 112-144.
정재철 (2002). 한국언론과 이념담론. 〈한국언론학보〉, 46권 4호, 314-348.
조철래 (2006). 지역신문의 선거보도와 게이트키핑 과정에 관한 연구. 〈한국언론학보〉, 50권 4호, 381-410.
조항제 (2014). 한국의 민주화와 언론의 자유·언론학에 대한 비판적 성찰. 〈커뮤니케이션 이론〉, 10권 2호, 41-76.
차재영·이영남 (2005). 한·미 언론의 노근리사건 보도 비교 연구. 〈한국언론정보학보〉, 30호, 239-273.
최경진 (2003). 한국의 정부와 언론의 갈등적 관계에 관한 일 고찰. 〈언론과학연구〉, 3권 3호, 95-132.
최영재 (2011). 대통령 커뮤니케이션과 대통령 보도. 〈언론과학연구〉, 11권 3호, 349-380.
최영재 (2014). 공영방송 보도국의 정파적 분열. 〈커뮤니케이션 이론〉, 10권 4호, 476-510.
최용주 (1996). 정치 커뮤니케이션 과정에서의 언론과 정치의 상호침투. 〈언론과 사회〉, 11권, 6-33.
최용주 (1998). 정치와 미디어의 권력관계에 관한 이론적 연구. 〈한국언론학보〉, 42권 3호, 209-239.
최인호·주혜연·이지연·김준홍·박재영 (2011). 신문의 대기업 호의보도와 광고의 상관관계. 〈한국언론학보〉, 55권 3호, 248-270.
최장집 (1994). 한국 민주주의와 언론. 〈언론과 사회〉, 5권, 40-64.
하은빈·이건호 (2012). G20 관련 뉴스에 투영된 한국 민족주의 프레임 연구. 〈한국언론학보〉, 56권 6호, 75-100.
한동섭 (2000). '일차규정자'의 결정력과 미디어 경제의 상관관계에 관한 연구. 〈한국언론학보〉, 44권 2

호, 215-245.
한선·이오현 (2011). 지역신문 장의 작동원리에 대한 비판적 연구. 〈한국언론학보〉, 55권 6호, 410-435.

Curran, J. (1989). Culturalist perspectives of news organizations: A reappraisal and a case study. In M. Ferguson (Ed.), *Public communication: The new imperatives*. Newbury Park, CA: Sage.
Hall, S., Critcher, C., Jefferson, T., Clarke, J., & Roberts, B. (1978). *Policing the crisis: Mugging, the state and law and order*. London: Macmillan.
Pfeffer, J., & Salancik, G. R. (1978). *The external control of organizations*. New York, NY: Harper & Row.
Schlesinger, P. (1990). Rethinking the sociology of journalism: Source strategies and the limits of media-centrism. In M. Ferguson (Ed.), *Public communication: The new imperatives* (pp. 61-83). Newbury Park, CA: Sage.
Shoemaker, P. J., & Reese, S. D. (2014). *Mediating the message in the 21st century: A media sociology perspective* (3rd ed.). New York, NY: Routledge.
Williams, R. (1977). *Marxism and literature*. Oxford: Oxford University Press.

5장

뉴스 분석

김지은·송유라·조명아·조유정·한성은·안수찬

::

들어가며

저널리즘 연구의 핵심은 구체적인 뉴스에 주목하여 그 특성을 밝혀내고 이로부터 언론 일반에 대한 개념과 이론을 발견해 내는 것이다. 그런 점에서 뉴스 분석은 저널리즘 연구의 십자로에 해당한다. 뉴스 생산자, 뉴스 조직, 뉴스 환경, 뉴스 수용자 등에 대한 연구의 대부분은 뉴스라는 텍스트를 분석하는 것과 직간접적으로 연결돼 있다.

뉴스 분석 가운데 상당수는 기사 프레임을 분석하는 데 중점을 둔다. 이준웅(2009)은 뉴스 프레임 연구의 두 축을 프레임 구성 과정에 대한 연구와 그 프레임이 수용자에 미치는 효과에 대한 연구로 구분했는데, 이중에서도 전자, 즉 '특정 기사의 프레임은 무엇이고 어떻게 구성됐는지'에 대한 연구는 뉴스 분석과 관련이 깊다. 이 가운데 뉴스에 내장된 생산자의 의도, 가치, 기준 등을 들여다보는 저널리즘 원칙에 대한 연구는 6장 '저널리즘 원칙'에서 살펴보기로 하고, 여기서는 주제별 뉴스의 특성에 중점을 둔 연구를 주로 살펴보기로 한다.

1. 정치 뉴스

정파성

한국 언론은 자신의 이념성을 기사에 관철시키기 위해 고위관리를 비롯한 취재원을 선택적으로 활용한다(김경희·노기영, 2011). 즉 자신의 이념성을 뉴스를 통해 확산시키려고 특정 정당 또는 정치세력을 취재원으로 활용하는 것이다. 예컨대 지방선거 기사의 제목을 분석한 이준웅, 양승목, 김규찬, 그리고 송현주(2007)의 연구를 보면, 한국 신문들은 특정 정파의 입장을 일방적으로 전달하는 직접 인용구를 기사 전체를 대표하는 제목에 빈번하게 사용할 뿐만 아니라 심지어 실명이 아닌 익명 정보원의 이야기를 제목에 활용하면서 편파성 비판을 교묘히 피해 간다. 즉 자신들의 입장이 아닌 취재원의 입장이라는 형식을 갖추지만, 실제로는 자신들의 입맛에 맞는 인용문을 기사 제목에까지 노출한다는 것이다.

이런 관행이 한국 언론에서 두드러지는 이유에 대한 실마리를 박대민(2014)의 연구가 제공한다. 복잡계 연구의 방법론을 빌려 신문·방송·인터넷 등 20개 매체의 6개월간 기사를 분석한 결과, 매체와 상관없이 특정한 소수의 인물을 집중적으로 인용하고 있다는 점이 드러났다. 손쉽게 접촉할 수 있고 의도한 인용이 가능한 이들을 중심으로 인터뷰하는 한국 기자들의 취재 관행이 취재원 편향의 한 원인이라고 추론할 수 있는 것이다.

이는 정파성 문제와 밀접한 관련이 있다. 호의적 대상을 취재하고 인용하여 자신의 입장을 내세우는 보도, 즉 정파적 보도가 취재원 편향에서 비롯하기 때문이다. 보수 언론과 보수 정당, 진보개혁 언론과 진보개혁 정당은 주요 이슈에서 '길항' 또는 '병행' 관계를 형성한다는 연구들이 있다(김영욱, 2011; 손경수·윤영철, 2013). 여기에 한국의 독특한 지역주의의 요소가 혼융되어 지역언론의 정파성도 고착화됐고, 중앙언론 역시 정파적 지역주의를 부추겼다(강상현, 1992; 문종대·한동섭, 1999; 윤석민·김희진·윤상길·문태준, 2004).

그 결과, 한국 언론은 정파성의 가치로 정치 뉴스를 선택하고 보도한다. 대통령의 선거 개입(송은지·이건호, 2014), 대통령 친인척 비리(고영신, 2007), 정치인의 추문 폭로(김정아·채백, 2008), 국가보안법 논란(송용회, 2007) 등에서 집권세력과의 친소 관계 또는 이념 성향에 따라 정파적으로 보도한다는 연구들이 많다.

그 흐름은 쉽게 바뀌지 않는다. 백선기(1997)는 한국의 신문이 가십 보도의 양식을 빌려 특정 정치세력을 어떻게 공격하여 자신의 당파성을 드러내는지 분석했다. 제법 오랜 시간이 흘렀지만 그 양상은 별로 변하지 않았다. 박지영, 김예란, 그리고 손병우(2014)는 한국의 종편 방송이 시사토크쇼라는 양식을 빌려 특정 진영 논리를 어떻게 확산시키는지 분석했다. 흥미와 재미를 부추기는 기사 또는 프로그램에서도 한국 언론은 끊임없이 정파성을 확대 재생산하고 있다는 것이다.

이러한 한국 언론의 정파성은 역사적 사실을 선택적으로 배제, 왜곡, 확대하는 것으로 이어지고(주재원, 2015), 전문가를 취재원으로 활용할 경우에도 매체의 이념에 걸맞은 이들을 선별적으로 사용하면서(박기수, 2011; 이건호·고홍석, 2009) 같은 대상을 분석하는 데 있어서도 언론사의 이념적·정치적 입장에 따라 서로 다른 정치적 수사를 구사하는 것으로 귀결되고 있다(방희경·유수미, 2015). 이러한 정파적 태도는 본격 정치 분야뿐만 아니라 정부의 재벌정책(김동률, 2009), 사회 양극화(김왕배, 2009), 의료복지 정책(손승혜·이귀옥·이수연, 2014), 교육정책(강진숙, 2006) 등 여러 정책 분야에 대한 보도에서도 그대로 드러나고, 심지어 일반 사회면 기사의 주제 선정에도 영향을 미쳤다(정일권, 2010).

이런 상황이 진실 보도에 어떤 영향을 주는지는 '무보도' 개념을 적용한 김수정과 정연구(2010, 2011)의 논문에서 잘 드러난다. 이들은 정파성 등에 대한 기존 연구가 기사를 통해 드러난 이슈를 분석하는 데 그쳤다고 지적하면서, 언론이 특정 이슈를 아예 다루지 않는 무보도 현상을 분석했다. 〈경향신문〉, 〈동아일보〉, 〈조선일보〉, 〈중앙일보〉, 〈한겨레〉 등 5개 일간지와 KBS, MBC, SBS 등 3개 방송이 국정원 및 기무사의 민간인 사찰 사건을 어떻게 보도했는지 분석한 이 연구를 보면, 〈경향신문〉과 〈한겨레〉만 두 사건 모두 처음부터 일관되게 보도를 지속했을 뿐 나머지 언론사들은 사건 자체를 거의 보도하지 않았고, MBC가 경미하게 일부 보도한 것으로 나타났다.

> 다른 기사에 밀려 보도가 안 되었다고 보기에는 관련 사실의 추가 공개가 공인이나 공적기관에 의해 연속해서 일어난 사안이었고, 보도를 하지 않는 매체의 [무]보도도 상당히 장기간 이뤄지는 편이었다. 어떤 언론사라도 보도자료를 충분히 수집할 수 있는 상황이었다. 인지가 안 되어서라기보다 의도적으로 사건을 묵살한 경우라 하지 않을 수 없는 내용이었다. 사건의 성격도 시기적으로 동일한 시기에 다른 중요 보도 사안으로 인해 무보도가 될 수 있었다거나, 우연히 편집에서 밀릴 수 있는 내용이 아니었다. 국민의 정당한 관심사가 될 수 있는 의미 있는 내용이었다. 국가기관의 민간 사찰은 사회적으로나 정치적으로나 국민의 기본권 침해에 해당하기 때문에 권력 감시를 본령으로 하는 자유주의 이론체제하의 언론매체라면 반드시 보도해야 하는 내용이다. (김수정·정연구, 2011, 23-24쪽)

즉 한국 언론은 정파적 입장에 입각하여 의미 있는 정치적 사건이라 할지라도 의도적으로 보도하지 않는다는 점이 드러난 것이다. 이렇듯 언론의 정파적 경향에 의해 국민의 정당한 관심사조차도 일부러 보도에서 배제하면 어떤 일이 일어날까.

> [특정 이슈를] 보도하지 않은 매체의 수용자와 보도한 매체의 수용자가 여러 공론장에서 만나 토론할 경우 [중략] 서로의 진실성에 대한 불신이 깊어지게 되어 믿지 못할 사람으로 생각하는 경향이 짙어질 수 있는 것으로 분석되었다. [중략] 정파적 입장에 입각하여 정당한 국민적 관심사를 정견이 다른 매체가 지속적으로 보도함에도 불구하고 의도적으로 배제하는 무보도 현상이 지속되거나 확대되면 한국 사회의 이념 갈등은 점차 심각한 양상으로 전개될 가능성을 키우게 된다. (김수정·정연구, 2011, 24쪽)

선거

민주주의 사회에서 언론의 핵심 기능 가운데 하나가 선거보도다. 국민의 적극적인 정치 참여를 이끌어내야 할 사회적 임무를 부여받은 것이 언론이고(이효성, 1992), 정당과 후보자들의 선거캠페인 활동의 성패, 그리고 유권자들의 투표 참여와 지지 후보 선택 등에 있어서 미디어 의존도가 높아지고 있기 때문이다(권혁남, 2014).

그러나 한국 선거보도는 승패와 선두 다툼에 치중하는 경마중계식 보도, 후보자 중심의 인물보도, 정치적 공방이나 선거전략에 초점을 두는 갈등·대결 보도, 충분한 검증을 거치지 않은 추정 보도, 특정 정당이나 후보를 편드는 편파 보도, 중요 의제를 외면하는 축소·무보도, 사소한 이벤트나 에피소드를 부각하는 선정·가십 보도 등의 문제를 드러내고 있다는 연구들이 많다(예: 구교태, 2008; 권혁남, 1991; 김동률, 2005; 김영욱, 2011; 김춘식, 2002; 백선기, 1992b, 1993a, 1996; 양승찬, 1998, 2007; 이준웅·양승목·김규찬·송현주, 2007).

이러한 선거보도에 대한 연구는 1990년대에 본격적으로 나타났다(송종길·박상호, 2007). 군사정권 시절에는 절차적 민주주의가 정착되지 않았기 때문에 선거 자체가 비정상적이었고, 정권의 영향력하에 있었던 언론의 선거보도 역시 기형적이었다. 대통령 직선제 개헌 이후에 치러진 1987년 대선에서도 한국의 언론은 일반적으로 기대할 수 있는 역할과 기능을 하지 못한 채 편파 보도와 왜곡 보도로 일관했다(백선기, 1992b). 즉 1980년대까지의 선거보도는 정권의 압력과 같은 가외변인의 영향을 너무 많이 받았다는 점에서 학자들에게 의미 있는 연구의 대상이 아니었다.

이후 등장한 1990년대의 선거보도 연구는 규범적인 논의가 주를 이루었다. 민주화 추세에도 불구하고 선거보도가 갈등 보도, 추문 보도, 피상적 보도, 부정적 보도, 가십 보도, 경마 보도, 편파 보도에 머물고 있다는 지적들이 나왔다(권혁남, 1991; 백선기, 1992b). 바람직한 선거보도의 원칙으로는 진실성, 공정성, 유용성, 독립성 등이 제시되었다(이효성, 1992).

1990년대 중반부터는 선거 행태에 변화가 발생했고, 그에 따라 연구 경향도 바뀌었다. 대규모 군중 동원 유세는 사라지고 여론조사가 선거의 주요 변수로 등장했다. 언론은 여론조사를 뉴스 생산에 자주 활용했지만, 이 역시 후보들 간의 선두 다툼을 부각하는 경마식 보도나 전장식 보도에 활용했다. 제3자 효과 가설과 침묵의 나선이론 등 매스미디어 효과이론이 한국 언론의 여론조사 보도에도 적용되는 것인지 검증한 양승찬(1998)의 연구를 보면, 자신의 정치적 의견을 어떻게 표명할 것인지 고민하는 유권자들에게 미디어를 통한 여론조사는 비교적 강력한 영향을 끼친다는 점이 확인됐다.

언론이 여론조사 보도를 본격화한 초창기에 이뤄진 권혁남(1991)의 연구를 보면, 조사 정확성의 부족, 시간과 지면의 부족, 여론조사에 대한 기자들의 이해 부족 등이 문제로 지적됐다. 그런데 이런 문제는 시간이 지나도 그다지 개선되지 않은 것으로 보인다.

황용석과 이창현(2000)은 언론사들의 선거시기 여론조사 항목을 분석했는데, 단편적 이슈를 중심으로 단순 지지도 조사에 치우친 항목을 주로 조사한 뒤, 이를 곧바로 경마식 보도에 활용하고 있음을 발견했다. 김경모, 김시현, 그리고 송현진(2010)은 언론사의 이런 행태가 단순히 질문 항목의 문제에 그치지 않고 방법론적 오류가 있는 여론조사를 벌이고도 이를 그대로 불공정·갈등 보도에 활용한다는 점을 발견했다.

하승태(2006)의 연구는 2002년 대통령선거에서 시계열자료의 분석을 통해 여론조사 보도가 후속적인 선거 후보들에 대한 보도의 기준으로 작용하고 있음을 발견했다. 즉 여론조사 보도에 기초한 승자 중심의 뉴스 서사구조는 보도의 양적, 질적인 측면에 영향을 미치며, 더 나아가 유권자의 정치적 판단에도 영향을 미치게 된다는 것이다. 후속 연구(하승태, 2008)에서는 후보의 지지율이 오를수록 후보에 대한 육성 인용과 보도사진 수가 증가했다는 점도 밝혔다.

정일권, 장병희, 그리고 남상현(2014)은 종합편성채널 등장 이후 처음 치러진 대선인 18대 대선 여론조사 보도와 관련해 지상파와 종편채널을 비교 분석했다. 연구 결과, 지상파나 종편이나 여론조사 결과 분석을 통해 유권자의 요구를 전달하지도 않았고, 이를 후보자의 공약과 비교 분석하지도 않는 등 유권자와 후보자 사이의 정치적 매개를 위해 여론조사를 활용하는 경우가 매우 적었다. 여기에 더해 종편은 이러한 경마식 여론조사 보도를 지상파보다 더 빈번하게 노출했다. 연구자들은 "종편채널의 등장이 선거여론조사 보도의 품질 향상에 거의 기여하지 못했다"(189쪽)고 평가했다.

양승찬(2007)은 여론조사 보도와 관련한 여러 문제를 통시적으로 분석했는데, "저널리즘 차원에서 볼 때 지난 20년간 언론의 여론조사 이용과 그 결과 보도에 대해서 사회과학자들이 매우 일관된 비판을 해 왔음을 알 수 있었다. 여론조사와 관련한 불공정 보도, 왜곡 보도, 선정적 보도, 경마식 보도를 지양하라는 비판 속에서 과학적인 해석의 가치를 중요시하라는 것이 가장 큰 메시지인 것으로 보인다"(107쪽)라고 지적했다.

2000년대는 선거보도 연구가 활성화한 동시에 연구 경향이 두드러지게 바뀐 시기이다. 정치 환경 측면에서는 지방자치제가, 미디어 환경 측면에서는 텔레비전 토론이 정착됐다. 이런 변화는 선거가 미디어 의존형으로 변하는 데 크게 기여했다(김은주·방정배, 2010). 미디어의 영향력이 커짐에 따라 관련 연구가 증가하고 규모도 커졌다. 특히 한국언론진흥재단 등의 의뢰를 받아 신문, 방송, 인터넷 등 거의 모든 매체를 광범위하게 분석하는 대형 연구들이 등장했다.

10대 주요 일간지의 2002년 대통령선거 보도(이구현·김덕모, 2002), 6개 전국 일간지와 3개 지상파 방송 저녁 메인뉴스 및 27개 인터넷 뉴스미디어의 2007년 대선보도(김영욱·김위근, 2007), 서울 소재 중앙 일간지와 광역 단위별 지역 일간지의 2010년 총선보도(김춘식·이강형·양승찬·황용석, 2012) 등에 대한 연구들은 기사 빈도, 주제별 프레임, 취재원 등을 종합 분석했는데, 소수 또는 익명의 취재원을 활용하여 갈등과 대결을 부추기는 보도와 후보자 중심의 일방적 보도 등의 관행이 답습되고 있음을 발견했다. 또한 신문과 방송, 전통 매체와 온라인 매체, 전국 매체와 지역 매체 등 언론의 유형과 규모에 관계없이 공정성이나 심층성 같은 선거보도의 규범이 잘 지켜지지 않는다는 것도 반복적으로 발견되었다.

집권 여당에 편파적인 보도 태도는 불공정 선거보도의 대표적 예이다. 이런 태도는 특히 방송에서 많이 드러난다. 14대 대통령선거 후보 선출을 위한 민자, 민주 양당 전당대회에 대한 방송 3사의 보도에 대한 임태섭(1993)의 연구는 보도 내용의 적절성과 균형성 측면에서 편파적 보도가 많다는 점을 발견했다. 15대 대통령선거에 대한 방송 뉴스에서는 여당 후보 기사를 야당 후보보다 더 많이 보도하는 식의 양적인 편파 보도는 줄었지만, 여당 후보 또는 그 진영의 긍정적 모습을 돋보이게 하고 야당 후보 또는 그 진영의 초조하고 당황스런 모습을 강조하는 등 질적 측면의 편파 보도는 여전했다(권혁남, 1999).

이는 과거의 고질만은 아니다. 민주화 이후 치러진 13~17대 대통령선거 기간의 주요 일간지 사설을 통시적으로 분석한 최진호와 한동섭(2012)의 연구는 시간이 지날수록 이념적 성향이 보수와 진보로 점차 나뉘어 16대 대통령선거 때부터는 보수와 진보로 극명히 대립함을 발견했다. 박재영, 안수찬, 그리고 박성호(2014)의 연구는 1992년부터 2012년까지 다섯 차례의 대통령선거의 보도를 분석했는데, 최근에 이를수록 복합 관점의 기사가 줄고 단일 관점의 기사가 급증했다는 사실을 밝혀, 주요 신문의 정파적 편향이 더 높아지고 있음을 확인했다. 이러한 정파성은 지역주의와 연결되어 더 강화되는데, 특히 지역언론은 국회의원 또는 지방자치선거 때마다 해당 언론사가 속한 지역 출신의 후보에게 유리하게 보도하는 등 지역할거주의 정치 구도 등을 재생산한다(정회경, 2001; 황근, 2002).

한국 선거보도의 또 다른 문제점은 '전략 프레임'이다. 게임의 관점에서 승자와 패자만 구분하는 식으로 선거를 보도하는 것이다. 1992년부터 2012년까지의 3개 주요 신문의 대통령선거 보도기사를 분석한 결과, 대결 및 갈등을 강조하는 '전략 프레임'의 기사가 압도적으로 많이 발견됐다(박재영·안수찬·박성호, 2014). 승패에 집중하다 보니 자연스레 지지율이 높은 후보가 더 비중 있게 보도되는 경향을 발견한 연구들도 많다(예: 고영신, 2008; 김춘식·이강형, 2008). 언론은 어떤 이슈에 대해 공중이 갖고 있는 찬반 의견만을 주목할 뿐 공중이 왜 그러한 입장을 갖는지에 대해서는 거의 보도하지 않는다(권혁남, 1991). 이런 종류의 보도에서 유일하게 제기되는 질문은 "현재 누가 얼마나 앞서고 있는가"(권혁남, 1999, 12쪽)일 뿐이다. 전략 프레임 보도는 정책 보도와 심층 보도의 부재로 이어진다. 언론은 선거 후보들의 이슈나 정책적 입장에 대해 심층 분석하기보다는 외연적 이미지와 같은 피상적인 측면을 부각하고(하승태, 2008), 돌출성 이슈나 캠페인 전략 보도에 치중한다(김춘식·이강형, 2008).

최근 연구 가운데 주목할 것으로 이완수와 배재영(2014)의 연구가 있다. 18대 대통령선거에 대한 지상파 방송의 보도를 분석한 이 연구를 보면, 편파 보도가 상당히 줄어들고, 여야 후보를 균형 있게 다루는 기계적 공정성이 역대 어느 선거보다 두드러졌다. 다만 연구자들은 "진실 추구의 노력을 방기한 채 형식적이고 기계적인 균형성을 유지하는 것만으로는 부족하며, 이는 오히려 또 다른 편향 보도를 낳는 원인이 된다. [중략] 국내 지상파 방송은 정확하고, 성실하고, 진실 되고, 불편부당한 저널리즘 가치를 완전하게 실천했다고 평가하기는 어렵다"(397쪽)라고 지적했다.

원희영과 윤석민(2015)의 연구는 이와 비교할 만하다. 지상파 방송인 SBS를 비교 대상으로 삼아 TV조선, JTBC, 채널A, MBN 등 4개 종편채널의 대선 뉴스를 분석한 이 연구를 보면, 진행자·기자·앵커 등이 주관적 느낌과 견해를 거리낌 없이 표현하는 등 종편채널들 모두 지상파에 비해 정량적·정성적 차원에서 편향성이 강했다.

특정 집단에만 소구하는 뉴스는 상이한 집단 간의 소통을 어렵게 하는 집단 양극화를 가속화한다. 소통의 양극화 및 미디어 간의 이념

> 적 갈등이 이미 극심한 상황인 우리 사회에서 편향성이 강한 종편 뉴스가 이념을 달리하는 정치 및 사회집단, 그리고 미디어 간의 대립 및 갈등을 한층 심화시킬 위험이 있다. [중략] 종편 뉴스의 편향성은 사회적 소통, 사회 통합 및 민주주의 실천에 심각한 장애를 초래한다는 인식하에 그 문제의 핵심을 개선하기 위한 노력이 조속히 이뤄질 필요가 있음은 물론이다. (원희영·윤석민, 2015, 143쪽)

선거보도의 고질을 개선할 대안으로 공공저널리즘을 제시한 연구들이 있다(김정기, 2004; 박재영·안수찬·박성호, 2014). 공공저널리즘은 시민 의제를 심층 보도하여 확산시키며, 이를 정치엘리트에게 전달하고 그 수용을 압박하는 특성을 갖고 있다. 취재원 유형을 주요 척도로 삼아 1998년과 2002년 지방선거 보도를 분석한 김정기(2004)의 연구를 보면, 한국 언론은 시민 위주의 하의상달식이 아니라 엘리트 위주의 상의하달식으로 선거를 보도했다.

정치인

선거를 제외한 일상적 시기의 정치보도에 대한 연구는 많지 않다. 그나마도 대통령 보도 연구에 집중돼 있다. 이는 한국 정치 뉴스의 상당수가 대통령과 관련돼 있는 현실과 무관하지 않다. 대통령 보도에서 드러나는 대표적 특징은 제왕적 보도와 정파성이다. 1980년대 후반 민주화가 시작된 이후에도 '제왕적 대통령제'라는 표현이 자연스레 받아들여질 만큼 한국 정치에서 대통령의 비중은 여전히 강력하다(이재경, 2006).

대통령 보도에서도 각 언론의 정파성이 드러난다. 김영삼 정권부터 이명박 정권까지의 대통령선거 개입 이슈에 대한 보도 태도를 살펴보면 신문들은 대개 스스로의 정파적 속성과 반대의 정치적 성향을 가진 정권 시기에 대통령선거 개입 이슈를 더 중요하게 전달하고 비판했다(송은지·이건호, 2014). 김대중과 노무현 대통령의 사후평가에 대한 미디어의 언어 구성에서도 언론의 정치적 이념이 영향을 미쳤다(이완수·최명일, 2014). 시사만화에 나타난 노무현 대통령의 이미지도 〈서울신문〉보다 〈조선일보〉에서 훨씬 부정적으로 묘사됐다(신병률, 2009). 이러한 정파성은 대통령뿐 아니라 대통령 측근 보도에서도 똑같이 적용됐다(고영신, 2007; 박현식·김성해, 2014). 한편 미국과 한국의 대통령 묘사 프레임을 연구한 설원태(2012)의 연구를 보면, 양국 신문의 대통령 묘사 프레임에 자국의 정치·경제적 여건, 신문사의 편집방침, 양국 관계 등 현실적 상황들이 영향을 미친다는 사실을 발견했다.

특히 최영재(2011)는 역대 대통령의 커뮤니케이션 노력과 언론의 대통령 보도 노력의 변화를 분석한 자신의 연구가 마치 대통령의 언론 통제 역사를 검토한 것 같았다고 밝혔다.

> 언론의 역대 대통령 보도는 한마디로 자유로울 때가 없었다. 청와대 출입기자들은 대통령의 언론통제 정책의 영향하에 있었고, 청와대와의 관계에 있어서 소속사의 이해관계를 고려해야 했다. 대통령을 비판하고자 할 때는, 야당이나 검찰, 시민단체 등을 취재원으로 한 우회적인 방법을 선택해야 했다. 진보 정권 시기 보수 신문의 대통령 비판 보도가 성행한 현상은 이것이 언론자유에 근거한 대통령에 대한 정당한 비판 보도라기보다는 이념과 정파가 다른 대통령을 공격하는 언론권력의 성격을 드러냈다는 점에서 언론의 역설적인 정치 종속 현상으로 봐야 할 것이다. [중략] 역대 대통령의 커뮤니케이

> 선 노력과 언론의 대통령 보도 노력의 변화를 분석한 이 연구는 마치 대통령의 언론통제 역사를 검토한 것 같다. 청와대는 여전히 언론을 통제, 관리하려 하고 있고, 언론은 청와대를 두렵고 까다로운 권력기관으로 느끼고 있다. 이런 여건에서 민주주의의 핵심 가치 중의 하나인 언론자유는 왜곡, 변색되기 쉽고, 언론통제 구도에서 대통령의 대국민 설득 노력은 효율성을 발휘하기 어렵다. (최영재, 2011, 374-375쪽)

언론의 이념성과 정파성은 일반 정치인 보도에서도 반복된다. '정총리서리 폭행사건'에 대한 백선기(1992a)의 연구는 각 신문사의 기본 신념과 가치관의 차이에 따라 사건을 편향적으로 취급하고 있음을 발견했다. 2006년 5·31 지방선거를 앞두고 발생한 이해찬 전 국무총리의 3·1절 부산 골프사건, 한나라당 최연희 의원의 성추행 사건, 이명박 서울시장의 황제 테니스 사건 등에 대한 보도 또한 언론사의 이념적 성향에 따라 보도 프레임이 달랐다(김정아·채백, 2008; 박주현, 2007). 인사 청문회와 관련된 보도에 있어서도 정치적 이해관계에 따라 특정 집단의 이익을 위해 이중 잣대가 자의적으로 적용된 사례를 발견했다(이상기, 2014). 김현정(2015)은 조금 다른 차원에서 정치인 보도와 관련한 편향을 분석했는데, 국회의원의 외모가 매력적일수록 그에 대한 방송뉴스의 보도 빈도가 늘어난다는 점을 발견했다.

대통령 또는 특정 정치인 보도를 분석한 연구에 비해 국회 정치 전반을 다룬 보도를 연구 대상으로 삼은 경우는 많지 않다. 드문 연구 가운데 박승관과 주용범(1995)은 5공화국 말기 개헌의제의 변동 과정에 관한 프레임을 분석했다. 연구자들은 〈조선일보〉가 개헌의제를 본래의 정치적 문맥으로부터 분리해 싸움의 목적(즉, 민주화)보다는 싸움의 규칙과 그것을 해결하기 위한 제도적 절차에 특권적 지위를 부여하는 주고받기 프레임(give-and-take frame)으로 보도한 것을 발견했다.

2. 남북문제 뉴스

한국 언론의 이념성이 주로 나타나는 영역은 북한 또는 (북한과 관련된) 미국을 다루는 이슈에 대한 보도다. 김경희와 노기영(2011)의 연구는 뉴스의 주제, 기사의 관점, 기사에서 재현된 북한의 이미지, 취재원의 특성에 따라 보수 신문과 진보 신문의 북한 보도를 비교했다. 연구에 따르면, 보수 신문은 진보 신문보다 '북한의 군사와 핵' 관련 주제, '북한의 정치·경제·사회' 관련 주제를 많이 보도하고 있었다. 또 보수 신문은 북한에 대해 다소 부정적인 관점을, 진보 신문은 비교적 중립에 가까운 관점을 가졌다.

이완수와 손영준(2011)은 이 문제를 더 구체적으로 분석했다. 연구에 따르면, '5·25 북한 핵실험'에 대한 보도는 매체의 이데올로기적 성향이나 정파성과 관계없이 전체적으로 부정적인 기류가 강했다. 다만 매체에 따라 북핵 문제의 원인과 해결 방식에 대해 각기 조명하는 바에서 차이가 있었다. 보수 매체는 북한 체제의 모순에서 북핵 문제의 원인을 찾았고, 대북 제제와 안보 강화를 해결책으로 강조했다. 반면 진보 매체는 북한에 대한 남한의 폐쇄정책과 소통 부재에서 북핵 문제의 원인을 찾고, 국제 사회의 공조를 통해 북한 핵문제를 해결해야 한다고 강조했다.

남북 간 국지 충돌에 대한 보도에 있어 한국 언론은 이념적 성향이 비슷한 특정 정당의 입장을 그대로 대변하고 있는데(윤영철, 2000), 김대중 정부 이후에는 각 언론사가 남북문제에 대한 독자적인 이데올로기를 갖고 이를 적극적으로 전파하는 양상을 보였다(이원섭, 2006).

김경모와 정은령(2012)은 참여정부 시기 전시작전권 환수 논란을 다룬 신문 보도의 프레임을 분석했는데, "전문 식견과 합리적 토론을 요하는 국방(안보) 외교 이슈가 이념 논쟁의 덫에 걸려들면서 '동맹 아니면 자주'라는 이분법의 틀 속에 갇혀버렸[고] [중략] 이 같은 프레임 구도를 벗어난 문제의식은 의제로 설정될 기회조차 없었고 사안을 달리 보는 관점의 다양성은 구조적으로 배제됐다"(129쪽)는 점을 발견했다. 연구자들은 해당 사안을 보도한 각 신문기자들과 심층 인터뷰도 진행했다. 그 가운데 한 기자의 말은 한국 언론이 남북문제에 접근하는 방식을 드러낸다.

> 동료 출입 기자들과 팩트에 대해선 서로 얘기를 나누지만 관점으로 넘어가면 대화가 안 된다. 정치화가 덜 된 영역에서는 찬반양론이나 다양한 배경을 가진 논의가 비교적 쉽게 이뤄지는데 정치화된 영역으로 넘어가면 기자실 부스에 앉은 바로 옆 타사 기자와도 전혀 얘기가 안 된다. 이미 생각의 차이, 분열이 너무 공고해 설득하려는 자체가 약해졌을 가능성도 있다. (김경모·정은령, 2012, 128쪽)

남북문제 보도에 있어 방송은 신문과 조금 다른 양상을 보인다. 지상파와 뉴스전문 채널 등을 각 방송사의 남북문제 뉴스를 분석한 이이제와 송진(2011)의 연구를 보면, 참여정부 이후 이명박 정부에 이르면서 각 방송 모두 진보적 관점에서 보수적 관점으로 이동했다. 방송뉴스 채널이 많아지고 다양해졌음에도 불구하고 뉴스의 관점, 특히 남북문제에 대한 방송의 관점은 오히려 다양성이 줄어들었고, 보수 일변의 경향을 드러내고 있는 것이다.

주로 거시적 이슈를 둘러싼 남북문제 보도를 살펴본 연구가 많은데, 하승희와 이민규(2012)는 상대적으로 미시적 이슈인 '북한주민 생활'에 대한 언론사별 보도를 분석했다. 연구를 보면, 〈조선일보〉 등 보수 신문이 〈한겨레〉 등 진보 성향 신문보다 북한주민 생활을 더 많이 보도했다. 보수 신문은 체제에 억압당하는 북한주민을 강조했고, 진보 신문은 북한 주민의 열악한 생활환경에 중점을 뒀다. 취재원에 있어서는 보수 신문에서 익명 정보원 활용이 많았고, 진보 신문은 상대적으로 실명 정보원을 주로 활용했다.

이 주제에 대한 국가 간 비교 연구도 있다. 김병길(1999)은 북한 관련 보도에 있어 한국과 미국의 시사주간지에 어떤 차이가 있는지 분석했는데, 〈주간조선〉은 보수적 논조가, 〈한겨레21〉은 진보적 성향이 강했다. 이와 비교해 〈뉴스위크〉는 보수적이면서도 객관성을 유지하려는 모습이 보였다. 비슷한 연구로 설원태(2012)는 한미정상회담에 대한 〈조선일보〉와 〈뉴욕타임스〉의 보도 프레임을 비교 분석했는데, 〈조선일보〉가 〈뉴욕타임스〉에 비해 '반공-동맹' 프레임을 더 강하게 드러냈다는 점을 발견했다.

북한 또는 미국 문제와 관련한 이념성은 매체 간 대립의 양상으로 드러날 뿐만 아니라, 특정 사안에 대한 보도를 아예 차단하거나 걸러 내는 효과도 갖는다. 차재영과 이영남(2005)이 한국전쟁 시기 노근리 사건에 대한 한국과 미국 언론의 보도를 비교 분석한 결과, 미국 언론은 다양하고 많은 취재원을 활용하면서 적극적이고 능동적으로 추적해 들어간 반면, 한국 언론은 그 뉴스 가치를 낮게 평가하는 수동적 태도 아래 일방의 취재원에게만 접근하여 사건의 실체를 파헤치는 데 실패했다. 연구자들은 그 원인과 관련해, 미국 언론과 달리 한국 언론은 친미 또는 반공 이데올로기의 자아 검열 기제 때문에 관련 보도를 제대로 하지 못했다고 지적했다.

최근에는 김대중·노무현 정부 및 이명박·박근혜 정부 등 4개 정부 시기를 가로질러 보도 변화를 살펴보는 통시적 연구가 등장하고 있는데, 김동윤(2015)

은 북핵 실험에 대한 보수·진보 언론의 보도 프레임을 분석했고, 이화행, 이정기, 최진호, 정성호, 그리고 강경수(2015)는 통일 정책에 대한 여러 언론의 보도 프레임을 분석했다.

하승희와 이민규(2012)는 북한 관련 뉴스의 개선 방향을 모색했다. 이들은 정확한 정보를 제공해 줄 수 있는 정보원을 만나는 것 자체가 근본적으로 어려우므로, 남북 기자들의 교류 확대와 같은 남북 환경의 관계 개선의 근본적 대책 마련을 위해 노력해야 한다라고 주장했다. 신속한 관계 개선이 어렵다면, 정확한 보도를 위해 북한 보도에 있어서 보도준칙을 마련하고 전문성을 강화해야 하며, 심층적인 해석과 분석기사의 비중을 높이면서, 북한 출신 기자를 채용하되 그들의 경험에만 의존해 쓰는 기사는 자제해야 한다고 제안했다.

탈북자 관련 보도에 있어 언론사 간 이념적 차이를 분석한 연구들도 있다(이호규·김병선, 2015; 임종성·김명준; 2015). 특히 이호규와 김병선(2015)은 탈북 사건에 대한 언론의 보도가 오히려 탈북자의 탈북 루트를 노출시켜 이들의 권익을 침해한 과정을 분석하면서, 국가 또는 특정한 정파 세력의 관점으로 사건을 보도할 경우, 권력의 의도대로 사회 현실을 편향적으로 재구성하게 된다는 점을 강조했다.

> 저널리즘의 전문성 그 자체가 [탈북 사건에 대한] 번역의 중심으로서 행위자·네트워크 구축을 주도해야 한다. [중략] 번역의 중심이 국가 권력이 되거나, 자본권력이 되거나, 혹은 특정한 정파 세력이 되는 순간, 저널리즘의 존재 가치는 사라지고 언론보도는 권력의 의도를 내재한 채 편향된 사회적 현실을 구성할 수밖에 없다. 만약 번역의 중심을 차지하는 행위자의 힘이 그가 독점하고 있는 정보 때문이라고 한다면, 향후 통일 이후의 언론을 위해서라도, 지금부터 지속적

으로 북한 관련 정보를 언론이 보다 전문적으로 다룰 수 있는 방법을 찾아야만 한다. (이호규·김병선, 2015, 294쪽)

3. 경제 뉴스

한국 언론의 경제 뉴스가 맥락을 없애고 단편적 정보만 제공하는 데 그쳐 경제 문제를 파편화하고 탈맥락화하면서, 경제위기 내용을 자극적으로 묘사하는 데만 치우친다는 연구가 많다. 특히 경제위기를 다룰 때, 한국 언론들이 정부의 입장에 따라 뉴스를 재구성한다는 점을 발견했다(예: 강명구, 1994; 강승훈, 2012; 김성해·김동윤, 2009; 김성해·김춘식·김화년, 2010; 김성해·송현진·이나연·이정한, 2010; 김수영·박승관, 2010; 장하용, 2000).

윤영철, 김경모, 그리고 김지현(2015)은 경제민주화 이슈에 대한 신문, 방송, 통신사, 인터넷매체 등의 보도를 분석했는데, 각 언론마다 다양한 이념 방향을 갖고 있었지만, 하나의 언론 안에서는 의견 다양성이 매우 부족했다. 즉 경제 분야의 보도에 있어서도 자신의 이념성을 앞세워 다양한 의견을 반영하지 못한다는 것이다.

국내 언론과 14개 국가의 외신이 보도한 한국 경제 관련 뉴스를 비교 분석한 반현, 김남이, 그리고 노혜정(2010)은 외신에 비해 절반 수준의 취재원만 활용하는 한국 언론이 한국 경제에 대한 부정적 태도와 위기 조장의 내용을 외신보다 더 많이 보도한다는 점을 발견했다. 또한 한국 언론은 문제의 주된 원인으로 국민 개개인과 민간 부문을 지목하고 문제 해결의 주체는 정부를 꼽는 뉴스 구성 패턴을 갖고 있다는 점도 발견했다.

경제의 기본인 국리민복을 다루는 경우에도 이념적 편파를 드러냈다. 과소비라는 경제 이슈를 예로 들자면, 한국 언론은 과소비의 주된 범인을 국민으로 지목하면서도 정작 과소비의 가장 큰 주체인 정부와 관련 정책들을 논하지 않았다(강명구, 1994). 이정민과 이상기(2014)는 '민생'이라는 단어의 의미구조를 통시적으로 살폈는데, 1988년부터 2013년까지 주요 종합일간지의 사설을 분석한 결과, 한국 언론이 구사하는 '민생'이라는 단어는 실질적인 민생 문제인 빈곤, 분배, 노동, 교육, 생활 개선 등과 연결되지 않고, 정부 또는 반대세력을 언론이 공격하려 할 때 동원한 '수사'에 불과했다. 박대민과 박진우(2015)는 경제 기사에 등장하는 정보원 가운데 금융 분야 애널리스트와 경제 관료의 비중이 크고, 이들의 발언을 언론이 인용하면서 시민들의 경제적 삶을 지엽적 문제로 축소시키고 있음을 발견했다.

이런 식으로는 언론이 경제 분야의 공론장 역할을 제대로 할 수 없다. 2008년 금융위기 보도를 분석한 김성해, 송현진, 이나연, 그리고 이정한(2010)의 연구를 보면, 한국 언론은 미국 출신 권위자들에게 과도하게 의존해 맥락 정보가 부족하고 선정성이 강조된 근시안적 뉴스를 많이 보도하고 있다. 그 평가의 요지만 보아도 한국 언론의 수준을 알 수 있다.

> 국내 언론에 의해 중재된 미국발 금융위기는 ① 국내 경제에 대한 영향이 가시화된 이후[에야] 보다 본격적으로 이슈화되었고 ② 미국이라는 지역과 국제 금융시장이라는 주제에 초점이 맞추어지고 ③ 독립적이고 객관적인 평가자가 아닌 지배적인 정서에 편승하는 전달자에 의해 ④ 충분한 의미화 정보와 비교 정보가 없는 '탈맥락화된' 정보의 형태로 ⑤ 금융시장에 특정한 이해관계를 가진 '국제 전문가' 및 '시장참여자' 들의 관심에서 ⑥ 개별 신문의 정치 성향에 의해 '굴절' 되는 과정을 거쳐 최종으로 ⑦ 국내외 이해 당사자들이

소비하는 '공공지식'의 형태로 공론장에 제공된다고 볼 수 있다.
(김성해·송현진·이나연·이정한, 2010, 184-185쪽)

김수영과 박승관(2010)은 2008년 금융위기 당시 KBS의 '뉴스 9'에 보도된 경제 뉴스를 분석해 세 가지 특징을 발견했다. 첫째, 경제 뉴스는 정부가 제공하는 수치에 의존한 관급 보도로 넘쳐났고, 현상 위주의 사실보도에 치우쳐 분석 보도가 부족했다. 둘째, 경제 뉴스는 민간 부문을 경제위기의 원인과 책임의 주체로, 정부를 문제의 정의와 해결의 주체로 각각 부각시켰다. 셋째, 경제 뉴스의 마지막 문장에서 기자들은 '정부는 ~할 계획입니다'와 같은 표현을 반복함으로써, 정부에 대한 감시자·비판자 역할을 포기하고 정부 입장의 중립적 전달자 역할에 충실했다. 저자들은 이런 경제 뉴스가 국가 위기관리의 도구적 역할을 하는 정치적 의미를 생산한다고 주장했다.

4. 사회 뉴스

범죄

잘못된 범죄 보도는 공포심을 극대화하고 범죄를 모방하려는 심리를 확산시키며 피해자 등의 인권을 침해한다(박용규, 2001). 이러한 범죄 뉴스에 대한 연구는 주로 성범죄 또는 자살과 관련된 것이 많다.

한국 언론의 성폭력 보도는 사실을 단편적으로 전달하는 일화적 프레임을 주로 사용하여 범죄의 구조적 발생 배경을 왜곡하면서 범죄 대상을 특정 개인으로 한정하고, 가부장적인 남성 중심의 편견을 반영하여 가해자의 입장에서 서술하면서 여성을 수동적인 희생자 및 피해자로 그렸다(김윤경·김지현·김영석, 2013; 김훈순, 2004; 홍지아, 2009). 예컨대 아동 성폭력 사건인 '나영이 사건'과 '부산 여중생 사건' 보도의 경우, 언론은 범죄자들을 사이코패스로 규정하여 그들의 일탈성을 극단적으로 부각시키면서, 피해자를 수동적인 대상으로만 묘사하고, 피해자의 의견을 직접 전하는 대신 검찰 혹은 정신과 의사 등이 피해자의 상황을 설명하는 방식을 취했다(양정혜, 2010). 여성이 가해자인 경우라면, 가해자 여성이 모성애·따뜻함·순결·도덕성 등 여성성의 기준을 거스르는 행위를 한 것처럼 보도했다(김훈순, 1997).

이런 문제는 언론사의 이념 성향과 상관이 없다. 거의 모든 사안에 대해 이념적 성향에 따라 뉴스 프레임의 차이를 보였던 것과 달리 성범죄 보도에 있어서는 진보 언론과 보수 언론 모두 남성 중심적 입장을 드러냈다. 〈조선일보〉와 〈한겨레〉의 성폭력 사건 보도를 분석한 김은경과 이나영(2015)의 연구를 보면, 두 언론사 모두 성폭력의 사회구조적인 원인에 대한 질문을 차단하면서 다양한 성폭력의 실체를 왜곡하여 기존 젠더 질서를 재생산하는 데 기여하고 있다.

> 흥미로운 사실은 신문사의 이데올로기적 성향과 젠더 관점은 큰 연관관계가 없어 보인다는 점이다. [중략] 〈조선일보〉와 〈한겨레〉는 공통적으로 기존의 가부장제 사회가 요구하는, 순진하며 나약한 여성[과] 성폭력을 야기하는 품행이 의심스러운 여성을 분리하면서, 동시에 어쩔 수 없는 성적 욕망의 수인이 되는 잠정적 가해자 남성이라는 통념을 재생산하고 있다. 더불어 가해자 남성을 종별적 존재로 정형화하여 일반인들과 분리함으로써 성폭력의 근본적 원인인 젠더 불평등에 따른 권력관계, 남성 중심의 성문화 등에 대한 논의를 정

치적으로 차단하고, 병리적인 일탈자 개인의 문제로 귀결시킨[다].
(김은경·이나영, 2015, 32-33쪽)

가정폭력 보도 또한 성폭력 보도 방식과 별다를 바가 없었다. 연예인 가정폭력 사건 보도에 대한 이경숙(2006)의 연구를 보면, 언론은 가정폭력을 사회구조적 차원이 아닌 개인적 차원의 사건으로 치부하고, 가부장적 질서에 기반을 둔 전형적인 남성성과 여성성을 재현하고 있었다. 또한 피해자에 대한 고려나 깊이 있는 취재 역시 부족한 것으로 드러났다. 가해자 남성은 우발적 폭행자, 이유 있는 폭행자, 애정 깊은 남편, 무능한 남편 등으로 다양하게 표현되는 것과 달리 피해자 여성은 가정 유지를 위해 폭력을 참아 온 여성으로 고정되어 단순하게 묘사됐다.

성매매 관련 보도도 마찬가지다. 성매매를 다루는 텔레비전 뉴스 프레임을 분석한 연구(김선남, 2002)를 보면, 성매매 관련 보도가 사건 중심적이며 이분법적인 성 이데올로기를 재현하고 있다. 또한 젠더 차별을 낳은 자본주의의 사회구조적 문제를 강조하지 않고, 법적인 문제만 거론하는 것으로 나타났다.

다만 최근 들어 이러한 문제가 일부 개선되고 있는 조짐은 있다. 국내 주요 일간지의 성폭행 보도를 1990년부터 2007년까지 살펴본 통시적 연구(이정교·서영남·최수진, 2009)를 보면, 일화적 프레임의 사용이 주제적 프레임에 비해 전체적으로 감소하는 경향을 보이고 있었다. 개별 사건에만 주력하던 성폭행 보도 양상이 점차 범죄 예방에 중점을 두고 대안을 제시하는 등 긍정적인 방향으로 나아가고 있다는 것이다. 그러나 같은 연구에서 피해자의 관점으로 서술된 성폭행 기사는 전체의 18.6%에 불과한 것으로 나타나 성범죄 기사의 문제는 여전히 적지 않다고 볼 수 있다. 이와 관련해 성폭력 범죄를 취재한 기자들을 대상으로 심층 인터뷰를 진행한 문선아, 김봉근, 그리고 강진숙(2015)은 젠더 편향적 기사를 지양하는 대안 가운데 하나로 선정적 보도를 처벌하는 상세하고 명확한 기준을 마련하자는 제안까지 내놓았다.

원인을 개인에게 국한시켜 드러내는 문제는 자살 보도에서도 드러난다. 〈동아일보〉와 〈한겨레〉의 기사를 분석한 남재일(2010)의 연구를 보면, 한국 언론은 자살을 사회적 문제로 다루기보다는 정신적·심리적 결함에 의한 개인적 일탈로 묘사하고 있고, 이러한 경향은 진보지보다 보수지에서 더 두드러졌다.

자살 예방 뉴스로 범위를 좁혀 기사를 분석한 이하나와 안순태(2013)는 자살을 한 개인의 문제로 한정지어 보도하는 국내 자살 예방 뉴스가 오히려 자살자에 대한 부정적 낙인을 찍는 부작용을 낳을 가능성이 크며, 이를 개선하기 위해 자살이 공중보건의 문제임을 알리고 그 원인과 대안을 심층 보도하는 것이 필요하다고 강조하기도 했다.

김연종(2005)은 〈조선일보〉, 〈동아일보〉, 〈경향신문〉, 〈한겨레〉 등 4개 일간지의 자살 관련 기사를 분석하여 2004년 공표된 자살 보도 권고기준에 부합하는지를 살폈는데, 자살 보도 권고기준이 공표된 이후에도 자살 보도는 여전히 선정적인데다 자살자에 대한 암묵적인 이해 혹은 동조를 하는 경우가 잦아 모방 자살을 촉진할 우려까지 있는 것으로 나타났다.

갈등

김세은과 이승선(2012)은 언론이 사회 갈등을 보도할 때에 고려해야 할 가장 중요한 요소로서 공정성, 균형성, 불편부당성 등을 언급한 바 있다. 즉, 대립되는 두 입장이 있을 경우 어느 편에도 동조하지 않는 적당한 거리 두기가 요구된다는 것이다. 그러나 한국 언론의 갈등 보도 행태는 사회적 갈등을 깊이 있게 다루지 못하고 오히려 갈등을 심화시키고 있다. 특히 이재경(2008)은 한국 언론의 특성을 '갈등유발형 저널리즘'이라고 진단하면서 "한국형 저널리즘 관행들은 [중략] 사회 통합적 기능을 수행하는 데 도움이 되기보다는 갈등을 유발하고, 정파적 행동을 자극하는 데 기여할 가능성이 높다"(67쪽)라고 지적했다.

강내원(2002)의 연구는 새만금 간척 사업과 관련된 개인 및 집단의 의견에 대해 언론이 어떠한 프레임들을 사용하여 전달하고 있는지를 분석했는데, 언론은 새만금 간척 사업에 관한 뚜렷한 대안을 제시하지 못하는데다 주로 정부, 시민단체, 전문가의 입장 위주로 보도하고 있어 다양한 계층의 의견을 보여 주지 못하고 있었다. 일반적인 보도에서도 출입처를 중심으로 정치인 또는 관료를 취재원으로 주로 활용한다는 연구가 많은데(예: 이창현, 2004; 정수영·구지혜, 2010) 이런 취재원 편향이 보도의 편향으로 이어지는 것이다. 이와 관련해 이상률과 이준웅(2014)은 갈등 사안을 다루는 언론이 갈등을 증폭시키면서도 그에 대한 책임을 회피하는 '방어 전략'의 하나로 익명 취재원을 활용한다는 점을 발견했다.

임양준(2010a, 2010c)은 한반도 대운하 건설에 대한 신문과 방송 뉴스를 언론사별로 분석했는데, MBC가 대운하 건설 집행의 문제점을 강조하고 있는 데 반해, SBS와 KBS는 사건 전달 위주의 단순 보도를 했다. 〈조선일보〉는 경제 전문가를 주요 취재원으로 활용하면서 경제 프레임을, 〈한겨레〉는 환경 전문가를 주요 취재원으로 활용하면서 생태 프레임을 적용했다.

이러한 고질은 천성산 터널 공사, 사패산 터널 공사, 방폐장, 행정수도 이전 등 다른 국책 사업에 관한 언론보도를 분석한 연구들(유영돈·마정미, 2015; 진달용·고영준, 2012; 한균태·송기인, 2005)에서도 지적됐다. 독자들의 흥미를 유발하는 데 급급한 나머지 갈등 프레임을 지나치게 사용하고 있으며, 보도내용에는 특정 집단만이 고정적으로 등장하는데다 갈등 상황을 경마 중계식으로만

드러낼 뿐, 정작 갈등의 해결책에 관한 내용은 미미하다는 것이다.

의약분업 보도 역시 크게 다르지 않다. 주요 일간지의 의약분업 보도를 분석한 양정혜(2001)의 연구를 보면, 언론은 의사보다 정부에게 정통성을 부여하는 경향을 보였다. 따라서 정부의 의료정책에 관한 근본적인 의문을 제기하기보다는 갈등의 일면만을 제시하는 보도 양상이 나타났다. 지상파 방송 3사의 의약분업 보도를 분석한 연구들(권혁남, 2001; 박경숙, 2002)도 비슷한 문제점을 지적하고 있다.

이런 갈등 보도에서 정부 입장을 주로 옹호하는 태도도 발견됐다. 미국산 쇠고기와 촛불시위 보도를 다룬 임양준(2009a)의 연구를 보면, 원인과 해결책이 결여된 사건 중심적 보도가 주를 이루었으며 대체적으로 정부의 입장을 옹호하고 있었다. 용산참사 관련 텔레비전 뉴스와 신문기사를 분석한 임양준(2009b, 2010b)의 또 다른 연구를 보면, 언론은 철거민과 유가족의 입장을 되도록 배제하면서 경찰, 검찰, 정부여당 등 권력 집단을 옹호하여 엘리트의 주장과 입장을 전파하는 역할만 수행했다. 또한 스크린쿼터 보도에 관한 정미정(2006)의 연구는 언론이 스크린쿼터를 단지 FTA를 위해 처리해야 하는 장애물 정도로 규정하면서, 대중에게 객관적인 정보를 전달하지 못한 채 스크린쿼터를 축소하고자 하는 정부 주장을 대변하고 있다는 점을 발견했다.

이와 관련해 남궁은정, 신성진, 그리고 이은희(2008)는 갈등 사안을 보도할 때 한국 언론이 흔히 활용하는 '국론 분열'이라는 표현이 어떤 방식으로 쓰이고 있는지 분석했다. 일상에서는 거의 쓰이지 않고 언론에서만 등장하는 표현인 국론 분열은 병, 재앙 등에 비견되는 부정적 의미를 띠고 있는데, 각 언론사가 특정 이슈에 대한 자신들의 입장을 강력히 관철시키려는 일종의 '승부수'로 쓰였다. 매체 간 차이가 있다 해도, 그것은 찬반의 입장 차이일 뿐 종합적 해결을 위한 대안 제시 또는 공론 형성에는 크게 기여하지 못하고 있다. 박기수

(2011)는 4대강 사업과 관련하여 〈경향신문〉, 〈동아일보〉, 〈한국일보〉 등의 보도 프레임을 분석하였다. 〈동아일보〉는 권위주의 등의 프레임을 통해 사업을 옹호하는 반면, 〈경향신문〉은 대항과 비난 등의 프레임을 중심으로 사업을 반대하였고, 〈한국일보〉는 책임귀인 등의 프레임을 바탕으로 사업의 문제점을 보완하려는 시각을 가지고 있는 것으로 나타났다.

이 밖에도 이념 갈등 또는 계급 갈등을 부추기거나 심화시키는 언론보도의 문제를 지적한 연구들이 적지 않다. 보수 성향의 언론들은 노조 파업 또는 노동운동 등에 대해 기득권과 기존 질서를 옹호하는 입장에 서서 노조의 폭력성과 불법성을 부각하는 편파 보도를 하고 있는데, 이는 주로 신문을 대상으로 삼았던 1990년대 연구는 물론 지상파와 종편의 보도를 분석한 2010년대의 연구에서도 지속적으로 발견되는 특징이다(백선기, 1993b; 유용민·김성해, 2007; 조은영·유세경, 2014; 최종환·김성해, 2014). 여기에 더해 홍성구(2004)는 진보 성향의 〈한겨레〉 역시 김대중 정부 이후 노동시장 유연화라는 자본의 논리에 편입됐다고 비판했다.

김상호와 김병선(2006)은 '사회 양극화'에 대한 방송뉴스를 분석했는데, 근원적이고 구조화된 문제를 드러내기 보다는 일상생활에서 드러나는 표면적 불평등을 극단적으로 대비시킴으로써 문제의 해결보다는 오히려 계층 간 갈등만 키울 우려가 있다는 점을 발견했다.

여러 갈등 사안을 다룸에 있어 정부 편향을 드러내는 보도의 위험에 대해선 김동규(2000)의 연구가 잘 지적하고 있다. 사회 모순의 분출인 사회 갈등이 변화와 발전의 촉진제가 될 수 있고 오히려 사회의 정상성 회복에 기여할 수 있음에도 "갈등의 순기능보다는 역기능에 대한 강조는 언론의 보수성 그리고 보도의 편향성으로 나타나고, 갈등관리자로서의 [언론의] 역할의 정당성 여부에 관한 근본적인 문제에 봉착할 수 있다"(22쪽)는 것이다.

제주 4·3사건과 관련해서는 박동숙, 이재원, 정사강, 강혜원, 그리고 김해원(2014)이 14년에 걸친 주요 신문의 관련 보도를 분석했는데, 사건 자체의 실체를 보도하기보다는 이를 둘러싸고 벌어지는 지엽적이고 파편적인 싸움과 갈등만 보도해 온 것으로 드러났다.

재난

재난 보도는 언론보도로서의 저널리즘적 기능 이외에 재산과 인명 손실을 줄이는 실제적 방재 기능을 함께 수행하게 된다. 이 때문에 재난 보도는 "일반적 보도에서도 강조되는 전문성, 정확성은 물론이고 계몽성과 예방성이 전제되지 않으면 안 된다"(강진숙·김정윤, 2014, 16쪽). 또한 "언론이 재난 사고를 보도하면서 특정 프레임을 과도하게 강조하거나 현저하게 하면, 결국 그 사고의 본질적 의미나 가치는 변형될 수밖에 없[고] [중략] 사고의 처방과 해법은 달라진다"(이완수·배재영, 2015, 291쪽)는 점에서도 재난 보도는 매우 중요하다. 즉 한국 언론의 전문성이 여실히 드러나는 이슈 영역이 재난 보도다.

태풍 '루사'의 지상파 뉴스를 분석한 한진만(2002)의 연구는 재난 방송의 문제점에 대해 구체적으로 정리해 놓았는데 미흡한 초기 대응, 지역 차별적 보도 행태, 재난 보도 원칙의 부재, 재난 방송 체계 부재, 과도한 보도 경쟁 등이 거론되었다. 언론의 미흡한 초기 대응과 관련된 내용은 구미 유독 가스 누출 사고의 텔레비전 뉴스를 분석한 박성철과 이덕환(2013)의 연구에서도 드러난다. 사고 직후 가스 누출의 위험 상황과 대처 방법을 신속하게 전달하지 못한데다 유독 가스에 대한 전문 지식의 부족으로 인해 과학적으로 잘못된 정보를 보도하는 경우까지 있었다.

공영방송의 재난 보도 시스템을 분석한 김성재(1999)는 재난 보도의 세 가지 대원칙으로서 피해 최소화와 예방에 주력한 보도 추구, 기본권을 침해하는 비윤리적 보도 행태 지양, 신속한 상황 전달과 대응을 위한 보도체계 구축 등을 제시했다. 후속 연구에서 김성재(2003)는 대구 지하철 화재 참사와 이라크 전쟁 보도를 바탕으로 디지털 미디어 시대의 재난 보도의 문제를 분석했는데, 과열 취재 경쟁, 지나친 선정성, 심층성 결여, 오보 남발, 디지털 영상을 이용한 사건의 게임화 등의 여러 문제점을 드러냈다.

백선기와 이옥기(2013)는 일본 대지진 사례를 중심으로 KBS, NHK, CNN 등 한·미·일 3국의 주요 방송사의 보도를 비교 분석했는데, 전문가의 검증을 거친 내용을 토대로 차분하고 이성적인 포맷으로 재난 예방 등에 주력한 외국 언론과 달리 한국 언론은 선정적이고 자극적인 내용과 영상 편집으로 관련 기사를 보도했다는 점이 드러났다. KBS는 피해 예방이나 대처 방안에 대한 내용보다는 선정적인 문구, 긴장감을 주는 음악, 자극적인 표현, 피해 상황에 대한 강력한 이미지 전달 등을 통해 재난 상황을 묘사하는 데 치중했다. 인도네시아에서 발생한 쓰나미에 대한 한·미 양국의 시사다큐 프로그램을 비교 분석한 심훈(2005)의 연구에서도 한국 언론이 재난 보도의 전형적이고 관행적인 취재기법을 동원했음이 드러났다.

결국 재난 보도의 여러 문제는 세월호 사건 보도에서 폭발했다. 한국 언론을 향한 비판이 폭증했던 일이었던 만큼 비교적 신속하게 여러 연구가 등장했다. 김수미(2015)는 세월호 참사 발생 직후 초기 보도에서 피해자와 희생자를 계급적·종족적 소수자로 타자화시키고, 책임의 소재를 인격화시키거나 그 범주를 일반화한 결과, 고통의 주체와 책임의 주체가 누구인지 모호하게 만들었다는 점을 지적했다. 또 홍주현과 나은경(2015)은 일탈과 불법의 프레임을 동원해 세월호 사건 피해자를 부정적으로 묘사한 종합편성채널의 관련 보도를 분석했다.

권상희, 이완수, 그리고 황경호(2015)는 지상파와 종합편성채널의 세월호 사고 뉴스를 기자들의 문화적 사고 습관과 연결시켜 분석했는데, 사고 원인을 내부와 외부에서 함께 찾고, 문제 해결의 주체를 특정하지 않으면서 사회나 국가 단위로 뭉뚱그리는 등 동양적 사고 습관이 보도에 반영된 것이라고 지적했다.

> 재난 사고에 대한 언론의 이런 습관적 사고에 따른 편향적 프레임 구성은 사고의 원인과 본질, 구조 과정과 절차, 책임의 소재와 주체 그리고 문제 해결의 대상과 주체를 모호하게 하거나 왜곡할 수 있다. [중략] 이는 사고는 일어났지만 어느 누구도 책임을 지지 않는 이른바 '책임자 실종'으로 이어질 수 있다. [중략] 한국 저널리즘은 정서적이고 이념적으로 보도하는 비과학성도 문제이지만, 이슈의 원인과 책임을 모호하게 진단하는 변증법적 논증에도 문제가 있다. 따라서 서양 문화의 사고체계인 분석적이고, 논리적이고, 과학적인 비모순의 원리를 배우는 자세가 필요하다. (권상희·이완수·황경호, 2015, 37쪽)

이선민과 이상길(2015)은 세월호 사고에 대한 〈조선일보〉와 〈한겨레〉의 사설과 내부 필진 칼럼 등 의견기사에서 드러난 담론을 분석했다. 재난이 국가적 위기와 연결되는 것에 착안한 이 연구를 보면, 〈조선일보〉는 국가주의, 발전주의, 신자유주의 등을 작동시킨 것에 비해 〈한겨레〉는 신자유주의 국가의 무능을 비판하는 대항담론을 구성했다. 이와 비교할 만한 것으로 이완수와 배재영(2015)의 연구가 있는데, 관련 보도의 프레임을 분석한 부분을 보면, 〈조선일보〉가 세월호 사고를 탈맥락적이고 인간 흥미 중심의 극화보도로 다룬 반면, 〈한겨레〉는 정부 관계자의 책임을 강조하는 집단적 범죄의 관점에서 이 사건을 다뤘다.

5. 과학 뉴스

한국 언론의 전문성 결여가 가장 두드러진 것은 과학과 연관된 의료와 환경 등의 이슈에 대한 보도다. 한국 언론의 과학 보도는 주변성, 비전문성, 피상성, 선정성 등의 문제를 갖고 있다. 1990년대 중반까지 과학 보도의 양은 증가 추세에 있었지만 전체 보도에서 차지하는 비중은 여전히 미약하여, 과학기술 보도는 여전히 언론의 주변부에 머물렀다(김동규, 1997). 그런데 10년 뒤인 2007년, 〈조선일보〉, 〈중앙일보〉, 〈동아일보〉의 10년간 과학 기사를 분석한 또 다른 연구를 보면, 과학 기사의 평균 길이는 다소 늘어났지만, 과학면이 전체 지면에서 차지하는 비중은 오히려 감소했다(이화행, 2007). 세월이 지나도 과학 보도가 주변으로 밀리는 상황이 개선되지 않은 것이다.

박성희(2006)는 1989년 삼양라면 우지파동, 2005년 김치 기생충알 검출 사건 등 11건의 식품안전 보도를 분석했다. 관련 보도에서 한국 언론은 이분법적 대립 구도 속에서 식품 생산업자는 가해자로, 소비자는 피해자로 묘사했다. 김치 파동 보도를 다룬 또 다른 연구(이귀옥·박조원, 2006)를 보면, 언론의 식품 위해 보도는 대안은 제시하지 못한 채 식품에 대한 불신감만 극대화시키는 것으로 나타났다. 식품안전 보도는 대체로 사건 중심적 방식을 취하고 있었는데, 그 과정에서 식품 관련 위험에 대한 공포감을 지나치게 유발하는 경향이 있는 것으로 나타났다. 미세먼지 보도를 분석한 김영욱, 이현승, 장유진, 그리고 이혜진(2015)의 연구를 보면, 한국 언론은 미세먼지가 감소 추세에 있는 상황에서도 관련 보도를 증가시켜 그 위험을 '사회적으로 재구성'했고, 심층적이고 포괄적인 접근보다는 위험에 대처하는 소비를 부추기는 방식의 단편 보도에 그치는 등의 문제를 드러냈다.

정신질환인 우울증 보도를 분석한 연구들도 있다. 국내 지상파 텔레비전 뉴스의 정신질환 보도방식을 알아본 결과, 많은 기사가 정신질환의 원인과 치료 방법을 제시하지 않았다(조수영·김정민, 2010). 또한 온라인 뉴스를 중심으로 우울증 보도를 분석해 보니, 텔레비전 뉴스와 마찬가지로 절반 이상의 뉴스 보도가 질병의 원인이나 치료법은 언급하고 있지 않았으며 유명인 중심의 흥미 위주 보도나 상업적 보도를 주로 하고 있는 것으로 나타났다(노수진·윤영민, 2013). 전문적인 의학 정보가 결여된 이러한 보도방식은 수용자가 건강 이슈를 제대로 이해할 수 없게 만든다. 이와 관련하여 신순철(2013)은 의료나 보건 관련 보도에서 한국 언론이 사건 초기 공포심을 극대화했다가 사안이 어느 정도 해결되면 공포에 질린 시민들에게 과민 반응을 보인다며 비판하는 양면적 태도를 보였다고 지적했다.

임인재, 박성철, 그리고 이덕환(2013)은 기후변화의 발생 원인과 대응에 대한 국내 신문의 보도 경향을 살펴보았는데, 한국 언론들은 기후변화 보도에서는 주류 과학계의 담론을 제시하는 보도 경향을 보였다. 즉 논쟁적이지 않은 것으로 여겨지는 과학 이슈에 대해서는 그저 주류적 담론만 기계적으로 전달하면서, 다른 주장을 배제하고 있다는 것이다. 이는 과학적 엄밀성과 정확성을 배척하는 것으로 이어지고, 이로 인해 과학적 이슈를 정확히 이해하지 못한 시민사회에서 사회적 갈등이 나타나는 것을 부추긴다. 언론의 비전문성이 사회 갈등을 유발한다는 것이다.

과학 보도에서조차 정파성이 드러나기도 한다. 주영기(2013)는 한국 신문의 정치적 성향에 따른 기후변화 뉴스 프레임의 차이를 분석했다. 이 연구에서는 관련 보도를 크게 '진단 프레임'과 '예후 프레임'으로 구분했다. 문제를 찾아 특정 요인과 결부시키는 '진단 프레임'은 주로 진보 세력과 연관돼 있고, 문제 해결책을 찾으려는 '예후 프레임'은 주로 보수 세력과 연관돼 있다는 해외 연구 사례와 마찬가지로, 〈조선일보〉는 예후 프레임을, 〈한겨레〉는 진단 프레임을 적용하여 기후변화 문제를 보도했음이 드러났다.

생명과학 보도를 다룬 정재철(2004)은 윤리적·경제적 문제와 연관되는 배아 복제 실험에 대한 보도를 할 때 언론사들이 각자의 이념적 성격에 적합한 프레임들을 사용하고 있는 점을 발견했다. 한국과 미국의 생명과학 뉴스 프레임을 비교한 김수정과 조은희(2005)의 연구를 보면, 한국 언론은 '영웅'과 '선두' 프레임을 주로 활용한 것에 반해, 미국은 '정책(법안) 갈등'과 '윤리 갈등' 프레임을 주로 사용하는 것으로 나타났다. 또한 생명과학 보도에서 중립적 관점을 취하는 비율에 있어 미국 언론은 한국에 비해 2배 많았다. 즉 한국 언론은 균형적 접근 대신 경쟁을 이겨낸 영웅의 스토리로 과학 이슈를 다루고 있는 것이다.

그 전형적 사례를 분석한 것이 강명구, 김낙호, 김학재, 그리고 이성민(2007)의 연구다. 황우석 사태에 대한 언론보도를 연구한 이들은 노무현 정부의 대중주의적 정치, 지식기반 경제의 생명사업, 줄기세포 연구를 세계적 성과로 만들려던 발전주의 망탈리테(mentalities) 등을 기반으로 형성된 '생체정치의 통치체계' 위에서 '영웅 황우석'이 성립되었다고 지적했다. 즉 취재원인 과학자와 기자가 공생적 관계를 유지하는 보도 관행으로 인해 애국적 열망에 사로잡혀 진실을 외면하는 사태가 가속화됐다는 것이다.

과학 보도 분야의 전문성을 높이기 위한 대안을 제시한 연구들도 있다. 강내원(2002)은 과학 분야와 관련한 갈등 사안이 앞으로 더욱 많아질 것을 염두에 둔다면 전문적인 지식을 갖춘 언론인을 먼저 확보하는 것이 중요하다고 지적했다. 신순철(2013) 역시 과학 보도의 개선 방향 중 하나로 과학과 언론에 대한 지식을 모두 갖춘 언론인의 육성을 꼽고, 그 밖에도 외신 의존도 낮추기, 언론사

조직적 차원의 체계적 규정 마련, 정확한 인용과 사실 확인 등을 제시했다.

황우석 사태 관련 보도를 연구한 박재영, 전형준, 이규연, 그리고 이진영(2008)은 과학 보도에서 경계해야 할 요소를 심리적 장벽, 상황적 장벽, 과학지식적 장벽, 맥락 보도의 실패 등으로 나눈 뒤 해당 사건을 담당했던 기자들을 대상으로 인터뷰를 진행했다. 기자들은 과학 관련 이슈에 대한 과대평가, 사건 중심적 보도, 지나친 보도 경쟁 등을 반성하고 있었다. 그런데 기자 개인적 차원에서 인식 변화가 이루어진 것에 반해 언론사 조직 차원의 변화는 그다지 없는 것으로 드러났다. 연구자들은 취재원에게만 의존할 것이 아니라 자율적으로 과학 관련 지식을 쌓으려는 기자의 노력과 이를 지원하는 신문사의 노력, 그리고 기자의 취재보도를 체계적으로 지원하는 과학자들의 노력 등이 필요하다고 지적했다.

6. 문화 뉴스

뉴스 영역 가운데 정치, 경제, 국제, 사회 분야에 비해 뉴스룸에서 홀대받는 것이 문화 관련 보도다. 이는 연구 논문의 수에서도 그대로 드러나는데, 문화 저널리즘을 본격적으로 연구한 논문은 별로 없다.

문화 저널리즘의 문제를 사실상 처음으로 다룬 김세은(2009)의 연구를 보면, 일간지 문화면은 정보 소개 위주의 스트레이트 기사가 주를 이루는 가운데 문학과 출판 등 특정 장르에 대한 집중이 두드러지는 등 과거에 비해 질적 변화를 이루지 못한 상태다. 게다가 언론사 간 문화 뉴스의 차별성이 부족하고, 문화 부문의 전문기자가 줄어들었으며, 대중에 영합하는 선정성과 상업성의 요소가 강화되고 있다는 점도 발견했다. 연구자는 이와 관련해 문화 저널리즘의 심화와 확장을 제안하면서 "정치·경제·사회 등 '문화가 아닌 것'으로 여겨져 온 것들을 문화적인 관점에서 해석하고 보도하려는 시도를 해야 한다"(36쪽)라고 지적했다.

김경희, 이기형, 그리고 김세은(2015)은 여기에서 한걸음 더 나아가 주요 일간지의 문화 저널리즘의 현황을 실증적으로 분석했는데, 10년 전에 비해 문화 관련 기사량이 줄었고, 지식과 교양의 관점으로 문화에 접근하는 기사가 감소한 반면, 상품과 생활의 관점에서 문화를 다루는 기사는 늘었다. 이에 따라 대중문화·여행·패션·미용 등을 다루는 연성적 뉴스가 상당히 증가했다. 연구자들은 한국의 문화 저널리즘에 대해 "새로운 모색의 단면들을 발현하지 못하[고], 취재의 관행과 저널리즘의 실천[도] 크게 바뀌고 있지 못[하고 있다]"(169쪽)라고 진단했다.

> 틀에 박힌 관습성을 재생산해 내는 언론사 내 기존의 방식과 상대적으로 경직된 사고로는 문화가 발휘하는 다양성과 역동성을 기사에 담아내기란 어려우며, 문화 저널리즘이 지향해야 할, 일련의 문화 현상들의 함의와 관련된 심화된 비평 작업과 진단 기능의 정련화 또한 성취하기가 요원할 것이다. (김경희·이기형·김세은, 2015, 171쪽)

7. 국제 뉴스

국제 뉴스를 분석한 연구 가운데는 전문성의 부족으로 인해 독자적 시각을 형성하지 못한 한국 언론들이 서구 언론에 편향돼 있다고 지적하는 경우가 많다(예: 오대영, 2013; 이창호, 2009; 황인성, 2004). 대표적인 것으로 이창호(2009)

의 연구가 있는데, 연구자는 김선일 씨 피랍 사건의 배경을 언론이 제대로 전달하지 못한 이유 중 하나로 한국 언론의 중동 지역에 대한 전문성 부족을 꼽았다. 연구자는 KBS, MBC, SBS의 피랍 관련 뉴스를 내용분석했는데, 방송 3사 모두 일화적인 보도를 통해 선악, 피해자와 가해자의 이분법적 구도를 재현하고 테러리스트의 폭력성만 부각시켰다. 사건의 맥락을 전달한 뉴스는 전체의 10%에 불과했고, 전문가가 주요 뉴스 정보원으로 등장한 경우는 관련 뉴스의 2.3%에 불과했다.

이런 고질은 오래된 것이어서 우루과이라운드(UR) 협상을 다룬 언론보도를 분석한 김연종(1994)은 한국 언론이 UR 협상에 대한 상황적 인식부터 결여되어 있었다고 지적했다. 당시 UR 협상은 국가 간 예외 없는 관세화가 취지였고, 세계적으로는 미국과 유럽의 문화상품 무역 분쟁이 핵심 쟁점이었다. 그러나 한국 언론은 쌀 개방 문제에 열중하여 우리의 문제가 마치 각국의 최대 이슈인 양 착각하게끔 보도하는 경향을 보였다. 구체적 보도 내용에 있어서도 실체나 구제적인 전개 과정, 전략 등에 대한 사실들을 전달하기보다는 국민적 정서에 맞추어 감정적이고 선정적인 보도에 치중했으며, 대결과 갈등의 구도를 강조하면서 무분별하게 감정을 남발하였다.

국민 정서에 호소하는 한국 언론의 국제 보도는 오리엔탈리즘과 국가주의를 결합시킨 특이한 형태를 띠고 있다. 세계 질서를 선과 악의 이분법으로 구분하여 서구를 선의 기준으로 상정하는 오리엔탈리즘을 내면화한 한국 언론은 미국을 위시한 서구의 관점을 수용하는 대신 아시아를 포함한 제3세계를 홀대하여 보도한다(하은빈·이건호, 2012). 양은경(2014)은 일본 후쿠시마 원전 사고에 대한 보도에서 한국 언론이 반일민족주의를 주로 활용했다는 점을 발견했다.

이러한 접근은 글로벌 위험의 문제를 한일 양국의 정치적 맥락으로 축소시키고 위험의 해결 방향을 모색하기보다는 양국 간의 갈등과 대화의 단절을 부추기는 결과를 초래하기 쉽다. [중략] 원전 사고의 위험성은 비단 한일 양국의 문제일 뿐만 아니라 아시아 지역의 당면 문제이며 글로벌 환경 문제이기도 하다. 이러한 점에서 국가 단위를 넘어서 다양한 공간 단위들을 연결하여 사건을 조명하고, 다양한 권력의 주체들을 구축하고, 공동의 이해관계를 갖는 새로운 공동체를 상상할 수 있는 저널리즘의 새로운 언어와 관행들의 개발이 시급한 것으로 보인다. (양은경, 2014, 239쪽)

한국 언론의 전문성 부족을 지적하는 연구들은 많았지만 이에 대한 해결책을 제시하는 연구는 드물다. 이창호, 이영미, 정종석, 그리고 김용길(2007)은 11명의 기자를 만나 한국 언론의 전쟁 취재 여건에 대해 심층 인터뷰를 진행했다. 연구를 보면, 서구 언론에는 철저한 준비와 교육, 풍부한 경험 등을 통해 전문성을 갖고 있으며 취재의 어려움에 대한 책임성도 명확히 인지하고 있는 전쟁 전문 프리랜서 기자들이 많았다. 반면 한국 언론은 언론사가 소속 기자를 파견함으로써 전쟁 취재가 이뤄지는데, 기자의 전문성이 높지 않고 안전 보장도 제대로 되어 있지 않으며 장비도 불충분했다.

8. 여성과 소수자

성범죄 보도에 대한 여러 연구들에서 이미 드러났지만, 한국 언론이 여성을 다루는 관점과 태도는 크게 두 가지로 대별된다. 가부장 또는 남성 중심적 가치에 입각해 여성을 피해자, 주변자, 소수자로 취급하는 것이 첫 번째고, 실제 중요성에 비해 그 비중과 의미를 낮춰 보도하는 것이 두 번째 특성이다. 이와 관련해 유선영(1999)은 언론의 객관주의 보도 관행 자체가 "강박적으로 과잉/과장 발전된 마초이즘에 기반하여"(44쪽) 여성적 경험을 진실의 영역에서 배제해 왔다고 지적한다.

일반적으로 여성이 주체로 등장하는 뉴스는 주로 가족, 육아, 홈메이킹, 요리, 교육, 보건 등과 관련된 스토리가 많다. 언론매체가 형성한 여성의 이미지의 틀 안에서 여성성이 강조되는 역할을 도맡아 하는 존재로 거듭나고 있다는 것이다(김경희, 2015; 김훈순, 1997; 이경숙, 2006; 최이숙, 2015).

여성 관련 뉴스의 또 다른 특성은 극단적인 여성 과소 재현이다. 여성 관련 뉴스가 사소한 것으로 취급되어 여성이란 존재가 있는 그대로 묘사되지 않고, 어느 특정한 영역에서 특정한 방식으로만 등장하는 것이다. 정치, 경제 등의 경성 뉴스의 주체가 여성인 경우는 매우 드물다. 여성의 정치사회적 성공이나 경성 이슈와 관련해 여성을 다룬 경우에도 언론은 그 성과에 주목하기보다는 여성성을 부각시켜 성별에 초점을 맞춘 보도를 한다(김희진·이수민, 2012; 양정혜, 2002; 조연하·김경희·정영희, 2006; 현경미·김원용, 2005). 여성의 사회적 위상이나 역할에 대한 심층 보도가 아닌, 여성이라는 성별을 강조시킨 피상적인 단순 화제성 보도로 전락시켜 버린다는 것이다(김기범·차영란, 2009).

이와 관련해 허명숙(2007)은 전문직 여성에 대한 〈조선일보〉와 〈한겨레〉의 기사를 분석했는데, 두 신문 모두 여성성을 강조하는 프레임을 적용한 경우가 많은 것으로 나타났다. 여성 문제와 관련해서는 정치적 보수 성향과 진보 성향의 언론사 간에 큰 차이가 없다는 것이다.

박선이, 김경모, 그리고 고민경(2010)의 연구는 한국 주요 신문 오피니언 면에 글을 쓰는 필자들의 속성과 특성을 분석하여 여성을 바라보는 언론의 태도와 관점을 잘 포착해 냈다. 연구 결과, 10년 동안 여성 필자의 비율은 2배로 늘었지만, 그 비중은 여전히 10%에 미치지 못했고, 그나마 여성 필자들이 쓰는 칼럼의 주제는 주로 여성의 영역으로 간주되어 온 연성 소재와 사적 관심사에 편중돼 있었다.

한국의 영부인 관련 언론보도를 분석한 박재영과 윤영민의 연구(2008)를 보면, 한국의 영부인은 상당한 위치에 올라 있는 여성임에도 불구하고 뉴스 보도 속에서는 대통령 의존적이고 정치적 활동보다는 청와대의 안주인으로서의 역할을 하는 소극적인 여성으로 묘사되어 있다.

18대 대선에서 박근혜 후보와 문재인 후보를 다룬 언론의 프레임을 분석한 연지영과 이건호(2014)의 연구를 보면, 한국 언론은 정치·경제·안보·복지·교육 등의 이슈에서 여성인 박근혜 후보의 남성적 리더십을 강조했다. 즉 경성 이슈를 남성적인 것으로 간주하는 언론이 박 후보의 강점을 부각하기 위해 그에게 남성성을 덧씌워 보도했다는 것이다. 여성 유권자에 대해서도 한국 언론은 비슷한 태도를 취하고 있다. 여성 유권자 관련 언론보도에서 여성은 정치에 있어 문외한이며 이성적이기보다는 감성적인 존재로 인식되며, 주부나 아줌마와 같은 수식어가 늘 동반되는 것으로 나타났다(김세은·김수아, 2007).

여성에 대한 언론의 이러한 시선은 소수자를 향해서도 마찬가지로 적용된다. 소수자 뉴스에 대한 연구는 수적으로 많지 않지만, 자문화 중심주의와 단일민족국가 관념에 기댄 차별과 편견이 언론보도에 난무하다는 점을 드러냈다.

한국 언론은 이주민을 부정적, 비극적, 폐쇄적 인물로 그리거나(김경희, 2009), 건강이 좋지 않고 심리적으로 불안정하며 하층 생활을 하는 사람으로 묘사한다(이재승·박경숙, 2013). 특히 결혼 이주 여성은 주류 사회인 한국 사회에 동화될 필요가 있는 대상, 어려움을 겪는 대상, 주류 사회층 사람들의 도움을 필요로 하는 대상으로서 인식됐다(양정혜, 2007).

임양준(2012)의 연구를 보면, 한국 거주 이주노동자에 대한 보도 가운데 3분의 1은 인권 피해 기사, 범죄 관련 기사, 불법 체류 기사 등이었다. 이런 보도들은 소수자를 주변화시켜 재현함으로써 소수자의 관점과 목소리를 배제하는 한편, 소수자 관련 이슈의 배경이 되는 한국의 사회적 문제나 역사적, 구조적 배경을 숨김으로써 문제의 근본적 원인도 찾지 못하게 되는 것으로 귀결된다. 언론에 의해 소수자가 왜곡되어 재현되면, 소수자에 대한 고정 관념과 차별적인 태도만 더욱 강화되기 때문이다(김성란, 2010; 오창우, 2012; 정연구·송현주·윤태일·심훈, 2011; 정의철·이창호, 2007).

언론은 다문화 관련 뉴스에서 다문화 소수자 당사자가 아닌 정부기관을 주된 취재원으로 활용하면서, 종종 교육 프로그램 도입 및 정책적 지원과 같은 해결책을 제안하는데, 이는 다문화 소수자들의 목소리를 배제하면서 이들로 하여금 주류 사회에 동화할 것을 은연중에 강요하고 있음을 드러낸다(양정혜, 2007; 이재승·박경숙, 2013).

9. 뉴스의 구조와 스타일

기사 정형화

기형적으로 이식된 객관주의에 바탕을 둔 한국 언론은 역피라미드 스트레이트라는 기사 도식을 성립했다. 신문, 방송, 라디오 등 매체를 가리지 않고 대다수 기사가 속보 전달 또는 압축적 정보 전달에 주력하는 것으로 드러났다. 이러한 뉴스 언어는 취재와 보도 전반을 아우르는 뉴스 관점에서 비롯했을 뿐만 아니라 그러한 언어 전략이 취재와 보도의 철학 자체를 다시 역규정하거나 제한

하는 효과를 낳는다고 연구자들은 지적한다.

언론사를 막론하고 주제에 관계없이 뉴스의 모양새가 일정하다면 공산품 생산 과정에서 흔히 볼 수 있는 획일적 조립 방식, 부품과 공정의 규격화 등이 뉴스 생산에도 존재할 것으로 의심해 볼 수 있다. 사건담당 기자의 취재 관행을 살펴본 남재일(2008)의 연구는 이를 이해하는 데 도움을 준다.

언론사 입사시험에 합격한 수습기자는 자기에게 할당된 지역 내 경찰서, 병원, 학교 등을 순회하면서 기삿거리를 수집한다. 하루 20시간 정도 일하는 이 생활은 물리적으로 불가능에 가까운 중노동이다. 그러다 보니 취재방식도 기사에 꼭 필요한 정보를 우선적으로 수집하는 방식으로 간소화된다. 이 노하우는 자칫 저널리즘의 원칙을 넘어서기도 한다. 여러 사례를 수집할 때 주제에 적합한 사례만 집중적으로 모으고, 주제에 반하는 사례는 선택적 인지에 의해 배척한다. 결과적으로 기자는 자기가 설정한 주제를 소수의 편의적 샘플로 일반화하는 오류를 범하게 된다. 말하자면, 기사의 정형화한 구조가 요구하는 정보만 수집하게 되는 것인데, 실제로 사건기사의 틀은 고정돼 있으므로 기자는 틀에 대한 고민을 할 필요 없이 틀에 필요한 정보만 수집하여 끼워 맞추면 된다. 결국 기자들은 자기가 다루는 모든 사안을 '사건'으로 간주하여 구조적 문제점을 놓치게 된다. 이는 "장르화를 통한 현상의 사건화"(남재일, 2008, 250쪽)로 부를 수 있다.

남재일이 취재 관행에 따른 기사의 도식화를 분석했다면, 박재영과 이완수(2008a, 2008b)는 기사의 구조가 규정하는 뉴스 내용의 천편일률을 짚었다. 국내 언론에서 거의 모든 기사는 역피라미드 구조로 작성된다. 역피라미드 구조는 리드(lead, 기사의 첫 문장이나 첫 문단)에서 사건의 개요나 사안의 주제를 압축적으로 표현하여 독자가 기사 내용을 감지할 수 있게 한 이후에 관련 정보를 중요도 순서에 따라 차례대로 나열한다. 따라서 리드는 기사 전체적인 방향과 내용을 기사 첫 부분에서 '초점화'한다.

> 역피라미드 구조는 리드에서부터 각을 잡아 놓았기 때문에 그 각에서 벗어나는 정보를 기사에 담기 어렵다. 리드 이후의 내용이 리드를 뒷받침하는 증거자료임을 상기하면, 리드의 각과 관련되지 않은, 심지어 그 각에 반(反)하는 정보는 수집되었더라도 기사에 포함되기 어렵다. 기자는 자기가 설정한 '리드의 덫'에 걸려 기사를 한쪽 방향으로 몰고 갈 수밖에 없게 되는 것이다. 예를 들어, 부하들을 구하고 전사한 소대장을 '의로운 소대장'으로 초점화하면, 리드 이후의 내용은 소대장의 의로움을 방증하는 정보로만 구성되어야 한다. 그러나 한 인간의 일생이 의로움으로만 점철될 수 없다는 것은 불문가지다. 이런 인간적 관심사의 기사에서는 리드의 초점화로 인한 부작용을 경시할 수 있겠지만, 이해관계가 얽혀 있기 마련인 사회 사안에서는 전혀 그렇지 않다. (박재영·이완수, 2008b, 126쪽)

또한 역피라미드 구조는 사안의 두드러진 사실만 피상적으로 전달하는 방식이어서 깊이 있고 맥락적인 보도를 가로막으며 독자에게 기사 내용을 강제로 주입하는 형태를 취해 몰입을 막는다. 결국 역피라미드 스트레이트는 사건 중심적 보도, 파편적 보도, 규정적 보도, 방관자적 보도로 이어져 오히려 본래적 객관주의 규범을 훼손하면서 독자로부터 멀어지는 결과를 낳았다(박재영·이완수, 2008b).

이런 형태의 기사 스타일이 언제부터 한국 언론을 지배했는지는 이재경, 정미영, 송미재, 그리고 고지운(2001)과 유선영(2005)의 연구에 잘 정리돼 있다. 구체 시기에는 연구마다 다소 차이가 있지만, 미국에서 객관주의가 정립된

1920~1940년대에 걸쳐 그 세례를 받은 한국 기자들이 역피라미드 스트레이트 양식을 근대 언론에 도입했고, 이는 해방 이후 미국에서 연수 교육을 받은 기자들에 의해 더 강화됐다는 게 이들 연구의 대체적 결론이다.

문제는 객관주의 언론의 대표 형식인 역피라미드 스트레이트를 수용하는 과정에서 그 원칙과 가치를 소화하지 못했고, 그 형식적 외양마저도 별다른 성찰 없이 관행적으로 반복하고 있다는 데 있다. 역피라미드 스트레이트 또는 관습화된 뉴스 도식을 적용하는 것에 대한 기자 및 에디터의 인식을 심층 면접한 연구들을 보면, 그들 대부분이 인력 부족, 마감 압박 등을 이유로 뉴스 언어의 변화에 별다른 흥미를 느끼지 못한다는 사실을 알 수 있다(박재영·이완수, 2008a).

보통 1분 30초 이내로 짧고 영상이 뒷받침되어야 한다는 조건 때문에 방송뉴스의 정형화와 도식화는 신문기사보다 더 심할 수 있다. 이준웅과 황유리(2004)의 연구가 이를 잘 보여 준다. 이들이 KBS, 영국 BBC, 미국 ABC와 NBC, 일본 NHK 등의 저녁 종합뉴스를 비교해 본 결과, KBS는 상대적으로 뉴스 리포트 수가 많고 리포트의 평균 길이는 80초 내외로 짧으며 현장 연결 리포트는 적었다. 특히 KBS의 뉴스 리포트는 앵커 도입 두 문장에 이어서 기자 리포팅 일곱 문장 및 중간에 인터뷰 사운드바이트 한두 개가 포함되는 구조로 획일화되어 있었다. 그래서 저자들은 KBS 뉴스를 '앵커 소개멘트 + 리포팅 + 인터뷰 + 브리지 + 인터뷰 + 클로징'으로 도식화할 수 있다고 보고, 이를 "한국형 방송뉴스 도식"(263쪽)으로 불렀다. 이에 비해 BBC의 뉴스 리포트는 평균 120초였으며 현장을 연결하는 리포트가 많았고, 자막은 제한적으로 사용했다. 또 BBC, ABC, NBC는 원인과 과정뿐 아니라 결과와 반응을 심층적으로 보여 주는 뉴스가 30~55%에 달했는데 KBS의 이 비율은 7.3%에 불과해 대조적이었다.

이런 정형화는 방송뉴스의 질적 문제로 이어진다. 이완수와 박재영(2013)은 방송뉴스 기사의 언어와 표현이 저널리즘 원칙에 비춰 어떤 문제가 있는지 단어와 문장 단위로 분석했는데, 방송뉴스의 절반 정도가 기자의 개인적 편견, 판단, 의견, 감정 등이 담긴 주관적 술어를 한 차례 이상 사용하는 것으로 나타났다. 그 밖에도 종북, 용공, 사랑의 매, 사상 최악, 대란 등 가치 개입적인 표현과 극단적인 묘사를 사용하거나, 특정 의견을 반영하는 직접 인용문을 기사 제목에 그대로 사용하는 등의 문제도 발견됐다.

한국과 미국의 환경 뉴스 사례를 비교 연구해 뉴스 객관성의 영상화에 대해 알아본 김수정(2003)의 연구를 보면, 한국 방송뉴스는 짧은 컷, 신속한 화면 전환과 부단한 카메라의 움직임 등 인위적인 카메라 작업을 통해 생동감과 사실성을 높이려 하는 경향이 있다. 이를 통해 영상 이미지를 기자의 언술과 일치시키면서 시청자들이 듣고 있는 것이 사실임을 확인시켜 주는 식으로 저널리스트의 취재 행위 자체를 객관화시키는 특징이 있었다. 이런 방식의 영상화 관행은 "특정 측면을 시각적인 방법으로 부당하게 강조함으로써 실제로는 중립적이고 객관적인 보도를 약화시킬 수 있다"(378쪽)라고 연구자는 지적했다.

반현과 홍원식(2009)은 '뉴스 꼭지당 1분 30초'와 같이 보편화된 포맷을 쉽게 바꾸지 못하는 데는 방송사들이 시청자들에게 낯설고 새로운 포맷을 제시함으로 인한 시청률 감소의 우려 때문인 것으로 추정했다. 그럼에도 불구하고 새로운 매체 환경에서 방송뉴스가 갖는 장점을 최대한 살려 고급화, 차별화하는 것이 필요하다고 제언했다. 텔레비전 뉴스 카메라 기자들을 대상으로 영상 구성 방식에 대한 인식을 조사한 최민재(2005)의 연구에서도 기존에 자리잡아 온 '형식적 제작 관행'과 시청률에 대한 과도한 인식이 정형화된 뉴스 형태를 만드는 데 큰 영향을 준 것으로 나타났다.

영상·사진·편집

뉴스는 언어 텍스트 외에도 그 편집 및 영상과도 밀접한 관련이 있다. 영상 편집과 관련해서는, 선정성·자극성 등을 중심으로 뉴스 영상을 구성한다는 점을 발견한 연구들이 많다(예: 김수정, 2003; 김용호, 2002; 민병현·백선기, 2009; 백선기·이옥기, 2013; 심훈, 2005; 홍경수, 2009; 황인성, 1996).

이런 연구들과도 관련이 깊은데 한국 언론은 영상 편집에 있어서도 정파성을 드러낸다. 선거방송에서 정당별 영상 처리 기법을 분석한 이효성, 박덕춘, 그리고 오종서(2008)의 연구를 보면, 군중의 리액션 노출 빈도나 리액션의 성격, 예컨대 냉담하거나 환호하는 모습 측면에서 후보에 따라 차별적으로 보도하는 경향이 발견됐다.

방송언어 정보의 시각적 전달 양상을 자막 효과를 중심으로 연구한 조수선(2012)의 연구에서도 시각 정보로 나타나는 자막이 특정 정치적 메시지를 제공할 가능성이 있기 때문에 공정성 차원에서 주의해야 한다고 지적했다. 이와 관련한 또 다른 연구(반현·이현숙, 2006)를 보면, 선거방송에서는 중앙방송이 지역방송에 비해 자막 처리가 더 많이 등장했는데, 중앙방송이 여론을 주도한다는 점에서 더욱더 주의가 요구된다고 지적했다. 최윤정(2008)은 방송뉴스에서 특정 정치인에 대한 긍정적 장면(scene)을 먼저 내보내고 그다음 부정적 장면을 내보낼 경우, 그 반대 순서에 비해 정치인에 더 우호적 반응을 이끌어낸다는 점을 발견했다. 방송뉴스의 단순한 영상 배열조차 공정성에 영향을 주는 것이다.

연평해전과 천안함 침몰 사태에 대한 방송보도에서 컴퓨터 그래픽의 현실 재현 효과를 알아본 이창훈과 안호림(2011)의 연구에서는 사건을 시각적으로 증명하는 컴퓨터 그래픽의 중요성을 인정하면서도, 군 당국이 제공한 정보만으로 실사보다 더 상세한 그래픽 시뮬레이션을 단정적으로 제공한 것은 문제라고 지적했다. 생생한 현실 재현을 돕는 또 다른 영상 구성 기법으로 CCTV 녹화 영상 또한 빈번히 사용되고 있는데 이에 따른 선정성 문제 또한 논란이 되고 있으므로 이에 대한 재고가 필요하다(이창훈, 2012).

방송 영상에 대한 연구에 비해 보도 사진에 대한 연구는 많지 않다. 신문사간 보도 사진의 정치적 편향성을 비교한 박정순과 정경희(2005)의 연구를 보면, 신문사들이 특정 정치인 인물사진의 선택에 있어서 신문사의 정치적 성향에 따라 긍정적 혹은 부적정인 이미지의 사진을 선택하는 편향적 행위가 일어난다는 점이 드러났다.

정형성은 보도 사진에서도 발견된다. 신문 1면 사진을 통해 한국 포토저널리즘의 변화를 여러 측면에서 분석한 이종수(2003)의 연구를 보면, 최근으로 올수록 사진 크기가 커지고 소재가 다양해지긴 했지만, 개별 사진의 도식화를 벗어나지는 못했다. 예컨대 박재영(2006)의 연구를 보면, 신문의 보도 사진에는 에디터가 좋아하는 "정답 사진"(102쪽)이 있다. 즉 사안을 전체적으로 잘 보여 주는 전경 사진으로서 반드시 사람이 등장하고 사진에 정보적 요소(동작, 구호, 피켓 등)가 많이 들어 있어 그 자체로 사안을 설명해 주는 사진이 정답 사진이다. 또한 다수의 사람들이 포함되어 있고, 그들의 행동이 통일돼 있으며, 전체 분위기가 밝고 웃는 얼굴이 있고, 특히 여성이 포함된 것도 에디터들이 선호하는 사진이다. 이런 사진들은 사안을 전체적으로 보여 주는 데 유용하지만, 누가 보아도 별 문제 없는 뉴스를 생산하고자 형식상의 사실성만 강조하는 게이트키핑 메커니즘이 작동했기 때문일 수도 있다. 그래서 사진기자들은 에디터가 원하는 정답 사진을 먼저 찍어 놓고 자신이 좋아하는 사진을 추가로 취재하거나, 정답 사진에 맞추려고 연출 사진을 만들기도 한다. 사진기자들은 에디터와 에디터의 정답 사진에 반발하며 새로운 시도와 실험을 하고 있지만 실제로 보도 사진을 얼마나 바꿀 수 있을지는 아직 알 수 없다.

포토저널리즘이 수용자들에게 어떤 과정으로 전달되는지 분석한 정홍기(2002)의 연구에서는 사진에 딸린 캡션(사진 설명)의 중요성을 발견했는데, 사진은 순간의 이미지를 포착하는 것인 만큼 사안의 원인, 과정, 결과에 대한 역사적 맥락을 전달하는 사진 캡션 역시 주의 깊게 작성해야 한다고 지적했다.

한편 신문 편집에 대한 여러 연구들은 각 언론사가 지면 편집을 전략적으로 활용하면서도 시각적 요소를 강조하는 쪽으로 변화해 왔음을 발견했지만(예: 박광순, 2008; 우병동, 2000; 정연구, 2005), 그 연구 논문의 수가 많지 않은데다 지면 편집을 통한 정파성 등의 문제를 깊이 들여다본 것은 드물다.

고영철(2015)은 한국과 미국의 지역 일간지의 1면 구성을 비교했는데, 미국 지역신문에 비해 한국 지역신문은 역피라미드 기사를 더 많이 게재하면서, 사실을 과장하거나 오도할 수 있는 삽화, 표, 컷 등도 더 많이 사용한다는 점을 발견했다. 김태용과 박재영(2005)은 수용자의 기사 선택이 기사가 실린 지면의 위치와 총 면적, 헤드라인 크기, 표 및 그림의 사용에 영향을 받음을 확인했다.

뉴스 품질

실증적 분석을 통해 한국 언론의 낙후성을 드러낸 여러 연구 가운데 이재경(2006)이 〈조선일보〉와 〈뉴욕타임스〉의 대통령 보도를 비교하여 얻은 결론은 큰 함의를 던져 준다. 국가 간 비교를 통해 한국 언론과 뉴스의 실상을 가감 없이 보여 주어 기자와 언론사가 무엇을 어떻게 해야 하는지 알려 주기 때문이다.

연구 결과를 보면, 대통령 관련 기사의 수와 기자당 기사 수에서 모두 〈조선일보〉는 〈뉴욕타임스〉보다 많았다. 반면 기사의 길이, 기사당 취재원 수에서는 모두 〈뉴욕타임스〉가 〈조선일보〉보다 많았다. 〈뉴욕타임스〉는 〈조선일보〉보다 취재원도 더 다양했다. 이재경은 분석 결과를 토대로 〈조선일보〉의 기사를 단순 사실, 개인 중심 기사 쓰기, 조합식 구성, 짧은 저널리즘 등의 특성을 지닌 것으로 평가했다. 이와 비교해 〈뉴욕타임스〉는 복합적 사실, 견제와 균형이 반영된 기사 쓰기, 통합적 구성, 롱(long) 저널리즘 등의 특성을 가진 것으로 평가했다. 여기서 기사의 길이는 취재원의 수와 그를 통해 반영되는 관점의 다양성, 그리고 사안을 얼마나 종합적이고 다원적으로 접근하는지 등과 연결된다. 즉 〈뉴욕타임스〉의 롱 저널리즘은 사안을 둘러싼 맥락과 다양한 관점을 제시하며 그에 대한 기자의 분석을 포함시키는 반면 〈조선일보〉는 기사를 이벤트(사건) 중심적으로 작성하면서 기자의 역할도 단순한 사실의 기록자이자 전달자에 제한하는 경향을 보였다는 것이다. 또 〈조선일보〉는 대통령 개인의 언행이 기사의 중심인 데 비해 〈뉴욕타임스〉는 기사에 야당 인사나 일반 전문가들을 고정적으로 포함시켜 견제와 균형의 역학구조를 반영했다. 편집에서도 〈조선일보〉는 사안의 내용이 복합적인 경우에 기사를 여러 개로 별도로 작성하여 모자이크식으로 편집해 전체를 보여 주는 반면 〈뉴욕타임스〉는 하나의 기사에 다양한 관련 요소들을 최대한 통합적으로 포함해 제시했다.

한국 신문기사가 짧다는 사실에서 이재경(2008)은 두 가지 의미를 찾았다. 기사의 길이는 첫째, 취재원의 수와 그를 통해 반영되는 관점의 다양성과 직결되며, 둘째, 기자가 사안에 얼마나 종합적이고 다원적으로 접근하는가를 보여준다. 한국 언론이 사회 통합에 기여하기보다 갈등 유발적 기능을 하게 된 데는 기사가 지나치게 단편적이고 파편적인 것이 한 원인인데 이는 결국 기사 길이와 연관돼 있다는 것이다.

또한 한국 신문과 미국 신문의 1면 기사를 비교한 연구(이건호, 2008; 이건호·정완규, 2008)를 보면, 미국 신문은 정치와 경제기사에서 한국 신문보다 더 많은 취재원을 활용한다. 잘못된 사실을 바로잡는 정정 보도에 있어서도 한국

신문은 미국 신문에 비해 열등하다(임양준, 2007). 한국 신문이 정정보도하는 빈도는 미국 신문의 10분의 1 수준이다. 그나마도 한국 신문의 정정보도는 사실관계의 잘못 때문인 경우가 많다. 이와 비교해 미국 신문이 정정 보도를 하는 원인의 절반은 기사 작성 및 편집 과정에서 숫자, 철자 등을 잘못 적는 단순 오류였다.

이런 연구 가운데는 '뉴스 품질'이라는 개념을 적용한 경우도 있다. 박재영과 이완수(2007)는 미국 PEJ(Project for Excellence in Journalism)가 개발한 '고급 기사' 기준을 한국적으로 변형하여 '뉴스품질 지수'를 제시했다. 이 지수에 따른 고급 기사는 하나의 기사에 포함된 투명 취재원이 4개 이상이고, 기사에 등장하는 이해 당사자도 4개 이상이며, 기사에 드러나는 관점이 복합적으로 제시되어야 한다.

여기서 투명 취재원은 출처를 명확하게 밝힌 경우인데, 이는 정보의 사실성과 진실성을 높여 주는 기준이라 할 수 있다. 이해 당사자 기준과 관점 기준은 보도의 균형성 및 공정성과 직접적으로 관련된다. 이해 당사자는 (단순히 기사의 소스가 누구인지를 가리는 취재원 유목보다 더 명확하게) 기사에 이해관계가 상이한 사람들이 얼마나 많이 등장했는지를 알 수 있게 해 준다. 또 관점 기준은 이해관계가 상이한 여러 입장이 기사에 모두 소개되는 것을 넘어서 기사가 지나치게 특정 입장에 치우쳐서 작성됐는지를 알게 해 준다. 다시 말해, 소수 의견이라 하더라도 뉴스에 노출되어야 하며, 나아가 특정 의견이 과도하게 지배적으로 묘사되어서는 안 된다는 뜻을 담고 있다.

이런 기준을 잣대로 기사를 분석한 박재영과 이완수(2007)의 연구를 보면, 1990~2007년 국내 10개 종합일간지 1면 기사의 고급 기사 비율은 8.1%인데 비해 2005년 미국 주요 16개 신문 1면 기사의 고급 기사 비율은 33%이며 2005년 미국 4개 대형 신문 1면 기사의 고급 기사 비율은 52%였다. 이 연구에서는 또한 익명 취재원의 의견을 직접 인용하거나, 직접 인용구를 기자의 주관적 술어로 전달하거나, 직접 인용구를 제목에 반영하거나, 주체가 명확하지 않은 문장을 쓰는 등 절차적 규범에 반하는 사례가 한국 신문에서 월등하게 많다는 점도 드러났다.

또 다른 연구(이건호, 2008)에서는 국내 6개 종합일간지 1면 기사의 이해 당사자 수는 2.8개이며 복합적 관점의 기사 비율은 20.1%인 반면, 같은 기간 미국 2개 대형 신문의 1면에서 발견된 이해 당사자 수는 7.6개, 복합적 관점의 기사 비율은 71.4%라는 점이 드러났다. 박재영, 안수찬, 그리고 박성호(2014)의 연구에서는 한국 주요 종합일간지의 대통령선거 뉴스 품질이 20년 동안 오히려 악화됐다는 점을 발견하기도 했다.

대안적 시도

대체로 보아 한국 언론의 뉴스 언어는 오랜 시간 동안 큰 변화 없이 관습적 형태를 유지하고 있다. 짧은 분량에 핵심만 전달하는 뉴스 언어의 가장 결정적인 문제는 그것이 현실의 복잡성을 제대로 담지 못한다는 데 있다.

그 대안에 대한 연구는 크게 두드러지지 않지만, 내러티브 저널리즘 또는 형식 파괴 뉴스 등에 대한 관심이 조금씩 생겨나고 있다. 박재영과 이완수(2008a, 2008b)는 신문과 방송을 가리지 않고 한국 뉴스의 전형으로 자리 잡은 역피라미드 기사의 문제를 본격적으로 분석하면서 "역피라미드 구조는 나름의 미덕이 있으므로 그것을 완전히 폐기할 필요는 없다. 그 대신, 전혀 다른 글쓰기를 과감히 시도하고 확산시켜야 한다"(2008b, 146쪽)라고 제안하고, 그 대안으로 내러티브 기사를 제시했다. 내러티브 기사란 주제를 대표하는 하나의 사례 또는 한 사람의 이야기를 통해 사회구조적 문제점을 드러내는 기사 스타일로서 온전히 사실에 기초하지만 그 전개를 문학적으로 드러내는 방식이다. 연구자들은 "숙명적으로 글로 승부할 수밖에 없는 신문이 미래에 살아남는 길은 정보의 단순 짜깁기가 아니라 정보가 녹아 있는 스토리를 만드는 것이다"(2008b, 148쪽)라고 내러티브 기사의 가치를 설명했다.

그 실제 사례를 분석하고 비평한 것으로 이기형(2010)의 연구가 있다. 연구자는 기자들이 노동 현장으로 들어가서 문제의식을 체화하고 밀도 있는 내러티브로 엮어낸 〈한겨레21〉의 기획기사에 대해 취재 설계, 기사의 구성력, 글쓰기 방식이 혁신적이며 내용도 심층적이라고 평가했다.

> 특정 현장과 이슈에 대한, 밀착적인 동시에 단기간이 아닌 상당한 시간을 투여한 참여 관찰과 충분히 숙성된 내러티브를 구사하는 저널리즘을 실천하는 작업이 향후 기자를 포함한 미디어 생산자들과 관심을 공유하는 연구자들에 의해 보다 적극적으로 시도되어야 [한다]. 현장 저널리즘 혹은 민속지학의 방식을 채용하는 저널리즘적인 탐사와 내러티브의 역할을 활성화하기 위해서는 아직은 주변적 장르에 머무르고 있는 방식의 취재와 글쓰기가 주기적으로 수행되기 위한 언론사 차원의 지원과 필요성에 대한 공감이 필요하다. [중략] 취재방식과 글쓰기의 완강한 관습성을 일부 해체하면서 대안적 방식과 관점으로 특히 우리 사회의 주변인들과 노동과 고용의 사각지대와 같은, 중요하지만 그만큼의 조명을 받고 있지 못한 사회적인 사안과 쟁점들을 파고드는 저널리즘의 모색이 현재의 수준보다 강화되[어야 한다]. (이기형, 2010, 150-151쪽)

내러티브 스타일은 역피라미드 구조의 이런 한계를 극복하려는 차원에서 거론되는 대안적 글쓰기 방식이다. 사안을 다각도로 접근하고 심층적으로 전달하며 뉴스 소비자의 정서적 공감을 이끌어내는 데 유용하다. 다만 현재의 여건, 예를 들어 기자들의 글쓰기 역량이나 취재 인력이 부족하며 독자의 반응에 대한 불안감 때문에 당장 구현하기에는 어려움이 있다는 지적도 있다(박재영·이완수, 2008a). 그 밖에도 기사의 정형성에 대한 비판적 연구들이 몇몇 있지만(예: 김경희, 2002; 우형진, 2006), 그 대안에 대한 연구는 많지 않은 것으로 평가할 수 있다.

10. 뉴미디어 뉴스

달라진 세상

뉴미디어의 실체를 종잡기는 힘들지만 그것의 영향력은 막강하다. 예컨대 정재민과 박종구(2012)는 경제 뉴스가 소비되는 매체 유형을 비교 분석했는데, 오늘날의 언론 수용자에게 신문, 방송보다 인터넷이 가장 압도적으로 유용한 매체이고, 전통 언론을 대표하는 신문은 그 유용성에서 소셜네트워크보다 뒤처진다는 점을 발견했다. 특히 소셜네트워크를 통해 전파되는 뉴스 가운데는 전업 언론인보다 비언론인 집단이 생산하는 뉴스가 더 많아졌고(설진아, 2013), 수용자들은 동일한 기사의 경우에도 신문 지면으로 읽는 것보다 스마트폰으로 읽을 때 더 오래 제대로 기억하거나 회상한다(이미나, 2011).

뉴미디어 연구의 초기에는 이런 환경 변화에 대한 기성 언론의 대응을 살펴본 것들이 적지 않은데, 그 연구 결과를 보면, 기성 언론이 인터넷 등 뉴미디어의 형식을 빌려 오긴 했지만 여전히 고답적 관행을 반복하고 있다는 점을 발견했다(최낙진·김재영, 2002; 최영·김병철, 2000). 기성 언론이 웹페이지 등을 마련해 변화를 꾀하고 있지만, 그 외양만 바꾼 채 뉴미디어 생태계에 별다른 영향력을 주지 못하고 있다는 것이다.

이와 관련해 권상희(2004)의 연구는 뉴미디어의 초창기 지형을 보여 준다. 신문과 방송 등 기성 언론의 인터넷뉴스는 기존 뉴스의 형식과 내용을 그대로 옮기는 수준에 그친 것에 비해, 〈오마이뉴스〉 등 인터넷언론은 경성 이슈를 다루면서도 사진과 영상 등을 결합한 멀티미디어 형태를 띠면서 그 내용에 있어서는 기자의 주관이나 수용자의 참여를 이끄는 등 쌍방향적인 것이 많았다.

이후 10여 년 동안 뉴미디어 연구는 기성 언론이 뉴미디어 환경에서 무엇을 어떻게 하고 있는지에 관심을 두기보다는 새로 탄생한 각종 뉴미디어들이 기성 언론과 구분되는 독자적인 언론으로 자리 잡게 된 특성이 무엇인지에 주목하는 쪽으로 변화했다. 신윤경과 김민하(2010)는 전통적 뉴스룸에서 강조되거나 두드러지는 '게이트키핑'과 저널리즘 원칙의 반영에 있어 〈중앙일보〉와 〈오마이뉴스〉의 기자 블로그 사이에 어떤 차이가 있는지 분석했다. 연구 결과를 보면, 〈중앙일보〉에 비해 〈오마이뉴스〉가 게이트키핑이 느슨하고 기자 개인의 신변잡기적 정보까지 담고 있으며, 느슨한 저널리즘 원칙을 적용하고 있는 것으로 나타났다.

이건호(2006)는 전통 매체의 인터넷사이트와 인터넷언론의 사이트 사이에 '상호 의제설정' 효과가 있는지 살폈는데, 인터넷언론은 주요 신문의 인터넷사이트가 설정한 의제로부터 거의 영향을 받지 않았고, 또 다른 인터넷언론의 의제로부터도 영향을 받지 않았다. 이에 비해 주요 신문의 인터넷사이트는 인터넷언론의 의제로부터 일정한 영향을 받는 것으로 나타났다. 즉 인터넷에만 뉴스를 제공하는 인터넷언론은 대단히 독자적이고 독립적인 의제를 설정한다는 점이 드러난 것이다. 이와 비교할 만한 것으로 진행남(2002a)의 연구가 있는데, 신문과 방송 등 전통 매체는 인터넷언론이 제기한 경성 이슈를 수용하는 반면에 인터넷언론은 전통 매체가 제기한 의제 가운데 미시적인 이슈들을 주로 수용한다는 점이 드러났다.

임종섭(2011)은 13개 뉴스 사이트의 머리글 기사를 비교 분석했는데, 각 뉴스 사이트들이 머리글 기사, 즉 인터넷 화면 최상단의 기사를 서로 다른 이슈와 방식으로 배치하면서 차별화 경쟁을 벌이고 있다는 점을 발견했다. 즉 뉴미디어 환경에서는 각 언론사들이 다른 언론사를 신경 쓰지 않고 대단히 독립적으로 뉴스 가치를 판단한다는 것이다.

가히 혁신적인 상황 변화에 대해 임종수(2006)는 개인이 뉴스의 주체가 되어, 뉴스의 경계를 허물어뜨리면서 그 생산과 소비의 주기를 파괴하고, 뉴스, 정보, 지식을 하나의 콘텐츠로 내놓는 뉴미디어 시대의 도래를 기성 언론이 제대로 인식하고 성찰할 것을 제안했다.

> 온라인을 기성 미디어의 곁가지로 취급하는 것은 어리석은 일이다. 뉴스 생산과 소비 주기의 변화만으로도 의미 있는 저널리즘 지각 변동을 가져올 수 있다. 전통적으로 신문을 찍는 저널리스트들에게 하루는 신문을 찍어 내는 데드라인을 향해 움직이게끔 의례화되어 있었[다]. [중략] 그러나 그 전통은 유무선 통합과 24시간 체제, 글로벌리즘을 표방하는 온라인으로 인해 형식상의 소멸뿐만 아니라 저널리즘 내용의 변화도 가져오고 있다. 그것은 마치 마을의 대소사를 논의하던 사랑방이 라디오와 텔레비전의 등장으로 그 기능이 축소되는 것은 말할 것도 없고 논의의 내용과 범위가 크게 바뀌었던 것

과 같다. (임종수, 2006, 68쪽)

명과 암

뉴미디어가 언론 환경에 끼칠 영향에 대해선 긍정과 부정의 입장이 엇갈리고 있다. 몇몇 대안언론을 중심으로 뉴스 심층성, 전문성, 다양성 등이 향상될 수 있다고 전망한 연구가 있는 반면, 지배적 뉴스 유통 미디어로 포장한 포털을 중심으로 언론의 신뢰성 전반이 더 급속하게 붕괴하고 있다는 비판적 연구도 있다. 연구가 수행된 시기를 중심으로 보자면, 2000년대 초반까지는 인터넷 등 뉴미디어의 긍정적 가능성에 주목한 경우가 적지 않지만, 2010년대에 들어서는 뉴미디어 등이 초래한 변화의 부정적 측면을 비판하는 경우가 늘어나고 있다.

전자를 대표하는 연구를 종합하면, 대체로 보아 뉴미디어는 기자의 주관성과 직접 경험을 강조하면서 의견 또는 해설기사를 주로 제공하여 논쟁적 이슈에 대한 근본적이고 성찰적인 공론장 역할을 할 수 있다고 본다. 뉴미디어는 시민의제를 수용하는 데 적극적이고(김학수·오연호, 2003), 기성 언론이 외면했던 의제 발굴에서 강점을 갖고 있으며(박선희, 2001), 동일한 이슈를 다룰 때도 기성 언론에 비해 보다 다각적이고 심층적인 정보와 분석을 전달하고(백선기, 2006), 기성 언론에 비해 더 많은 정보원을 동원하여 문제의 본질로 접근한다(이동근, 2004)는 것이다.

그 가운데 하나로 진행남(2002b)은 인터넷 매체인 〈오마이뉴스〉 초기 화면 뉴스와 종합일간지인 〈조선일보〉, 〈한겨레〉의 1면 기사를 비교하여, 뉴스 영역과 유형 등을 분석했는데, 인터넷언론이 기존의 고정된 뉴스틀을 해체하고 새로운 뉴스틀을 만들고 있음을 발견하고, 이를 "기존 언론의 고착화된 뉴스 영역과 뉴스 유형에 대한 창조적 파괴"(630쪽)라고 평가했다.

> 인터넷 미디어는 기존 저널리즘의 뉴스 영역을 크게 확장시키고, 신변잡기와 같은 새로운 뉴스 유형을 생성시킴으로써 전통적인 뉴스의 패러다임을 재정립하게 하는 계기를 던져 주고 있다. 매체의 역사적 발달 과정에서 〈오마이뉴스〉와 같은 인터넷 미디어는 'Daily Us'에서 'Daily Me'로 나아가는 과도기적 모델이라는 의미를 지닌다고 할 수 있다. (진행남, 2002b, 630쪽)

반면 뉴미디어를 비판적으로 바라보는 연구들은 주로 선정적 기사, 유사한 기사의 양산 등 부정적 양태에 주목하는 경우가 많다. 이들은 뉴미디어가 저널리즘의 품질을 추락시키고 이에 대한 신뢰에 악영향을 줄 위험이 있다고 지적한다. 뉴미디어는 선정적 기사를 주로 선택하여 노출하고, 제목 편집 등에 있어 저널리즘의 원칙과 규범을 제대로 지키지 않으며(방영덕·박재영, 2009), 이러한 뉴미디어 환경에 기대 취재를 벌이는 풍토에서는 자극적 뉴스를 위해 미확인 정보를 함부로 기사에 옮기게 된다(홍주현, 2014).

흥미롭게도 뉴미디어의 긍정성을 강조한 연구는 〈오마이뉴스〉 등 개별 인터넷언론에 집중한 경우가 많고, 그 부정성에 대한 연구는 주로 포털 뉴스에 주목한 경우가 많다. 포털 뉴스는 자급 기사보다는 기성 언론의 뉴스를 재매개하는 데 치중하면서도 신문과 방송으로부터 독립적인 의제설정을 하고 있다(김경희, 2008; 양선희, 2008). 다시 말해, 인터넷언론이 신문·방송 등 기성 언론과 구분되는 독자적 언론 역할을 했던 것처럼 이제는 이들의 뉴스를 편집하여 전달하는 포털 역시 기존 언론과 구분되는 독립적 언론 구실을 하고 있다는 것이다. 이 과정에서 포털은 기성 언론과 다른 편집 전략을 채택해 연성 기사를 주로 확산시키고 있으며(박광순·안종묵, 2006), 그 결정은 포털 뉴스의 에디터에 의해 이뤄진다(최민재·김위근, 2006).

다만 이런 문제가 포털에 의한 것인지, 포털과 연관된 기성 언론에 의한 것인지에 대해서는 이견이 있다. 채정화(2014)의 연구를 보면, 포털 뉴스의 문제로 지적돼 온 선정성, 편향성 등은 기성 언론이 직접 뉴스 초기 화면을 편집하는 경우와 포털이 뉴스를 편집하는 경우 간에 차이가 있었다. 즉 포털에서 더 많은 사용자에게 선택받으려는 기성 언론사들이 선정적이고 편향적인 기사를 스스로 포털에 노출시키는 경우가 많았고, 오히려 포털이 독자적으로 여러 뉴스를 편집할 때에는 이런 문제가 줄어들었다.

이에 비해 김소형과 이건호(2015)는 포털보다는 이용자들이 이른바 바람직하지 못한 뉴스를 더 선호한다는 사실을 발견했다. 선정적이고 자극적인 뉴스가 확산되는 것의 주된 책임을 포털에게만 물을 수는 없다는 것이다. 다만 연구자들은 뉴스 수용자들의 이런 행태가 포털 등 뉴스 유통자가 부정적이고 자극적인 뉴스를 주로 노출시켜 온 데서 발생한 일종의 '학습효과'인 것으로 추정하면서, 뉴스 생산자와 유통자가 '바람직한 뉴스'를 더 많이 노출시켜야 한다고 지적했다.

뉴미디어의 긍정성과 부정성을 아울러 분석한 연구들도 있다. 온라인 저널리즘은 단발 뉴스를 중심으로 형성된 것 같지만 자세히 들여다보면 기성 언론이 제공하지 못한 맥락적 뉴스도 적지 않고(김재영·양선희, 2006), 온라인 뉴스가 이슈의 책임을 개인화시키는 단점이 있음에도 다양한 이슈와 관점을 제공하는 장점 또한 갖고 있다는 것이다(양정애·김은미·임영호, 2012).

뉴미디어가 생산, 확산시키는 기사의 규준과 원칙이 무엇인지에 대한 연구도 진행됐는데, 연구마다 그 결과에 다소 차이가 있다. 다만 객관성, 공정성, 전문성 등 전통적 뉴스 규준이 여전히 일정한 역할을 하고 있다는 관점도 있다(박정의, 2001; 반현, 2003; 안주아 · 김봉섭, 2003).

뉴미디어와 관련한 여러 연구 가운데서도 김위근(2014)은 새로운 언론권력으로 떠오르고 있는 포털을 거시적 관점에서 종합 분석했다. 그는 언론권력의 변천을 ① 전통 뉴스미디어 시대–뉴스 생산자 권력 집중 단계 ② 다매체 다채널 시대–뉴스 소비자 권력 집중 단계 ③ 초기 인터넷 뉴스미디어 시대–언론권력 파편화 단계 ④ 현재의 인터넷 뉴스미디어 시대–뉴스 유통자 권력 집중 단계 등으로 구분했다. 즉, 과거 신문·방송이 독점했던 권력이 뉴스 소비자에게 옮겨 가고 뒤이어 여러 매체로 분산된 것은 사실이지만, 오히려 뉴스 유통을 장악한 포털 등 새로운 언론권력이 등장하는 것으로 귀결됐다는 것이다.

김위근(2014)의 연구는 뉴미디어 테크놀로지가 불러온 새로운 환경에는 기존의 낡은 것을 혁파하는 긍정적인 가능성과 함께 기존의 낡은 것과 별반 다르지 않은 악습이 재현될 가능성이 있다는 점을 시사한다. 뉴미디어에 무조건 환호할 것이 아니라 그 지형을 비판적으로 분석하면서 기성 언론에 대한 관심도 놓지 말아야 한다고 연구자는 지적했다.

> 포털 뉴스 서비스가 뉴스 유통을 장악함으로써 뉴스 권력의 정점에 서게 됐지만, 유통만을 담당하는 포털 뉴스 서비스에 뉴스를 제공하는 [기존의] 뉴스미디어다. [중략] 유통 구조가 어떻든 선정적인 또는 연성적인 뉴스 콘텐츠를 제공하는 것은 뉴스미디어다. [중략] 현재 왜곡된 우리나라 온라인 저널리즘 지형에 대한 책임은 포털에만 있다고 보기 어렵다. 따라서 우리나라 온라인 저널리즘 복원을 위해서는 포털 뉴스 서비스는 물론 언론사닷컴과 인터넷신문의 노력도 중요하다. (김위근, 2014, 24쪽)

뉴미디어의 특성상 테크놀로지의 변화와 함께 수시로 새로운 형태의 뉴스 및 언론이 등장하고 있는데, 연구 특성상 이를 발 빠르게 따라잡기는 역부족이다. 다만 몇몇 연구자들은, 적어도 연구 발표 시점을 기준으로 보아, 최신 뉴미디어 현상을 분석하여 내놓고 있다.

나가며

뉴스 분석은 저널리즘 연구 가운데 가장 활성화된 영역이다. 그만큼 연구 논문이 많고 다양하지만, 좀 더 살펴보면 곳곳에 미답의 연구 주제들이 많다. 언론 현실이 급변하고 다변화하는 만큼, 연구의 주제도 무궁무진하다고 할 수 있는데, 여기서는 그 가운데 몇 가지만 짚는다.

뉴스 분석의 상당수는 정치 뉴스 분석이고, 특히 선거보도나 대통령 보도 분석이 대부분을 차지한다. 이에 비해 일상적 정치 뉴스에 대한 연구는 많지 않다. 또한 그 중요도로 보아 정치 뉴스 못지않은 경제 뉴스, 국제 뉴스에 대한 연구가 부진한 편이다. 뉴스룸의 주변부에 몰려 있으나 대중의 큰 관심을 받는 문화 뉴스, 스포츠 뉴스, 연예 뉴스 등에 대한 연구도 드물다.

뉴스 영역을 넘어 장르로 눈을 돌리면 다양한 뉴미디어 및 복합형 미디어에 대한 연구가 절실하다. 하루가 다르게 새로운 형태의 뉴스 플랫폼, 뉴스 포맷이 등장하고 있는데, 관련 연구는 아직 충분하지 않다. 동시에 이들 뉴미디어 또는 새로운 뉴스 포맷이 기성 언론 또는 기존의 뉴스 포맷과 어떤 관계에 있는지도 제대로 규명되지 않았다.

뉴스 분석 연구의 대부분이 '더 좋은 뉴스'에 대한 지향 또는 기대를 품고 있는 점을 떠올려 보면, 좋은 뉴스의 대표격이자 그 전형이라 할 수 있는 탐사보도에 대한 연구가 희귀한 것은 기이한 일이다. 탐사보도의 의미와 가치를 다룬 연구(김민하, 2008; 심재철·이경숙, 1999)가 드물게 있지만, 간혹 이 주제에 관심을 기울인 연구자들도 시사교양 프로그램이 보도한 탐사보도물을 주로 분석해 왔다(예: 강형철, 2007; 김상균·한희정, 2014; 설진아, 2009; 이영돈·심재철·노성종, 2009).

그러나 2000년대 초반부터 〈세계일보〉, 〈중앙일보〉를 필두로 〈조선일보〉, 〈한겨레〉 등이 편집국 안의 별도 조직으로 탐사보도팀을 속속 만들었고, 방송사 가운데도 KBS가 상당한 규모의 탐사보도팀을 구성했으며, 이들을 중심으로 여러 언론사의 기자들이 굵직한 언론상을 휩쓴 의미 있는 탐사보도를 꾸준히 수행해 왔다는 점을 생각해 본다면, 기자들의 탐사보도에 대한 연구가 전무하다시피 한 것은 아쉬운 대목이라 할 수 있다.

게다가 낙후한 언론의 현실에도 불구하고, 탐사보도 이외의 뜻있는 시도들이 없지 않다. 예컨대 내러티브 저널리즘, 크로스 미디어, 인터랙티브 뉴스, 공공저널리즘, 데이터 저널리즘, 크라우드소싱 저널리즘 등은 몇몇 언론과 일부 기자들이 좋은 뉴스의 모델을 개척하기 위해 벌여 온 뉴스 실험들이 제법 축적돼 있다.

그 밖에도 기자들이 일상적으로 시도하는 각종 기획보도 또는 연재기획도 적지 않다. 국내 학계에는 이들 기사에 대한 연구도 거의 없다.

지금까지 연구자들이 그랬던 것처럼 뉴스의 여러 문제를 다각도로 접근하는 노력도 필요하겠지만, 현존하는 좋은 뉴스의 씨앗 또는 실험의 가치와 의미를 발견하는 것도 저널리즘 연구자들이 '좋은 뉴스'의 확산에 기여하는 또 다른 방식이 될 것이다.

추천 논문

강명구·김낙호·김학재·이성민 (2007). 애국적 열망과 숭고한 과학: 진실추구를 억압한 저널리즘. 〈한국언론학보〉, 51권 1호, 59-90.

김경희·이기형·김세은 (2015). 기사 구성과 특징으로 본 '문화 저널리즘'의 변화상과 함의: 주요 일간지 문화면의 내용분석을 중심으로. 〈한국언론정보학보〉, 74호, 136-176.

김성해·송현진·이나연·이정한 (2010). 주류 미디어 공론장의 이상과 현실: 국내 주요 신문의 2008년 글로벌 경제위기 보도를 중심으로. 〈커뮤니케이션 이론〉, 6권 1호, 144-190.

김세은·이승선 (2012). 사회 갈등과 미디어: 제주해군기지 건설 관련 방송 뉴스의 취재원 특성 분석. 〈한국방송학보〉, 26권 5호, 7-43.

김소형·이건호 (2015). 바람직하지 않은 뉴스 전달자, 더 바람직하지 않은 뉴스 수용자: 18대 대통령 선거보도에 대한 포털과 수용자의 주목도 비교. 〈한국언론학보〉, 59권 2호, 62-87.

김수영·박승관 (2010). 방송 경제위기 뉴스의 정치 의미화 과정에 관한 연구: 2008년 경제위기 뉴스 분석. 〈한국언론학보〉, 54권 5호, 301-326.

김수정·정연구 (2011). 무(無)보도 현상과 언론윤리 그리고 한국사회의 이념갈등: 국정원, 기무사 민간사찰 관련 보도 사례를 중심으로. 〈한국언론정보학보〉, 53호, 5-28.

김위근 (2014). 포털 뉴스서비스와 온라인 저널리즘의 지형. 〈한국언론정보학보〉, 66호, 5-27.

남재일 (2008). 한국 객관주의 관행의 문화적 특수성: 경찰기자 취재관행의 구조적 성격. 〈언론과학연구〉, 8권 3호, 233-270.

박선이·김경모·고민경 (2010). 한국 신문 오피니언 칼럼의 젠더 특성 분석: 여성 필자의 과소 재현과 성 불평등 구조. 〈한국언론학보〉, 54권 1호, 55-81.

박재영·이완수 (2007). 인용(quotation)과 취재원 적시(attribution)에 대한 한미(韓美) 신문 비교. 〈한국언론학보〉, 51권 6호, 439-468.

박재영·이완수 (2008b). 역피라미드 구조의 한계에 대한 이론적 논의. 〈커뮤니케이션 이론〉, 4권 2호, 112-154.

박재영·전형준·이규연·이진영 (2008). 황우석 사건의 교훈: 기자들은 무엇을 배웠으며 과학보도는 어떻게 변했다고 인식하는가? 〈한국언론학보〉, 52권 2호, 226-253.
반현·김남이·노혜정 (2010). 한국 경제에 관한 국내외 언론 보도경향 비교분석 연구. 〈한국언론학보〉, 54권 5호, 397-422.
백선기·이옥기 (2013). 재난방송 보도에 대한 국가별 채널 간 보도태도의 비교연구: KBS, NHK, CNN의 일본 대지진 방송보도에 대한 내용분석을 중심으로. 〈한국언론학보〉, 57권 1호, 272-304.
양승찬 (2007). 한국의 선거 여론조사와 그 보도에 대한 이슈 고찰. 〈커뮤니케이션 이론〉, 3권 1호, 83-119.
윤영철·김경모·김지현 (2015). 의견 다양성을 통해 본 언론매체의 이념적 지형도: '경제민주화' 이슈 보도의 의견 분석을 중심으로. 〈방송통신연구〉, 89호, 35-64.
이기형 (2010). "현장" 혹은 "민속지학적 저널리즘"과 내러티브의 재발견 그리고 미디어 생산자 연구의 함의: 〈한겨레 21〉의 〈노동 OTL〉연작을 중심으로. 〈언론과 사회〉, 18권 4호, 107-157.
이상률·이준웅 (2014). 프레임 경쟁에 따른 언론의 보도 전략: 언론의 기사근거 제공과 익명 정보원 사용. 〈한국언론학보〉, 58권 3호, 378-407.
이완수·박재영 (2013). 방송뉴스의 언어와 표현: 뉴스언어의 객관성과 공정성을 중심으로. 〈방송과 커뮤니케이션〉, 14권 1호, 5-46.
이재경 (2006). 한·미 신문의 대통령 취재관행 비교: 조선일보와 뉴욕타임스. 〈언론과 사회〉, 14권 4호, 37-69.
이정민·이상기 (2014). 민생 없는 민생 담론: 한국 종합일간지 사설에 대한 비판적 담론 분석. 〈한국언론정보학보〉, 67호, 88-118.
이준웅·황유리 (2004). 한국형 방송 뉴스 도식의 발견: 뉴스의 내용적이며 구성적 특성과 뉴스 제작 시스템. 〈한국방송학보〉, 18권 3호, 232-292.
이화행 (2007). 일간지 과학 지면의 특성과 경향 비교 연구: 1994년과 2004년 조선, 중앙, 동아일보를 중심으로. 〈언론과학연구〉, 7권 1호, 223-261.
이화행·이정기·최진호·정성호·강경수 (2015). 한국 언론은 통일을 어떻게 바라보는가?: 정권, 미디어 유형, 개별 언론사별 통일보도 내용분석을 중심으로. 〈한국방송학보〉, 29권 2호, 220-259.
임양준 (2012). 한국거주 이주노동자에 대한 신문의 보도 경향과 인식연구: 조선일보, 한겨레, 경인일보, 부산일보를 중심으로. 〈언론과학연구〉, 12권 4호, 419-456.
임종수 (2006). 온라인 뉴스 양식과 저널리즘의 변화. 〈커뮤니케이션 이론〉, 2권 2호, 37-73.
장하용 (1997). 한국 언론의 여론형성 네트워크 분석: 9대 중앙지의 사설기사 공유도를 중심으로. 〈한국언론학보〉, 41호, 108-141.
정수영 (2015). '세월호 언론보도 대참사'는 복구할 수 있는가?: 저널리즘 규범의 패러다임 전환을 위한 이론적 성찰. 〈커뮤니케이션 이론〉, 11권 2호, 56-103.
정수영·구지혜 (2010). 지상파TV 뉴스의 다양성 및 중복성에 관한 연구: KBS, MBC, SBS의 2009년도 저녁 종합뉴스 프로그램의 내용분석을 중심으로. 〈한국방송학보〉, 24권 5호, 415-457.
정일권 (2010). 사회면 기사 분석(1998년~2009년)을 통해 본 뉴스 미디어의 현실구성. 〈한국언론정보학보〉, 50호, 143-163.
정일권·장병희·남상현 (2014). 선거여론조사 방송보도의 문제점과 개선 방안에 관한 연구: 지상파와 종편채널의 제18대 대선 방송뉴스를 중심으로. 〈한국방송학보〉, 28권 5호, 150-196.
조은영·유세경 (2014). 종합편성 채널 도입과 방송 뉴스 보도의 다양성: 철도노조파업 이슈에 대한 지상파 채널과 종합편성 채널 보도내용 분석을 중심으로. 〈한국언론학보〉, 58권 3호, 433-461.
최민재·김위근 (2006). 포털 사이트 뉴스서비스의 의제설정 기능에 관한 연구: 제공된 뉴스와 선호된 뉴스의 특성 차이를 중심으로. 〈한국언론학보〉, 50권 4호, 437-463.
최영재 (2011). 대통령 커뮤니케이션과 대통령 보도: 1948년~2008년 대통령과 언론 관계 분석. 〈언론과학연구〉, 11권 3호, 349-380.
최종환·김성해 (2014). 민주주의, 언론 그리고 담론정치: 파업에 대한 미디어 프레임 변화를 중심으로. 〈한국언론정보학보〉, 67호, 152-176.
최진호·한동섭 (2012). 언론의 정파성과 권력 개입: 1987년 이후 13~17대 대선캠페인 기간의 주요일간지 사설 분석. 〈언론과학연구〉, 12권 2호, 534-571.
하승희·이민규 (2012). 북한주민 생활 실태에 관한 국내 신문보도 프레임연구: 조선일보, 동아일보, 한겨레, 경향신문을 중심으로. 〈한국언론정보학보〉, 58호, 222-241.

한진만·설진아 (2001). 텔레비전 뉴스의 연성화에 관한 연구: KBS1, MBC, SBS의 주시청시간대 뉴스를 중심으로. 〈한국방송학보〉, 15권 3호, 333-366.

허명숙 (2007). 전문직 여성에 대한 언론보도 프레임 연구. 〈미디어, 젠더 & 문화〉, 7호, 5-45.

황인성 (2004). 텔레비전의 미·이라크 전쟁 보도와 미국식 오리엔탈리즘: KBS 텔레비전 뉴스사례를 중심으로. 〈한국언론학보〉, 48권 3호, 144-167.

참고문헌

강내원 (2002). 사회갈등 보도기사의 비판적 읽기: 언론의 새만금 간척사업 프레이밍에 대한 갈루아 래터스 분석. 〈한국언론학보〉, 46권 3호, 5-44.

강명구 (1994). 경제뉴스에 나타난 경제위기의 현실구성에 관한 연구. 〈언론과 사회〉, 3권, 92-131.

강명구·김낙호·김학재·이성민 (2007). 애국적 열망과 숭고한 과학: 진실추구를 억압한 저널리즘. 〈한국언론학보〉, 51권 1호, 59-90.

강상현 (1992). 영호남 지방신문에 나타난 대통령후보 이미지 비교. 〈한국언론정보학보〉, 2호, 105-138.

강승훈 (2012). 인천경제자유구역 개발에 관한 중앙지와 지역일간지의 보도방식과 뉴스 프레임 연구. 〈한국언론정보학보〉, 57호, 160-180.

강진숙 (2006). "교육위기" 담론의 의미와 주체구성 방식 연구: 한겨레신문과 조선일보 기사를 중심으로. 〈한국언론정보학보〉, 33호, 7-52.

강진숙·김정윤 (2014). 기상방송 전문가들의 재난방송 인식사례 연구: 2011년 우면산 산사태 보도를 중심으로. 〈한국방송학보〉, 28권 1호, 7-42.

강형철 (2007). 탐사보도 프로그램의 내용 다양성에 관한 연구: 한국 주요 탐사보도 프로그램 내용분석. 〈한국방송학보〉, 21권 1호, 7-46.

고영신 (2007). 정권의 성격변화와 언론보도: 대통령 친인척 비리보도의 뉴스프레임을 중심으로. 〈커뮤니케이션 이론〉, 3권 1호, 156-195.

고영신 (2008). 시사만화의 정치적 의제설정과 프레임 구성에 대한 연구. 〈언론과 사회〉, 16권 2호, 37-73.

고영철 (2015). 한·미 지역 일간지 1면 기사 콘텐츠의 구성방식 비교 분석: 기사의 유형, 구조, 내용 그리고 사진 및 인포그래픽 제시방법 등을 중심으로. 〈언론과학연구〉, 15권 1호, 5-47.

구교태 (2008). 한국 방송의 선거보도 특성에 관한 연구: 2007 대통령 선거방송보도를 중심으로. 〈언론과학연구〉, 8권 1호, 5-38.

권상희 (2004). 인터넷미디어 뉴스형식 연구: 온라인 저널리즘의 기사 구성방식 비교를 중심으로. 〈한국방송학보〉, 18권 4호, 306-357.

권상희·이완수·황경호 (2015). 사고 습관과 뉴스 구성: 세월호 사고 사실성 기사 프레임의 문화심리학적 탐구. 〈한국언론학보〉, 59권 6호, 7-40.

권혁남 (1991). 선거여론조사 보도의 문제점과 새로운 방향: 13대 대통령선거와 국회선거 보도를 중심으로. 〈한국언론학보〉, 26권, 5-43.

권혁남 (1999). 텔레비전의 15대 대통령선거 보도분석. 〈한국언론학보〉, 43권 5호, 5-44.

권혁남 (2001). TV방송의 사회갈등 조정역할에 관한 연구: 의약분업 분쟁을 중심으로. 〈한국방송학보〉, 15권 1호, 45-84.

권혁남 (2014). 정치의 미디어화와 선거보도 특성 변화에 관한 연구. 〈방송문화연구〉, 26권 2호, 7-32.

김경모·김시현·송현진 (2010). 선거 여론조사 보도에서 방법론 문제와 부정적 보도 경향의 관계: 주요 일간지의 16-18대 국회의원 선거기사 내용분석. 〈언론과학연구〉, 10권 3호, 81-124.

김경모·정은령 (2012). 내러티브 프레임과 해석 공동체: '전작권 환수 논란'의 프레임 경쟁과 해석 집단의 저널리즘 담론. 〈한국언론정보학보〉, 57호, 109-136.
김경희 (2002). 이메일 주문형 뉴스의 주관적 기사 쓰기 방식에 관한 연구: 기자들의 뉴스생산과정과 이용자 태도를 중심으로. 〈한국언론학보〉, 46권 2호, 67-98.
김경희 (2008). 포털 뉴스의 의제설정과 뉴스가치: 포털 뉴스와 인쇄신문의 비교 분석. 〈한국언론학보〉, 52권 3호, 28-52.
김경희 (2009). 텔레비전 뉴스 내러티브에 나타난 재한 이주민의 특성: 뉴스초점이주민과 주변인물(한국인·이주민) 분석을 중심으로. 〈한국방송학보〉, 23권 3호, 7-46.
김경희 (2015). 뉴스 구성 관행과 고정관념의 재생산: 텔레비전 뉴스의 미혼모 보도 사례 분석. 〈미디어, 젠더 & 문화〉, 30권 1호, 5-45.
김경희·노기영 (2011). 한국 신문사의 이념과 북한 보도방식에 대한 연구. 〈한국언론학보〉, 55권 1호, 361-387.
김경희·이기형·김세은 (2015). 기사 구성과 특징으로 본 '문화 저널리즘'의 변화상과 함의: 주요 일간지 문화면의 내용분석을 중심으로. 〈한국언론정보학보〉, 74호, 136-176.
김기범·차영란 (2009). '여풍' 담론의 심리학: 언론보도내용과 사회적 표상 분석을 중심으로. 〈미디어, 젠더 & 문화〉, 12호, 47-77.
김동규 (1997). 한국 신문의 과학기술 보도 분석. 〈한국언론학보〉, 42권 2호, 5-43.
김동규 (2000). 사회갈등 보도의 새로운 방향 찾기. 〈한국언론학보〉, 45권 1호, 5-32.
김동률 (2005). 가차 저널리즘(gotcha journalism), 탐색적 연구: 노무현 정부 출범 이후 정치보도를 중심으로. 〈한국언론정보학보〉, 29호, 43-71.
김동률 (2009). 언론의 정치권력화: 재벌 정책 보도의 정권별 비교 연구. 〈한국언론정보학보〉, 45호, 296-340.
김동윤 (2015). 정권시기별 '북핵 실험 및 미사일 발사' 관련 보도양상과 프레임: 보수지와 진보지, 그리고 지역지간 비교를 중심으로. 〈언론과학연구〉, 15권 1호, 48-87.
김민하 (2008). 한국 언론의 탐사보도와 시민공동체 형성의 전망: 한국기자협회 〈이달의 기자상〉 수상작의 공공저널리즘적 기능과 한계. 〈한국언론학보〉, 52권 4호, 105-128.
김병길 (1999). 한·미 시사잡지의 북한 관련 보도분석. 〈한국언론학보〉, 44권 1호, 52-89.
김상균·한희정 (2014). 천안함 침몰 사건과 미디어 통제: 탐사보도 프로그램 생산자 연구. 〈한국언론정보학보〉, 66호, 242-272.
김상호·김병선 (2006). 방송 뉴스 분석을 통해 살펴본 양극화의 사회적 구성. 〈언론과학연구〉, 6권 3호, 99-140.
김선남 (2002). 매매춘 관련 TV 뉴스의 프레임 분석. 〈한국방송학보〉, 16권 2호, 41-76.
김성란 (2010). 다른 문화를 '안다'는 것: 미디어에 나타난 베트남 분석을 통해. 〈미디어, 젠더 & 문화〉, 15호, 5-36.
김성재 (1999). 공영방송의 재난보도 시스템. 〈방송문화연구〉, 11호, 273-292.
김성재 (2003). 디지털 미디어시대의 재난보도 방향. 〈방송통신연구〉, 56호, 89-112.
김성해·김동윤 (2009). 금융 위기와 언론: 2008 글로벌 위기에 대한 각국 언론의 보도양상과 프레임. 〈언론과학연구〉, 9권 4호, 98-134.
김성해·김춘식·김화년 (2010). 위기 경고하기 혹은 위기 초대하기: 언론이 재구성한 2008년 9월 위기설을 중심으로. 〈한국언론정보학보〉, 50호, 164-186.
김성해·송현진·이나연·이정한 (2010). 주류 미디어 공론장의 이상과 현실: 국내 주요 신문의 2008년 글로벌 경제위기 보도를 중심으로. 〈커뮤니케이션 이론〉, 6권 1호, 144-190.
김세은 (2009). 한국 문화 저널리즘의 진단과 모색: 하나의 탐색적 논의. 〈미디어, 젠더 & 문화〉, 11호, 5-40.
김세은·김수아 (2007). 저널리즘과 여성의 이중 재현: 여성유권자 보도 담론분석. 〈한국언론학보〉, 51권 2호, 226-255.
김세은·이승선 (2012). 사회 갈등과 미디어: 제주해군기지 건설 관련 방송 뉴스의 취재원 특성 분석. 〈한국방송학보〉, 26권 5호, 7-43.
김소형·이건호 (2015). 바람직하지 않은 뉴스 전달자, 더 바람직하지 않은 뉴스 수용자: 18대 대통령 선거 보도에 대한 포털과 수용자의 주목도 비교. 〈한국언론학보〉, 59권 2호, 62-87.
김수미 (2015). 고통의 재현, 그 정치성에 대한 단상: 세월호 참사에 대하여. 〈언론과 사회〉, 23권 4호, 67-119.
김수영·박승관 (2010). 방송 경제위기 뉴스의 정치 의미화 과정에 관한 연구: 2008년 경제위기 뉴스 분석. 〈한국언론학보〉, 54권 5호, 301-326.
김수정 (2003). 뉴스 객관성의 영상화: 한국과 미국의 환경 뉴스 사례의 비교 연구. 〈한국언론학보〉, 47권 5호, 363-384.
김수정·정연구 (2010). 프레임 분석에 있어서 무보도 현상의 적용 효과 연구: 미디어법에 대한 헌재판결 보도 사례를 중심으로. 〈한국언론학보〉, 54권 2호, 382-404.
김수정·정연구 (2011). 무(無)보도 현상과 언론윤리 그리고 한국사회의 이념갈등: 국정원, 기무사 민간사찰 관련 보도 사례를 중심으로. 〈한국언론정보학보〉, 53호, 5-28.
김수정·조은희 (2005). 생명과학에 대한 한국과 미국의 뉴스 프레임 비교연구. 〈한국언론학보〉, 49권 6호, 109-139.
김연종 (1994). 뉴스의 객관성과 언론의 사회적책임: 우루과이라운드보도를 중심으로. 〈한국언론학보〉, 31호, 29-61.
김연종 (2004). 언론개혁에 대한 〈조·중·동〉의 보도양식 연구. 〈한국언론정보학보〉, 27호, 35-62.
김연종 (2005). 자살보도 권고기준과 한국 신문의 자살보도 행태 분석. 〈한국언론학보〉, 49권 6호, 140-165.
김영욱 (2011). 선전, 보수세력 그리고 언론: 선전전략으로서 '잃어버린10년' 분석. 〈한국언론정보학보〉, 53호, 100-119.
김영욱·김위근 (2007). 〈미디어선거와 그 한계: 17대 대선 보도 분석〉. 서울: 한국언론재단.
김영욱·이현승·장유진·이혜진 (2015). 언론은 미세먼지 위험을 어떻게 구성하는가?: 미세먼지 위험보도 프레임과 정보원 분석. 〈한국언론학보〉, 59권 2호, 121-154.
김왕배 (2009). 양극화와 담론의 정치: 정부와 신문미디어의 보도를 중심으로. 〈언론과 사회〉, 17권 3호, 78-115.

김용호 (2002). TV뉴스의 소통구조에 관한 연구: 기자의 카메라 응시금기를 중심으로. 〈한국방송학보〉, 16권 1호, 140-170.

김위근 (2014). 포털 뉴스서비스와 온라인 저널리즘의 지형. 〈한국언론정보학보〉, 66호, 5-27.

김윤경·김지현·김영석 (2013). 성폭력 뉴스 프레임이 개인의 지각에 미치는 영향: 개별 정서의 매개 효과를 중심으로. 〈한국언론학보〉, 57권 1호, 245-271.

김은경·이나영 (2015). 성폭력, 누구에 대한 어떤 공포인가: 언론의 성폭력 재현과 젠더질서의 재생산. 〈미디어, 젠더 & 문화〉, 30권 2호, 5-38.

김은주·방정배 (2010). 뉴스통신사 선거보도 뉴스프레임 변동 연구: 연합뉴스의 대선보도를 중심으로. 〈한국방송학보〉, 24권 5호, 90-125.

김재영·양선희 (2006). 온라인저널리즘의 패러독스: 이질성의 동질화. 〈커뮤니케이션 이론〉, 2권 2호, 1-36.

김정기 (2004). 시민의제 위주의 하의상달식(bottom-up agenda setting) 선거보도 연구: 시민저널리즘의 이슈를 중심으로. 〈한국방송학보〉, 18권 1호, 174-216.

김정아·채백 (2008). 언론의 정치 성향과 프레임: '이해찬 골프'와 '최연희 성추행' 사건의 보도를 중심으로. 〈한국언론정보학보〉, 41호, 232-267.

김춘식 (2002). 한국 정치인의 부정적 캠페인에 관한 연구: 2002년 민주당 국민경선제에 관한 언론보도 내용분석을 중심으로. 〈한국방송학보〉, 16권 3호, 207-231.

김춘식·양승찬·이강형·황용석 (2012). 〈신문의 제19대 국회의원 선거보도 내용분석〉. 서울: 한국언론진흥재단.

김춘식·이강형 (2008). 언론의 선거보도에 나타난 캠페인 관련 인용구: 2007년 대통령선거에 관한 신문보도 분석을 중심으로. 〈한국언론학보〉, 52권 4호, 377-400.

김태용·박재영 (2005). 발성사고법(Think Aloud)을 이용한 인쇄신문 독자의 기사선택 과정 연구. 〈한국언론학보〉, 49권 4호, 87-109.

김학수·오연호 (2003). 인터넷신문을 통한 일반시민의 의제수립 연구. 〈한국언론학보〉, 47권 4호, 60-81.

김현정 (2015). 국회의원의 언론보도 빈도에 영향을 미치는 요인들: 국회의원의 외모를 중심으로. 〈방송과 커뮤니케이션〉, 16권 4호, 87-118.

김훈순 (1997). 텔레비전 뉴스 속의 성의 역학. 〈한국방송학보〉, 9권, 147-178.

김훈순 (2004). 한국 언론의 젠더 프레임: 범죄뉴스와 여성. 〈한국언론정보학보〉, 27호, 63-91.

김희진·이수민 (2012). 언론에 재현된 여성 경제리더의 모습: 주요 일간지의 기업 고위직 여성들에 대한 인터뷰 기사를 중심으로(1990~2011년). 〈미디어, 젠더 & 문화〉, 23호, 79-110.

남궁은정·신성진·이은희 (2008). 한국 신문 속 명명하기의 수사학: 승부수 언어(ultimate term)로서의 '국론 분열'의 사회구성적 의미. 〈한국언론정보학보〉, 43호, 314-358.

남재일 (2008). 한국 객관주의 관행의 문화적 특수성: 경찰기자 취재관행의 구조적 성격. 〈언론과학연구〉, 8권 3호, 233-270.

남재일 (2010). 한국 신문의 자살보도의 담론적 성격: 동아일보와 한겨레신문을 중심으로. 〈언론과학연구〉, 10권 3호, 191-224.

노수진·윤영민 (2013). 우울증에 관한 언론 보도 분석: 온라인 뉴스 미디어를 중심으로. 〈한국언론정보학보〉, 61호, 5-27.

문선아·김봉근·강진숙 (2015). 성폭력 범죄 보도 태도에 대한 근거 이론적 연구: 언론사 사회부 기자들과의 질적 심층인터뷰를 중심으로. 〈한국방송학보〉, 29권 6호, 37-66.

문종대·한동섭 (1999). 한국 언론의 지역갈등 재생산 구조에 관한 연구. 〈한국언론정보학보〉, 13호, 7-32.

민병현·백선기 (2009). TV 시사다큐멘터리 영상구성방식과 사실성 구현에 관한 연구: KBS, MBC, SBS를 중심으로. 〈한국언론학보〉, 53권 3호, 267-295.

박경숙 (2002). 집단 갈등 이슈의 방송 뉴스 프레임 분석: 의약 분업 뉴스 프레임을 중심으로. 〈한국언론학보〉, 46권 2호, 310-340.

박광순 (2008). 1980년대 중반 이후 한국 신문의 지면변화: 조선·동아일보(1984~2006)를 중심으로. 〈한국언론학보〉, 52권 4호, 278-298.

박광순·안종묵 (2006). 포털사이트 프론트(front) 페이지 뉴스의 특성에 관한 연구: 연성/경성뉴스, 소제목, 하이퍼링크, 뉴스원을 중심으로. 〈한국언론학보〉, 50권 6호, 199-226.

박기수 (2011). 4대강 사업 뉴스에 대한 보도 프레임 연구: 경향신문·동아일보·한국일보 등 3개 종합 일간 지를 중심으로. 〈한국언론학보〉, 55권 4호, 5-26.

박대민 (2014). 뉴스 정보원 인용에서의 폭발성과 언론의 편향성. 〈커뮤니케이션 이론〉, 10권 1호, 295-324.

박대민·박진우 (2015). 양적완화 정책에 대한 국내 언론 보도의 정보원 및 인용문 분석: 경제 저널리즘의 신자유주의적 경향에 대한 비판적 고찰. 〈한국언론학보〉, 59권 1호, 37-61.

박동숙·이재원·정사강·강혜원·김해원 (2014). 끝나지 않는 기억전쟁(mnemonic battle): 제주 4·3을 둘러싼 뉴스미디어의 기억지형을 중심으로. 〈미디어, 젠더 & 문화〉, 29권 4호, 43-83.

박선이·김경모·고민경 (2010). 한국 신문 오피니언 칼럼의 젠더 특성 분석: 여성 필자의 과소 재현과 성불평등 구조. 〈한국언론학보〉, 54권 1호, 55-81.

박선희 (2001). 인터넷 신문의 뉴스 특성과 대안언론의 가능성: 〈오마이뉴스〉 기사분석. 〈한국언론학보〉, 45권 2호, 117-155.

박성철·이덕환 (2013). 구미 유독가스 누출사고에 대한 텔레비전 뉴스보도 연구. 〈한국방송학보〉, 27권 5호, 86-123.

박성희 (2006). 위험보도의 위기구축 기제 프레임 분석: 식품안전 보도를 중심으로. 〈한국언론정보학보〉, 35호, 181-210.

박승관·주용범 (1995). 제5공화국 말기 개헌의제의 변동과정에 관한 미디어 프레임 분석: 조선일보를 중심으로. 〈언론정보연구〉 32권, 105-151.

박용규 (2001). 한국신문 범죄보도의 역사적 변천에 관한 연구: 범죄기사에 대한 내용분석을 중심으로. 〈한국언론학보〉, 45권 2호, 156-185.

박재영 (2006). 보도사진 게이트키핑-관행화된 틀에 대한 사진기자의 인식을 중심으로. 〈언론과 사회〉, 14권 1호, 79-107.

박재영·안수찬·박성호 (2014). 대통령 선거 보도의 기사품질, 심층성, 공공성의 변화: 1992~2012년 국내 주요 신문의 경우. 〈방송문화연구〉, 26권 2호, 33-66.
박재영·윤영민 (2008). 한국의 영부인: 조선일보와 중앙일보의 40년간 보도 분석. 〈미디어, 젠더 & 문화〉, 10호, 71-108.
박재영·이완수 (2007). 인용(quotation)과 취재원 적시(attribution)에 대한 한미(韓美) 신문 비교. 〈한국언론학보〉, 51권 6호, 439-468.
박재영·이완수 (2008a). 역피라미드 구조와 내러티브 스타일에 대한 기자와 에디터의 인식. 〈한국언론학보〉, 52권 6호, 123-145.
박재영·이완수 (2008b). 역피라미드 구조의 한계에 대한 이론적 논의. 〈커뮤니케이션 이론〉, 4권 2호, 112-154.
박재영·전형준·이규연·이진영 (2008). 황우석 사건의 교훈: 기자들은 무엇을 배웠으며 과학보도는 어떻게 변했다고 인식하는가? 〈한국언론학보〉, 52권 2호, 226-253.
박정순·정경희 (2005). 보도사진 이미지의 정치적 편향성: 제16대 대통령 선거의 보도사진 분석. 〈미디어, 젠더 & 문화〉, 3호, 73-97.
박정의 (2001). 다 매체 시대의 매체별 신뢰도 분석: 온라인과 전통 매체의 변별요소. 〈한국방송학보〉, 15권 3호, 129-154.
박주현 (2007). 가차 저널리즘(Gotcha Journalism)의 뉴스담론 구성에 관한 탐색적 연구: '이해찬 골프사건'과 '이명박 테니스사건'을 중심으로. 〈언론과학연구〉, 7권 1호, 108-143.
박지영·김예란·손병우 (2014). 종편 시사토크쇼와 사담의 저널리즘: 〈쾌도난마〉를 중심으로. 〈언론과 사회〉, 22권 2호, 5-61.
박현식·김성해 (2014). 대통령 측근 비리에 관한 언론 보도 연구. 〈언론과학연구〉, 14권 2호, 75-112.
반현 (2003). 인터넷 뉴스 미디어의 신뢰도에 관한 실험 연구. 〈한국방송학보〉, 17권 2호, 207-231.
반현·김남이·노혜정 (2010). 한국 경제에 관한 국내외 언론 보도경향 비교분석 연구. 〈한국언론학보〉, 54권 5호, 397-422.
반현·이현숙 (2006). 5·31 동시지방선거 방송보도 분석: 중앙방송과 지방방송 비교. 〈방송문화연구〉, 18권 2호, 9-36.
반현·홍원식 (2009). 국내 지상파 방송 뉴스 포맷 연구: KBS, MBC, SBS 저녁 메인 뉴스를 중심으로. 〈방송문화연구〉, 21권 1호, 9-38.
방영덕·박재영 (2009). 인터넷 뉴스의 기사선택과 제목편집: 미디어다음과 조선닷컴의 경우. 〈한국방송학보〉, 23권 3호, 86-124.
방희경·유수미 (2015). 한국 언론과 세대론 전쟁 (실크세대에서 삼포세대까지): '위기론'과 '희망론' 사이에서 아슬아슬한 줄타기. 〈한국언론학보〉, 59권 2호, 37-61.
백선기 (1992a). 한국 신문보도의 공정성에 관한 연구: '정총리서리 폭행사건' 보도에 관한 기호학적 분석을 중심으로. 〈한국언론정보학보〉, 1권, 181-246.
백선기 (1992b). 한국언론의 파행적 선거보도 관행. 〈한국언론정보학보〉, 2권, 34-56.
백선기 (1993a). 제14대 대통령선거 보도의 허와 실: 신문의 파행적 보도관행을 중심으로. 〈한국언론정보학보〉, 3권, 169-193.
백선기 (1993b). 한국신문의 '노사분규' 보도에 대한 보도태도와 그 이념적 의미: 신문보도에 대한 기호학적 분석을 중심으로. 〈한국언론학보〉, 29호, 173-220.
백선기 (1996). 한국 신문의 선거보도경향과 심층구조: 제15대 총선보도에 대한 기호학적 분석을 중심으로. 〈한국언론학보〉, 39호, 122-179.
백선기 (1997). 제15대 총선 보도시의 가십기사 유형과 심층구조: 〈조선일보〉와 〈한겨레신문〉에 대한 분석을 중심으로. 〈한국언론학보〉, 41호, 41-107.
백선기 (2003). TV 보도 영상의 서사구조과 의미구조: '9·11 참사' 보도의 영상에 대한 기호학적 분석을 중심으로. 〈한국언론정보학보〉, 20호, 57-109.
백선기 (2006). 인터넷 미디어의 '미국·이라크' 전쟁 보도 경향과 담론구조: 〈오마이뉴스〉보도의 시간 구조와 담론구조 분석을 중심으로. 〈한국언론정보학보〉, 33호, 115-167.
백선기·이옥기 (2013). 재난방송 보도에 대한 국가별 채널 간 보도태도의 비교연구: KBS, NHK, CNN의 일본 대지진 방송보도에 대한 내용분석을 중심으로. 〈한국언론학보〉, 57권 1호, 272-304.
설원태 (2012). 한미정상회담 보도프레임 비교연구. 〈미디어, 젠더 & 문화〉, 21호, 41-72.
설진아 (2009). 탐사보도 프로그램의 논증모형에 관한 분석 연구: 〈PD수첩〉의 '줄기세포' 관련 프로그램을 중심으로. 〈한국언론학보〉, 53권 3호, 370-394.
설진아 (2013). 소셜 뉴스의 기사유형 및 뉴스특성에 관한 연구. 〈한국언론학보〉, 57권 6호, 149-175.
손경수·윤영철 (2013). 매스미디어와 정치인 트위터 간 상호정보이용 행태 분석: 신문의 보도 이념과 정치 인의 이념성향을 중심으로. 〈한국언론학보〉, 57권 3호, 162-188.
손승혜·이귀옥·이수연 (2014). 의료복지 기사의 주요 특성과 프레임 비교 분석: 김영삼 정부부터 이명박 정부까지 정권의 변화와 언론사의 이념적 성향에 따른 차이. 〈한국언론학보〉, 58권 1호, 306-330.
송용회 (2007). 언론의 현실해석과 객관화 담론전략: 〈조선일보〉와 〈한겨레〉의 2004년 국가보안법 개폐 논쟁관련 해설기사를 중심으로. 〈한국언론학보〉, 51권 1호, 229-251.
송은지·이건호 (2014). 대통령의 선거개입 이슈 보도: 김영삼-이명박 대통령 시기 신문과 정권의 정파성에 따른 뉴스 분석. 〈한국언론학보〉, 58권 3호, 228-250.
송종길·박상호 (2007). 국내 선거 관련 커뮤니케이션연구의 개관: 연구주제, 연구대상, 커뮤니케이션 수준, 이론적 배경, 연구방법을 중심으로. 〈커뮤니케이션 이론〉, 3권 1호, 37-82.
신병률 (2009). 시사만화에 등장한 노무현 대통령의 이미지에 관한 비교 연구: 조선일보 신경무 만평과 서울신문 백무현 만평을 중심으로. 〈언론과학연구〉, 9권 3호, 284-319.
신순철 (2013). 미확인비행물체(UFO)에 대한 우리나라 신문 보도의 특징: 과학저널리즘의 관점에서. 〈한국언론정보학보〉, 62호, 244-263.
신윤경·김민하 (2010). 기자 블로그의 의제설정 기능과 객관주의에 관한 연구: 〈중앙일보〉와 〈오마이뉴스〉를 중심으로. 〈한국언론학보〉, 54권 1호, 128-152.
심재철·이경숙 (1999). 국민의제 형성에서 탐사보도의 역할: 박종철 사건을 중심으로. 〈한국언론학보〉, 43권 3호, 73-108.
심훈 (2005). '쓰나미'에 대한 한미 양국 간의 이야기 구조 서사 분석: MBC의 〈시사매거진 2580〉과 CBS의 60Minutes를 중심으로. 〈한국언론학보〉, 49권 6호, 286-313.
안주아·김봉섭 (2003). 인터넷신문의 미디어 공신력(Credibility)에 관한 연구. 〈한국방송학보〉, 17권 3호, 239-273.

양선희 (2008). 새로운 미디어 환경과 의제설정효과: 신문, TV, 포털의 비교. 〈한국언론학보〉, 52권 4호, 81-104.
양승찬 (1998). 제3자 효과 가설과 침묵의 나선 이론의 연계성: 여론조사 보도에 대한 제3자 효과 지각과 공개적 의견표명과의 관계를 중심으로. 〈한국언론학보〉, 43권 2호, 109-141.
양승찬 (2007). 한국의 선거 여론조사와 그 보도에 대한 이슈 고찰. 〈커뮤니케이션 이론〉, 3권 1호, 83-119.
양은경 (2014). 글로벌 위험 보도와 국가주의: 후쿠시마 원전사고에 대한 KBS 〈뉴스9〉의 담론분석. 〈한국방송학보〉, 28권 1호, 206-244.
양정애·김은미·임영호 (2012). 온라인 환경에서의 뉴스프레임 형성: 뉴스 토픽과 작성자에 따른 차이. 〈한국언론학보〉, 56권 1호, 264-288.
양정혜 (2001). 사회갈등의 의미 구성하기: 의료분쟁 보도의 프레임 분석. 〈한국언론학보〉, 45권 2호, 284-315.
양정혜 (2002). 대중매체와 여성 정치인의 재현: 시사 월간지와 여성 월간지를 중심으로. 〈한국언론학보〉, 46권 2호, 452-484.
양정혜 (2007). 소수 민족 이주여성의 재현: 국제결혼 이주여성에 관한 뉴스보도 분석. 〈미디어, 젠더 & 문화〉, 7호, 47-77.
양정혜 (2010). 뉴스 미디어가 재현하는 범죄현실: 아동대상 성폭력 범죄의 프레이밍. 〈언론과학연구〉, 10권 2호, 343-379.
연지영·이건호 (2014). 성과 정치 리더십에 대한 언론 프레임 연구: 18대 대통령 선거 보도를 중심으로. 〈한국언론학보〉, 58권 1호, 199-225.
오대영 (2013). 한국 신문의 아시아와 서구에 대한 보도양상의 차이와 이유 연구: 뉴스주제, 보도량, 보도태도, 미디어 정보원을 중심으로. 〈한국언론정보학보〉, 61호, 74-97.
오창우 (2012). 미디어체계의 폐쇄성과 현실구성의 항상성: 신문사설의 다문화 구성을 중심으로. 〈한국언론학보〉, 56권 5호, 216-243.
우병동 (2000). 신문의 새로운 편집기법에 대한 연구. 〈언론과 사회〉, 27권, 134-170.
우형진 (2006). 형식 파괴 뉴스 프로그램에서 묘사되는 한국 정치현실에 대한 프레임 분석: YTN 〈돌발영상〉을 중심으로. 〈한국언론학보〉, 50권 1호, 192-220.
원희영·윤석민 (2015). 종합편성채널의 보도 공정성에 관한 연구: 제18대 대통령 선거에 대한 메인 뉴스 분석을 중심으로. 〈한국방송학보〉, 29권 1호, 117-148.
유선영 (1995). 객관주의 100년의 형식화 과정. 〈언론과 사회〉, 10권, 86-128.
유선영 (1999). 객관주의의 사악한 시선: 남근중심주의. 〈언론과 사회〉, 25호, 7-49.
유선영 (2005). 황색 식민지의 서양영화 관람과 소비실천, 1934~1942 제국에 대한 '문화적 부인'의 실천성과 정상화 과정. 〈언론과 사회〉, 13권 2호, 7-62.
유영돈·마정미 (2015). '세종시 갈등'에 대한 뉴스 프레임 연구: 7개 전국 일간지 기사 분석을 중심으로. 〈한국언론학보〉, 59권 3호, 29-59.
유용민·김성해 (2007). 노동운동의 담론적 위기: 신자유주의담론과 미디어 노동담론의 역사적 접합을 중심으로. 〈한국언론학보〉, 51권 4호, 226-251.

윤석민·김희진·윤상길·문태준 (2004). 방송에서의 이념형적 지역주의와 그 현실적 전개. 〈언론과 사회〉, 12권 2호, 121-156.

윤영철 (2000). 권력이동과 신문의 대북정책보도: '신문과 정당의 병행관계'를 중심으로. 〈언론과 사회〉, 27권, 48-81.

윤영철·김경모·김지현 (2015). 의견 다양성을 통해 본 언론매체의 이념적 지형도: '경제민주화' 이슈 보도의 의견 분석을 중심으로. 〈방송통신연구〉, 89호, 35-64.

이건호 (2006). 한국 인터넷 매체들의 상호 의제 설정 효과: 8개 온라인 신문의 내용 분석을 중심으로. 〈한국언론학보〉, 50권 4호, 200-227.

이건호 (2008). 한·미 신문 기사의 심층성과 신뢰도 및 독창성 분석: 6개 한국 신문과 2개 미국 신문 1면 기사를 중심으로. 〈한국언론학보〉, 52권 5호, 107-129.

이건호·고흥석 (2009). 취재원 활용을 통해 살펴본 한국 신문의 보도시각 고찰: 미국 쇠고기 수입 관련 기사에 나타난 취재원 신뢰도와 유인가(Valence) 분석을 중심으로. 〈한국언론학보〉, 53권 3호, 347-369.

이건호·정완규 (2008). 한국과 미국 신문의 1면 기사 비교: 취재 영역 및 보도 형태별 취재원 출현에 따른 심층성 분석. 〈한국언론학보〉, 52권 4호, 25-49.

이경숙 (2006). 가정폭력 보도의 틀짓기 분석: 연예인 가정폭력 사건 보도를 중심으로. 〈한국방송학보〉, 20권 1호, 211-248.

이구현·김덕모 (2002). 〈대통령 선거보도 연구〉. 서울: 한국언론재단.

이귀옥·박조원 (2006). 식품 위해(food risk)보도의 뉴스 프레임 분석: 김치 파동 사례를 중심으로. 〈한국방송학보〉, 20권 5호, 260-305.

이기형 (2010). "현장" 혹은 "민속지학적 저널리즘"과 내러티브의 재발견 그리고 미디어 생산자 연구의 함의: 〈한겨레 21〉의 〈노동 OTL〉연작을 중심으로. 〈언론과 사회〉, 18권 4호, 107-157.

이동근 (2004). 온라인 뉴스 미디어의 다양성에 관한 일고찰: 정보원 및 프레임 분석을 통하여. 〈한국언론학보〉, 48권 4호, 218-242.

이미나 (2011). 신문 기사 제공 방식의 차이에 따른 기사 회상과 뉴스 가치 인식 차이에 대한 탐색적 고찰: 종이신문과 스마트폰 신문의 비교. 〈한국언론학보〉, 55권 5호, 105-127.

이상기 (2014). 이중 잣대와 한국 언론: 인사청문회 보도에 나타난 이중 잣대(진영 논리)에 대한 비판적 고찰. 〈커뮤니케이션 이론〉, 10권 2호, 284-324.

이상률·이준웅 (2014). 프레임 경쟁에 따른 언론의 보도 전략: 언론의 기사근거 제공과 익명 정보원 사용. 〈한국언론학보〉, 58권 3호, 378-407.

이선민·이상길 (2015). 세월호, 국가, 미디어: 〈조선일보〉와 〈한겨레〉의 세월호 의견기사에 나타난 '국가 담론'. 〈언론과 사회〉, 23권 4호, 5-66.

이수범·강연곤 (2013). 국내 일간지의 트위터 이슈에 관한 보도 프레임 분석: 정치적 소통과 여론 형성이라는 관점을 중심으로. 〈한국언론학보〉, 57권 1호, 28-53.

이영돈·심재철·노성종 (2009). 탐사저널리즘의 속성의제설정: KBS〈추적 60분〉 'KT&G를 아십니까' 현장 실험연구. 〈한국언론학보〉, 53권 2호, 161-182.

이완수·박재영 (2013). 방송뉴스의 언어와 표현: 뉴스언어의 객관성과 공정성을 중심으로. 〈방송과 커뮤니케이션〉, 14권 1호, 5-46.
이완수·박재영·노성종·이수미·강충구 (2009). '메멘토 모리(Memento Mori)'의 정치학: 부음(訃音)기사(중앙일보 〈삶과 추억〉)에 나타난 집합기억과 망각의 구성. 〈한국언론학보〉, 53권 5호, 221-243.
이완수·배재영 (2014). 영상보도의 기계적 공정성: 18대 대선후보 보도에 나타난 '전략적 의례' 탐색. 〈커뮤니케이션 이론〉, 10권 4호, 365-403.
이완수·배재영 (2015). 세월호 사고 뉴스 프레임의 비대칭적 편향성: 언론의 차별적 관점과 해석방식. 〈한국언론정보학보〉, 71호, 274-298.
이완수·손영준 (2011). 북한 핵실험이슈에 대한 언론의 의제구성. 〈한국언론정보학보〉, 56호, 175-193.
이완수·최명일 (2014). 한국 대통령 죽음에 대한 집단기억: 김대중·노무현 대통령 사후평가에 대한 미디어의 언어구성. 〈한국언론학보〉, 58권 5호, 123-152.
이원섭 (2006). 언론의 남북문제 보도에 나타난 이데올로기적 성향과 정부 정책 평가: 김영삼 정부와 김대중 정부 시기의 사설 비교 분석. 〈한국언론정보학보〉, 35호, 329-361.
이이제·송진 (2011). 방송뉴스 시장의 관점다양성: 대북 관련 보도를 중심으로. 〈한국언론학보〉, 55권 6호, 277-303.
이재경 (2006). 한·미 신문의 대통령 취재관행 비교: 조선일보와 뉴욕타임스. 〈언론과 사회〉, 14권 4호, 37-69.
이재경 (2008). 한국의 저널리즘과 사회갈등: 갈등 유발형 저널리즘을 극복하려면. 〈커뮤니케이션 이론〉, 4권 2호, 48-72.
이재경·정미영·송미재·고지운 (2001). 한국 신문의 逆피라미드형 기사 도입과 정착에 관한 연구. 〈한국언론학보〉, 46권 1호, 413-440.
이재승·박경숙 (2013). 지역 텔레비전의 다문화 관련 뉴스 프레임 분석: KBS제주, 제주MBC, JIBS, KCTV JEJU를 중심으로. 〈언론과학연구〉, 13권 1호, 326-358.
이정교·서영남·최수진 (2009). 한국 신문에 나타난 강간보도의 통시적 분석: 강간통념과 양가적 성차별주의를 중심으로. 〈한국언론정보학보〉, 45호, 425-462.
이정민·이상기 (2014). 민생 없는 민생 담론: 한국 종합일간지 사설에 대한 비판적 담론 분석. 〈한국언론정보학보〉, 67호, 88-118.
이종수 (2003). 신문 1면 사진에 나타난 한국 포토저널리즘의 변화 경향: 1980년에서 2000년까지의 3개 중앙일간지 1면 사진 내용분석을 중심으로. 〈한국언론학보〉, 47권 2호, 30-53.
이준웅 (2009). 뉴스 틀 짓기 연구의 두 개의 뿔. 〈커뮤니케이션 이론〉, 5권 1호, 123-166.
이준웅·양승목·김규찬·송현주 (2007). 기사 제목에 포함된 직접인용부호 사용의 문제점과 원인. 〈한국언론학보〉, 51권 3호, 64-90.
이준웅·황유리 (2004). 한국형 방송 뉴스 도식의 발견: 뉴스의 내용적이며 구성적 특성과 뉴스 제작 시스템. 〈한국방송학보〉, 18권 3호, 232-292.
이진영·박재영 (2010). 경쟁 신문의 등장에 따른 신문의 보도 차별화 전략: 한겨레 창간의 경우. 〈한국언론학보〉, 54권 6호, 444-470.
이창현 (2004). 텔레비전 뉴스 아이템의 채널 간 중복률과 정보채널 및 내용적 특성. 〈한국언론학보〉, 48권 1호, 189-206.

이창호 (2009). 한국 언론의 테러보도 분석: 김선일 씨 피랍사건을 중심으로. 〈한국언론정보학보〉, 48호, 211-230.
이창호·이영미·정종석·김용길 (2007). 한국 언론의 전쟁취재 여건과 문제점 및 개선방안 연구. 〈한국언론정보학보〉, 40호, 80-113.
이창훈 (2012). CCTV영상의 보도 특성과 선정성, 현실 재현에 관한 연구. 〈방송과 커뮤니케이션〉, 13권 4호, 5-43.
이창훈·안호림 (2011). TV 뉴스 컴퓨터 그래픽의 현실 구성에 관한 연구: 제2연평해전(2002년)과 천안함 침몰사건(2010년) 비교를 중심으로. 〈방송과 커뮤니케이션〉, 12권 4호, 189-227.
이하나·안순태 (2013). 자살예방뉴스의 낙인(stigma) 요소에 대한 분석: 자살발생 원인에 대한 통제성과 집단범주화를 중심으로. 〈한국언론학보〉, 57권 4호, 27-47.
이호규·김병선 (2015). 탈북 사건 보도의 행위자-네트워크: 언론 보도에 의한 〈탈북 루트〉의 해체 과정을 중심으로. 〈언론과학연구〉, 15권 1호, 270-300.
이화행 (2007). 일간지 과학 지면의 특성과 경향 비교 연구: 1994년과 2004년 조선, 중앙, 동아일보를 중심으로. 〈언론과학연구〉, 7권 1호, 223-261.
이화행·이정기·최진호·정성호·강경수 (2015). 한국 언론은 통일을 어떻게 바라보는가?: 정권, 미디어 유형, 개별 언론사별 통일보도 내용분석을 중심으로. 〈한국방송학보〉, 29권 2호, 220-259.
이효성 (1992). 선거보도의 원칙과 강령. 〈한국언론정보학보〉, 2권, 8-33.
이효성·박덕춘·오종서 (2008). 선거 방송의 영상 처리 기법 분석: 2006년 5·31 지방선거 보도를 중심으로. 〈방송통신연구〉, 66호, 297-323.
임양준 (2007). 한국 신문의 사람면에 대한 보도형태와 특성 연구: 4대 중앙일간지 사람면 박스기사에 실린 대표인물을 중심으로. 〈한국언론정보학보〉, 40호, 249-286.
임양준 (2009a). 미국산 수입쇠고기와 촛불시위 보도에 나타난 뉴스 프레임 비교 연구. 〈한국언론정보학보〉, 46호, 108-147.
임양준 (2009b). 집단적 갈등 이슈에 대한 방송뉴스 프레임 비교연구: 용산참사에 대한 MBC, KBS, SBS 저녁뉴스를 중심으로. 〈한국언론학보〉, 53권 5호, 55-79.
임양준 (2010a). 공공사업 관련 사회적 갈등보도에 대한 뉴스 프레임 분석: 한반도 대운하 건설 사업을 중심으로. 〈한국언론정보학보〉, 49호, 57-80.
임양준 (2010b). 용산사태에 대한 일간신문의 뉴스보도 비교연구: 〈조선일보〉, 〈한겨레신문〉, 〈한국일보〉를 중심으로. 〈한국언론학보〉, 54권 1호, 337-361.
임양준 (2010c). 한반도 대운하 건설에 대한 방송뉴스 보도 분석. 〈한국언론정보학보〉, 52호, 5-26.
임양준 (2012). 한국거주 이주노동자에 대한 신문의 보도 경향과 인식연구: 조선일보, 한겨레, 경인일보, 부산일보를 중심으로. 〈언론과학연구〉, 12권 4호, 419-456.
임인재·박성철·이덕환 (2013). 논쟁적 과학이슈에 대한 신문보도 분석: 기후변화의 원인과 대응 관련 보도를 중심으로. 〈한국언론학보〉, 57권 6호, 469-501.
임종섭 (2011). 온라인 뉴스 홈페이지 머리글 기사의 차별화와 표준화 분석: 국내 13개 뉴스 웹사이트를 중심으로. 〈한국언론학보〉, 55권 3호, 82-102.
임종성·김명준 (2015). 근거이론방법의 고찰과 언론학 연구에 주는 함의: 보수신문과 진보신문의 탈북자

기획기사 분석을 중심으로. 〈한국언론학보〉, 59권 2호, 427-452.
임종수 (2006). 온라인 뉴스 양식과 저널리즘의 변화. 〈커뮤니케이션 이론〉, 2권 2호, 37-73.
임태섭 (1993). 텔레비전 뉴스의 공정성에 대한 담론분석 연구. 〈언론과 사회〉, 1권, 67-109.
장하용 (1997). 한국 언론의 여론형성 네트워크 분석: 9대 중앙지의 사설기사 공유도를 중심으로. 〈한국언론학보〉, 41호, 108-141.
장하용 (2000). 언론 메시지 분석의 새로운 접근: 경제위기 담론의 상징 네트워크 분석. 〈한국언론정보학보〉, 14호, 244-266.
정미정 (2006). 스크린쿼터에 관한 뉴스보도 담론분석. 〈한국언론정보학보〉, 35호, 147-178.
정수영 (2015). '세월호 언론보도 대참사'는 복구할 수 있는가?: 저널리즘 규범의 패러다임 전환을 위한 이론적 성찰. 〈커뮤니케이션 이론〉, 11권 2호, 56-103.
정수영·구지혜 (2010). 지상파TV 뉴스의 다양성 및 중복성에 관한 연구: KBS, MBC, SBS의 2009년도 저녁 종합뉴스 프로그램의 내용분석을 중심으로. 〈한국방송학보〉, 24권 5호, 415-457.
정연구 (2005). 방법론적 가치를 통해 본 한국 신문 1면의 전략적 위치. 〈한국언론학보〉, 49권 1호, 246-275.
정연구·송현주·윤태일·심훈 (2011). 뉴스 미디어의 결혼이주여성 보도가 수용자의 부정적 고정관념과 다문화지향성에 미치는 영향. 〈한국언론학보〉, 55권 2호, 405-427.
정의철·이창호 (2007). 혼혈인에 대한 미디어 보도 분석: 하인스 워드의 성공 전후를 중심으로. 〈한국언론학보〉, 51권 6호, 84-110.
정일권 (2010). 사회면 기사 분석(1998년~2009년)을 통해 본 뉴스 미디어의 현실구성. 〈한국언론정보학보〉, 50호, 143-163.
정일권·김예란 (2010). 온라인 뉴스의 양식과 속성에 관한 연구: 언론사 온라인 뉴스와 블로그 뉴스의 비교분석을 중심으로. 〈한국언론학보〉, 54권 3호, 146-166.
정일권·장병희·남상현 (2014). 선거여론조사 방송보도의 문제점과 개선 방안에 관한 연구: 지상파와 종편채널의 제18대 대선 방송뉴스를 중심으로. 〈한국방송학보〉, 28권 5호, 150-196.
정재민·박종구 (2012). 경제뉴스의 경쟁 적소분석: 신문, 방송, 인터넷, SNS의 이용자 충족을 중심으로. 〈한국방송학보〉, 26권 2호, 205-246.
정재철 (2004). 한국신문의 유전자 연구 프레임 비교 분석: 조선일보, 국민일보, 한겨레신문을 중심으로. 〈한국언론정보학보〉, 25호, 135-162.
정홍기 (2002). 포토저널리즘 사진과 캡션의 의미작용에 대한 연구. 〈한국언론정보학보〉, 18호, 231-268.
정회경 (2001). 충청지역 신문의 지역주의적 보도성향에 관한 연구: 지역정당과 정치적 이슈보도를 중심으로. 〈언론과학연구〉, 1권 2호, 141-164.
조수선 (2012). 방송언어정보의 시각적 전달양상에 관한 연구: 〈지식채널e〉자막의 학습적 인지효과를 중심으로. 〈한국언론학보〉, 56권 6호, 310-333.
조수선·김유정 (2004). 온라인신문의 의제 및 의제속성 설정 연구: 〈조선닷컴〉과 〈오마이뉴스〉의 비교 연구. 〈한국언론학보〉, 48권 3호, 302-329.
조수영·김정민 (2010). 정신건강 및 정신질환에 대한 지상파 TV 뉴스 분석. 〈한국언론학보〉, 54권 5호,

181-204.

조연하·김경희·정영희 (2006). '여성 1호'에 대한 텔레비전 뉴스보도의 프레임 연구. 〈방송과 커뮤니케이션〉, 7권 2호, 166-195.

조은영·유세경 (2014). 종합편성 채널 도입과 방송 뉴스 보도의 다양성: 철도노조파업 이슈에 대한 지상파 채널과 종합편성 채널 보도내용 분석을 중심으로. 〈한국언론학보〉, 58권 3호, 433-461.

주영기 (2013). 한국 신문의 정치적 성향에 따른 기후변화 뉴스 프레이밍 차이 연구. 〈언론과학연구〉, 13권 3호, 591-626.

주재원 (2015). 매체 서사로서의 역사와 집합기억의 재현: 5·18 민주화운동 관련 지상파방송 뉴스를 중심으로. 〈한국언론정보학보〉, 71호, 9-32.

진달용·고영준 (2012). TV뉴스의 과학기술위험 보도태도 분석: 부안과 경주 방폐장 TV 뉴스 분석을 중심으로. 〈언론과 사회〉, 20권 4호, 5-45.

진행남 (2002a). 공론장들 간의 정보교류: 매스미디어와 인터넷미디어 간의 뉴스이동을 중심으로. 〈한국방송학보〉, 16권 1호, 395-428.

진행남 (2002b). 인터넷미디어의 뉴스 영역 및 유형에 관한 연구. 〈한국언론학보〉, 46권 2호, 606-632.

차재영·이영남 (2005). 한·미 언론의 노근리 사건 보도 비교 연구: 취재원 사용의 차이와 그 요인을 중심으로. 〈한국언론정보학보〉, 30호, 239-273.

채정화 (2014). 포털 뉴스의 재매개 서비스 유형별 관점 다양성에 관한 연구: 18대 대선 뉴스를 중심으로. 〈한국방송학보〉, 28권 5호, 237-284.

최낙진·김재영 (2002). 신문사와 방송사 인터넷 정보콘텐츠 제공방식의 비교연구: 홈페이지 디자인과 정보 제공방식의 차이에 대한 탐색적 접근. 〈한국방송학보〉, 16권 2호, 336-367.

최민재 (2005). TV뉴스의 영상구성에 대한 패러다임 연구: TV카메라기자의 인식을 중심으로. 〈방송통신연구〉, 60호, 323-349.

최민재·김위근 (2006). 포털 사이트 뉴스서비스의 의제설정 기능에 관한 연구: 제공된 뉴스와 선호된 뉴스의 특성 차이를 중심으로. 〈한국언론학보〉, 50권 4호, 437-463.

최영·김병철 (2000). 인터넷 신문의 상호작용성에 관한 연구: 국내 인터넷 신문의 상호작용 메커니즘에 대한 실증 분석. 〈한국언론학보〉, 44권 4호, 172-200.

최영재 (2011). 대통령 커뮤니케이션과 대통령 보도: 1948년~2008년 대통령과 언론 관계 분석. 〈언론과학연구〉, 11권 3호, 349-380.

최윤정 (2008). 방송 뉴스에서 신(scene)의 순서효과 및 비중효과 검증과 이미지-이슈의 조절기능에 대한 연구: 정치인 관련 보도와 수용자 평가를 중심으로. 〈한국방송학보〉, 22권 3호, 365-396.

최이숙 (2015). 1960~1970년대 한국 신문의 상업화와 여성가정란의 젠더 정치. 〈한국언론학보〉, 59권 2호, 287-323.

최종환·김성해 (2014). 민주주의, 언론 그리고 담론정치: 파업에 대한 미디어 프레임 변화를 중심으로. 〈한국언론정보학보〉, 67호, 152-176.

최진호·한동섭 (2012). 언론의 정파성과 권력 개입: 1987년 이후 13~17대 대선캠페인 기간의 주요일간지 사설 분석. 〈언론과학연구〉, 12권 2호, 534-571.

최현주 (2010). 한국 신문 보도의 이념적 다양성에 대한 고찰: 6개 종합일간지의 3개 주요 이슈에 대한 보도 성향 분석을 중심으로. 〈한국언론학보〉, 54권 3호, 399-426.
하승태 (2006). 여론조사보도가 뉴스미디어의 선거보도행태 변화에 미치는 영향: 2002년 대선을 중심으로. 〈방송문화연구〉, 18권 2호, 95-118.
하승태 (2008). 지지율 조사 보도에 따른 유력 대선 후보별 뉴스 보도의 분석: 후보 인용(sound-bite)과 보도 사진을 중심으로. 〈한국언론학보〉, 52권 5호, 346-366.
하승희·이민규 (2012). 북한주민 생활 실태에 관한 국내 신문보도 프레임연구: 조선일보, 동아일보, 한겨레, 경향신문을 중심으로. 〈한국언론정보학보〉, 58호, 222-241.
하은빈·이건호 (2012). G20 관련 뉴스에 투영된 한국 민족주의 프레임 연구: 5대 중앙 일간지 보도를 중심으로. 〈한국언론학보〉, 56권 6호, 75-100.
한균태·송기인 (2005). 국내 신문의 환경 이슈 보도에 대한 프레이밍 연구. 〈한국방송학보〉, 19권 3호, 288-324.
한진만 (2002). 재난·재해 방송의 실태와 개선방안: 태풍 '루사'와 집중 호우 피해 관련 방송을 중심으로. 〈방송문화연구〉, 14호, 199-229.
한진만·설진아 (2001). 텔레비전 뉴스의 연성화에 관한 연구: KBS1, MBC, SBS의 주시청시간대 뉴스를 중심으로. 〈한국방송학보〉, 15권 3호, 333-366.
허명숙 (2007). 전문직 여성에 대한 언론보도 프레임 연구. 〈미디어, 젠더 & 문화〉, 7호, 5-45.
현경미·김원용 (2005). 언론의 여성 정치인 관련 보도 프레임 연구: 국내 신문의 제17대 총선 보도를 중심으로. 〈미디어, 젠더 & 문화〉, 3호, 38-72.
홍경수 (2009). 뉴스의 탈현실의 수사학 연구. 〈한국방송학보〉, 23권 5호, 418-457.
홍성구 (2004). 코포라티즘적 계급정치와 언론보도: 정리해고제의 사회적 합의 형성과정을 중심으로. 〈언론과 사회〉, 12권 4호, 3-33.
홍주현 (2014). 취재원으로서 SNSs 정보와 언론의 매체 가시성(media visibility)과 정확성·자극성 연구: 트위터의 '강남역 맨홀 뚜껑 역류 사건'을 중심으로. 〈한국언론학보〉, 58권 1호, 252-282.
홍주현·나은경 (2015). 세월호 사건 보도의 피해자 비난 경향 연구: 보수 종편 채널 뉴스의 피해자 범주화 및 단어 네트워크 프레임 분석. 〈한국언론학보〉, 59권 6호, 69-106.
홍지아 (2009). 신문기사 프레임 분석을 통해 본 성폭력의 의미구성: 〈중앙일보〉와 〈한겨레〉의 보도를 중심으로. 〈한국방송학보〉, 23권 5호, 458-498.
황근 (2002). 텔레비전의 선거보도에 비추어진 지역정치의 특성: 제16대 국회의원선거기간 중 쟁점보도 분석을 중심으로. 〈한국언론학보〉, 46권 4호, 415-454.
황용석·이창현 (2000). 선거시기 언론사 여론조사의 기능에 관한 연구: 16대 총선 여론조사 보도의 조사항목 분석을 중심으로. 〈한국언론정보학보〉, 15호, 117-151.
황인성 (1996). 텔레비전 저널리즘 서사구조의 사회적 폭력성에 대하여. 〈한국방송학보〉, 7호, 5-54.
황인성 (2004). 텔레비전의 미·이라크 전쟁 보도와 미국식 오리엔탈리즘: KBS 텔레비전 뉴스사례를 중심으로. 〈한국언론학보〉, 48권 3호, 144-167.

6장

저널리즘 원칙

안수찬

들어가며

어느 기자가 정치인의 부정부패를 고발하는 기사를 썼다고 가정해 보자. 이런 경우 정치인은 곧바로 반박 기자회견을 열거나 성명을 발표한다. "해당 기사는 사실이 아닌 억측이고, 악의적이며, 전혀 객관적이지 않고 편파적입니다." 급기야 언론중재위원회나 법원에 해당 기사의 정정 보도를 요청하는 소송을 제기한다. 이에 맞서 법원에 출두한 기자의 변론은 대개 비슷하다. "기사는 사실에 기초해 작성됐으며 공정하게 양측 입장을 균형 있게 담은 객관적 보도입니다."

기자가 특정 사안을 보도할 때, 대중이 기사를 평가할 때, 관계자들이 기사에 시비를 걸 때, 흔히 등장하는 개념 또는 단어는 객관, 공정, 사실, 균형 등이다. 이는 바람직한 기사 또는 기사의 이상형(ideal type)에 대해 기자, 에디터, 취재원, 독자 등이 (느슨하고 불완전하나마) 공유하는 일정한 관념이 있음을 드러낸다. 기사라면 마땅히 지켜야 할 원칙이 있고, 이를 어기거나 충족시키지 못하면 안 된다는 것이다.

여기에는 현대 언론의 역할에 대한 전제가 깔려 있다. 언론은 공중의 이익에 복무해야 하고, 그 핵심은 세계의 다양하고 복잡한 정보를 정확하게 전달하는 역할에 있으며, 여기에 기자 또는 뉴스룸의 편견, 의견, 주장 등을 함부로 섞어 정보와 사실에 대한 공중의 판단을 훼방하면 안 된다는 전제가 그것이다.

그런데 이런 관념은 복잡한 쟁점을 포함하고 있다. 예컨대 기자 또는 언론은 세계의 다양하고 복잡한 현상을 사실 그대로 파악할 수 있는가. 또한 파악된 바 그대로 정확하게 보도할 수 있는가. 편견을 완전히 배제하고 사실을 파악하고 전달하는 일은 가능한가.

철학(특히 인식론)적 쟁점과 윤리(정의와 당위)적 문제까지 연결되는 이런 질문들은 저널리즘 연구의 기본이자 가장 까다로운 과제다. 기사의 원칙과 기준을 마련해야 언론학자, 기자, 수용자 등이 언론을 제대로 비평할 수 있으며, 더 나은 저널리즘을 위해 무엇인가 도모할 수 있기 때문이다. 즉 기사의 기준과 원칙을 정립하는 일은 저널리즘 연구의 이론적 요체인 동시에 저널리즘 활동의 실천적 요체이다.

'저널리즘을 염려하는 언론인위원회'(CCJ), '우수한 저널리즘을 위한 프로젝트'(PEJ) 등의 활동을 토대로 저널리즘의 기본요소와 원칙을 정리했던 코바치와 로젠스틸(Kovach & Rosenstiel, 2014/2014)은 〈저널리즘의 기본원칙〉 3판 서문에 이렇게 적었다.

> 디지털 혁명의 윤곽이 점차 명료해지며, 우리는 저널리즘의 기본 원칙들을 반드시 지켜져야 하는 가치들이라는 확신을 갖게 됐다. [중략] 지난 시간 동안 근본적으로 변화한 것은 뉴스를 생산하는 사람들이 이 원칙을 어떻게 실천하는가다. 저널리즘의 핵심 원칙이 유지돼야 하는 이유는 간단하다. 이 원칙들은 애초부터 기자들이 만든 게 아니다. 이들은 신뢰할 수 있고 유용한 뉴스를 원하는 공중(the

public)의 필요에서 비롯됐다. [중략] 다시 말하면, 저널리즘의 기본 원칙은 항상 공중에 속했었다. 오늘날 시민으로 살아남으려면, 우리는 반드시 저널리즘의 기본 원칙들을 이해해야 하고, 소유해야 하며, 과거 어느 때보다도 더 적극적으로 사용해야 한다. (코바치와 로젠스틸, 2014/2014, xi-xii 쪽)

저널리즘의 원칙이 기자들이 아니라 시민에 속해 있다는 지적은 이 분야가 왜 중요한 연구 대상인지 알려 준다. 저널리즘 원칙은 실무강령이 아니라 뉴스가 무엇이고 어떠해야 하는지에 대한 한 사회의 광범위한 공감에 대한 것이며, 이는 저널리즘 연구자들의 연구 과제일 수밖에 없다.

이들이 주목했던 저널리즘 원칙에 대한 연구를 일컫는 학계의 공식 명칭은 아직 없다. 이 글에서는 코바치와 로젠스틸의 저술에 착안하여 기사의 기준과 원칙에 주목한 연구를 '저널리즘 원칙 연구'로 부르고자 한다. 저널리즘 원칙 연구는 주로 객관성, 공정성, 사실성, 균형성 등 기사가 갖춰야 할 규준, 기본, 원칙 등을 논구하고 분석하며 탐색한다.

한국의 저널리즘 원칙 연구는 국내 언론학이 본격적으로 활성화된 1980년대 후반에 등장하여, 2000년대 들어 본격화됐다. 전자는 독재정권에 휘둘려 온 언론 현실을 비판하는 작업과 연관돼 있고, 후자는 언론의 위기담론이 횡행한 시기와 관련 있다. 양자 모두 한국 언론의 낙후한 수준을 높이려는 노력이 학계에서 진행된 결과라고 평가할 수 있다. 2000년대 후반부터는 뉴미디어 시대의 저널리즘 원칙에 주목하는 연구들이 등장했고, 이런 연구의 축적에 바탕을 두고 새로운 뉴스 규준을 고민하는 연구도 나오고 있다. 관련 연구는 크게 보아 객관성 관련 연구와 공정성 관련 연구로 구분할 수 있다. 객관성이 서구 저널리즘에서 비롯한 원칙이라면, 공정성은 특히 한국 언론의 현실과 밀접한 관련이 있는 원칙으로 평가할 수 있다.

국내 저널리즘 연구에서 객관성과 공정성 연구는 언론의 이념성 또는 정파성에 대한 연구와 동전의 양면을 형성하고 있다. 한국 언론의 고질인 정파성을 비판적으로 분석하면서 객관성이나 공정성의 기준을 새로 정립하려는 연구들이 많기 때문이다. 그런데 정파성 등에 주목한 연구는 주로 특정 주제에 대한 기사를 연구 대상으로 삼아 내용분석의 방법론을 택하는 경우가 많다. 내용분석에 기초하여 언론의 정파성 등을 비판한 연구는 5장 '뉴스 분석'에서 살펴보았으므로, 여기서는 저널리즘 원칙의 철학적, 윤리적 문제를 주로 논구한 연구들을 살펴볼 것이다.

1. 객관성

객관성은 다차원적이고 복합적인 개념이다. 어떤 학자들은 객관성 아래 사실성, 균형성 등을 하위 범주로 두기도 하고, 또 다른 학자들은 공정성 또는 진실성 등을 객관성의 상위 범주로 취급하기도 한다. 그만큼 혼란스러운 개념이긴 하지만, 저널리즘 연구의 핵심 개념 가운데 하나인 것은 분명하다. 맥퀘일(McQuail, 2005/2007)은 객관성에 대해 "정보의 질과 관련한 미디어 이론에서 가장 중심적인 개념"(243쪽)이라고 평가하기도 했다.

역사적 배경

객관성 문제를 다루는 국내 연구 논문의 상당수가 이 개념의 등장 배경과 변천 과정을 다루고 있지만, 그 가운데서도 강명구(1989), 백선기(1992), 유선영(1995), 이민웅(2002) 등은 서구와 국내에서 객관주의가 성립해 온 과정과 개념을 잘 정리해 두었다. 그 과정은 현대 대중매체의 등장과 밀접한 관련이 있다.

언론의 객관주의는 19세기 중반 미국에서 대중신문을 표방한 '페니프레스'(penny press)가 등장하면서 시작됐다. 그 이전의 언론은 특정 정파의 입장을 대변하는 의견 신문 또는 정파 신문이 주를 이뤘던 데 비해, 대중신문은 어느 정파로부터도 편익을 제공받지 않고, 어느 정파에 대해서도 일방적 옹호 또는 비판을 가하지 않겠다는 입장을 취했는데, 이것이 언론의 객관주의 원칙의 바탕을 이뤘다. 그 핵심은 "언론은 현실세계를 정확하게 반영할 수 있으며 또 반영해야 한다는 것, 그리고 사실과 의견은 구분될 수 있으며 언론인들은 중립적인 언어와 보도기법을 통해 공정하고 균형 잡힌 보도를 할 수 있다"(유선영, 1995, 88-89쪽)는 데 있다.

여기에는 실증주의 사조가 큰 영향을 끼쳤다. 리프먼(Lippmann, 1922/2012)은 언론이 사실을 파악할 수 있는지, 그것을 대중이 온전히 수용할 수 있는지에 대해 회의적 입장을 취하면서도, 사실을 파악하여 대중에게 전파하는 데 반드시 필요한 태도로 과학 원리로서의 실증주의를 강조하여, 1920~1930년대 이후 객관성 규준을 중심으로 하는 저널리즘 원칙이 확고히 자리 잡는 데 큰 영향을 끼쳤다.

셔드슨(Schudson, 1978)이 보기에 객관성 원칙은 "가치로부터 사실을 분리할 수 있으며, 반드시 분리해야 한다는 신념"(5쪽)이다. 언론은 이러한 객관성 원칙을 전문적 공동체, 즉 뉴스룸의 규칙과 합의에 따라 적용한다. 훗날 셔드슨(2011/2014)은 객관성 원칙의 등장에 대해 "객관성은 과학이 신을 대체하고, 효율성이 존중되며, 당파성을 19세기 부족사회의 유물로 치부했던 시기에 전도유망한 직업 집단이 가질 수밖에 없었던 당연한 진보적 이데올로기"였으므로

"저널리스트들은 스스로 과학의 권위, 효율성, 진보주의 개혁운동에 부합하는 집단으로 위치"지으면서 "정당을 거부하고 자신들이 새롭게 확립한 독립성의 원칙대로 보도하였다"(101쪽)라고 평가했다.

웨스터슈탈(Westerstahl, 1983)은 이러한 객관주의를 저널리즘의 원칙으로 체계화시켰다. 웨스터슈탈은 객관성(objectivity)을 사실성(factuality)과 불편부당성(impartiality)의 하위 차원으로 나누고, 다시 사실성의 하위 차원으로 진실성(truth)과 관련성(relevance), 불편부당성의 하위 차원으로 균형성(balance)과 중립적 제시(neutral presentation)를 배치했다. 웨스터슈탈의 이런 분류를 모든 학자들이 그대로 수긍하는 것은 아니지만, 이 체계에 포함된 여러 개념이 객관성 연구에 있어 핵심적 개념이라는 점에는 큰 이견이 없다. 즉 저널리즘 원칙은 객관성을 위시하여 사실성, 불편부당성, 진실성, 관련성, 균형성, 중립성 등을 어떻게 이해할 것인지와 밀접한 관련이 있다.

객관성에 대한 해외 학자들의 시선은 다분히 비판적인데 그 대표격으로 터크만(Tuchman, 1978)이 있다. 그가 보기에 언론의 객관주의는 실제적 진실에 다가가겠다는 본래적 의미와는 큰 상관이 없는 전략적 의례(strategic ritual)에 불과하다. "언론인을 대상으로 하는 많은 압력들이 있기 때문에, [중략] 언론인들은 '이 기사는 객관적이고, 개인적 감정이 실리지 않은 것이며, 사심 없는 것이다'라고 말할 수 있도록 해 주는 전략들이 필요"(675-676쪽)했고, 그것을 표현하는 것이 객관성 원칙이라는 것이다.

한국 언론의 객관주의

국내 연구자들의 관심은 이러한 객관주의 원칙이 한국에서 어떻게 구현되고 있는지에 맞춰져 있다. 영미식 객관주의가 언론의 전문직 전환, 독자 확보를 위한 상업주의, 진실 추구를 위한 실증주의 등 복합적 요소에 바탕을 두고 변천을 거듭한 것에 비해, 한국 언론의 객관주의는 정치권력의 비호 아래 자본 증식을 이루면서 객관주의의 형식적 요소만 수용하여 상징적 이데올로기로 활용되고 있다는 비판적 연구가 많다.

유선영(1995)은 구한말 이후 한국 언론의 객관주의가 정착된 역사적 과정을 탐색했다. 1950년대 후반, 미국 언론을 둘러보고 온 기자들이 만든 관훈클럽 등에 의해 국내에 도입된 객관주의는 1970년대 이후 한국 언론의 규범으로 본격 정착됐다. 그러나 실제에 있어서는 서구 객관주의의 본체인 합리성에 대한 신념, 현실의 정확한 반영, 경험적 관찰보도 등은 간과되고, 언론의 정치적 타협과 신문기업의 상업화를 합리화하는 도구로 쓰였다.

> 한국에서 객관주의는 '총체적 사실'에 대한 언론의 '공정하고 불편부당한 입장의 유지'가 아닌 선택된 '개별 사실' 자체에 집착하고 그것을 의도적으로 이용, 상업화하는 경향이 강하다. [중략] 이데올로기로서의 객관주의는 사실 전달자로서의 언론의, 그리고 관찰자인 기자의, 독자와 사회에 대한 책임을 면케 해 주는 동시에 정치적·직업적 책임으로부터도 안전판 역할을 하는 이중의 면죄부가 되고 있다. (유선영, 1995, 123쪽)

객관주의의 기형적 이식은 한국 언론의 잘못된 보도 관행으로 이어지고 있다. 남재일(2008)은 경찰 출입기자들의 취재 관행을 분석하여 한국 언론에서 객관주의 관행이 어떻게 적용되고 있는지를 드러냈다. 군사정권의 요구에 부응한 한국 언론이 부족한 지면으로 인한 짧은 기사, 데스크의 권한 강화, 역피라미드형 기사의 고착화 등으로 특징지워지는 탈정치적 상업화의 길을 걸으면서, 객관주의를 정치적 비판을 배제하는 여과기로 활용했고, 이는 오늘날까지도 언론 현장에서 강하게 유지되고 있다. 그 결과 한국의 기자들은 탈정치적 맥락에서 모든 현상을 사건화하여 보도하게 됐다.

> 한국 신문의 객관주의 관행은 형성과정의 역사적 조건에서 정치적 비판을 통제하기 위해 현상보다는 사건, 해석보다는 사실 기술을 우월한 보도형식으로 간주하는 '탈정치적 사건중심보도' 관행을 정착시켜 왔다고 할 수 있다. '탈정치적 사건중심보도' 관행은 객관성의 하위 개념 중 기사가 현실을 얼마나 잘 반영했는가의 문제인 유관성(relevance)보다 전달된 사실의 정확성 여부만을 강조하는 진실(truth) 개념을 특권화한다. (남재일, 2008, 241-242쪽)

특히 이 연구에서 주목할 점은 형식적 객관주의를 강조하게 되면 오히려 객관주의 원칙에 반하는 보도로 귀결된다는 점을 발견했다는 데 있다.

> '장르화를 통한 현상의 사건화'와 '역피라미드 방식을 통한 초점화'를 사회정의를 구현하는 객관적 절차로 믿게 되면, 기자가 자신의 전문성을 발휘할 여지는 뉴스 가치 구성에서 현저성을 강조하는 길밖에 남지 않게 된다. [중략] 그래서 사건기사는 일탈의 현저성을 강조하는 주관적이고 감정적인 표현이 자주 등장하는 경향을 보인다. (남재일, 2008, 263쪽)

이와 비교할 수 있는 것으로 객관성 원칙을 심리적 차원에서 분석한 민정식

(2010)의 연구가 있다. 이 연구는 속보 중심의 뉴스 생산 관행에 도구적인 객관성이 결합된 결과, 빠르고 안정적으로 뉴스를 생산하려는 과정에서 기자 개인의 임의적이고 주관적인 고정관념, 즉 스키마에 더 깊이 의존하게 되고, 이를 통해 주관적 보도가 오히려 강화된다는 점을 발견했다. 즉 기계적 객관성을 추구해야 한다는 관념이 오히려 기자의 주관성을 활성화시킨다는 것이다.

> 기자들은 매일매일 정보를 처리해야 하는 일상과 정보의 홍수, 사회적 다양성 속에서 정보를 다면적으로 파악할 여유가 부족하다. 여기에 매몰되어 의례적 객관성을 추구할 때, 기자들은 자신만의 틀짓기를 하거나, 소속사를 포함한 다양한 사회적 틀짓기 요구에 취약해진다. 그 결과는 왜곡된 파편적 정보의 나열이다. 여기에 대한 자각 없이는 저널리즘의 위기는 악화될 것이다. (민정식, 2010, 26-27쪽)

사실성

웨스터슈탈의 분류에 따르자면 객관성의 하위 차원에는 사실성(진실성과 관련성), 불편부당성(균형성과 중립적 제시) 등이 있는데, 이들 각각의 개념을 집중적으로 연구한 논문은 드물다. 다만 이 가운데 하나인 사실성에 주목한 연구들이 몇몇 있다.

송용회(2005)는 이념적으로 뚜렷이 대비되는 〈조선일보〉와 〈한겨레〉가 기자의 직접관찰 대신 인용을 주로 활용하고, 기관을 의인화하여 사람처럼 서술하는 독특한 방식을 적용하는 등 사실성 입증 기제에 있어 별다른 차이가 없음을 발견했다. '사실성 입증 기제'는 기사가 사실을 전달하고 있다는 것을 독자들에게 증명하기 위해 언론이 동원하는 수단을 뜻한다. 이 연구의 의미는 서로 다른 정치적 입장에도 불구하고 한국의 각 언론이 적용하고 있는 사실보도 형식은 매우 비슷하다는 것을 발견했다는 데 있다.

후속 연구에서 송용회(2007)는 〈조선일보〉와 〈한겨레〉가 사실성 입증을 위해 주로 활용하는 인용문에 있어, 편집 방향에 맞는 특정 전문가들에게 자의적인 대표성을 부여하여 현실을 정파적으로 구성하는 양상을 드러냈다. 객관주의 원칙 아래 사실성을 입증하기 위해 등장한 인터뷰 및 인용문 등이 한국 언론에서는 오히려 정파 보도의 외피 노릇을 하고 있다는 것이다.

> 두 신문사는 자신들의 편집 방향에 맞는 특정 전문가들을 집중적으로 활용하면서도 이들을 '전문가'라고 통칭함으로써 대표성을 부여하고, 이를 통해 특정 해석과 주장의 정통성과 설득력을 높이려 하는 것이다. 즉, '전문가'들을 통한 대리전을 펼치는 것이다. [중략] 경제 현상의 진단과 처방에서부터 외교 현안에 대한 판단과 우선순위 등 거의 모든 주요 공적 사안에 대해 전문가들의 의견은 개인의 성향에 따라, 혹은 학파에 따라, 혹은 계급적 이해에 따라 다르게 나온다. 하지만 한국의 주요 신문사들은 이 같은 전문가 집단 내 의견 다양성을 모두 도외시하고 '전문가'라는 용어에 대해 사람들이 공유하고 있는 우월성과 의견 일치에 대한 막연한 믿음을 활용하는 것이다. (송용회, 2007, 248-249쪽)

이 문제와 관련해 박대민(2015)은 언론의 인용문의 타당성을 이중으로 검증해야 한다고 지적했다. 한국 언론은 사실을 전달하는 장치로 인용문을 주로 활용하는데 여기에 교묘하게 언론사의 의견을 제시하면서 사실보도의 원칙을 위배하는 일이 많으므로, 정보원이 말한 그대로 인용했는지에 대한 '사실성 검증', 그리고 그 정보원의 의견이 사실에 근거하는 동시에 올바른 것임을 확인하는 '적절성 검증'을 거쳐야 한다는 것이다.

사실성 결여의 결과는 빈번한 오보다. 임양준(2007)은 미국 언론의 오보가 단순 실수에서 주로 발생하는 것에 비해 한국 언론의 오보는 사실 확인 미흡에서 비롯한다는 점을 발견했다. 한국 언론에서 오보가 발생하는 일반적 유형과 원인을 연구한 우병동(1996)은 전문성 부족, 사실 확인 소홀, 과장보도, 자의적 해석, 의도와 감정의 개입 등으로 인해 오보가 발생하는데도 한국의 기자들이 사실성 또는 정확성에 대해 느슨한 기준과 잣대를 갖고 있다는 점을 발견했다. 이런 태도는 최근까지도 크게 달라지지 않았다. 한국 신문은 오보를 인정하여 바로잡는 정정보도 기사에서도 적극적으로 원인을 밝히거나 사과하는 경우가 드물고, 기자의 잘못을 인정하기보다는 취재원을 탓하는 경우가 많다(윤지희·이건호, 2011).

객관성의 재구성

객관성에 대한 국내 연구 논문 가운데 상당수는 "전통적인 뉴스의 객관성 개념은 요즘 기자들을 이끌어갈 만한 윤리적인 힘을 상실하고 있다"(김상호, 2007, 6쪽)는 태도를 취하고 있다. 이 때문에 기계적이고 형식적인 객관성 원칙을 현실에 맞게 개선시키려는 연구들도 나오고 있다.

이준웅(2010b)은 객관성 원칙을 전반적으로 재검토한 끝에 "사실과 가치의 분리를 전제로 삼아 언론의 사실과 의견의 구분, 즉 사실 명제와 의견 명제의 구분을 정당화하려는 시도는 가망이 없다"(196쪽)라며 오히려 사실 명제(참인가 거짓인가)와 의견 명제(옳은가 그른가)에 대해 각각 그 타당성을 입증하는 원칙 또는 규칙을 새로 마련할 것을 제안했다. 즉 사실과 의견을 무조건 구분해야 한다거나, 의견은 꼭 배척해야 한다고만 할 것이 아니라, 그것이 과연 사실인지와 그것이 왜 올바른 의견인지를 함께 기사에 밝힘으로써 객관주의가 (부정적 의미에서) 전략적으로 활용되는 일을 최소화하자는 것이다.

> 사실에 대한 진술적 주장에 대해 제기되는 경험적 검증과 타당한 추론의 의무를 소홀히 하는 언론을 윤리적이라 할 수 없다. 마찬가지로 옳음이나 적절함에 대한 규범적 주장에 대해 제기되는 타당성 주장에 합리적 근거를 제시하면서 정당화하지 못하는 언론도 윤리적이라 할 수 없다. 이 두 가지 타당성 주장을 교란시켜서 진술적 언행을 '옳고 그름'의 문제로 전환시키거나 규범적 언행을 '참과 거짓'의 문제로 치환시킴으로써, 제기된 타당성 요구에 응답하지 않는 언론은 윤리적으로 문제가 된다. 반대로 이 두 언행을 구분하고 각각 다른 방식으로 제기되는 타당성 주장에 대응해서 근거를 제시하고 적극적으로 해명하고 설명하는 언론은 윤리적으로 책임을 지는 언론이다. (이준웅, 2010, 205쪽)

이와 비교할 만한 것으로 강형철(1999)의 연구가 있다. 그가 보기에 '언론은 무조건 객관적이어야 한다'는 것은 잘못된 인식이고, 그렇다고 사실보도의 영역에서 비객관적 보도를 통한 이데올로기적 선전이 만연한 것도 문제다. 그 결과로 나타난 한국 언론의 현실은 혼돈과 냉소다.

> 한국 언론은 기자의 전문가성이라고 할 수 있는 객관성에 대한 정의

와 그의 실행을 위한 구체적 절차를 정립해 보지도 못한 상태에서 객관성에 대한 회의에서 비롯된 미국의 주관적 언론관을 황급히 채용해 가고 있는 인상이다. [중략] 지식사회 일부에서 언론의 객관성에 대한 회의를 수입해 어차피 객관성은 없는 것이라며 언론을 무시하거나 [중략] 비난함으로써 비객관적 보도에 오히려 면죄부를 주는 결과를 가져오고 있기도 하다. 상대주의가 초래하기 쉬운 전형적인 냉소주의의 모습이다. (강형철, 1999, 141-142쪽)

이를 극복하기 위한 방안으로 그는 맥퀘일(1986)의 연구를 인용하여 언론 보도에 있어 객관의 영역과 비객관의 영역을 구분할 것을 제안했다. '언론은 객관적이어야 한다'거나 '객관주의는 비현실적 이상이므로 폐기해야 한다'는 양극단을 지양하여, 뉴스기사에 대해서는 객관성을 적용하되, 사설의 당파성과 해설기사의 주관성을 수용하여, 객관성 원칙을 현실화하자는 것이다.

김상호(2007)는 최소주의 객관성과 최대주의 객관성을 구분하여 객관성을 둘러싼 논란을 정리한 다음, 그 바탕 위에서 해석틀로서의 객관주의를 제안했다. 실체적 존재를 완전히 파악하여 온전히 진술하려는 과학주의 또는 최대주의 객관성에 대한 강박을 버리되, 다양한 기준을 비교검토하고 숙고하여 잠정적이고도 역사적인 해석틀로서 객관주의를 활용하면, 해석적·맥락적 객관성을 구현할 수 있다는 것이다.

이민웅(2002)은 객관성 원칙의 토대가 됐던 실증주의를 벗어나 이를 비판하는 사회구성주의의 토대 위에서 '진실 보도'를 새로운 저널리즘 원칙의 핵심으로 삼자고 제안했다. 그는 사실보도 또는 객관보도가 원천적으로 가능하지 않다고 지적하면서, 절대적 진실 또는 완벽한 진실이 아니라 사실을 종합적으로 표상하여 그 사실에 최대한 근접하려는 보도를 진실보도로 정의할 수 있다고 보았다. 즉, 고정된 진리에 접근하려는 실증주의적 객관보도 대신 사회적으로 끊임없이 재구성되는 진실에 주목하는 구성주의적 진실보도를 저널리즘의 새로운 원칙으로 삼아야 한다는 것이다.

> 언론인에게 진실과 공정성을 요구하는 것은 해석과는 독립된 사실이 있을 수 있다는 것, 다시 말해 존재론적이든 인식론적이든 해석을 신뢰성 있게 만드는 객관적 사실이 존재한다는 것 때문이다. 물론 인간의 주관, 사회적 조건, 언어와 독립된 사실이 존재한다고 해서 그것에 대한 유일한 해석이 있다고 주장하는 것은 아니다. 해석은 자족적일 수 없다고 볼 때, 해석을 시도하는 기자들은 반드시 해석의 대상인 사실에 대한 충실성을 확보해야 한다는 것이다. (이민웅, 2002, 45쪽)

연구자들의 분투에도 불구하고 객관성 또는 객관주의를 둘러싼 논란과 혼란이 완전히 정리된 것은 아니라고 평가할 수 있다. 관련 연구 논문이 여전히 부족하고, 이들 연구로부터 영향을 받은 뉴스 생산자들의 변화도 뚜렷하지 않다. 객관성 문제는 학계와 언론계 모두에서 여전히 중요하면서도 해법을 찾기 어려운 화두다.

이와 관련해 이재경(2007)은 구한말 이래 최근에 이르기까지 주요 언론의 창간사를 분석하여 객관주의를 비롯한 언론 이념의 혼란이 어디에서 비롯했는지를 연구했다. 그 결과, 한국 언론은 거시적 의미의 언론철학 또는 언론사상에 대한 인식이 희박하다고 지적했다.

> 이러한 문제들을 종합적으로 고려해 보면, 한국 언론은 사상적 토대

를 결여했거나, 잘못된 철학적 토대를 바탕으로, 객관주의나 비판적 자세 등 서양 언론의 실천이념들만을 도입해, 그들도 철저하게 내면화하지 못한 조건에서, 상징적 이데올로기로 활용하고 있다는 판단에 이르게 된다. 이러한 근본적 철학의 문제가 오늘날 벌어지고 있는 한국 언론을 둘러싼 혼란상의 핵심요인[이다]. (이재경, 2007, 26쪽)

2. 공정성

국내에서는 객관성 연구보다 공정성에 대한 연구가 더 활발히 진행됐다. 관련 연구 논문 수가 더 많을 뿐만 아니라 이론적, 실증적 층위에서 두루 진행됐고, 연구 성과도 1980년대 후반 이후 꾸준히 제출되고 있다. 그 배경을 짐작할 수 있는 단서로 장하용(2001)의 연구가 있다. 장하용은 수용자 단체와 미디어 비평매체가 한국 언론에 대해 무엇을 문제 삼는지를 연구했는데, 이들은 공정성 결여를 한국 언론의 가장 큰 문제로 파악한다는 점이 발견됐다. 이들 단체 및 매체가 한국 언론을 비판하는 23개 주제 가운데 다른 주제들과 가장 다양하게 연결되어 있는 것은 '편파보도', '본질 왜곡', '본질 비껴가기' 등이었다. 즉 한국 언론의 여러 문제 가운데도 공정성을 위배하는 것이 가장 심각한 문제라는 것이다.

역사적으로 보면, 불공정 보도에 영향을 주는 요소로는 정파성과 이념성이 있다. 송정민(1992)은 객관성, 균형성 등 서구적 저널리즘의 개념으로는 한국의 뉴스를 제대로 들여다볼 수 없고, 모든 뉴스는 보도 원칙과 관행에 있어 근본적으로 이념적 구성물이라고 보았다. 정재철(2002)의 연구는 보수-진보, 자유민주주의–사회주의 등의 개념을 중심으로 한국 언론이 적대적인 이념담론을 펼치고 있음을 드러낸 초기 연구에 해당한다.

한국 언론의 이념성의 뿌리는 미군정기까지 거슬러 올라간다. 김영희(2000, 2007)는 미군정기 및 한국전쟁 직전 한국 언론의 논조를 분석했는데, 해방 직후 다양한 정치세력들의 충실한 대변자 역할을 하던 한국의 주요 언론은 한국전쟁 직전 반공주의 기조를 뚜렷이 하면서 북한에 대한 적대감과 증오감을 부추기는 입장을 다졌음을 밝혔다.

이후 1960년대 들어 한국 언론은 친정부적 정파성과 이데올로기적 편향성을 유지하는 대신 경제적·정책적 특혜를 얻었고, 이것이 오늘날 상업언론의 토대를 이뤘다. 한국 언론의 이념성과 정파성은 결국 자사 이기주의와 연결되어 형성됐다는 것이다(이정훈, 2014). 이 때문에 언론 관련 이슈가 터질 때마다 한국 언론은 자사 이기주의를 이념성 또는 정파성과 연결시켜 보도한다(김동규, 2000; 김수정·정연구, 2010; 김연종, 2004; 장하용, 1997; 정재철, 2001; 최선욱·유홍식, 2010).

이상의 연구들은 불공정 보도의 배경으로서의 정파성과 이념성이 해방 직후부터 두드러졌고 1960년대 들어 완성됐다고 보지만, 윤영철(2000)은 한국 언론사 간의 차별적 이념성이 민주화 이후에야 제대로 정립됐다고 분석했다. 이와 관련해 살펴볼 만한 것으로 이진영과 박재영(2010)의 연구가 있다. 연구자들은 민주화 직후인 1988년 〈한겨레〉 창간으로 인해 기존 신문들이 차별화된 보도 전략을 펼쳤다는 점을 발견했다. 그런데 여기서 차별화 전략의 핵심은 이념적 차별화였다. 진보 언론이 등장하자 보수 언론은 스스로를 중립 또는 중도에서 더 보수적 성향으로 자리매김했고, 여기에 더해 보수 언론사 내부에서도 다시 이념적 차별화가 진행되어 강경보수의 성향까지 나타나게 됐다는 것이다.

이념성과 정파성이 확립된 시기를 언제로 보건, 각 언론의 이념성은 1980년 후반 민주화 이후 정권 성향과 상관없이 지속적으로 강화됐다는 점을 이원섭

(2006)의 연구가 보여 준다. 그 결과, 한국 언론계에서는 여러 이념성을 각각 대표하는 '외적 다양성'은 늘어났지만, 각 매체가 여러 관점과 입장을 포괄하는 '내적 다양성'은 오히려 축소됐다. 최현주(2010)는 이를 '불건전한 다양성'이라 평가하면서, 하나의 매체가 그 내부에 다양한 관점을 담지 못하는 것이 언론의 위기로 이어졌다는 진단을 내렸다. 이러한 한국 언론의 이념성과 정파성을 비판적으로 분석하는 과정에서 공정성의 실체에 주목한 것은 당연한 귀결인 것으로 보인다.

이론적 논의

이와 관련해 단연 주목할 만한 것으로 국내 공정성 연구를 대표하는 동시에 그 효시로 평가할 수 있는 강명구(1989)의 연구가 있다. 그는 웨스터슈탈의 객관성 모델이 뉴스 텍스트를 평가하는 데는 어느 정도 유용성이 있지만, 뉴스 생산과정에 작용하는 내외적 요인들을 제대로 고려하지 못해 실제적 규범력을 상실했다고 본다. 대신 그는 객관성 대신 공정성을 뉴스 평가의 기본틀로 제시하는데, 여기서 공정성은 서구 저널리즘에서 비롯한 fairness의 단순 번역이 아니라, 한국적 개념인 공론(公論)과 정론(正論)을 아우르는 것이다. 그가 말하는 공정성에는 공공과 정의 관념이 강하게 내포되어 있다.

그는 뉴스 공정성이 진리, 윤리, 정의라는 세 가지 차원으로 이뤄져 있고, 각각은 사실성 검증(정확성과 균형성), 윤리성 검증(합법성과 윤리성), 이데올로기 검증(전체성과 역사성) 등에 해당한다고 보았다. 이러한 세 차원의 검증을 통해 특정 기사가 사실을 정확하게 다루고 있는지, 그것이 총체적 진실을 담았는지, 소외된 이들의 이익을 제대로 대변하고 있는지 등을 두루 검토할 수 있다는 것이다.

> 한 가지 분명한 것은 기존의 파편화되고 인물 중심인 뉴스 형식은 전체성과 역사성을 담기에 적절치 않다는 것이다. 최근 발전되고 있는 다큐멘터리, 특별 취재, 기획물 등은 파편화된 현실 인식을 극복할 수 있는 대안적 형식이라 할 수 있다. 뉴스 형식의 개혁만으로 전체성과 역사성의 차원을 담을 수는 없다. 뉴스 생산과정에 개입되는 내적, 외적 요인의 개혁 없이는 불가능하다. 이는 또 정보의 생산과 분배가 독점자본에 의해 통제되고 국가기구의 개입이 보편화된 언론의 사회적 조건이 변화되어야 함을 의미한다. (강명구, 1989, 107-108쪽)

유종원(1995)은 공정성 원리에 대한 인식에 있어 서구적 잣대와 한국적 잣대가 상당히 다르다는 점을 발견했다. 서구 언론은 이익 상충에 대한 균형 있는 보도를 견지하는 '배심원제'의 요소로서 공정성을 다루는 반면, 한국 언론은 옳음과 그름을 판단하는 '단독판사'의 요소로서 공정성을 적용하는 경우가 많다. 즉 서구 언론은 절차적 공정을 중시하지만, 한국 언론은 종종 내용적 공정을 내세운다는 것이다.

이것은 어느 것이 더 좋다거나 하는 우열의 문제는 아니지만, 그 잣대의 임의성 또는 비일관성은 공정성을 교묘하게 악용하는 것으로 이어질 수 있다. 옳음과 그름을 판단해야 할 때에는 절차적 공정성을 적용해 균형 보도를 앞세우다가, 상충하는 이익을 조정해야 할 상황에선 오히려 옳고 그름의 잣대를 적용해 함부로 재단하는 보도가 나타나기 때문이다.

> 이를테면 선악을 판단해야 할 상황에서는 배심원제형의 순수절차적 정의로서의 공정성을 주장하다가 개인의 권리와 이익의 충돌을 조정해야 할 상황에서는 '옳고 그름'의 잣대를 적용하는 경우를 말하는 것이다. 이는 마치 축구 시합을 하면서 손도 쓰고 발도 쓰는, 그래서 결과적으로는 규칙이 없는 것이나 마찬가지다. (유종원, 1995, 162쪽)

최영재와 홍성구(2004) 역시 공정성을 객관성과 연결시키거나 그 하위 개념으로 다루는 접근의 잘못을 지적하면서, 균형성 또는 중립성이 아니라, 옳음에 대한 정의(justice)를 적극 수용하는 공정성 개념을 제시했다. 아울러 언론의 공정성 구현을 위해서는 가치 판단의 자유를 포함하는 언론자유를 우선시하는 동시에 이것이 언론사 일방의 선전선동으로 변질되는 것을 막기 위해 시민사회의 언론자유에 개방돼 있어야 함을 지적했다.

이런 흐름 위에서 이준웅(2005a, 2005b)은 언론 공정성의 위기가 곧 언론 전체의 위기로 확산되는 과정을 분석했다. 한국 언론이 특정 정파를 대변하면서 사회적 강자에게 더 많은 목소리를 부여하는 보도를 이어온 결과, 보수건 진보건 기성 언론에 매우 비판적인 '비판적 담론 공중'이 등장했다는 것이다. 그런데 이들 비판적 담론 공중은 근대 유럽의 시민적 공중과 달리 그들 스스로도 비규범적이라는 점에서 "부정적인 계기에서 형성되고 부정적인 관점에서 유지되는 공중들"(164쪽)이다. 특히 여러 매체 가운데 신문의 정파적 보도가 이들의 공격과 비난에 더 많이 노출됐고, 이 때문에 언론의 위기 가운데서도 신문의 위기가 더 위중하다고 진단했다.

> 언론은 그 내용이 다양한 계층, 지역, 직업, 이념집단, 이해집단의 활

동에 직접적으로 영향을 미치고 있지만 이러한 영향력을 행사하는 언론의 담론의 대상이 되는 사회집단의 목소리를 공정하게 반영하는 데 실패하고 있다. 그리고 우리 언론은 보수나 진보나 할 것 없이 이념적으로 비탄력적이고 동시에 폭이 좁은데, 이 역시 언론에 대한 공정성 시비의 원인이 된다. 하지만 우리 사회의 큰 문제는 역시 언론과 [비판적 담론] 공중 모두 이념적 상대를 찾아 부정적인 공격과 비판만 일삼을 뿐 정당한 담론의 규범을 산출하고 이를 내면화하는 데 실패하고 있다는 점이다. 이 글에서 나는 이러한 실패가 계속되는 한 우리가 겪을 것은 끊임없는 이념적 투쟁의 악순환밖에 없다는 것을 지적하고자 한다. (이준웅, 2005a, 168쪽)

공정성 인식

연구자들은 공정성 위기에 대한 기자와 수용자의 인식에 다소 차이가 있다는 점도 발견했다. 관련 연구들은 공정성에 대한 기자의 인식, 그리고 수용자의 인식으로 나눌 수 있는데, 서로 비교하여 검토할 만하다.

공정성은 모호하여 현실적으로 구현하기 불가능한 개념이라고 기자들은 생각한다. 특히 방송기자에 비해 신문기자는 기계적 공정성 또는 동일 비율의 균형성을 공정보도의 잣대로 삼는 것에 반대하고 있다(박형준, 2013). 또한 진보적이고 젊은 기자일수록 주관적 가치를 기사에 포함시키는 데 우호적이다. 다만 기자들은 자신이 생각하는 것에 비해 자신이 소속한 언론사가 정파성을 더 크게 고려하고 있다고 생각한다(정동우·황용석, 2012). 두 연구를 종합하여 기자들의 공정성 인식을 정리하면, 공정성은 구현하기 힘든 가치이고 특히 언론사 차원에서 정파적 보도를 선호한다고 기자들은 느끼고 있다는 것이다.

이와 관련해 박재영(2005)은 〈문화일보〉 정치부가 2002년 대선을 보도하는 과정에서 공정성 규준을 어떻게 적용했는지를 연구하여 공정성의 실질적 의미를 탐색했다. 연구 결과, 뉴스 생산자의 입장에서 공정성을 견지하는 일은 주로 기계적 수준에 가까운 균형성을 지키는 정도이며, 이조차도 쉽지 않다는 점이 드러났다. 진정한 공정보도를 위해서는 기계적 균형을 넘어서는 사실 추적의 노력이 필요하지만, 현재 한국 언론의 뉴스 생산 관행이 이를 매우 어렵게 한다는 것이다. 특히 이 연구는 공정성을 이론적으로 논구하는 데서 벗어나 실제 뉴스룸에서 특정 사안에 대한 비교적 장기간에 걸친 보도 행태를 연구했다는 점에서 가치가 있다.

이를 김연식(2009)의 연구와 연결시켜 보면 흥미롭다. 김연식은 언론인 가운데서도 기자와 시사 프로듀서의 공정성 인식에 차이가 있다는 점을 발견했다. 기자는 공정성을 균형성과 중립성의 문제로 보는 데 비해, 시사 프로듀서는 사실성, 맥락성 등의 문제로 판단한다. 이는 두 직종이 뉴스 또는 시사프로그램을 생산하는 과정의 차이에서 비롯한 것으로 보인다.

공정성에 대한 수용자들의 태도는 기자들의 태도와 비교된다. 손영준(2011)은 기계적 중립에 가까울 정도로 다양한 의견을 동등하게 기사에 배분하는 것을 수용자들이 선호한다는 점을 발견했다. 목은영과 이준웅(2014)의 발견도 수용자의 이런 특징과 관련 있다. 이들의 연구를 보면, 정보원 다양성, 이해당사자 견해 반영, 균형적 관점 등의 요소 가운데 다양한 정보원 활용이 수용자의 공정성 평가에 가장 큰 영향을 미친다. 또한 특정 언론사에 대한 부정적 태도를 갖고 있다 하더라도, 다양한 정보원, 이해당사자 견해 반영, 균형적 관점 등의 요소를 강화한 뉴스라면 이를 공정하게 평가할 수 있다는 것도 발견했다. 두 연구를 종합하면, 뉴스 수용자들은 단순한 불편부당성을 요구할 뿐만 아니라, 다양한 이슈와 시각을 제공하는 '뉴스 다원성'에 높은 가치를 두고 있는 셈이다.

이종혁(2015)은 공정성에 대한 수용자들의 이런 인식에 있어 이념 성향별 차이가 무엇인지 연구했다. 진보와 보수 성향의 수용자들은 전반적인 공정성 평가에 있어 '중도적 매체'의 공정성을 높게 평가했지만, 자신들에게 '우호적 매체'가 자신들의 입장에 불리하게 보도할수록, 자신들에게 '적대적 매체'가 자신들의 입장에 유리하게 보도할수록 더 공정하다고 평가했다. 즉 진보 성향의 수용자는 평소 〈중앙일보〉가 공정하다고 생각하지만, 〈한겨레〉가 보수 정부를 두둔하거나 〈조선일보〉가 보수 정부를 비판하면, 이들 매체의 공정성을 〈중앙일보〉보다 더 높게 평가한다는 것이다.

공정성의 구현

공정성의 위기가 언론의 위기로 이어지는 상황을 극복하는 길은 공정성을 구현할 실천적 규범을 마련하는 데 있다. 김세은(2006)은 공정성을 '옳음', '좋음'에 대한 두 범주로 구분했는데, 한국 언론이 처한 신뢰의 위기라는 차원에서 보자면, 공공선의 가치 수행을 추구하는 '좋은 언론'보다는 절차적 공정성을 중시하는 '옳은 언론'이 더 절실하다고 지적했다. 즉 사회 전체가 지향해야 할 공공의 가치를 주창하는 것보다는 서로 다른 구성원들의 다양한 견해를 공정하게 담아내는 구체적이고도 합리적인 뉴스 생산 절차를 마련하는 것이 더 중요하다는 것이다.

> 역사적으로 한국 사회의 언론은 '어떻게'보다 '무엇을' 수행할 것인가에 더 큰 무게 중심을 두어 왔다. [중략] 그런 과정에서 한국 언론

은 다양한 관점과 견해를 소통시키는 역할에는 상대적으로 소홀해 왔다. [중략] 사회가 다원화될수록 모두가 합의하는 공공선을 찾기란 쉽지 않다. 따라서 정의의 문제를 절차가 아닌 가치에 둘 때 그를 둘러싼 사회의 갈등과 분열은 줄어들지 않고 그로 인한 불신은 증폭되기 마련이고, 이는 한국 사회와 한국 언론이 최근 절절하게 경험해 오고 있는 바이다. 이것이 바로 '옳은 언론'의 필요성, 즉 절차적 타당성을 주장하는 이유[다]. (김세은, 2006, 73쪽)

이와 관련해 이준웅과 김경모(2008)는 '바람직한 뉴스'를 위한 뉴스 모형을 제시했는데, 이는 공정성, 품질, 품위를 기본으로 삼고 다시 각각의 하위 개념을 아우른다. 여기서 공정성은 정당한 담론적 대변, 소수 의견의 보호와 조절, 품질은 타당성과 적절성, 품위는 진정성과 정상성으로 구성된다.

심훈(2014)은 공정성을 실증적으로 계측하는 모델을 만들어 연구에 적용했다. 우선 그는 공정성을 객관성과 동일하게 인식하거나 객관성의 하위 개념으로 보는 학계의 일반적 시각이 언론의 공공성과 공익성을 충분히 반영하지 못한다고 지적하고, 강명구와 마찬가지로, 공정성을 객관성보다 더 중요한 개념으로 제시했다. 여기서 공정성은 공공성의 공론과 공익성의 정론으로 구성되며, 공공성은 균형성 및 중립성, 공익성은 사실성 및 약자 보호 등을 대표한다.

아울러 '경기실사지수'와 비슷한 '공정보도 실사지수'를 개발하여 중립성, 사실성, 사회적 다양성, 약자 보호, 권력 비판 등 공정성 유목을 개발해 한국방송학회 회원들이 각 정부의 방송 공정성을 어떻게 평가하는지 측정했다. 연구 결과, 학회 회원들은 중립성·균형성 등의 공론보도에 비해 다양성 및 약자 보호를 중심에 두는 정론보도에서 공영방송을 낮게 평가하는 것으로 드러났고, 정부별로 살펴보면 이명박, 박근혜 정부보다 노무현 정부 시기의 공영방송 공정성을 더 높게 평가하는 것으로 나타났다.

3. 저널리즘 원칙에 대한 새로운 관점

2010년대 들어서는 전통적인 객관성, 공정성 연구와 구분되는 새로운 연구 흐름이 등장하고 있다. 지금까지의 객관성, 공정성 등에 대한 연구의 바탕에는 저널리즘 원칙을 뉴스 생산자의 영역으로 다루는 관념이 깔려 있다. 그런데 최근의 연구들은 뉴스 수용자 또는 소비자의 관점에서 저널리즘 원칙을 새롭게 검토하고 있다.

교감

전통 언론의 객관성과 공정성에 대한 수용자의 불신에 대응하는 변화가 지체되는 동안, 뉴스 소비의 양상이 완전히 변했다는 것을 김경희(2012)의 연구를 통해 알 수 있다. 뉴스를 보고 읽는다는 것, 즉 뉴스를 소비한다는 행위의 동기를 분석한 이 연구를 보면, 이슈에 대한 객관적 거리를 두는 '관객자 동기'가 아니라 이슈의 이면과 맥락을 파악하면서 공감하는 '교감자 동기'가 뉴스 소비에 더 큰 영향을 주고 있다. 이에 따라 "공정성, 객관성, 기사 구성의 요소 등 저널리즘 원칙에 대한 재검토가 필요하다"(33쪽)는 것이다.

이완수(2011)도 객관성, 공정성 등 전통적 뉴스 규준을 달성하려고 노력하는 데 그치지 않고, 이를 소비하는 수용자들과의 상호 교감과 의미 공유를 통해 더 높은 수준의 저널리즘을 달성할 수 있다고 보았다. 특히 뉴미디어의 등장 등 기술적 발전이 이러한 높은 수준의 저널리즘 달성에 방해가 되는 것이 아니라 오히려 그것에 기여할 수 있다는 '낙관적 태도'가 필요하다는 점을 강조했다.

> 궁극적으로 매체의 진화과정은 인간의 온전한 소통을 달성하는 과정이다. [중략] 매체가 진화된 형태를 나타내는 것은 보다 완성도 높은 저널리즘을 추구하는 것이 가능하다는 뜻이다. 저널리즘은 그 특성상 매체를 경유해 수행되기 때문에 매체를 배제한 저널리즘 논의는 무의미하다. (이완수, 2011, 170쪽)

정수영(2015)은 교감의 문제를 감성의 원칙으로 확장시키고 있다. 그가 보기에 합리성과 이성을 바탕으로 하는 전통적 저널리즘 원칙만으로는 이상과 실체 사이의 간극을 줄일 수 없다. "공정성과 객관성은 저널리즘의 진실 추구를 위한 중요한 가치이자 구성요소에 포함되지만, 그 개념의 모호함으로 말미암아 이론적 실천적 합의점을 찾기 어려운 현실"(71쪽)이므로, '공감'(empathy), '연민'(compassion), '정동'(情動, affect) 등 감성 개념을 저널리즘의 새로운 원칙으로 수용하자는 것이다.

> 언론 스스로가 이성과 합리성을 전제로 하는 근대적 개념의 공론장이라는 범주를 넘어, 스스로가 공감과 연민이라는 감정과 정서를 생성하고 공통 관념을 형성하면서 공명의 철학을 실천하는 감성공론장으로 변화해야 한다. [중략] 언론 스스로가 [중략] 공명의 주체이자 핵심 기제로서의 새로운 정체성을 구현하는 것이야말로 저널리즘 규범과 실체의 간극을 극복하고 커뮤니케이션 환경을 재구축하기 위한 첫걸음이 될 것이다. (정수영, 2015, 70-71쪽)

뉴스의 상품가치

김사승(2008, 2013a, 2013b)은 이 문제를 깊게 파고든 연구들을 연이어 내놓았다. 우선 그는 기존의 저널리즘 원칙이 내포하고 있었던 '단일한 진실'이라는 전제의 실현 불가능성을 지적했다. 전통 언론은 하나의 단일한 세계를 설명하려 노력하지만, 디지털 기술은 다양한 인식을 추구할 뿐만 아니라 이것이 가능한 상황을 만들어 낸다. 따라서 뉴스룸 내부를 넘어 외부의 수용자들이 뉴스 생산에 참여하는 '간주관적 객관화' 과정을 통해 "실체적 진실의 단일성보다 다양성을 드러내는 작업"(김사승, 2008, 36쪽)에 나설 것을 제안했다.

이런 구상을 더 정교하게 다듬은 후속 연구(김사승, 2013a, 2013b)에서는 뉴스의 상품가치를 유용성 가치와 소비자 관계가치로 구분했다. 유용성 가치는 전통적 뉴스의 효용과 관련이 있는 반면, 뉴미디어 시대에 더 중요한 것은 소비자 관계가치다. 이는 생산자와 소비자의 지속적 상호작용을 북돋는 것을 통해 달성되는데, 뉴스 생산의 모든 과정에 소비자가 개입하고 참여할 수 있는 통로를 만들어야 뉴스를 소비하게 된다는 것이다. 결국 김사승은 협력적 대화저널리즘을 통한 '중층뉴스생산'을 뉴미디어 시대의 새로운 저널리즘 원칙이자 뉴스 전략으로 제시한다. 즉 뉴스 생산과정을 지금보다 더 연장하여 그 중간에 소비자가 참여하는 단계를 포함시켜야 한다는 것이다. 이는 짧은 호흡의 기사보다 길고 깊은 호흡의 기사와 연결되는 원칙이기도 하다.

저널리즘 원칙을 뉴스 가치와 연결시켜 탐색한 또 다른 경우로 이준웅과 최영재(2005)의 연구가 있다. 연구자들은 한국 신문의 위기가 보도의 불공정성에 대한 수용자들의 비판에서 시작됐다고 진단한다. 신문의 단순 사실보도는 인터넷과 방송 등에 의해 충분히 대체될 수 있는 '저가치적 뉴스'이므로 수용자들이 신문을 외면할 수밖에 없었다는 것이다. 뒤이은 연구에서 이준웅(2010a)

은 이를 위해 사회적으로 중요한 이슈를 다루되, 신문 고유의 형식이자 좋은 이야기의 방식으로 기사를 전달하여 '읽는 재미'를 포함한 새로운 가치를 창출해야 한다고 제안했다. 이는 내러티브 저널리즘으로부터 형식적 객관주의 저널리즘의 대안을 찾으려는 흐름과 잇닿는 바가 있다.

나가며

이상의 연구들은 저널리즘 원칙을 연구하려는 이들에게 중요한 시사점을 던진다. 기자 및 뉴스룸에 국한했던 규범과 원칙은 다양한 뉴미디어의 등장과 함께 수용자 차원으로 확산되고 있고, 이에 따라 객관성 및 공정성 등의 전통적 개념과 더불어 교감성 등 새로운 저널리즘 원칙이 제시되고 있다.

그런 면에서 저널리즘 원칙 연구는 저널리즘 연구의 과거인 동시에 미래다. 객관성 또는 공정성과 씨름했던 연구자들은 이제 뉴미디어 시대의 새로운 원칙을 내놓아야 하는 과제 앞에 서 있다. 이에 몇 가지 연구 과제를 제안하고자 한다.

첫째, 저널리즘 원칙에 대한 연구는 뉴스 생산자에 대한 연구로 귀결된다. 왜 이러한 뉴스가 등장하고 유통되는지에 대한 질문은 그것을 만들어 유통시키는 사람과 조직의 문제이기 때문이다. 그런 점에서 기존 연구는 지나치게 내용분석 또는 텍스트 중심적으로 진행됐다. 매체별, 주제별 뉴스 생산자 연구가 더 활성화될 필요가 있다. 예컨대 '무엇을 어떻게 보도할 것인가', '무엇을 원칙으로 삼을 것인가' 등에 대한 판단에 있어 신문, 주간지, 라디오, 텔레비전 방송, 인터넷, 모바일 등 다양한 매체에 따른 뉴스 가치와 원칙에 어떤 차이가 있는지 여전히 불분명하다. 아울러 기자의 성별, 경력, 취재영역 등 인구학적 특성에 따라 저널리즘 원칙에 대한 태도가 어떻게 달라지는지도 좋은 연구 주제가 될 수 있을 것이다.

둘째, 저널리즘 원칙과 관련한 수용자 연구도 활성화될 필요가 있다. 수용자들이 어떤 종류의 기사에 호감을 갖고 몰입해서 주목하는지 등에 대한 실증적 연구를 통해 저널리즘 원칙의 여러 개념을 검증하거나 계발할 수 있을 것이다.

셋째, 생산자와 수용자를 넘나드는 저널리즘 원칙 연구를 국가 간 비교연구로 확장할 필요가 있다. 특히 미국 언론뿐만 아니라, 다양한 해외 언론이 적용하고 있는 저널리즘 원칙에 대한 연구가 필요하다. 예컨대 공정성 원칙이 국가별로 어떤 차이가 있으며, 그것이 한국 언론에 주는 함의가 무엇인지 등에 대한 구체적 연구가 절실하다.

추천 논문

강명구 (1989). 탈사실의 시대에 있어 뉴스 공정성의 개념 구성에 관한 연구. 〈언론정보연구〉, 26호, 85-111.

김사승 (2008). 저널리즘의 기술적 재구성에 대한 이론적 고찰: 뉴스생산 과정을 중심으로. 〈커뮤니케이션 이론〉, 4권 2호, 7-47.

남재일 (2008). 한국 객관주의 관행의 문화적 특수성: 경찰기자 취재관행의 구조적 성격. 〈언론과학연구〉, 8권 3호, 233-270.

박재영 (2005). 공정성의 실천적 의미: 문화일보 2002년 대선(大選) 보도의 경우. 〈한국언론학보〉, 49권 2호, 167-195.

송용회 (2005). 한국 종합일간지 기사의 사실성 입증 기제에 관한 연구: 조선일보와 한겨레신문 사회면을 중심으로. 〈한국언론학보〉, 49권 3호, 80-104.

심훈 (2014). 한국 공영방송의 공정보도에 대한 인식평가: 공정보도 계측을 위한 모델 구축 및 전문가 대상 설문조사. 〈한국언론정보학보〉, 66호, 110-132.

유선영 (1995). 객관주의 100년의 형식화 과정. 〈언론과 사회〉, 10권, 86-128.

유종원 (1995). 한국에서의 공정보도의 개념과 의미에 관한 연구. 〈한국언론학보〉, 33호, 137-164.

이재경 (2007). 한국 언론의 사상적 토대. 〈커뮤니케이션과학〉, 26권 0호, 5-28.

이준웅·김경모 (2008). '바람직한 뉴스'의 구성조건: 공정성, 타당성, 진정성. 〈방송연구〉, 67호, 9-46.

정수영 (2015). 공감과 연민, 그리고 정동(affect): 저널리즘 분석과 비평의 외연 확장을 위한 시론. 〈커뮤니케이션 이론〉, 11권 4호, 38-76.

참고문헌

강명구 (1989). 탈사실의 시대에 있어 뉴스 공정성의 개념 구성에 관한 연구. 〈언론정보연구〉, 26호, 85-111.

강형철 (1999). 신문보도의 주관성과 객관성. 〈언론과 사회〉, 26호, 113-145.

김경희 (2012). 뉴스 소비의 변화와 뉴스의 진화: 포털뉴스와 언론사 뉴스 사이트를 중심으로. 〈언론정보연구〉, 49권 2호, 5-36.

김동규 (2000). 언론개혁과 언론보도: 신문개혁 관련 보도 내용을 중심으로. 〈한국언론정보학보〉, 14호, 47-88.

김사승 (2008). 저널리즘의 기술적 재구성에 대한 이론적 고찰: 뉴스생산 과정을 중심으로. 〈커뮤니케이션 이론〉, 4권 2호, 7-47.

김사승 (2013a). 소비자 경험가치 관점의 뉴스상품성 강화를 위한 뉴스생산의 탐색적 모형에 관한 연구: 신문을 중심으로. 〈한국언론학보〉, 57권 2호, 33-57.

김사승 (2013b). 신문뉴스의 상품가치에 관한 미디어 경제학적 관점의 분석. 〈한국언론학보〉, 57권 3호, 5-33.

김상호 (2007). 언론의 객관성에 대한 분석적 고찰: 해석 공동체의 해석틀로서의 객관성 개념을 중심으로. 〈언론과학연구〉, 7권 3호, 5-37.

김세은 (2006). 민주주의와 언론의 신뢰: '옳은' 언론과 '좋은' 언론에 대한 이론적 모색. 〈한국언론학보〉, 50권 5호, 55-78.

김수정·정연구 (2010). 프레임 분석에 있어서 무보도 현상의 적용 효과 연구: 미디어법에 대한 헌재판결 보도 사례를 중심으로. 〈한국언론학보〉, 54권 2호, 382-404.

김연식 (2009). 방송 저널리스트의 공정성 인식 연구. 〈한국언론학보〉, 53권 1호, 161-186.

김연종 (2004). 언론개혁에 대한 〈조·중·동〉의 보도양식 연구. 〈한국언론정보학보〉, 27호, 35-62.

김영희 (2000). 미군정기 신문의 보도 경향: 모스크바 3상회의 한국의정서 보도를 중심으로. 〈한국언론학보〉, 44권 4호, 32-60.

김영희 (2007). 한국전쟁 직전 통일 문제에 관한 신문의 인식과 논조. 〈한국언론학보〉, 51권 1호, 5-31.

남재일 (2008). 한국 객관주의 관행의 문화적 특수성: 경찰기자 취재관행의 구조적 성격. 〈언론과학연구〉, 8권 3호, 233-270.

목은영·이준웅 (2014). 정보원 다양성, 이해당사자 견해반영, 관점 균형성이 뉴스 공정성 평가에 미치는 영향. 〈한국언론학보〉, 58권 4호, 428-456.

민정식 (2010). 기자의 객관성 및 해설성 지향이 종결욕구와 스키마주도적인 정보처리에 미치는 영향. 〈한국언론학보〉, 54권 2호, 5-30.

박대민 (2015). 사실기사의 직접인용에 대한 이중의 타당성 문제의 검토: 〈동아일보〉와 〈한겨레〉의 4대강 추진 논란 기사에 대한 뉴스 정보원 연결망 및 인용문 분석. 〈한국언론학보〉, 59권 5호, 121-151.

박재영 (2005). 공정성의 실천적 의미: 문화일보 2002년 대선(大選) 보도의 경우. 〈한국언론학보〉, 49권 2

호, 167-195.
박형준 (2013). 공정성 개념과 평가에 대한 기자들의 인식 연구. 〈언론과학연구〉, 13권 1호, 262-289.
백선기 (1992). 한국 신문보도의 공정성에 관한 연구: "정총리서리 폭행사건" 보도에 관한 기호학적 분석을 중심으로. 〈한국언론정보학보〉, 1호, 181-246.
손석춘 (2006). 저널리즘 위기의 실체와 극복방안에 관한 연구. 〈한국언론정보학보〉, 36호, 42-77.
손영준 (2011). TV 뉴스 공정성에 대한 시민 인식 조사: 시민은 동등 비중의 원칙을 더 원한다. 〈한국방송학보〉, 25권 5호, 122-158.
송용회 (2005). 한국 종합일간지 기사의 사실성 입증 기제에 관한 연구: 조선일보와 한겨레신문 사회면을 중심으로. 〈한국언론학보〉, 49권 3호, 80-104.
송용회 (2007). 언론의 현실해석과 객관화 담론전략: 〈조선일보〉와 〈한겨레〉의 2004년 국가보안법 개폐 논쟁 관련 해설 기사를 중심으로. 〈한국언론학보〉, 51권 1호, 229-251.
송정민 (1992). 언론의 이념성 유지기제로서의 뉴스 구성원칙과 관행: 뉴스의 실체 연구를 위한 시론. 〈한국 언론학보〉, 27호, 245-281.
심훈 (2014). 한국 공영방송의 공정 보도에 대한 인식평가: 공정보도 계측을 위한 모델 구축 및 전문가 대상 설문조사. 〈한국언론정보학보〉, 66호, 110-132.
우병동 (1996). 뉴스보도의 정확성 연구: 오보 발생의 구조를 중심으로. 〈언론과 사회〉, 11권, 34-65.
유선영 (1995). 객관주의 100년의 형식화 과정. 〈언론과 사회〉, 10권, 86-128.
유종원 (1995). 한국에서의 공정보도의 개념과 의미에 관한 연구. 〈한국언론학보〉, 33호, 137-164.
윤지희·이건호 (2011). 한국 5개 종합일간지 오보 정정의 특성에 대한 고찰: 2000-2009년 정정보도 유형에 따른 빈도, 형식, 내용을 중심으로. 〈한국언론학보〉, 55권 4호, 27-53.
이민웅 (2002). 좋은 뉴스의 으뜸가는 조건으로서 진실 보도: 사실, 사회적 구성, 진실 보도, 재귀성(reflexivity). 〈언론과 사회〉, 10권 3호, 9-51.
이완수 (2011). 매체 융합시대 저널리즘의 변동성 연구: 마셜 맥루한의 '미디어 이해'에 대한 새로운 이해. 〈커뮤니케이션 이론〉, 7권 2호, 144-175.
이원섭 (2006). 언론의 남북문제 보도에 나타난 이데올로기적 성향과 정부 정책 평가: 김영삼 정부와 김대중 정부 시기의 사설 비교 분석. 〈한국언론정보학보〉, 35호, 329-361.
이재경 (2007). 한국 언론의 사상적 토대. 〈커뮤니케이션과학〉, 26권 0호, 5-28.
이정훈 (2014). 압축적 상업화: 1960년대 한국신문언론의 상업화 과정. 〈커뮤니케이션 이론〉, 10권 2호, 242-283.
이종혁 (2015). 언론 보도에 대한 편향적 인식이 공정성 평가에 미치는 영향: 우호적, 중도적, 적대적 매체에 대한 비교 검증. 〈한국언론학보〉, 59권 1호, 7-36.
이준웅 (2005a). 비판적 담론 공중의 등장과 언론에 대한 공정성 요구: 공정한 담론 규범 형성을 위하여. 〈방송문화연구〉, 17권 2호, 139-172.
이준웅 (2005b). 한국 신문 위기의 원인: 뉴스 매체의 기능적 대체, 저가치 제공, 그리고 공정성 위기. 〈한국언론학보〉, 49권 5호, 5-35.
이준웅 (2010a). 언론 체계와 신문의 가치 창출: 이른바 '신문 위기'에 대한 대안의 모색. 〈한국언론학보〉, 54권 4호, 253-275.

이준웅 (2010b). 한국 언론의 경향성과 이른바 사실과 의견의 분리 문제. 〈한국언론학보〉, 54권 2호, 187-209.
이준웅·김경모 (2008). '바람직한 뉴스'의 구성조건: 공정성, 타당성, 진정성. 〈방송연구〉, 67호, 9-46.
이준웅·최영재 (2005). 한국 신문위기의 원인: 뉴스 매체의 기능적 대체, 저가치 제공, 그리고 공정성 위기. 〈한국언론학보〉, 49권 5호, 5-35.
이진영·박재영 (2010). 한국 신문 보도의 다양성 연구: 한겨레 시장 진입 전후(1986~2005)를 중심으로. 〈한국언론학보〉, 54권 3호, 301-325.
윤영철 (2000). 권력이동과 신문의 대북정책보도: '신문과 정당의 병행관계'를 중심으로. 〈언론과 사회〉, 27권, 48-81.
임양준 (2007). 한국과 미국 일간신문의 정정보도 기사 비교연구: 조선일보, 한겨레신문, 뉴욕타임스, 샌프란시스코 크로니컬을 중심으로. 〈한국언론정보학보〉, 37호, 204-236.
장하용 (1997). 한국 언론의 이슈화 과정에 대한 연구: 신문전쟁 보도의 분석. 〈한국언론정보학보〉, 9호, 197-215.
장하용 (2001). 언론보도와 비평의 구조: 신문보도의 비평에 대한 네트워크 분석. 〈한국언론정보학보〉, 16호, 108-135.
정동우·황용석 (2012). 공정성 개념에 대한 신문 기자들의 인식 차이 연구: 객관주의적, 탈객관주의적 관점의 통합모형을 중심으로. 〈언론과 사회〉, 20권 3호, 120-158.
정수영 (2015). 공감과 연민, 그리고 정동(affect): 저널리즘 분석과 비평의 외연 확장을 위한 시론. 〈커뮤니케이션 이론〉, 11권 4호, 38-76.
정재철 (2001). 언론개혁에 관련된 담론 분석: 《조선일보》와 《한겨레신문》을 중심으로. 〈한국언론정보학보〉, 17호, 112-187.
정재철 (2002). 한국언론과 이념담론. 〈한국언론학보〉, 46권 4호, 314-348.
최선욱·유홍식 (2010). 공영방송사장의 해임 뉴스보도에 나타난 프레임 분석연구. 〈한국언론정보학보〉, 52호, 69-89.
최현주 (2010). 한국 신문 보도의 이념적 다양성에 대한 고찰: 6개 종합일간지의 3개 주요 이슈에 대한 보도 성향 분석을 중심으로. 〈한국언론학보〉, 54권 3호, 399-426.
최영재·홍성구 (2004). 언론 자유와 공정성. 〈한국언론학보〉, 48권 6호, 326-342.

Kovach, B., & Rosenstiel, T. (2014). *The elements of journalism: What newspeople should know and the public should expect* (3rd ed.). New York, NY: Three Rivers Press. 이재경 (역) (2014), 〈저널리즘의 기본원칙〉. 서울: 한국언론진흥재단.
Lippmann, W. (1922). *Public opinion.* New York, NY: Harcout, Brace & Company. 이충훈 (역) (2012). 〈여론〉. 서울: 까치.
McQuail, D. (1986). From bias to objectivity and back. In T. McCormack (Ed.), *Studies in communication: A research manual* (pp.1-36). Greenwich, CT: JAI Press.
McQuail, D. (2005). *McQuail's mass communication theory* (5th ed.). London: Sage. 양승찬·이강형 (역) (2007). 〈매스커뮤니케이션 이론〉. 파주: 나남.

Schudson, M. (1978). *Discovering the news: A social history of american newspapers.* New York, NY: Basic Books.

Schudson, M. (2011). *The sociology of news* (2nd ed.). New York, NY: Norton. 이강형 (역) (2014). 〈뉴스의 사회학〉. 서울: 한국언론진흥재단.

Tuchman, G. (1978). *Making the news: A study in the construction of reality.* New York, NY: Free Press.

Westerstahl, J. (1983). Objective news reporting. *Communication Research, 10*(3), 403-424.

7장

취재보도의 윤리적 딜레마

•

송유라 · 박성호

∷

들어가며

불이 난 아파트에서 어린아이들이 탈출하려고 뛰어내렸다. 추락한 아이 둘 중 하나는 숨졌다. 사진기자는 추락하는 장면을 카메라에 담았고, 떨어진 뒤의 모습은 찍지 않았다. 이런 사진을 보도하는 것은 너무 잔인한가? 아니면 현장의 사실을 포착해 전달하려는 직업윤리에 충실한 것인가? 이 사진은 화재에 무방비인 도심 건물의 실태를 드러냈고, 비상구 설치를 위한 안전 점검과 시민단체의 감시 활동을 촉발시켰다. 미국에서 언론윤리 교재로 쓰이는 책의 앞부분에 소개된 이 사례는 취재보도의 윤리적 딜레마에 대한 질문을 던진다(Patterson & Wilkins, 2011/2013 참조). 교통사고 현장의 영상이나 전쟁에서 희생된 사람들의 모습 등을 어디까지 촬영하고 보도하는가에 관한 문제도 같은 맥락일 것이다.

취재 현장에서 벌어지는 일들은 기자의 즉각적인 판단을 요구한다. 기자의 판단은 빨라야 하고, 윤리적이어야 한다. 그런데 문제는 판단하기 모호한 경우들이 많다. 옳고 그름, 좋고 나쁨이 선명하지 않기 때문이다. 둘 다 일리가 있거나, 어느 한쪽을 택하면 어느 한쪽이 피해를 보기 때문에 무엇이 옳은지 확신이 서지 않을 수 있다. 둘 다 옳은 것 같은데 어느 것이 더 옳은지를 자신하기가 쉽지 않은 상황에서 딜레마가 생긴다. 이런 딜레마에서 언론윤리에 관한 논의가 발생한다. 패터슨과 윌킨스(Patterson & Wilkins, 2011/2013)도 "윤리(ethics)는 옳고 그름의 갈등이 아니라 똑같이 중요한 (또는 똑같이 중요하지 않은) 가치들과 이들의 선택에 존재하는 갈등"(21쪽)이라고 설명했다. 즉 윤리는 구별하는 능력이다. "정답이 존재하지 않는 딜레마들"(19쪽) 속에서 조금이라도 도덕적으로 정당화될 수 있는 것을 선택하는 것이 윤리의 문제다. 다시 말해, 서로 다른 가치가 갈등하고 충돌하는 상황에서 차선 혹은 차악을 택하는 것이 윤리의 문제다. 십계명과 불교 경전처럼 규범이자 체계로서의 도덕(morals)과는 다르다.

사실 취재보도 윤리에 대한 논의는 그것이 갖는 중요성에 비해 언론학에서 연구가 활발했던 편은 아니다. 소수의 학자들만 관심을 갖는 일종의 비주류 영역처럼 돼 있다. 이는 커뮤니케이션 연구의 주류인 경험적·실증주의 연구가 윤리적 가치에 무심해서일 수 있고(박태순, 2005), 언론윤리 분야가 학술적으로 연구에 적합한 영역이 아니거나 전공자가 적기 때문일 수 있다(이재진, 2005a).

이 장에서는 취재와 보도의 과정에서 기자들이 직면하는 윤리적 딜레마들에 초점을 맞춘다. 공익 추구를 위해서라면 다른 가치들은 언제나 희생될 수 있는지, 그렇지 않다면 어떤 경우에 한해 보도의 정당성이 인정되는지 등 현장에서 나타나는 가치의 충돌 사례들에 관한 연구를 먼저 살핀다. 그리고 한국 언론인들의 윤리의식이 어떠한지에 대한 논의를 검토한다. 다만 언론의 위법 행위에 대한 법원 판례 연구들은 그 축적된 양에도 불구하고 여기서는 제한적으로 참고했다. 그런 논문들은 사법부의 법리 적용에 초점을 맞춘 언론법 연구들인데, 법과 윤리는 접근 방식이 다른 문제이기 때문이다.

1. 윤리적 딜레마의 사례

알권리와 언론윤리의 충돌

알권리는 법조문에 명백하게 정의돼 있지는 않지만, 헌법적 권리로 인정돼 왔다. 시민 입장에서는 정부의 정보에 접근할 수 있는 권리이며, 언론 입장에서는 국민들이 알아야 할 국가의 정보에 대해 취재하고 보도할 권리로 이해돼 왔다(이재진, 2004, 23-24쪽 참조). 알권리라는 말의 기원은 18세기 말까지 거슬러 올라가지만, 실제로 언론보도에서 처음 등장한 시점은 서구의 경우 1945년 〈뉴욕타임스〉 사설에서였다. 한국에서는 이보다 20년 뒤인 1964년 〈경향신문〉 사설이 최초였다. 이후 한국 언론의 보도를 보면, "알권리는 국민들이 다양한 정보에 자유로이 접근하여 정부의 내부에 축적되어 있는 정보에 스스로 정통하게 하여 주권자로서 올바른 정치적 판단을 내릴 수 있도록 하는 데 그 목적이 있다"(이재진, 2005b, 260쪽)는 개념으로 수용됐다. 그런데 알권리는 언론윤리와 가장 많이 갈등한다(이재진, 2005a). 여러 연구들은 공익적 취재 목적을 가진 보도가 다른 가치와 충돌하는 경우를 살폈는데, 여기서 공익적 보도는 알권리와 같은 맥락으로 볼 수 있다. 이 글에서는 네 가지 사례를 중심으로 살펴본다.

첫째, 알권리를 위해서라면 기자는 거짓말로 신분을 위장해도 괜찮은가? 이창근(1999)은 이 질문에 답하기에 앞서 윤리학적 논의를 검토했다. 우선 칸트를 대표로 하는 의무론적 윤리관에 따르면, 기자가 공익을 추구하는 선한 동기를 가졌다 해도 거짓말은 비윤리적 행위이기 때문에 용납될 수 없다. 반면 공리주의 윤리관의 입장은 결과를 중시하기 때문에, 기자의 거짓말이 초래할 혜택이 공익에 기여할 수 있다면 정당화될 수 있다고 본다. 그러나 이창근은 두 입장에 모두 결함이 있다고 봤다. 칸트가 든 사례에서처럼 도망자의 행방을 묻는 살인자에게 사실대로 말하는 것이 과연 바람직한가? 만약 그렇다면 윤리체계에서 무엇이 더 옳은지 저울질할 필요도 없어진다. 공리주의적 입장도 결과적 이익을 중시하다 보면, 취재원의 피해와 고통을 과소평가할 우려가 있다.

위 연구는 두 윤리적 입장을 뛰어넘어 공동선(common good)의 원리를 거짓말의 정당화 여부를 판단할 가치로 제시했다. 공동선의 관점에서는 인간을 단순히 사회를 구성하는 개체가 아닌 하나의 인격체로 보기 때문에 "다른 구성원들의 인격을 훼손하면서 그 목표를 추구할 수 없는 것"(이창근, 1999, 388쪽)이다. 따라서 기자의 거짓말이 공동선에 부합하는지를 검증하는 방법으로 복(Bok)이 제시한 3단계 절차를 제안했다. 이에 따르면, 기자의 거짓말은 근본적으로 잘못된 행위라고 전제하되, 1) 기자 본인의 양심과, 2) 동료 기자들과의 상의, 3) 외부 인사에 의한 공개적인 검증 절차를 통해 정당성이 판단돼야 한다.

둘째, 알권리를 위해서라면 몰래 카메라를 사용해 상대방의 음성을 녹음하거나 촬영하는 것은 어떤가? 우선 취재의 기록 수단으로 간주해 비윤리적 행위로 볼 수 없다며 정당화가 가능하다는 견해가 있을 수 있다. 또한 거짓말과 비교하면 덜 비윤리적이라는 견해도 있을 수 있다. 거짓말은 잘못된 행동을 '저지르는' 적극적 기만이지만, 이 경우는 취재원에게 몰래 카메라로 취재하고 있다는 설명을 '생략한' 기만행위라는 이유에서다. 이창근(1999)은 촬영 사실을 숨기는 것 자체가 상대방을 속이는 것이기 때문에 비윤리적이라고 보는 견해가 다수일 것이라면서도 기만적 취재를 절대 용납할 수 없다고 단정하지는 않았다. 사실 그렇게 도덕적 관점으로만 규정하면 윤리적 딜레마는 논할 여지조차 없기 때문이다. 그는 몰래 카메라를 동원한 취재라 하더라도 다음과 같은 조건을 충족한다면 허용될 수 있다고 봤다(402~405쪽 참조).

- 기자는 취재하는 사안이 매우 중대한 공공적 성격을 갖는다는 점을 입증해야 한다(사안의 공공적 중요성).
- 기자는 은폐적 보도로 달성되는 공익이 취재원에게 가해질 피해보다 압도적으로 크다는 확신을 갖고 있어야 한다(공익의 우월성에 대한 확신감).
- 대안적 취재방법을 우선적으로 고려해야 한다.
- 기만적 취재를 택할 것인가에 대한 판단에 외부 인사를 참여시켜야 한다. 기만적 취재방법을 사용했다면 수용자들에게 윤리적 문제를 어떻게 다뤘는지, 왜 그 방법을 써야 했는지를 설명해야 한다(공개적 논의).

셋째, 알권리를 위해서라면 불법 도청된 자료를 보도에 사용해도 될까? 언론이 직접 다른 사람의 대화 내용을 도청한다면 통신비밀보호법 위반에 해당된다. 그러나 제3자로부터 적법한 방법을 통해 입수한 도청 자료라면 어떻게 될까? 김경호(2006)는 미국 연방대법원의 도청 관련 판결을 근거로 들며, 공공성을 충족하는 보도라면 그것이 도청을 통해 확보된 자료라 하더라도 보도할 수 있다고 주장했다. “언론이 공적 관심사를 발굴하고, 이를 국민들에게 알려 이에 대한 건전한 여론을 형성, 사회 전반의 건전한 발전을 도모”(25쪽)하는가가 도청 보도에 대한 기준이 될 수 있다는 것이다.

넷째, 잔혹한 흉악 범죄자의 신상에 대한 알권리를 충족시키기 위해 범죄자의 얼굴을 공개하는 것이 옳은가? 최근 흉악범의 경우 언론사의 판단에 따라 얼굴을 공개하는 경우가 늘고 있다. 그러나 신문윤리실천요강에 따르면 범죄 혐의자에 대한 인권을 존중하도록 돼 있다. 범죄와 무관한 피의자의 가족들까지 2차 피해를 입지 않도록 하자는 취지에서다(김경호, 2004).

그렇다면 범죄 혐의자의 얼굴 공개는 언론윤리를 위반하고 초상권을 침해한 것인가? 반드시 그런 것은 아니다. 정당성을 인정받을 수 있는 경우가 있다. 법원의 판례를 종합하면, 보도내용이 공익적이고, 보도의 초점이 범죄 자체에 맞춰져 있으며, 보도내용이 진실한 경우에는 범죄 혐의자의 얼굴을 공개하는 것이 정당성을 인정받는다(김경호, 2004).

어디까지 공인인가?

언론이 알권리를 추구하다 보면 앞에서 본 것과는 또 다른 딜레마에 직면하게 된다. 유명 연예인의 결혼설은 공중의 알권리가 있으니 보도하는 게 정당한가? 아니면 아무리 연예인이라도 아직 결혼이 성사된 것도 아니므로 사생활을 보호하는 게 맞는가? 사실 언론은 그런 상황에서 거의 대부분 보도를 하는 쪽을 택해 왔다. 문제는 그 보도의 내용에 해당 연예인이 반발할 때 생긴다. 언론은 '공인'이기 때문에 공중의 관심사라고 주장할 것이다. 그렇다면 '공인'의 기준은 무엇인가? 공적 책무를 가진 사람인가? '유명한 사람'인가? 학계의 논의를 보면 둘 다 해당된다. '공인'은 미국의 언론법에서 생겨난 개념인데 공직자(public officer)와 공적 인물(public figure)을 아우른다(이재진, 1999). 한국의 언론보도에 나타난 바에 따르면, 공인은 "공직자, 탤런트, 정치인, 교수, 축구코치, 농구선수, 연예인을 포함"(이재진, 1999, 167쪽)한다.

이렇게 보면 공인은 인지도가 높고 사회적으로 영향력 있는 사람들이라고 할 수 있는데, 한국 언론은 여기에 하나를 추가한다. '윤리' 개념을 적용함으로써 공인으로 규정한 행위를 언론 스스로 정당화하려고 한다. 즉 공인이 '해야 할 일'과 '해서는 안 될 일'을 구분해 잣대로 제시함으로써 사회적 책임을 부여하며 사생활의 포기를 요구한다(이재진, 1999; 이재진·이창훈, 2010). 이재진(1999)은 이를 대단히 한국적 현상이라고 칭하면서 그 사례가 될 만한 언론보도를 다음과 같이 제시했다.

> 유명 연예인 신 씨의 행동은 공인이라는 사실을 망각한 채 그의 팬들을 실망시키고 있다. 인기 탤런트와 농구선수가 잇따라 무면허 음주운전을 하다 사고를 낸 뒤 뺑소니친 사건은 실로 가당찮은 일이다. 그들의 범법 행위를 우리 사회가 특히 차가운 눈으로 보는 것은 공인이 지녀야 할 최소한의 자세를 벗어났기 때문이다. '대중의 우상'이라는 인기인의 자리가 재능만으로 지켜질 수 있는 게 아니다. 재능과 더불어 공인의 덕목을 지키는 철저한 자기관리에 실패함으로써 대중으로부터 멀어진 인기인이 어디 한두 명이던가. (이재진, 1999, 168쪽)

판례를 통해 법원이 정한 공인의 범주를 보면, 선출직 공무원과 후보자, 고위공무원, 대기업 총수, 앵커 등의 언론인, 종교 지도자, 시민단체 간부, 유명 가수, 프로야구 선수 등이 포함된다. 언론사가 규정한 공인의 범주는 그것보다 훨씬 폭넓은데, 그 기준이 명확하지 않다. 심지어 언론사 간에도 누가 공인인가에 대한 기준과 원칙 없이 보도하는 경향이 발견된다(이재진·이창훈, 2010).

공인 관련 보도에서 법적 분쟁은 연예인에게서 많이 발생한다. 이승선(2004)은 연예인 보도에서 인격권을 침해했다는 분쟁이 많은 점에 주목해, 연예인이 갖는 공적 지위를 엄격히 구분해야 한다고 주장했다. 즉, 같은 공인이라 하더라도 연예인을 정치인과 동일하게 취급해서는 안 된다면서, 연예인의 성적 행위나 사적 행위까지 일일이 들춰내 보도하는 것은 언론의 감시 견제와 무관하며 정당화될 수 없다는 것이다.

그러나 법원의 판결은 시간이 지날수록 공인에 대한 언론보도의 자율성을 인정하는 추세를 보였다. 문제는 이 과정에서 언론보도가 자율의 차원을 넘어 지나치게 부주의한 방향으로 흘렀다는 데 있다. 이재진(2003)은 방송사가 시달리는 소송 건수 가운데 공무원과 연예인, 언론인 등을 합친 공인의 비율이 전체의 60%를 넘는데다, 방송사가 패소하는 경우가 대부분이라는 점을 발견했다. 윤성옥(2008)은 사회적 감시와 비판을 받아야 할 공직자라 하더라도, "한심한 검찰"이라든가 "검찰 자기 식구 싸고 돌기"(440쪽)라는 식의 감정적 표현은 지양해야 한다고 주장했다.

디지털 기술과 언론윤리

디지털 기술의 발달 속도가 빨라지고 활용도가 높아지면서 이제는 누구나 스마트폰으로도 사진의 색 보정 같은 것은 간단히 할 수 있다. 이런 변화에 가장 민감하게 영향 받는 분야가 신문의 사진, 방송의 화면이다. 신문은 디지털 사진 기술로 이미지를 변형하거나 조작할 수 있고, 방송은 카메라 앵글과 렌즈의 선택에서 컴퓨터를 이용한 편집에 이르기까지 얼마든지 새로운 영상을 만들어낼 수 있다. 그렇다면 이는 기술적 처리인가, 조작인가? 유홍식(2003)의 연구는 이 문제에 대한 논의를 위해 국내외 언론의 윤리규정을 비교해 분석했다. 미국에서는 사진기자협회 등 관련 협회나 단체들이 윤리규정을 통해 "일부 기술적 처리를 제외하고 조작된 사진·영상·음향을 제시하는 것을 금지하고 있다"(79쪽). 단순히 선명도를 높여 이미지를 향상시키는 정도는 허용되지만, 그 이상 변경을 가하는 것은 "이미지적 거짓말"(79쪽)이라는 것이다. 미국 언론인노조 행동강령에도 '명암 조정', '잘라내기', '색의 균형', '가리기' 등은 조작이 아니라고 구체적인 상황을 일일이 열거하면서, 그 밖의 경우 정확한 설명 없이 변경

된 사진이나 영상은 조작물이기 때문에 신문과 방송에서 사용할 수 없다고 밝혔다.

한국의 방송 3사 윤리강령에는 카메라 앵글의 조작 금지(KBS), 실험 취재와 편집에서의 각색 금지(MBC), 직업윤리의 충실한 이행(SBS) 등이 포함돼 있기는 하지만, 디지털 조작과 관련한 구체적인 윤리규정이나 행동강령은 빠져 있는 것으로 나타났다. 이와 같은 대비를 통해 유홍식(2003)은 디지털 기술의 발달을 감안해 보도사진과 보도영상에 관한 구체적인 윤리규정을 명시하고, 그에 대한 언론인들의 엄격한 윤리의식도 필요하다고 강조했다.

2. 기자들의 윤리의식

윤리의식의 실종: 사례

기자가 대학생들의 신입생 환영회 문화를 취재하기 위해 학생들에게 사전에 촬영에 대한 동의를 구했다. 보도내용이 긍정적일 것이라고 한 뒤 승낙을 얻었다. 그러나 취재팀은 나이트클럽 화장실에서 이뤄진 학생들의 대화와 음주 장면을 동의 없이 촬영해 방송했다. 보도내용은 신입생 환영회의 문제점을 다룬 부정적 내용이었다. 이런 보도는 취재과정에서 사전에 동의를 구했기 때문에 윤리적으로 문제없는 것일까?

학생들이 방송사를 상대로 소송을 내자, 방송사 측은 일부 사익이 침해됐다고 해서 공익적 보도가 위축돼서는 안 된다며 정당성을 주장했다. 그러나 이 경우는 보도 자체가 공익성을 띠고 있더라도 취재원이 승낙한 범위를 벗어나기 때문에 재판에서는 프라이버시의 침해가 인정됐다(김경호, 2003).

이처럼 기자들이 위법한 취재로 법적 제재를 받은 사례들은 어떤 문제들을 안고 있었을까? 이승선(2000)은 언론 관련 학술지와 논문, 직능 단체의 협회보, 판결문 등에서 사례를 수집해 분석한 결과, 언론윤리의 문제가 핵심에 있음을 발견했다. 위법 취재로 법적 제재를 받은 경우 일차적으로는 모두 언론사 윤리강령의 기본 준칙을 지키지 않았던 것이고, 이는 그만큼 언론인들이 윤리강령에 무감각하다는 것이다. 공인을 취재하면서 사무실에 들어가 문서를 절취하거나 검사 사무실에 무단 침입한 경우가 이에 해당한다. 또 취재과정에서 마땅히 받았어야 할 동의, 허락, 승인도 소홀히 했는데, 이 역시 윤리규정에 명시돼 있는 것들이다. 예를 들면, 취재원이 승낙한 범위를 넘어서 유방수술 관련 장면 등을 보도했다가 2천만 원의 손해배상판결을 받은 경우가 이에 해당한다. 이승선은 "언론인들이 윤리의식을 발휘해 조금만 주의를 기울였거나 일반인의 기본 권익 보호를 염두에 두었더라면 충분히 회피할 수 있었던 법적 규제들"(323쪽)이었다며 윤리의식의 실종을 지적했다.

언론인들이 쓴 저작물을 분석한 연구(이승선, 2001)에 따르면, 기자들은 위법 취재를 윤리적 정당화나 반성도 없이 취재의 정석인 것처럼 주장하는 경우들이 적지 않았다. 특종이나 알권리를 우선시하면서 일반인들의 인격권을 무시하는 경우가 많았다. 위법 취재에 대한 경험은 기자들이 쓴 책에서 평균 76페이지당 1건씩 등장했다. 거론된 위법 취재의 65%는 사적 개인을 상대로 한 것이었는데, 언론인들이 시민들 위에 군림하는 태도를 드러냈다. 전체의 84%는 속임수를 사용한 기만 취재였다. 특히 서류 절취나 몰래 카메라의 사용 등이 취재 여건상 불가피했는지에 대한 설명 없이 당연한 것처럼 소개돼 있었다. 이러한 위법성 취재 행위들은 현행법에 적용하면 대부분 처벌 가능성이 큰 것들이었다. 그럼에도 공개적인 출판물에 자랑삼아 소개돼 있다는 점에서 언론인 지망생들에게 그릇된 인식을 심어 줄 소지를 안고 있었다. 이 연구는 언론인들의 윤리의식 개선을 위해 언론인들이 위법적이고 비윤리적인 취재 경험을 후배 언론인들에게 윤리적 정당화 없이 소개하는 것이 억제돼야 한다고 지적했다.

앞서 사례에서 등장한 것처럼 언론인들을 상대로 한 의식조사에서도 윤리의식은 그리 높지 않은 것으로 확인됐다. 한국언론진흥재단(2013)에 따르면, 응답자의 절반 이상인 51.9%가 취재나 보도를 위해 기업이나 정부의 비밀문서를 허가 없이 사용하는 것이 정당화된다고 답했다. 신분을 속이는 행위와 내부 정보를 얻기 위해 위장 취업을 하는 행위에 대해 문제될 것이 없다는 응답도 전체의 절반 가까운 수치였다(각각 47%, 40.4%). 이러한 응답을 20년 전과 비교해보면, 비밀문서 무단 사용의 경우 과거(49.8%)에 비해 정당하다고 보는 언론인 비율이 오히려 늘었고, 신분을 속이는 행위가 정당하다는 응답은 58.7%에서 10% 포인트 떨어졌다.

기자들의 촌지 수수 관행에서도 윤리의식은 높지 않은 것으로 나타났다. 같은 조사(한국언론진흥재단, 2013)에서 언론계 촌지 수수에 대한 인식을 물어본 결과, '무료티켓'(문화, 예술공연 등)과 '선물' 형태의 촌지가 '자주 혹은 매우 자주 수수되고 있다'는 응답이 똑같이 전체의 절반을 넘었고(54.6%), 고가의 식사 및 골프 접대를 포함한 '향응이나 접대' 형태의 촌지 수수가 이뤄지고 있다는 응답도 비슷했다(53.1%). 흥미로운 점은 거의 모든 촌지 유형에서 과거(2009년)에 비해 수수 빈도가 높아졌다는 것이다.

언론인들의 윤리의식이 상당히 높다는 상반된 연구 결과도 있다. 이은택(2002)이 콜버그의 도덕발달이론을 토대로 언론인들의 윤리의식을 분석한 결과, 최고 6단계 가운데 준법정신을 우선시하며 법이나 윤리강령을 중시하는 4단계로 나왔다. 이 연구는 언론인들의 각성과 반성의 결과로 해석하면서도, 조사에서 나타난 응답과 실제 행동은 상당한 괴리가 있을 수 있다고 설명했다.

언론윤리 형성의 배경

앞서 봤던 한국 기자들의 낮은 윤리의식은 한국 언론에서 언론윤리가 직업 이데올로기로서 형성되는 과정을 살펴보면 그 연원과 배경을 짐작할 수 있다. 남재일(2010)의 연구에 따르면, 한국 기자들에게 언론윤리는 오래전부터 직업 윤리로 내면화되지 못했다. 〈관훈저널〉에 실린 기자들의 기고문 50년치를 분석한 결과, 언론 현실과 관련지어 언론윤리라는 표현을 쓴 글은 1989년에 이르러야 처음으로 발견될 정도였다. 그는 1957년 한국에서 기자 윤리강령이 처음 만들어질 때, 직업윤리를 강화하겠다는 자생적 논의에 따라 만들어지지 않았다는 점을 주목했다. 당시 정부의 통제와 개입을 막아내기 위해 한국기자협회 차원에서 자율 규제의 명목으로 채택한 선언이었기 때문에, 언론윤리는 처음부터 인식과 실천의 일치를 추구하는 직업윤리 규범으로 탄생한 것이 아니라 "수사적 담론"(85쪽)에 가까웠다. 민주화 이후 1990년대 들어 언론사별로 윤리강령이 잇따라 제정됐는데, 이 역시 자생적이지 않았다. 기자들의 촌지 수수 사건이 잇따르면서 사회적으로 비판여론이 거세지던 시점이었고, 그런 점에서 언론윤리 담론이 "사회적 비판여론을 무마하기 위한 일종의 수사적 전략으로 이용"(86쪽)된 것으로 해석됐다.

이처럼 태생적으로나 성장 과정에서나 특수한 경험을 갖고 있는 한국의 언론윤리는 또 다른 문제의 요소를 안고 있다. 남재일(2010)은 기사의 객관성, 공정성과 같은 보도윤리의 요소들이 '언론의 책임'이라는 개념으로 분류되면서 윤리와 책임을 혼돈하게 된 점을 문제로 꼽았다. 그에 따르면, 윤리의 영역은 엄격하게 지켜야 할 의무에 해당하지만, 책임이라는 차원은 포괄적이고 느슨한 형태이기 때문에 간과되기 쉽다. 때문에 윤리를 매우 협애하게 해석했다는 것이다. 즉, 명백히 피해자가 존재하거나 위법적인 문제로 이어지는 사안들만 윤리 문제로 인식했다는 것이다. 그는 이 문제를 기자 정체성과 연결시켰다. 한국 기자들의 인식 저변에 깔려 있는 지사적 기자라는 정체성이 언론윤리 정립에 도움이 되지 못했다고 진단했다. 일제 강점기와 군사정권을 거치며 언론자유를 위해 싸우던 지사적 언론인에게는 큰 틀에서 '사회적 윤리'가 중요했지만, 민주적인 시민사회에서의 기자는 전문직업인으로서의 정체성을 갖고 '구체적 행동윤리'가 중요하다고 제안했다.

윤리강령

언론사가 스스로 제정한 구체적 행동윤리의 기준이 윤리강령이다. 윤리강령처럼 자율적인 실천이 요구되는 언론윤리는 언론이 스스로에게 책임지우는 '자기부과 책임'(self-imposed responsibility)에 해당한다(Hodges, 1986: 박홍원, 2004 재인용). 한국의 신문윤리강령은 1957년 처음 채택돼 몇 차례의 수정을 거쳤는데, 개인의 명예나 사생활을 존중해야 한다는 등의 내용을 포함하고 있다. 이런 영향 때문인지 언론인들은 언론윤리를 사회적 역할이라는 거시적 차원보다는 취재보도 과정에서의 개별적인 행위의 옳고 그름으로 인식했다. 무엇은 해도 되고 무엇은 하면 안 된다는 식의 행동강령처럼 파악한다는 뜻이다(이재진, 2005a).

윤리강령은 각 언론사별로도 제정돼 있는 경우가 많은데, 언론인들에게 별 영향을 미치지 못하는 것으로 파악된다. 구체성도 없고, 강제성도 없는 선언의 수준에 머물러서 사실상 사문화됐다는 지적이 있어 왔다. 실제로 "언론인들이 윤리강령을 접하지 못하거나 중요하게 생각하지 않은 경우가 많아"(이승선, 2000, 322쪽) 위법 취재행위가 반복되는 한 원인으로 추정된다.

그렇다면 현재의 윤리강령에 문제가 있다는 것으로 이해할 수 있는데, 이는 한·미 두 나라의 언론 윤리강령을 비교 분석한 연구에서 구체적으로 확인된다. 김재영과 양선희(2007)가 한국신문윤리위원회의 윤리강령을 미국 전문언론인협회의 윤리강령과 비교해, 한국의 윤리강령이 피상적이고 모호하며 선언적이라는 점을 발견했다. 미국의 윤리강령은 언론인들이 취재 현장에서 즉시 적용할 수 있을 정도로 구체적이고 실천적이었는데, 이를 테면 '사건의 재현·드라마화'를 피하라든지, 언론인이 선물이나 특별대우를 거절해야 한다든지 등의 원칙을 강조하며 구체적 사례를 적시했다. 반면 한국의 윤리강령은 '바르게', '균형과 절제' 등 모호한 표현을 쓰고 있어서 무엇을 어떻게 해야 하는지 판단의 기준으로 참고하기 어려웠다. 한국의 윤리강령을 독일의 언론평의회 윤리강령과 비교한 연구(최경진, 2008)에서도 비슷한 분석 결과가 제시됐다. 한국의 윤리강령은 표현에서부터 각오를 다지는 듯한 문체를 사용하는 선언적 성격이 표현돼 있고, '부득이 필요한 경우'와 같이 추상적이고 모호한 표현으로 자의적 해석의 소지를 남겨 놓았다. 반대로 독일 윤리강령은 언론의 구체적인 책무를 명시하고 윤리적 행위를 권고하는 방식으로 표현돼 있다.

나가며

지금까지 살펴본 취재보도 윤리에 관한 연구는 요약과 종합을 하기에는 양적인 면에서 절대적으로 부족하다. 따라서 앞으로 이 분야에 관한 논의가 활성화되기를 기대하는 차원에서 간단한 제언을 덧붙이고자 한다.

취재보도 윤리와 다른 권리가 대립하는 구체적인 사례 연구가 활성화될 필요가 있다. 한국의 재난 보도를 예로 들면, 취재 경쟁이 과열된 보도 초기에는 지나칠 정도로 인권 존중이 부족해 보일 때가 있다. 그런가 하면 여론의 비판을 의식해 사건 현장을 모자이크로 가리는 데 열중하는 경우도 종종 볼 수 있다. 둘 중에 어느 것이 반드시 옳고, 반드시 그르다고 말하기는 쉽지 않다. 이것이 윤리적 딜레마다. 본질적으로 뉴스가 추구하는 사실성과 정확성은 필연적으로 선정성과 프라이버시 같은 문제와 긴장 관계에 놓여 있다. 이렇게 상호 충돌하는 가치를 놓고 토론해야 윤리담론이 형성된다. 그래야 언론도 시민도 이 문제에 익숙해질 수 있다. 그런 고민과 토론이 뜨거워져야 취재보도의 자유를 어디까지 넓힐 수 있고 제한할 수 있는가에 대한 기준이 구체화될 수 있을 것이다.

그럼에도 지금까지의 언론윤리 담론은 지나칠 정도로 법원 판결문에 정박해 있다. 윤리적 딜레마를 법적으로만 접근하려다 보니, 과정은 생략되고 법정이라는 종착역으로 직행하는 경향이 없지 않다. 언론 현장에서도 윤리 문제를 소송의 승패와 결부시켜 결과로만 인식하는 것은 그래서 생겨난 풍토일 수도 있다.

추천 논문

김재영·양선희 (2007). 한·미 신문의 윤리적 실천 비교 연구. 〈한국언론학보〉, 51권 6호, 243-266.

남재일 (2010). 직업이데올로기로서의 한국 언론윤리의 형성과정. 〈한국언론정보학보〉, 50 호, 73-93.

이승선 (2001). 언론인 저작물에 나타난 취재행위의 형사법적 위법 가능성에 관한 연구. 〈한국언론학보〉, 46권 1호, 344-387.

이승선 (2004). 연예인의 인격권 침해유형과 언론소송에 있어서 '공적 지위'의 특성에 관한 연구. 〈한국방송학보〉, 18권 3호, 293-334.

이재진 (2005b). 저널리즘 영역에 있어서의 알권리의 기원과 개념 변화에 대한 연구. 〈언론과학연구〉, 5권 1호, 231-264.

이재진·이창훈 (2010). 법원과 언론의 공인 개념 및 입증책임에 대한 인식적 차이 연구. 〈미디어 경제와 문화〉, 8권 3호, 235-286.

이창근 (1999). 기만적 취재 행위의 윤리적 문제에 대하여: 기자의 신분 위장과 몰래 촬영을 중심으로. 〈한국언론학보〉, 44권 1호, 371-411.

참고문헌

김경호 (2003). 몰래 카메라를 이용한 취재와 인격권의 침해에 관한 연구: 한국과 미국의 사례 비교를 통한 상충된 법의 균형. 〈한국언론학보〉, 47권 4호, 246-273.

김경호 (2004). 범죄보도로 인한 인격권으로서의 초상권 침해에 관한 연구. 〈언론과 사회〉, 12권 2호, 88-120.

김경호 (2006). 도청된 자료의 보도와 언론의 책임에 관한 연구. 〈한국언론학보〉, 50권 1호, 5-30.

김재영·양선희 (2007). 한·미 신문의 윤리적 실천 비교 연구. 〈한국언론학보〉, 51권 6호, 243-266.

남재일 (2010). 직업 이데올로기로서의 한국 언론윤리의 형성과정. 〈한국언론정보학보〉, 50호, 73-93.

박태순 (2005). 호모커뮤니칸스(Homo Communicans)의 커뮤니케이션 윤리: 스피노자 윤리 철학에서 본 커뮤니케이션 패러다임. 〈한국언론학보〉, 49권 4호, 61-86.

박홍원 (2004). 미디어 어카운터빌리티 개념을 통한 사회책임이론의 재조명. 〈언론과 사회〉, 12권 3호, 8-54.

유홍식 (2003). 디지털 미디어시대의 방송저널리즘 윤리 재정립에 관한 연구: 보도의 선정성·폭력성과 디지털 영상조작을 중심으로. 〈방송연구〉, 56호, 61-87.

윤성옥 (2008). 사법 보도와 표현의 자유 범위에 관한 연구: 판검사가 제기한 언론사 상대 명예훼손 판결 분석을 중심으로. 〈한국언론학보〉, 52권 5호, 420-444.

이승선 (2000). 위법적 취재보도에 대한 법적 규제의 특성 연구. 〈한국방송학보〉, 14권 1호, 295-336.

이승선 (2001). 언론인 저작물에 나타난 취재행위의 형사법적 위법 가능성에 관한 연구. 〈한국언론학보〉, 46권 1호, 344-387.

이승선 (2004). 연예인의 인격권 침해유형과 언론소송에 있어서 '공적 지위'의 특성에 관한 연구. 〈한국방송학보〉, 18권 3호, 293-334.

이은택 (2002). 국내 언론인의 도덕발달단계에 관한 연구: 언론윤리에 대한 태도를 중심으로. 〈한국언론학보〉, 46권 3호, 289-318.

이재진 (1999). 명예훼손법상의 공인과 언론에 나타난 공인의 개념적 차이에 대한 연구. 〈한국언론학보〉, 43권 4호, 147-176.

이재진 (2003). 방송에서의 '공인'의 의미에 대한 법제론적 고찰: 명예훼손 관련 판례 분석을 중심으로. 〈미디어 경제와 문화〉, 1권 1호, 107-144.

이재진 (2004). 연예인 관련 언론소송에서 나타난 한·미간의 위법성 조각사유에 대한 비교연구: '공인이론'과 '알권리'를 중심으로. 〈한국방송학보〉, 18권 3호, 7-50.

이재진 (2005a). 언론윤리에 대한 언론과 사법부 간의 인식 차이에 대한 연구. 〈방송과 커뮤니케이션〉, 6권 1호, 6-32.

이재진 (2005b). 저널리즘 영역에 있어서의 알권리의 기원과 개념변화에 대한 연구. 〈언론과학연구〉, 5권 1호, 231-264.

이재진·이창훈 (2010). 법원과 언론의 공인 개념 및 입증책임에 대한 인식적 차이 연구. 〈미디어 경제와 문화〉, 8권 3호, 235-286.

이창근 (1999). 기만적 취재 행위의 윤리적 문제에 대하여: 기자의 신분 위장과 몰래 촬영을 중심으로. 〈한국언론학보〉, 44권 1호, 371-411.

최경진 (2008). 신문윤리의 자율규제 규범과 실천에 관한 연구: 한·독 윤리강령을 중심으로. 〈언론과학연구〉, 8권 4호, 628-666.

한국언론재단 (2013). 〈한국의 언론인 2013〉. 서울: 한국언론재단.

Patterson, P., & Wilkins, L. (2011). *Media ethics: Issues and cases* (7th ed.). New York, NY: McGraw Hill Education. 장하용 (역) (2013). 〈미디어 윤리의 이론과 실제〉. 서울: 한울.

8장

뉴스를 보는 사람들

이승아 · 박성호

: :

들어가며

앞서의 장들이 '뉴스 이전' 단계에 관한 것이라면, 이 장은 뉴스 수용자를 탐구하는 '뉴스 이후'의 단계로 나아간다. 뉴스를 만드는 사람과 그것이 만들어지는 환경에 대해서, 다시 말해 공급자 쪽에만 초점을 맞추는 것은 반쪽짜리 탐구에 지나지 않는다. '뉴스를 보는 사람들'은 언론이 섬겨야 할 시민이자, 언론이 생산해 낸 기사의 소비자들이다. 그들의 목소리와 생각을 외면한다면, 언론인들뿐 아니라 학자들도 저널리즘의 실상을 온전히 파악하기는 어렵다. 그렇다면 여러 가지 질문을 던져 볼 수 있다. 신문을 읽고 방송뉴스를 시청하고, 인터넷으로 뉴스를 이용하는 사람들은 어떤 사람들일까? 그들은 기자들이 공들여 만들어 낸 기사를 얼마나 주목해서 읽을까? 어떤 뉴스를 선호한다면 왜 그런 것일까? 그들은 뉴스를 기자들이 강조하는 대로 이해할까, 아니면 다르게 해석할까? 뉴스에 대해서는 어떤 평가를 내릴까? 질문은 꼬리를 문다.

이런 질문들은 이미 수용자를 수동적 존재가 아닌 능동적 존재로 전제한다. 사실 수용자라는 말 자체는 그다지 적절한 것 같지는 않다. 신문의 독자, 방송뉴스의 시청자, 인터넷의 이용자는 이미 '무엇인가를 받아들이는' 수동적 존재가 아니기 때문이다. 그들은 디지털 기술의 발달과 함께 능동적으로 뉴스에 참여하고, 생산하고, 유통할 수 있는 단계로까지 나아갔다. 다만 학술용어로는 '수용자'라는 표현을 쓰기 때문에 이 책에서도 그렇게 쓰지만, 능동적 수용자 개념을 배제하지 않았다는 점을 분명히 해 둔다.

커뮤니케이션 연구에서 능동적 수용자 개념을 처음 사용한 바우어(Bauer, 1964)에 따르면, 수용자는 독립적이며 행동하는 이성적 시민이다. 수용자를 이렇게 주체적 인간으로 바라본 관점은 사고의 대전환을 가져왔다. 종전의 효과 연구는 수용자를 송신자의 표적이자 피동적 대상물로 파악했지만, 능동적 수용자 개념은 시선을 수용자의 의도와 욕구로 돌렸다(이강수, 1992). 이용과 충족 이론을 바탕으로 한 연구들이 대표적이다. 이 접근 방식은 사람들이 미디어를 이용하는 사회적·심리적 요인에 주목했고, 이용 후 만족도를 파악했다. 영국에서 꽃피운 문화연구도 능동적 수용자 개념을 강력하게 뒷받침했다. 즉, 매스미디어가 이념적 부호화(encoding)를 통해 메시지에 '선호적 의미'(preferred meanings)를 담지만, 수용자가 해독(decoding)할 수 있는 자율성을 갖는다고 강조했다(Hall, 1980). 그래서 텔레비전이 똑같은 메시지를 제공해도 다양한 반응과 해독이 이뤄지며(Morely, 1980), 소설의 메시지도 저항적으로 해석된다는 것이다(Radway, 1991).

수용자에 대한 연구는 사실 저널리즘 연구에서 독립적인 분과를 이룬다고 말하기는 어렵다. 따라서 이 장은 기존의 연구 흐름에서 뉴스 수용자에 관련된 것들을 가려 뽑아서 구성했다. 젠슨과 로젠그렌(Jensen & Rosengren, 1990)에 의하면, 수용자 연구의 전통은 1) 효과 연구, 2) 이용과 충족 연구, 3) 문예비평, 4) 문화연구, 5) 수용분석 등으로 나뉘는데, 여기서는 이용과 충족 연구와 문화연구에 바탕을 둔 논문들을 검토했다. 효과 연구는 다음 장에서 별도로 다룬다.

1. 누가 보는가?

수용자 조사

수용자의 인구통계학적 특성과 미디어 이용 패턴을 학자들이 개별적 연구를 통해 파악한 것은 1960년대 중반으로 거슬러 올라간다. 기관에서 실시하는 전국 규모의 연례 조사가 없던 시절이었기 때문에 계량적 조사방법에 능한 사회학자와 언론학자들을 중심으로 수용자 연구가 이뤄졌다(박용규·류지석, 2013, 416쪽 참조). 예를 들어, 서울여대 사회학과 오갑환 교수는 1966년 농민들의 매스컴 이용을 조사해 신문 구독자는 주로 교육수준이 높은 젊은 남성들이었으며, 신문과 방송을 모두 이용하는 사람들은 지식수준과 의견 표현의 폭이 넓었다고 보고했다. 같은 해 이화여대 사회학과 고영복 교수의 조사에서 신문 독자들은 고학력에 생활수준이 높았고 젊은 층(20대 34.1%)이 가장 많은 것으로 나타났다. 한양대 신문학회는 1968년 장용, 강현두 교수 등의 지도로 신문 구독자에 대한 조사를 실시해 독자의 대부분이 남자(80.2%)이며 젊은 층(30대 33.3%, 20대 27.8%)으로 나타났다고 밝혔다. 그러나 전국 규모로 해마다 실시하는 수용자 조사는 시간과 비용의 문제 때문에 개별 연구자 단위에서 수행하기는 어려웠다. 한국언론진흥재단이 현재 매년 실시하는 '언론수용자의식조사'는 1984년에 시작됐다. 처음에는 전국 규모 3천 명을 대상으로 시작해 2008년 이후부터 5천 명 이상으로 확대됐다. 이 장에서는 필요할 때마다 이 조사의 자료를 활용해 논의를 전개한다.

누가 신문을 읽는가? 일주일에 한 번이라도 신문을 읽은 사람을 조사한 뉴스 이용자 프로파일을 살펴보자. 2015년 자료(한국언론진흥재단, 2016)에서 이용자의 성별은 남성이 신문 독자의 다수를 차지했다(남성 68.6%, 여성 31.4%). 연령별로는 50대가 26.1%로 가장 많고, 60대 이상과 40대가 똑같이 25.2%였으며, 30대(15.8%), 20대(7.7%) 순으로 나타났다. 자신이 생각하는 정치 성향은 보수가 44.6%로 가장 많았고, 진보(27.8%)와 중도(27.7%)의 비중은 거의 같았다. 전형적인 신문 수용자의 모습은 50대 남성의 보수 성향 독자로 그려볼 수 있다.

이 결과는 같은 항목의 조사를 시작한 2011년(한국언론진흥재단, 2012)과 비교할 때 몇 가지 차이를 보인다. 당시 독자의 여성 비율은 41%로 10% 포인트 가까이 높았다. 연령별로도 2011년에는 40대가 가장 높았고(28%), 60대 이상은 16%에 불과했다. 정치 성향은 중도가 42%였고 보수와 진보가 똑같이 29%였다. 불과 4년 만이지만 여성 독자의 이탈이 두드러졌고 고령화 추세가 반영됐으며 정치적으로는 보수 성향이 독자의 주류를 형성하게 됐다.

누가 텔레비전 뉴스를 보는가? 2015년 조사에서 성별 차이는 거의 없었다(남성 49.8%, 여성 50.2%). 연령별로는 60대 이상이 가장 높았고(24.3%), 40대(22.1%), 50대(21.2%), 30대(18.3%), 20대(14.1%) 순으로 나타났다. 주관적 정치 성향은 보수가 42%로 가장 많고, 중도 29.8%, 진보 28.2%였다.

이 결과도 과거와 비교하면 다소 차이가 있다. 2011년에는 연령별 최고치(40대, 22%)와 최저치(20대 18%)의 차이가 크지 않아 시청자의 연령대별 분포가 고르게 형성돼 있었다. 정치 성향은 중도가 44%로 가장 많았고, 보수(30%)와 진보(27%)가 엇비슷했다. 따라서 최근으로 올수록 신문과 마찬가지로 시청자의 고령화와 보수화가 두드러졌음을 알 수 있다.

수용자 집단의 특성

뉴스 수용자가 누구인가에 관한 물음은 단순히 인구통계학적 특성을 파악하는 것으로 해결되지 않는다. 앞에서 본 것처럼 신문의 수용자가 어떤 사람들이고 방송뉴스의 수용자가 어떤 사람들인가를 매체별로 파악하는 것만으로는 부족하다. 어차피 신문이건 방송이건 인터넷이건 수용자가 각각 따로 존재하는 것이 아니기 때문에 수용자를 다른 차원에서 접근해 볼 필요가 있다.

최영재(2006)는 사람들이 뉴스 매체를 이용하는 방식의 변화를 관찰하고, 수용자 집단을 유형화했다(355쪽 참조). 그러면서 주요 변인으로 사람들의 라이프스타일에 주목해 유형별 특징을 제시했다. '다방면형' 라이프스타일의 수용자 집단은 모든 면에서 활동적이기 때문에 신문을 열심히 읽고, 인터넷에도 활발히 글을 쓴다. '글문화형' 수용자 집단은 앞의 집단과 비슷하지만, 인터넷 글쓰기는 저조한 편이다. '인터넷 활동가형'은 포털이나 온라인 매체에서 뉴스를 소비하며 온라인에서 글쓰기는 열심이지만, 오프라인에서의 공적 활동은 꺼린다. 반면 '인터넷 신세대형'은 인터넷을 뉴스 매체로 여기기보다는 검색과 다운로드, 게임 등의 용도로 활용한다. '개인-레저형' 집단은 아예 공공 문제에 무관심하기 때문에 신문과 방송, 인터넷 포털 뉴스 등을 모두 이용하지 않는 뉴스 이탈 집단이다.

2000년대 이후부터는 인터넷에 대한 관심과 함께 주류 매체가 아닌 대안적 매체를 이용하는 하위 집단에 대한 연구가 활발해졌다. 한혜경(2003)은 대안 인터넷언론을 이용하는 집단이 주류 인터넷언론을 이용하는 집단보다 정치 관심이 높다는 점을 발견했다. 박선희(2004b)는 주류 인터넷언론(〈조선닷컴〉)과 대안 인터넷언론(〈오마이뉴스〉)을 둘 다 이용하는 중복 이용자 집단이 개별적으로 뉴스사이트를 이용하는 집단들보다 정치에 대한 관심이 높은 것을 확인했다. 성향이 상반되는 두 뉴스사이트를 이용한다는 것은 그만큼 정보추구 욕구가 높은 수용자들이라는 것이다.

특히 민인철과 반현(2006)은 대안언론(〈오마이뉴스〉)을 이용하는 수용자들의 경우 기존의 문화연구에서 전제한 수용자들과는 구별되는 특징을 갖는다며 새로운 수용자 모델을 제시했다. 이들은 문화연구에서의 수용자는 해독에 있어서 능동성만을 강조했지만, 대안언론 수용자는 미디어 텍스트의 소비자이자 생산자이며 정치적·사회적 행동에 참여하는 능동성을 보인다고 설명했다. 매체의 발달과 함께 수용자에 대한 이론적 접근도 달라져야 할 필요성을 시사했다.

2. 얼마나 어떻게 보는가?

뉴스 이용

사람들이 신문을 얼마나 읽고 방송뉴스를 얼마나 보는가는 언론 종사자들에게 큰 관심사일 뿐 아니라, 학자들에게도 언론의 영향력이나 수용자의 욕구 등 다양한 논의를 펼치기 위한 기초 자료가 된다. 이에 관한 체계적 조사는 앞서 언급했던 한국언론진흥재단(2016)의 언론수용자 의식조사에서 빠지지 않고 이뤄졌다. 이 조사에서는 매일 뉴스를 읽거나 보는 사람의 비율이 얼마나 되는지를 조사했다. 그 결과, 수용자들은 신문과 방송을 더 이상 날마다 뉴스를 얻는 원천으로 활용하지 않는 것으로 나타났다. 종이신문으로 매일 뉴스를 접하는 수용자의 비율은 2011년 21.3%에서 2015년에는 3.2%로 급격히 감소했다. 지상파 텔레비전 뉴스를 매일 시청하는 수용자의 비율은 2012년 66.4%에서 2015

년 36.4%로 반 토막 났다. 반면 인터넷 포털에서 뉴스를 매일 읽는다는 응답은 2015년 현재 22.4%로 방송뉴스 다음으로 높았고, 소셜 미디어로 매일 뉴스를 접한다는 응답은 7.9%로 종이신문보다 높았다.

이와 같은 조사결과가 제시하는 함의는 비단 수용자들이 전통 뉴스 매체를 외면한다는 것에 그치지 않는다. 인터넷이건 소셜 미디어건 뉴스를 본다는 비율은 전 항목에서 모두 감소세를 보였다. 다매체 다채널의 환경이 뉴스가 아닌 엔터테인먼트 등 다른 영역으로의 소비로 분산됐을 가능성을 보여 주는 대목이다. 실제로 박선희(2004a)의 연구를 보면, 인터넷 이용자들이 정치 뉴스를 많이 이용하지 않는 것으로 나타났다. 이 연구는 매체가 다양해지면서 뉴스 선택권이 증가했지만 오히려 이용자들이 정치 뉴스를 회피할 가능성을 제공했고, 정치관여도가 높은 소수의 사람들만 다양한 정치정보를 접할 수 있게 돼 정보 격차가 생길 수 있다고 전망했다. 그러나 최근에는 정치 이슈를 전문으로 하는 팟캐스트 등이 호응을 얻고 있는 만큼, 현 시점에서 다시 조사한다면 결과가 다르게 나타날 수도 있을 것이다.

뉴스 이용량은 언론수용자 의식조사에서 측정하는 주요 항목이다. 그러나 저널리즘 연구에서는 그것만으로는 부족하다. 김세은(2004)은 독자를 부수 확장의 대상으로 접근하는 도구주의적 연구가 아니라, 다양한 인식과 태도를 갖고 신문을 읽고 평가하는 독자의 개념을 수립해야 한다고 강조했다. 그의 연구에 따르면, 신문 독자들이 보여 주는 능동성은 '저항'보다는 '활용'이었다. 어차피 저항감이 덜한 신문을 선택해서 볼 것이기 때문에 신문 수용자의 저항은 뚜렷하게 발견되지 않았고, 신문기사의 내용을 실생활에 유용하게 이용하는 활용의 측면에서는 능동성이 두드러졌다.

또 다른 연구(김세은, 2006)에서도 의견지도자 성향이 강한 수용자들은 다른 매체보다 신문을 선호하며, 단순히 신문을 훑는 수준이 아니라 기사의 내용이나 기자를 골라 읽고, 기사나 사설에서 얻은 정보를 생활 속에서 능동적으로 활용하는 것으로 파악됐다. 이처럼 수용자의 능동적 활용에 대한 관심은 수용자들이 어떤 기사에 관심을 갖는지, 그 기사의 내용에 얼마나 집중하는지로 이동한다.

신문 열독

독자들이 신문을 어떻게 읽는지를 알아보려는 구체적인 노력은 신문의 열독 연구로 나타났다. 여기서 '열독'(閱讀)은 '훑어서 읽는다'는 뜻이다. 간혹 '열심히 읽는다'로 오해하는 경우도 있는데, 쉽게 말하면 기사를 '읽었다'(read)는 뜻이다. '구독'과 구별되는 개념이다. 돈을 내고 가정에 신문이 배달되도록 하는 구독만으로는 신문에 실린 기사를 읽었는지 읽지 않았는지를 파악할 수 없기 때문에 열독 개념을 사용한다.

박재영과 전형준(2006)은 수용자 의식조사에서 행하는 단순한 방식과 달리 구체적인 열독 행태를 처음으로 밝혔다. 대개 독자 조사에서는 '지난 일주일 동안 한 번이라도 신문을 읽었는가?'라는 질문으로 열독을 측정한다. 이런 식으로는 어느 면에 실린 어떤 기사를 주로 읽는지, 어떤 기사를 읽지도 않고 외면하는지를 알 수 없다. 이들은 신문이 나온 바로 그날 신문을 읽었다는 사람을 찾아다녀 묻는 방식으로 조사했다. 그 결과 독자 4명당 1명은 경제 섹션의 기사를 아예 읽지 않았다는 사실을 발견했다. 언론수용자 의식조사에서는 독자들이 관심 갖는 분야로 경제기사가 3위 안팎을 차지할 정도로 높았지만, 실제로 기사를 '읽었다'는 응답은 적었다. 또한 20~30대 젊은 독자들은 40대 이상의 장년층보다 정치를 비롯한 경성 뉴스와 해설기사가 배치되는 종합 1~4면의 머리기사를 덜 읽는 것으로 나타났다. 저자들은 독자 중심의 편집을 표방한다면 기사의 배치와 머리기사의 판단 기준을 재고할 필요가 있다고 제안했다.

김태용과 박재영(2005)의 연구는 독자가 어떤 기사를 선택해 읽는가를 독특한 방식으로 측정했다. 생각하는 것을 그대로 말하게 하는 '발성사고법'(Think Aloud)을 통해 신문지면에서 독자들이 어떤 제목과 일러스트를 어떤 순서로 보는지 그 시각 경로를 파악해 냈다. 이를 바탕으로 이 연구는 신문의 디자인 실무 차원에서 참고할 사항들을 제시했다.

지역 일간지 열독에 대한 연구에서는 독자들이 서민 생활, 지역 정치, 지자체의 정책 등과 같은 지역문제와 관련된 기사들은 많이 읽지만, 정치와 국제 뉴스, 주식 등에 관한 기사는 별로 읽지 않는 것으로 나타났다. 정치, 국제, 주식 기사의 열독률은 뉴스 주제별 열독률의 평균치에 미치지 못했다(고영철, 2003). 기사의 근접성이 수용자의 관심을 결정한 셈이다. 신문을 읽는 것뿐 아니라 읽지 않는 이유도 연구 대상이 될 수 있다. 지방지를 보면서 중앙지를 보지 않는 이유, 중앙지를 보면서 지방지를 보지 않는 이유처럼 비열독에 대한 연구도 이뤄졌다(박재영·조수선, 2004). 분석 결과, 지방지를 보지 않는 이유로는 '지방 뉴스에 관심이 없어서'(13.6%)가 가장 많았고, '구독료만큼 가치 있는 정보가 없어서'(11.8%), '유익하고 흥미 있는 읽을거리가 없어서'(11.3%) 등의 순으로 나타났다. 중앙지를 보지 않는 이유로는 '거주지 정보가 없어서'(22.6%%)가 가장 많았고, '신문 읽을 시간이 없어서'(15.7%), '인터넷으로 신문을 볼 수 있어서'(9.7%) 등의 순으로 파악됐다.

뉴스 해독

문화연구 전통은 수용자의 '해독'(decoding)에 초점을 맞춤으로써 수용자의 자율성에 주목해 왔다. 김진희와 주창윤(1999)은 특정 사건에 대한 신문보도를 놓고, 독자의 해석적 위치(interpretive position)에 따라 어떻게 공유되고 차별화된 해독이 가능한지를 탐색했다. 이들은 뉴스 해독 연구들이 스튜어트 홀(Stuart Hall)이 제시한 지배적, 교섭적, 저항적 해독이라는 범주에 지나치게 의존할 필요가 없다고 전제했다. 홀은 지배적 헤게모니로서 입력된 '선호된 의미'를 해독해야 한다고 강조하지만, 실상 저널리즘에서 공정성과 객관성 등을 실천하려는 노력들을 무시할 수는 없기 때문이다. 이들의 연구는 판문점 총격요청 사건이라는 구체적 사건에서 수용자의 해석적 위치가 회의적 양비론, 개혁적 비판, 냉소적 무관심, 보수주의로 나뉨에 따라 보도에 대한 인식과 해독의 양식이 어떻게 달라지는가를 비교했다.

뉴스 해독 연구는 여성의 뉴스 해독에도 관심을 기울였다. 박동숙(1998)은 방송의 정치 뉴스가 남성 위주로 돼 있어서 여성들은 뉴스를 보고, 이해하고, 활용하기에 많은 불편을 겪는다는 사실을 민속지학적 방법으로 보여 줬다. 그 불편의 원인을 생물학적 성의 차이로 여성에게서 찾을 게 아니라, 방송뉴스가 여성들이 거부감을 느끼지 않도록 뉴스의 내용과 형식, 전달방식을 고민해야 한다고 지적했다. 근본적으로 여성과 뉴스의 왜곡된 관계를 바로잡아야 한다는 것이다.

비슷한 맥락에서 김훈순(2000)의 연구는 대학생들이 방송뉴스를 남성적 장르로 인식한다는 점을 밝혀냈다. 선호하는 뉴스의 장르를 보면, 남학생은 공적 영역에서, 여학생은 사적 영역에서 높았는데, 이 역시 남녀 간 생물학적 차이라기보다는 가족, 학교, 미디어, 국가 등에 의해 사회적으로 구성된 것으로 봐야 한다는 것이다.

3. 왜 보는가? 무엇을 얻는가?

뉴스의 이용과 충족

수용자들이 뉴스를 왜 읽고 보는지, 그로 인해 무엇을 얻는가에 대한 연구는 대다수가 이용과 충족 이론을 토대로 삼았다. 이용과 충족 연구는 수용자의 매체 이용 동기를 밝히고, 그 결과 매체에 대해 어떻게 평가하는가를 분석했다. 새로운 매체의 등장, 특히 인터넷의 발달과 함께 이용 동기를 파악하는 연구들이 많이 이뤄졌다. 국내에서도 커뮤니케이션 연구 영역에서 광범위하게 활용돼 왔는데, 뉴스에 적용한 연구들은 상대적으로 적은 편이다.

미국에서는 연구 성과가 가장 많이 축적된 분야가 텔레비전의 시청 동기와 만족에 대한 연구였지만, 국내에서 방송뉴스의 이용과 충족에 관한 연구는 드물다. 이 분야의 실증 연구는 최근에야 등장했다. 종합편성채널이 등장한 이후 갑자기 많아진 뉴스 채널을 시청하는 동기와 그에 따른 충족을 보려는 연구가 이뤄졌다(김은혜·유세경, 2014). 이 연구에 따르면 뉴스 채널이 늘면서 '신뢰성·객관성 추구'라는 기존의 시청 동기에 더하여 '차별화된 뉴스, 흥미로운 뉴스'를 시청하려는 동기가 중요하게 부각됐다. 수용자들의 이용 후 충족에 대해서 보면, 정치적으로 보수적이거나 지상파 뉴스를 많이 볼수록 뉴스의 신뢰도 면에서는 만족했다. 그러나 종편 뉴스의 주요 시청 동기로 드러난 차별성 욕구는 충족되지 못했고, 흥미성 욕구만 충족된 것으로 나타났다.

조성호(2003)는 신문을 구독하는 동기로 습관적 소일, 대인관계, 지역 및 실생활 정보, 환경정보의 4가지 요인을 추출해 이들 동기에 대한 충족을 살폈다. 그 결과, 중앙지 독자는 뉴스와 관련된 환경정보에 가장 기대를 많이 걸지만, 실제로는 대인관계 정보만 충족된 것으로 나타났다. 지방지 독자는 지역과 실생활 정보에 대한 기대가 가장 높은 동기였지만, 어떠한 동기든 충족된 것은 없었다. 결국 중앙지를 읽건 지방지를 읽건 신문은 수용자의 욕구를 제대로 충족시키지 못했다.

대부분의 수용자 이용 동기에 관한 연구는 인터넷 뉴스에 쏠렸다(예: 김예란·김경모·임영호·김은미·유경한, 2008; 김정기·이경숙, 2009; 김채환·안수근, 2004; 성동규·김인경·김성희·임성원, 2006; 성동규·이미향·이웅주·노창희, 2007; 이은미, 2003). 인터넷 뉴스의 이용 동기로는 정보가 많고 다양하다는 정보성, 시공간을 극복해 언제든 원하는 기사를 찾을 수 있다는 편의성, 구독료나 사용료가 없다는 경제성이 요인으로 파악되거나(이은미, 2003), '정보·편리성', '상호작용성', '여가성' 등이 꼽혔다(김채환·안수근, 2004).

이 밖에도 전통적인 의미에서 저널리즘 영역에 포함되지는 않았지만, 변화하는 수용자들의 뉴스 이용 행태를 감안한 연구들도 있다. 포털 사이트의 뉴스를 이용하는 동기에 관한 연구(반현·권영순, 2007; 성동규·김양은·김도희·노창희, 2009; 원숙경·김대경·이범수, 2007)와 메트로와 같은 무료 신문의 이용 동기에 관한 연구(김정기·이경숙, 2009)가 여기에 해당된다.

드물긴 하지만 이론적으로 독창적인 논의도 없지 않았다. 이창현(1993)은 방송뉴스의 이용 동기에만 주목할 게 아니라 왜 회피하는지도 함께 봐야 타당성 있는 결과를 얻을 수 있다며 '회피 동기'에 초점을 맞췄다. 이에 따라 이용 동기만을 보는 1원적 구조가 아니라 이용/회피의 차원에 적극적/소극적 구분을 포함해 4원적 구조로 보는 모델을 제시했다.

그러나 이준웅, 김은미, 그리고 심미선(2006)은 이용과 충족 연구들은 대체로 수용자의 사회적·심리적 이용 동기들의 목록을 만들어 제시할 뿐, 특정한 이용 동기가 왜 발생했는지를 설명하지 못했다고 지적했다. 마찬가지로 각각의 동기가 충족됐는지 여부를 제시하면서도 그것이 무엇 때문에 충족됐는지, 혹은 충족되지 않았는지까지 설명하지는 못했다고 봤다.

4. 어떻게 평가하는가?

능동적 존재로서의 수용자를 전제로 한 연구들은 수용자들이 뉴스를 이용하면서 뉴스에 대해 어떤 인식을 형성하게 됐고, 그로 인해 뉴스를 어떻게 평가하는가에 대해서도 관심을 가졌다. 이러한 수용자의 인식은 일부 연구자들 사이에서는 '뉴스관'이라는 개념으로 사용됐다. 뉴스관을 구성하는 차원에는 뉴스의 속성, 뉴스의 사회적 기능, 뉴스 생산자에 대한 인식 등이 포함돼 있다(임영호·김은미·김경모·김예란, 2008). 여기서는 뉴스 매체에 대한 평가와 기자에 대한 평가로 압축해서 살펴본다.

뉴스 매체에 대한 평가

한국언론진흥재단은 2010년부터 언론수용자 의식조사에서 뉴스 보도와 관련해 언론이 개선해야 할 점이 무엇인가를 물어 왔다. 이에 대한 응답을 보면, 무책임한 보도가 가장 우선적으로 고쳐야 할 태도였고, 권력과의 유착, 자사 이기주의, 광고주 편향, 특정 미디어의 여론 독점 등의 순이었다(한국언론진흥재단, 2016). 여기서 흥미로운 대목은 2010년까지만 해도 개선점 1순위가 권력과의 유착이었으나, 그 이후에는 무책임한 보도 태도가 가장 큰 문제로 꼽혔다는 점이다. 각 매체별 뉴스에 대한 신뢰도 조사에서는 2015년 현재 지상파 텔레비전이 가장 높고(평균 4.15, 5점 만점) 이어서 종합편성채널(3.85), 종합일간지(3.83), 보도전문채널(3.83)이 엇비슷한 수준인 것으로 나타났다. 그러나 이 결과는 '각 매체에서 제공하는 뉴스를 얼마나 신뢰하는가?' 라는 단일 항목 측정(a single-item measure) 방식이었기 때문에, 뉴스의 어떤 요소들이 신뢰를 구성했는지까지 알려 주지는 않는다.

반현(2003)의 연구에서는 인터넷 뉴스미디어가 기존의 뉴스미디어에 비해 수용자들로부터 높은 신뢰를 받는 것으로 나타났다. 특히 인터넷 매체는 공정성, 객관성, 정확성 등의 면에서 크게 신뢰를 얻은 것으로 조사됐다. 송종길(2007)의 연구에서도 수용자들은 신문과 텔레비전 뉴스보다 인터넷의 뉴스 신뢰도를 높게 평가하는 것으로 나타났다. 그러나 소셜 미디어는 수용자들로부터 저널리즘의 질적 측면에서 전통 미디어에 비해 좋지 않은 평가를 받았다. 소셜 미디어가 다양성과 속보성 등에서는 우위에 있지만, 신뢰성, 객관성, 전문성 등에서는 그렇지 못한 것으로 나타났다(장병희·남상현, 2012).

이 밖에도 신문사가 직접 운영하는 온라인신문이, 온라인에서만 플랫폼을 갖고 있는 신문에 비해 질적으로 긍정적 평가를 받은 것으로 나타났다(김유정·조수선, 2003). 지역신문의 경우 독자들은 지역 소식의 정보제공 기능에 대해서는 긍정적으로 평가했지만, 비판자로서의 기능은 부정적으로 평가했다(고영철, 2003; 이정기·김정기·김동규·금현수, 2014). 그러나 이상의 조사 결과들은 특정 시점에 이뤄진 것들이기 때문에 일반화해서 받아들이기에는 무리가 있다. 더구나 몇몇 연구들은 이미 10년 이상 지난 것들이어서 현재의 변화된 추세를 반영하고 있지 못하다는 점에서 해석상 신중을 요구한다. 이는 후속 연구들을 통해 해결될 문제들이다.

기자에 대한 평가

뉴스 생산 주체인 기자에 대한 수용자의 인식은 뉴스 전반에 대해 갖는 평가에서 결코 작은 부분이 아니다. 그러나 이에 대한 연구는 매체 인식에 관한 연구에 비하면 상당히 적다. 그나마 있는 연구들을 살펴보면, 기자의 규범과 역할에 관련된 인식에 초점을 맞췄다. 특히 기자의 전문성 수준과 관련해 수용자들이 인식하는 수준은 기자 전문직화가 덜 발달돼 있다는 언론학계의 일반적인 진단과 차이가 있었다. 수용자들은 기자 전문성의 수준을 높다고 느끼거나, 기자의 전문직주의를 강하게 인식하고 있었다(김균수·송진, 2011; 이상기·김주희, 2013). 연구자들은 이러한 결과를 놓고 누구나 기자 역할을 할 수 있고 정보와 뉴스가 넘쳐나는 뉴미디어 환경에서도 수용자들이 기자의 전문성을 여전히 유효한 가치로 인정하고 있는 것이라고 해석했다.

그러나 이런 연구 결과들은 변화의 속도가 빠른 저널리즘 환경과 수용자들의 인식을 감안하면 유통기한이 그다지 길지 않을 것 같다. 한국언론진흥재단(2016)의 언론수용자 의식조사를 보면, 언론인에 대한 평가를 5점 만점으로 물었을 때, 전문성은 2.68에 그쳤다. 이 수치는 같은 항목의 조사가 시작된 2006년 3.00 이후 대체로 하락세를 보였다. 이 조사에서 수용자들은 언론인들의 사회적 영향력(3.65)과 사회적 기여도(3.12)는 중간 이상으로 평가했지만, 전문성을 비롯해 도덕성(2.77)은 낮게 평가했다.

새로운 저널리즘 환경에서는 기자의 역할에 대한 기대가 전통적인 역할 범위보다 확장된다. 수용자들의 인식에서는 이미 그런 변화가 나타났다. 트위터 이용자들의 뉴스관 연구에 따르면, 해석하고 배포하는 대중 동원자로서의 기자 역할 외에 '큐레이터'로서의 역할을 중시하는 것으로 나타났다(김균수, 2013 참조). 수용자들의 머릿속에 기자의 역할은 이제 뉴스를 배포하고 해설하는 수준을 넘어 안내자, 사실 입증자, 포럼 리더, 뉴스 수집자 등 다양한 개념을 포괄하는 존재로 변화했음을 보여 준다.

5. 어떻게 변화하는가?

뉴스를 읽고 보는 소비자로서의 수용자가 이제는 뉴스의 생산 단계에 참여할 수 있게 됐다. 시민이 언론사에 의견을 전달하거나 뉴스 내용을 제보할 수 있으며, 기자처럼 직접 취재하고 기사를 작성할 수도 있다. 게다가 매체만 할 수 있던 뉴스의 유통까지 수용자들이 직접 할 수 있게 됐다. 뉴스를 만드는 것을 업으로 삼는 기자의 역할과 뉴스를 유통시키는 언론사의 능력이 기술적으로는 모두에게 개방됐다. 인터넷의 등장과 디지털 기술의 진보 덕분이다.

참여하는 수용자

수용자가 뉴스 생산과정에 참여하는 방법으로 가장 오래전부터 보장된 것은 신문의 독자투고를 들 수 있다. 1997년부터 2009년까지 〈조선일보〉, 〈동아일보〉, 〈한겨레〉를 분석한 결과, 독자투고는 독자들이 개인적 불만을 토로하는 민원성 고발 창구에서 점차 다양한 이슈에 대해 독자들이 의견을 표현하는 공간으로 변모했다(조아라·이건호, 2011). 투고하는 독자들 가운데 전문가나 단체 관계자들도 늘어났고, 일반 독자들의 투고에서도 특정 기사의 내용에 대해 반응을 '피드백'하는 경우가 증가했다. 저자들은 그만큼 여론 형성에 기여할 수 있는 식견 있는 글이 늘어난 것으로 볼 수 있다고 해석했다.

또 다른 일간지 독자투고에 대한 연구(우병동·임양준, 2006)를 보면, 투고의 형태로는 중앙일간지에서는 비판이 가장 많았고 지역일간지에서는 건의가 가장 많았다. 분야별로는 중앙과 지방 가릴 것 없이 대체로 사회 분야 투고가 가장 많았다.

방송뉴스의 경우 수용자의 생산 참여는 주로 제보를 통해 이뤄진다. 특히 디지털 시대에는 영상장비의 보급과 함께 시청자들이 직접 촬영한 제보영상이 뉴스에 활용되는 경우가 늘어남으로써, 뉴스의 속보성을 보완했다. 이처럼 수용자의 참여가 늘어나면서 "단순 소비자로서의 시청자가 생산과정에서 경쟁적 협업자로서의 시청자로 재상상되고(re-imagined) 있다"(허철·박관우·김성태, 2009, 72쪽).

생산하는 수용자: 시민기자, 블로거

디지털 기술이 초래한 커뮤니케이션의 패러다임 전환은 상호작용성을 핵심으로 한다. 예전에 기자들이 제공하는 뉴스를 일방적으로 수신하던 수용자는 이제 뉴스 생산자와 양방향 소통을 할 수 있게 됐을 뿐 아니라, 뉴스 생산에 참여할 수 있는 기회를 얻게 됐다(박선희, 2002). 적어도 모든 시민이 기술적으로는 기자가 될 수 있는 가능성을 확보하게 됐다.

여기서 중심적인 존재가 '시민기자'다. '모든 시민은 기자다'라는 표어를 내걸고 창간한 인터넷신문 〈오마이뉴스〉에 관한 초기 연구에 따르면, 시민기자들이 쓴 기사는 대개 일상생활이나 문화에 관한 연성 뉴스가 많았고, 톱기사에 배치될 만한 기사를 쓴 경우는 상근직인 기자들에 비해 낮았다. 그러나 한때는 전체 기사의 80% 이상을 쓸 정도로 시민이 뉴스 생산에 활발하게 참여했다(박선희, 2002). 후속 연구에서는 〈오마이뉴스〉 시민기자가 작성한 기사는 70% 이하로 떨어져 출범 초기만큼 압도적이지는 않았다(양민제·김민하, 2009). 시민기자의 등장은 뉴스 생산의 행태를 바꿔 놓았다. 정희경과 김사승(2007)의 분석에 따르면, 온라인 저널리즘에서 시민기자들이 작성한 기사는 직업적 저널리스트들의 기사 작성과는 달리 공식적인 정보원에 얽매이지 않고 현장에서 직접 취재하는 경향이 많았다. 이들이 생산한 기사는 주로 스케치나 르포 등 체험 기사 위주였다.

그러나 시민기자들의 '등장' 자체에 의미를 부여한 다수의 연구들은 그들이 작성한 기사의 품질이 저널리즘의 규범적 원칙들에 얼마나 충실한가를 체계적으로 분석하지는 않았다. 사실 시민기자의 개념이 학술적으로나 언론 현업에서나 정확하게 규정돼 있지는 않다는 점도 유의해 볼 필요가 있다. 시민기자라는 칭호는 본업에 종사하다가 프리랜서처럼 기사를 기고하는 기자부터, 기업들이 일반인 홍보단을 모집해 운영하는 경우까지 다양하게 쓰이고 있다.

언론학계에서 주목한 또 다른 대상은 블로거였다. 김경희와 윤영민(2008)은 블로그의 운영 동기와 게재된 글의 성격에 따라 대인관계나 개인적 동기에서 사용하는 '사적 지향 블로거'와, 사회적 동기에서 운영해 저널리즘적 가능성을 보여 주는 '공적 지향 블로거'로 나눴다. 저자들이 방송사 블로그에서 활동하는 블로거들과 채팅 인터뷰를 가진 결과, 블로거들은 스스로를 시민기자라고 생각하는 것으로 나타났다. 자신들이 직업기자가 다루지 못하는 빈 곳을 채워 주는 보완적 역할을 한다고 인식했고, 직업기자들처럼 아이템 발굴, 관찰, 취재원 관리 등에 노력을 기울였다. 그러나 이들은 수용자들의 관심과 필요에 대해서는 그다지 관심을 갖지 않는 한계를 드러냈다. 김경희(2007)는 언론사 웹사이트에서 운영하는 블로그를 분석한 결과, 이용자들의 블로그가 현직 기자들의 블로그 포스트에 비해 결코 뒤떨어지지 않았다고 평가했다. 사회적 의제를 다루는 정도에서 현직 기자와 차이가 없었고, 하이퍼텍스트의 활용이나 사진, 동영상 첨부 등 멀티미디어 활용은 더 탁월했다는 것이다. 박노일과 윤영철(2008)도 블로그의 인기가 높은 블로거일수록 저널리즘 역할 인식이 높다는 것을 확인했다.

그러나 다른 연구에서는 블로거들의 인식과 실제 행동에서 차이가 발견됐다. 진보적 성향의 블로거는 스스로를 저널리즘 매체로 강하게 인식했지만, 취재원의 직접 인용, 사실 확인, 오류의 정정 등 저널리즘의 가치를 담은 활동 면에서는 유의미한 결과를 나타내지 못했다(박노일·남은하, 2008). 김사승(2006)은 뉴스블로그가 일정 부분 새로운 저널리즘의 가능성을 보여 주긴 했지만, 저널리즘으로 볼 수 있는지에 대해서는 결론 내리기 어렵다고 밝혔다.

유통하는 수용자

> 저널리즘의 역사가 뉴스 이용자의 범위를 확대하는 과정이었다면, 온라인 뉴스의 등장은 뉴스 생산자가 확대되는 과정이었고, SNS 등장은 뉴스 전파자 혹은 뉴스 매개자가 확대되는 시작지점이라고 볼 수 있다. (박선희, 2012, 40쪽)

즉, 인터넷이 수용자를 생산 주체가 될 수 있도록 했다면, 소셜 미디어는 수용자들에게 뉴스를 확산시키고 유통시키는 역할까지 부여했다. 박선희(2012)

는 트위터나 페이스북 같은 소셜 네트워크 서비스의 등장으로 수용자들은 뉴스를 확산시킬 수 있게 됐는데, 그들의 역할이 하나로 고정된 것은 아니라고 주장했다. 트위터에서는 최초로 이슈를 제기하는 이슈메이커도, 중간 매개 역할을 하는 유력자도, 이를 확산시키는 전파자도 모두 트위터 이용자들이기 때문이다. 기존의 미디어 메시지가 유통되는 체제와는 다른 자체적인 생태계를 갖는 셈이다.

그렇다면 트위터를 뉴스미디어로 볼 수 있을까? 김경희(2013)에 의하면, 트위터에서 생산, 유통, 소비되는 메시지는 대체로 '소식'의 수준이며 전부 뉴스로 볼 수는 없다. 일부 트윗만이 뉴스 가치를 지니며, 일부 경우에만 기존 매체보다 신속하게 전파된다. 뉴스의 확산이 일어나는 '리트윗'이 저널리스트의 뉴스 생산과정과 유사하며 뉴스미디어로서의 가능성을 갖는다. 리트윗은 다른 사람의 트윗이나 특정한 정보를 팔로워들에게 일제히 확산시키는 재매개 역할을 하기 때문이다.

많은 팔로워를 보유하는 트위터상의 의견지도자는 파급력 면에서 뉴스미디어의 성격을 갖는다. 이들은 사람들이 관심 갖는 정치적 이슈를 주로 채택해 확산시키고, 이 과정에서 뉴스의 출처를 밝히는 언론사 링크와 헤드라인 인용을 충실히 한다(김은미·이주현, 2011). 의견지도자들은 자신의 생각을 타인과 공유함으로써 영향력을 행사하거나 사회적 상호작용을 하려는 동기를 갖는다(박노일·정지연, 2011; 황유선·심홍진, 2010). 김관규(2009)는 뉴스 전달 행위의 동기를 다른 각도에서 설명했다. "같은 뉴스를 인지하고 의견을 교환하고 같은 의미를 갖게 되는 과정이 구성원으로서의 정체성(identity)을 갖는 과정"(71쪽)이며, 그렇기 때문에 동시대에 같은 사회 체계 속에서 살고 있다는 느낌을 생산한다는 것이다.

소셜 미디어의 등장은 뉴스 유통의 변화라는 의미에 국한되지 않는다. 기자와 시민이 협업하는 생산 양식의 변화라는 점에서도 의미가 있다. 이 분야에서는 이용자 협업형 뉴스 사이트인 〈위키트리〉가 집중 조명됐다. 〈위키트리〉에서는 한 위키 기자가 기사를 작성해 올리면, 다른 이용자가 수정, 첨삭, 편집에 참여할 수 있고, 그 결과물이 여러 참여자들의 소셜 미디어를 통해 배포된다. 이처럼 뉴스 제작에 협력하는 소비자인 '생비자'(prosumer)는 참여를 통해 즐거움을 느끼는 존재라고 할 수 있으며, "뉴스로 '놀이하는 인간'"(homo ludens) (김경모·김나래, 2013, 119쪽)으로 명명된다. 〈위키트리〉에서는 전담 기자들의 기사보다 비언론인 집단이 생산한 기사가 많아, 전통적인 뉴스 생산 메커니즘이 허물어졌다. 그러나 출처가 불분명하거나 편향성을 걸러 줄 장치가 보이지 않는 등 신뢰성을 훼손하는 저널리즘의 위협 요인도 존재한다(설진아, 2013).

나가며

뉴스 수용자 연구에서 여전히 충분치 않은 분야는 수용자가 누구인가에 관한 탐구라고 할 수 있다. 매체 이용자들의 분포가 어떠하다는 것을 수치로 확인해 제시하는 것만으로는 충분치 않다. 김세은(2004)은 수용자 연구의 대부분이 독자에 초점을 맞추기보다는 신문사의 필요와 광고 효과의 점검 차원에서 이뤄졌으며, 수용자 의식조사도 기초 조사에 불과할 뿐 이론적 논의까지 나아가지 못한다고 지적했다(285-286쪽 참조). 수용자를 이해하려 하지 않고 '측정'하려는 방식으로는 수용자의 본질을 파악할 수 없다고 한 맥퀘일(McQuail, 2005/2007)의 말을 떠올려 보면, 뉴스 수용자를 '이해'의 차원에서 접근하는 연구들이 절실하다.

지금까지 살펴본 연구들을 토대로 후속 연구에서 이뤄질 몇 가지 시도를 기대해 본다. 대중(mass)으로서의 수용자가 아니라 특정한 하위 집단이나 매체 유형별로 나눠 본다면, 〈조선일보〉와 같은 보수 신문의 독자 집단, 〈뉴스타파〉와 같은 진보적 대안방송의 후원자 집단, 종편뉴스와 시사프로그램의 고정적 시청자 집단 등도 연구 대상이 될 수 있다. 또 매체의 기술적 발달을 염두에 둔다면, 페이스북을 비롯해 소셜 미디어를 통해서만 뉴스를 소비하는 집단, 스토리펀딩을 통해 취재와 제작 과정을 재정적으로 후원하는 행동파 수용자 집단까지 다양한 수용자들에 대한 이해가 필요해졌다.

수용자가 어떤 뉴스를 원하는가를 파악하려는 실질적인 연구가 본격화할 필요가 있다. 수용자가 원하는 기사의 수준, 관점, 시각은 어떠한지 소상히 밝혀진 바가 없기 때문이다. 또한 독자들이 왜 신문 구독을 중지하며 열독을 하지 않는가에 대한 질문은 여전히 유효하다. 대체 가능한 미디어의 등장 탓인지, 기사 자체의 품질 문제인지 규명하는 것은 긴요하다. 방송뉴스의 이용 행태에 대한 연구도 기대할 만하다. 이제는 뉴스가 프로그램 전체가 아닌 개별 아이템 단위로 소셜 미디어를 통해 소비되고 유통된다. 시청량을 측정하는 것보다 수용자들이 어떤 뉴스에 주목하고 외면했는지를 파악하는 것이 더 의미 있을 것이다.

뉴스 해독에 관한 영역은 신문과 방송을 가릴 것 없이 미비하다. 심층 기획물이나 내러티브 기사 등 뉴스의 장르에 따른 수용자의 해독을 탐구해 볼 수 있고, 수용자 집단의 특성을 구분해 각각이 갖는 해석적 위치를 구체화할 수도 있을 것이다.

수용자의 생산 참여는 이미 뉴미디어에 관련된 연구에서 단골 주제로 다뤄지고 있고 새로운 현상들이 연구자들의 분석을 요구하고 있다. 언론은 자료를 공개하고 시민은 정보와 지식을 활용해 참여하는 공조 취재방식인 크라우드소싱(crowd sourcing)이 한 예다.

추천 논문

김경희·윤영민 (2008). 시민기자로서의 블로거의 활동 동기와 뉴스 생산 과정: 방송사 블로그 운영자를 대상으로 한 질적 연구. 〈미디어 경제와 문화〉, 6권 4호, 40-84.
김세은 (2004). 신문 독자의 능동성: 개념의 구성요인과 영향 분석을 중심으로. 〈한국언론학보〉, 48권 1호, 284-309.
박동숙 (1998). 여성의 TV 뉴스보기: 공론장의 가능성에 대한 수용자 중심적 탐구. 〈한국방송학보〉, 10호, 167-198.
박선희 (2012). SNS 뉴스 소통: 다중성과 구술성. 〈언론정보연구〉, 49권 2호, 37-73.
박재영·전형준 (2006). 독자 중심의 신문 제작과 독자의 실제 열독률. 〈한국언론정보학보〉, 35호, 211-249.
최영재 (2006). 라이프스타일 변인의 뉴스 매체 이용 예측성. 〈한국방송학보〉, 20권 2호, 338-368.

참고문헌

고영철 (2003). 한국 지방일간지의 기능 및 역할 가정에 대한 인식 비교: 제주지역 지방일간지 독자와 언론인을 대상으로. 〈한국언론학보〉, 47권 6호, 165-193.

김경모·김나래 (2013). 이용자 협업형 뉴스제작의 참여 결정요인: 합리적 행동 모형과 동기 분석의 통합적 접근. 〈언론과학연구〉, 13권 4호, 89-134.

김경희 (2007). 언론사 사이트 이용자블로그의 저널리즘적 가능성: 정보구성을 중심으로 기자 블로그와의 비교 분석. 〈미디어 경제와 문화〉, 5권 2호, 7-47.

김경희 (2013). 트위터의 뉴스미디어로서의 가능성에 대한 탐색적 연구. 〈한국방송학보〉, 27권 4호, 7-44.

김경희·윤영민 (2008). 시민기자로서의 블로거의 활동 동기와 뉴스 생산 과정: 방송사 블로그 운영자를 대상으로 한 질적 연구. 〈미디어 경제와 문화〉, 6권 4호, 40-84.

김관규 (2009). 새로운 미디어 환경에서의 뉴스 전파에 관한 탐색적 연구: 대학생집단을 중심으로. 〈언론과학연구〉, 9권 2호, 47-76.

김균수 (2013). 트위터 이용자의 뉴스관: 기자 역할, 기자 규범 및 저널리즘 권위에 대한 인식을 중심으로. 〈한국언론학보〉, 57권 2호, 154-184.

김균수·송진 (2011). 누가 돈을 내고 뉴스를 이용할 것인가?: 디지털 뉴스 콘텐츠 지불의사에 대한 탐색적 연구. 〈한국언론학보〉, 55권 4호, 134-161.

김사승 (2006). 뉴스 블로그의 성격에 관한 분석. 〈언론과학연구〉, 6권 2호, 113-148.

김세은 (2004). 신문 독자의 능동성: 개념의 구성요인과 영향 분석을 중심으로. 〈한국언론학보〉, 48권 1호, 284-309.

김세은 (2006). 시사 분야 의견지도자 성향 연구: 인구사회학적 특성과 미디어 이용을 중심으로. 〈한국언론학보〉, 50권 1호, 91-114.

김예란·김경모·임영호·김은미·유경한 (2008). 온라인 뉴스 이용자의 문화취향과 뉴스 소비유형의 관계. 〈한국언론학보〉, 52권 4호, 129-151.

김유정·조수선 (2003). 온라인신문에 대한 이용자 인식연구: 연장지와 대안지의 상이성 논의. 〈한국언론학보〉, 47권 4호, 82-105.

김은미·이주현 (2011). 뉴스 미디어로서의 트위터: 뉴스 의제와 뉴스에 대한 대화를 중심으로. 〈한국언론학보〉, 55권 6호, 152-180.

김은혜·유세경 (2014). 방송 뉴스 다채널 시대의 뉴스 프로그램 시청 동기와 충족에 관한 연구. 〈한국방송학보〉, 28권 1호, 89-130.

김정기·이경숙 (2009). 무료신문의 이용동기와 만족감 분석. 〈한국언론학보〉, 53권 5호, 384-405.

김진희·주창윤 (1999). 한국 신문독자의 정치뉴스 해독: '판문점 총격요청' 사건을 중심으로. 〈언론과 사회〉, 24호, 79-107.

김채환·안수근 (2004). 온라인 신문의 이용 변화에 관한 연구. 〈한국언론정보학보〉, 26호, 105-134.

김태용·박재영 (2005). 발성사고법(Think Aloud)을 이용한 인쇄신문 독자의 기사선택 과정 연구. 〈한국언론학보〉, 49권 4호, 87-109.
김훈순 (2000). TV 뉴스와 젠더구조에 대한 수용자의 인식과 평가: 대학생들을 중심으로. 〈한국방송학보〉, 14권 3호, 7-45.
민인철·반현 (2006). 미국과 한국의 대안언론 수용자에 대한 온라인 서베이 사례 연구: 수용자의 정치행위 참여를 중심으로. 〈한국언론학보〉, 50권 3호, 262-287.
박노일·남은하 (2008). 블로그 이용 동기가 저널리즘 역할인식과 활동에 미치는 영향. 〈한국언론학보〉, 52권 1호, 334-358.
박노일·윤영철 (2008). 블로그 인기도가 블로거의 저널리즘 인식 및 활동에 미치는 영향. 〈한국언론학보〉, 52권 6호, 100-122.
박노일·정지연 (2011). 리트윗은 누가 왜 하는가?: 리트윗 동기 요인과 행위자의 인구사회학적 분석. 〈미디어 경제와 문화〉, 9권 3호, 95-132.
박동숙 (1998). 여성의 TV 뉴스보기: 공론장의 가능성에 대한 수용자 중심적 탐구. 〈한국방송학보〉, 10호, 167-198.
박선희 (2002). 인터넷 이용자의 뉴스 생산 참여: 〈오마이뉴스〉 사례 연구. 〈한국방송학보〉, 16권 2호, 149-177.
박선희 (2004a). 인터넷 정치뉴스의 이용: 이용패턴과 이용자 특성. 〈한국언론학보〉, 48권 3호, 436-463.
박선희 (2004b). 주류 인터넷 언론과 대안 인터넷 언론의 이용 비교: 이용자집단의 특성, 이용자의 뉴스사이트에 대한 태도, 뉴스 이용 패턴. 〈한국언론정보학보〉, 26호, 259-289.
박선희 (2012). SNS 뉴스 소통: 다중성과 구술성. 〈언론정보연구〉, 49권 2호, 37-73.
박용규·류지석 (2013). 1960년대의 신문독자 조사에 관한 연구. 〈한국언론학보〉, 57권 5호, 396-422.
박재영·전형준 (2006). 독자 중심의 신문 제작과 독자의 실제 열독률. 〈한국언론정보학보〉, 35호, 211-249.
박재영·조수선 (2004). 신문 열독 유형별 지방 독자의 속성 연구: 중앙지 독자, 지방지 독자, 병독자에 관한 탐색. 〈한국언론정보학보〉, 27호, 123-151.
반현 (2003). 인터넷 뉴스 미디어의 신뢰도에 관한 실험 연구. 〈한국방송학보〉, 17권 2호, 207-230.
반현·권영순 (2007). 포털 뉴스와 기존 뉴스 매체의 이용행위에 대한 상관관계성 연구. 〈한국언론학보〉, 51권 1호, 399-426.
설진아 (2013). 소셜 뉴스의 기사유형 및 뉴스특성에 관한 연구. 〈한국언론학보〉, 57권 6호, 149-175.
성동규·김양은·김도희·노창희 (2009). 인터넷 뉴스 이용 동기가 의견 발화에 미치는 영향에 관한 연구. 〈한국언론학보〉, 53권 2호, 369-394.
성동규·김인경·김성희·임성원 (2006). 포털사이트의 뉴스 콘텐츠 전략에 관한 연구: 인터넷 뉴스의 이용 동기와 지각된 뉴스가치를 중심으로. 〈한국언론학보〉, 50권 5호, 132-159.
성동규·이미향·이응주·노창희 (2007). 뉴스 매체로서 방송사 웹사이트의 콘텐츠 전략 도출에 관한 연구: 이용 방식에 따른 수용자 세분화를 중심으로. 〈한국언론학보〉, 51권 5호, 267-294.
송종길 (2007). 매체별 신뢰도의 유사성 및 차별성 분석연구: 기자와 수용자 비교분석을 중심으로. 〈한국언론학보〉, 51권 2호, 180-202.
양민제·김민하 (2009). 온라인 시민저널리즘 양상과 시민 영향력에 관한 한·미 간 비교 연구: '유가' 관련 보도를 중심으로. 〈한국언론정보학보〉, 45호, 463-495.
우병동·임양준 (2006). 중앙일간지와 지방일간지의 독자투고 비교연구: 조선일보, 한겨레신문, 광주일보, 부산일보를 중심으로. 〈한국언론학보〉, 50권 4호, 153-174.
원숙경·김대경·이범수 (2007). 포털 뉴스 이용이 전통 미디어 이용에 미치는 영향에 관한 연구: 대학생 집단을 중심으로. 〈한국언론정보학보〉, 38호, 40-72.
이강수 (1992). 신문의 정통성 위기와 신문독자운동의 정당성에 관한 이론적 소고. 〈한국언론학보〉, 27호, 209-334.
이상기·김주희 (2013). 기자의 전문성 및 온라인 언론 활동에 대한 인식과 평가: 기자와 뉴스 수용자로서 대학생 간의 인식·평가 비교 연구. 〈방송과 커뮤니케이션〉, 14권 2호, 41-81.
이은미 (2003). 인터넷 신문 이용의 영향 요인 연구. 〈한국언론정보학보〉, 21호, 177-201.
이정기·김정기·김동규·금현수 (2014). 지역신문 구독, 열독 유형에 따른 수용자 속성, 구독의도에 관한 비교 연구: 20~30대의 구독, 정기적 열독 여부에 따른 분류를 중심으로. 〈한국언론학보〉, 58권 1호, 70-94.
이준웅·김은미·심미선 (2006). 다매체 이용자의 성향적 동기: 다매체 환경에서 이용과 충족 이론의 확장. 〈한국언론학보〉, 50권 1호, 252-284.
이창현 (1993). 텔레비전 뉴스에 대한 이용 및 회피동기의 유형화 가능성 검증: 확인적 요인 분석을 통한 다원적 구조 모형간의 타당성 비교. 〈한국방송학보〉, 4호, 97-126.
임영호·김은미·김경모·김예란 (2008). 온라인 뉴스 이용자의 뉴스관과 뉴스이용. 〈한국언론학보〉, 52권 4호, 179-204.
장병희·남상현 (2012). 소셜미디어의 발전과 네트워크 저널리즘 전망: 소셜미디어의 저널리즘 기능에 대한 수용자의 평가를 중심으로. 〈언론과학연구〉, 12권 4호, 457-496.
정희경·김사승 (2007). 온라인 시민저널리즘의 뉴스생산양식 특성에 관한 분석. 〈한국언론학보〉, 51권 2호, 124-152.
조성호 (2003). 신문구독 유형에 따른 구독동기 및 만족도 비교. 〈한국언론학보〉, 47권 3호, 125-145.
조아라·이건호 (2011). 한국 중앙 일간지의 독자투고 특성 연구: 1997년~2009년 조선일보, 동아일보, 한겨레를 중심으로. 〈한국언론정보학보〉, 55호, 140-163.
최영재 (2006). 라이프스타일 변인의 뉴스 매체 이용 예측성. 〈한국방송학보〉, 20권 2호, 338-368.
한국언론진흥재단 (2012). 〈2011 언론수용자 의식조사〉. 서울: 한국언론진흥재단.
한국언론진흥재단 (2016). 〈2015 언론수용자 의식조사〉. 서울: 한국언론진흥재단.
한혜경 (2003). 여론 지각 매체로서 인터넷에 관한 연구: 디지털조선과 오마이뉴스 독자집단의 의사합의(false consensus) 지각 비교를 중심으로. 〈한국언론학보〉, 47권 4호, 5-33.
허철·박관우·김성태 (2009). 디지털 시대의 방송뉴스 생산 관행의 변화와 시청자의 뉴스 생산 과정 참여: YTN뉴스 사회부를 중심으로. 〈방송문화연구〉, 21권 1호, 39-76.
황유선·심홍진 (2010). 트위터에서의 의견 지도력과 트위터 이용패턴: 이용동기, 트윗 이용패턴, 그리고 유형별 사례분석. 〈한국방송학보〉, 24권 6호, 365-404.

Bauer, R. (1964). The obstinate audience: The influence process from the point of view of social communication. *American Psychologist, 19*(5), 319-328.

Hall, S. (1980). Encoding/Decoding. In S. Hall, D. Hobson, A. Lowe, & P. Willis (Eds.), *Culture, media, language* (pp. 128-138). London: Hutchinson.

Jensen, K. B., & Rosengren, K. E. (1990). Five traditions in search of the audience. *European Journal of Communication, 5*(2), 207-238.

McQuail, D. (2005). *McQuail's mass communication theory* (5th ed.). 양승찬·이강형 (역) (2007). 〈매스 커뮤니케이션 이론〉. 파주: 나남.

Morley, D. (1980). *The "Nationwide" audience: Structrue and decoding.* London: British Film Institute.

Radway, J. A. (1991). *Reading the romance: Women, patriarchy, and popular literature.* Chapel Hill, NC: University of North Carolina Press.

9장

뉴스의 효과

용미란

들어가며

뉴스는 신문지면에서 공허한 글자로만 머물지 않는다. 뉴스는 개인의 일상과 삶에 침투해 변화를 유발한다. 이번 선거에서 김철수를 뽑을지, 홍길동에게 표를 던질지는 그 사람이 구독하는 신문에 따라 달라질 수 있다. 주부가 값싼 미국산 소고기와 비싼 한우 중에 무엇을 선택할지는 전날 저녁 시청한 뉴스가 결정적인 역할을 할 수 있다. 이러한 뉴스의 영향력을 '뉴스 효과'라고 한다. 언론의 영향력이 강하다는 평가도 뉴스 효과에 기반을 둔다. 굳이 어려운 커뮤니케이션 이론을 거론하지 않아도 우리는 일상에서 뉴스의 영향력을 체감하고 있다. 우리가 이슈에 대해 갖는 지식이나 태도, 심지어 그로 인한 행동까지 뉴스의 효과에서 자유롭지 않다.

따라서 뉴스 효과에 대한 관심은 뉴스에 대한 논의에서 필수적이다. 뉴스 효과 연구는 뉴스라는 메시지가 궁극적으로 초래하는 변화를 탐구한다. 뉴스가 수용자의 지각, 태도, 행위에 직·간접적으로 미치는 영향과 이러한 영향력을 매개하거나 조절할 수 있는 요인을 탐색한다. 즉 효과가 있는지 없는지, 효과의 크기가 큰지 작은지가 핵심이 아니라 어떤 조건하에서 효과가 발생하는가가 중요하다. 뉴스의 콘텐츠와 수용자 양쪽을 모두 살피기는 하지만 수용자 쪽에 더 무게를 두며, 그래서 인지적·심리적 관점이 중요할 수밖에 없다.

효과 연구는 커뮤니케이션 연구에서 오랫동안 중심적 위치를 차지해 왔다. 한편으로는 효과 패러다임에 몰두한 연구들에 대해 비판론도 끊이지 않았다. 이 장에서는 효과 연구의 지형에서 연구 대상을 뉴스로 한정한 것들만 뽑아서 구성했다. 효과이론을 연구의 이론적 배경으로 채택했으나 뉴스가 아닌 매체의 특성에만 주목한 연구라든가, 광고·홍보 등을 연구하기 위해 뉴스를 실험용 처치물로 쓰인 경우는 되도록 제외했다. 따라서 선행 연구의 정리와 인용은 커뮤니케이션 연구의 통상적인 효과 연구에 비해 선택적일 수밖에 없었다. 여기서는 의제설정 이론, 점화 효과, 프레임 이론, 제3자 효과, 적대적 매체지각 등을 중심으로 뉴스 효과 연구의 지형을 논의한다.

1. 뉴스가 의제를 만든다 : 의제설정

의제설정 이론의 발전 단계

코헨(Cohen, 1963)은 미디어가 수용자에게 특정 이슈에 대한 주목을 요구함으로써, 수용자가 무엇을 생각할지에 대해 강력한 영향을 미친다고 보았다. 이 같은 주장은 1968년 미국의 선거캠페인을 연구한 맥콤스와 쇼(McCombs & Shaw, 1972)에 의해 '의제설정 이론'(agenda-setting theory)으로 정리됐다. 이 이론의 핵심은 '현저성의 전이'(salience transfer)에 있다. 미디어가 현저하게, 즉 두드러지게 다루는 정도에 따라 수용자가 이슈나 대상에 대해 중요하게 생각하는 정도가 결정된다는 것이다. 미국 대통령선거를 다룬 기사가 힐러리 클린턴의 이름을 다른 후보보다 빈번히 언급하고 제목에서도 강조한다면, 힐러리 클린턴의 뉴스 현저성이 높다고 말한다. 그러나 의제설정 이론은 그렇게 간단하지만은 않다.

처음 이 이론이 나온 이후 연구의 초점이 갈수록 확장됐는데, 반현과 맥콤스(2007)는 이를 의제설정 이론의 5단계 진화 모델로 정리했다. 앞서 제시한 현저성의 전이가 1단계라면, 2단계에서는 이슈를 구성하는 '속성(attribute)의 전이'에 주목했다. 이를 '2차 의제설정 이론' 또는 '속성 의제설정 이론'이라고 부른다. 여기서 속성은 인지적 속성과 정서적 속성으로 나뉘는데, 전자는 이슈나 인물에 대해 미디어가 제공하는 정보를 말하며 후자는 긍정 또는 부정으로 나뉘는 의견에 해당한다. 3단계에서는 의제형성(agenda building)에 관심을 가졌다. 김성태와 이영환(2006)의 역의제설정에 관한 연구에서는 초기 발화자부터 온라인 커뮤니티, 온라인 매체, 전통 매체 순으로 이슈가 파급되는 경로를 그리며 의제형성 과정을 설명했다. 4단계에서는 의제설정의 결과에 초점을 맞추었는데, 뒤에서 다룰 점화 효과가 대표적이다. 5단계에서는 심리학과의 접목이 주를 이루었다.

의제설정 연구

국내 의제설정 연구들 가운데 상당수는 2단계인 속성의 전이에 집중했다. 이건호, 유찬윤, 그리고 맥콤스(2007b)는 지구 온난화에 대해 '환경 보존'과 '경제 발전'을 각각 강조한 두 실험물을 기사로 제작한 뒤 인지적 속성의 현저성과 정서적 속성의 현저성이 어떻게 달리 나타나는지를 분석했다. 인지적 속성은

'나는 지구 온난화 효과가 환경에 악영향을 미칠 것이라고 믿는다'로, 정서적 속성은 경제 발전과 환경 보존에 대한 강한 찬성 혹은 강한 반대로 측정했다. 그 결과 인지적 속성은 경제 발전을 강조한 기사를 읽은 수용자 집단에게만 전이됐다. 반면 정서적 속성은 환경 보존 기사에 노출된 수용자에게만 효력을 발휘했다. 즉 강조되는 대상과 속성에 따라 현저성 전이가 엇갈려 나타났다. 다만 정서적 속성은 두 집단 모두에게 지구 온난화란 이슈 자체를 더 중요하게 생각하도록 했다.

또한 연구자들은 의제설정 효과를 기준으로 전통 미디어와 뉴미디어를 비교하거나, 새로운 미디어만의 특징을 탐색해 왔다. 양선희(2008)는 수용자의 능동성 확대로 의제설정 효과가 약화될 수 있다는 가정하에 신문과 텔레비전, 포털사이트를 비교했다. 그 결과, 뉴스를 직접 생산하지 않는 포털조차 전통 미디어의 의제를 재구성함으로써 의제설정에 영향력을 행사하고 있었다. 그러나 연구자는 뉴미디어 환경이 수용자의 선택성과 통제력을 강화시키기 때문에 미디어의 의제설정 효과는 약화될 것이라고 주장했다. 한 발짝 나아가 온라인 매체 간 비교를 시도한 예도 있다. 이건호(2006b)는 기존 신문의 웹사이트와 온라인 전용 신문 웹사이트, 뉴스통신사 웹사이트 등 8개 온라인신문의 상호 의제설정 효과를 살펴봤다. 분석 결과, 전통 미디어 환경과 달리 뉴스통신사의 영향력이 크지 않았고, 온라인 전용 신문에서는 외부 매체의 영향을 전혀 받지 않았다. 이는 뉴미디어 환경에서 의제설정 효과가 약화될 수 있다는 양선희(2008)의 연구 결과를 어느 정도 지지한다.

김성태와 이영환(2006)의 연구는 의제설정 이론의 확장을 모색했다. 이들은 온라인상에서 공중 의제설정을 주도한 능동적 수용자의 사례를 분석함으로써 의제파급(agenda-rippling)과 역의제설정(reversed agenda-setting)을 개념화했다. 역의제설정은 수용자가 촉발한 미디어 의제가 다시 공중 의제로 전이되는 의제설정의 순환과정을 설명한다는 점에서 대단히 독창적이다. 2005년 MBC 'PD수첩'이 밝혀 낸 황우석 교수의 논문 내 사진 조작이 대표적이다. 초기 발화자인 누리꾼 'anonymous'는 브릭(BRIC) 게시판에, 논문에 게재된 사진이 조작됐다는 내용을 담은 글을 업로드했다. 이 글은 '디시인사이드'와 같은 온라인 커뮤니티를 통해 일파만파 퍼졌으며 〈프레시안〉이 집중 보도했다. 이후에는 전통 미디어인 지상파 텔레비전에서도 해당 사건을 다루게 됐다. 결국 황우석의 논문 조작은 사실로 드러났다. 이 사건에서 의제파급은 주로 온라인 커뮤니티를 통해 이루어졌으며, 사건을 확산시키고 초기에 보도한 매체는 온라인 기반의 뉴미디어였다.

이와 더불어 기존 이론에서 배제된 개념을 재검증하는 노력도 있었다. 이건호, 유찬윤, 그리고 맥콤스(2007a)는 위버(Weaver, 1977)가 제안한 정향 욕구(need for orientation)를 주목했다. 위버는 정향 욕구를 구성하는 두 가지 하위 요인으로 메시지 적절성(relevance)과 불확실성(uncertainty)의 정도를 들었다. 하지만 이건호 등(2007a)은 현대 커뮤니케이션 환경에서는 정보를 얻을 수 있는 채널이 다양해졌으며 정보의 절대량도 증가하여, 메시지 전달 정도는 수용자의 선택에 의해 좌우될 수 있다고 주장했다. 즉 메시지 전달이 일상 중 자연스럽게 일어나는 게 아니라 개인이 노력을 기울여야 함을 뜻한다. 이런 까닭에 연구자들은 정향 욕구를 검증하는 실험에 '노력'을 추가했다. 또 소비자 행동이론을 근거로 메시지 적절성과 불확실성 정도를 '개인 관여'와 '지식'으로 대체했다. 실험 결과, '개인 관여'와 '노력', '지식' 순으로 의제설정 효과에 영향력을 발휘했다. 연구자들은 이를 토대로 정향 욕구의 구성 요인으로 '노력'을 추가한다면 의제설정의 발생 원인을 보다 상세히 설명할 수 있다고 결론지었다.

의제설정 이론을 검증하는 연구는 미디어 의제와 공중 의제 간의 비교를 위해, 뉴스에 대한 양적 내용분석과 수용자 대상 설문조사를 주된 연구 방법으로 채택하고 있다. 그러나 설문조사는 실제 현실(real world)에서 수용자에게 작용할 수 있는 여러 외생변수를 통제할 수 없다는 한계가 있다. 이에 따라 일부에서는 설문조사 대신 실험을 실시한다. 물론 실험이 만병통치약은 아니다. 반현, 최원석, 그리고 신성혜(2004a)의 연구에서 그 이유를 찾을 수 있다. 연구자들은 위도 핵폐기물 처리장 건설 보도에 대한 세 가지 다른 유형의 기사를 작성했다. 기사가 강조하는 인지적, 감성적 측면의 속성은 수용자의 인식에 유의미한 영향을 미치는 것으로 나타났다. 하지만 속성의 전이는 수용자의 의견 형성이나 부차적 효과까지 이어지지 못했다. 실험 전에 이미 해당 이슈가 언론을 통해 화제가 되는 바람에 피험자 개개인이 어느 정도의 의견을 형성하고 있었기 때문이다. 이때는 아무리 실험 상황이라 하더라도 기존에 갖고 있던 의견을 통제할 수 없다. 결국 다른 조사 방법과 마찬가지로 한계에 직면할 수밖에 없다.

2. 생각의 불씨를 지피다: 점화 효과

인간의 사고는 어떤 면에서 대단히 효율적이다. 우리는 외부 환경에 노출되었을 때 거미줄처럼 연결되어 있는 기억의 창고에서 연관 정보를 찾는다. 창고에서 찾은 개념과 범주, 경험에 근거하여 새로운 정보를 판단하거나 평가하는 기준을 세운다. 일련의 정보 처리 과정을 점화 효과(priming)라고 한다. 즉 저장되어 있던 장기 기억이 단기 기억으로 이동하여 현재의 외부 자극에 대응하는 과정을 말한다.

대체로 연구자들은 점화 효과가 의제설정 이론의 발전 과정에서 등장했으며 둘 사이에 어느 정도 공통점이 있다고 본다. 일부에서는 점화 효과를 의제설정의 2차적 효과 혹은 특수 기능으로 해석한다(이건호, 2006a; 장병희·강형구·정일권·이혜진, 2008). 이런 판단의 근간에는 의제설정 이론과 점화 효과가 공유하는 '현저성'이 있다(반현·최원석·신성혜, 2004b). 미디어가 특정 이슈를 강조하여 보도함으로써 수용자가 의제를 회상하고 판단 기준을 세우는 데 영향을 미친다는 논리이다. 이미 1980년대 후반부터 의제설정 이론에 점화 효과를 접목시키는 시도가 이뤄져 왔다(예: Iyengar & Simon, 1993). 이건호(2006a)는 지구 온난화를 구성하는 5가지 속성(생태환경, 홍수, 산업, 에너지 정책, 분쟁)의 전이를 확인하며 "과연 점화 효과가 속성 중요성 이동에 영향을 받는가"(364쪽)란 질문을 던졌다. 이를 확인하기 위해 회귀 모델을 구성하여 분석을 실시했다. 그 결과 모든 속성이 종합적으로 점화 효과를 예측했으며 '생태 환경'은 '지구 온난화 효과를 줄여야 한다'는 가치 판단 기준에 영향을 주었다. 그렇다면 의문이 생길 수 있다. 의제설정과 점화 효과를 구분하는 선은 무엇인가?

반현과 맥콤스(2007)는 점화 효과를 의제설정의 결과라고 보았다. 의제설정보다 시간적으로 뒤에 발생하는 후속 효과란 설명이다. 같은 맥락에서 이효성(2006)은 여러 경험이 축적되어 네트워크화된 인간의 두뇌가 벌이는 인지과정에서 그 단서를 찾았다. 그러나 현실에서 미디어가 강조하는 의제가 항상 공중의제로 채택되지는 않는다. 수용자 개인은 미디어가 보도한 의제를 그대로 받아들이기보다는 뇌리에 잠재해 있는 경험과 지식 등과 결합하여 결론을 내리며, 이때 미디어는 의제와 관련된 생각을 자극하거나 활성화시키는 역할을 수행한다. 즉 특정 이슈에 대한 미디어의 영향력은 직접적이기보다는 간접적이다.

송현주(2006)의 실험이 이상의 내용을 지지한다. 그는 현직 대통령에 대해 호감을 가지고 있거나 반대의 감정을 가진 집단에게 경제에 대한 낙관과 비관을 담은 기사를 보여 준 뒤 대통령 평가에 점화 효과가 나타나는지를 확인했다. 그 결과 대통령에 대한 감정과 보도 방향성이 일치할 때는 점화 효과가 관찰됐지만 불일치한 경우에는 발견되지 않았다. 예컨대 대통령에게 긍정적인 감정을 갖고 있던 실험 참가자는 고용 상황에 대한 낙관적 기사를 접한 뒤 대통령 직무 수행 평가에서 경제가 차지하는 비중을 증가시켰으나, 대통령에 대한 감정이 부정적이었던 참가자는 통계적으로 유의미한 변화를 보이지 않았다. 이러한 내용을 바탕으로 송현주는 미디어 보도로 인한 정보 접근성의 증가가 "점화 효과 발생의 필요조건이지만 충분조건은 아니다"(329쪽)라고 정리했다. 나아가 사전에 축적된 감정이 미디어 보도에 앞서 인지적 활동을 편향시킨다고 보았다.

대부분의 점화 효과 연구는 정치 영역을 중심으로 이루어져 왔다(예: 박덕춘, 2010; 반현·최원석·신성혜, 2004b; 송현주, 2006; 이효성, 2006; 이효성·허경호, 2004a, 2004b). 이들은 뉴스 보도가 유권자의 정당 지지, 정치인 평가, 투표 행위 등에 어떤 영향을 미치는지 살폈다. 일부에서는 "미디어에 의해 강조된 특정 이슈들이 정치인에 대한 판단 기준으로 작용하는 것", "미디어가 특정 이슈에 주목함으로써 선거 후보자나 대통령과 같은 정치인들에 대한 공중의 평가 기준을 바꾸어 놓는 과정"(반현·최원석·신성혜, 2004b, 407쪽) 등으로 점화 효과의 범위를 한정하여 정의하기도 했다.

3. 뉴스에는 틀이 있다: 프레이밍

이준웅은 2000년에 발표한 논문에서 프레임(frame) 또는 프레이밍(framing)을 커뮤니케이션 학문에서 유행하는 개념이라고 소개했다. 실제로 '프레임'이 제목에 들어간 논문이 이 시기부터 기하급수적으로 쏟아져 나왔다. 프레임 개념의 기원이 된 상호작용 이론 분야를 넘어 저널리즘 연구, 커뮤니케이션 효과, 위기관리, 집단 역학, 갈등해소 전략 등 다방면에서 프레임 연구가 보고됐다.

그러나 이들 연구는 프레임의 개념과 종류, 학문적 배경, 이론 검증 과정, 연구 방법 및 결과 등에서 차이를 보인다. 여기서는 연구 분야를 중심으로 텍스트 분석과 메시지 효과론적 접근으로 나누었다.[1)]

프레임 분석

먼저 텍스트 속의 프레임을 분석하는 연구를 보자. 여기서 프레임은 뉴스의 제작 과정과 내용, 이를 포괄하는 이데올로기 등에 심층적으로 접근하기 위한 이론적 틀로 활용됐다. 프레임 분석은 언론이 있는 그대로의 현실을 재현하기보다는 '구성된 현실', 즉 프레임을 전달한다고 보았으며 뉴스 제작 과정의 최종 결과물인 텍스트의 분석에 초점을 맞추었다. 이들은 프레임을 적용해 정치와 경제 등 주요 영역에 대해 언론이 형성하고 있는 담론을 살피고, 나아가 프레임 형성에 영향을 미치는 요인을 밝히는 데 관심을 기울였다.

국내 연구에서는 정치(김경모·정은령, 2012; 연지영·이건호, 2014)와 정책(강국진·김성해, 2013; 김춘식·이영화, 2008), 사회 갈등(나미수, 2004; 박경숙, 2002; 양정혜, 2001; 이병주·박관영·이인희, 2007; 임양준, 2009), 문화(유세경·이석·정지인, 2012; 최수진, 2014), 젠더(김훈순, 2004; 이경숙, 2006), 노동 운동(최종환·김성해, 2013), 재난(박성희, 2002), 뉴미디어(권상희, 2005; 이수범·강연곤, 2013) 등의 이슈가 프레임 분석 대상이 되었다.

이들 연구에서는 언론이 특정 이슈를 다룰 때 어떤 프레임을 사용했는가가

---

1) 이준웅(2000)은 프레임 연구를 1) 사회적 상호작용 시각, 2) 텍스트 분석적 접근, 3) 사회운동론적 접근, 4) 예상이론적 접근, 5) 메시지 효과론적 접근 등 다섯 가지로 분류했는데, 이를 바탕으로 필자는 연구 영역을 두 분야로 구분한 것이다.

주된 연구 문제였다. 연구자가 이슈 성격에 부합하는 프레임을 추출하여 사용하는 경우도 있으나 상당수가 일화 중심적 프레임이냐 주제 중심적 프레임이냐와 같은 선행 연구에서 개발된 일반적인 프레임의 검증에 집중했다. 예를 들어 김훈순(2004)은 〈조선일보〉와 〈한겨레〉가 여성 관련 범죄를 어떻게 다루는지를 분석하면서 일화 중심적과 주제 중심적 프레임을 기준으로 삼았다. 그는 두 신문이 정치적으로 명확히 구분돼 있음에도 여성을 다루는 방식에서는 별다른 차이를 보이지 않았다고 밝혔다. 즉 신문사와 무관하게 상당수 범죄 뉴스에서는 일화 중심적 프레이밍 기제인 피해 여성에 대한 타자화와 비난, 가해자 중심의 서술 등이 사용되고 있었다. 김훈순은 이런 연구 결과를 근거로 여성이 남성 중심의 담론에서 사회적 약자로 소외받고 있다고 주장했다. 종합하면, 텍스트 분석적 프레임 연구에서는 언론사의 정치 성향과 정권 변화(고영신, 2007; 김정아·채백, 2008; 박기수, 2011; 손승혜·이귀옥·이수연, 2014), 주 독자층(강승훈, 2012; 원만해·채백, 2007), 온·오프라인 매체 형태 등의 차이(양정애·김은미·임영호, 2012; 이동근, 2004)가 프레임 형성에 영향을 미치는 것으로 밝혀졌다.

이상의 연구에서는 수용자에 대한 프레임의 영향력을 가정한다. 그러나 뉴스 프레임이 강조하는 주제나 의미가 조직된 원형대로 수용자에게 전달될 것인가는 별개의 문제다. 더구나 수용자가 받는 '영향'도 모호하다. 따라서 뉴스의 내용만 분석하는 연구는 그 결과를 해석할 때에 일정 부분 한계가 있다. 이들은 뉴스 텍스트를 구성하는 단어와 구절, 이미지, 제시 방식을 분석해 텍스트 자체가 내포하는 의미에만 관심을 기울인다.

프레임 효과

텍스트 속의 프레임을 분석하던 연구에서 한발 더 나아가 뉴스 프레임의 구성 방식과 이로 인한 수용자의 변화를 살핀 것이 효과론적 접근이다. 수용자의 정보 처리와 의사결정 과정을 살핌으로써 구체적으로 어떠한 영향을 주는지 분석한다. 메시지 효과론 연구에서 프레임은 "뉴스 텍스트의 속성과 상응해 상호작용하는 수용자의 사전 지식이 메시지의 인지, 해석, 평가, 판단 등과 같은 인지 과정에 영향을 미치는 것"(이준웅, 2000, 114쪽)을 말한다.

그간 국내 연구에서는 선거보도(박노일·한정호·홍기훈, 2007)를 비롯하여 남북(김성준·이창현, 2002; 이준웅, 2004, 2005), 건강(김종화·유홍식, 2012a, 2012b; 조인숙·나은경, 2013), 재난(나현정·민영, 2010), 환경(노성종·이완수, 2013; 차유리·유현재, 2012), 과학(이민영·이재신, 2009) 보도 등에서 프레임 효과가 확인됐다.

프레임 효과는 뉴스가 특정 주제나 이슈를 강조함으로써 수용자의 해석에 영향을 주는 효과와 이 같은 해석이 수용자의 신념과 태도, 정서, 의견 등에 변화를 유발하는 후속 효과로 나눌 수 있다(이준웅, 2009). 연구 설계에 따라 해석과 후속 효과를 엄격히 구분할 수도 있지만, 대부분의 연구에서는 이중 일부만 살피거나 둘을 결합해 하나의 효과로 간주한다. 이준웅(2001)은 신문고시 실시에 대한 언론사의 대응 보도를 다루며 두 효과를 분리, 검증했다.[2] 분석 결과, 신문고시 보도에서는 '정부통제', '자율시장', '시장개혁' 등의 프레임이 주로 사용됐다. 같은 내용을 담은 기사도, 제시된 프레임에 따라 응답자의 해석은 달라

2) 신문고시는 '신문업에 있어서의 불공정거래행위의 유형 및 기준 고시'의 줄임말로, 신문사 간 과열 경쟁과 불법적인 판촉 행위를 방지하기 위해 시행됐다. 여기서는 무가지와 경품을 합친 금액이 연간 구독료의 20%를 넘지 못하도록 하는 것이 핵심이다.

졌다. '정부통제'와 '자율시장' 프레임을 접한 응답자는 기사의 내용을 신문고시 부활에 반대하는 쪽에 가깝게 해석한 반면, '시장개혁' 프레임을 접한 응답자는 찬성하는 쪽에 가깝게 보았다. 이는 응답자의 의견에도 영향을 미쳤다. '정부통제'와 '자율시장' 프레임을 접한 응답자가 통제 집단에 비해 신문고시 부활에 반대하는 경향을 보였다.

초기 연구에서는 프레임에 따른 수용자 인식 변화에 관심을 기울였다. 이건혁(2002)은 오일 쇼크에 대한 두 가지 다른 프레임의 뉴스 메시지를 제작한 뒤, 피험자의 부정적 감정 반응과 정치 냉소주의, 대안 정치 효능성을 측정했다. 실험 결과, 전략적 프레임의 뉴스를 접한 피험자가 정치인에 대한 부정적 감정을 상대적으로 강하게 드러냈다. 또한 이 프레임이 정치 냉소주의를 유발할 가능성도 높았다. 그러나 이 연구는 프레임이 정치적 무관심과 불신을 야기하는 유일한 원인이라는 주장에 대해서는 조심스러운 입장을 취했다. 같은 맥락에서 이준웅(2009)은 특정 효과를 유발할 수 있는 뉴스 텍스트의 구성 방식은 굉장히 많은데, 이를 프레임의 차이만으론 설명할 수 없다고 지적했다. 결국 해답은 '왜'에서 찾을 수 있다. 무엇이 수용자의 인식차를 유발하는가에 대한 질문의 답이 단서가 될 것이다.

이 같은 문제의식을 가진 연구자들은 다양한 개념과 이론을 적용하여 프레임의 작동 메커니즘을 설명하고자 했다. 여기에는 인지평가이론을 포함하여 귀인이론, 전망이론, 예시이론, 역할일치론, 제3자 효과 가설, 휴리스틱-시스테메틱 모델 등이 동원됐다. 이를 통해 단순하게 규정된 프레임의 한계를 극복하고 효과를 유발하는 원인을 밝히고자 했다. 나현정과 민영(2010)은 프레임을 구성하는 여러 장치 중 '상징적 이름 짓기'에서 그 해답을 찾았다. 이들은 2007년 태안 인근 해역에서 발생한 기름 유출 사고에 대해서 언론의 이름 짓기에 따라 수용자의 책임 귀인이 어떻게 달라지는지 살폈다. 실험 결과 '삼성-허베이 스피릿호' 등 사고 선박의 명칭이 강조된 기사를 접한 응답자는 사고의 책임을 삼성에 묻는 해석을 했다. 이는 삼성에 대한 분노 정서와 비판적 행동 의지로 이어졌다. 반면 지역명인 '태안'이 부각된 기사를 접한 응답자는 사고 자체를 자연재해의 일환으로 인식하는 경향을 보였다. 노성종과 이완수(2013)도 특정 어휘가 도출하는 프레임 효과에 주목했다. 이들은 프레임 내에서 '지구 온난화'와 '기후변화'의 단어 선택이 지구 기후변화에 대한 시민들의 판단과 의사 결정에 영향을 미친다는 연구 결과를 내놓았다. '기후변화' 대신 '지구 온난화'를 강조한 프레임을 사용했을 때 응답자는 기후변화를 예방하는 행동에 더 우호적인 태도를 보였으며, 이로 인해 형성된 태도는 관련 정책 지지와 정보 추구 행동에도 영향을 미쳤다.

여러 학문의 이론을 차용하여 프레임 효과를 설명하려는 시도는 꾸준히 진행됐다. 정재선과 이동훈(2012)의 연구에서는 정교화 가능성 모델과 건강 신념 모델을 이론적 배경으로 하여 암 관련 보도를 다루었다. 연구자는 기존의 암 보도에서 의학적, 정치사회학적, 경제적, 인간적 흥미, 생활 습관 등 다섯 가지 프레임 유형을 추출하고 각기 다른 프레임을 피험자 집단에게 노출시켰다. 실험 결과, 의학적 프레임을 채택한 기사가 다른 프레임과 비교하여 피험자의 태도와 행동 의도를 변화시키는 데 효과적이었다. 또 모든 프레임에서 행동 의도 변화는 건강 신념과 사전 지식, 관여도 인식, 인지적 반응, 정서적 반응 등의 종합적으로 영향을 받았다. 이 가운데 관여도 인식의 영향력이 가장 높았다.

다른 한편에서는 프레임 구분이 지나치게 단순하게 규정됐다는 문제가 제기됐다. 양민제와 김민하(2010)는 일상에서 접하는 뉴스에 여러 가지 차원의 프레임이 복합적으로 존재한다는 점을 주목했다. 이에 따라 연구자는 인지와 정서, 행동 의도가 각기 다른 형태로 구성된 다차원적 프레임을 구성하고 이에 상응하는 가상 뉴스를 제작했다.[3] 실험 결과, 저인지·부정·결과 프레임을 채택한 기사를 읽은 피험자가 가장 큰 태도 변화량을 보였다. 또 고인지 프레임에서도 결과 중심의 프레임과 결합했을 때 태도 변화를 일으킬 가능성이 높았다. 이를 토대로 연구자는 수용자에게 이슈의 가치 지향적인 설명보다는 경제적 손익을 강조했을 때 소구력을 높일 수 있다고 주장했다.

4. 편향된 인식

제3자 효과

미디어 영향력에 대한 수용자의 지각을 설명하는 대표적 논리로 데이비슨(Davison, 1983)이 주장한 '제3자 효과 가설'이 있다. 이 가설은 지각적 요소와 행위적 요소로 구성된다. 먼저 지각적 요소는 사람들이 미디어의 효과가 자신(me) 또는 2인칭의 너(you)보다 전혀 다른 제3자인 타인에게 더 강하게 작용한다고 인식하는 경향을 말한다. 이를 제3자 효과 또는 지각적 편향이라고 한다. 이때 타인에게 미치는 영향력을 과대평가하고 나에게 미치는 영향력을 과소평가한다. 다음으로 행위적 요소는 제3자 지각이 미디어 수용자이자 이용자인 사람들의 태도와 의견, 행동에 유의미한 변화를 준다는 내용이다. 제3자 효과는 자기 강화를 위한 동기적 요인과 주변 세계를 정확히 이해하려고 애쓰는 인지적 요인으로 인해 발생한다.

---

3) 이 연구는 인지(고인지/저인지) × 정서(긍정/부정) × 행동 의도(결과/가치)를 통해 고인지-긍정-결과, 고인지-부정-결과 등 여덟 개의 프레임과 실험집단을 설계했다.

이상적으로, 제3자 효과 가설을 검증하는 연구는 지각적 요소와 행위적 요소를 동시에 측정하고 둘 사이의 관계를 확인해야 한다. 맥클라우드, 이브랜드, 그리고 나단손(McLeod, Eveland, & Nathanson, 1997)은 제3자 효과 가설에 등장하는 지각적 편향은 수용자의 실제 행동과 연결될 때 의미를 가지며, 그렇지 않으면 단순히 흥미로운 인지 현상에 불과하다고 지적했다. 유사한 맥락에서 자오와 차이(Zhao & Cai, 2008)도 이 가설의 사회적 가치는 지각된 편향이 행동을 유발할 때 발현된다고 주장했다. 정성은(2014)은 "만일 미디어 영향력에 대한 타인–자신 간 지각 격차가 태도나 행동의 변화를 설명하지 못한다면 그 개념은 이론적 가치를 지니기 힘들다"(162쪽)라고 선을 그었다.

신종플루 보도의 영향력을 살핀 김옥태와 김규찬(2010)의 연구는 제3자 효과를 검증한 대표적 사례다. 이들은 대학생을 대상으로 한 설문조사에서 응답자 자신과 타인이 언론보도를 통해 신종플루에 대한 공포와 정보를 얼마나 얻는다고 생각하는지 물었다. 신종플루 예방을 위한 위생활동, 구체적으로 '나는 손을 자주 씻고, 손으로 눈, 코, 입을 만지는 것을 피한다' 등을 얼마나 잘 실천하는지를 측정해 '예방위생 행동변수'를 구성했다. 여기서 언론보도를 통한 공포 지각과 정보 습득 정도가 제3자 효과의 지각적 요소라면 예방위생 행동은 행위적 요소에 해당된다. 분석 결과, 응답자들은 신종플루 보도를 통해 자신보다 타인인 제3자가 더 많은 정보를 얻고 더 많은 공포를 느낄 것이라고 생각했다. 이 중 공포와 관련한 지각적 편향은 위생예방 행동과 부정적 효과를 보였는데, 나보다 타인이 신종플루에 대해 두려움과 공포를 느낀다고 생각할수록 예방행위에는 소홀했음을 의미한다.

그간 국내 연구에서는 여론조사 보도(양승찬, 1998), 재난 보도(김옥태 · 김규찬, 2010), 선거보도(이유민 · 정세훈 · 민영, 2013), 환경 보도(김재범 · 이정기, 2012) 등에서 제3자 효과가 확인됐다.[4] 주로 편향적 지각의 발생 여부와 이를 일으키는 원인, 지각의 방향성을 결정하는 요인, 효과를 강화 또는 완화시키는 조건 등을 중심으로 논의가 이루어져 왔다. 다른 한편에서는 제3자 효과 가설에서 예측하는 인지적 편향과 행동 간의 관계를 설명하고자 다원적 무지가설과 침묵의 나선이론, 적대적 매체지각 등을 동원했다. 이유민, 정세훈, 그리고 민영(2013)은 2012년 18대 대통령선거 보도에서 적대적 매체지각과 제3자 지각이 유권자의 투표 행동에 어떻게 영향을 미쳤는지 분석했다. 그 결과 열세 후보를 지지하는 집단에서는 별다른 차이가 없었으나, 우세 후보를 지지하는 집단의 경우에는 두 지각 편견의 상호작용 효과가 투표 참여 의사를 촉진시키는 것으로 나타났다.

그러나 제3자 효과 가설은 '이론'으로서 인정할 만한 결과가 충분치 않고 그 결과 역시 일관되지 않았다는 비판을 받는다. 일부 연구(김재범·이정기, 2012)에서는 주어진 조건에 따라 역제3자 지각이 일어났으며 또 다른 연구(김옥태·김규찬, 2010)에서는 제3자 지각이 행동 변인과 부적인 상관관계를 맺고 있었다.

정성은(2014)은 '제삼자 효과는 과연 존재하는가?'란 도발적인 제목의 논문으로 문제의 해법을 모색했다. 지각적 편향의 정도가 클수록 구체적 행동에 정적인 영향을 미칠 것이라는 제3자 효과 가설의 재검토를 요구했다. 먼저 미디어 영향력을 지각할 때 타인과 자신 간의 격차를 인지적 편향이라고 규정한 기존 연구들이 잘못된 전제에서 출발했을 가능성을 제기했다. 인지적 편향이란 합리적 기준, 즉 실제와 괴리된 지각 또는 판단을 말한다. 따라서 응답자가 타인과 자신 간의 미디어 영향력에 차이를 두었더라도 이것이 타인이 받는 실제적 영향력을 정확하게 또는 유사하게 인식했다면 이를 인지적 편향이라고 보기

---

4) 제3자 효과는 신문과 방송뉴스는 물론이고 텔레비전 드라마, 광고, 온라인 댓글 등 다양한 커뮤니케이션 메시지를 대상으로 폭넓게 다루어지고 있다.

힘들다. 특히 응답자와 타인이 다른 집단의 구성원일 때, 이들의 특성을 반영한 미디어 영향력의 차이는 합리적 지각에 가깝다. 이를 두고 정성은은 지각적 편향과 행동 간의 관계가 허위일 가능성이 있다는 입장을 취했다. 즉, 행동에 영향을 미치는 요인이 타인과 자신 간의 지각 격차인지, 타인에 대한 과대평가 혹은 자신에 대한 과소평가 때문인지 등에 대해 다차원적 검증이 필요하다는 것이다.

정성은(2014)은 기존 연구들이 제3자 효과 가설을 확인하기 위해 사용했던 세 가지 검증 모형이 가설에서 예측하는 행동을 설명하는 데 적합하지 않음을 수학적으로 증명했다. 그는 단순히 타인-자신 간 미디어 영향력 지각 격차를 독립변인으로 한 방법, 이와 함께 자신에 대한 미디어 영향력 지각을 독립변인으로 한 방법, 타인과 자신의 미디어 영향력 지각 정도를 합한 값을 통제변인으로 투입하는 다이아몬드 검증 모형 등이 타인에 대한 미디어 영향력 지각을 편향으로 인한 효과로 잘못 해석하는 오류를 범하는 등 결과 해석에 제한이 있을 수 있다고 주장했다. 따라서 응답자 자신과 타인에 대한 미디어 영향력 지각을 각각 독립변인으로 한 검증 방법이 제3자 효과 가설을 검증하는 데 보다 효과적일 수 있다고 제안했다.

적대적 매체지각

적대적 매체지각(hostile media perception)은 나와 뉴스를 보도하는 언론의 상반된 입장에 관심을 기울인다. 이 관점에서는 찬성과 반대가 첨예하게 대립하는 이슈에서 언론이 나와 반대 의견에 편향되게 보도한다고 인식한다. 즉 동일한 기사를 두고 나의 입장에 따라 언론의 보도 태도를 다르게 판단할 수 있다. 예를 들어 보편적 급식 정책을 중립적으로 보도한 기사가 있다고 가정해 보자. 내가 해당 정책에 찬성하는 입장이라면 언론이 선별적 급식을 지지한다고 인식할 수 있다. 반면 내가 반대 측이라면 기사가 보편적 급식을 지지하는 입장에 치우쳐서 작성됐다고 생각할 수 있다. 기존 연구에서는 언론의 보도 태도에 대한 수용자의 이 같은 편향적 인식이 뉴스 효과에 차이를 유발한다고 보았다.

적대적 매체지각에 영향을 주는 요인으로 언론사의 정파성과 수용자의 정치 성향 등이 거론됐다(송인덕, 2014). 황치성(2007)은 사학법 재개정의 이해 관계자인 사립학교 행정직원과 전교조 소속 구성원에게 실험 처치된 각기 다른 언론사(〈조선일보〉, 〈한겨레〉, 〈한국일보〉, 〈한국교육신문〉 등)의 기사를 제공했다. 실험 과정에서 피험자는 사학법 재개정에 대한 개인의 의견, 특정 신문에 대한 태도, 보수·진보 매체 노출 여부, 기사 및 기자 편향 지각 등을 응답했다. 이를 분석한 결과, 피험자는 사학법 재개정 주장에 대한 개인의 의견에 따라 중립 처치된 기사와 기자를 편향적으로 인식했다. 본인이 재개정을 찬성한다면 실험물의 언론사와 기자가 반대 성향을 가진 것으로 해석했다. 흥미로운 것은 〈조선일보〉에 대해 평소 비호의적이던 응답자는 그렇지 않은 사람에 비해 기사에 대해 더 적대적인 평가를 내렸다. 또 실험 전 응답자들이 노출됐던 매체의 성향도 지각적 편향에 영향을 미치는 것으로 나타났다. 관련 정보를 보수 매체를 통해서만 접했던 사람은 실험 기사가 재개정을 강하게 반대한다고 인식했다. 반면 주로 진보 매체를 이용한 사람은 기사가 재개정을 찬성하고 있다고 판단했다.

한 발짝 나아가 이은주(2011)는 "지각된 편향인가, 편향된 지각인가?"란 질문을 던지며 적대적 매체지각을 설명하는 두 개념인 '편향된 기준'(biased standards)과 '방어적 정보처리'(defensive processing)의 타당성을 구하고자 했다. 이를 위해 동물 실험을 다룬 중립적 기사와 반대 의견을 담은 댓글을 제작한 뒤, 피험자를 기사만 읽은 집단, 댓글과 함께 읽은 집단으로 나누어 실험했다. 그 결과 댓글을 읽은 집단은 댓글 내용을 바탕으로 여론을 유추하는 경향이 발견됐다. 이와 관련하여 방어적 정보처리가 설명하는 대로 여론과 본인의 의견이 반대라고 판단한 사람은 그렇지 않은 사람보다 적대적 매체지각을 보일 가능성이 높았다. 또 연구자는 이슈 관여도가 높은 사람이 기사와 댓글이 같은 방향으로 편향돼 있다고 생각하는 동화 현상(assimilation)에 대해 동기화된 정보처리(motivated processing) 때문이라고 설명했다. 우호적인 편향인 셈이다.

많은 연구들은 수용자의 적대적 매체지각과 신문사 간 편가름이 갈등 당사자와 수용자의 이슈에 대한 태도를 극단화시킨다고 주장했다(예: 황치성, 2007). 하지만 그런 논리가 실증적으로 입증된 사례는 찾아보기 힘들다. 즉, 적대적 매체지각이 현실 세계에 대한 수용자의 태도와 행위에 어떤 변화를 주었는지 확인한 연구는 드물다. 이 분야의 연구들은 대부분 적대적 매체지각을 발생시키는 요인을 탐색하는 데만 집중했다. 편향적 인식으로 인해 유발되는 효과를 검증하는 데는 다소 소홀하다.

5. 정치 커뮤니케이션

'정치 커뮤니케이션'에서는 수용자의 정치적 태도와 행위, 정치체제에 대해 언론이 어떤 영향을 미쳤는지를 주목한다. 정치 커뮤니케이션 연구 영역이 워낙 방대하여, 이 장에서 전모를 소개하기는 어렵고 흥미로운 이론과 접근법을 채택한 연구를 중심으로 다루고자 한다.

뉴스 이용의 효과

정치 커뮤니케이션 연구들은 주로 뉴스 이용 행태와 정치 태도 및 행위가 어떤 관계를 맺고 있는지를 분석했다. 독립변인으로는 기사 유형, 이용하는 매체와 채널의 종류, 미디어의 이념 성향, 신뢰도, 이용량 등을, 종속변인으로는 투표 행위와 특정 정치인 및 정당 지지와 평가 등이 주로 거론된다. 이 밖에도 수용자 개인의 인구사회학적 특성과 정서, 정치 대화, 사회적 연결망, 여론 인식, 고정 관념, 정치 지식 등이 주요 변인으로 활용된다.

김주환(2001)은 정치 과정에서 뉴스 매체 이용과 사적 대화의 역할을 알아보고자 했다. 이를 위해 2000년 4월 총선 당시 웹사이트의 낙선운동 지지서명에 참여한 사람을 대상으로 설문조사를 실시했다. 구체적으로 뉴스미디어의 사용과 정치적 대화, 의견 형성의 정도, 정치 참여 행위 등을 물었다. 조사 결과, 뉴스미디어를 자주 접하는 수요자가 정치적 대화도 빈번하게 나누었다. 특히 텔레비전 뉴스는 정치에 대한 공적 대화와 사적 대화 모두에서 신문을 압도하는 영향력을 보였다. 인터넷은 사적 대화와는 가장 밀접한 관계를 맺었지만 공적 대화와의 관계는 0에 가까웠다. 또한 선거 뉴스에 많이 노출된 사람일수록 정치 참여 행위에 적극적이며 지지 후보에 대해 확고한 견해를 갖고 있을 가능성이 높았다. 송종길과 박상호(2005)는 17대 국회의원 선거에서 유권자의 정치 뉴스 이용 행태와 정치 관여도가 정적 관계에 있음을 밝혀냈다. 학력에 따라 매체 이용이 달라진다는 점도 확인했다. 텔레비전 뉴스 시청량은 고졸 집단이, 인터넷 뉴스 이용량은 대졸 집단이 더 많았다. 학력 간 차이는 통계적으로도 유의미했다.

이숙정, 백선기, 그리고 한은경(2013)은 교육 수준과 같은 인구사회학적 특성에 주목했다. 연구 결과, 교육 수준이 낮은 집단은 상대적으로 텔레비전 뉴스

의존도가 높았으며, 사적 연결망 참여로 사회자본 격차를 보완하는 양상을 보였다. 반대로, 교육 수준이 높은 집단은 텔레비전을 제외한 다양한 뉴스미디어를 활용하고 있었다. 특히 4년제 대학졸업자는 여느 집단에 비해 종이신문 읽기에 적극적이었다. 고학력 집단은 공적 연결망과 온라인 연결망에 대한 참여도 높았는데, 이는 미디어 이용과 더불어 정치사회적 대화와 정치 참여를 촉진하는 역할을 수행했다. 양정애와 송인덕(2014)은 상대적 정보 선호도 개념을 중심으로 이상의 연구 경향을 지지했다. 2012년 한국미디어 패널 자료를 분석한 결과, 교육 수준이 높을수록 다른 장르에 비하여 정치 뉴스 추구에 적극적이며 시민으로서의 정치사회적 참여도 활발하다고 주장했다. 연구자들은 고학력 집단이 사전 지식수준과 공공 사안에 대한 관심도가 높다는 점에서 자연스러운 결과라고 설명했다.

정치인의 특성도 관심 분야 중 하나이다. 금희조와 김영경(2008)은 여성 정치인에 주목해 17대 대선 당시 박근혜와 한명숙 후보자의 평가 과정에서 유권자의 미디어 이용이 증가할수록 성(性) 도식적 투표 성향이 감소함을 확인했다. 여기서 성 도식(gender schema)은 남녀 기질에 따른 구별로 정치인의 성별에 따라 유권자의 선호나 태도, 투표 성향이 달리 형성될 수 있다고 본다. 연구자들은 '대통령선거에서 귀하가 정책, 경력, 인성 등을 가장 높게 평가하는 후보자가 있다고 가정해 보십시오. 만약 그 후보자가 여성이고 다른 후보자들은 남성일 때, 그 여성 후보자에게 투표할 의향이 얼마나 있으십니까?' 등으로 물었다. 또 미디어를 통한 정보 습득량이 적고 성 고정관념이 강하게 형성되어 있는 유권자는 여성 후보자를 부정적으로 평가하는 경향이 발견됐다. 양문희(2006)는 정치인과 유권자의 성별을 나누어 뉴스미디어의 개별 효과를 분석했다. 남성 정치인에 대해 여성 유권자는 신문에, 남성 유권자는 텔레비전 뉴스에 기반을 둔 평가를 내렸다. 반면 여성 정치인을 판단할 때는 남녀 유권자 모두 텔레비전 뉴스에 의존했다. 신문은 별다른 영향력을 발휘하지 못하는 것으로 나타났다.

방법론적 측면을 살펴보면, 정치 커뮤니케이션 연구에서는 엄밀한 인과성 검증을 위해 패널 조사 방법이 활용됐다. 동일 표본에 대해 시간 간격을 두고 여러 번 조사를 한다. 이재신과 이민영(2011)은 정치 정보 습득 채널에 따라 정치 행동이 어떻게 달라지는지를 알아보기 위해 소규모 패널을 이용했다. 이들은 총선과 한미 쇠고기 협상 타결, 관련 방송보도 일자를 기준으로 세 차례의 설문조사를 실시했다. 조사 결과, 오직 면대면을 통한 정보 습득만이 총선 참여와 광우병에 대한 논의, 집회 참여 의도 모두에 영향을 미치는 것으로 나타났다. 기성 언론이나 인터넷을 통한 정보 습득은 정치 행동에 부분적이거나 전혀 영향력을 발휘하지 못했다. 민영(2014)은 팟캐스트의 정치적 효과 검증을 위해 두 차례의 패널 조사를 수행했다. 이를 통해 뉴스와 오락적 요소가 결합한 팟캐스트 청취가 실제 선거에서 누구에게 투표하는지에 영향을 미친다는 사실을 확인했다. 특정 후보를 중심으로 정파적 성향을 드러낸 팟캐스트는 당시 박근혜 후보의 이미지와 호감도 평가에는 부정적으로, 문재인 후보에게는 긍정적으로 기여했다. 팟캐스트의 학습 효과도 발견됐다. 정치 관심도가 낮은 유권자에게 한정되긴 했지만, 팟캐스트는 이들의 정치 지식 향상에 기여했다. 이와 같은 뉴스의 학습 효과는 이미 여러 연구에서 확인된 바 있다. 선행 연구에서는 뉴스에 대한 노출과 주의가 새로운 정보 습득과 학습에 도움을 준다고 결론지었다. 그러나 일부에서는 기존 연구들이 개인의 정보처리 과정을 지나치게 단순화한다고 지적했다.

정치심리학적 변인

몇몇 연구에서 공통으로 지적한 사항은 한국과 외국의 연구 결과가 항상 일치하지는 않는다는 점이다(송종길·박상호, 2005; 이종경, 2000). 이에 따라 각국의 특성을 고려한 정치심리학적 변인을 추가하는 것이 대안으로 제시됐다(김주환, 2001). 실제로 김춘식(2013)은 설문조사에 정치 성향과 선거 상황 관심도, 선거 정보 중요성 인식, 정치 효능감 등을 포함시켰다. 이들 정치심리학적 변인을 분석에서 통제함으로써 순수한 뉴스 효과를 확인했다. 텔레비전과 신문을 통한 선거 뉴스의 노출은 정치에 대한 기본 지식과 정책 지식수준을 높이는 데 도움을 주었다. 또 선거 뉴스는 매체 형태를 막론하고 온라인상에서 시민 간 정치 커뮤니케이션이 활성화되는 데 기여했다.

물론 여러 심리학적 변인은 정치 커뮤니케이션 연구에서 오랜 기간 논의되어 왔다. 수용자 개인의 정서가 대표적이다. 김현정, 이수범, 그리고 김남이(2013)는 제3자 효과로 유발되는 두려움이나 걱정 등의 부정적 정서에 주목했다. 이들은 텔레비전 선거 여론조사 보도에 대한 평가와 정치적 참여 의향 간의 관계를 설명하는 모형에서 정서적 반응이 어떠한 역할을 하는지 살폈다. 전화면접 조사를 통해 수집된 자료를 분석한 결과, 여론조사 보도방송의 신뢰성과 진실성, 공정성 측면에서 낮다고 평가한 사람은 자기 자신보다 남들이 방송에 더 큰 영향을 받을 것으로 인식했다. 또 이 같은 인식이 클수록 '화가 난다', '두렵다', '걱정스럽다' 등의 부정적 정서가 강하게 나타났다. 이처럼 제3자 효과에 의해 유발된 부정적 정서가 큰 유권자일수록 지지 후보를 투표하도록 주변 사람에게 권하는 정치적 행위를 할 가능성도 높았다.

이와 마찬가지로 송현주, 김현석, 그리고 이준웅(2008)도 여론조사 보도에 따른 유권자의 정서적 반응에 주목했다. 이들은 신문 뉴스가 제공하는 지지율

정보가 유권자에게 어떤 정서를 유발하며, 정치적 행동과는 어떻게 이어지는지 분석했다. 이를 위해 2006년 한나라당 경선에서 이명박 후보의 지지율 등락을 담은 가공의 기사를 만들어 대학생을 상대로 실험을 실시했다. 실험 결과를 종합하면, 이명박 후보에 대한 지지 여부에 따라 뉴스가 제공하는 지지율 정보는 부정적 정서를 유발하는 데 강한 효과를 발휘했다. 반면 긍정적 정서를 유발하는 데는 부분적이거나 뚜렷한 방향성을 보이지 않았다. 또 보도를 접한 후 형성된 기쁨과 염려의 정서는 정보 추구 의지에, 긍지와 분노는 의견 표명 의지에 영향을 미쳤다. 이상의 논의는 여론조사 보도의 부정적 효과에만 집중한 기존 연구 경향을 반박한다. 그간 지지율 공표가 경마식 보도를 부추긴다거나 정치 냉소주의를 불러일으킨다는 비판은 꾸준히 이어졌지만, 위의 연구 결과를 보면 여론조사 보도는 유권자의 정치 참여를 활성화하는 데 긍정적으로 작용했다.[5]

나가며

뉴스 효과 연구는 오랜 역사만큼이나 여러 영역에 걸쳐 촘촘히 진행되어 왔다. 하지만 뉴스 효과가 발현되는 최적의 조건을 탐색하는 데 집중하다 보니, 이전에 없던 도발적인 연구 문제를 제기하거나 미지의 가능성을 탐색하는 사례는 드물다. 대부분이 기존 이론을 검증하는 데 집중했으며 이마저도 일부 주류

5) 이미 16년 전에 김용호와 김경모(2000)는 선거기간 중 여론조사 결과 공표를 막는 선거법에 반론을 제기했다. 이들은 설문조사를 통해 유권자의 대중매체 이용이 증가할수록 선거 판세 인식에 좌우되는 전략적 투표는 줄어들고 소신에 기반을 둔 규범적 투표가 늘어난다는 사실을 밝혔다. 가족, 친지와의 대화 등 대인 매체에서는 반대 경향이 발견됐다. 이를 근거로 대중매체를 통한 정보 제한이 부정확한 선거 판세 정보가 유통되는 환경을 조성할 수 있다고 해석했다.

이론에 편중돼 있었다. 또 효과이론을 채택했으나 수용자에 미치는 영향력을 확인하지 않은 경우도 왕왕 발견됐다.

이러한 상황에서 최근 연구자들은 뉴스의 새로운 포맷과 모바일 기기를 통한 뉴스 소비, 다매체 환경에서의 멀티태스킹 효과 등에 주목하고 있다. 이들 연구가 기존 이론을 답습하는 데서 나아가 보다 발전된 가치를 창출하고자 한다면 이전과는 다른 접근법이 필요해 보인다. 해답은 뉴스 콘텐츠와 수용자에 있다.

먼저 뉴스의 확장을 중심으로 살펴보자. 모바일UI(유저 인터페이스)에 맞춰진 카드 뉴스나 클립 뉴스 등은 젊은 세대를 중심으로 급격히 퍼지고 있다. 하지만 이들 콘텐츠가 전통적 의미의 '뉴스'인지에 대해서는 심도 깊은 논의가 이루어지지 않았다. 콘텐츠 속성이 다르다면 수용자에 미치는 효과도 달리 나타날 것이다. 개인을 통해 전달되거나 재생산된 뉴스도 마찬가지다. 온라인상에서 개인이 뉴스를 제작하고, 전달 및 수정하는 일은 이제 일상이 됐다. 일부 뉴스는 포털사이트보다 개인 간 모바일 메신저를 통해 퍼지는 속도가 빠르다. 그러나 여전히 많은 연구자는 이들의 콘텐츠와 행위를 각각 뉴스와 미디어로 간주하는 것을 주저하고 있다. 특히 수용자의 활동 영역과 선택성이 강화된 지금 개인은 중요한 연구 단위가 된다. 과거에는 대중을 연구하고 집단을 분석하는 것만으로 충분했다. 하지만 최근 연구에서는 기존 모형으로 설명되지 않는 변량이 증가하는 추세이다. 이는 개인차에 근거할 가능성이 높으며 인구통계학적 차이만으로는 설명이 부족하다.

물론 창의적 연구 과제에 답을 내놓는 것만큼 중요한 게 기존 이론에 대한 충실한 검증과 문제 제기일 것이다. 국내 효과 연구에서 가장 많이 활용된 프레임 연구의 경우를 보자. 사실 〈조선일보〉와 〈한겨레〉 등 서로 다른 성향의 신문 간의 프레임을 비교한 연구들이 제시한 결과는 동어반복과도 같다. 물론 상식적인 것이라도 실증적으로 입증하는 것이 사회과학의 책무 가운데 하나겠지만, 이런 상식은 입증된다 해도 왜 다른지, 그래서 무슨 의미를 갖는지에 대해 말해주는 것이 별로 없다. 프레임 연구에 대한 메타 분석에서 핵심적으로 지적했던 '프레임 생산 연구의 부재'는 우리 연구에도 그대로 적용된다(Borah, 2011 참조). 프레임 효과에 대한 관심은 많지만, 그 프레임이 어떻게 만들어지는가에 관한 탐색은 드물다. 그 점에서 프레임 생산의 주체인 기자와 그들에게 미치는 여러 영향 요인을 분석하는 연구가 절실하다. 이 밖에도 정작 의제설정에 관한 연구는 2차 의제설정 외에는 그다지 찾아보기 어렵고, 점화 효과에 대한 검증 결과는 더 축적될 필요가 있어 보인다. 이러한 연구들이 이론의 발전에 기여할 수 있다.

추천 논문

김성태·이영환 (2006). 인터넷을 통한 새로운 의제 설정 모델의 적용: 의제 파급(Agenda-Rippling)과 역의제 설정(Reversed Agenda-Setting)을 중심으로. 〈한국언론학보〉, 50권 3호, 175-204.

송현주·김현석·이준웅 (2008). 대통령 후보 경선 여론조사보도에 대한 인지평가와 정서 반응이 정치적 행동성향에 미치는 영향. 〈한국언론학보〉, 52권 4호, 353-376.

이유민·정세훈·민영 (2013). 적대적 매체 지각과 제삼자 지각이 정치 참여에 미치는 효과: 대선 투표 참여에 대한 상호작용 효과를 중심으로. 〈한국언론학보〉, 57권 5호, 346-367.

이준웅 (2000). 프레임, 해석 그리고 커뮤니케이션 효과. 〈언론과 사회〉, 29권, 85-153.

이준웅 (2009). 뉴스틀 짓기 연구의 두 개의 뿔. 〈커뮤니케이션 이론〉, 5권 1호, 123-166.

정성은 (2014). 제삼자 효과는 과연 존재하는가?: 제삼자 효과 행동 가설의 논리와 검증방법 비판. 〈커뮤니케이션 이론〉, 10권 2호, 160-196.

참고문헌

강국진·김성해 (2013). 재정건전성 담론 해체하기: 미디어담론에 내포된 프레임 구조와 변화를 중심으로. 〈한국언론정보학보〉, 63호, 5-25.

강승훈 (2012). 인천경제자유구역 개발에 관한 중앙지와 지역일간지의 보도방식과 뉴스 프레임 연구. 〈한국언론정보학보〉, 57호, 160-180.

고영신 (2007). 정권의 성격변화와 언론보도: 대통령 친인척 비리보도의 뉴스프레임을 중심으로. 〈커뮤니케이션 이론〉, 3권 1호, 156-196.

권상희 (2005). 인터넷 뉴스프레임: 인터넷 미디어발달의 장기적인 뉴스보도 경향연구. 〈한국언론정보학보〉, 30호, 35-87.

금희조·김영경 (2008). 전통적 성 고정관념과 여성 정치인에 대한 평가. 〈한국방송학보〉, 22권 1호, 7-43.

김경모·정은령 (2012). 내러티브 프레임과 해석 공동체: '전작권 환수 논란'의 프레임 경쟁과 해석 집단의 저널리즘 담론. 〈한국언론정보학보〉, 57호, 109-136.

김성준·이창현 (2002). 북한 관련 TV뉴스의 프레이밍 방식에 따른 수용자의 인식 변화에 대한 실험연구. 〈한국언론정보학보〉, 19호, 95-123.

김성태·이영환 (2006). 인터넷을 통한 새로운 의제 설정 모델의 적용: 의제 파급(Agenda-Rippling)과 역의제 설정(Reversed Agenda-Setting)을 중심으로. 〈한국언론학보〉, 50권 3호, 175-204.

김옥태·김규찬 (2010). 언론의 신종플루 보도가 대학생의 예방위생 행동에 미치는 영향: 제3자 효과를 중심으로. 〈한국언론학보〉, 54권 6호, 344-367.

김용호·김경모 (2000). 유권자의 선거관련 매체이용이 선거판세 인식과 전략적 투표행위에 미치는 효과에 관한 조사연구. 〈한국언론학보〉, 45권 1호, 91-120.

김재범·이정기 (2012). 환경보도와 제3자 효과: 경험된 이슈와 인식된 이슈를 중심으로. 〈한국언론학보〉, 56권 1호, 314-339.

김정아·채백 (2008). 언론의 정치 성향과 프레임: '이해찬 골프'와 '최연희 성추행' 사건의 보도를 중심으로. 〈한국언론정보학보〉, 41호, 232-267.

김종화·유홍식 (2012a). 건강보도에서 획득·손실 프레임과 예시가 이슈의 지각과 예방행위 의도에 미치는 영향. 〈한국언론학보〉, 56권 1호, 5-30.

김종화·유홍식 (2012b). 인터넷 건강보도에서 획득·손실 프레임과 댓글이 이슈 지각과 예방행위 의도에 미치는 영향. 〈한국방송학보〉, 26권 3호, 176-217.

김주환 (2001). 뉴스 매체의 사용과 정치에 대한 사적 대화가 정치과정에서 차지하는 역할에 대한 연구. 〈한국언론학보〉, 45권 2호, 86-116.

김춘식 (2013). 선거 뉴스와 미디어선거캠페인 노출이 정치 지식과 정치 참여에 미치는 영향. 〈언론과학연구〉, 13권 3호, 215-250.

김춘식·이영화 (2008). 참여정부의 언론정책에 관한 뉴스 프레임 연구: "취재지원시스템 선진화방안" 보도 분석을 중심으로. 〈한국언론학보〉, 52권 2호, 303-327.

김현정·이수범·김남이 (2013). 텔레비전 선거 여론조사 보도의 영향에 대한 수용자 인식이 정치적 행동의향에 미치는 영향. 〈한국언론정보학보〉, 62호, 159-178.
김훈순 (2004). 한국 언론의 젠더 프레임: 범죄뉴스와 여성. 〈한국언론정보학보〉, 27호, 63-91.
나미수 (2004). 핵폐기장 유치에 대한 텔레비전 뉴스 프레임 분석: KBS, MBC의 전국 및 지역(전북지역) 뉴스를 중심으로. 〈한국언론정보학보〉, 26호, 157-208.
나현정·민영 (2010). 상징적 이름짓기의 프레이밍 효과: '태안' vs '삼성-허베이스피릿호' 기름유출사고. 〈한국언론학보〉, 54권 4호, 209-232.
노성종·이완수 (2013). '지구온난화' 對 '기후변화': 환경커뮤니케이션 어휘 선택의 프레이밍 효과. 〈커뮤니케이션 이론〉, 9권 1호, 163-198.
민영 (2014). 뉴스와 엔터테인먼트의 융합. 〈한국언론학보〉, 58권 5호, 70-96.
박경숙 (2002). 집단 갈등 이슈의 방송 뉴스 프레임 분석: 의약 분업 뉴스 프레임을 중심으로. 〈한국언론학보〉, 46권 2호, 310-340.
박기수 (2011). 4대강 사업 뉴스에 대한 보도 프레임 연구: 경향신문·동아일보·한국일보 등 3개 종합일간지를 중심으로. 〈한국언론학보〉, 55권 4호, 5-26.
박노일·한정호·홍기훈 (2007). 여성 정치후보자의 미디어 프레임에 따른 남녀 수용자 인식 차이 연구. 〈한국언론학보〉, 51권 2호, 256-282.
박덕춘 (2010). 텔레비전 뉴스의 영상점화효과: 환경이슈를 중심으로. 〈정치커뮤니케이션 연구〉, 18호, 43-79.
박성희 (2002). 위험보도의 위기구축 기제 프레임 분석 : 식품안전 보도를 중심으로. 〈한국언론정보학보〉, 35호, 181-210.
반현·McCombs, M. (2007). 의제설정 이론의 재고찰: 5단계 진화 모델을 중심으로. 〈커뮤니케이션 이론〉, 3권 2호, 7-53.
반현·최원석·신성혜 (2004a). 뉴스의 속성과 2차 의제설정 효과 연구: 위도 핵폐기장 보도를 중심으로. 〈한국언론정보학보〉, 25호, 65-102.
반현·최원석·신성혜 (2004b). 유권자의 투표 선택과 뉴스 미디어의 점화효과. 〈한국방송학보〉, 18권 4호, 398-443.
손승혜·이귀옥·이수연 (2014). 의료복지 기사의 주요 특성과 프레임 비교 분석: 김영삼 정부부터 이명박 정부까지 정권의 변화와 언론사의 이념적 성향에 따른 차이. 〈한국언론학보〉, 58권 1호, 306-330.
송인덕 (2014). 언론사의 정파성 인식과 수용자의 정치성향에 따른 편향적 매체지각. 〈커뮤니케이션 이론〉, 10권 3호, 222-257.
송종길·박상호 (2005). 뉴스 미디어 이용이 유권자의 정치 행태에 미치는 영향에 관한 연구. 〈한국방송학보〉, 19권 2호, 126-163.
송현주 (2006). 대통령에 대한 감정과 정책 이슈의 유인가적 유사성이 뉴스매체의 점화효과에 미치는 영향. 〈한국언론학보〉, 50권 3호, 308-336.
송현주·김현석·이준웅 (2008). 대통령 후보 경선 여론조사보도에 대한 인지평가와 정서 반응이 정치적 행동성향에 미치는 영향. 〈한국언론학보〉, 52권 4호, 353-376.
양문희 (2006). 정치인과 응답자의 성별에 따른 뉴스 매체의 정치 과정에의 영향. 〈한국방송학보〉, 20권 1

호, 179-210.
양민제·김민하 (2010). 태도의 삼차원적 관점에서 본 뉴스 보도의 영향 : 다차원 프레임 모형. 〈한국언론학보〉, 54권 5호, 155-180.
양선희 (2008). 새로운 미디어 환경과 의제설정효과: 신문, TV, 포털의 비교. 〈한국언론학보〉, 52권 4호, 81-104.
양승찬 (1998). 제3자 효과 가설과 침묵의 나선 이론의 연계성: 여론조사 보도에 대한 제3자 효과 지각과 공개적 의견표명과의 관계를 중심으로. 〈한국언론학보〉, 43권 2호, 109-141.
양정애·김은미·임영호 (2012). 온라인 환경에서의 뉴스프레임 형성: 뉴스 토픽과 작성자에 따른 차이. 〈한국언론학보〉, 56권 1호, 264-288.
양정애·송인덕 (2014). 상대적 정보선호도에 따른 정치뉴스 추구행동 및 시민참여. 〈한국방송학보〉, 28권 2호, 137-175.
양정혜 (2001). 사회갈등의 의미 구성하기: 의료분쟁 보도의 프레임 분석. 〈한국언론학보〉, 45권 2호, 284-315.
연지영·이건호 (2014). 성과 정치 리더십에 대한 언론 프레임 연구: 18대 대통령 선거 보도를 중심으로. 〈한국언론학보〉, 58권 1호, 199-225.
원만해·채백 (2007). '천성산 고속철도 관통' 보도에서 나타나는 중앙지와 지역지의 뉴스 프레임 비교 연구. 〈한국언론학보〉, 51권 1호, 199-228.
유세경·이석·정지인 (2012). 중국 일간지의 "한류" 보도에 나타난 프레임 분석: 2001~2010년 기간에 보도된 기사 분석을 중심으로. 〈한국언론정보학보〉, 57호, 202-226.
이건혁 (2002). 미디어 프레임이 부정 감정, 정치 냉소, 그리고 정치 효능성에 미치는 영향: 대학생 집단을 대상으로. 〈한국언론학보〉, 46권 3호, 252-288.
이건호 (2006a). 디지털 시대 의제 설정 효과로서의 점화 이론: 인터넷 매체가 수용자의 인식과 가치 판단 설정에 미치는 영향 연구. 〈한국언론학보〉, 50권 3호, 367-392.
이건호 (2006b). 한국 인터넷 매체들의 상호 의제 설정 효과: 8개 온라인 신문의 내용 분석을 중심으로. 〈한국언론학보〉, 50권 4호, 200-227.
이건호·유찬윤·맥스웰 맥콤스 (2007a). 의제설정이론의 정향욕구 개념에 대한 탐구적 제언. 〈한국언론학보〉, 51권 6호, 411-438.
이건호·유찬윤·맥스웰 맥콤스 (2007b). 환경 문제의 2차 의제설정효과: 지구 온난화 이슈 내 서로 다른 속성을 중심으로. 〈한국언론학보〉, 51권 2호, 153-179.
이경숙 (2006). 가정폭력 보도의 틀 짓기 분석: 연예인 가정폭력 사건 보도를 중심으로. 〈한국방송학보〉, 20권 1호, 211-248.
이동근 (2004). 온라인 뉴스 미디어의 다양성에 관한 일고찰: 정보원 및 프레임 분석을 통하여. 〈한국언론학보〉, 48권 4호, 218-242.
이민영·이재신 (2009). 위험인식의 낙관적 편견에 대한 프레임과 관여도의 역할. 〈한국언론정보학보〉, 48호, 191-210.
이병주·박관영·이인희 (2007). 레이코프와 존슨의 은유 개념을 통한 프레임 분석: "사학법 개정" 관련 갈등 보도를 중심으로. 〈한국언론정보학보〉, 39호, 385-427.

이수범·강연곤 (2013). 국내 일간지의 트위터 이슈에 관한 보도 프레임 분석: 정치적 소통과 여론 형성이라는 관점을 중심으로. 〈한국언론학보〉, 57권 1호, 28-53.
이숙정·백선기·한은경 (2013). 교육수준에 따른 정치참여 격차. 〈한국언론학보〉, 57권 5호, 113-136.
이유민·정세훈·민영 (2013). 적대적 매체 지각과 제삼자 지각이 정치 참여에 미치는 효과: 대선 투표 참여에 대한 상호작용 효과를 중심으로. 〈한국언론학보〉, 57권 5호, 346-367.
이은주 (2011). 지각된 편향인가 편향된 지각인가? 댓글의 내용, 여론에 대한 인식과 이슈 관여도에 따른 기사의 논조 지각. 〈한국언론학보〉, 55권 3호, 179-198.
이재신·이민영 (2011). 정치정보 습득 채널, 정부신뢰, 사회적 영향이 대학생들의 정치참여에 미치는 영향. 〈언론과 사회〉, 19권 3호, 77-111.
이종경 (2000, 10월). 조사보고: 제10회 미디어의 영향과 신뢰도 조사. 〈신문과 방송〉, 22-27.
이준웅 (2000). 프레임, 해석 그리고 커뮤니케이션 효과. 〈언론과 사회〉, 29호, 85-153.
이준웅 (2001). 갈등적 이슈에 대한 뉴스 프레임 구성방식이 의견형성에 미치는 영향: 내러티브 해석모형의 경험적 검증을 중심으로. 〈한국언론학보〉, 46권 1호, 441-482.
이준웅 (2004). 언론 매체 이용 및 해석적 틀이 통일 및 대북 정책에 대한 의견에 미치는 효과. 〈한국언론학보〉, 48권 1호, 28-56.
이준웅 (2005). 갈등적 사안에 대한 여론 변화를 설명하기 위한 프레이밍 모형 검증 연구: 정부의 통일 정책에 대한 뉴스 프레임의 형성과 해석적 프레임의 구성을 중심으로. 〈한국언론학보〉, 49권 1호, 133-162.
이준웅 (2009). 뉴스 틀 짓기 연구의 두 개의 뿔. 〈커뮤니케이션 이론〉, 5권 1호, 123-166.
이효성 (2006). 미디어 이용이 정당 지지에 미치는 효과: 미디어 이용의 역동성 모델과 점화효과 이론을 중심으로. 〈한국언론학보〉, 50권 1호, 285-307.
이효성·허경호 (2004a). 미디어 이용이 정치 지도자 평가와 정당지지에 미치는 효과. 〈한국방송학보〉, 18권 4호, 191-226.
이효성·허경호 (2004b). 총선 관련 매체 이용이 대통령 이미지와 정당지지에 미치는 효과. 〈정치커뮤니케이션 연구〉, 1호, 101-124.
임양준 (2009). 집단적 갈등 이슈에 대한 방송뉴스 프레임 비교연구: 용산참사에 대한 MBC, KBS, SBS 저녁뉴스를 중심으로. 〈한국언론학보〉, 53권 5호, 55-79.
장병희·강형구·정일권·이혜진 (2008). 대통령 후보 경선 관련 방송 뉴스 보도와 후보자 지지도간 시계열적 관련성 분석. 〈한국방송학보〉, 22권 4호, 355-400.
정성은 (2014). 제삼자 효과는 과연 존재하는가?: 제삼자 효과 행동 가설의 논리와 검증 방법 비판. 〈커뮤니케이션 이론〉, 10권 2호, 160-196.
정재선·이동훈 (2012). 정교화 가능성 관점의 프레임 효과연구: 암 관련 보도기사를 중심으로. 〈한국언론학보〉, 56권 6호, 278-309.
조인숙·나은경 (2013). '일탈'과 '낙인' 사이: 비만 보도 프레임 유형이 비만과 비만인에 대한 인식 및 예방행동의도에 미치는 영향. 〈한국언론학보〉, 57권 2호, 316-341.
차유리·유현재 (2012). 방사능 오염 식품 이슈 정보 추구, 처리 및 전달 역학에 대한 탐색: 신문기사의 유인가 프레임 유형과 정부기관에 대한 신뢰수준별 메시지 공신력을 중심으로. 〈한국언론학보〉, 56

권 2호, 92-120.
최수진 (2014). 한류에 대한 미·중 언론보도 프레임 및 정서적 톤 분석: 싸이의 '강남스타일' 이후를 중심으로. 〈한국언론학보〉, 58권 2호, 505-532.
최종환·김성해 (2013). 민주주의, 언론 그리고 담론정치: 파업에 대한 미디어 프레임 변화를 중심으로. 〈한국언론정보학보〉, 67호, 152-176.
황치성 (2007). 갈등 이슈에 대한 개인 의견과 특정 신문에 대한 태도가 기사 편향지각에 미치는 영향. 〈한국언론학보〉, 51권 3호, 308-327.

Borah, P. (2011). Conceptual issues in framing theory: A systematic examination of a decade's literature. *Journal of Communication, 61,* 246-263.
Cohen, B. C. (1963). *The press and foreign policy.* Princeton, NJ: Princeton University Press.
Davison, W. P. (1983). The third-person effect in communication. *Public Opinion Quarterly, 47*(1), 1-15.
Iyengar, S., & Simon, A. (1993). News coverage of the Gulf War and public opinion: A study of agenda-setting, priming, and framing. *Communication Research, 20,* 365-383.
Katz, E., Blumler, J., & Gurevitch, M. (1973). Uses and gratifications research. *Public Opinion Quarterly, 37*(4), 509-523.
McCombs, M. E., & Shaw, D. L. (1972). The agenda-setting function of mass media. *Public Opinion Quarterly, 36*(2), 176-187.
McLeod, D. M., Eveland, W. P., & Nathanson, A. I. (1997). Support for censorship of violent and misogynic rap lyrics: An analysis of the third-person effect. *Communication Research, 24*(2), 153-174.
Weaver, D. H. (1977). Political issues and voter need for orientation. In M. McCombs & D. Shaw (Eds.), *The emergence of American political issues* (pp. 107-109). St. Paul, MN: West.
Zhao, X., & Cai, X. (2008). From self-enhancement to supporting censorship: The third-person effect process in the case of Internet pornography. *Mass Communication and Society, 11*(4), 437-462.

10장

민주주의와 저널리즘

•

박성호

::

들어가며

지금까지 이 책에서 살펴본 연구들은 궁극적으로 더 좋은 저널리즘을 추구하기 위한 고민들을 전제하고 있다. 저널리즘은 왜 더 좋아져야 하는가? 여러 답이 있겠지만, 저널리즘은 시민을 위해 봉사한다는 데에 존재 의미를 갖고 있다. 이것은 건강한 민주주의와 직결되며, 그에 합당한 규범적 역할을 저널리즘에 부여하고 요구한다. 코바치와 로젠스틸(Kovach & Rosenstiel, 2014/2014)이 제시한 저널리즘의 기본 원칙 속에도, 저널리즘은 권력을 감시하고 공공을 위한 포럼(forum)을 제공해야 한다는 내용이 들어가 있다. 이처럼 많은 언론학자들은 저널리즘이 권력의 남용을 막기 위해 감시하고 비판하는 '감시견'(watchdog) 역할을 수행해야 하며, 시민을 위해 공적 이슈를 토론하도록 '장'(場)을 제공해야 한다고 강조해 왔다.

그러나 현실에서 언론이 민주주의에 기여하는가에 대한 논의는 찬반이 엇갈린다. 미국의 사회학자 갠즈(Gans, 2004/2007)는 일상적인 '상의하달형'(top-down) 저널리즘 관행이 대부분의 뉴스를 파워엘리트들의 활동을 전달하는 메신저 역할에 머물게 해 민주주의를 약화시킨다고 주장했다. 실제로 한국 언론의 역할에 관한 연구들에서도 부정적 진단이 압도적으로 우세하다. 반면 셔드슨(Schudson, 2011/2014)은 부정적 측면만을 과도하게 부각하는 것을 경계하고 저널리즘이 민주주의에 분명히 기여하는 바가 있다고 반박했다. 저널리즘이 사회 성원들에게 여러 목소리를 낼 기회를 제공하고, 그들의 이해와 관련된 정치적 결정들을 알려 주는 중심적 역할을 하며, 탐사보도를 통해 기존의 생각을 뒤엎는다는 점도 고려해야 한다고 했다.

어느 쪽에 무게를 두는가는 관점에 따라 다를 수 있겠지만, 다음과 같이 정리할 수 있을 것 같다. "이러한 규범적 범주들은 경험적으로 조사된 것이 아니라 직관적 상상의 산물인 경우가 많다. 그렇더라도 규범적 연구는 미디어가 민주적 정치과정에서 수행해야 할 역할들에 관한 기본적 관점들을 제시"(박홍원, 2001, 50쪽)한다. 또한 한국 저널리즘의 현실을 보면, 이 문제에 관한 토론은 더 뜨거워질 필요가 있다. 이재경은 〈한국 언론의 품격〉 서문에서 월터 리프먼(Walter Lippmann)의 진단을 적용해 "오늘날 한국 민주주의가 제대로 기능하지 않는 원인 가운데 하나가 뉴스가 제 기능을 못하기 때문"(박재영·이재경·김세은·심석태·남시욱, 2013, 10쪽)이라며 저널리즘의 위기를 민주주의의 위기로 인식했다.

이 장은 그러한 인식들 위에 서 있다. 따라서 저널리즘이 한국 민주주의에 어떤 해를 끼쳐 왔는지에 관한 비판적 논의들을 먼저 살펴보고, 제한적이나마 한국의 저널리즘이 민주주의에 기여한 성과들에 관한 토론을 간추린다. 그리고 저널리즘과 민주주의의 위기를 극복하기 위해서는 기본 조건으로 언론 자유가 중요한데, 그에 대해 생각해 볼 점들을 제안한다. 사실 이 장은 앞의 장에서 다룬 것들의 종합적 성격을 띤다. '민주주의'는 저널리즘 연구의 여러 영역에 기본 전제나 지향점으로 산재해 있기 때문이다.

1. 저널리즘의 위기, 민주주의의 위기

언론 권력화

앞서 4장 '뉴스와 정치경제적 압력'에서는 언론이 국가, 자본, 이데올로기에 의해 통제되거나 영향을 받는다는 측면을 주로 논의했다. 그러나 언론은 권력의 통제를 받기도 하지만, 스스로 권력을 행사하기도 한다. 언론을 '언론권력'이라고 부를 수 있는 시점은 1987년 정치민주화 이후로 거론된다. 박승관과 장경섭(2000)은 민주화 이전까지만 해도 국가-언론 관계는 '후견주의'로 파악할 수 있었지만, 민주화 이후에는 '조합주의'로 전환됐다고 구분했다(101-102쪽 참조). 즉, 언론이 일방적으로 국가의 강압에 따르는 것이 아니라, '권언유착'이라는 말이 생길 정도로 국가권력과 유착하고 이익을 교환하게 됐다는 것이다. 이런 변화가 가능했던 것은 민주화 과정에서 국가와 자본의 지도력이 약해지고 그로 인해 생긴 힘의 공백을 언론이 파고들었기 때문이다. 저자들은 하나의 사례로 대통령선거에서 언론이 특정 후보를 지원할 정도로 막강한 영향력을 과시하는 경우를 들었다. 이쯤 되면 '준국가기구'였던 언론의 성격은 '유사 권력기관'으로 변했다고 볼 수 있다. 정치학자 최장집(1994)의 진단도 같은 맥락이다. 그는 김영삼 정부 이후 국가-언론 관계는 '자유주의적 코포라티즘'으로 변화해, 언론은 막강해진 권력으로 사회의 최상층의 이익을 대변하게 됐다고 지적했다.

그런데 한국 언론이 강화된 힘을 바탕으로 국가의 통제로부터 상대적 자율성과 지위를 확보하게 됐다고 해석하기는 어렵다. 박승관과 장경섭(2000)은 한국 언론의 권력화가 갖고 있는 모순적 성격을 지적했다. 언론을 억압하던 권위주의 지배질서는 시민의 저항으로 종식됐지만, 언론은 그 과정에 동참하지도 않았고 민주화로 얻은 혜택을 시민사회에 돌려주지도 않았다는 것이다. 이런 식의 권력화는 기껏해야 지배연합 내부의 권력 투쟁에 불과해 언론 자신들의 영향력 확장에 집중할 뿐이며, 오히려 시민사회의 성장을 방해할 가능성마저 있다고 우려했다. 저자들은 언론개혁을 해법으로 제안했는데, 현 시점에서도 유효해 보인다.

> 한국 사회의 시민 민주주의의 진전을 위해서는 '정치 민주주의'의 혜택을 독점함으로써 발생하고 있는 '언론권력'을 다시금 '민주화' 시킬 수 있어야 한다. 한국 사회의 정치변동 과정이 보여 주고 있는 가장 중요한 교훈은 지금까지의 '정치민주화'만으로 '사회민주화'를 보장해 낼 수 없다는 것이다. 이러한 정치민주화에 연이은 사회 전반의 민주화를 이루어 내기 위하여 현 시점에서 가장 필요한 것은 권력기관화된 언론을 감시하고, 언론권력을 시민권력의 기반으로 재편해 내는 '제2차 민주화 프로젝트', 즉 언론권력의 민주화이며 언론 자체의 개혁이라고 볼 수 있다. (박승관·장경섭, 2000, 106-107쪽)

강명구(2004)는 언론권력의 성격 변화를 시기별로 나눠 파악했다(325-327쪽 참조). 그에 따르면, 언론은 권위주의 정권시기에는 군부독재와 근대화를 정당화하는 선전도구로서 이용되는 도구적 권력으로서 기능했다. 그러다 김영삼 정부 이후 언론은 제도정치적 권력을 획득하게 됐고, 감시자 혹은 협력자의 길을 걷게 됐다. 어떤 태도를 취하느냐에 따라 언론의 역할이 감시견, 애완견, 공격견 등으로 분화됐다는 것이다. 이런 분석을 실증적으로 제시한 경우가 김동률(2009)의 정치권력화 연구다. 그는 〈조선일보〉, 〈중앙일보〉, 〈경향신문〉, 〈한겨레〉 등 4개 신문의 사설에서 정부의 재벌규제 정책에 대해 취한 태도를 '4마리 개 모델'로 분석하는 방식으로 역대 정권별로 나타난 언론의 정치권력화를 비교했다(299-301쪽 참조). 여기서 감시견(watchdog)은 국가나 권력기관의 권력 남용을 감시하고 견제하는 언론의 역할을 뜻하며, 애완견(lap dog)은 감시견과 반대되는 개념으로 권위주의 국가에서 지나치게 친정부적이거나 광고주에게 '꼬리 흔들기'를 하는 언론을 뜻한다. 보호견(guard dog)은 기존의 권력 시스템을 보호하는 것을 최우선으로 하기 때문에 체제에 위협이 된다면 현직 대통령도 공격한다. 공격견(attack dog)은 이데올로기적 전제에 따라 극도의 공격적인 태도를 취하며 책임 있는 비판과는 거리가 있다.

김동률(2009)의 연구에서 〈조선일보〉는 민주화 초기인 노태우 정부 시절에는 정부 편에 서서 재벌 규제에 동조(애완견+감시견)했다가 김대중 정부 때 중립적 역할로 이동했고, 노무현 정부 때는 재벌 규제 정책을 강하게 비판했던(보호견+공격견) 것으로 나타났다. 〈중앙일보〉는 노태우 정부부터 노무현 정부까지 내내 재벌 규제에 반대했으며, 시간이 지날수록 경제권력의 이해를 보호하고 정부를 공격하는 성격이 강해졌다(보호견+공격견). 〈경향신문〉은 한화그룹이 소유주이던 김영삼 정부 시절에는 재벌 규제를 비판했다가(공격견), 한화가 신문 경영권을 포기한 김대중 정부 시기부터는 재벌 규제를 찬성하며 친정부 쪽으로 돌아섰다(감시견+애완견). 〈한겨레〉는 정권에 관계없이 재벌을 규제하는 정부 정책에 찬성했다(감시견+애완견). 김동률은 이처럼 정권의 성격에 따라 달라진 언론의 역할을 언론권력이 반영된 결과로 간주하고, 언론이 "스스로 강력한 힘을 가진 유기체로 등장했음을 시사"(337쪽)한다고 결론 내렸다.

뿐만 아니라 시장지배적 주류 언론은 기득권 세력을 옹호하기 위해 사회적 동의를 창출해 내는 담론권력을 행사했다. 담론은 "특정한 권력질서 내부에서 꾸준히 축적되어 온 논리덩어리”(최종환·김성해, 2014, 154쪽)로서 통념과 상식에 영향을 미친다. 담론은 공적·사적 공간의 다양한 층위에서 지배담론의 지위를 차지하기 위해 경쟁을 벌인다. 다만 담론은 지배계급의 이데올로기를 기계적으로 반영하는 상부구조로서의 관념과는 달리 사회 내의 다양한 담론 주체들이 상호작용을 함으로써 구성된다(유용민·김성해, 2007).

강명구(1994)는 〈조선일보〉 경제 뉴스에 대한 담론분석 결과, 경제위기 상황에서 신문이 정부의 정책 실패를 비판하기는커녕 이를 은폐하고 오히려 생활 영역에서 시민들의 잘못된 소비 성향이 문제였던 것으로 책임을 전가했다고 지적했다. 신문이 경제위기의 귀책사유를 과소비와 나태 같은 개인적 사유로 돌려 중산층과 노동자들에게 반성을 요구하는 ‘다시 뛰자’는 담론을 선택하고, 독점재벌의 과대 성장으로 인한 소득분배의 불균형과 산업고도화의 실패 등에 관한 담론은 배제했다는 것이다. 이 과정에서 〈조선일보〉는 경제위기와 과소비라는 서로 다른 담론을 연결함으로써, 그람시가 말한 헤게모니 접합(hegemonic articulation)을 통해 현실을 특정한 방향으로 규정해 지배에 대한 동의를 창출했다는 것이다.

이병욱과 김성해(2013)는 2012년 대통령선거에서 〈동아일보〉와 〈문화일보〉 등 보수 언론들이 담론정치를 통해 권력을 재창출하는 과정을 ‘종북’(從北) 관련 사설과 칼럼에 대한 비판적 담론분석을 통해 제시했다. 이들은 보수 신문들이 보수 정당, 정부 출연 연구기관, 재벌 경제연구소 등과 담론복합체를 구성해, 민노당, 주사파, 전교조 등을 종북 세력의 몸통으로 규정하고 김대중, 노무현 정권을 그 지원 세력으로 규정했다고 봤다. 이를 통해 보수적 사회 분위기를 형성해 새누리당 정권의 재창출을 이뤄 냈다는 것이다. 최종환과 김성해(2014)는 의약분업, 화물연대, 쌍용차, 철도노조 파업에 대한 〈동아일보〉, 〈서울신문〉, 〈한겨레〉의 사설을 담론분석했다. 그 결과 언론은 정권과의 이해관계에 따라

의제를 자의적으로 확대·재생산하는 것으로 나타나 언론의 담론정치가 거듭 확인됐다. 이 과정에서는 파업 자체에 대한 프레임의 성격, 특정한 단어와 내용의 부각, 파업의 원인보다는 과정에 대한 강조 등의 담론 전략이 사용됐다.

언론의 권력화는 한국 민주주의가 나아갈 방향을 결정한다는 점에서도 상당한 함의를 갖는다. 이준웅, 조항제, 송현주, 그리고 정준희(2010)는 민주화가 이행되면서 정치권력의 헤게모니가 약해지고 시민사회 역시 분열하는 사이에 "강력한 정치적, 이념적 지배력을 행사하는 언론이 한국 민주주의의 전망을 제시할 것"(134쪽)이라고 내다봤다. 여기서 중요한 것은 보수 언론과 진보 언론 가운데 어느 쪽이 주도권을 잡느냐에 따라 민주주의의 방향이 어느 한쪽으로 제한된다는 점이다. 이들은 보수 언론의 영향력이 커지면 시장·자유주의인 엘리트 민주주의로, 진보 언론이 득세하면 참여·평등주의적 민주주의로 공고화될 가능성이 있다고 전망했다. 이런 전망의 연장선상에서 박진우(2015)는 이명박 정부 출범 이후 종편의 출범으로 '조중동'의 영향력이 확대됨으로써 "보수적 헤게모니의 공고화"(189쪽) 국면이 나타났다고 진단했다.

그러나 최영재(2014)는 민주화 이후 언론의 권력이 전에 없이 강력해졌다는 판단에 비판적 입장을 취했다. 언론은 민주화 이전에 이미 권언유착을 통해 시민을 억압하는 권력을 행사했는데, "이때 언론의 권력은 정치권력의 우산 안에 들어가 있었기 때문에 잘 인지되지 않았을 뿐 행사된 정치권력의 크기로 보면 더욱 크다고 할 수도 있을 것"(485쪽)이라고 주장했다. 따라서 위에서 살폈던 언론권력화 모델은 "민주화 이후 한층 볼륨을 높인 언론의 편향적 목소리를 실제적인 정치적 영향력으로 받아들인 착시현상일 가능성이 높다"(486쪽)라고 주장했다. 언론의 권력화가 아니라 언론이 정치권력에 종속됐다는 데에 주목해야 한다는 것이다.

언론의 정치종속화

한국 언론은 특정 정치세력에 기울면서 정치적 독립성과는 점점 거리가 멀어졌다. 이를 설명할 때 가장 널리 활용되는 개념이 시무어-우어(Seymour-Ure, 1974: 윤영철, 2000 재인용)가 제시한 '신문-정당 병행관계'(press-party parallelism)다. 이는 언론이 정당과 동일한 정치적 지향점을 나란히 추구하는 관계를 뜻한다. 서구에서는 더 많은 독자를 확보해야 하는 상업주의가 강해지면서, 신문-정당 병행관계는 약해졌다. 그러나 한국 언론의 상황에서는 오히려 병행관계가 강화된 것으로 파악됐다.

윤영철(2000)은 김영삼 정부 시절인 1996년 북한 잠수함 침투 보도와 김대중 정부 시기의 1999년 서해교전 보도를 비교 분석해 〈조선일보〉는 보수 강경을 주장하는 정파와, 〈한겨레〉는 대북 포용정책을 주장하는 정파와 각각 병행관계에 있음을 확인했다. 김영삼 정부에서 김대중 정부로 권력이 이동하면서 각 신문이 자기 정파와 동일한 정치적 지향을 갖는 특성은 더욱 뚜렷해졌다는 것이다. 저자는 이런 분화가 김대중 정부로 넘어올수록 더욱 강화됐다는 점에 주목하고, 그 이유로 독자의 이념적 분화와 언론사 사주들의 이념 분화를 들었다. 그런데 이 설명만으로 충분할까?

이준웅 등(2010)은 보다 깊은 원인이 있을 것으로 보고, 신문-정당 병행관계에서 발전한 '정치 병행성'(political parallelism) 개념을 검토했다. 할린과 만시니(Hallin & Mancini, 2004)는 각국의 정치체계의 특성에 따라 매체체계의 특성이 영향을 받는다며, 서구 각국의 정치체계를 자유주의(미국, 영국), 민주적 조합주의(독일, 북유럽), 극화된 다원주의(이탈리아, 스페인, 그리스)로 구분했다. 그리고 자유주의 체계에서는 언론이 불편부당하고 공개된 공론장 역할을 하고, 민주적 조합주의 체계에서는 언론이 합의유도적 다원주의를 추구하는 등 언론의 정치 병행성이 정치체계에 따라 다르게 나타난다고 주장했다. 이준웅 등은 이 설명 모델에 한국을 추가했다. 즉, 한국의 정치체계는 서구의 모형과 달리 민주화 이행기에 해당하며, 언론은 이념의 주창자로서 기능할 정도로 정치 병행성이 강하게 나타난다고 설명했다.

한국 신문이 보여 준 정치 병행성의 특징은 민주화가 진행될수록 그 정도가 심해졌다는 데에 있다. 민주주의 공고화 초기인 1992년에서 1997년 사이에만 해도, 〈한겨레〉를 제외하고는 신문과 방송이 모두 여당과 정치적 입장의 위치가 같아 이념적으로 '오른쪽'에 몰려 있었다. 그런데 민주주의 공고화 후기에 해당하는 1997년에서 2009년 사이에는 보수와 진보 정당의 성향이 양 극단으로 갈리는 것과 함께 신문도 이념적으로 오른쪽과 왼쪽으로 갈라졌다(이준웅 등, 2010, 129-130쪽 참조).

그렇다고 보수와 진보가 대등하게 두 개의 기둥을 이룬 것은 아니다. 조항제(2014)는 신문 시장에서의 정치 병행성은 다수파와 소수파 간의 불균형적 대립이라고 규정했다. 권력이나 자원에서도 차이가 현저한데다 매출액 기준으로 봐도 진보 언론이 절대적인 열세에 있기 때문이다. 따라서 한국적 정치 병행성은 진보의 과소 대표라는 비대칭적 특성을 보인다는 것이다. 때문에 이런 현실을 인식하지 않고 〈조선일보〉와 〈한겨레〉를 상투적으로 비교 분석하는 연구 경향은 마치 보수와 진보의 이념 다양성이 잘 보장된 것으로 오해를 낳을 수 있다고 우려했다(58쪽 참조). 특히 최영재(2014)는 보수 신문들이 김대중, 노무현 정부 기간에 보여 준 정권 비판도 정치권력과의 갈등 차원으로만 이해해서는 곤란하다고 주장했다. "보수 신문들이 보여 준 반대편 대통령과 집권세력에 대한 원망과 분노, 혐오, 공격에 가까운 보도들은 이들 신문들이 독립적이고 공정하며 객관적인 언론이라기보다는 오히려 지독하게 정치권력에 종속된 정파적 언론의 범주에서 결코 탈출하지 못했음을 보여 줄 뿐"(487쪽)이라는 것이다.

공영방송은 집권세력이 바뀔 때마다 그 세력과 보조를 맞추는 강한 정치 병행성을 보여 왔다. 권위주의 정권 때부터 국가권력에 밀착해 오면서 권력에 휘둘리는 모습을 보였다(이창근, 1994; 이효성, 1994; 정용준, 1993). 공영방송은 시민에 봉사하는 공적 영역을 만들기보다는 기득권적인 정치구조를 재생산했다는 점에서 알튀세르가 제시한 '이데올로기적 국가기구'로 기능해 왔다는 평가를 받을 정도였다(강형철·양승찬, 2003). 다만 방송의 정치 병행성은 집권세력이 짜놓은 방송의 지배구조를 통해 형성된 "강제적 정치 병행성"(최영재, 2014, 492쪽)이라는 점에서 신문의 경우와는 차이가 있다. 이런 점에서 박승관과 장경섭(2000)이 개념화했던 후견주의 모델이 방송의 정치적 종속화를 설명하는 데에 가장 적합해 보인다.

최영재(2014)는 대통령선거 때마다 후견자(정권)가 언제든지 바뀔 수 있다는 것은 한국 방송에 나타난 후견주의의 특성이라고 진단했다. 방송사 보도국은 집권세력이 교체될 경우 "새 후견자와 정치 병행을 같이할 집단과 그렇지 못할 반대세력으로 분열"(493쪽)하게 되며, 이러한 상태는 보도국 내 정파적 물갈이로 나타나고 일상화한다고 봤다. 그는 그런 관측을 KBS, MBC, SBS, YTN, MBN, CBS의 보도국 기자들을 상대로 한 설문조사를 통해 뒷받침했다. 기자들은 조사에서 보수 정부 들어 공영방송의 정치적 종속이 심화되고 그에 따라 보도국 내의 정파적 분열도 심해졌다고 응답했다. 이 연구는 따라서 공영방송의 불공정 보도를 비롯한 여러 문제를 풀기 위한 해법으로 지배구조 개혁이 논리적 귀결일 수밖에 없다고 강조했다. 그 밖에 여러 학자들도 집권세력이 KBS와 MBC에 이른바 낙하산 사장을 내려보내는 공영방송 사장의 인선 방식 때문에 방송이 후견주의에서 벗어나지 못하는 것이라며, 지배구조 개선이 시급하다고 주장했다. 사장 선임에 정권의 의지가 일방적으로 반영되지 않도록 해야 한다는 것이 공통적인 제안이었다(강상현, 2013; 최영묵·박승대, 2009). 조항제

(2014)는 "정치가 방송으로 넘어오는 현상, 하버마스 식으로 말하면 체계가 생활세계를 침범해 식민화하는 현상이야말로 한국 사회가 정상으로 가기 위해서는 반드시 극복해야 하는 일"(67쪽)이라고 강조했다.

저널리즘 위기의 배경

앞서 살펴본 저널리즘의 위기 현상은 어디에서 비롯됐는가? 이에 대한 답은 저널리즘의 안과 밖에서 구할 수 있을 것이다. 저널리즘 외곽에서 찾을 수 있는 해답은 이미 4장에서 정치적, 경제적 압력을 통해 다뤘다. 이 장에서는 저널리즘 내부에서 발견되는 요인들을 중심으로 논의를 전개한다. 여러 학자들의 논의를 종합해 저널리즘 철학의 문제, 언론사의 내적 통제 문제, 기자들의 정체성 문제를 검토한다.

첫째, 한국 저널리즘의 위기는 "도구주의적 언론관"(이재경, 2008, 57쪽)이라는 잘못된 저널리즘 철학에서 배경을 찾을 수 있다. 한국에서 저널리즘은 언제나 그 자체로 어떤 목적과 의미를 갖기보다는 당대의 시대적 과업을 수행하는 데에 활용되는 도구에 불과했다. 개화기에는 계몽의 도구, 경제 발전기에는 발전의 도구, 민주화 운동기에는 민주화를 선도하는 도구였다는 것이다.

> 이러한 인식은 저널리즘 스스로를 위한 철학적 토대를 부정한다기보다는 긍정적인 저널리즘 정체성을 형성하지 못하도록 유도한다고 보는 게 옳겠다. 이처럼 도구적 언론관이 한국 사회구성원의 저널리즘 철학으로 상식화되다 보니, 민주화 이후 대통령 등 정치지도자나 언론사 사주, 언론인이 그들의 사적인 이익을 위해 신문과 방송을

급속도로 사유화해도 한국 사회에서는 효과적인 제어 논리를 제시 할 수 없게 됐다. (이재경, 2008, 58쪽)

도구주의적 언론관의 사례는 기자들의 정계 진출에서도 확인할 수 있다. 기자직과 앵커직을 정치권력으로 진출하는 도구로 삼는 경향은 저널리즘 전체의 신뢰를 훼손할 뿐 아니라 "파워엘리트 집단과의 담합적 네트워크"(강명구, 2004, 341쪽)를 구축한다는 점에서 저널리즘의 위기를 초래한다.

둘째, 언론사 소유·경영진의 압도적 통제력이 저널리즘의 자율성과 전문성을 위협한다. 사주 권력의 편집권 통제는 간부 임명과 출입처 배정 등의 인사권으로 주로 활용된다(김승수, 2002). 주요 보직 인사에 사주의 의지가 반영되는 구조에서는 눈치 보지 않고 저널리즘 가치만을 지키는 기자들을 양성하기는 어렵다(이재경, 2008). 일례로 〈중앙일보〉 기자들이 탈세 혐의로 검찰에 소환된 자기 회사 사장에게 "힘내시라"(이정훈·김균, 2006, 83쪽)라며 구호를 외쳤던 것에서 보듯, 사주에 대한 충성은 자사 이기주의의 가능성마저 드러냈다. 방송기자들에 대한 경영진의 통제도 강력하다. 김연식(2014)이 현직 기자들을 조사한 연구에 따르면, 2008년까지만 해도 미미했던 경영진과 사장의 통제가 2013년에는 강하게 나타났다. 이전에는 중간 간부나 직속 상급자들이 통제하는 간접적 방식이었던 것이 경영진의 직접 통제로 변화했다. 이에 따라 방송기자들이 전문직으로서 갖는 자율성도 두드러지게 위축됐다.

언론사 경영진은 인사권뿐 아니라 편집권에도 간여한다. 외부 압력에 굴복해 특정 보도를 부각시키라고 직접적으로 개입한다. 기자들도 자기검열적 보도 행태를 보이는 경우가 많다. 광고 수주를 염두에 두고 특집기사를 만든다든지, 광고주 관련 보도를 확대하거나, 사주 관련 동정기사를 키우고 부정적 기사는 빼는 식이다(정인숙, 1998). 이런 자기검열적 태도는 편집 자율성을 지키려는 기자들의 노력에서도 소극적인 자세로 나타났다. 신문과 방송의 산업적 경쟁이 치열해지면서 사내 민주화 운동이 크게 약화되고 처우 개선 논의가 늘어난 것도 그런 맥락이다(강명구, 2004).

셋째, 한국 기자들의 자사 중심주의 문화와 정체성이 언론 공동체의 문화를 왜곡했다(강명구, 2004). 전문직이자 지식인으로서의 정체성을 갖기보다는 기업 종사자로서의 정체성이 두드러졌다. 강명구는 언론의 시장 경쟁이 격화된 1990년대 초부터 "'우리 신문', '우리 방송'이라는 기업 종업원으로서의 의식이 두드러지기 시작했다"(337쪽)면서 "기자협회나 언론노조연맹의 구성원이란 소속감보다는 어느 신문사, 어느 방송국 기자라는 정체성이 더 중요"(338쪽)해지는 바람에, 기자들이 컬트 집단화했다고 주장했다. 그 바람에 기자들은 자신의 회사와 관련된 문제에서는 한목소리를 내면서, 타 언론사와 보도 행태를 놓고 전쟁하듯 싸우는 집단주의적 행태를 보이게 됐다는 것이다.

> 김대중 정권이 세무조사를 시작하고, 〈중앙일보〉 사장을 구속하는 사태를 기화로 언론 전쟁이 시작됐을 때, 기자들은 〈한국일보〉 기자, 〈중앙일보〉 기자, KBS 기자로 똘똘 뭉쳤다. 당시 언론 사태를 보는 기자들의 시선이 같은 신문, 같은 방송국 안에서도 다양했음에도 불구하고, '조중동'으로 한 묶음으로 묶이고, 편집국 내부에서도 다른 목소리를 내기 어려운 분위기였다. 노무현 정권 초기 언론개혁 사태에 직면해서도, 탄핵 정국을 둘러싸고 일어난 공정성 시비에 있어서도 양상은 유사하게 반복됐다. (강명구, 2004, 337쪽)

2. 민주화의 진전과 언론의 역할

언론의 사회적 기여

언론의 권력화와 언론의 정치종속화 현상에 비춰 보면, 한국 언론이 민주주의에 과연 기여한 바가 있을까라는 의문을 품는 것은 어찌 보면 자연스럽다. 그러나 여기서 한 가지 짚고 넘어갈 것이 있다. 한국의 저널리즘이 민주주의에 기여한 바가 없기 때문에 저널리즘 연구가 그러한 현실을 반영한 것인지, 아니면 저널리즘이 순기능을 한 측면이 없지 않은데 학계가 상대적으로 그 부분에 주목하지 않은 것인지 물을 수 있을 것이다. 그 물음에 대한 해답의 실마리는 진보적 정치학자인 최장집이 1994년 〈언론과 사회〉에 기고한 논문에 잘 나타나 있다. 그는 한국의 신문은 유신 이후 5공화국까지 군사독재 시기를 빼면 시대적 과제와 의제를 제기하고 집약하는 데 중요한 기여를 했다고 평가하면서 개혁의 주창자, 이슈의 제기자, 권력의 비판자라는 세 가지 근거를 제시했다.

> 첫 번째는 국가 수립 직후의 탈식민 개혁에 대한 문제의 제기와 표출이었다. 국가 수립 직후 언론은 두 가지 핵심적 탈식민 개혁 사안이었던 친일 협력세력의 배제와 토지개혁에 대해 가장 강력한 주창자였고 또 이를 여론화하고 실현하는 데 큰 기여를 하였다. 둘째는 1950년대에서 1960년대에 이르는 기간이다. 1950년대 말에서 1960년대 초에 걸쳐 언론은 민주화와 근대화라는, 당시 우리 사회의 가장 중요한 이슈를 제기하고 이를 사회화하는 데 큰 역할을 하였다. 1950년대의 언론은 국가권력에 대해 상당한 정도의 자율성을 가졌

다. 이 시기 언론은 이승만 체제에 정면으로 맞서 권력의 권위주의화를 유보 없이 준열하게 비판하는 기능을 수행해 냄으로써 사회의 민주적 요구를 대변하였던 것이다. 사실상 4·19 민주화투쟁은 간단하게 말해 학생과 언론의 연대에 의해 가능하였다고 할 수 있다. 민주화투쟁의 구심체로서 언론의 역할은 1959년 〈경향신문〉 폐간 사건을 통해서도 예증될 수 있었다. 1960년대 초 5·16 쿠데타 이후에도 언론은 여전히 새로이 집권한 군부세력의 행태와 정책에 대해서 비판적이었고, 또 빈곤의 퇴치와 근대화 이슈의 제기에서 선도적이었다. 언론이 사회 요구편에서 이를 대변했던 전통은 유신 이전까지 지속되었다. [중략] 민주화 투쟁과정에서 기자적 역할은 언론의 기업가적 기능에 대응하면서 언론이 우리 사회의 정의와 양심을 대변할 수 있었던 힘의 원천이었다. 이것이 우리가 긍정적으로 본 언론의 세 번째 긍정적인 역할이었다. 일제하 민족 독립운동으로까지 거슬러 올라갈 필요도 없이 언론은 전술한 대로 한국 현대 정치사의 결정적 계기에 지대한 역할을 수행했다. 이것은 또한 언론의 비판적 기능이 얼마나 중요한가를 말하는 예증들이다. 1980년대 6월항쟁과 권위주의의 후퇴를 갖고 오는 데에도 역시 양심적이고 비판적이고자 하는 언론의 역할이 컸다는 점이다. (최장집, 1994, 44-47쪽)

이 인용문은 저널리즘 연구에 시사하는 바가 적지 않다. 우선 한국 언론의 긍정적 역할을 통시적, 공시적으로 집약한 논의가 언론학자가 아닌 정치학자에 의해 이뤄졌다는 점이다. 언론 관련 학술지에서 이와 비슷하거나 이에 준하는 논의를 찾기는 쉽지 않다. 특히 그는 한국 언론에 대해 정권 홍보에 앞장서 왔으며 냉전적이고 보수적 이념에 편중돼 있다는 비판적 태도를 취한 것으로 잘 알려져 있지만, 한국 언론의 한쪽 면만 보지는 않았다. 또 한 가지는 이 논문이 나온 시점과 관련이 있다. 1994년에 출판된 이 논문이 긍정적으로 조망한 한국 언론은 이승만 정부부터 김영삼 정부 초기까지에 해당한다. 이는 언론학자들의 연구에서나 일반인들의 인식에서나 언론이 정치적으로 통제되고 종속됐던 시기로 일반화돼 왔는데, 그의 관찰은 통념에 정박해 있지 않았다.

언론의 암흑기로 불리는 시기였다 하더라도 진실을 추구하고 권력을 비판하는 기자들이 전무하지는 않았을 것이다. 그래서 한국의 저널리즘에는 '발굴'을 기다리는 '역사'가 여전히 존재할 수 있다는 추론이 가능해진다. 이를 뒷받침하는 사례가 김수정과 이진로(2012)의 송건호의 언론사상에 관한 연구다. 송건호는 언론통제에 맞서다 '자유언론실천선언'에 참여했던 후배 기자들을 자신의 손으로 강제 해직할 수 없다며 1975년 〈동아일보〉 편집국장직을 사임했다. 이후 저술과 재야운동 등을 통해 언론자유수호운동의 상징적 인물이 됐으며 〈한겨레〉 창간 당시 대표이사를 맡았다.[1] 저자들은 송건호의 언론사상을 세 가지로 요약하며 오늘날 한국 언론의 민주화 위기를 극복하는 방안으로 되돌아볼 것을 제안했다. 그가 지향한 언론은 첫째, 역사의식을 갖고 통일을 강조하는 민족언론, 둘째, 민주주의의 기반이자 유지, 발전을 담당하는 민주언론, 셋째, 내외부의 압력에서 자유로운 독립언론이었다. 드물긴 하지만, 한국의 저널리즘이 민주주의를 진전시키는 데 실질적으로 기여한 구체적 사례를 포착한 경우로 심재철과 이경숙(1999)의 박종철 군 고문치사 사건 보도에 대한 연구를 들 수 있다. 1987년 〈중앙일보〉와 〈동아일보〉의 보도로 경찰 수사 도중 대학생이 고문을 당해 숨졌고, 당국이 범인을 축소 조작한 사실이 드러났다. 이 보도는 언

---

1) 한국언론학회는 창립 50주년을 맞던 2010년 미디어 발전 공헌상의 수상자로 신문 부문에서 송건호, 선우휘, 김영희, 장명수를 선정했다.

론통제하에서도 진실을 밝히려는 기자와 신문이 문제 제기자로서 제 역할을 함으로써 박종철 사건을 공공 영역에 부각시켰다. 이 연구는 박종철 군 보도가 군사정권의 부도덕성에 대한 국민들의 공분을 일으켰고, 그렇게 생성된 국민적 에너지를 바탕으로 6월항쟁과 6·29선언을 이끌어내는 '격발 장치' 역할을 했으며, 당시 사회 개혁의 과제였던 대통령 직선제를 부활시킴으로써 민주화 의제형성에 기여했다고 평가했다.

이와 같이 신문이 민주화의 이행과 공고화 과정에서 역할을 하기도 했지만, 긍정적 평가가 적은 이유는 무엇일까? 조항제(2002)는 한국 신문이 권위주의 체제하에서 실제로 민주화를 위한 노력을 별로 기울이지 않았기 때문이라고 봤다. 민주화를 위한 신문의 노력은 1975년 〈동아일보〉와 〈조선일보〉의 투쟁 이후로는 사실상 사라졌고, 1987년 민주화 이후에야 다시 등장했다는 것이다. 권위주의 체제의 편에 서 있다가 학생과 시민이 이룩한 민주화에 무임 승차했다는 평가가 나오는 대목이다. 다만 그는 방송 역시 권위주의 시절에 노골적인 편파성으로 국민적 저항을 받았지만, 민주화 노력에 있어서는 신문과 달리 긍정적으로 평가할 부분이 있다고 주장했다.

시민을 위한 역할: 감시견과 공론장

민주주의에서 저널리즘의 본령으로 여겨지는 감시견 역할과 공론장 역할은 어떠했을까? 먼저 감시견 역할부터 살펴본다. 언론의 감시와 비판 역할은 굳이 서구의 이론과 전통을 찾아보지 않더라도, 우리 근대 언론의 맹아기에서도 단서를 발견할 수 있다. 김영희(1999)는 대한제국 시기에 유학자들이 중국의 언론인이자 사상가인 량치차오(梁啓超)의 언론관을 받아들여 정부에 대한 감독 역할을 중시한 기록을 발견했다. 그 하나의 예로 1906년 〈대한매일신보〉의 논설을 보면, 신문기자의 자세를 "실패를 통렬히 지적하고 반성을 요구해서 정부 당국자나 사회의 과실을 지적하고 바로잡기를 희망"(31쪽)하는 것으로 규정해 감시·비판 역할을 강조했다. 이처럼 권력에 대한 감시와 비판이라는 관념은 일찌감치 언론인들이 갖는 직업의식의 근간을 형성하게 됐다. 감시자로서의 언론의 역할은 언론인들에게 공익을 위해 일한다는 근거를 제공해 "사회적 부패와 타락을 탐사하고 고발하는 영광스러운 그 무엇"(이재진, 2008, 112쪽)을 의미했고, 이는 저널리즘 전통의 큰 축을 이루게 됐다. 비록 한계는 있었지만, 군사독재에 저항하고 민주화를 추구하는 과정에서 언론인들이 지향한 기자상은 사회의 문제점을 지적하는 비판적 지식인의 태도였다(이준웅, 2010). 기자는 민주주의에서 무슨 일을 해야 하는가라는 질문에 기자들 스스로 감시견 역할을 그 해답으로 내면화했음을 알 수 있다.

한국 언론은 박정희 군사정부 등장 이전까지는 정론지로서의 성격을 띠며 정부를 견제하고 비판하는 기능을 어느 정도 했던 것으로 평가된다. 이승만 대통령의 자유당 정권 시절에 언론 탄압이 없지는 않았지만, 유학파인 이 대통령의 미국적 언론관과 아직 체계가 잡히지 않은 정권의 언론관리 시스템의 영향으로 이후 정권과 비교할 때 나름대로 비판 보도의 자유가 있었다는 것이다(김영희, 2012; 이재경, 2003). 그러나 구체적으로 어떤 경우에서 그러했는지를 확인할 만한 사례 연구는 이뤄지지 않았다. 박정희 정권의 유신체제로 민주주의가 결빙되자 언론의 비판 기능도 함께 마비됐고, 군사정권 시기의 언론의 역할에 관한 연구도 거의 이뤄지지 않았다. 민주화 이후도 마찬가지다. 조항제(2001)는 한국 언론의 긍정적 측면에 중점을 두는 연구들을 더 많이 봤으면 하는 바람이 있지만, 실제로 그런 연구를 찾아볼 수는 없다고 밝혔다.

언론의 공론장 역할에 관한 이론적 논의는 대단히 풍성하다(예: 김세은,

2001; 박경우, 2004; 이준웅, 2009; 조항제·박홍원, 2010; 진행남, 2002; 홍성구, 2001). 하버마스(Habermas)가 제시한 공론장 개념을 언론학자들은 공적 사안이 시민들에게 공유되는 공간으로 받아들였다. 그러나 공론장이라는 규범적 가치를 실제 보도 사례를 통해 평가한 연구는 드물다. 그런 점에서 2008년 글로벌 경제위기를 보도한 국내 신문의 공론장 역할을 평가한 김성해, 송현진, 이나연, 그리고 이정한(2010)의 연구는 각별하다. 이 연구는 6개 신문을 대상으로 의제화 방식의 적합성, 객관주의적 보도 태도, 정보의 완결성, 실질적 다양성이라는 기준을 적용해 공론장으로서의 역할을 평가했다. 내용분석과 프레임 분석을 병행한 결과, 근시안적 보도, 맥락의 부족, 지나친 선정성 등의 부정적 측면을 확인했지만 긍정적 측면도 발견했다. 〈매일경제〉와 〈중앙일보〉는 사설과 칼럼, 기획기사 등을 통해 공동체의 이해관계와 관련된 이슈들을 적절하게 보도한 것으로 나타났다. 〈한국경제〉는 필요한 진단 정보를 충실히 제공했고, 〈매일경제〉와 〈한겨레〉는 대응책과 해결 방안을 제시한 점에서 돋보였다. 〈중앙일보〉는 국내외 권위자를 균형 있게 인용하는 등 다양한 구성원의 다양한 의견을 담은 것으로 나타났다.

한편, 인터넷의 확산과 함께 온라인 저널리즘이 대안적 공론장으로서 주목받았다. 기존 언론이 제공하는 공론장은 권력에 지배돼 공적 이슈를 토론할 공간이 부족했는데, 인터넷신문은 기존 언론이 잘 다루지 않는 주제를 적극적으로 의제화하고, 시민들이 뉴스 생산에 참여할 수 있기 때문에 대안적 공론장 역할을 수행할 수 있다는 전망이었다(박선희, 2001, 2002). 온라인신문들은 사회 구성원들의 다양한 목소리를 비교적 고르게 반영해 공공저널리즘적 보도의 가능성도 드러냈다(윤태진·강내원, 2001). 그러나 온라인 매체를 통한 공론장의 가능성을 논한 연구들은 2000년대 초에 집중됐고 활발한 후속 연구로 이어지지는 않았다.

종합하면, 감시견이든 공론장이든 언론의 규범적 역할은 저널리즘 연구에서 빈번하게 언급되고 강조됐지만, 실제 저널리즘 현장에서 어떻게 구현되는가를 파악한 연구는 드물다. 매일매일 신문과 방송에서 쏟아내는 비판적 보도와 다양한 탐사기획 기사들이 크고 작은 정치, 경제, 사회적 변화를 초래하거나, 시민들의 의식에 다양한 논점을 제공하지 못했다는 것일까? 저널리즘의 속성이 사회의 긍정적 측면보다는 비판적 측면에 주목하는 것처럼, 저널리즘 연구도 저널리즘의 비판적 현상에만 몰두한 것은 아닐까?

언론인들의 자유 수호

기자는 기사로 말한다고 하지만, 필요할 때는 '행동'에 나서기도 했다. 언론의 자유를 확보하고 지키는 과정에서 당사자인 언론인들의 의지와 노력은 필수적이다. 한국 언론의 초창기로 거슬러 올라가면, 기자들은 언론자유 수호에 적극적이었다. 김영희(2012)는 한국전쟁 기간 이승만 정부가 추진한 각종 통제조치들이 언론의 반발로 중단되거나 실패한 사례들에 주목했다. 당시 언론인들이 정권의 언론 탄압에 공동으로 맞섰던 경험을 공유했기 때문에, 1950년대 비판적 언론 활동의 밑바탕이 됐다고 해석했다. 국가권력으로부터 언론자유를 수호하기 위한 기자들의 각성이 본격적인 행동으로 발전한 것은 박정희 정권하에서였다. 당시 신문들의 논조가 변질되고 사회적 비판의 강도가 높아지자 〈동아일보〉 기자 30여 명은 1971년 4월 '언론자유수호선언'을 통해 당국의 압력을 배격하고 기관원의 신문사 출입을 거부한다고 밝혔다. 이들은 대부분 젊은 기자들로 대학생들이 거리에서 언론 화형식을 갖는 상황을 민감하게 받아들였다(박용규, 1995). 이어서 1974년에 있었던 〈동아일보〉 사태는 국가권력이 언론사의 편집권에 간여하는 것에 기자들이 저항한 상징적 사건이었다. 그해 10월 24일 〈동아일보〉 기자 180여 명은 편집의 외부 간섭 배제, 기관원 출입 거부, 언론인 불법 연행 거부 등을 골자로 하는 '자유언론실천선언'을 발표했다. 11월 12일에는 천주교도들의 인권 회복을 위한 기도회 보도를 둘러싸고 편집국장과 마찰 끝에 제작 거부에 돌입했다. 이러한 자유언론운동은 전국적으로 확산돼 31개 신문, 방송, 통신사 기자들이 동참했다(김세은, 2010; 박홍원, 2011). 그러나 박정희·전두환 두 군사정권의 25년 독재체제를 거치면서 기자들의 저항은 극도로 쇠퇴했다. 자유를 억압당하는 대신 각종 혜택을 누리던 기자들은 1980년대 중반까지는 침묵과 순응의 삶을 택했다(박용규, 1995).

그러다 1987년 6월항쟁과 7월부터 시작된 노동자 대투쟁의 확산으로 침묵하고 있던 언론인들도 자성의 움직임을 보였고, 그 결과는 언론노동조합의 결성으로 나타났다.[2] 〈한국일보〉, 〈동아일보〉, 〈중앙일보〉가 노동조합을 결성하고 자유언론 수호를 다짐했다. 이 시기 언론노조운동은 조직과 방향에서 진화된 모습을 보였는데, 기자 중심의 노조에서 언론사에 종사하는 모든 노동자들이 참여하는 조직으로 확대됐다. 운동의 중심도 조합원의 권익 증진에서 공정보도, 편집권 독립, 사회민주화 등으로 확장됐다(김동규, 1996). 특히 사주와 기자 간의 대립 구도가 심화되자 1988년 〈한국일보〉, 〈동아일보〉의 노사단체협약 체결 과정에서 편집권 확보가 협상의제에 포함됐다. 같은 해 편집국장 추천제

2) 사실 언론인 노동조합에 대한 관심은 그보다 훨씬 오래전부터 있었다. 1950년대 후반 일부 기자들은 전문직업인으로서 기자의 사회적, 경제적 정체성 확보가 절실하다고 보고 언론인 노동조합의 설립에 관심을 가졌다. 언론인 친목단체인 관훈클럽은 창립 초기부터 언론인 노조의 필요성을 인식하고 언론인 노동조합의 국제기구인 국제기자연맹(IFJ)에 준회원으로 가입했다. 1964년 한국기자협회의 창립도 기자 노동조합의 대안적 성격이 짙었다(이정훈·김균, 2006). 박정희 정권 시절 나타났던 기자들의 노조 결성 시도는 비록 실패로 끝났지만, 기자들이 노동자적 자각을 통해 언론민주화의 문제를 총체적으로 파악하려는 움직임으로 볼 수 있다(박용규, 2014).

를 요구한 〈부산일보〉의 파업, 1990년 KBS 파업, 1992년 MBC 파업은 언론인들의 편집권 확보를 제도화하는 데 큰 역할을 했다(박홍원, 2011). 1988년 결성된 전국 언론사 노동조합(전국언론노동조합연맹)은 각 언론사 노조들의 활동을 바탕으로 권력과 자본에 대항할 연대기구로서 탄생했다. 언론노조운동은 정치적으로는 민주화 운동이면서 계급적으로는 자본에 저항하는 새로운 양상까지 보임으로써, 1970년대 독재정권에 대한 항거에만 국한됐던 자유언론운동에 비해 성격이 확장됐다(신광영, 2012).

1990년대 들어 매체 간 경쟁이 치열해지면서 신문사에서는 언론노조운동의 퇴조 경향이 두드러졌다. 이에 대해 박용규(1995)는 언론노동운동이 언론인들의 철저한 반성과 행동을 위한 결의에 따른 자생적 운동이라기보다 민주화가 사회 전체의 대세였던 시대적, 외부적 환경의 산물이었기 때문이라고 해석했다. 신문과는 대조적으로 방송사 노동조합의 활동은 활발했다. 조항제(2014)는 방송사 노조들이 여러 차례 벌인 파업은 임금인상 같은 처우 개선의 문제보다는 낙하산 사장 임명에 대한 저항 등 민주적 언론의 모습을 갖추기 위한 투쟁이었다는 점을 강조했다. 그는 2012년 KBS·MBC·YTN·연합뉴스가 보도 공정성을 요구하며 벌인 공동 파업은 표현의 자유를 위한 언론운동이자 정부의 부당한 지배에 대한 저항이라고 봤다.

저항에는 희생이 뒤따랐다. 1975년과 1980년 두 차례에 걸쳐 언론인 대량 해직 사태가 일어났다. 1975년 자유언론실천선언에 참여한 〈동아일보〉와 〈조선일보〉 기자 145명이 해고됐고, 1980년에는 전두환 신군부가 들어서면서 전국적으로 1천9백여 명의 비판적 언론인들이 해고됐다(김세은, 2010, 2012). 두 사태 모두 형식적으로는 언론사 차원에서 사원을 해고한 것이었지만, 군사정부와 언론사 경영진의 합작품이나 다름없었다(박용규, 1995). 대량 해직 사태는 살아남은 기자들의 저항성을 제거하고 자기검열을 강화하는 결과를 초래했다. 언론인 해직은 30여 년이 지난 이명박 정부 시기에 재현됐다. 정권의 방송 장악을 비판하고 공정방송을 요구하는 과정에서 MBC에서 6명, YTN에서 6명의 언론인이 해고됐다(김세은, 2012). 그러나 군사독재 시절 언론인들의 저항에 관한 연구와 달리, 최근의 "방송사 노동조합이나 파업, 해직에 관한 연구는 적어도 학술지에서는 찾아보기 어렵다"(조항제, 2014, 51쪽).

적극적 언론자유와 민주주의

민주주의와 저널리즘에 관한 연구들을 종합해 보면, 두 가지 특징이 있다. 첫째, 언론의 자유와 책임 가운데 책임에 무게를 두는 쪽이 많다(예: 박홍원, 2003; 정수영, 2009, 2015). 둘째, 그나마 언론의 자유를 강조하는 경우에는 외부 압력으로부터의 자유(freedom from)라는 소극적 개념에 집중한다. 그러나 민주주의의 진전에 기여하는 좋은 저널리즘의 가치를 실현하기 위한 적극적 개념의 언론 자유(freedom for)에 관한 연구는 찾기 어렵다. 많은 연구들은 언론이 어떻게 시달렸고, 그로 인해 언론이 어떤 문제점을 드러냈는지에 대한 비판에 초점을 맞췄다. 그럴 수밖에 없는 불행한 언론 현실을 감안하면 충분히 이해되는 대목이다. 실제로 현재 한국 언론의 자유를 후진국 수준으로 평가하는 지표도 있다. 국제 언론감시단체인 '국경없는 기자회'(Reporters Without Borders, 2016)가 발표한 언론자유지수에서 한국은 세계 70위를 기록했다.

그러나 정치권력으로부터의 자유와 사주 혹은 경영진으로부터의 자유가 전적으로 보장됐다고 해서 저널리즘이 저절로 민주주의에 기여할 수 있을까? 그렇지 않다. 실제로는 더 중대한 난관이 남아 있다. 취재 현장과 보도의 과정에서 자유를 제약하는 요인들이 한국 사회 곳곳에 여전히 존재한다.

이 문제는 한국의 언론 법제를 들여다보면 명확해진다. 심석태(2013)는 한국의 언론법제가 자유보다는 책임에 무게를 두고 있어서, 언론의 자유가 기본권이라는 인식은 희미한 반면 언론을 잠재적인 인권 침해의 가해자로 설정해 놓고 있다고 주장했다. 언론이 책임져야 할 윤리적 문제까지 법적 의무로 규정해 놓은 것은 5·16 쿠데타 이후 언론통제의 차원에서 도입된 각종 언론법규의 잔재라고 진단했다. 특히 그는 헌법 조문에서 언론자유에 관한 조항만 유독 금지 규정과 배상 책임까지 함께 적시했다고 강조했다.

> 언론자유를 침해하는 일체의 법률 제정을 금지하는 미국의 수정헌법 제1조와 완전히 상반된 이런 헌법의 태도는 우리 사회 전반의 언론자유에 대한 인식에 적지 않은 영향을 미친다. 무엇보다 우리 사회에는 언론자유의 한계와 사회적 책임을 규정한 법제도가 다른 나라에서 비슷한 사례를 찾아보기 어려울 정도로 많다. 헌법이 개정될 때마다 언론자유에 대한 제한 규정이 추가되었고, 시간이 흐를수록 '언론의 사회적 책임'을 이유로 법률상의 각종 규제와 의무가 추가되었다. (심석태, 2013, 251쪽)

실제로 미국의 사법부가 인정하는 언론자유의 범위는 우리보다 여러 면에서 폭이 넓다. 가령 한국은 사실을 적시하더라도 명예훼손이 인정되고 형사처벌도 가능하지만, 미국에서는 비록 허위사실을 적시했더라도 언론이 명예를 훼손하려는 현실적 악의(actual malice)가 없다면 언론자유를 우선적으로 보호한다(이재진, 2002; 전희락, 1994). 예컨대 몰래 카메라를 동원한 위장 취재의 경우 미국에서는 진실성을 위해서라면 합법적 행위로 인정되지만, 한국에서는 은폐적 취재기법에 대해 의견이 엇갈린다(이재진, 2000). 또 다른 예로 한국의 정보

공개 청구제도를 꼽을 수 있다. 언론이 민주주의에서 감시견 역할을 제대로 수행하려면 정부의 업무 수행과 관련된 정보에 자유롭게 접근할 수 있어야 한다. 이와 관련해 배정근(2009)이 정보공개 청구소송의 판례를 분석한 연구를 보면, 대법원의 법 해석이 보수적인 경우도 적지 않았고 비공개 사유를 납득하기 어려운 경우가 많았다. 법령상 비공개 정보 요건이 모호하고, 국익 정보의 범위도 포괄적이며, 국가기밀로 지정되는 정보의 기준도 구체적으로 제시돼 있지 않았다(388-389쪽 참조).

이런 연구들에서도 드러나듯이 한국의 기자들이 공공 정보를 취재하기 위해 필요한 최소한의 환경조차 제대로 갖춰져 있지 않은 것이다. 요컨대, 민주주의에서 언론이 감시와 비판 역할을 하기 위한 기본적 조건이 여전히 미비하다고 볼 수 있다.

취재보도의 자유를 기자들만의 자유로 좁혀서 인식할 필요는 없다. 언론이 민주주의에 기여하는 방식은 뉴스를 통해서 이뤄지며, 시민을 대신해 권력을 감시하고 시민을 위해 공론의 장을 형성하려면 취재보도의 자유는 그 출발점이 된다. 돌이켜 보면, 언론 현장에서든 언론학계에서든 시민사회에서든 한국에서는 언론자유를 어떤 경우에 어느 정도까지 인정할 수 있는지 여부에 대한 토론 자체가 뜨겁지 않았다. 권력으로부터의 자유라는 거대 담론은 무성하지만, 그런 큰 논의에 가려진 탓인지 취재보도의 실제 행위 차원에서 발생하는 언론자유에 관한 세밀한 논의는 부족한 편이다. 기자들이 현장에서 매일 맞닥뜨리는 자유에 관한 저널리즘 연구가 활발해지면, 언론자유에 대한 사회적 담론도 더불어 풍성해질 것이다.

나가며

10장 '민주주의와 저널리즘'은 독립된 연구 영역으로 범주화하기 어렵다는 약점을 안고 있다. 그래서 이 장은 저널리즘 연구자들의 성과뿐 아니라 정치 커뮤니케이션 연구의 이론적 논의들도 적지 않게 빌려 왔다. 다른 장과 달리 연구 지형에 대한 평가나 후속 연구에 대한 제언을 하기도 쉽지 않다는 점을 인정하고 몇 가지만 덧붙이고자 한다.

이 장의 앞부분에서 저널리즘의 위기를 민주주의 위기와 동일시하는 견해를 소개했다. 민주주의의 작동과 유지를 감시하고 비판하는 책무가 저널리즘에 부여돼 있다면, 저널리즘의 작동과 유지를 감시하고 비판하는 책무는 저널리즘 연구의 몫이라고 할 수 있다. 그래서 저널리즘의 위기는 저널리즘 연구의 위기라고 해도 무리는 아닐 것이다. 그렇다면 저널리즘 학자들이 저널리즘에 던진 질문을 이번에는 저널리즘 학자들에게 다시 해 보자.

저널리즘 연구는 오늘날 한국 언론에서 벌어지고 있는 현상을 정면으로 감시하고 비판하는가? 한국 언론의 비정상적 상황을 놓고 양 극단의 매체를 비교함으로써 사실상 기계적 중립을 취하고 있지는 않는가? 아니면 학자들의 보수적·진보적 관점에 따라 자의적인 프레임을 적용해 연구 대상을 선택 혹은 배제하고 있지는 않는가? 현실적 언론권력을 의식해 민감한 현안에 대해서는 '무보도'하듯 외면하지는 않는가? 여러 매체 간 차이를 통계적으로 확인하는 데 집중하느라 하나의 매체를 심층적으로 분석하지 못하는 것은 아닌가? 궁극적으로 한국의 저널리즘을 분석하는 연구는 한국의 민주주의에 기여를 하는가? 이 질문들에 답하려면 이 책과는 별개의 또 다른 기획이 필요할 것이다.

한국의 언론자유 수준에 더 절실한 위기의식을 갖고 접근하는 연구와, 현업 언론인들이 아프게 받아들이되 귀 기울일 실천적 제안이 더 많이 나온다면, 한국 저널리즘과 민주주의의 위기를 극복하는 데에 학문이 기여하는 바가 적지 않을 것으로 본다.

추천 논문

강명구 (2004). 한국 언론의 구조변동과 언론전쟁. 〈한국언론학보〉, 48권 5호, 319-348.

박승관·장경섭 (2000). 한국의 정치변동과 언론권력: 국가-언론 관계 모형 변화. 〈한국방송학보〉, 14권 3호, 81-113.

박홍원 (2011). 편집권 독립과 언론의 자유. 〈언론과학연구〉, 11권 1호, 123-156.

심재철·이경숙 (1999). 국민의제 형성에서 탐사보도의 역할: 박종철 사건을 중심으로. 〈한국언론학보〉, 43권 3호, 73-108.

이병욱·김성해 (2013). 담론복합체, 정치적 자본, 그리고 위기의 민주주의: 종북(從北)담론의 텍스트 구조와 권력 재창출 메커니즘의 탐색적 연구. 〈미디어, 젠더 & 문화〉, 28호, 71-111.

이재경 (2008). 한국의 저널리즘과 사회갈등: 갈등유발형 저널리즘을 극복하려면. 〈커뮤니케이션 이론〉, 4권 2호, 48-70.

이준웅·조항제·송현주·정준희 (2010). 한국사회 매체 체계의 특성: '민주화 이행 모형'의 제안. 〈커뮤니케이션 이론〉, 6권 1호, 87-140.

조항제 (2002). 민주주의의 이행 및 공고화 과정에서 미디어의 역할: 한국과 스페인 비교. 〈한국언론정보학보〉, 18호, 269-303.

조항제 (2014). 한국의 민주화와 언론의 자유 · 언론학에 대한 비판적 성찰. 〈커뮤니케이션 이론〉, 10권 2호, 41-74.

최영재 (2014). 공영방송 보도국의 정파적 분열: 민주화의 역설, 정치적 종속의 결과. 〈커뮤니케이션 이론〉, 10권 4호, 476-510.

최장집 (1994). 한국 민주주의와 언론. 〈언론과 사회〉, 6권, 40-64.

참고 문헌

강명구 (1994). 경제 뉴스에 나타난 경제위기의 현실 구성에 관한 연구. 〈언론과 사회〉, 3권, 92-131.

강명구 (2004). 한국 언론의 구조변동과 언론전쟁. 〈한국언론학보〉, 48권 5호, 319-348.

강상현 (2013). 공·민영 체계 개편 및 공영방송 지배구조 개선 방안. 〈방송문화연구〉, 25권 1호, 39-74.

강형철·양승찬 (2003). 공영방송의 위기: 한국에서의 대응. 〈한국언론정보학보〉, 22호, 7-38.

김동규 (1996). 언론운동의 현단계와 새로운 모색. 〈한국언론정보학보〉, 7호, 8-27.

김동률 (2009). 언론의 정치권력화: 재벌정책 보도의 정권별 비교연구. 〈한국언론정보학보〉, 45호, 296-340.

김성해·송현진·이나연·이정한 (2010). 주류 미디어 공론장의 이상과 현실: 국내 주요 신문의 2008년 글로벌 경제위기 보도를 중심으로. 〈커뮤니케이션 이론〉, 6권 1호, 144-190.

김세은 (2001). 유교문화와 공론권. 〈언론과 사회〉, 9권 4호, 96-129.

김세은 (2010). 해직 그리고 그 이후…: 해직 언론인의 삶과 직업을 통해 본 한국 현대언론사의 재구성. 〈언론과 사회〉, 18권 4호, 158-208.

김세은 (2012). 해직 언론인에 대한 생애사적 접근 연구: 동아자유언론수호투쟁위원회를 중심으로. 〈한국언론학보〉, 56권 3호, 292-319.

김수정·이진로 (2012). 언론 민주화의 위기와 송건호의 언론사상. 〈한국언론정보학보〉, 60호, 5-27.

김승수 (2002). 신문소유에 대한 비판적 연구. 〈한국언론학보〉, 46권 2호, 122-149.

김연식 (2014). 방송 저널리스트의 방송 통제요인 인식 변화 연구: 2008년과 2013년의 비교를 중심으로. 〈한국언론학보〉, 58권 1호, 283-305.

김영희 (1999). 대한제국시기 개신유학자들의 언론사상과 양계초. 〈한국언론학보〉, 43권 4호, 5-41.

김영희 (2012). 한국전쟁기 이승만 정부의 언론정책과 언론의 대응. 〈한국언론학보〉, 56권 6호, 366-390.

박경우 (2004). 언론과 미디어: 물신화의 관점에서. 〈한국언론정보학보〉, 24호, 69-91.

박선희 (2001). 인터넷 신문의 뉴스 특성과 대안언론의 가능성: 〈오마이뉴스〉 기사분석. 〈한국언론학보〉, 45권 2호, 117-155.

박선희 (2002). 대안언론으로서 온라인 저널리즘의 가능성: 운영, 뉴스 생산, 뉴스 메시지 측면에서. 〈언론과학연구〉, 2권 3호, 153-184.

박승관·장경섭 (2000). 한국의 정치변동과 언론권력: 국가-언론 관계 모형 변화. 〈한국방송학보〉, 14권 3호, 81-113.

박용규 (1995). 한국기자들의 직업적 특성과 활동의 변화과정. 〈한국사회와 언론〉, 6권, 141-174.

박용규 (2014). 박정희 정권 시기 언론인의 직업적 정체성의 변화. 〈언론정보연구〉, 51권 2호, 34-76.

박재영·이재경·김세은·심석태·남시욱 (2013). 〈한국 언론의 품격〉. 파주: 나남.

박진우 (2015). 한국 언론의 전문직주의와 전문직 프로젝트의 특수성: 언론-정치 병행관계의 한국적 맥락. 〈한국언론정보학보〉, 74호, 177-195.

박홍원 (2001). 언론-국가 관계 연구에 대한 비판적 고찰. 〈언론과 사회〉, 9권 3호, 40-72.

박홍원 (2003). 미디어 어카운터빌리티 개념을 통한 사회책임이론의 재조명. 〈언론과 사회〉, 12권 3호, 8-54.

박홍원 (2011). 편집권 독립과 언론의 자유. 〈언론과학연구〉, 11권 1호, 123-156.
배정근 (2009). 정보공개법을 통한 알권리 실현의 한계: 비공개조항 관련 대법원 판결 분석. 〈한국언론학보〉, 53권 1호, 368-390.
신광영 (2012). 한국의 민주화, 시장화와 언론노조운동. 〈한국언론정보학보〉, 57호, 69-82.
심석태 (2013). 한국 언론의 품격과 언론 법제. 박재영·이재경·김세은·심석태·남시욱, 〈한국 언론의 품격〉 (249-319쪽). 파주: 나남.
심재철·이경숙 (1999). 국민의제 형성에서 탐사보도의 역할: 박종철 사건을 중심으로. 〈한국언론학보〉, 43권 3호, 73-108.
유용민·김성해 (2007). 노동운동의 담론적 위기: 신자유주의담론과 미디어 노동담론의 역사적 접합을 중심으로. 〈한국언론학보〉, 51권 4호, 226-251.
윤영철 (2000). 권력이동과 신문의 대북정책 보도: '신문과 정당의 병행관계'를 중심으로. 〈언론과 사회〉, 27호, 48-81.
윤태진·강내원 (2001). 온라인신문에 나타난 공공저널리즘적 특성에 관한 연구: '조인스닷컴', '인터넷한겨레', '오마이뉴스'의 기획기사 분석을 중심으로. 〈한국언론학보〉, 46권 1호, 306-343.
이병욱·김성해 (2013). 담론복합체, 정치적 자본, 그리고 위기의 민주주의: 종북(從北)담론의 텍스트 구조와 권력 재창출 메커니즘의 탐색적 연구. 〈미디어, 젠더 & 문화〉, 28호, 71-111.
이재경 (2003). 언론인 인식을 통한 한국사회와 언론자유의 조건 연구. 〈한국언론학보〉, 47권 2호, 54-77.
이재경 (2008). 한국의 저널리즘과 사회갈등: 갈등유발형 저널리즘을 극복하려면. 〈커뮤니케이션 이론〉, 4권 2호, 48-70.
이재진 (2000). 방송관련 명예훼손 판례에 있어 '진실성'과 '공익성'에 관한 연구: 미국과의 비교를 중심으로. 〈방송과 커뮤니케이션〉, 1호, 188-226.
이재진 (2002). 언론자유와 명예권의 갈등에 관한 연구: 현실적 악의 원칙의 구성요인을 중심으로. 〈언론과 사회〉, 10권 2호, 73-110.
이재진 (2008). 언론의 파수견 개념의 발전과 적용: 한국 판례분석을 중심으로. 〈한국언론정보학보〉, 41호, 108-144.
이정훈·김균 (2006). 한국 언론인의 직업 정체성: 샐러리맨화의 역사적 과정을 중심으로. 〈한국언론학보〉, 50권 6호, 59-88.
이준웅 (2009). 공적인 것, 정치적인 것, 그리고 불편한 것: 공영방송 위기론 고찰. 〈한국방송학보〉, 23권 2호, 485-524.
이준웅 (2010). 한국 언론의 경향성과 이른바 '사실과 의견의 분리' 문제. 〈한국언론학보〉, 54권 2호, 187-209.
이준웅·조항제·송현주·정준희 (2010). 한국사회 매체 체계의 특성: '민주화 이행 모형'의 제안. 〈커뮤니케이션 이론〉, 6권 1호, 87-140.
이창근 (1994). 미디어 경쟁시대 공영방송의 역할과 위상. 〈방송학 연구〉, 5호, 233-260.
이효성 (1994). 공영방송의 이념과 제도. 〈한국언론정보학보〉, 4호, 12-37.
전희락 (1994). 출판물에 의한 명예훼손 법률 적용과 언론자유: '도연주 대 이공순 사례'를 중심으로. 〈한국언론학보〉, 31호, 305-346.

정수영 (2009). 매스미디어의 사회적 책임과 어카운터빌리티: 허친스 보고서(1947)의 재고찰 및 규범이론으로의 변천과정을 통해 본 현재적 의제와 과제. 〈한국언론정보학보〉, 47호, 23-49.

정수영 (2015). '세월호 언론보도 대참사'는 복구할 수 있는가?: 저널리즘 규범의 패러다임 전환을 위한 이론적 성찰. 〈커뮤니케이션 이론〉, 11권 2호, 56-103.

정용준 (1993). 민주진영의 90년대 미디어 전략연구. 〈한국언론정보학보〉, 3호, 55-85.

정인숙 (1998). 김영삼 정부에서의 언론의 자유도와 비공식적 통제. 〈한국언론학보〉, 42권 4호, 57-99.

조항제 (2001). 한국의 민주화와 미디어: 정부와 시장 주류 미디어의 관계. 〈한국언론정보학보〉, 16호, 168-206.

조항제 (2002). 민주주의의 이행 및 공고화 과정에서 미디어의 역할: 한국과 스페인 비교. 〈한국언론정보학보〉, 18호, 269-303.

조항제 (2014). 한국의 민주화와 언론의 자유·언론학에 대한 비판적 성찰. 〈커뮤니케이션 이론〉, 10권 2호, 41-74.

조항제·박홍원 (2010). 공론장-미디어 관계의 유형화. 〈한국언론정보학보〉, 50호, 5-27.

진행남 (2002). 공론장들간의 정보교류: 매스미디어와 인터넷미디어간의 뉴스이동을 중심으로. 〈한국방송학보〉, 16권 1호, 395-428.

최영묵·박승대 (2009). 방송의 정치적 독립성 확보를 위한 미디어 정책 방향 연구. 〈한국언론정보학보〉, 46호, 590-626.

최영재 (2014). 공영방송 보도국의 정파적 분열: 민주화의 역설, 정치적 종속의 결과. 〈커뮤니케이션 이론〉, 10권 4호, 476-510.

최장집 (1994). 한국 민주주의와 언론. 〈언론과 사회〉, 6권, 40-64.

최종환·김성해 (2014). 민주주의, 언론 그리고 담론정치: 파업에 대한 미디어 프레임 변화를 중심으로. 〈한국언론정보학보〉, 67호, 152-176.

홍성구 (2001). 숙의 민주주의와 인터넷 시민미디어. 〈언론과 사회〉, 9권 4호, 173-208.

Gans, J. G. (2004). *Democracy and the news*. Oxford: Oxford University Press. 남재일 (역) (2007). 〈저널리즘 민주주의에 약인가 독인가〉. 서울: 강.

Hallin, D. C., & Mancini, P. (2004). *Comparing media systems: Three models of media and politics*. Cambridge: Cambridge University Press.

Kovach, B., & Rosenstiel, T. (2014). *The elements of journalism: What newspeople should know and the public should expect* (3rd ed.). New York, NY: Three Rivers Press. 이재경 (역) (2014). 〈저널리즘의 기본원칙〉. 서울: 한국언론진흥재단.

Reporters Without Borders (2016). 2016 World Press Freedom Index.
URL: https://rsf.org/en/ranking

Schudson, M. (2011). *The sociology of news*. New York, NY: Norton. 이강형 (역) (2014). 〈뉴스의 사회학〉. 서울: 한국언론진흥재단.

찾아보기

〈ㅅ〉

〈ㅇ〉

〈ㅊ〉

〈ㅋ〉

〈ㅌ〉

〈ㅍ〉

〈ㅎ〉